集人文社科之思　刊专业学术之声

集 刊 名：人权研究
主　　编：齐延平
执行主编：郑智航

(Vol.24) JOURNAL OF HUMAN RIGHTS

编辑委员会
主　　任：徐显明
委　　员：（以姓氏笔画为序）
　　　　　白桂梅　齐延平
　　　　　李步云　李　林
　　　　　张晓玲　常　健
　　　　　韩大元


编辑部
主　　任：田　立
编　　辑：冯俊伟　何晓斌　雷海玲　李　戈　马康凤
　　　　　马扶摇　倪文燕　王金良　王玉荣　杨　钊

第二十四卷

集刊序列号：PIJ-2018-269
中国集刊网：www.jikan.com.cn
集刊投约稿平台：www.iedol.cn

# 人权研究

JOURNAL OF
HUMAN RIGHTS
Volume 24

主　编／齐延平
执行主编／郑智航

第 二十四 卷

社会科学文献出版社
SOCIAL SCIENCES ACADEMIC PRESS (CHINA)

# 《人权研究》集刊序

"人权"，乃是人因其为人即应享有的权利，它无疑是人类文明史中一个最能唤起内心激情与理想的词语。人权，在今天已不再是一种抽象的意识形态，而是已成为一门需要熟虑慎思的学问。在呼吁人权的激情稍稍冷却的时候，挑战我们的智慧与理性的时代已经来临。

近代以来国人对人权理想的追求，总难摆脱经济发展、民族复兴的夙愿，曾经的救亡图存激起的民族主义情绪，始终是我们面对"西方"人权观念时挥之不去的顾虑。在个人与社群、公民与国家、自由与秩序、普适价值与特殊国情之间，我们一直在做艰难的抉择。也正因此，为人权理想奔走呼号的人士固然可敬，那些秉持真诚的保留态度的人们也值得尊重。

人权不但张扬个人的自尊、自主、自强，也代表着一种不同于两千年中国法制传统的"现代"政治制度，它所依托的话语体系，既需要融合我们自己对理想社会的追求，也对我们既有的生活方式构成了严峻挑战。当意识到必须以一种近乎全新的政治法律制度迎接人权时代的来临之时，我们必须审慎思考自己脱胎换骨、破旧立新的方式。当经历"三千年未有之大变局"之后，一个古老的中国无疑遇到了新的问题。在这种格局下，人权的支持者和怀疑者都需要交代内心的理由：人权对中国意味着什么？对于渴望民族复兴的中国来说，人权对公共权力的规训是否意味着削弱我们行动的能力？对于一个缺乏个人主义传统的国家来说，人权对个人价值的强调是否意味着鼓励放纵？对于一个较少理性主义的国家来说，人权是否意味着将割裂我们为之眷恋的传统之根？对于这一源自"西方"的观念，我们又如何既尊重其普适价值又能不罔顾国情？诸如此类的问题，人权主义者必须做出回答，批评者亦必须做出回应。

人权既是美好的理想，又是政府行动的底线标准。

人权因其美好而成为我们为之奋斗的目标，毕竟，一个大国政道和治道的双重转换，确实需要时间来承载思想和制度上的蜕变。但是，对公共权力的民意约束、对表达自由的保护、对信仰自由的尊重、对基本生存底线的维持、对人的个性发展的保障，都昭示了政治文明走向以人权为核心的追求"时不我待"。我们必须承认，人权不是今人栽树、后人乘凉的美好愿景，而应当成为政府的底线政治伦理。政府的人权伦理不能等待渐进的实现，而是政府之为政府的要件。人权标准是一个"理想"并不等于也不应成为故步自封、拒绝制度转型的理由。

人权规范政府，但并不削弱权威。

近代民族国家的兴起和资本主义的扩张，将个人从传统的群体生活中抛出，个人直面国家，成为现代政治的基本特征。个人主义价值观的兴起，在文化意义上凸现了个性的价值，在制度设计上为保护个人提供了防护性装置。民主化消除了君主专制和寡头政治的专横，但又带来了"多数派暴政"的危险，而巨型资本渐趋显现的对个人权利的社会性侵害，也经由政府释放着它的威胁。因此，人权观念的主流精神，始终在于防范公共权力。

但是，政府固然没有能力为非，行善却也无能为力。缺乏公正而有力政府的社会，同样是滋生专制和暴政的温床。我们不会把尊重秩序与爱好专制混为一谈，也不会将笃信自由与蔑视法律视为一事。为公共权力设定人权标准，将强化而不是削弱权威，因为只有立基于民主选举、表达自由、尊重个性之上的公共权力才会获得正当性。与此同时，权威不等于暴力，它不是说一不二和独断专行。只有一个受到民意约束的政府，才能对维护公民的权利和自由保持高度的敏感。在一系列由于公共治理危机引发的严峻公共事件不断叩问我们良心的时候，我们相信，只有健全保障权利的政治安排，才能不致使政府因为无法获知民众的多元诉求而闭目塞听。我们需要牢记，一个基于民意和保障权利的政府才是有力量的。

人权张扬个性，但并不鼓励放纵。

人权旨在通过强化个人力量来对抗国家，它既张扬个性的价值，也坚信由制度所构造的个人创新精神乃是社会文明进步的根本动力。它让我们重新思考保障公共利益依赖于牺牲个人权益的传统途径的合法性和有效性是否仍然可行。在人权主义者看来，集体首先是个人的联合，公共利益也并非在各个场合都先于个人利益，它并不具有超越于个人之上的独立价值。为了所谓公益而把牺牲个人当作无可置疑的一般原则，将最终使公共利益无所依归。人权尊重个人自由，也倡导个体责任与自由结伴而行，它旨在改善个人努力的方向，排除在公共安排方面的投机，唤起普遍的慎重和勤奋，阻止社会的原子化和个人的骄奢放纵。自由与责任的结合，使每个人真正成为自我事务的"主权者"。当专断与暴政试图损害人的心灵的时候，人权思想具有阻止心灵堕落的功能。一个尊重个人价值的社会，才能滋养自立自强、尊重他人、关爱社群的精神氛围。一个尊重个人价值的社会，才能真正增进公共利益、获致国家的富强和民族的复兴。

人权尊重理性，但并不拒绝传统。

面临现代社会个人与国家的二元对立，我们期望通过培育权利和自由观念增强个人的力量。人权尊重理性，它将"摆脱一统的思想、习惯的束缚、家庭的清规、阶级的观点，甚至在一定程度上摆脱民族的偏见；只把传统视为一种习得的知识，把现存的事实视为创新和改进的有用学习材料"（托克维尔语）。理性主义尊重个体选择，但它并不是"弱者的武器"，甚至不能假"保护少数"之名行欺侮多数之实。"强者"和"多数"的权利同样属于人权的范畴。张扬理性乃是所有人的天赋权利，故人权理念不鼓励人群对立、均分财富和政治清算。我们主张人权与传统的融合，意味着我们要把界定"传统"含义的权利当作个人选择的领地留给公民自己、把增进公民德行的期望寄托于自由精神的熏陶而不是当权者的教化。我们相信，人权所张扬的理性价值，在审视和反思一切陈规陋习的同时，又能真诚地保留家庭、社群、民族的优良传统。

人权尊重普适价值，但并不排斥特殊国情。

人权的普适价值，系指不同的民族和文化类型在人权观念上的基本共识，它旨在唤醒超越国家疆界的同胞情谊，抛却民族主义的偏私见解。"普适价值"的称谓的确源于"西方"，但"西方"已不再是一个地理概念而是政治范畴。人权不是"西方"的专属之物，而是为全人类共享的价值。我们拒绝个别国家挥舞的人权大棒，仅仅是确信那些出于狭隘民族国家利益的人权诉求构成了对人类共同价值的威胁。二战以后，随着对威胁人类和平和尊严的反思日益深切和国际交往的日益紧密，人权概念从东方和西方两个角度得到阐释，它厘定了共同的底线标准，也容忍各国的特殊实践。没有哪个国家可以标榜自己为人权的标准版本。但是我们相信，承认人权的特殊性只是为了拓展各族人民推进人权保障的思想潜力，任何国家以其特殊性来否定人权价值都是缺乏远见的。特殊性的主张不能成为遮羞布，人权在消除不人道、不公正实践方面的规范意义，应被置于首要地位。正像宪政民主有其改造现实、修正传统的功能和追求一样，人权标准与现实之间的紧张关系必须通过优化制度安排、改造陈规陋习来解决。

当下纷繁复杂的人权理论，寄托着人们的期望，也挑战着人们的理智；既是我们研究的起点，也是我们审视的对象。人权是一门需要理性建构的学科。唯怀有追求自由的执着热情，又秉持慎思明辨的冷静见解，才能使之萌苗发展。《人权研究》集刊就是为之搭建的一个发展平台。

是为序。

徐显明

2008 年 12 月 10 日

# 目 录

# CONTENTS

CONTENTS

**Empirical Research on Human Rights**

**Human Rights Protection in Epidemic Situation**

CONTENTS

人权基本理论

# 道德·自由·普适<sup>*</sup>

## ——阿马蒂亚·森人权观的考察与批判

李　翔<sup>**</sup>

**摘　要**：阿马蒂亚·森以逆向思维的方式，强调人权不是一种单纯的利益要求，而是应该做什么的强烈的道德宣言，要超越单一的立法路径，以自由看待人权。人权的实现既需要"完善责任"的履行，也需要"不完善责任"的有效发挥；既需要彰显出对利益的尊重，也需要体现出对自由的追求。人权所具有的共享人性之特质，则需要在理智审思的基础上，对其内容进行丰富与拓展，从而超越地域之囿，实现人权的真正普适。阿马蒂亚·森的这种人权观呈现出清晰的逻辑理路和独特的思维向度，为人权理论的丰富和发展注入了新的内容。然而，若从历史唯物主义的角度来审视，他的人权观只是给我们提供了一个新的平台与视角，由于缺乏人类历史发展的维度，其人权观难以摆脱历史与阶级的束缚，自然就跳不出西方人权观固有的窠臼。

**关键词**：人权观；实质自由；普适

　　阿马蒂亚·森（以下简称森）是一名出生于印度，长期生活、工作于西方的著名学者。他深受东方文化的浸润和西方文明的熏陶，横跨经济学、哲学、政治学等诸多学科，并因在福利经济学上的杰出贡献而荣膺诺贝尔经济学奖，被誉为"经济学的良心"。但也恰恰因为此，他在政治哲学方面卓有成效的探索往往被诺贝尔经济学奖的光环所遮蔽。其实自20

---

　　*　本文系国家社科基金"马克思正义思想及其境遇与价值研究"（项目编号：17BKS019）、河南省青年骨干教师培养计划项目（项目编号：2018GGJS042）的阶段性成果。

　　**　李翔，河南师范大学马克思主义学院教授，法学博士。

世纪 70 年代起，森在从事经济学研究的同时，就一直积极致力于政治哲学方面的研究。他跳出了先验制度主义的时代局限，着眼于现实比较主义的继承和发展，以铲除现实不义而非阐释完美正义为基本主题，以社会选择理论为分析工具，以可行能力为评估尺度，在理智审思、开放中立和多样缘由的基础上，对关涉正义的相关问题进行了深入的思考。在正义之思的链环中，他对传统自由观的祛魅与重塑、对贫困与饥荒原因的深度揭示、对不平等的测度与考察、对发展观的自由视域考量、对经济学伦理之维的重建、对公共理性之上民主的探索以及对身份命运幻象的揭示，都呈现出独特的正义思维。需要特别提及的是，他在正义的研究中，融入了对人权这一问题的深邃思索。在他看来，人权的充分发展和实现，对达至正义非常重要，对人权的关注，已成为正义无法绕过的话题。事实亦然，近年来，不仅人权思想的阵地不断扩大，人权自身也逐渐成为发展文献的中心和国际对话的焦点。正因如此，森强调指出，"毫无疑问，比起过去的任何时候，人权的言辞在今天被更加广泛地接受了——而且更被经常地援引使用了"。① 然而，不可否认的是，在人权观念大行其道之时，对人权思想基础的怀疑和对支撑人权言论的概念结构之批评，却一直不绝于耳。人权究竟是什么？该以何种眼光来看待和审视人权？人权具有普适性吗？森对这些问题给出了清晰的回答，而这些回答，既有合理的成分，有些地方亦需要我们做出理性的反思。

# 一　人权界说

人权对于当今人类社会有着重要的价值，这一点并不乏坚定的支持者，但很多时候人们往往是把人权作为一种价值信奉，凭借人权在道德上产生的巨大力量，让当政者无法对种族不平等、就业歧视、饥荒贫困、社会保障缺失等方面出现的抗争熟视无睹。换言之，人权不仅作为一种信仰

---

① 〔印〕阿马蒂亚·森：《以自由看待发展》，任赜、于真译，中国人民大学出版社，2012，第 231 页。

有着内在的吸引力，而且往往还可以起到一定的政治作用。尽管在这一点上持否定态度的并不是太多，但一旦关涉到人权的思想基础、实质概念与具体所指，很多人就会对人权充满深深的疑虑。功利主义的代表边沁就曾针对美国《独立宣言》中所提出的"每个人拥有若干不可剥夺的权利是不言而喻的"和法国《人权宣言》中"人生而自由且权利平等"进行了反驳。他坚持认为"自然权利只是一种胡说：所谓自然而不可侵犯的权利，既是修辞的诳语，也是高调的胡话"。① 这种观点至今仍有市场，由此造成的对立依然存在。究其原因，一方面，固然与部分人偏执地将人权视为一种"空头叫卖"密不可分，另一方面，也与一些人权活动者不屑于对此进行理论阐释不无关联，他们往往认为与其坐而论道，不如起而行事。在森看来，要改变前者根深蒂固的观念，殊为不易；而就后者来说，他们运用人权思想来消灭不幸，改变不公的积极姿态虽值得称道，但如若要使人权具有理性和持续的基础，就不能对这种怀疑视而不见，而应主动回应对人权的质疑，廓清其思想基础，澄明其概念特征，如此，在运用人权之时，方可理直气壮，亦更具有现实所指，才能提升人权的吸引力和实际运用功效。

## （一）对人权的批评与诘责

人们之所以对人权有着深深的疑虑，主要是因为人权自身所具有的"软性"和"模糊性"。他们往往指责人权缺乏应有的深度和必要的连贯性，缺少坚实的思想内核，这自然会使人权成为一种随意的言谈，甚至沦为一种必要的政治装饰。在森看来，当前对人权的批评与诘责主要有以下几个方面。

第一，正当性批评（legitimacy critique）。对人权的这种批评是从权利的来源展开的。持这种观点的批评者认为，人权混淆了它与法律之间的逻辑顺序，也即混淆了法制系统所产生的结果和先于法律的原则。按照他们

---

① 参见〔印〕阿马蒂亚·森《正义的理念》，王磊、李航译，中国人民大学出版社，2012，第332页。

的理解，人权的正当性只有通过法律才可以确立，人权的具体诉求也只有依赖法律才可以确保。用更通俗的话来说，自然界有与生俱来的衣服吗？显然没有，因为衣服需要后天的加工才能取得，权利亦是如此，没有天生的权利，因为权利也需要法律的保障才可以获得。概言之，没有不经缝制的衣服，也没有先于立法的权利，否则，就会陷入颠倒先后的逻辑混乱之中。为此，他们还援引边沁的话："权利，实质权利，是法律的孩子；从真实法律中才会产生真实的权利；而从虚构出的法律中，从自然法中，只会产生虚构的权利。"① 不难看出，在这种批评者看来，人权只是一种法律之上的派生权利，并非脱离法律而存在的先在的伦理权益，它不是依靠人性而获得，恰恰是法律所赋予，没有也不可能存在先于立法的权利。不仅如此，要维护一个人的正当权利，除了仰仗国家作为最终的法制权威所核准的权益之外，别无他途，人权不能脱离这一现实而孤立地存在。森将这种批评称为"正当性批评"。

第二，逻辑连贯性批评（coherence critique）。这种观点认为，从逻辑上来讲，权利只有与相关的责任结合才能合理地建构起来，从某种意义上来讲，这关注的是人权的伦理和政治所采用的形式。人权论者在人类权利中援引"权利"一词，但并不严格规定谁为负有实现这些权利的责任的主体，其结果只能导致虚幻的权利。在批评者看来，任何权利都是基于一定的资格才能获得，而人权的充分实现必须借助于相应的机构来有效地履行，唯有如此，人权才是连贯和自洽的，也才是真实的。为此，他们还言之凿凿地指出，人权论者宣扬每一个人都享有获取食物、医疗、教育的权利，并称这是基本的也是不可剥夺的人权，这种温暖人心的说辞固然不错，但如若将人权只是停留在口头上的承诺与宣示之中，而没有具体的责任主体去实践，那么食物谁来提供，医疗谁来保障，教育谁来供给？权利没有责任主体，岂不变成了无源之水、无本之木？如此一来，这种宣示有何意义？难道只是为了表达动人的情感？若果真如此，关于人权的宣示最

---

① 参见〔印〕阿马蒂亚·森《正义的理念》，王磊、李航译，中国人民大学出版社，2012，第 336 页。

好不要被视为一种具体的权利，充其量只是空洞的说辞，没有实质的意义和价值。概言之，人权责任主体的不清，是其先天固有的缺陷，它会导致逻辑上的不连贯，从而使人权最终沦为一种虚幻的表达，这就是所谓的"逻辑连贯性批评"。

第三，文化性批评（cultural critique）。人权拥趸者把人权划归社会伦理的领域，认为人权的道德权威依赖于可接受的伦理的特性，并借此强调人权的普适性。在人权批评者看来，"这一观点可能意味着一些深刻但不恰当，恰当但不深刻，以及既不恰当又不深刻的事情"[①]，因为普适人权要以"普适"价值为基础，而"普适"价值的前提则是趋同的文化，换言之，全世界各族人民要接受共同的价值观、信仰、方向、实践和体制。然而，在批评者看来，当今世界的文明纷繁多样而绝非单一同质，比如美国著名的学者亨廷顿就将文明区分为中华文明、西方文明、日本文明、伊斯兰文明、印度文明、东正教文明、拉美文明和非洲文明等不同的类型。亨廷顿直言："哲学假定、基本价值、社会关系、习俗以及全面的生活观在各文明之间有重大的差异。"[②] 这些因不同文明而产生的价值分殊和文化差异都应得到彼此的尊重，如若把某种特定的道德准则视为绝对真理，用所谓通行的伦理价值来加以普适，不仅抹杀了文化之间的差异和分野，甚至会引发文明的冲突和整个世界秩序的失范。如是观之，这种诘责与批评，不再局限于法律和体制框架之内，而是从文化差异和文化批判的视域，对作为社会普适伦理的人权表示深深的怀疑。在他们看来，既然在未来的岁月里，世界不会出现一个单一的"普适"文化，而是各种文明之间相互并存，交融激荡，那么，就没有放之四海而皆准的普适价值，由此延展，自然也就没有普适的人权。如此一来，与人权拥护者所强调的人权的普适性就产生了矛盾，这种矛盾自然会动摇人权的根基。在森看来，这种"文化性批评"尤为以"亚洲价值观"等为思想基础的人们所支持。

---

① 〔美〕塞缪尔·亨廷顿：《文明的冲突与世界秩序的重建》，周琪等译，新华出版社，2010，第35页。
② 〔美〕塞缪尔·亨廷顿：《文明的冲突与世界秩序的重建》，周琪等译，新华出版社，2010，第7页。

### （二）人权究竟是什么

面对诸多的批评和质疑，我们自然要问，人权究竟是什么？显然，这需要我们合理地回应人们对人权问题的或温和、或激烈的批判，这既是为了廓清人权的本质，也是为了澄清它和正义之间的关联。为此，森并没有对何为人权直接给出答案，而是在对以上批评和怀疑进行回应的基础上，另辟蹊径，以逆向思维的方式，对何为人权做出了理性的回答。

"正当性批评"者来源于不同的领域，比如革命者马克思着重强调的是权利不可能先于政权体制，因而主张废除私有制来确保人的权利之实现；而功利主义者边沁则一直把"自然的和不可分离的权利"称为"踩在高跷上的无稽之谈"。尽管他们的说辞存在差异，但他们的共同点在于都"坚持把权利看做是'后于'体制的工具，而不是一种'先定'的伦理权益"。① 在森看来，这方面他们是殊途同归的。面对"正当性批评"提出的诘责，森指出，法律确实可以在某种程度上提供和保护人权，单纯的道德主张，在法庭或执法机构面前并没有类似于法律的效力。但若因此就坚持立法先于权利，从而对人权加以拒斥，则难免有所偏颇，姑且不论这一观点是否成立，单单这种缘由就值得商榷。森认为，人权的正当性不仅可以建立在法律之上，也可以建立在合理的道德性要求之上。"对于合法性的要求无非是一种'要求'，并无更多的意味，其正当性可以建立在承认'某些权利是所有人类应有的恰当资格'的伦理重要性上。"② 不仅如此，在森看来，现实生活中，在一些特定的场合和氛围中，人权有着超越法律的实际优势。他指出家庭中性别平等是一项基本的权利，但现实中的性别不平等，靠家庭情感的慰藉和柔性手段解决显然要比法律的强制执行效果更好。同样，"受人尊重的权利"如若法律化并加以实施，无疑会造成现实中操作的困难。因此，从这个意义来理解，人权可以被视为一组

① 〔印〕阿马蒂亚·森：《以自由看待发展》，任赜、于真译，中国人民大学出版社，2012，第233页。
② 〔印〕阿马蒂亚·森：《以自由看待发展》，任赜、于真译，中国人民大学出版社，2012，第233页。

伦理要求，是应该做什么和能够做什么的道德主张和道德宣言，这与立法产生的法律权利并不抵牾，它们各有自己的适用范围。

在"正当性批评"中，边沁没有将人权看作一种道德主张，而是执迷于法律之中，固执地认为权利必须源于法律，否则，对"权利"再好的说辞和再普遍的使用，都只能是一种误解。在森看来，体察人权的基础不在于其是否获得了相应的法律地位或者相关方面的法律缺失，而在于"必须通过尊重其自由与相关义务的形式，对每个人的基本权利予以充分的道德考量"。[①] 值得注意的是，森并没有否定法律与道德之间的关联，但他并没有循着边沁的足迹，而恰恰赞赏与之截然相反的另一条路径。相较于边沁将权利视为"法律之子"，赫伯特·哈特却将人权视为"法律之母"，在他看来，道德权利可以为立法提供灵感，推动立法的产生。森对哈特的观点给予了充分的肯定，他指出，道德权利具有强大而有效的政治动员能力，可以而且能够成为立法的基础，并发挥建设性的作用。这就从根本上颠覆了边沁的观点。不过，对哈特的赞成只是为了证明边沁的固执与偏颇，但倘若将此视为人权的要义，难免会进入另外一种误区。在森看来，作为道德主张的人权，必须超越立法的路径，以更为广域的视野来对其进行审视，而不是陷入"法产生权利"还是"权利催生法"的"子母之争"当中。推动人权道德的方式和手段不能仅限制在法律的范围之内，舆论的监督与批评、公共辩论与动员、广泛的参与和讨论、非正式组织的积极活动都多有助益。借助于这些相互关联的工具及多种方式和途径，人权的道德伦理可以变得更加有效。概言之，对人权的"正当性批评"并不能自圆其说，人权的理解不能局限在立法的——无论是现实的还是虚构的——狭小区域内。

对于"逻辑连贯性批评"指责的责任主体缺失往往会导致人权的虚幻，森也给出了回答。"逻辑连贯性批评"者把人权及其实现看成与责任主体对偶性的关联，甚至祭出康德的"完善责任"这一大旗，以此来澄明没有特定的责任主体，人权就没有任何的意义。显然，"逻辑连贯性批评"者进行

---

① 〔印〕阿马蒂亚·森：《正义的理念》，王磊、李航译，中国人民大学出版社，2012，第337页。

了选择性的取舍，因为在康德的道德体系中，与"完善责任"相对应的是另一种类型的责任——"不完善责任"。"不完善责任"是作为德性责任而存在的，它可以普遍地向一切能够提出帮助的人提出。正因如此，森才指出，这种批评既不现实，也过于严苛。在有关法制的场合，这种看法或许尚有一定的道理，因为法制的场合需要用法制的强制力和约束力来推进，如若没有了责任主体，正常的法制活动就难以确保。但作为一种道德主张，人权被视为所有人——不分年龄、性别、国籍——所享有的一项基本的权利，这种权利"经常作为权益或权力或豁免——人们能拥有它是好事——而得到支持"。① 确保一个人权利的实现，可以仰仗所有能够给予帮助的人或者机构，而无须指定或依赖特定的团体和个人。换言之，在这里，并不需要严格的配对和一一对应，过于苛刻的责任划定反而有可能制约人权的实现。

当然，人权有时候并不一定能得到充分的彰显，但这不能简单归咎于主体责任之缺失，而是众多主客观因素制约使然。理解人权的关键是要看我们有没有享受这种权利的自由，而非仅仅从其实现程度上去判断，不能将权利的存在和权利的实现相混淆，更不能将人权完全实现视为人权逻辑连贯性的条件。作为一种权利的伦理主张，人权的价值不是简单看主体责任是否厘清，而是与自由的重要性高度关联。能够享受但还没有充分实现的权利，与一个人完全没有享受的权利，是迥然不同的。后者意味着个人在人权方面自由的制约和可行能力的剥夺，而前者恰恰是享有人权自由的一种高度彰显。更进一步来讲，部分权利即便是未能全部实现，也不能因此就将这部分权利排除在人权之外。积极寻找制约权利实现的障碍性因素，致力于推进权利的实现才是工作的重心所在。"即使强制性不足，对这些权利的认可本身也能产生责任，致力于制度变革就是该责任的一部分。通过制度和政治变革来促进那些已经获得认可但目前还没有实现的权利，但却不能将这些未实现的权利视为非权利。"② 事实上，在森看来，

---

① 〔印〕阿马蒂亚·森：《以自由看待发展》，任赜、于真译，中国人民大学出版社，2012，第 234 页。

② 夏清瑕：《亚马蒂亚·森的人权观及其对人权理论与实践的影响》，《学术界》2014 年第 8 期。

如若把全面实现的可行性视为任何人权的必要条件，那才是真正的虚幻。

"文化性批评"者往往借文化的多样性而对人权的普适性高度怀疑，如前文所述，尤以"亚洲价值观"的拥护者表现为甚。在森看来，"亚洲价值观"这种提法本身就值得商榷，一方面，"亚洲价值观"倡导者的主旨是为政治安定提供正当性的依据，其核心理念的确立更多的是来自权威者的论断而非相对独立的历史学家或社会学者，加之缺少对大众群体的倾听，如此，这种观点难免会被少部分人所操纵；另一方面，把东亚几个国家的价值观概括为"亚洲价值观"，显然以偏概全，亚洲如此广大，"适用这个巨大而异质人群的某种纯粹价值观并不存在，更不存在把他们作为一个类别而与世界上其他地区的人们分割开来的价值观"。[①] 即便是在东亚国家内部，多种文化和传统也相互重叠，交相辉映，从中提炼出"亚洲价值观"，难免有粗制滥造之嫌，不仅会陷入孤芳自赏、缺乏应有代表性的尴尬境地，严重的甚至会对该地区拥有多种信仰、信念和承诺的人民大众带来诸多不可控的后果。

必须指出，森对"文化性批评"的反驳，并不是在有意抹杀文化的多样性，恰恰相反，他积极支持和鼓励跨文化之间的交流和对话。他反对的是借助对传统文化的维护来对自由和人权加以拒斥。森认为，"亚洲价值观"注重服从而不是自由，注重忠诚而不是权益，这种价值观不仅是对丰富多彩的亚洲文化的僭越，也是对人权自由主张的一种背离。亚洲文化远非其所做的简单而武断的概括，在儒家文化、佛教文化、伊斯兰文化这些亚洲文化中，蕴含着丰富的自由思想，它们是现代政治体系和现代政治文明的滥觞之一。与此同时，森也不赞同把人权、自由看成仅仅是古老的西方遗产，抑或是西方的一种基本特征，只不过是这种价值观念凭借欧洲启蒙运动加速了其在全人类的传播。这一点虽毋庸置疑，但不能就此把自由、民主视为西方的专利，甚至言称只有西方才把人权奉为圭臬，恰恰相反，在西方文化中也不乏提倡秩序和纪律的成分。概言之，人权既是东西

---

① 〔印〕阿马蒂亚·森：《以自由看待发展》，任赜、于真译，中国人民大学出版社，2012，第235页。

方共同的结晶，也是全人类共同的追求。如此，"真正的问题不在于亚洲传统中是否存在非自由的观点，而在于是否不存在倾向自由的观点"。①对建立在主观解释和狭隘选择之上的价值观的维护，绝不能以牺牲文化的包容和自由的人权为代价。如若固执己见，抱残守缺，凭借"亚洲价值观"之类的说辞，就拒斥人权，不仅前提难以成立，也不可能站稳脚跟，因为"在文化事务上的地区性自足形象是严重误导的，而且这样一种价值观——维护传统的价值纯粹性并且不受污染——是难以维持下去的"。②

综上所述，我们可以看出，森并未像现代人权论者那样，给人权从正面下一个精确的定义，而是采取了一种逆向思维的方法，从对人权的否定之否定，也即对人权批评者的反驳入手，对人权进行了深入细致的分析，使我们对人权有了一个全面和立体化的了解。在森看来，人权批评者并没有认真思考人权的本质和基础，也没有弄清人权的地位以及它与正义之间的关联。尽管人权的表述各有不同，但在不同的表述背后却有着共同的基本关注。从形式上来看，人权既不是肉眼可观的简单物质存在，也不是法令书籍中的种种客观条陈，它们无须通过法律法规来彰显，而是以承认人权这一事物存在的方式来书写。从实质上来讲，人权就是应该做什么的一种强烈的道德宣言，其主旨就在于认识到应该尊重某些重要的自由，以及相应的社会应以不同的方式承担支持和推进这些自由的义务。从内容上来讲，人权宣言所倚重的道德判断关涉自由以及推动和保护这些自由的社会义务，它与人类自由的重要性有着建构性的关联，以自由看待权利，把自由作为道德评价的基础和考察人权问题的出发点，并在广泛社会认同的基础上，使自由成为人权的一部分；从可行性上来看，人权宣言所涉及的道德主张也需要借助于客观的中立和理智的审思，同时要超越立法的单一思维，"认可路径""倡导路径""能力路径"以及充分的信息、广泛的讨论、完善的监督等方式同样可以促进人权，人权的实现可以而且应当多元化。

---

① 〔印〕阿马蒂亚·森：《以自由看待发展》，任赜、于真译，中国人民大学出版社，2012，第 237 页。

② 〔印〕阿马蒂亚·森：《以自由看待发展》，任赜、于真译，中国人民大学出版社，2012，第 244 页。

# 二 人权的自由之域

自由是一个社会最大的福祉，也是公民孜孜以求的目标，它既是正义自身的本质属性，也是正义理论大厦建构的基石。恰如森所言："当我们评价一个社会的利弊或者某种社会制度正义与否时，我们很难不以某种方式思考不同类型的自由以及它们在社会中的实现和剥夺。"① 作为关涉正义的内在因素，人权亦是如此，它不仅是正义自身重要的变量，同时也和正义一样，对自由有着共同的追求。在森的视域中，人权作为一种道德主张，必须对自由给予充分的赋值，以自由看待人权，是审视和考量人权的合适出发点。恰如他所言："自由的重要性不仅为争取我们自己的权利和自由，而且为关注其他人的权利和自由提供了一个根本性的缘由。"②

## （一）自由视域下的人权

（1）自由何以成为人权。一种自由能否成为人权的一部分，并为大众所认同，在森看来，关键要看是否具有相应的"门槛条件"。首先，一方面，要看该种自由所呈现出来的重要性，另一方面，则要审视推进和实现该种自由的可行性。这种重要性首先要看其是否具有道德上的重要性，这是一种自由成为人权最基本的条件；其次，还必须审视此种自由是否具备社会重要性。道德的评判和社会的倚重，是衡量自由重要性的标尺，唯有这两方面重要性得到充分彰显，自由才可能转化成现实的人权。不过，森在这里言及的自由不是传统意义上的自由，而是可行能力中的实质自由。为了探寻这种自由，森对自由进行了历史的追问。从早期霍布斯、洛克的古典自由到康德、卢梭的抽象自由，从马克思的实践自由到伯林的积极自由和消极自由，在揭开自由的多层面纱之后，森提出了可行能力下的自由这种新的思维向度。在他眼中，自由是"实质"意义上的自由，即人们享

---

① 〔印〕阿玛蒂亚·森：《理性与自由》，李风华译，中国人民大学出版社，2012，第6页。
② 〔印〕阿马蒂亚·森：《正义的理念》，王磊、李航译，中国人民大学出版社，2012，第340页。

有有理由珍视的那种生活的可行能力，由此，可行能力进入了自由的视野，在给自由的大厦增添了新的内容之同时，也为人权提供了坚实的理论支撑。

森的这种自由观深受以赛亚·伯林的影响，不过与伯林明显倾向于"消极自由"不同，森对两种自由持中立的立场，旨在于两种自由之间把握一种内在的平衡，他对实质自由的界定有力地印证了这一点。在他看来，实质自由是免受困苦——诸如饥饿、营养不良、可避免的疾病、过早死亡之类——的基本的可行能力。从这个概念来看，免于什么的自由，与消极自由相类似，而其落脚点可行能力则与积极自由的一些理念相吻合。由此可以看出，森既对消极自由给予一定的肯定，也对积极自由给予了较高的认可。在他看来，捍卫个人价值与利益的消极自由与可行能力并不矛盾，对他人侵犯个人权利进行约束，在保护个人自由的同时，也有助于可行能力的提升和实质自由的实现。与此同时，也应该看到，森所倡导的可行能力方法与伯林的积极自由在理念上存在着共通的地方，都注重能做什么的实际能力和机会，强调的是一种主体性和能动性，这与积极自由观的主旨高度契合。

就可行能力与自由的关系而言，两者相互依存、高度关联。[1] 从本质来看，可行能力也是一种自由，是一种能过有价值生活的实质自由，这样的自由，既意味着享有的"机会"，又关涉着选择的"过程"。如若我们有一个足够全面的清单来表现人的能力，那么这份功能性活动组合清单的厘定，就是一个自由选择的过程，一个人能够实现的能力就可以通过他的实际选择而表现出来。不仅如此，它还在很大程度上决定着其他自由的实现范围和可实现程度，它聚焦的并非自由的手段，恰恰是自由本身。作为人们追求的一种价值和目标，自由的实现有赖于主体能力，尤其是可行能力的发挥，而可行能力的高低，本身就是一个人自由度的彰显。自由被赋予优先的地位，是人权的必然要求，但自由的视域应该更加宽广，完全可以将可行能力纳入其中。

森之所以对实质自由如此着墨，概因自由只是通达人权的桥梁，而非终极钥匙。换言之，从可行性来看，一种自由之所以能成为人权，还必须

---

[1]　郑智航：《南非食物权定性的论争及启示》，《法商研究》2009 年第 5 期。

在人类和现有社会的可行范围之内，若缺乏可及性，自由自然就很难转化为人权。为了更清晰地阐明这一点，森举例指出，不容他人侵犯的自由和患病时得到基本医疗救助的自由，显然可以成为一个人应该享有的基本人权。这两方面的自由不仅有着强有力的道德支持，而且关乎整个社会的和谐与稳定，如若不能病有所医，如若一个人的权利可以受到肆意侵犯，整个社会自然就会陷入无序和停顿之中。除了自身所具有的道德和社会重要性之外，实现这两方面的自由也并非遥不可及，法律制度的健全和医疗体系的完善，完全可以给予这两方面的自由充分的保障，因此，这两种自由自然可以有效地转化为人权。但一个人若想享受不受邻居骚扰之自由，或者追求宁静以享受美好生活之自由，并使其成为个人基本权利的一部分，恐非易事。前者没有充足的理由跨越社会相关性的门槛，后者则很难通过具体的社会援助来对其产生影响，从而超越了社会政策的有效范围。因此，一种自由要想成功地转化为人权，其道德重要性、社会重要性、社会可及性都要得到充分的考量。

（2）人权是自由的机会与过程的统一。机会和过程作为实质自由的两个层面，既相互独立，又辩证统一。我们不能倚重一方而忽略另一方，而是要根据具体的情况、背景予以不同的考量；同样的道理，机会或者过程中的任何一方都没有固定的优势或绝对的优先，其相对重要性取决于所选问题的性质及其所处的环境，并随其变化而变化。一般情况下，机会和过程是相互协调的，但有时候也会相互抵牾。在很多情况下，当我们过于关注选择过程之自由时，可能不经意间会削弱成功达至目标的机会，即便"能够亲自选择"是一个非常重要的理念，但当我们选择自由时，必须恰当考虑各类选择行动的效果以及拥有更多选项的实际后果。"这并不是反对自由一般或任一空间中的选择的理由，但是我们确实有理由更审慎地检验以何种方式追求更多的自由以及在什么领域要求更多的选择。"[1] 同样的道理，如果仅仅关注机会的获得而罔顾选择过程中的自由，往往只会聚焦"终极结果"，而忽略了对"全面结果"之考量，从而将实质自由置于

---

[1] 〔印〕阿玛蒂亚·森：《理性与自由》，李风华译，中国人民大学出版社，2012，第550页。

一个相对狭隘的现实境遇之中。人权问题，同样需要对自由和过程予以高度的重视。以个人外出为例，如若一个人把外出视为目标，并且没有受到任何干扰而得以成行，那么他追求外出的自由，在机会和过程方面都没有受到明显的侵害；但如若他外出的过程中融入了被迫的成分，那么即便外出确系他原来的目标，而且也最终实现，但他的"过程方面"显然受到了侵犯；如若他被迫待在家中，而导致其外出的目标落空，则不仅意味着过程受到侵犯，也意味着其机会自由的丧失。

对于人权而言，自由的过程和机会同时存在于其中。机会方面的自由可以看成人权的显在表征。可行能力，也即一个人实现有价值的功能的真实机会，是自由的充分彰显，如若一个人机会方面的自由受到限制，则意味着他的可行能力不同程度地受到损失，当然也会使其在人权方面受到明显的剥夺。不同于机会自由受到限制所导致的这种明显剥夺，过程自由的缺失和由此引致的人权损害，往往是潜在的，需要我们超越可行能力的视角来看待。自己也会选择外出时的"被迫外出"，虽然从最终机会上来讲，并没有受到过于严重的损失（的确也受到了一定的损失，对机会的诠释也包含了选择），但在强制之下做出选择，显然是对一个人自由选择过程的僭越和干涉，它反映出适当程序和正当过程的缺乏，这无疑也是对一个人在人权自由方面的一种剥夺，无论最终结果与预期结果是否相同。概言之，机会与过程的相对独立性并不意味着可以将它们完全割裂开来，而应该在对立之中把握它们的统一。一种考虑"综合性"的选项的手段，使我们必须将机会和过程同时嵌入实质自由之中。实质自由应该容纳更加广阔的视角，既要避免单纯聚焦于过程而无视实际享有的机会以及由此而带来的后果，也要避免仅仅盯住机会而忽略选择过程中的自由。在追求人权的过程中，过程和机会各有其存在的重要性，都应给予高度的重视。

## （二）人权实现过程中的"完善责任"和"不完善责任"

人权的价值和意义与自由高度相关，它既需要享有充分的机会，又需要自由的选择，是机会和过程的辩证统一。然而，这种视角下的自由，更多的是从个人，即人权的享受主体出发，来对个人的自由和人权予以评判。人权的实现当然依赖于个人对自由的选择与掌控，但人权本身并不能孤立地存在，个人对人权的追求必然要关涉他人。如此，个人在追求自身权利时，自然不能侵害和妨碍他人，当然，不可能也无须单凭一己之力捍卫人权。换言之，个人人权的实现需要借助他者的帮助，这种帮助既是责任之驱使，也是义务之所在，它可以用来有效地捍卫彼此的自由与人权。

不过，如前所述，权利和自由同责任并非严格——对应，而是存在多种关联。森援引康德对责任的划分，把责任区分为"完善责任"（perfect obligation）和"不完善责任"（imperfect obligation）。"完善责任"是指特定主体对该权利的实现负有明确的责任，这既体现在完全的法权责任上，如一个人必须负有不得侵犯别人权益的责任，也体现在道德考量之上，如一个人有充分的责任去思考如何施以援手，以帮助他人实现权利和自由。这种责任不同于"同情"，"同情"是一个人的福利受到了影响，因此他会尽力去减轻别人遭受的苦难，但其最大动因仅仅是出于"爱自己"的私利。从表面上看，这是对"理性经济理论"备加推崇的"自利"的一种超越，但从本质上来说，"同情"与"自利"是殊途同归的。如此一来，"同情"虽使其他人的关切以及实现这些关切的自由进入某人派生出的情感，其作用和力量也可以为人权提供必要的支撑，然而，感受他人的痛苦这种形式的同情并不是帮助痛苦中他人的缘由，这种缘由的关键恰恰在于责任的驱使，亦即无论自身福利与权益是否受到影响，都会竭尽所能帮助他人。森将这种责任称为超越"同情"的"信奉"与"承诺"。

然而，森也指出，尽管每个人都负有帮助他人的"完善责任"，但由于"任何人的能力与触及范围都是有限的，而且在不同类型的义务之间，以及在其他——非道义论——人们合理关注事物的要求之间存在优先次序"，[①] 因此，还存在着康德所言的"不完善责任"。在森看来，"法律权利的精确性往往与人权道德主张无可避免的模糊性形成鲜明对比。然而这种对比本身并不是对于包括了不完全义务的道德主张的辱没，因为一个规

———
① 〔印〕阿马蒂亚·森：《正义的理念》，王磊、李航译，中国人民大学出版社，2012，第346页。

范性的理智思考的框架可以合理地允许各种不同情形的存在，而这些难以置于明晰的法律框架中"。① 因此，对人权的尊重与保护，并不意味着都要有明确的法律条文来逐条对应，更不能要求让每个人都来，而且都能够对侵害人权的行径加以阻止，在现实之中，这种要求既过于苛刻，又缺乏可能。"不完善责任"实质上是让一些人能够在合宜的情况下，通过优先选择、不同权重、评价框架等，在力所能及的范围内，对他人予以必要的帮助，是一种不带强制性的普遍德性要求。它与"事不关己，高高挂起"的理念截然不同，不能将"不完善责任"与"没有责任"相混淆，内容上的模糊性和不完整性、形式上的非强制性并不能成为其不具说服力的理由，它完全可以和其他明确具体的"完善责任"共存。在森看来，自由和人权的实现，既有赖于"完善责任"的确定，也离不开"不完善责任"的有效履行和充分发挥。

## （三）人权中自由与利益的分歧与融合

自由是人权的研究起点，也是人权的逻辑旨归，人权本身也是对权利中所体现出的自由重要性的一种确认，自由之于人权，其重要性不言而喻。然而，与森所指的自由人权观相对应，还有一种基于"利益"的人权观，约瑟夫·拉兹就曾指出，"权利将行动的要求建立在他人利益的基础之上"。② 森对此给予了一定的赞同，但他同时也对人权中自由视角和利益视角的分歧与融合予以了澄明。

在森看来，自由和利益的概念本身就有较大的差异，建立在各自概念基础上的人权追求自然也存在分歧。森以和平示威为例，在自由人权观中，参加和平示威的自由是一个人的基本人权，若对此加以禁止甚至武力驱逐，自然是对一个人自由的侵犯，同时，也意味着对人权的剥夺。但如果人权仅仅建立在相关的利益而非自由之上，就需要对游行示威本身是否符合自身利益进行充分的审视。如若示威活动与自身利益并不吻合，那么

---

① 〔印〕阿马蒂亚·森：《正义的理念》，王磊、李航译，中国人民大学出版社，2012，第348页。

② Joseph Raz, *The Morality of Freedom*, Oxford：Clarendon Press, 1986, p. 180.

基于利益人权观的考量，这种示威的自由就可能被排除在人权之外。分歧由此而产生，一方面，若接受利益人权观，则很显然，示威自由并不在人权的范畴之内，由此会导致作为人权基础的示威自由受到破坏；另一方面，如果我们赋予自由在人权中更加突出的位置（无论这种自由是否关乎自身的利益），那么基于利益的人权视角在这种视域之下必然是不充分的。自由和利益之间的分歧，在人权之中似乎难以弥合。

然而，森指出，自由和利益在人权之中并非决然对立，而是可以交汇与相融的。如若超越利益的狭义范畴，从更广域的视野对其进行审视，即把利益看成"人们所选择追求的所有关注，无论其动机如何，侵犯某人选择的自由就等同于侵犯其个人的利益"，① 这种广义的利益观就会使利益和自由之间的鸿沟消失、分歧融合。自由本身就是人的一种利益，利益也需要借助自由来加以彰显，两者都是为了人权的拓展与实现，殊途同归。

概言之，以自由看待人权，需要自由在可行性基础上凸显出其道德价值和社会价值，人权亦是自由的机会和过程的辩证统一，机会的自由固然重要，过程的自由同样不可剥夺，它们共同存在于人权之中。人权的实现，既需要"完善责任"的履行，也需要"不完善责任"的有效发挥；既需要彰显出对利益的尊重，也需要体现出对自由的追求。

# 三 人权的普适之路

森是普适人权的坚定拥护和捍卫者，在他看来，人权之中内含自由、平等的理念，这种观念是"建立在共享人性的基础上，人们拥有这些权利并不因为他是某个国家的公民或他必须被法律赋予"，② 恰恰是人的本性使然。人权的普适必须在理智审思的基础上，对其内容进行丰富与拓展，从而超越地域之囿，实现人权的真正普适。

---

① 〔印〕阿马蒂亚·森：《正义的理念》，王磊、李航译，中国人民大学出版社，2012，第351页。

② Amartya Sen, "Human Rights and Asian Value," *Carnegie Council on Ethics and International Affair*, 1997, p. 14.

## （一）人权普适道路上的理智审思

对人权的审视常常会呈现"普遍主义"还是"相对主义"的二元之争，森并没有陷入其中，而是以更广域的视野超越了这种二元纷争。他既承认了人权所拥有的全人类价值，也看到了不同文化与文明之间的差异，从而形成了一种更加开放、包容和多元的人权观。不过，在森看来，这须以理智的审思为前提，"像其他道德主张的可接受性经过了中立的审思一样，提出人权主张时也有种隐性的假设，即背后道德主张的说服力要能通过公开和信息充分下的审思"。[①] 这既包括开放中立条件下进行批判性审思的互动过程，亦包括关涉人权内容与范围展开的广泛讨论。森进一步指出，不仅仅是人权观的形成，人权在全球性的普适与拓展过程中，也要以理智的审思作为其方法论前提。

作为道德宣言的人权主张，其可行性很大程度上取决于能否经得起公开的审查、平等的交流和自由的探讨。这就要求我们必须摆脱"欧美中心主义"的桎梏，接受多种文化和文明，倾听来自非西方国家的声音、思想和主张，在这一过程中，理智审思自然要扮演重要的角色。一方面，西方国家要以平等的姿态理性审视来自他域的文明，不能带有明显的倾向性。在论及人权成就时，贴上西方优越论的标签，当涉及问题对象时，罗列非西方国家现实中的"反人权性"，这种选择性的判断绝不可取，必须以内省和包容的心态来看待彼此的文明。另一方面，非西方国家也要对西方的人权理念给予理智的审思，而不是一味拒斥，更不能将其视为洪水猛兽，西方人权中的一些思想在当今世界中依然发挥着重要的作用。恰如森所言，"每一种文化都具有独特的意义，我们一定不要在热情提倡保存传统和纯粹性的时候，丧失互相理解并欣赏不同国家文化产物的能力"。[②]

人权的发展与普适必须建立在对不同文明理智审思的基础之上。当

---

① 〔印〕阿马蒂亚·森：《正义的理念》，王磊、李航译，中国人民大学出版社，2012，第356页。

② 〔印〕阿马蒂亚·森：《以自由看待发展》，任赜、于真译，中国人民大学出版社，2012，第245页。

然，这并不意味着人权在全世界范围内都在实际上采取了理智的审思，更多的可能是基于这样一种信念，即"如果有中立的审思，那么提出的主张就会获得支持。在具有充分信息和反思能力的批评者没有强有力的批驳的情况下，一般都会假定该主张具有可持续性"。① 恰是这样的理念，推动着现实中人权活动的开展。不过，需要注意的是，借助理智的审思，即便是在人权主张上达成一定的共识，在人权内部的权重、彼此之间的协调以及如何与道德关注其他主张相互结合这些焦点问题方面，依然可能会产生分歧。但这不能成为我们回避理智审思的理由，恰恰彰显了我们未来仍然需要借助理智审思进一步展开深入的讨论和广泛的交流。如果一项人权主张无法通过开放的公共审思，它的效力就会受到严重的削弱。概言之，无论是批驳还是支持某一道德主张，无论是建构还是普适人权，不受限制的批判性公共审思都是必不可少的。

## （二）超越人权的地域之圈

无论是在东方，还是在西方，在不同的文化中，从来就不缺乏人权的声音，但在具体观念上，人权往往带有浓厚的西方色彩。一方面，西方学者往往将捍卫自由和民主的人权视为西方的产物，他们陶醉其中，并表现出一种自以为是的传教士般的偏颇。另一方面，在非西方的世界里，呈现出有别于西式民主的价值观。以"亚洲价值观"为例，他们提倡的是对纪律和秩序的遵守，以义务和服从为本位。前者往往把人权观念视为西方的发明和创造，并以非常优越的姿态竭力传播；后者虽亦承认人权观念来自西方，却以此作为其与自身文化难以相融的缘由，进而对自由和民主的人权理念加以拒斥。

在森看来，两种观点都失之偏颇，都难以经得起仔细的推敲与历史的审查。一方面，自由、民主、宽容这些现代民主理念的形成，西方的确功不可没，但这绝非西方独特的遗产，东方文明为此也做出了巨大的贡献。

---

① 〔印〕阿马蒂亚·森：《正义的理念》，王磊、李航译，中国人民大学出版社，2012，第356页。

在儒家文化、佛教文化、伊斯兰文化这些亚洲文化中，蕴含着丰富的自由思想，包含着众多的宽容成分，呈现出一种朴素的民主理念。东西方文化在现代人权的建构过程中都发挥了重要的作用。另一方面，也不能把诸如对纪律和秩序的尊奉看成东方文明所特有的，在西方文化中同样不乏提倡秩序和纪律的成分。亚里士多德在捍卫个人自由价值的同时，也漠视了妇女和奴隶的基本权利；柏拉图对权威的提倡一点都不亚于孔子；当东方正实行开明宗教政策之时，西方却处于宗教迫害的煎熬之中。除此之外，还有一个方面，用东亚若干国家的所谓价值观来代替整个亚洲，并以"亚洲价值观"的名义来对自由和民主加以拒斥，显然也很难站稳脚跟。立足于主观解释和狭隘选择之上的价值观的维护，绝不能以牺牲自由的人权为代价。应该以更加开明和包容的态度来看待人权，文化之间的差异不能成为宣扬西方优越论的借口和拒斥人权观的理由。

人权的真正普适，必须超越地域之囿，因为"无论是倡导亚洲价值观或倡导西方价值观，都内含了不同文化价值观之间存在鸿沟的预设，当其用于人权领域时，或被用来拒绝在本国实施人权，或被用来显示文化的优越性"。① 在森看来，必须突破这种狭隘的认识论，"不同文化的不同人们能够分享许多共同的价值观并赞同某些共同的承诺"。② 人权要想在全世界得到广泛的发展，不同国家和民族之间就需要开展跨文化的交流与合作，积极拓展对话的话语空间。一方面，西方国家要摒弃"欧美中心论"的自我优越感，通过平等对话来形成跨文化的重叠性合宜乃至共识，从而确立起具有超越西方社会特有价值的、更加普遍性的人权标准，以更加包容的心态吸收包括东亚文明、伊斯兰文明在内的不同文化，赋予人权观新的内涵；另一方面，广大非西方国家，也不能故步自封于自身文化而对西方的人权理念一概拒斥，要以更加开放和自信的心态，积极参与人权的对话，立足于自己民族丰富的文明遗产，对西方国家积极主张自己的人权观，

---

① 夏清瑕：《亚马蒂亚·森的人权观及其对人权理论与实践的影响》，《学术界》2014 年第8 期。
② 〔印〕阿马蒂亚·森：《以自由看待发展》，任赜、于真译，中国人民大学出版社，2012，第245 页。

以此打破西方人权论的硬壳，将人权创设成具有多种文化基础、高度文化相容的普适价值，通过思想的争搏和交流，使人权具有更广域的代表性。

### （三）人权内容的丰富与全球性拓展

在人权的普适之路上，还要不断地对人权的内容给予丰富和拓展。在森看来，人权不是一种静态的考量，在坚持自由、平等等基本政治诉求的基础上，也要将经济、社会权利等逐步融入人权之中。唯有如此，才能使人权在动态的进程中，彰显出时代的诉求与进步；也唯有如此，才能使人权的普适具有更加实质性的价值和意义。

人类最初对人权的探究，主要局限于对公民政治权利的追求，在美国《独立宣言》和法国《人权宣言》中，其宣扬和体现出的主旨大抵如此。随着社会的进步，人权的范畴和覆盖的领域也悄然发生变化。1948 年联合国发布的《世界人权宣言》，将更多的权利和自由置于人权的范畴之中，不仅包括传统的政治权利，也包括了工作权、受教育权、免于失业和贫困权、参与工会权等，从而使消灭全球性的贫困和其他的经济、社会剥夺开始成为全球人权问题关注的焦点，这被学界称为"二代人权"。1986 年，联合国大会采纳了《发展的权利宣言》，在其中明确指出，所有的人权以及基本自由都不可分割，并且互相依存。因此，应该对实现、促进和保护公民政治、经济、社会和文化权利予以同样重要的注意和考虑，人权至此发展到了"第三代"。这一系列的变化，是人权思想和观念普适过程中必然发生的结果，它丰富了人权的内涵和外延，在推动人权概念发展的同时，也使人权事业在全世界获得了长足的进步。

然而，在传统人权论者眼中，将经济和社会权利纳入人权的范畴，是一种"令人感叹的堕落"，除了加剧"人权通胀"以外，还常常面临"制度化批判"和"可行性批判"。在森看来，这显然忽视了人权内容丰富和拓展带来的积极意义，同时，两种批判性观点也牵强附会。"制度化批判"类似于前文提及的"逻辑连贯性批判"，意在强调权力需与对应的制度相联系，经济社会权利只有制度化才具有实质的意义。森指出，这种批评，既忽视了经济社会权利所拥有的道德功能和建构性价值，也没有看到"完善责任"和"不完善责任"之间有效的张力,对"不完善责任"的正确理解可以有效地化解这种批评。"可行性批评"显然也难以自圆其说,它立论的依据在于我们无论付出多大的努力,都不可能满足所有人的经济社会权利,既然不可行,当然就没有将经济社会权利列入人权范畴的必要。在森看来,将可行性看成获取权利的必要条件,显然并不合宜,若照此逻辑,不仅经济社会权利,所有权利,包括传统人权论者推崇和信奉的自由权利都难以成立。因为经济权利固然难以充分实现,但要保障所有人的自由免受侵犯,亦不可能。若果真如此,自由权利岂不是也要被人权所剔除?人权岂不成了徒具其表的空壳?

对经济社会权利的主张,并不会削弱自由和平等在人权中的价值,恰恰会促进人权内容的丰富和拓展。一种理念的传播和普适,必须得到大众的接受和认同。对经济社会权利的诉求多来自亚非拉等发展中国家,将这种广泛的诉求、愿望融入人权之中,既体现了人权的包容性,也彰显出人权的全人类性魅力。同时,在其全球性拓展的过程中,也更容易得到非西方国家的理解、支持和认同,自然就使人权的理念更易得到传播和普适。"人权对世界上所有人们来说都具有魅力,也是世界上所有人们应该受到保障的价值。"① 正因为如此,我们才更应走出"西方中心论"的偏颇,克服人权的"纯粹形态"思维,立足于社会发展和多元文化,为人权注入时代的气息和新的内容,在推动人权自身发展和完善的基础上,使人权惠及全人类。

## 四　阿马蒂亚·森人权观的反思与批判

不可否认,森在其正义的思索中,对人权进行了积极和富有成效的探索。他摆脱了只从各自领域单向度地谈论人权,抑或机械式地理解人权的束缚,而是将自由融入其中,以自由看待人权。同时,森将人权与发展、

---

① 〔日〕大沼保昭:《人权、国家与文明》,王志安译,生活·读书·新知三联书店,2014,第 200 页。

人权与正义有机地关联起来，赋予了人权更广阔的含义。他对人权中机会与过程、完善责任和不完善责任、自由与利益之间的辩证关系也给出了令人耳目一新的回答。然而，也应该看到，森对人权的理解，尽管有许多有益的成分，但并不完美，既有明显的不足和局限，也存在一定程度的曲解和僭越。

回溯历史，西方近代人权论者高扬理性的大旗，从抽象的人性论出发，借助臆想的自然法权来构建人权观念，把人权视为永恒化的道德追求，呈现出典型的道德主义倾向。相较于资本主义启蒙运动以来的这种人权观，森不仅在人权的思索中融入了现实的考量，也在一定程度上推动了政治自由与经济发展的双向融合。但不可否认的是，由于唯物史观的缺失，森无法站在社会历史的高度，从现实的人出发，依据人的社会性和历史发展来认识人权。在他的视域中，包含自由、平等在内的人权，并非仰仗于公民资格或法律制度才能被赋予，而是人的本性使然，是建立在共享人性基础上的一项基本权利和全人类价值。如此看来，森虽然超越了功利主义等一些不合宜的思想，并为人权注入了一些新的内容，但他依然不能跳出以"人性"假设为前提的唯心主义和"道德中心论"的固有窠臼。究其原因，他没有也不可能认识到"所谓的人权，无非是市民社会的成员的权利，就是说，无非是利己的人的权利、同其他人并同共同体分离开来的人的权利"。[①] 如此，在他眼中，人只是一群具有某种共同规定的类，从不同的个体中抽象出某种共同性，并把它作为人之为人的规定，进而从中寻找人权发生的根据。从唯物主义的视角来看，森的这种人权观不过是旧的资产阶级法权观的一种现代翻版，循着这条路径，即便是在一定程度上推动了人权的发展，充其量也只能实现"政治解放"，要想真正实现"人类解放"，必须摆脱狭隘的观念束缚，在消除政治国家与市民社会之间二元对立的基础上，实现人的自然性和社会性的和谐统一。

再来看人权的实现之路，如果"仅仅从抽象的人性和道德权利的角度来鼓吹人的平等、幸福并不能使人的福利权利得到保障，相反，它可能造

---

① 《马克思恩格斯文集》第 1 卷，人民出版社，2009，第 40 页。

成一种虚假意识形态对社会的不平等和不公正现象的掩饰。要消除自然权利中的人道主义幻象，只有采取政治行动，改变不合理的经济、政治关系"。① 显然，森并没有走得如此之远，因为缺乏生产方式的分析，他看不到包括人权在内的法权关系是由经济基础决定的，因此，他对引致人权问题的原因之剖析，多止步于表象，由此提出的变革之路，如理智的审思、能力的平等、广泛的讨论等也只能是有限的改良。与森不同，马克思在对资产阶级人权观严词批判的基础上，一针见血地指出，"自由""人权"这些口号无论多么迷人，无产阶级都不应被迷惑，更不能视其为奋斗目标。不废除私有制，建立在不平等经济基础上的人权，只能是资产阶级理性王国的空洞宣言，"这个理性的王国不过是资产阶级的理想化的王国；永恒的正义在资产阶级的司法中得到实现；平等归结为法律面前的资产阶级的平等；被宣布为最主要的人权之一的是资产阶级的所有权"。② 从中我们不难看出，马克思和森在实现人权的道路上存在明显的差异。马克思以唯物史观为基础，把废除私有制的实践运动看成实现人权的唯一途径。森则以理智审思为方法论前提、以可行能力中的实质自由为主线建构起人权理论。在这里，森虽为我们提供了思考人权新的向度，其理论也在一定程度上有助于自由和平等这些人权的提升，但在他的人权理念里完全看不到废除私有制和重构社会的意向。如此一来，其所言及的人权，无非是在维系资本主义现有秩序前提下的一种"升级"和"扩充"，在私有制存在的阶级社会里，自然也不会得到充分的实现。

在人权的普遍性方面，森是坚定的拥护者。在他看来，借助于理智的审思，跳出人权"普遍"和"相对"的二元纷争观念的窠臼，通过对人权内容的丰富和拓展，超越人权的地域之囿，在积极沟通、对话与合作的基础上，人类完全可以走出一条开放、包容的人权之路。森的这种观点，显然有所偏颇，由于没有看到人权背后的历史与阶级因素，其所做出的人权普遍性之分析，自然也是对人权在理论和实践上的一种僭越。一般而

---

① 钱宁：《从人道主义到公民权利——现代社会福利政治道德观念的历史演变》，《社会学研究》2004 年第 1 期。
② 《马克思恩格斯文集》第 9 卷，人民出版社，2009，第 20 页。

言，人权普遍性往往会呈现出两个方面的主张，一方面是横向上的普遍适用性，即一种人权适用于所有人；另一方面是纵向上的历史永恒性，即人权具有永恒的价值。这两个条件必须同时满足，否则，其普适性就很难成立。

在马克思的视域中，人权是阶级与历史的统一。首先，人权呈现出鲜明的阶级性，在私有制和阶级存在的前提下，"人权并没有使人摆脱财产，而是使人有占有财产的自由；人权并没有使人放弃追求财富的龌龊行为，而只是使人有经营的自由"。① 也正因为如此，人权只是体现为统治阶级的人权，"平等地剥削劳动力，是资本的首要的人权"。② 可见，一个超阶级的、对所有人群都适用的普适人权在马克思看来并无存在的可能，但在森对普适人权的理解中，阶级分析被完全遮蔽。其次，在森的视域中，人权是一种强烈的道德主张与宣言，若按照普适的理念，这种道德自然就应该具有恒久的价值。然而，恩格斯一针见血地指出："我们拒绝想把任何道德教条当做永恒的、终极的、从此不变的伦理规律强加给我们的一切无理要求，这种要求的借口是，道德世界也有凌驾于历史和民族差别之上的不变的原则。相反，我们断定，一切以往的道德论归根到底都是当时的社会经济状况的产物。"③ 由此我们不难看出，恩格斯坚决反对永恒的道德观，在他看来，道德是一种历史的范畴，并不存在超越历史和时代的道德价值。而人权作为道德的一种表征，自然亦不可能超越历史，凌驾于时代和民族差别之上，如此，普适人权自然是一种奢谈。森把人权看成一种普适的价值，显然是对人权本身固有的历史性和阶级性的一种僭越。

# 结束语

如是观之，森的人权观以逆向思维的方式，在对人权否定之否定的基础上，在何为人权、人权何以可能、人权如何超越地域之囿、给予人权全

---

① 《马克思恩格斯全集》第 2 卷，人民出版社，1957，第 145 页。
② 《马克思恩格斯文集》第 5 卷，人民出版社，2009，第 338 页。
③ 《马克思恩格斯选集》第 3 卷，人民出版社，2012，第 471 页。

球性的丰富与拓展等方面，做出了有别于传统人权论者的阐释，呈现出清晰的逻辑理路和独特的思维向度。应该来讲，森的这种人权观，在主观上并非像一些狂热的自由主义者那样，是为资产阶级的意识形态摇旗呐喊，事实上，它是森追求正义的良善愿望之表达，其提出的路径在一定程度上也可以促进人权事业的发展，因此，我们大可不必给森扣上一顶"资产阶级鼓手"的帽子。然而，若从历史唯物主义的角度来审视，森的人权观只是为我们提供了一个新的平台与视角，由于缺乏人类历史发展的维度，其人权观难以摆脱历史与阶级的束缚，自然就跳不出西方人权观固有的窠臼。这就需要我们站在一定的距离之外，以"他者"的眼睛来对森的人权观进行理性的审视，既不能过度溢美，又不能一味贬抑，而要对其进行辩证的分析，既不能将森的人权观冠以"自由主义人权"的帽子而加以排斥，亦不能对其思想不加甄别地全盘拿来。理性地吸收、批判地借鉴、合理地运用，才是我们应当秉持的科学态度。这对于中国特色人权理论的构建，乃至中国人权事业的推进与发展，都是大有裨益的。

# 城堡原则与人身安全：基于人权视角的考察

耿　焰　张朝霞*

**摘　要：**城堡原则指在住所内遭受侵犯的个人可以采取包括致命暴力在内的任何防卫措施来保卫其住所和住所里的人，不必退让。"城堡"的范围包括居所、工作场所和其他合法占有的独立空间。城堡原则中，防卫方和侵入方的法益不在一个层次，防卫方的人身安全优于或超越后者的法益，所以防卫方才有权使用包括致命暴力在内的防卫手段来防卫。从人权角度观察，城堡原则具有人权原则的本质特征，居于人权法位阶。这意味着城堡原则虽然不是实体法，但能够为实体法提供稳定的原理、准则。具体表现在其对宪法提供价值指导，对刑法、民法、行政法等基本法律提供规则指向，对整个法律体系各种部门法的相互协调、融合和补充提供知识指导，提醒部门法领会每个人的城堡即个人住所与个人人身安全不可分割的内在联系。

**关键词：**城堡原则；人身安全；人权原则；住所；防卫

## 一　城堡原则的含义

"城堡原则"的英文对应名称是 Castle Doctrine 或者 Castle Law，布莱克法律辞典解释为："在住所内遭受侵犯的个人可以采取包括致命暴力在内的任何防卫措施来保卫其住所和住所里的人，不必退让。"① 其基本含

---

* 耿焰，青岛大学法学院教授，法学博士；张朝霞，青岛大学法学院讲师，法学硕士。
① *Black's Law Dictionary*, Sixth Edition, Centennial Edition, West Publishing Co., p. 218.

义包括两方面：一是个人的住所遭遇侵犯，个人不必履行退让义务；二是行为人可采取任何等级的防卫措施，包括致命暴力。

退让义务和避免致命暴力的使用是自我防卫的一般原则。退让义务指在个人面临危险时，如果能通过退让来避免危险，法律要求个人首先退让。这是因为阻却和惩罚犯罪是公权力的范畴，同时为防止个人将自卫演变成变相的杀人手段，加之追诉犯罪的程序正义要求。① 因此，个人在遭遇危险时，如果通过退让（包括但不限于退让到安全区域或地带）就可以避免危险的话，个人有义务先行退让。在退让的同时，还意味着个人不能使用致命暴力作为防卫措施或手段，因为个人没有权利剥夺侵犯者的生命。如美国 Beard 案的哈兰法官（Justice Harlan）所论证的那样："如果能通过退让来免除自身的危险，那么行为人就应该避免索取他人的性命。"② 即在考虑自身安全的前提下，一个人自我防卫时必须避免剥夺他人的生命。美国模范刑法典也对退让义务作了一般规定：如果行为人是针对自己的暴力行为的挑起者或者本可以从冲突现场退让而没有退让的，行为人使用暴力来进行自卫就不具有正当性。③ 换言之，退让义务和致命暴力的限制要求保全侵犯者的性命，也表明个人的防卫措施等级受到严格限制。即在任何冲突或危险处境中，如果行为人能采取退让的方法或措施让自己远离冲突或危险处境，那么其就没有权利对冲突的另一方采取致命的暴力来制止冲突或使自己远离或脱离危险。但城堡原则是个例外，体现在以下方面。

首先，依据城堡原则，当个人在住所遭受入侵时，个人没有退让义务，个人的住所是人身安全的最后防线，在住所内，个人没有任何义务对侵入者进行任何退让。在 1914 年 People v. Tomlins 一案中，法官本杰明·卡多佐（Justice Benjamin Cardozo）写道："从来就没有，现在也没有一个

---

① 有学者认为，确立退让义务最主要的原因是将使用暴力的权力掌握在国家手里，国家成为可以使用暴力来惩罚犯罪的唯一主体。参见 Benjamin Levin, "A Defensible Defense?: Reexaming Castle Doctrine Statutes," *Harvard Journal on Legislation*, Vol. 47, 2010, p. 529.

② 158 U. S. 550 (1895).

③ Model Penal Code, Official Draft and Explanatory Notes, edited by the American Law Institute, 3.04 (2) (ii).

法律要求行为人在自己的住所遭到攻击时退让"。① 而在 1965 年 Hedges v. State 案中，法院的裁决更是重申"每个人的家是其最后的庇护所，没有比家更安全的了"。② 在自己的住所不必退让或者没有任何退让义务，这是因为，个人的住所是其能退让的最后的"墙"，③ 已经再无可退。美国模范刑法典在确定个人确保自身安全下的退让义务时也特别规定：行为人没有从其住宅和工作场所退让的义务。其次，从防卫的角度看，防卫通常要求防卫的手段或措施须与遭遇的危险程度相适应，不得过当，但城堡原则完全排除防卫措施恰当性的考虑，即依据城堡原则，不存在防卫过当的问题。因此，也可以说城堡原则具有特殊防卫的性质，只是其不以侵害人将要进行或正在进行特殊犯罪或严重犯罪为适用条件，而是以侵入住所为适用条件。

## 二 城堡原则——维护人身安全的人权原则

### （一）每个人的城堡都是其人身安全的底线

城堡原则根源于维护人身安全的理念，其来源于古罗马④，被英国继承并发扬光大。一个古老的英国格言揭示了这个理念，即"一个英国人的家就是其城堡"。这其实是基于人性的考虑，承认每个人的住所都是自己的城堡，也是维护自己人身安全的底线。

人具有寻求安全的天性，就像孟德斯鸠所说的那样，食物、安全和爱是人的基本需求。寻求安全不仅指抵挡自然界的风雨，躲避动物的侵袭，更多的是从同类、从社会中寻求安全，这不仅要求每个具体的个人要时时克制自己潜藏于内心的贪婪、自私乃至侵犯他人的冲动，更要求权力这个无形的"巨人"要处处遵循规则，不能随意越界，这样才能为社会的每个人，最终也为自己建立一个最起码的安全场所。但是，如何让他人和权力

---

① People v. Tomlins, 107 N. E. 497 (N. Y. 1914).
② Hedge v. State, 172 So. 2d 824 (Fla. 1965).
③ Commonwealth v. Fraser, 85 A. 2d 126 (Pa. 1952).
④ *Black's Law Dictionary*, Sixth Edition, Centennial Edition, West Publishing Co., p. 218.

随时警醒自己的行为，不侵犯具体个人的人身安全呢？除去法律上抽象的规则，还需要设立或确立一个物理界线，一个大家都能看得见、摸得着也没有歧义的物理界线，以此来作为人身安全的底线，这个物理界线就是住所。

表面上，住所就是一个确定的物理场所，这个场所不论位置、材质、大小都是个人特有的场所，是个人生活不可缺少的，其不仅安放、安置个人的身体，承载个人的隐私，是个人精神得以自由或者以自己最惬意的方式存在和释放的首选场所，而且这个场所可以以明确的物理方式来划分他人和自己、自己和社会、权力和权利的界限，给他人、权力一个明确的止步线，没有法律的特别规定和正当程序，任何人、任何机构组织均不得以任何名义越过这个界线。若越过这条界线，那么住所的合法占有人、合法持有人就可以采取任何等级的手段来还击，唯有如此，才能守住个人人身安全的底线。可见，城堡原则将每个人的住所这个物理场所视为"城堡"，赋予其神圣与不可侵犯的地位，并承认场所的主人——个人对入侵者可采取任何等级暴力防卫手段的权利，目的是为个人的身体健康、安全以及精神自由提供一个不可任意冒犯的确定的物理空间，以此来守住人身安全的底线。

承认和认可城堡原则与社会的文明程度高低相关。倘若社会还是盛行丛林规则，个人的住所就不能成为维护其人身安全的城堡，而只是一个风雨飘摇的破屋。城堡原则由理念转化成法律始于英国法学家爱德华·柯克。作为英国宪政制度的重要奠基人，柯克在其《英国法律的结构》中首次确定这个法律概念："每个人的家都是其城堡，每个人的家都是其最安全的庇护所。"① 其后，进一步阐释城堡原则含义的则是英国法学家布莱克斯通（William Blackstone）。布莱克斯通在《英国法释义》第 4 卷第 16 章中对城堡原则进行了详细阐述，认为住所主人杀死入侵者是自然权利，强调英国法律对住所的特别关注，住所就是人的城堡，这与西塞罗的理念

---

① 这一表达的意义和起源："每个人的家都是其城堡。"（"An Englishman's home is his castle."）http://www. phrases. org. uk/meanings/an - englishmans - home - is - his - castle. html，last visited at 2020 - 06 - 19.

一致，住所在法律上有相当程度的豁免权。这表明布莱克斯通认为人身、住所等同，是个人的绝对权利。最早适用城堡原则的案件据说是 1604 年的 Semayne's 案，当时的赫尔法官（Lord Chief Justice Hale）在该案中写道："在遭到攻击时，一个人如果是在自己的住所中，不必像别的自卫案件一样能退让多远就退让多远，原因就在于他处于自己的住所中。"① 其后，在关于住所内的防卫案件中，司法裁判一直将重点放在受到侵犯个人的人身安全上，认为"一个人在住所内遭到侵犯，意味着其已经退让到了不可退让的地步，因为没有比其住所更安全的了"。②

### （二）城堡原则的人权法位阶

从人权角度观察，城堡原则具有人权原则的本质特征，居于人权法位阶。这意味着城堡原则虽然不是实体法，但能够为实体法提供稳定的原理、准则。具体表现在其为宪法提供价值指导，为刑法、民法、行政法等基本法律提供规则指向，为整个法律体系各种部门法的相互协调、融合和补充提供知识指导，提醒部门法领会每个人的城堡即个人住所与个人人身安全不可分割的内在联系。

第一，城堡原则为宪法提供价值指导。实际上，布莱克斯通阐述城堡原则并将其作为人身权利保障的底线时，已经在私人关系和公权力关系、自己与他人之间清晰划出了界限，由此确立了英国宪法的体系。这意味着围绕城堡原则的核心价值人身安全，英国厘清了个人与公权力、自己与他人之间的关系。这其中的情形正如英国宪法学者戴雪所评论的那样，研究英国宪法的含义和范围，"布莱克斯通是唯一的向导……原书（指《英国法释义》——笔者注）在人身权利的一纲之下，大概概举之无遗"。③ 其后，许多人开始阐明城堡原则的内容，且有意识地运用城堡原则来防止公

① Sir Matthew Hale, The History of the Pleas of the Crown 486 (W. A. Stokes & E. Ingersoll eds., Robert H. Small 1847)(1739). 转引自 Joshua G. Ligtht, "Castle Doctrine—The Lobby Is My Dwelling," *Widener Law Journal*, Vol. 22, 2012, p. 221。
② 这是有学者检视美国佛罗里达高级法院运用城堡原则的案例后得出的结论。参见 "Castle Doctrine and Domestic Violence," *Messerschmidt*, Vol. 106, 2016, p. 609。
③ 〔英〕戴雪：《英宪精义》，雷宾南译，中国法制出版社，2001，第 89~90 页。

权力对人身安全的侵犯，通过在权力面前构建个人的"城堡"来维护私权。比较著名的是英国首相老威廉姆皮特（William Pitt, the first Earl of Chatham）在 1763 年发表的一段话："最穷的人的小村舍都是其城堡，哪怕如灯芯草一样脆弱，也能抵挡来自权力的所有暴力。风能进，雨能进，但英国国王不能进。"① 可见，相对于他人对人身安全的侵犯而言，最初人们运用城堡原则时更在意其对公权力的制约，可以说，城堡原则最初是用于抵挡公权力的，防止公权力对人身安全及财产权的侵犯，这使得规范公权力的宪法自然而然地吸取了城堡原则的核心价值，完成了人身安全保护在宪法层面的实证化和具体化。实际上，当时及其后的自由主义者如洛克、贡斯当、密尔以及托克维尔都认为，在假定人的自由活动应该受到限制的同时，应该存在最低限度、神圣不可侵犯的个人生活的领域。② 这个领域应该是清楚的、可分界的，城堡原则恰好能在世俗生活明确地分清公权力领域与私生活领域的界限，给公权力划出一个禁止区域。于是，利用城堡原则来阐述公权力对个人自由、安全、隐私的尊重成为当时社会的共识。可见，宪法接受城堡原则指导，深层次的原因还是人们对于人身自由和安全的基本需要，同时也包含对公权力肆意本性的警惕。从这个角度分析，是人身安全的核心要旨使城堡原则得以指导宪法，为其提供价值选择。

美国宪法修正案即人权法案（the Bill of Rights）第三条、第四条被认为与城堡原则的理念直接相关。第三条规定："士兵在和平时期，非经房主许可不得驻扎于任何民房；在战争时期，亦不得进驻民房，除非法律另定。"研究者早已指出，该条的规定来源于"普通法确定的伟大权利，一个人的住所就是他的城堡"。③ 实际上，早在 1683 年，纽约的自由和权利宪章中就有关于禁止军队驻扎民居的规定，而此宪章也直接源于英国古老

① 原文是："The poorest man may in his cottage bid defiance to all the forces of the crown. It may be frail – its roof may shake – the wind may blow through it – the storm may enter – the rain may enter – but the King of England cannot enter." http://www. phrases. org. uk/meanings/an – englishmans – home – is – his – castle. html.

② 〔英〕以赛亚·伯林：《自由论》，胡传胜译，译林出版社，2003，第 191 页。

③ Linda R. Monk, *The Words We Live by: Your Annotated Guide to the Constitution*, A Stonesong Press Book, New York, p. 156.

的普通法，体现了城堡原则。其他地区的宪法如弗吉尼亚宪法中也有同样的条款。但遗憾的是在英国与法国和印第安人的战争中该条屡被违反。美国人权法案的起草者直接照搬了弗吉尼亚宪法的内容，包括军队不得驻扎民居的规定。可见，城堡原则在美宪法修正案被通过前已经在北美被立法采纳。美国宪法修正案第四条规定的"人民的人身、住宅、文件和财产不受无理搜查和扣押的权利，不受侵犯"更是被视为城堡原则在宪法中的体现，其不仅明确地将"住所"与"人身"并列，还将住所中最可能存放之物"文件"单独列出，表明了住所对人身安全不可取代的意义，同时也说明城堡原则为美国宪法修正案提供了价值指导，奠定了宪法保护人身安全的理论基础。

我国宪法第 39 条规定：中华人民共和国公民的住宅不受侵犯。禁止非法搜查或者非法侵入公民的住宅。之所以这样规定，是因为住宅安全与人身安全等同。保护住宅安全最终不是为了住宅这个物理存在本身，而是通过保护住宅来维护人身安全，因此，住宅安全是作为个人的基本权利存在的。从这一点看，我国宪法也与城堡原则追求的核心价值不冲突，实际上接受个人的住所是维护个人人身安全的城堡的人权理念。

## （三）城堡原则对具体法律的规则导向作用

城堡原则对具体的法律（典型的是刑法、民法和行政法）具有很强的规则导向作用，这不是说城堡原则要统治具体法律，而是说具体法律关于人身安全保护的规则所体现的价值须与城堡规则的核心价值暗合，或不冲突、不违背。

首先，最能体现城堡原则规则导向作用的是刑法，这是因为刑法是关于犯罪和刑罚的规则总和，而侵犯他人人身安全是典型的犯罪行为，因此，刑法多将城堡原则中蕴含的保护人身安全的各种要素直接转化成具体的刑法规则。美国许多州的刑法将城堡原则作为豁免刑事和民事责任条件。如美国爱达华州第一个在刑法中承认城堡原则，直接将城堡原则的内容转化成刑法规则，规定：倘若行为人采取合理必要的手段保卫自己、自己的住所或援助他相信处于即刻危险的受害人或遭受严重伤害、抢劫、强奸、谋杀或其他严重犯罪的受害人，在本州，行为人不会为此受到刑事指控。实际上，美国绝大多数州都认可城堡原则具有免除刑事和民事责任的效力。美国模范刑法典也遵从城堡原则。

城堡原则除作为豁免刑事责任的条件外，在规则导向方面更是直接产生了"不退让法"（Stand Your-Ground Laws，以下简称 SYG 法），目前美国刑事领域中常作为正当防卫理由的 SYG 法可以说与捍卫人身安全的城堡原则直接相关，一些学者甚至认为 SYG 法可以视为"城堡原则"的延伸，后者是前者的根基。① 还有不少研究人员干脆将 SYG 法称为城堡原则或者修改的城堡原则。该法的基本含义是防卫人在自己合法占有、拥有的地方倘若遭受危险或威胁，而公共权力又不能给予及时保护时，防卫人就可以采取包括致命暴力在内的任何等级的防卫措施而无须从自己的地方退出。SYG 法中的"地方"（ground）是由"城堡规则"中的"住所"扩展的，不仅包含住所，而且包括行为人有权停留的任何地方，这样公共地方、公共场所也就包含其中。

虽然在美国刑法界还有人质疑 SYG 法的合理性以及实施的实效等问题，但是仔细分析不难发现，城堡原则在关于 SYG 法的争议中不但没有被削弱，反而得到了加强。首先，社会关于 SYG 法的争议主要集中于种族和性别是否在 SYG 法的实施中成为实际控制因素以及 SYG 法是否达到了立法目的如有利于降低犯罪率等。如部分学者从 SYG 法的目的出发，认为该法对城堡原则的扩展没有起到控制犯罪率的作用，甚至提高了犯罪率，尤其是杀人案的犯罪率。如有学者下结论说，在 SYG 法实施后，犯罪率提高了 8%。② 可见，关于 SYG 法的争论从未涉及城堡原则本身，而是涉及个人不退让的地方是否应该扩展到个人的"城堡"即个人的住所以外的地方。个人有权在自己的住所内为防止、阻却或解除侵犯而采取包括

---

① 原文大意是：SYG 法根源于有一个世纪历史的英国普通法"城堡原则"。参见 Adam M. Butz, Mich. Ael P. Fix and Joshua L. Mitchell, "Policy Learning and the Diffusion of Stand-Your-Ground Laws," *Politics and Policy*, June 2015, pp. 347 – 377.

② Cheng Cheng, Mark Hoekstra, "Does Strengthening Self-Defense Law Deter Crime or Escalate Violence? Evidence from Expansions to Castle Doctrine," *The Journal of Human Resources*, Vol. 48, No. 3, Summer 2013, pp. 821 – 853.

致命暴力在内的防卫措施，立法、司法机构和学者对此并不质疑。其次，在争论中，只有极少部分的争论上升到了立法层面。SYG法在2005年由佛罗里达州制定，但犹他州早在1994年就有类似的法律。到2013年，已经有34个州在不同程度上实施了SYG法。虽然围绕该法的实施美国有许多争论，但是到2013年，在34个实施SYG法的州中，只有7个尝试从立法程序上提出修改该法。可见社会不仅认可城堡原则，还基本认可城堡原则延伸或扩展出来的SYG法在维护人身安全方面不可替代的作用。另外，实证调查也显示社会是在认可城堡原则的基础上才接受SYG法的。美国检察官研究会（National District Attorneys Association's American Prosecutors Research Institute，APRI）在2007年就城堡原则扩展到SYG法的原因进行了调查，第一个原因就是公共安全。"9·11"事件后，美国公众对政府维护公共安全的信任降低，才使城堡原则扩展或延伸到SGY法。[1]这实际上从另一个层面表明，城堡原则在维护个人人身安全方面获得了社会极大的信任。基于人身安全的考虑，美国大部分州对城堡原则进行了扩展或延伸，用SYG法来涵盖城堡原则；部分州维持了城堡原则原有的含义，如阿拉斯加州等；极少部分州如新墨西哥州仍强调面对住所入侵时的退让义务。可见，城堡原则已成为指导刑事自卫的原则。另外，在关于SYG法的争论中，有一种声音引起了人们注意，那就是认为SYG法将城堡原则从住所扩展到住所以外的地方并没有给予家庭暴力的女性受害者足够的保护，因此，强烈呼吁城堡原则的适用应包含夫妻或同居关系，认为夫妻或同居的一方对另一方使用家庭暴力或施虐行为时，受虐者有权以城堡原则反抗。[2]可见，关于SYG法的争论使得城堡原则对刑法的规则导向作用更加彰显。

我国刑法有入侵住宅罪，有正当防卫条款，还有特殊防卫条款，其中特殊防卫条款是对人身保护最有利的条款，规定"对正在进行行凶、杀

---

① Benjamin Levin, "A Defensible Defense?: Reexaming Castle Doctrine Statutes," *Harvard Journal on Legislation*, Vol. 47, 2010, p. 531.

② 具体论证参见 Cristina Georgiana Messerschmidt, "A Victim of Abuse Should Still Havea Castle: The Applicability of the Castle Doctrine to Instances of Domestic Violence," *The Journal of Crimnal Law & Criminology*, Vol. 106, No. 3, pp. 593 – 625。

人、抢劫、强奸、绑架以及其他严重危及人身安全的暴力犯罪，采取防卫行为，造成不法侵害人伤亡的，不属于防卫过当，不负刑事责任"，这是不是城堡原则这一人权法位阶的人权原则直接导出的刑法规则呢？答案似乎不那么肯定，理由如下。

特殊防卫条款并未将"住宅"与"人身安全"直接画等号，并没有明确规定入侵他人住宅的，住宅合法占有人有权采取防卫措施而致人死亡的不负刑事责任。这里面隐含的观点是入侵住宅并不等于人身安全受到威胁。刑事司法界适用刑法特殊防卫条款也遵循了这种隐含的观点，并没有将住宅作为保护人身安全的城堡，也不认同入侵住宅就等于冲击人身安全的底线。这种思维在典型案件中体现得尤其明显，如于欢案。于欢案发生在于欢母亲的公司，也是住宅，这一点法院判决也认可。但是，一审法院和二审法院均认为于欢捅刺不法侵害人杜志浩等人的行为属于故意伤害，理由是于欢与其母亲的人身安全没有受到严重威胁，一审判决书甚至没有提及住宅的字样，更是对于欢在住宅内受到的人身安全威胁视而不见，将入侵住宅的行为定性为"长时间纠缠"，认为"于欢不能正确处理冲突"。[①] 这实际上就将住宅安全与人身安全相分离，不仅不符合城堡原则的宗旨，而且与城堡原则直接冲突，对个人人身安全保护相当不利。二审判决虽然认定侵害人杜志浩等人具有非法入侵他人住宅的事实，但认为杜志浩等人实施的不法侵害不属于刑法规定的严重危及人身安全的暴力犯罪，不能适用特殊防卫款，于欢没有特殊防卫权。从这点看，于欢案的一审、二审对于欢行为的定性没有任何本质区别，均没有将住宅安全视为人身安全的最后防线，甚至认为在住宅内的防卫也要求不突破"必要限度"。[②] 从人权法的角度观察，我国刑法在这一点上的可进步空间不小。

---

[①] 于欢案一审判决书的原文是："被告人于欢面对众多讨债人的长时间纠缠，不能正确处理冲突，持尖刀捅刺多人，致一人死亡，二人重伤，一人轻伤，其行为构成故意伤害罪。"参见山东省聊城市中级人民法院刑事附带民事判决书（2016）鲁15刑初33号。

[②] 于欢案二审判决的原文："上诉人于欢持刀捅刺杜某等私人，属于制止正在进行的不法侵害，其行为具有防卫性质；其防卫行为造成一人死亡、二人重伤、一人轻伤的严重后果，明显超过必要限度造成重大伤害，构成故意伤害罪，依法负刑事责任。"参见山东省高级人民法院刑事附带民事判决书（2017）鲁刑终151号。

城堡原则的人权法位阶不仅要求宪法将住宅安全与人身安全联系，还要求宪法确定的住宅安全转化成刑事诉讼法中的程序规则和证据规则。美国辛普森案中，控方的关键证据之所以失效，在于证据的获取侵犯了住宅安全，是没有搜查令的紧急搜查，是警方擅闯民宅所获，因此直接不予采信。这种证据规则实际上反映了一种宪法价值的取舍：案件的具体真相与个人住宅安全的价值相比，孰轻孰重？美国宪法修正案第四条规定了人民的人身、住宅、文件和财产不受侵犯，该修正案直接导致了诉讼中的证据排除规则，成为对警察权力的必要约束。不采用违背住宅安全获取的证据，哪怕这一证据对于还原案件的真相极为重要，虽然个案的真相揭露很可能因此受阻，但个人住宅安全的宪法价值得以维护，普通人安心了，不用担心公权力的公然入侵，个人住宅成为保护自身安全的名副其实的城堡。我国的诉讼程序和证据规则的设计还是围绕发现真相而设计，在发现真相与住宅安全的宪法价值冲突时，前者明显占据了上风。

其次，同是基本法律的民法也接受城堡原则的规则导向。这不仅体现在住宅作为财产中的不动产受到民法的特别保护，还体现在对平等主体之间的民事行为，民法也依据城堡原则来制定和调整具体的规则，维护住宅在人身安全防护中的特殊地位，防止民事主体借民事关系对个人的人身安全形成威胁。典型的是民法依据城堡原则来调整对于债权债务关系的处理方式。这不是说民法依据城堡原则具体规定债权债务关系的产生、变更和消灭，而是指城堡原则对民法处理债权债务的民事行为有导向作用。典型的如美国有《公平债务催收法》（FDCPA）。该法明确规定债权人不能对债务人采取上门骚扰的方式催债，这就是城堡原则对民法的规则导向。在这一点上，我国的民法似乎没有受到城堡原则的导向作用影响，没有将住宅与人身安全的最后防卫联系在一起，甚至认为债权人上门骚扰也在情理之中。即便是新颁布的民法典草案，也没有体现这种导向，殊不知这种导向的缺乏就是引起严重案件的缘由之一。宪法将住宅安全作为公民的基本权利，但是住宅在作为基本法律的民法中仅仅体现为财产，是不动产。住宅安全的载体住房确实是财产，但又不仅仅局限于财产性质。其实，依据城堡原则，住房的性质不止于财产，许多国家的法律都意识到这点。如美国宪法修正案第四条规定：人民的人身、住宅、文件和财产不受无理搜查和扣押的权利，不受侵犯。这一规定将住房与人身并列，将住房和财产并列，这就表明了住房除具备民事财产属性外，还有宪法属性。遗憾的是，我国现在对住宅的保护仍仅限于民事范围，现实中对于各种强拆住房的救济只限于民事手段，导致"城堡"失守或者干脆"灰飞烟灭"。在司法界更是如此，典型的如于欢案，这是上门以侵权方式催债引起的命案，但是一审判决没有将入侵住宅与人身安全保护的最后防线联系起来，二审判决虽然改判了一审对于欢的量刑，但仍未将催债人员上门骚扰、非法拘禁等严重危及人身安全的行为同于欢在合法占有的住宅中的防卫行为联系起来，这不能不说是一个遗憾。倘若民法继续无视城堡原则的这种规则导向，借民事法律关系危及人身安全的事件还会层出不穷。

此外，城堡原则还在行政法中发挥规则导向作用，指导公权力的运行。这方面的案例有很多，典型的就是住宅合法占有人为免受住宅非法侵入而进行的自我防卫，即便导致侵入者死亡，也不会受到行政处罚。警察处警的规则之一即是无论警察出于何种理由进入住宅，都必须首先保护住宅合法占有人的人身安全。即便警察自己，在履行职务时也会遵守一些程序，以突出对于住宅合法占有人人身安全的保护。美国警察入室搜查须遵循的敲门告知程序（knock and announce），指持搜查令的警察在入室搜查前需敲门，并在合理时间内等待方可进入搜查。这是一个具有宪法性质的法定程序。如果违背这个程序，警察的搜查很可能陷入非法境地。这实际上是说，城堡原则是人权原则，具有宪法意义，行政机关即便是为履行公务也必须用程序显示对此原则的遵循，充分体现了城堡原则作为人身安全保护的底线宗旨。有人可能说，敲门宣告程序不是一定的，违背敲门宣告程序所获得的证据也不一定被排除，这是不是意味着对城堡原则的突破呢？如果对每一起违背敲门宣告程序的搜查都适用证据排除规则的话，社会的立法成本会无限大；且警方现在已经越来越专业，其专业性和纪律性使得公民权利有充分保障。基于此，美联邦最高法院在2006年曾裁决违背敲门宣告程序不适用证据排除规则，但是仍然强调警方需对敲门告知程序普遍遵守以及违背的相应补偿措施，如警方的民事赔偿等。① 这恰恰说明，城堡原则仍然有效，行政机关即便是为履行公务通常也必须用程序显示对此原则的遵循，充分体现了城堡原则作为人身安全保护的底线宗旨。

如果说城堡原则在我国刑法中的规则导向尚有接近的规则如正当防卫规则可改造，以通过城堡原则的导向来保护个人的人身安全，体现宪法的价值取向，那么我国行政法中的城堡原则的规则导向作用几乎无迹可寻，甚至在警察的处警规则中也没有体现城堡原则导向，符合宪法住宅安全保护宗旨的规则。《人民警察法》《治安管理处罚法》《110 接处警工作规则》均找不到将住宅安全视为人身安全保护最后防线的细则规定。《人民警察法》第 21 条规定："人民警察遇到公民人身、财产安全受到侵犯或者处于其他危难情形，应当立即救助；对公民提出解决纠纷的要求，应当给予帮助；对公民的报警案件，应当及时查处。"但现实情况是：危难与纠纷的界限不那么明显或者短时间内难以判断；纠纷的性质因有限的失控以及警情纷杂也难以判断。不得已，实际处警时警察往往凭借经验行事，这不仅容易误判警情，而且处警措施不当还极易引发恶性案件。于欢案被披露后，人们质疑的焦点之一就是警察的处警行为是否妥当。② 这其中的原因就是行政法缺乏城堡原则的规则导向。同样的情形还出现在 2019 年涞源王新元案中。虽然防卫人王新元的行为最后被认定为正当防卫，检察机关做出了不予起诉决定书，但当犯罪嫌疑人王磊在 2018 年 5 月至 6 月，采取携带甩棍、刀具上门滋扰，以自杀相威胁，发送含有死亡威胁内容的手机短信，扬言要杀王某某兄妹等方式，先后 6 次到王新元家中、王新元女儿学校等地对王新元女儿不断骚扰、威胁时，公安机关并没有认为王新元的女儿王某某及家人的人身安全受到威胁，所以尽管多次出警，只是对

---

① 参见 Hardson v. Michigan 的裁决，547 U. S. 586, 600（2006）.

② 于欢案被披露后，面对公众对警察处警行为的质疑，最高人民检察院会同山东省人民检察院对于欢案处警民警进行了调查，并于同年 5 月 26 日公布了调查结论，认为案发当晚处警民警离开案发现场（于欢母亲的公司接待室）、使于欢与杜志浩（催债方，后被于欢捅刺致死）同处一室的行为不构成玩忽职守罪，山东省检察机关依法决定对朱秀明等人不予刑事立案。同时聊城市冠县纪委、监察局已对相关处警民警做出了党政处分。参见《山东聊城冠县纪委对于欢案处警民警处分》，新华社，2017 年 5 月 27 日，https://www.sohu.com/a/143998474 114727，最后访问时间：2020 年 5 月 27 日。

王磊训诫，没有采取比训诫更有力的强制措施。①

可见，我们仅仅在宪法中体现了城堡原则最基本的含义，体现了通过住宅安全来保证人身安全的目的，但是这种目的没能成为相关行政法律法规的约束，警察处警时所遵循的细化规则中也没有体现出宪法规定的保护住宅安全的根本旨意，宪法规定仅仅是纸面上的规定。现实中，那些以各种理由破门而入的、在他人住宅内肆意妄为的，只要没有人受伤或者出人命，在行政执法机构看来都不是大事，只要目的合法合理，甚至说只要目的的违法性不那么突出和明显，都是可以容忍的。这种行政法规脱离宪法约束造成的结果就是住宅安全在现实中几乎沦为一纸空文，人身安全的最后防线就没有了保障。

# 三　城堡规则中"城堡"的范围

## （一）家或者有居住意义的居所

根据韦氏词典，住所 dwelling 本身意味着：一个建筑或结构，包括附属部分、平台或者部分，不管是临时还是可移动的，只要当时是作为行为人的家或者居住所。

具体的建筑或结构是否作为家或居所与得到家或居所的方式通常无关，只要方式合法就行，如购买、租赁、借用等都可以成为家或居所的合法方式；家或居所也与时间无关，永久性地居住或临时性地居住都包含在内；作为主人居住或作为客人、租户等居住也包含在内。如阿拉斯加法律在规定城堡原则时居所的范围既包括购买的，也包括租赁的；既有自身的，也有作为客人临时居住的。②

家或居所不仅包括建筑物构成的室内空间，还包括室内空间的延伸，如院子等。在美国 Pell v. State 案中，法院就确认了"家"包括院子。该案中，Pell 被叫到自家后院，发现其兄弟在与一名警官争执。警官声称自

---

① 保定人民检察院 2019 年 3 月 3 日通报。

② Act of June 15, 2006, ch. 68, 3, 2006 Alaska Sess. Laws1, 3 - 4.

已有搜查令，要搜查他们的住所，但拒绝出示搜查令，且一直威胁要杀死 Pell 的兄弟。于是，Pell 枪杀了警官。佛罗里达高级法院根据城堡原则判决 Pell 的枪杀行为正当化，理由就是"在家里或者房屋的范围内，一个人不必做任何退让"。①

## （二）工作场所

在 1970 年 Commonwealth v. Johnston 案中，宾夕法尼亚高级法院将城堡原则中的住所（dwelling）从家扩展到了工作场所，认为住所不仅包括住房和居住所，而且包括工作场所。② 美国模范刑法典也明确规定"工作场所"为城堡原则中"城堡"的范围。③

## （三）独立的合法空间

独立的合法空间也属于城堡的范围，在法律上被视为住宅的特殊类型，例如汽车。宾夕法尼亚在 2011 年关于自卫的立法中将城堡原则中的住所扩展到合法占有的汽车。2017 年我国公民周立波在美国涉嫌非法持枪及非法持有管制药物被起诉，其辩护律师认为，搜查汽车需要征得汽车合法占有人同意或者持有搜查令，依据这种程序性规定辩护律师提出要求检方撤销指控的动议，最终获得法庭支持，除保留周立波开车使用手机的指控外，其余四项指控都被撤回，裁决周立波无罪。④ 辩护律师辩护和法官裁定的一个隐含前提就是：汽车是个独立空间，属于住宅特殊类型。此外，即便是监狱的牢房，由于其符合住宅的独立空间的基本要素，对囚犯

---

① Pell v. State, 122 So. 110（Fla. 1929）.

② Commonwealth v. Johnston, 263 A. 2d 376, 380（Pa. 1970）.

③ Model Penal Code, Official Draft and Explanatory Notes, edited by the American Law Institute, 3. 04（2）(ii).

④ 2017 年 1 月 18 日，纽约警察在周立波驾驶的车中发现了一把手枪和两袋可卡因，同年 12 月 18 日，纽约州大陪审团正式刑事检控周立波，其被控五项罪，包括二级非法持有武器、非法持有枪械、四级非法持有武器、非法持有管制物品及违反交通法规。后在审前听证中，周立波辩护律师提出检方撤销指控的动议后，法官认为检方未能证明警方搜查是经过被告（周立波）同意，裁定排除证据（suppress the evidence），即车上搜查出的枪支和毒品不能作为证据使用。对于法官排除证据的裁定，检方没有提出上诉。参见《周立波涉枪案撤诉 律师：无罪判决法官基于证据瑕疵》，《新京报》2018 年 6 月 6 日。

而言，也可以构成住所。在 State v. Cassano 案中，俄亥俄高级法院确认监狱的牢房构成一个住所、一个家，因为囚犯根据法律和监狱的规定合法占有一个单独的牢房，[1] 即牢房构成独立的合法空间。

### （四）公寓的公共空间是否在住所的范围

在美国，司法界普遍认为公寓的公共空间如大堂、楼梯不属于住所的范围。如在 People v. Hernandez 案中，被告在公寓的楼梯间杀死了另一人，被告主张适用城堡原则，理由是楼梯也是公寓的一部分。但是法庭拒绝了其辩护理由，认为判断某个具体地点是不是行为人的住所"依赖于行为人是否对该地点享有排他的占有和控制"。[2] 但有人对此提出异议。从文本释义法来说，住所是一个建筑或结构，这本身就意味着包含公寓的公共部分，是公寓的公共部分将不同的公寓房间连起来才构成了建筑或结构。另外，法律规定的"非法和暴力的进入正在发生或已经发生进入或在住所的"中的"进入"就意味着公寓的公共部分属于城堡的范围，由此主张公寓的公共部分也属于住所的范围。[3]

# 四　城堡原则中双方当事人的法益比较

城堡原则中，双方当事人即住所合法占有者——防卫人和侵害人的法益不在同一个层次，防卫人的法益优于或超越侵害人的法益。侵害人不是没有法益，而是其法益已经被侵害人自己放弃。在无强迫的情形下去侵入他人住所，侵害人能预料到住所合法占有者对自己侵入行为的阻拦、反抗，也能预见到阻拦和反抗可能给自己造成的伤害，但仍然选择侵入，说明其已经不在乎因阻拦、反抗所采取的防卫措施对自己的权益可能造成的所有不利结果。这实际表明侵害人的法益已经因其不法侵害行为被置于不

---

[1]　State v. Cassano, 772 N. E. 2d81 (Ohio 2002).

[2]　People v. Hernandez, 774 N. E. 2d 203 (N. Y. 2002).

[3]　参见 Joshua G. Light, "The Castle Doctrine—The Lobby Is My Dwelling," *Widener Law Journal* Vol. 22, 2012, pp. 219 – 252。

被侵害人关注、在乎的状态，这是侵害人自愿的选择。在严重威胁他人人身安全的侵害中，如侵入住所，甚至可以推定不法侵害人已经放弃了包括生命权在内的人权。由此，首先侵害他人而导致自己身体乃至生命被他人因防卫而伤害的人无权要求法律首先保护自己的权益，包括生命权，国家对侵害人自己招致的"伤害"的关注也不会超出对防卫人的法益的关注。在侵害人经由侵犯行为放弃自己法益的前提下，法律不可能用平等原则将不法侵害人的法益与防卫人的法益等同保护，否则，不仅城堡原则无法理基础，而且法律还有变相鼓励和支持不法侵害人侵犯他人的嫌疑。可见，不法侵害人的法益和防卫人的法益不在同一个层次。

在防卫人法益处于优先地位或超越地位的前提下，防卫人伤害或者剥夺入侵者生命的故意就具有正当性。城堡原则中，防卫人所采取的防卫措施可以是任何等级的暴力措施，包括达到致命程度的暴力，以阻止、防止或解除非法入侵对自己人身安全的威胁。从这个角度看，防卫人不仅主观上具有伤害甚至致侵害人死亡的故意，而且客观上有伤害或者致侵犯人死亡的行为，行为的结果如造成侵害人受伤、严重受伤甚至死亡，这也是行为人追求的，至少是放任的。而防卫人的这种主观故意、客观行为以及其追求或放任的结果之所以合法就在于这种行为结果能实际阻止、防止或解除其正在遭受的侵害，尤其是人身安全受到的严重威胁。因此，防卫人故意伤害或者致死侵害人的故意不是防卫人唯一的故意，更不是其直接的目的或终极的目标。防卫人的真正目的是防止、阻止或者解除不法侵害对自己人身安全的威胁，其对侵害人的故意伤害甚至致死都是为了自身的人身安全。由此可见，在城堡原则下，防卫人伤害甚至致死侵害人的故意具有正当性。

对防卫人和侵害人的法益比较不能机械地采取序位比较法。首先，这不仅意味着在适用城堡原则的案件中，是防卫人的法益而不是侵害人的法益才是法律首先必须关注的，而且意味着不法侵害人的法益和防卫人的法益不存在对应的等重关系，即防卫人的生命权与不法侵害人的生命权不是等重关系，防卫人的身体权与不法侵害人的身体权也不是等重关系，以此类推。其次，普通情形下不同法益之间的序位关系不适用于城堡原则。依据人权原理，法益有序位，人本身优于财产，如生命权第一，自由权其次，再后才是财产权等。而在城堡原则中，因为不在同一层次，防卫人和侵害人的法益不适用序位排列。当侵害人因防卫人的自卫措施死亡时，侵害人的生命权并不因为是生命权而自然而然地处于第一序位，而是防卫人以住所安全为指向的人身安全处在第一位。如在 Commonwealth v. Derby 一案中，宾夕法尼亚高级法院在判决中写道："法院意识到权利保护从死者（侵害者——笔者注）到自卫人的转移，这符合模范刑法典起草者的意图。"[1] 可见，不同法益之间通常的序位排列或等级关系不适用于城堡原则。

# 五　适用城堡原则的条件及判断标准

## （一）适用城堡原则的条件

所有权利都可能被滥用，授予个人无限制防卫权的城堡原则也不例外，而确立城堡原则的适用条件是防止该原则被滥用的关键。早在 1876年，俄亥俄州 Erwin v. State 案中就确认：城堡原则不能解释为不受限制的杀人权。[2] 由于城堡原则是一项人权原则，具有抽象性，其主要通过为具体法律提供指导或导向来发挥作用，本身并没有特别细化的适用条件，因此，在立法和司法中，城堡原则的适用条件并不完全一致，如美国各个州对适用城堡原则的情形都有各自有细节区分的条件。但是，尽管不完全一致，基于城堡原则的基本含义和基本理念，结合立法和司法实践，仍然能总结出适用城堡原则的一般条件，主要有如下三方面。

第一，行为人有理由相信其住所正在被非法入侵或强制入侵，或已经被非法或强制入侵。非法入侵或强制入侵无时间限制，也没有暴力要求，也没有携带任何器械或者辅助工具的要求，即并不是只在特定时间如晚上才构成入侵，或者只有携带武器或器械非法或强制进入住所的才构成入侵。更重要的是，入侵本身就意味着人身安全受到威胁，不需要防卫方去

---

① Commonwealth v. Derby, 678 A. 2d 784（Pa. Super. Ct. 1996）.

② Erwin v. State, 29 Ohio St. at 199 – 200.

证明他人的入侵住所实际使得自己的人身安全受到威胁。这与我国刑事司法中的理解有很大的分歧，通过涞源王新元案和山东于欢案可清晰地解读刑事司法界的观点，展现其中的分歧。

涞源王新元案发生地是王新元家的院子，涉及住宅安全。犯罪嫌疑人王磊携带凶器夜晚翻墙闯入王新元家，最终检察院认定"王磊携带凶器夜晚闯入他人住宅实施伤害的行为属于刑法规定的暴力侵害行为，该案中王新元、赵印芝、王某某的行为属于特殊正当防卫，对王磊的暴力侵害行为可以采取无限防卫，不负刑事责任"。①注意涞源王新元案中将"侵犯住宅"认定为暴力侵害行为有几个限定词，"夜晚""携带凶器"。如果"侵犯住宅"的时间不是夜晚也没有"携带凶器"，那么司法会如何认定行为的性质呢？还是暴力侵害行为吗？这个问题也可以用于欢案来求证。于欢案也发生在住所，催债人对于欢母亲苏银霞和于欢本人有非法拘禁行为，但无论是一审还是二审，检察机关和法院均认为这不构成对于欢和其母亲人身安全的威胁。②此外，如果试图非法带走住所内的其他人，也被视为入侵住所。

第二，行为人对其在住所遭受的攻击或侵犯无过错。过错是指行为人存在引发争端的故意的非法行为，这通常意味着行为人不能是挑衅者或者侵犯情形的挑起者，如美国模范刑法典规定挑衅者或者挑起者使用暴力防卫手段不具有正当性。另外，相互争执或斗殴所引发的行为通常不适用城堡原则来免除刑事责任。如 State v. Miller 案中，被告在冲突中拳击了受害者，俄亥俄高级法院就因为被告在引起争端中有过错而拒绝了其适用城堡原则的要求。在于欢案件中，行为人是债务人，这不是一种故意的非法行为，不算过错。这在《公平债务催收法》已经明确规定。

第三，行为人善意地确信有使用暴力的必要。这里的善意不仅指行为人使用防卫手段的终极目的在于阻止侵犯或解除因住所入侵所面临的危险

---

① 参见《涞源县检察院不起诉决定书》（涞检公诉刑不诉〔2019〕1号）、《涞源县检察院不起诉决定书》（涞检公诉刑不诉〔2019〕2号）、保定人民检察院 2019 年 3 月 3 日通报。

② 参见山东省聊城市中级人民法院刑事附带民事判决书（2016）鲁 15 刑初 33 号；山东省高级人民法院刑事附带民事判决书（2017）鲁刑终字 151 号。

状态，而且指行为人采取的防卫手段的等级即暴力程度与入侵的状况有关，更与行为人当时所能利用的防卫工具、可能利用的防卫措施有关。

### （二）适用城堡原则的判断标准

是否满足适用城堡原则的条件，应以普通人的判断为标准，这是基于人权角度的考量。首先，城堡原则所保护的"人"都是普通人，是排除了各种特质如性别、能力、财富等的普通人。最初，城堡原则的理念是"一个英国男人的家就是其城堡"，后来，"英国""男人"这些限定词都被去掉，表明了其最大范围保护人权的宗旨。其次，城堡原则中所预设的场景是普通人行为的场景，针对的是特定场景中普通人的行为。

普通人的标准不等于行为人自己的标准，不是一个单纯的主观标准，而是一种客观标准。如美国各州的刑法都以模范刑法典为主要参考制定，其通常允许自卫的情形都表述为："行为人相信""行为人合理相信"等，但这绝不是单纯依据行为人自己的判断，而仍然是以普通人的判断为标准，确切地说是以将行为人作为一个普通人置身于案件特定情形下的判断为基准。由于司法中的陪审团负有判定有罪与否的职责，陪审团须根据普通人的思维、经验等在特定场景下最合理的行为来判定案件行为人的判断是否能构成刑法上的"行为人相信"或者"行为人合理相信"，因此，陪审团所持的就是一种普通人的标准。普通人的标准也是一种客观标准，且是建立在普通人理性、情感基础之上以及当时特定场景下的客观标准，与真实的情况可能有出入，但已经是当时、当地、当情、当形下所能达到的最大限度的客观，与那种所谓主观臆想差之甚远。在 Logue v. Commonwealth 一案中，法庭裁决被告枪杀威胁者的自卫行为正当，理由就是"个人在可能面临死亡或受到重伤的合理不安中可以采取致命暴力来自卫，即便事后证明这种危险不存在"。① 这暗示了行为人的判断只要不违背普通人的理性和情感，符合当时特定场景，就不能作为主观臆想，反而应作为能使用致命暴力的客观理由，即法庭所裁决的那样，只要有"现实的全部外表"

---

① Logue v. Commonwealth, 38 Pa. 268（1861）.

（bear all the semblance of reality）就是客观真实的。[①]

普通人的标准也不是所谓的专业人士或机构事后的判断，即不是一种事后的专业或专家标准。实际上，在有关自卫的判断标准中，法庭或法官事后依据刑法规则和专业素养对自卫人或防卫人行为性质所做的判断，虽然堪称专家标准或专业标准，但若依据此标准来要求防卫人，却往往让防卫人陷入要么放任威胁发展，要么防卫过当的尴尬境地。城堡原则中捍卫自己住所的人是普通人，这种"事后"的"专家"标准是普通人达不到的，这与其他关于自卫的判断标准是一致的。如美国各州的刑法和判例都把"防卫人合理地相信为避免非法侵害而使用这种暴力是必要的"作为自身防卫和法律辩护的一个条件，这里"合理地相信"的实质就是将防卫人置于一种普通人的地位，其在特定的场景中依据普通人的理性、情感和经验等做出的判断方能满足"合理地相信"的要求。

普通人的判断标准首先体现在依据普通人的理性思维，分析在具体场景下不法行为是否满足"入侵住所"条件以及是否存在对人身安全的威胁，在多大程度上存在威胁。如果普通人基于生活常识和基本经验，利用普通人的逻辑推理和普通人的情感合理地相信存在"入侵住所"及人身安全的严重威胁，相信求助于暴力防卫措施能适时阻却住所入侵或保护自己的人身安全，那么其采取的任何等级的防卫措施就有正当性，即满足适用城堡原则的条件。鉴于"住所入侵"复杂、紧急的情形，防卫方即住所的合法占有者常常在判断时发生感知错位和认知扭曲，甚至很可能事后证明防卫方的判断根本就是错误的判断，但只要这种错位、扭曲甚至错误是普通人在那个特定情境中依据理性都会产生的，或者是极大概率事件，那么当事人的感知错位和认知扭曲甚至判断错误也在合理范围内，不影响其防卫行为的正当性。1992 年在美国的日本高中生误入民宅被杀事件就是一例。

其次，防卫采取的措施是否合理、是否妥当或者有没有超过必要限度也须依据普通人的标准来判断。普通人在情形危急时很可能因冲动、害怕、焦虑等种种因素而对防卫措施所能造成的后果认识不那么精准，但只

---

① Logue v. Commonwealth, 38 Pa. 268 (1861).

要是基于客观事实，不是主观臆测，遵循了一般逻辑，就应该是合理的防卫行为。对防卫人提出精准防卫的要求通常是不现实的，因为普通人做不到，包括对冷静和精准防卫的要求都不能超出普通人的智力、普通人的情感、普通人的经验和由此产生的逻辑。一句话，适用城堡原则的判断标准是普通人的理性在特定情形下的最合理、最可能的判断。

# 六　讨论

通常来说，对城堡原则的认识与文化、经济发展有关，尤其与有关住所与人身安全的等同关系的观念直接联系，可以说该理念的框架直接确定了立法界限。我国并不缺少或至少不排斥住所与人身安全等同关系的理念，宪法明确了住宅不受侵犯。因此，可以说，宪法体现了城堡原则中住宅安全作为人身安全最后防线的基本含义。但是，从整个法律体系来看，还远远不够，城堡原则作为人权原则引起的整个法律体系的警觉还达不到要求。从人权的视角观察，城堡原则不仅要求宪法将住宅安全作为公民的基本权利，要求刑法有对应的非法侵占住宅罪、非法搜查罪，更要求整个法律体系对住宅安全与人身安全的内在等同关系警觉，民法、刑法、行政法都需要接受城堡原则的规则导向，体现宪法通过住宅安全保护人身安全的宗旨。这需要另一层面的深入讨论。

# 农村宅基地使用权的权能属性及其实现<sup>*</sup>

## ——基于三权分置的考察路径

秦　勇　韩世鹏<sup>**</sup>

**摘　要**：三权分置是我国当下农地权利改革的既定选择，也为未来破解农地流转与融资困境、提高土地利用效率指明了前进方向。三权分置政策下的宅基地使用权仍应坚守用益物权属性。资格权的设立旨在保障农民生存权与农地发展权，而分离身份属性后的使用权属于纯粹意义上的财产权，因而具备流转开禁的法理依据。制度设计的关键在于确立宅基地使用权的法权生命周期。具体而言，首先，完善宅基地初始取得规则，重点关注申请主体的认定以及程序规范。其次，审慎稳妥推进抵押、继承、转让等流转途径，赋予宅基地完整的使用权能以回应现实需求。最后，探索以退出和收回机制为核心的宅基地消灭制度，前者以自愿有偿为前提，后者则须补充收回事由的范围。

**关键词**：宅基地使用权；三权分置；用益物权；流转开禁；人权保障

　　肇始于 20 世纪 60 年代的宅基地制度距今已逾一个甲子，其主要制度仍没有大的调整。十九大以来，国家对三农问题日益重视。从集体经营性建设用地入市到土地征收改革，从承包地三权分置到宅基地三权分置，无不显示着政策制定者改变乡村面貌、振兴乡村经济的决心。不可否认，宅基地所承担的社会保障功能在过去为维护农村社会稳定做出了巨大贡献。

---

　　* 本文系山东省社科规划项目（重点）"农地'三权分置'法律适用问题研究"（项目编号：18BSPJ03）的研究成果。

　** 秦勇，中国石油大学（华东）文法学院教授，法学博士；韩世鹏，中国石油大学（华东）文法学院经济法学硕士研究生。

但必须看到的是，当前宅基地的社会保障功能逐渐弱化，以经济利用为核心的现实需求呼唤着宅基地私权属性的回归。在此背景下，如何突破二元土地制度下宅基地流转的桎梏，以财产属性的强化为圭臬，从而使宅基地使用权回归物权属性的本真，成为学界讨论的重要议题。

本文拟对我国现有宅基地制度面临的挑战进行梳理与反思，对比"转权"、"扩权"与"分权"路径的改革思路，以现行宅基地三权分置实践为基准，通过制度创新对宅基地使用权的放活进行规制与保障，从而确立宅基地使用权完整的法权生命周期，以期对我国宅基地制度改革有所裨益。

# 一　现行宅基地使用权的制度困境

以"无偿取得、一户一宅、面积法定、成员专享"为基本特征的宅基地制度自被设计以来，便承载着农民安居乐业的保障功能。然而时过境迁，工业发展带来人口流动加速，城市资本悄然渗透进农村，传统乡村的经济结构逐渐发生质变。农民的工资性收入在总收入中居于绝对支配地位，从而使得其对宅基地的依赖程度逐年下降。这就导致大量宅基地因无法有效利用而被闲置，广大农民只能望地兴叹、尽显无奈。据统计，目前我国宅基地闲置比例为 10% ~20%，即使按照最低比例测算，全国至少有 2000 万亩的存量宅基地处于闲置状态，因闲置造成的损失超过 200 亿元。[1]

事实上，面对城镇化效应带来的冲击与挑战，农村集体并非无动于衷，相反，近年来集体成员频频表达出发挥宅基地财产价值的强烈愿望，以至于"小产权房"市场异常火热。然而，就当前而言，对宅基地扩权赋能有着不可逾越的法理障碍。我国《民法典》物权编并没有明示宅基地使用权的具体内容，而是通过第 363 条的转致条款指向了《土地管理法》。[2]而新修订的《土地管理法》第 62 条仅规定了宅基地的取得、退出以及建设规范等内容，并未对宅基地转让做明确阐述。同时，该条第 5 款规定：

---

[1]　艾希：《农村宅基地闲置原因及对策研究》，《中国人口·资源与环境》2015 年第 5 期。

[2]　《民法典》第 363 条："宅基地使用权的取得、行使和转让，适用土地管理的法律和国家有关规定。"

农村村民出卖、出租、赠与住宅后，再申请宅基地的，不予批准。对此，有学者提出，既然对已经出租、出卖、赠与住宅的农户不再允许继续申请宅基地，并且没有明确的法律规范对宅基地流转表示禁止，是否可以反推出宅基地使用权可以转让呢？① 而依照物权法定原则，宅基地使用权的权能内容只能由法律设定，不允许当事人自由创设，即宅基地使用权作为用益物权，在《民法典》物权编没有修改的情况下不得进行转让。两种相互矛盾的解释，使得宅基地使用权能否转让这一问题似乎可以理解为"法无禁止即可为"与"物权法定"的冲突了。虽然，"法无禁止即可为"属于法谚，不具有公认的现实效力，但是《民法典》总则编第143条第3项同样规定，不违反法律、行政法规的强制性规定、公序良俗的民事法律行为应当认定为有效。这是"法无禁止即可为"在民法中的规范表述。质言之，此法谚属于被确立为法律规范的法谚。因此，从表面来看，《民法典》第143条与第363条之间存有冲突。对于此冲突，笔者认为，一方面，若农民私自扩展宅基地使用权权能至转让、抵押、赠与，显然违反了《民法典》物权编中的相关规定，而物权编、《土地管理法》作为总则语境中"法律的强制性规定"，又可认为其不具备总则中民事法律行为生效的要件。另一方面，即便在《民法典》颁布之前，《民法总则》为民事法律的一般性规范，《物权法》则属于特别法，考虑到特别法优于一般法原则，当然优先适用《物权法》的规定。因此，农民不得私自扩充宅基地使用权的权能范围，宅基地使用权仍没有可以流转的法定空间。

一言以蔽之，无论是赋予宅基地经营权还是流转开禁之设计，都无法在现行宅基地权利体系中找到对应，以致其权利性质与效力面临进退两难的尴尬境地。然而，封闭落后的宅基地制度已然与当前开放的市场经济相脱节。如果仅仅将宅基地作为生活资料而非生产资料，意味着政策制定者只关注到了宅基地的使用价值而忽视了它的交换价值。而宅基地使用权成为用益物权的关键在于它不仅可以占有使用，更可因占有使用产生收益，这才是"用益"一词的本来要义。因此，为了提升宅基地利用效率，赋予

---

① 王崇敏：《论我国宅基地使用权制度的现代化构造》，《法商研究》2014年第2期。

宅基地完整权能，从而实现乡村振兴战略的目标，宅基地使用权改革呼之欲出。

## 二 宅基地使用权的权能属性

如前所述，对宅基地使用权强权赋能，同时又不改变其物权属性，有着不可逾越的法理障碍。对此，解决思路无非有二。其一，以"法定租赁权""地上权""普通租赁权"等作为用益物权或宅基地使用权的替代权。理由是宅基地使用权流转与经营虽然没有被《民法典》物权编所承认，只能表明其不具有物权法上的效力，并不代表其不受其他法律的调整，比如债法规范等。其二，仍然坚守用益物权属性，同时在《民法典》物权编、《土地管理法》中，对宅基地使用权内容进行扩展。至于究竟坚守传统宅基地使用权用益物权属性，寻求立法的补充，还是另辟蹊径，参考法定租赁权等学说，重新定位宅基地使用权的权利性质，学界众说纷纭，至今仍没有达成共识。

### （一）宅基地使用权性质的学界论争

宅基地使用权原本属于物权法明文规定的用益物权的一种，其性质、内容均已明确。与其他用益物权相比，宅基地使用权具有诸多独特属性，如身份专属、无偿取得、永久存续、权能受限等，正是以上特性使得宅基地使用权无法调和其与经济价值之间的冲突，以致回应现实需求时难免"捉襟见肘"。基于此，许多学者"反其道行之"，不再仰赖传统的立法框架，而是对其固守的权属定位发起挑战，试图实现宅基地使用权的"重生"。

"法定租赁权说"主张购买农民住房的一方，不仅要支付住房所有权转让的对价，还应定期支付宅基地使用权的租金。[①] 租赁的标的物是宅基地，而非宅基地使用权。可以说，法定租赁权并非宅基地使用权利内容的

---

① 孙建伟：《宅基地"三权分置"中资格权、使用权定性辨析》，《政治与法律》2019 年第1 期。

让渡，而是对固有权利分解的结果。由于宅基地的转让并非双方的意思表示，只不过在"房地一体"原则下房与地必须整体让渡，这是基于法律规定当然发生的结果，因此称为"法定租赁权"。[①] 规则设计方面，首先，法定租赁权的期限可参照城市房屋产权期限的做法，暂时预设 20 年的最长期限。其次，法定租赁权的效力及于法定租赁权人、集体组织、宅基地使用权人三者。租赁期限内，租赁权人须定期支付租金，以实现宅基地利用状态的长期维续。最后，法定租赁权消灭事由方面，主要包括租赁期届满、农房使用寿命届至、长期闲置等情形。若不可抗力导致宅基地灭失，在租赁权人不符合重新申请分配宅基地的前提下，也可认为法定租赁权归于消灭。[②]

"地上权说"认为宅基地使用权属于准所有权，它具有物权性质和物权的一切法律特征。地上权具有长期稳定、可继承、可担保的特点，可以弥补债权短期性、脆弱性的不足。[③] 需要说明的一点是，持"地上权说"的学者并不是将宅基地使用权本身比作地上权，而是将地上权作为一种解决路径，即地上权作为宅基地使用权之上的"定限物权"。因此，当住房所有权转让给第三人时，宅基地使用权并不发生移转而仍为农民保有，仅转让地上权。

由于"普通租赁权说"在身份、期限、用途方面仍有严格限制，尤其是只能在本集体成员间进行流转，无法实现完整意义上的流转开禁，参考价值不大，本文不再论证，[④] 仅对"法定租赁权说"、"地上权说"与"用益物权说"类比求解。

"法定租赁权说"确实为解决宅基地流转问题提供了一种新思路，在当前学界颇为流行。但作为债权的法定租赁权与物权相比有着天生的缺陷。首先，不管买受方是否为集体成员，购买宅基地使用权的目的多是摆

① 董新辉：《新中国 70 年宅基地使用权流转：制度变迁、现实困境、改革方向》，《中国农村经济》2019 年第 6 期。
② 陈小君：《宅基地使用权的制度困局与破解之维》，《法学研究》2019 年第 5 期。
③ 董新辉：《新中国 70 年宅基地使用权流转：制度变迁、现实困境、改革方向》，《中国农村经济》2019 年第 6 期。
④ 董祚继：《三权分置"——农村宅基地制度的重大创新》，《中国土地》2018 年第 3 期。

脱城市高房价的负担，以实现安居的愿景。这种居住刚需要求使用者对宅基地具有完全的支配权，可以排除其他任何人的非法侵害。而租赁权仅在合同双方当事人间生效，对于抵御来自第三人的威胁，债权提供的保护往往力不从心。其次，房屋所有权的永久性与法定租赁权的期限性相矛盾。承租人购买宅基地使用权固然想要长久地居住使用，但租赁期的限制迫使其不得不定期缴纳租金以使居住权得以存续，这一过程容易引发出租方恶意涨租、违约，由此导致的司法纠纷也将极大损害承租人的利益。再次，对出租人而言，一旦同时作为房屋所有权买受人与宅基地使用权承租人的相对人拒不支付租金，出租人的救济方式似乎只能是收回宅基地使用权。基于"房地一体"原则，收回宅基地使用权又不可避免与已经支付对价的房屋所有权相对抗。请求权属于债权，而所有权则属于物权，普遍认为物权效力优于债权。[1] 此时，出租人就会陷于不得就房屋所有权行使权利，但请求权又难以实现的尴尬境地。最后，法定租赁权制度仅适用于"地随房走"的情形，在跨村配置、移民安置等情形下，很多时候宅基地上并不存在房屋，法定租赁权设想无法解决这些特殊情形下的宅基地权利问题。更重要的是，"地随房走"本身就存在重大问题，"房地一体"原则下并不是"地随房走"，而应当是"房随地走"。房子是依存在土地之上的，具有附属性。房屋可以因拆迁、自然灾害而归于消灭，但土地不会；房屋有一定期限的寿命，土地的存续是无限的；房屋灭失可以重建，土地却没有翻新的可能。[2] 故而，在房地买卖中，当事人只是转让（获得）债权，所谓的流转将名不副实，其实践效果亦不免令人怀疑。[3] 由是观之，法定租赁权的制度设计并没有看起来那样完美。

"地上权说"同样存在瑕疵。一方面，地上权本质是依附于所有权的；而持"地上权说"的学者却认为地上权具有完全的财产属性，可以归为自物权范畴，从而作为宅基地使用权流转的间接途径。[4] 但地上权的自物权

① 王利明：《物权法论》，中国政法大学出版社，2003，第160页。
② 宋志红：《乡村振兴背景下的宅基地权利制度重构》，《法学研究》2019年第3期。
③ 鲁晓明：《"居住权"之定位与规则设计》，《中国法学》2019年第3期。
④ 王卫国、朱庆育：《宅基地如何进入市场？——以画家村房屋买卖案为切入点》，《政法论坛》2014年第3期。

属性显然与所有权存在理论与逻辑上的矛盾，若按照地上权说的观点，宅基地使用权本就作为强有力的支配权，可以直接进行转让、赠与、抵押等流转行为，又何必多此一举设置地上权呢?[①] 另一方面，若仅转移地上权，那农民留下的宅基地使用权又当包含哪些权利? 这种使用权与原有的宅基地使用权有何不同? 相信这些问题是持地上权说的学者们难以回答的。可见，贸然引进地上权极易与我国用益物权体系产生"排异"反应，更可能因制度成本过于高昂而"胎死腹中"。因此，地上权亦不宜作为宅基地流转的解决路径。

不难发现，不管是法定租赁权还是地上权路径，都存在一定的局限性。一方面，两者都忽视了宅基地本身独立的地位，刻意回避宅基地使用权的流转问题。这种妥协甚至是观望态度揭示出学者们难以真正触及使用权权能残缺的本质问题，而这也同时意味着流转开禁沦为纸上谈兵。另一方面，两者都没有兼顾宅基地社会保障功能与财产功能的平衡，表现为在权能构造方面过于单一，无法应对日益"挑剔"的现实需求与复杂的市场环境。因此，以上两种改革思路经不起理论推敲与实践检验，无法化解宅基地流转的固有症结，将其作为宅基地改革的路径选择值得商榷。

### (二) 物权定位: 源于私权属性的权利本质

基于"法定租赁权说""地上权说"等固有的缺陷，笔者以为，宅基地使用权本质上属于一种私权，体现在农民或者集体可以自由支配自己所有的生产生活资料。而对于私权的关怀与保护，坚持用益物权属性无疑更具有意义。一方面，坚持用益物权属性可以延续宅基地使用权物权定位的法理传统。自 2007 年起宅基地使用权便作为用益物权的一种编入物权法中，十几年间并没有内容上的调整。而且《民法典》对宅基地使用权的地位和归属也没有做任何改动，仍将宅基地使用权的权利体系定位于物权编中用益物权一章。这就说明立法者并无对宅基地制度大破大立的意图，如此可以保持法律的稳定性与权威性，对指导执法、司法也颇有益处。事实

---

① 韩松:《宅基立法政策与宅基地使用权制度改革》,《法学研究》2019 年第 6 期。

上，从应然层面观察，宅基地使用权基本内容尤其是物权变动部分未作修改与当下宅基地渐进式改革思路不合，不利于相关政策的深入推进。然而，前文业已提到，《民法典》第363条的转致条款将宅基地使用权的流转问题尽数"托付"给《土地管理法》第62条，尽管《土地管理法》没有对宅基地流转的原有规则进行突破，但通过修改第62条前后的条文，即破除集体经营性建设用地入市障碍，提高征收补偿标准，完善征收程序，鼓励宅基地自愿有偿退出等，为宅基地使用权的放开做足了铺垫。长远来看，改革实践经验的积累与相关立法的推进必将倒逼《民法典》物权编的修改。而这，只是时间问题。

退一步讲，即使在宅基地改革之前，宅基地使用权仅包含占有、使用权能时，也并不妨碍用益物权的属性定位。而且，用益物权作为不完全物权，其权能范围受制于所有权人设定的目的，而现行立法便是立法者目的的直接表达。因此，权能分离理论下占有、使用、收益、处分部分或者全部均可以为用益物权所涵摄。如地役权不一定包括占有、收益权能，土地承包经营权、建设用地使用权缺乏处分权能。以上权利同样在用益物权框架中"久经风雨而不衰"。鉴于宅基地使用权长期的法理定位，当下坚守用益物权属性无可厚非。

另一方面，坚持用益物权属性可以构造完整意义上的私权，利于迎合未来市场经济发展的需求。宅基地作为一种土地资源，在过去很长一段时间，其社会保障功能更受重视与青睐，从而表现出较强的公益属性。一旦将这种资源分配给集体，尤其是农民个体加以利用，宅基地便成为一种私权意义上的财产。而对于私有财产的利用与保护，"效率"往往比"公平"更具有发言权。进一步讲，提升土地财产效率，赋权与市场化是不二法门。其中，赋权是宅基地市场化的必要手段，而市场化则是赋权的最终目的。

近年来，各地的宅基地使用权制度改革与试点政策，就是通过赋权与市场化操作的有益探索，实质性赋予了宅基地使用权完整的用益权能。以三权分置为例，首先，在权利构造方面，三权分置政策中的使用权包括基于初始取得的建造建筑物等附属设施的使用权以及基于民事契约而行使的使用权。[①] 前者属于事实占有的可期待利益，为资格权所吸收；后者则是法律层面的私权，独立于资格权并可由当事人自由创设。分离身份属性后的宅基地使用权属于完整意义上的财产权，强化了处分、收益权能作用的发挥。其次，各地试点改革明显淡化了行政色彩，表现为集体与村民自主独立决策、乡镇政府干预减弱、征收程序更加公开透明等，诸多"去公权化"措施的实施同样还原了用益物权的私权本性。最后，集体经营性建设用地入市成为宅基地市场化的有益借鉴。新修订的《土地管理法》通过破除集体经营性建设用地转让、互换、赠与的法理障碍，撕开了集体土地进入市场的"第二道口子"，不仅为宅基地流转开禁的路径设计提供了有益参考，更意味着在不远的未来，宅基地将与国有建设用地一样，完全可以作为一项财富进行产权交易，这对于构建城乡统一建设用地市场意义深远。

可以说，宅基地使用权之私权属性决定了其在《民法典》物权编中用益物权部分的归属，而用益物权的定位与坚守"反哺"私权权能的具体开展，两者相辅相成，相得益彰。

综上，宅基地使用权的扩权赋能从来不是权能属性创新与守成的问题，而是如何进行权利结构破解与重塑的问题。不管是在两权分离制度下还是在三权分置政策语境中，强权赋能与否都不影响宅基地使用权用益物权的属性定位。因此，对于宅基地使用权性质无须再过多讨论，应当将重点转移到权利体系的塑造。

## 三 宅基地使用权改革的应然选择——三权分置

"法定租赁权""地上权"不宜作为放活宅基地使用权的路径，改变宅基地使用权权利结构便成为释放土地资源价值、振兴乡村经济的必由之路。对于如何塑造宅基地权利体系，我国在长期的实践探索中逐渐形成了

---

① 孙建伟：《宅基地"三权分置"中资格权、使用权定性辨析》，《政治与法律》2019 年第 1 期。

"转权""扩权""分权"三种路径。有学者认为三种路径殊途同归，遂将以上三种改革思路均纳入宅基地使用权权利体系中。① 笔者认为不妥，事实上，三种路径依赖的法理逻辑与价值取向截然不同，权利结构理论与实践效应也各有特点。因此，应当对三者区别看待，具体问题具体分析。

### （一）"转权""扩权"路径的设计缺陷

第一，"转权"路径：将宅基地转为集体经营性建设用地。所谓"转权"路径，是指将收益、处分权能受到限制的宅基地转化为可以入市的集体经营性建设用地。新修订的《土地管理法》第 63 条规定，集体经营性建设用地可以转让、互换、出资、赠与、抵押，而且流转对象没有身份上的限制。该法的修改与颁布，标志着集体经营性建设用地入市已经为法律所正式承认与保护。正是基于《土地管理法》的修改，不少学者迸发了放活宅基地使用权的新思路，即主张将宅基地的单一流转行为分割为农户向农村集体转让宅基地和农村集体向其他社会主体转让集体经营性建设用地的复合行为。在此种复合交易行为中，农户转让宅基地于集体组织是后一行为的首要前提，而集体组织转让集体建设用地于社会主体则为前一行为的最终目的。一前一后实现了权利的转化与价值的交换。最后的交易结果是农户退出宅基地并与集体分配收益，而受让方则取得了有最长期限的建设用地使用权。

在细节设计方面，转权路径首先突破了宅基地使用权的身份属性，允许集体外成员获得宅基地使用权，有利于实现城市资本与农村土地两种资源的融合。其次，流转范围也得到了极大扩展，包括但不限于转让、赠与、租赁、抵押、入股、继承等。最后，维护了程序的公开与民主。对于集体经营性建设用地流转程序，《土地管理法》规定必须由本集体经济组织成员的村民会议三分之二以上成员或者三分之二以上村民代表同意，保障了农民的知情权与参与权。不难发现，宅基地使用权作为一种财产权只有在交易与流转中才能实现增值。基于当下宅基地法律模糊以及政策禁令

---

① 宋志红：《乡村振兴背景下的宅基地权利制度重构》，《法学研究》2019 年第 3 期。

的种种限制，转权入市通道不仅合规合法，而且符合权利得丧变更的理论逻辑，不失为一种适宜的选择。

第二，扩权路径：立法方面赋予宅基地经营权。不同于"转权"路径实现了宅基地间接入市，"扩权"路径主张赋予宅基地经营权，并允许宅基地直接入市。[①] 具体而言，集体成员可以出租、出卖、抵押宅基地使用权于非集体成员，城市居民也可以下乡购买"小产权房"，并进行土地投资以实现资产的保值增值。其法理依据在于，现有对宅基地使用权限制的规定，多散见于效力层级较低的规范性文件。质言之，农村宅基地使用权的流转并未被法律绝对禁止，可理解为立法者刻意给宅基地流转规则预留了立法空间。从当前来看，进行立法修改的条件已然成熟。基于实践基础与现实需要，宅基地所承担的社会保障功能应让位于经济价值的实现，可以通过立法修改赋予农民更多的处分权与收益权，真正做到还权于民。

对比观察两种路径的改革逻辑不难发现，转权路径实质上属于宅基地使用权—集体经营性建设用地使用权—国有土地使用权的权利转换过程。扩权路径是对原有宅基地使用权的整体强化。虽然两者均为我国宅基地使用权改革的新思路，最终目的都是释放宅基地使用权的财产价值，从而振兴乡村经济，但其运行机理与制度设计仍有不妥之处。"转权"路径试图借道集体经营性建设用地入市间接实现宅基地的对外转让，"搭便车"固然节省很多立法、司法资源，也许只需做好程序规范与审批监管即可。但"转权"意味着农户终将丧失宅基地使用权，交易过程实际上包括农民与集体之间关于宅基地转化为集体经营性建设用地的行为以及集体与第三人之间转让集体经营性建设用地的行为，农民个人参与不到完整的交易环节中去，而农民的缺席容易引发村委会或镇政府利益寻租、克扣截留出让款等行为。"扩权"路径一味要求对使用权流转解禁，而忽视当前宅基地配套制度尚不完善、相关法律依据缺失的现实难题，实有"一刀切"之嫌。而且，前文已经指出，宅基地流转的关键在于"物权法定"原则的限制，而物权规范下的宅基地使用权身份属性紧紧

---

① 王崇敏：《论我国宅基地使用权制度的现代化构造》，《法商研究》2014 年第 2 期。

附着于取得、占有、使用的各个阶段，逻辑困境始终无法突破。因此，从法理逻辑与实践效应综合考量，"转权""扩权"路径并不具备重塑宅基地使用权权利体系的可行性。

### （二）分权：宅基地三权分置的应然选择

相比于"转权""扩权"路径设计存在的缺陷，"分权"路径（宅基地三权分置）更适宜作为当下我国宅基地使用权改革的思路。2015 年中共中央、国务院发布的《关于加大改革创新力度加快农业现代化建设的若干意见》提出"稳步推进农村土地制度改革试点"，在确保农地公有制不变的前提下，审慎稳妥推进农村土地制度改革。同年，宅基地"三权分置"制度改革在全国 33 个区县展开试点工作，在改革内容上各地特色明显，相继出现了浙江"义乌模式"、重庆"地票交易"、天津"宅基地换房"等形式，极大丰富了三权分置制度的实践基础。基于试点地区的成功经验，2018 年中共中央、国务院发布的《关于实施乡村振兴战略的意见》正式提出宅基地三权分置制度，即落实宅基地集体所有权，保障宅基地农户资格权和农民房屋财产权，适度放活宅基地和农民房屋使用权。至此，宅基地使用权改革的主体架构已经成形。

宅基地三权分置政策一经发布，便引起学者们的广泛讨论，赞同者有之，批评者亦有之。我们不能因原有制度的缺陷而全盘否定，也不能因现有政策的实施而人云亦云。三权分置究竟能不能成为解决宅基地使用权流转困境的新思路，需着重考虑三权分置的法理基础为何，其能否弥补两权分离制度下的缺陷，以及相比于"转权""扩权"路径是否有自身独特的优势。

在笔者看来，三权分置模式下宅基地使用权改革并非简单地对其扩权赋能，而是通过落实集体所有权，分离身份属性于资格权，打造具有纯粹财产意义的宅基地使用权。新设资格权不是目的，而是手段。① 补正收益与处分权能方是赋予宅基地使用权经济价值的题中之义。因此，相较于

---

① 陈小君：《我国农村土地法律制度变革的思路与框架》，《法学研究》2014 年第 4 期。

"转权""扩权"路径，三权分置在法理逻辑、权能扩展、保障人权等方面优势明显，具体如下。

其一，宅基地"三权分置"并无法理障碍。一方面，从权利的发生逻辑来看，宅基地三权分置中的所有权、资格权与使用权分别对应当前《民法典》物权编中的集体土地所有权与宅基地使用权。这种依托现有土地权利体系的分解过程能够对所有权、资格权与使用权三者之间的关系进行合理阐释，同时也有利于将政策语境中的"三权"加速向法律层面转换。另一方面，从权利性质方面考察，新设资格权性质为成员权，权利分离的正当性源于集体成员与农村集体的统一性。事实上，这种基于集体成员身份的资格权具有身份与财产的双重属性，前者包括宅基地初始取得的分配请求权，随身份的得丧变更而变化；后者包含土地征收补偿权、资格退出补偿权等，属于事实占有的可期待利益。资格权的设计构想有助于宅基地社会保障功能的发挥，并通过利益转化机制使土地利益得以为每个成员共享。而分离身份属性后的宅基地使用权属于在集体所有权基础上衍生的他物权，仍归至用益物权范畴。用益物权定位并没有突破《民法典》物权编的制度逻辑，延续了原有宅基地使用权的法权性质，这对保持法律规范的权威与稳定不无意义。

因此，整个三权分置的权利体系不仅没有脱离"集体土地所有权——用益物权"的权利架构，还可以满足宅基地改革对权利配置的需求。[1] 在不改变物权定位的前提下，剥离身份属性的宅基地使用权自然没有流转开禁的法理障碍。

其二，宅基地"三权分置"仍然坚守土地公有制。我国宪法规定中华人民共和国社会主义经济制度的基础是生产资料的社会主义公有制，即全民所有制和劳动群众集体所有制。它决定了我国的土地不能买卖，任何买卖或者变相买卖土地的行为都会受到法律的制裁。鉴于此，宅基地三权分置首先阐明的便是宅基地所有权属于村集体，宅基地作为集体土地的一部

---

① 姜楠：《宅基地"三权"分置的法构造及其实现路径》，《南京农业大学学报》2019 年第 3 期。

分属于集体所有，集体成员初始取得宅基地是为了满足居住需要，并非取得了宅基地的私有权。这就决定了无论宅基地使用权如何改革，不动摇、不损害集体所有权与土地公有制始终是政策的根本导向与基本原则。赋予宅基地使用权收益权能，也仅仅是使用权的流转而非所有权的转移，并不会使宅基地为私人所有，更不会动摇和瓦解土地公有制。

其三，宅基地"三权分置"更好地实现了对农民人权的保障。无论如何理解与定义，生存权与发展权始终是人权体系中最为关键的内容，三权分置模式下宅基地使用权的改革完全符合农民生存与发展的人权保护要求。

农民生存权被视为需要争取的首要人权。[①] 生存权一方面强调人的生命不得被非法剥夺，另一方面，更为关键的是，每个人都有保有生存资料的权利。对于农民而言，宅基地使用权的设计初衷便是保障居有其屋。正因为宅基地承载着社会保障功能，国家基于公共利益的考量对宅基地身份、用途做了诸多限制。然而，现有宅基地制度的农民社会保障功能发挥得并不理想。典型表现为土地征收过程中征收补偿标准过低、镇政府村委会截留等问题严重，这就使得宅基地社会保障功能严重异化，农民的生存权遭到重大威胁。赋予宅基地收益、处分权能并非放弃宅基地的保障功能，相反，使用权的放开正是在落实保障功能的基础上进行探索与改革的。三权分置下宅基地社会保障功能实现的关键在于宅基地资格权。宅基地资格权强调在初始取得中，申请人申请宅基地应当具有集体成员身份，同时可以对宅基地进行事实上的利用。当宅基地被征收时，基于对宅基地合法占有的事实享有获得土地征收补偿之权利。若户籍由"农"转为"非农"，也可在自愿有偿的基础上放弃宅基地资格权。当然，资格权的退出并非完全忽视农民失宅失地的风险，而是在程序上做了诸多限制性规定，如申请人必须有其他住所、稳定工作、社会保险等。不难发现，三权分置模式下赋予宅基地收益权能是在保障农民生存权的基础上展开的。

---

① 黎晓武、陈威:《生存权与发展权视野下的土地征用补偿制度研究》,《江西社会科学》2009 年第 10 期。

关于农民发展权，不能简单地认为给予农民充足的货币补偿便实现了此目的。实际上，农民的发展权益是多元的，包括民主参与、合理补偿、社会保障、知情同意等因素，可总结归纳为参与权与收益权，而这分别对应了当下我国宅基地使用权改革中亟待解决的两大痼疾——程序失范以及权利残缺。当前，我国实行的是二元公有制土地制度，宅基地所有权归属于村集体，通过制定严格的土地管理制度，国家将公法上的土地发展权范围扩展到极致，以致私权意义上的土地发展权被完全架空。[①] 尤其是土地财政的运行机制使得土地出让制度设计日益"丰富"，而这让本属于农民的土地增量利益丧失殆尽。一方面，土地征收补偿中出现的问题导致侵害农民土地发展权益的情形时有发生；另一方面，混乱的征地行为同样忽视了公平正义的人权理念。此种情形下，居于收益分配链条最末端的农民的利益时常得不到充分保护，农民生产生活以及农村经济发展难以为继。[②] 三权分置模式下，农民或者集体可以平等地位参与到市场交易中，通过与相对方的价格谈判获取符合公允价值的对价利益。[③] 这就将土地财产权益从公法上的土地发展权中分离出来，引导集体土地与国有土地同权同价，有利于建设城乡统一的土地市场，从而实现土地资源配置的最优化。因此，在发展权层面，三权分置下的宅基地使用权改革理念真正将农民置于发展权主体地位、核心地位。[④]

综上，无论是法理意蕴还是实践效应，无论是运行逻辑还是人权保障，相比于"转权""扩权"，"分权"路径下的宅基地使用权改革方案更容易被接受。当然，三权分置政策的推行并不意味着放弃转权、扩权路径，而是可以将两者的部分举措吸收进分权路径中，如集体经营性建设用地入市完全可以作为放活宅基地使用权的重要手段之一。因此，当下改革的关键便在于审慎推进三权分置政策，从而对原有的宅基地权利体系进行重塑。

---

① 甘藏春：《当代中国土地法若干重大问题研究》，中国法制出版社，2019，第 216~219 页。
② 刘兆军：《人权理念下的农民土地权利保护》，《中国土地科学》2010 年第 7 期。
③ 韩松：《集体建设用地市场配置的法律问题研究》，《中国法学》2008 年第 3 期。
④ 齐延平：《论发展权的制度保护》，《学习与探索》2008 年第 2 期。

# 四 三权分置下宅基地使用权的法权周期及其实现

说一个事物是有效率的，意思就是说它能够以同样的投入取得比其他事物更多的价值与财富，土地亦是如此。[①] 不管是乡村振兴战略政策的外部推动，还是宅基地使用权价值交换的内在需求，放活宅基地使用权已是大势所趋。但对于流转开禁的范围与力度，全国试点地区的实践各有不同。基于成本与收益分析考量，同时为了减少未来的不确定性，当下应当对宅基地进行全面的制度设计，赋予宅基地使用权完整的法权生命周期。具体而言，需要从宅基地使用权的初始取得、流转方式、消灭制度等进行体系化构建。

## （一）三权分置下宅基地初始取得的制度设计

初始取得是宅基地使用权改革的首要环节，其内容设计科学与否直接影响到制度改革的实际效果。初始取得制度解决的是集体成员如何获取宅基地的问题。《土地管理法》、《民法典》物权编规定了宅基地取得"一户一宅、面积法定"的原则，但现实中，宅基地申请存在主体泛化、公权过度干预等问题。因此，对于三权分置语境下的宅基地初始取得规则，申请主体以及相关程序的规范是重中之重。

其一，宅基地申请主体。宅基地初始取得的申请主体仍应当限定为本集体成员，这就排除了拥有城市户籍的市民作为宅基地初始取得申请主体的可能。原因在于三权分置下的宅基地使用权已经被赋予流转权能，城市居民完全可以在市场交易中实现对宅基地的保有。若初始取得放开申请主体限制，无疑会侵害本集体成员的权益，不仅难以体现宅基地的福利性与保障性，更无法做到对农民人权的保障，这显然与三权分置资格权的设立初衷相悖。

而对于本集体成员也就是农民身份的认定，可以户籍标准为基础，参

---

[①] 张文显：《法哲学范畴研究》，中国政法大学出版社，2001，第 213 页。

考集体成员生产生活方式，综合考量并确定集体成员的身份。具体实践操作上可以借鉴浙江义乌市的改革方案，即凡户籍在本村且符合集体规定的相关条件的便可自动取得集体成员资格；对于入赘男、外嫁女等外来人口，通过召开村民大会并经村民代表 2/3 以上同意便可获得。① 集体成员首先是"户籍"上的农民，然后才是"职业"上的农民。特殊情况下少数服从多数，按人分配，有偿调剂。这样不仅有利于集体经济组织对成员身份的判定，更有利于及时维护集体成员的现实利益。

其二，宅基地取得程序。除宅基地申请主体需要明确以外，宅基地初始取得程序也亟待加以规范。具体而言，包括行政审批制转向行政确认制以及登记生效主义的适用。

宅基地初始程序主要包括审批与登记两部分。对于审批，新修订的《土地管理法》第 62 条规定："农村村民住宅用地，由乡（镇）人民政府审核批准；其中，涉及占用农用地的，依照本法第四十四条的规定办理审批手续。"该规定取消了之前由县级政府批准的程序，有一定的进步意义。即便如此，宅基地本属于集体组织的"私有财产"，对于私有财产的处置应当由集体内部决定，这不仅是集体所有权能的一种体现，同时也与"深化村民自治"的政策理念相契合。因此，笔者认为可以将具有行政许可性质的审批制转变为行政确认性质的备案制。

对于登记，宅基地使用权属于不动产权利的一种，我国《民法典》物权编规定不动产权利变动与公示以登记为要件。基于不动产物权变动规则的统一性，同时考虑宅基地的权利状态需要及时明确，采取登记生效主义更为适宜。而且，登记生效主义的适用可以与城市建设用地使用权保持相同的效力规则，在推进城乡统一建设用地市场构建方面颇为重要。

不管是备案制还是登记生效主义的适用，目的都是淡化根植于计划经济时代的行政色彩，以便"逃离"以《土地管理法》为代表的公法范围而回归物权的私权本性，最终落入市场经济的自治区间。② 这虽然是宅基

---

① 黄琯：《论宅基地资格权的权属定位及实现》，《牡丹江大学学报》2019 年第 8 期。
② 高圣平、刘守英：《宅基地使用权初始取得制度研究》，《中国土地科学》2007 年第 2 期。

地使用权改革的第一步、一小步，对激发整个农村土地活力而言却是一大步。

## （二）三权分置下宅基地流转的制度设计

分置下的三权关系，所有权是基础，资格权是关键，使用权则是核心。事实上，整个宅基地制度改革便是紧紧围绕如何放活使用权进行的。当然，宅基地使用权之流转开禁并非一蹴而就，而是一个由表及里、层层递进的过程。具体流转形式上，可以通过逐步放开继承、抵押、转让功能，实现盘活宅基地使用权的政策初衷，最终引导宅基地进入市场流通。[①]

其一，宅基地使用权抵押规则。一般认为，抵押会使宅基地使用权的归属处于一种不确定的状态。[②] 宅基地若能实现自由流转，使用权自然可以抵押。但必须看到的是，现实中宅基地流转无法在短期完成，那么能否将抵押作为宅基地流转开禁的试点，笔者认为这是值得考虑的。

根据文义解释，农民住房财产抵押的标的当然是"住房"，但这里的住房不仅仅包括房屋，还包括宅基地，更准确地说是宅基地使用权。乡村振兴战略的提出，让农村成为社会资本竞相进入的"处女地"，农村实现自身经济的发展也离不开金融资金的支持。[③] 但农民除了住宅、宅基地外，能够提供金融担保的别无他物。这就使得当前《民法典》《担保法》的相关"禁令"成为宅基地使用权抵押不可逾越的障碍。[④] 然而，《担保法》第 34 条第 1 项规定，"抵押人所有的房屋和其他地上定着物，可以抵押"。可见，农民以其宅基地上的房屋进行抵押应当是有效的。此时基于"房地一体"原则，房屋允许抵押与宅基地使用权禁止抵押两种矛盾而又暧昧的态度揭示出抵押权的尴尬处境，这种矛盾容易导致债权人对以农村房屋抵

---

[①] 刘凯湘：《法定租赁权对农村宅基地制度改革的意义与构想》，《法学论坛》2010 年第 1 期。

[②] 袁锦绣：《农村宅基地使用权法律问题研究》，中国商务出版社，2013，第 72 页。

[③] 温世扬：《从〈物权法〉到"物权编"——我国用益物权制度的完善》，《法律科学》2018 年第 6 期。

[④] 《民法典》第 399 条："耕地、宅基地、自留地、自留山等集体所有的土地使用权不得抵押，但法律规定可以抵押的除外。"《担保法》第 37 条第 2 项："耕地、宅基地等集体所有的土地使用权，不得抵押。"

押的担保方式"敬而远之"。在此背景下，2015 年 8 月，国务院发布《关于开展农村承包土地的经营权和农民住房财产权抵押贷款试点的指导意见》，允许宅基地和农房一并抵押，是对这一困境的有力突破。可以说，宅基地使用权抵押试点的展开，开启了宅基地使用权还权赋能的有益探索。

在宅基地抵押权的实现过程中须厘清以下两个问题：一是宅基地抵押的条件；二是宅基地抵押的风险防控。

对于问题一，有学者主张宅基地使用权可以抵押，但在抵押的条件上做了诸多限制，比如抵押人仅能为自身债务行使抵押权，抵押权人也仅限于本集体成员，抵押前须经集体经济组织同意等[1]，但笔者对此有不同意见。首先，抵押对象不应有限制。为谁设立抵押权，为谁承担抵押责任是抵押人的自由，在法律没有明文禁止的情况下，他人不得对其做过多约束。而且，无论是为自身抵押还是为第三人抵押，都会有无力偿还债务的可能，也都会面临"失宅失地"的风险，并不会因是为他人抵押，这种概率就会增加。因此，抵押人不管是为自身还是为他人抵押都应当被允许。其次，抵押权人范围应适当放开。长久以来，抵押权人一直是金融机构，从谨慎的角度来看，金融机构确实是目前最适宜的，但并不能排除自然人和其他组织作为抵押权人的可能。在城市资本逐渐向农村渗透的过程中，仅仅将金融机构作为资本的唯一来源，难以满足农村自身发展的需求，也容易挫伤其他社会资本参与的积极性。当然，笔者并不主张即刻赋予所有社会主体抵押权人的资格，而应在改革进程中有条件且有序地将自然人、其他组织纳入，实现资本下乡的"软着陆"。最后，对抵押须经集体经济组织同意的观点，笔者不敢苟同。从法理上讲，农民基于集体成员资格取得宅基地，既然宅基地属于集体所有，农民作为集体的一部分，当然享有对宅基地占有且收益的权利，这种权利便是使用权。[2] 权能分离理论下宅基地使用权独立于所有权，具有对世性和排他性，可以由权利人自由处

---

[1] 林依标：《农民住房财产权抵押、担保、转让的思考》，《中国党政干部论坛》2014 年第 9 期。

[2] 沈永敏：《农村宅基地使用权抵押问题探讨》，《东南大学学报》2008 年第 10 卷增刊。

分。并且这种处分并未改变所有权的地位，对所有权也未造成负面影响。[1]
所以宅基地使用权抵押须经集体经济组织同意是值得商榷的。

对于问题二，有学者担忧一旦放开宅基地抵押权，农民不可避免处于
弱势地位，存在失地失宅的风险。[2] 但随着城镇化的不断发展，当今之农
民与城市中的市民一样，在大多数情况下也是一个"理性的经济人"，也
会在成本与收益之间进行衡量。同时，抵押权人在设定抵押权时也会考虑
风险、权衡利弊，并非凡以房屋抵押的贷款申请就一定能接受。宅基地抵
押也会设定相关的风险防控机制作为保障，比如参考国有土地建设用地使
用权规定，为宅基地使用权设定期限，防止出现集体内部成员无地可选的
尴尬局面。完善宅基地抵押管理，宅基地使用权属于不动产用益物权，物
权变动规则自然适用登记生效主义，在基于双方合意签订抵押合同时，通
过确权颁证让农民吃上定心丸。抵押实现方式上宜为变卖、拍卖，应排除
折价方式，因为此方式会导致农民一旦资不抵债，在实现抵押权的过程中
将处于被动地位。鉴于宅基地使用权抵押的特殊性，变卖、拍卖更能维护
集体成员的利益。[3]

其二，宅基地使用权继承规则。父辈去世，祖宅留给自己子女继承本
合情合理，但宅基地使用权是否可以随房屋一起继承学者间意见不一致。
有学者认为，宅基地使用权继承没有法理依据。综合考虑《继承法》与
《土地管理法》的相关规定，继承要求的个人财产与宅基地使用权对应的
"户"并不能耦合，因此宅基地不属于可继承的遗产。[4] 宅基地使用权不
能继承，但附着在宅基地上的住房却可以继承，基于房与地事实上的结
合，出现了矛盾。

我们认为，三权分置背景下，宅基地使用权继承有其必要性与可行
性。首先，资格权的设置强化了宅基地资产的保值增值功能，同时排斥了

---

① 高圣平：《农民住房财产权抵押规则的重构》，《政治与法律》2016 年第 1 期。
② 郭明瑞：《关于农村土地权利的几个问题》，《法学论坛》2010 年第 1 期。
③ 焦富民：《农业现代化视域下农民住房财产权抵押制度的构建》，《政法论坛》2018 年第 2 期。
④ 刘露：《解释论视角下宅基地使用权的继承性研究》，《华东政法大学学报》2019 年第 1 期。

因过度依赖社会保障功能而禁止继承的主张。其次，资格权为成员权，是指本村村民可因集体成员身份初始取得宅基地的资格。当然，这里的资格仅指初次申请宅基地的资格，对继受取得的身份则没有限制，这有助于消除宅基地使用权因身份限制而不能继承的误解。而且，对于集体成员，宅基地的取得是以"户"为单位的，某个成员的死亡并不会导致整个"户"的灭失，宅基地使用权继续存在；若整户成员相继去世，当最后一位成员去世时，宅基地使用权方可宣告消灭。对于非集体成员，宅基地的社会保障功能也不能成为阻碍其取得宅基地的理由。如前文所述，居住保障已在初始取得中实现，而实践中，并未禁止因继承而造成的"一户多宅"。最后，宅基地退出机制的设立有利于将宅基地使用权继承客体由实物转化为现金，继承现金没有任何法理障碍，相比于宅基地本身更加公平合理。①

宅基地使用权继承并非仅仅依靠政策的放开便可以落实，应当建立相关的配套措施。一方面，应强化集体经济组织的职责。继承可能会导致"一户多宅"现象的出现，而这又与《土地管理法》的规定相违背，鉴于此，要赋予集体经济组织充分的自主权，对因继承而超标多占的宅基地，可鼓励其自愿有偿退出，并由集体组织赎回；或者继承的宅基地归属不变，农户需要向集体组织缴纳土地使用权费作为代价，具体费率集体组织可参考本地土地储备量、经济发展水平、农户数量等因素综合考虑确定。另一方面，无论是宅基地取得还是继承，均是以"户"作为主体进行的，法律语境下"户"的认定标准存在漏洞，导致现实中频频出现以"假离婚""假分户"等手段恶意攫取不正当利益的现象。所以，政策制定者应摒弃唯"户口簿论户口"的传统观念，在充分考虑地方民俗、居住习惯的前提下，以家庭关系与集体常住情况作为"户"的认定标准。同时审慎稳妥推进分户申请的审批，毕竟在宅基地资源分配紧缺的情形下，对所有合法申请都予以批准是不现实的，而且也不利于代际公平。

其三，宅基地使用权转让规则。现实生活中，人们对宅基地转让交易有着非常强烈的需求。从供给来看，据统计，2018 年农村宅基地闲置比

---

① 高海：《宅基地使用权继承：案例解析与立法构造》，《东方法学》2018 年第 5 期。

例平均为 10.7%，而且数字还在逐年递增。① 从需求来看，进城务工者、刚毕业的大学生、低收入者成为购房的主力军，但城市的高房价迫使他们只能将目光投向价格低廉的"小产权房"；富人或者退休老人常常向往农村安静的环境，将其作为休假、疗养的好去处。可见，宅基地交易供需两旺、热度不减，解禁宅基地转让势在必行。

不难发现，并非宅基地的转让不符合经济与社会发展的需求，而是现行宅基地使用权的制度阻碍了社会经济的进步。因此，宅基地使用权转让制度亟待破解重构。首先，农民转让房屋所有权于集体外成员，须同时转让宅基地使用权，转让经过集体组织同意备案。相对方不仅要负担房屋的价金，还要缴纳宅基地使用费于宅基地所有人。农村集体对收取的宅基地使用费自行处理，可在集体与成员之间合理分配，无须上交国库。② 若受让方为集体组织成员，则不必再缴纳宅基地使用费。其次，参考抵押条件设置转让的条件，即转让人须提供其生存保障的证明，如社会保障证明、稳定工作证明、其他住房证明等，保障农民失宅后不至于流离失所。最后，为防止因城市资本涌入农村而产生"炒房""炒地"的现象，可以建立城乡统一的土地监管机制，确保农村宅基地被有序、高效、安全地开发。

### （三）三权分置下宅基地消灭的制度设计

消灭制度的设立意味着宅基地使用权于农民手中的"终结"，同样意味着集体对宅基地高效利用、提升经济价值的起点。从消灭原因来看，退出与收回作为宅基地使用权消灭的主要方式在整个宅基地改革中居于关键地位。两者形式上都是农民丧失而集体重获集体土地使用权，事由上也有部分重合。但两者仍有本质区别。一方面，前者往往以进城落户、资格丧失、宅基地流转等作为退出理由，强调自愿平等，私权属性明显。而后者则更多体现了公共利益在收回制度中的重要作用，允许强行收回集体土地使用权，公权介入程度较深。另一方面，退出必须有偿，而收回不必然支

---

① 《农村绿皮书：中国农村经济形势分析与预测（2018～2019）》，社会科学文献出版社，2019，第 232～235 页。
② 高圣平：《宅基地性质再认识》，《中国土地》2010 年第 1 期。

付对价，如违规使用等情形。因此，基于收回与退出制度的机制不同，有必要对两者进行重新梳理，以补足宅基地使用权法权生命周期的最后一环。

其一，自愿有偿退出宅基地使用权。严格而言，宅基地退出并不是一个法律概念，直到《土地管理法》修改，宅基地退出制度才在立法上有了正式回应。① 新规固然对宅基地退出进行了开创性的阐述，退出事由方面规定为进城落户，预防农民无房可住的风险；退出方式上采取自愿原则，一定程度上防止了公权的强制渗透；退出前提是给予补偿，顾及了农民利益的实现。但《土地管理法》毕竟属于公法性质的法律，无法为私法性质的宅基地退出提供充足的制度支撑，主要表现为：宅基地退出事由过于单一；宅基地退出程序有待改进；宅基地补偿金的标准与来源模糊不清。②

针对以上不足，笔者提出三条改进措施。首先，宅基地退出事由在保留进城落户的基础上，适当增加宅基地转让退出、资格权丧失两项。一方面，在尊重自愿的前提下，宅基地转让退出可以有效解决一户多宅的问题，从而提高宅基地利用率；农转非、户口迁出、家庭成员全部去世导致资格权的灭失同样具有宅基地退出的效果。另一方面，资格权作为使用权的前提，两者权利内容相互独立但又不可分割，使用权的取得以资格权保有为基准，资格权灭失，宅基地使用权自然归于消灭。其次，在宅基地退出程序上，使用权人应当向集体组织提出申请，村集体对退出事由进行严格审批并应当报乡、镇政府备案。退出之前，村集体可以给予农民一定期限的"冷静期"，以确保宅基地退出决定是基于农民的理性。宅基地退出完成后，补偿金及时、全额交付给农民，中途不得截留。退出过程中，发生无理由拒绝审批、克扣补偿金等侵害农民权益的行为时，允许农民寻求司法救济。最后，关于宅基地退出补偿金的标准与来源，前者须看到宅基地未来的升值空间③，并可以参考相同区位的集体经营性建设用地的市场价格进行评估；后者则可寄托于"政府专项拨款+社会资本"，建立宅基

① 《土地管理法》第62条："国家允许进城落户的农村村民依法自愿有偿退出宅基地，鼓励农村集体经济组织及其成员盘活利用闲置宅基地和闲置住宅。"
② 梁亚荣：《论农村宅基地使用权退出制度的完善》，《法学论坛》2015年第6期。
③ 汪莉、尤佳：《土地整治中宅基地的退出激励机制——以安徽省为例》，《政法论丛》2015年第4期。

地退出基金。①

其二，宅基地收回范围扩展与程序规范。三权分置背景下，构建宅基地收回制度应当首先考量两者能否兼容以及如何兼容。就笔者看来，宅基地使用权收回与三权分置并非背道而驰，而是相辅相成、内在统一的。首先，两者法理逻辑一致。宅基地收回意味着作为宅基地所有权人的集体组织与作为宅基地使用权人的集体成员之间的对抗，宅基地使用权权利内容以所有权以及"物权法定"为基础，同时遵循权利生成逻辑与权利义务相一致原则。在这一层意义上，使用权有不得违背所有权意志的预设前提。②而三权分置政策语境下，宅基地集体所有权置于资格权与使用权之前，起统领与主导作用。事实上，所谓的资格权与使用权不过是所有权身份属性与财产属性相分离的结果，分离的目的是更好地充实其权能。资格权与使用权均内生于所有权，为所有权所支配。其次，两者目的一致。宅基地收回是为了减少土地闲置，提升宅基地利用效率。而三权分置是在"空心村"、一户多宅、超标乱占等问题愈演愈烈的背景下开展的，政策目标同样是通过放活宅基地和农民房屋使用权释放土地潜在的经济价值，从而实现乡村振兴。不难看出，宅基地收回与三权分置在目标方面存在共通之处。最后，两者手段趋于一致。从全局观察，三权分置相对于宅基地收回而言属于上位的概念，收回制度在一定程度上可以视为宅基地三权分置改革的制度工具。因此，两者是包含与被包含的关系。

综上，三权分置与宅基地收回在宅基地使用权改革内涵方面高度一致。鉴于当前宅基地收回制度立法模糊、实践操作困难的尴尬局面，应将其纳入三权分置改革路径中加以厘清。具体而言，应当在收回事由以及程序方面加强规范。

第一，收回事由范围的扩展。《土地管理法》第66条规定了三种法定收回事由：乡（镇）村公共设施和公益事业建设；违反土地用途；撤销、迁移等原因。显然，该法条难以反映当前农村发展需求。对于收回事由，

---

① 韩文龙、谢璐：《宅基地"三权分置"的权能困境与实现》，《农业经济问题》2018年第5期。

② 耿卓：《宅基地使用权收回事由类型化及立法回应》，《法律科学》2019年第1期。

笔者以为应当增补因规划调整、资格权丧失以及因长时间闲置而收回的规定。首先，增加规划调整事项。一方面，可以为实践中的农村改造、合村并居、移民安置、跨村配置等工作提供法律依据；另一方面，也可以与《土地管理法》第58条第1项规定的实施旧城改建而提前收回国有建设用地使用权的情形相呼应。其次，资格权丧失作为宅基地退出事由已在部分试点中实行，收回与退出同为宅基地使用权消灭的原因，在具体内容上应当保持统一性。最后，因长时间闲置而收回则考虑到了三权分置以及收回制度的政策目的，《土地管理法》虽未有因闲置而收回的规定，但该法的每个规范无不体现着集约利用土地的指导原则，而且长期闲置也是造成部分成员无宅基地可申请的重要原因。基于公平正义的考量，此种情形作为收回事由之一有充分的法理依据。

第二，收回程序的规范。收回程序之规范是在保障集体利益不受损的情况下，尽量确保农民收益最大化的必然要求。首先，收回的对象是合法申请的宅基地，对于未经批准、骗取、强占豪夺取得的宅基地不适用收回制度，而应依据《土地管理法》第77条或者《民法典》物权编的相关规定课以拆除、罚款、恢复原状等处罚。其次，在收回形式上，发挥协商收回的积极作用。协商是相对于法定收回的新类型，是指农民与集体组织在平等自愿的基础上，通过订立合同的形式并以消灭特定宅基地使用权为目的的双方法律行为。[①] 协商收回可以有效实现宅基地资源的整合，避免因法定收回手段过于强硬而造成"赶农民上楼"的悲剧。当然，宅基地自愿有偿退出与协商收回有高度重合性，因此两者可进行合并，通过《土地管理法》以及相关规范性文件的修改，赋予协商收回法律地位。最后，在表决程序上，考虑到成本与操作难度，对于表决程序的选择应具体情况具体分析。因集体公益收回的表决，应严格按照村民会议或者村民代表会议2/3以上同意的方式做出，避免因公共利益概念本身的不确定性与滥用造成的程序混乱。[②] 而对于非集体利益导致的收回宜采用更为简单的方式，如协

---

① 贺日开、李震、孙伟伟：《宅基地使用权收回条件的规范分析与立法完善》，《江苏行政学院学报》2014年第5期。

② 耿卓：《宅基地使用权收回的流程规范》，《交大法学》2018年第4期。

商、村委会讨论等。

# 五　结语

在农地三权分置改革的大背景下，社会各界对宅基地利用制度的改革有太多的期待。但冰冻三尺，非一日之寒；破三尺冰，非一日之功。构建新型的城乡统一用地制度，探索宅基地利用的法治化路径必定是一项系统而又浩大的工程。在这一过程中，社会各界应当认真对待各参与主体特别是农民的权利，少一分批评与质疑，多一分理解与宽容，以试点地区的经验为基础，以正确的理论为指引，综合考虑国家、集体和农民的利益，合理设计宅基地利用制度，完善宅基地改革的相关举措，搞活农村宅基地市场，尽快实现乡村的进一步振兴和繁荣。

# 《公民权利和政治权利国际公约》中
# 权利限制条款的理论逻辑

原　欣*

**摘　要：**《公民权利和政治权利国际公约》中权利限制条款最深层次的问题在于界定和处理个人权利与国家权力之间的关系。从个人与国家关系的视角看，人权运行存在两种模式：防御权模式和合作权模式。权利限制条款就是两者交互运行的体现，防御权模式强调国家在对个人权利施加限制时必须遵守的限度，即"限制的限制"，合作权模式则体现为国家保障人权的积极义务，两者间的张力促进应有人权和法定人权不断转换为实有人权。这也是多元人权观的碰撞、互动和融合在《公约》中的反映和折射。

**关键词：**权利限制条款；限制的限制；积极义务

人权逐渐成为当今国际社会共享的价值理念和道德语言。但是，人权的重要性并不意味着绝对性。"人权概念表达了人类相互之间的深刻认同，这种认同所凭借的不再是一个人、阶层或社会之间在某些利益或价值上的一致，而是马克思所说的那种人的一般意义上的类特征。"[1] 如果允许人权成为一种不设边界、没有限制的绝对话语，将难以形成互助合作的社会关系，这样的人权就会因缺乏社会基础而成为空中楼阁。在日常社会生活中，相对于社会公共利益和他人的权利而言，个人权利并不总是具有优先性。为了保障个人行使权利的良好社会环境，避免社会成员之间的零和博

---

\* 原欣，西南政法大学马克思主义学院专任教师。

[1]　夏勇：《人权概念的起源——权利的历史哲学》（修订版），中国政法大学出版社，2001，第17页。

弈，就需要对人权的行使施加一定的限制。

在权利限制确有必要的情况下，也需要防止权利限制异化为公权力肆意侵犯个人权利的借口，因而必须对人权的限制进行审慎的规范和运用。因此，人权保障问题就不仅是某项权利是否得到宣誓和确认，还必须对限制的范围和条件加以严格的规定，以此避免国家施加的限制超出合理的限度，进而导致人权规范形同虚设。基于此，问题的关键就转换成了：如何限制人权才具有正当性？

针对上述问题，作为国际人权法中公民权利和政治权利方面最具权威性的普遍标准，《公民权利和政治权利国际公约》（以下简称《公约》）作出了回应。它在详细规定个人权利的同时，也设置了相应的权利限制条款，缔约国仅可以在权利限制条款所规定的特定情形下对个人权利施加限制。但是，需要注意的是，《公约》作为一种国家间的共识，需要应对和兼容不同的文化传统和社会现实，故而对权利限制条件的规定也就相对抽象和模糊，导致各国在理解和适用中存在一定的困难，同时也为部分国家留下了曲解和任意适用的空间，影响和制约了《公约》在国际人权治理中的功能发挥。为了妥善处理上述问题，我们有必要对权利限制条款，特别是其背后的理论逻辑进行深入的研究和分析。

综言之，"权利最深层的问题不是权利与'义务'的问题，而是权利与国家权力的关系问题"。[1] 对《公约》中权利限制条款的解释与适用事实上也是在界定和处理个人权利与国家权力之间的关系。从个人与国家相互关系的视角看，人权运行存在两种模式：防御权模式和合作权模式。"在公法领域，当国家履行消极义务时，公民与国家之间呈现出一种防御权结构模式，当国家履行积极义务时，公民与国家呈现出一种合作权模式。"[2]《公约》中权利限制条款就是两者交互运行的体现，从而促进应有人权和法定人权不断转换为实有人权。

---

① 程燎原、王人博：《权利论》，广西师范大学出版社，2014，第 36 页。
② 刘志强：《论人权法的三种法理》，《法制与社会发展》2019 年第 6 期。

# 一　理论基础：防御权法理和合作权法理

## （一）防御权法理的产生及其局限性：古典自由主义人权观

防御权模式与西方启蒙时期人权思想的发端密切相关。就其渊源来说，"人权思想和实践起源于西方政治思想和实践的自由主义传统"，[①] 表现为与西方传统社会君权、神权和特权的对立。启蒙思想家们虽然承认权利应当受到限制，但其核心问题意识在于强调人权的对抗性。他们将"自然状态"作为理论的出发点，在这一前社会状态中，不存在人为的制度和公共的权力，个人行为仅服从于自己的理性和意志。处于自然状态中的个体天然具有的权利也就是自然权利，这种权利根植于人的本性，是不证自明、与生俱来的，它们是国家权力正当性的来源和基础。古典自由主义人权观的实质就是将个人视为一个独立的、自由的主体，个人在逻辑上优先于社会，排斥国家对个人自由的干预，也就是一种"个人本位"的人权观。这一人权观基础包含三个层面：个人主义提供了权利主体图式，自由主义提供了权利内容图式，理性主义则提供了价值体认图式。[②] 人权理念的形成也推动了人权制度的发育和生长，"人权既是现代的创造物又是现代的创造者，是现代政治哲学与法理学在政治与法律上的创举"。[③] 之后的自由主义人权理论虽然对"自然权利"理论的真实性和客观性进行了质疑，但最终仍未脱离人权正当性论证的主体性范式以及个人—国家对抗的二元结构。

从历史视野看，古典自由主义人权观是启蒙运动以来人类理性跃升的重要成果，标志着神权与王权的历史性隐退，使得个人主体性地位得以凸显，个人权利开始成为西方政治哲学、社会理论和制度建构的核心命题。

---

① 〔美〕杰克·唐纳利：《普遍人权的理论与实践》，王浦劬等译，中国社会科学出版社，2001，第99页。

② 参见唐健飞《国际人权公约与和谐人权观》，社会科学文献出版社，2010，第27～28页。

③ 〔美〕科斯塔斯·杜兹纳：《人权的终结》，郭春发译，江苏人民出版社，2002，第18页。

人权概念的产生也推动了社会的重构和整合：一种崇尚权利的新型文化模式成长了起来，人人自由平等的价值观得以确立，"公权力必须受到法律约束"的理念也成为共识。可以说，人权理念的产生和发展推动了近代以来西方社会科技的发展、物质的富足以及政治的进步。

不过，随着理论自身的演进，以及理论向政治现实的转化，古典自由主义人权观的局限性也逐渐凸显和暴露。极端的个人主义观念以及在此影响下的制度建设，一味强调拒绝和排斥国家对个人权利的干预，致使权利实际上处于一种畸形的状态。在现实中，由于权利的出发点并不平等，权利的发展自始就不可能处于完全平等的状态。这就导致少数处于经济优势地位的人同时也取得了享有和行使权利的优势地位，而处于弱势地位的个体则难以获得和维持行使权利的客观条件。国家的消极地位会使得这种不平衡状态一直持续下去。① 权利的这种畸形发展最终必然会影响到社会秩序的正常运转，破坏权利实现所必需的正常社会条件。

可以看出，这种"个人本位"人权观所设想和描绘的美好愿景并没有在实践中得到落实，从而也促使人们对其进行反思。究其原因，"社会制度和文化传统是现实的生产方式和生活样式的凝练与结晶。作为文化层面或社会制度层面上的人权概念也是从与之相适应的生产方式与生活样式之中概括出来的"。② 古典自由主义人权观及其制度实践根植于特定的社会背景和知识谱系。它伴随着资本主义的兴起而形成，最初的目的在于反抗国家权力、君权、神权对个人的蔑视、侵害和践踏，属于特定的历史范畴。③ 这就使得这种人权观从确立之日起，就内含不可避免的矛盾和局限："人权被用作个体的保护伞，反对建立在拥有绝对权力的个体之像上的政府权力。这就是人权的核心部分的正反两面，共同地融进了历史，使人权不可能得以实现。"④ 此外，它所表达的人权作为张扬主体性的有力手段，没有超越西方文化发展进化的一个基本机制——排除法。在定义作为人权

---

① 参见程燎原、王人博《权利论》，广西师范大学出版社，2014，第36页。
② 齐延平等：《人权观念的演进》，山东大学出版社，2015，第157页。
③ 参见张文显《论人权的主体与主体的人权》，《中国法学》1991年第5期。
④ 〔美〕科斯塔斯·杜兹纳：《人权的终结》，郭春发译，江苏人民出版社，2002，第19页。

主体的"所有人"的过程中，其中的部分主体被界定为全体，而另一部分主体则被不着痕迹地排除在外，[①] 现实中的人权事实上是一种极为有限的普遍性。

## （二）防御权法理的自我革新：从功利主义到新自由主义

进入 19 世纪，以自然权利为核心的古典自由主义人权观开始衰落。一方面，社会现实的变化产生了新的理论需求，随着资本主义制度的建立，社会和政治理论的主要任务已经由"破"转换为"立"，由推翻旧制度转换成对新兴资本主义制度的合理性进行论证。[②] 近代自然权利理论所蕴含的激烈的革命诉求显然难以适应这一温和的改革任务。另一方面，新兴的自然科学和社会科学成果冲击了自然法理论的先验哲学基础。在此背景下，功利主义、保守主义、马克思主义等新的社会理论也开始兴起，它们对古典自由主义人权观进行了深入的剖析和批判，由此导致古典自由主义人权观的说服力和影响力受到削减并由此步入低潮。直到第二次世界大战结束，新自由主义者在承继、调适古典自由主义人权观的基础上，发展出了更具社会适应性的新自由主义理论，自由主义人权观才开始复兴。

### 1. 功利主义对古典自由主义人权观的批判

功利主义原则在自由主义的脉络中，对古典自由主义人权观进行了反思和调试。它试图在坚持自由主义核心原则的前提下，采取循序渐进的方式推进国家的制度变革，矫正古典自由主义人权观的弊端。

具体而言，功利主义原则对自然法理论的基石进行了批判，将是否促进幸福作为判断人的一切行为的标准。它不考虑一个人行为的动机和手段，仅考虑个人行为产生的结果对社会幸福总量的影响。边沁将功利主义解释为"最大多数人的最大幸福"："它按照看来势必增大或减小利益有关者之幸福的倾向，亦即促进或妨碍此种幸福的倾向，来赞成或非难任何

---

[①] 参见曲相霏《人权离我们有多远——人权的概念及其在近代中国的发展演变》，清华大学出版社，2015，前言。

[②] 参见熊万鹏《人权的哲学基础》，商务印书馆，2013，第 61 页。

一项行动。"① 换言之，他将个人行为或者政府行为带来的幸福量作为是非善恶的判断标准。不过，他的理论体系并不是以共同体利益为落脚点，个人利益才是唯一现实的利益："共同体是个虚构体，由那些被认为可以说构成其成员的个人组成。那么，共同体的利益是什么呢？是组成共同体的若干成员的利益总和。"② 因此，这一理论的核心旨归仍旧是最大限度地实现个人利益。

不过，这一理论也存在不足。一方面，尽管边沁在批判自然权利理论的基础上提出了功利主义原则，将法律作为人权的正当性来源，但是，他的理论并未与自然权利理论脱节。在其理论中，幸福是个人或者政府行为的目标及判断标准，而幸福的数量就是特定行动中产生的快乐和痛苦的总和。为此，他设定每个人的快乐价值相等，衡量功利的标准就是这一特定行动是否能够增加大多数人的快乐价值。将一个人的快乐价值与他人的快乐价值等同的这一设定就源自普遍承认的自然权利——平等。③ 边沁将丰富的社会生活一概纳入功利的计算，使得他的理论对公正、权利等问题缺乏道德关注。④ 另一方面，在他的理论中，强调个人利益是唯一现实的利益，仅将"社会利益"作为一个不具任何现实道德意义的抽象概念，这就不可避免地导致这一理论缺乏普遍的社会意义。

约翰·密尔（又译约翰·穆勒）承继了功利主义的论证路径，对边沁的理论做了补充和修正。首先，边沁认为每个人的快乐只存在量的差异，而没有质的不同。而密尔则认为，快乐在质和量两个方面均有差别，精神的快乐高于感官的快乐，"做一个不满足的人比做一个满足的猪好；做一个不满足的苏格拉底比做一个傻子好"。⑤ 其次，个人利益的最大化并不必然等同于"最大多数人的最大幸福"，功利主义原则应当通过适当的措施提升社会整体的幸福总量。这在密尔关于个人自由的论述中可以得到印

---

① 〔英〕边沁：《道德与立法原理导论》，时殷弘译，商务印书馆，2000，第58页。
② 〔英〕边沁：《道德与立法原理导论》，时殷弘译，商务印书馆，2000，第58页。
③ 参见〔英〕丹尼斯·罗伊德《法律的理念》，张茂柏译，新星出版社，2006，第76页。
④ 参见严海良《人权论证范式的变革——从主体性到关系性》，社会科学文献出版社，2008，第133页。
⑤ 〔英〕约翰·穆勒：《功用主义》，唐钺译，商务印书馆，1957，第10页。

证。在他看来，要实现最大多数人的最大幸福，就不应当随意干涉个人的自由。思想的自由是绝对的，"任何人的行为，只有涉及他人的那一部分才需要对社会负责。在仅仅关涉他自己的那一部分，他的独立性照理来说就是绝对的"。① 而行为的自由却应当受到适当的限制，不得对他人造成伤害。不过，支配密尔自由主义理论的更高原则仍旧是功利主义，"我把功利视为一切伦理问题上的最终归宿。但这里的功利是最广义上的，是基于作为不断进步之物的人的长远利益而言的"。② 由此可以看出，在密尔的理论中，自由不仅仅是一种个人的善，个人权利与社会利益之间是紧密关联的。

**2. 新自由主义对古典自由主义人权观的发展**

新自由主义者使得自由主义人权观更具系统化和理论化，不再单纯强调个人利益和程序正义，而是开始深入论证自由主义当中的具体命题，考虑到了自由与其他社会价值的关系，强调个人利益与社会利益、实体正义与程序正义的统一。个人自由（个人权利）虽然仍旧是新自由主义人权观中的核心概念，但不再是绝对的、唯一的价值。新自由主义者对自然法的复兴也为人权的国际化提供了思想基础。

罗尔斯的正义原则在坚持自由主义核心的基础上，将自由主义与"平等"和"分配"结合起来，强调政治方面平等的自由与经济和财富方面公平分配的统一。③ 他假设了一种原初状态，其中任何个人对于自己在社会中的阶级和地位均是未知的，在此基础上模拟其中各方的推理，选择和确定社会的正义原则。罗尔斯认为，在这种社会状态下，为了避免自己处于最不利的地位，各方将尽可能地平均分配权利和义务，并尽可能平等地分配社会合作产生的利益和负担。这可以表达为两个正义原则：第一个原则是平等的自由原则，第二个原则是机会的公正平等原则和差别原则。④

---

① 〔英〕约翰·密尔：《论自由》，孟凡礼译，广西师范大学出版社，2011，第10页。
② 〔英〕约翰·密尔：《论自由》，孟凡礼译，广西师范大学出版社，2011，第11页。
③ 参见熊万鹏《人权的哲学基础》，商务印书馆，2013，第76页。
④ 罗尔斯认为，这两个正义原则是一个更一般的正义观的一个专门方面。这个一般的正义观是：所有的社会基本价值（或者说基本善）——自由和机会，收入和财富、自尊的基础——都要平等地分配，除非对其中一种或所有价值的一种不平等分配合乎每一个人的利益。而体现这一正义观的两个原则的最终陈述如下。第一个原则：每个人对与所有人所拥有的最广泛平等的基本自由体系相容的类似自由体系都应有一种平等的（转下页注）

这两个原则分别对应着社会基本结构的两大部分：第一个原则涉及公民和政治权利的部分，第二个原则处理有关社会和经济利益的部分。

其中，基本自由被认为是"更基本的好"，相对于社会经济利益或者公共福利来说，自由具有优先性，但这种优先性并不是绝对的。这一问题可以分为两个层次来看。其一，在有关公民和政治权利部分，个人的基本自由具有优先性，只有为了自由本身才能被限制，[①] "它永远也不能因为公共善或完善论价值的缘故而受到限制或否定。甚至在那些其自由受到限制或否定的人也从这种较大的效益中得到了好处，或是与别人一起分享到了较大利益总量所产生的好处时，也不能这样"。[②] 其二，自由并非在任何条件下都具有优先性，它受到社会环境条件的制约，必须是在"合理有利的条件下"，也即能够有效地行使自由的条件下，才能要求自由的优先性。[③] 罗尔斯事实上是从保障自由价值的角度来强调正义第二原则的意义：每个人都有可能处于不利的社会地位，为了保障每个人的自由，就需要提高社会最不利者的物质生活水平，确保基本自由的平等实现。因此，在有关社会和经济利益的部分，罗尔斯允许通过再分配保障最不利者以及最弱势者的利益。

马里旦的新自由主义理论对人权问题进行了特别的阐释，他还积极参与了《世界人权宣言》的制定过程，为其提供了坚定、合理的哲学基础。马里旦关于人权问题的观点主要体现在以下方面。其一，人权分为绝对不可让与的人权和基本不可让与的人权两类。前者是指不受政治体任何限制的权利，包括生存权和追求幸福的权利。它们以人的本性为依据，是任何人均不能丧失的，如果国家限制对这些权利的自然享有，就会危害共同福

---

（接上页注④）权利（平等自由原则）。第二个正义原则：社会的和经济的不平等应该这样安排，使它们：（1）在与正义的储存原则一致的情况下，适合于最少受惠者的最大利益（差别原则）；（2）依系于在机会公平平等的条件下职务和地位向所有人开放（机会的公正平等原则）。参见〔美〕约翰·罗尔斯《正义论》（修订版），何怀宏等译，中国社会科学出版社，2009，译者前言第6页。

① 参见〔美〕约翰·罗尔斯《正义论》（修订版），何怀宏等译，中国社会科学出版社，2009，第191页。

② 〔美〕罗尔斯：《政治自由主义》，万俊人译，译林出版社，2000，第313页。

③ 何怀宏：《公平的正义——解读罗尔斯〈正义论〉》，山东人民出版社，2002，第86页。

利。后者是指为了避免共同福利受到伤害，有必要予以一定限制的权利，这种类型的权利包括结社权、言论自由等。①

其二，区分权利的享有和权利的行使。即使是绝对不可让与的权利，它的行使也要服从具体场合中正义所设置的条件和限制。这一区别有助于理解为什么在一定的情况下可以对某种权利的行使加以公正的限制：例如，一个人的生命权是绝对不可让与的，但是却能够将一个犯人判处死刑，这是因为，他由于犯罪行为丧失了该项权利，并在道德上使自己脱离了人类共同体；此外，受教育权也是一项绝对不可让与的权利，虽然每个人都能合法地主张这一权利，且均有实现的可能，但是这一权利实现的范围和程度则受限于社会结构和社会条件。②

## （三）合作权法理与防御权法理的碰撞与交融

二战以前，人权问题基本上纯粹是国内管辖的范围，表现为国内法律制度，仅存在少量的、涉及国际劳工保护个别领域的国际性人权条约。二战后，人权理念的传播达到前所未有的规模和深度，成为国际社会共同关注的话题，将人权制度化并确保它的实现成为国际社会的共识。在此背景下，西方自由主义人权观必然会面临与非西方文化人权模式的冲突、碰撞和交融。

人权概念最初仅指"从国家权力的侵害下保护个人"的制度，也就是一种自由权中心主义的人权观，这种理论将人预设为利己主义的、孤立的原子式个体，有关人权的考察和讨论都潜在地限定于防止政府对自由权的侵害。随着人权理念在世界范围内的传播和拓展，在应对非西方国家文化和社会语境产生的需要以及新兴人权问题所提出的挑战时，这种以自由权为中心的制度设计的局限性与缺失逐渐显露。一方面，不同的文化各有自己的思想谱系，势必会产生不同的价值体认和诉求。不同于西方国家个人权利至上的理念，非西方国家强调集体利益和个人义务，主张权利与义务

---

① 参见张文显《二十世纪西方法哲学思潮研究》，法律出版社，2006，第49页。
② 参见〔法〕马里旦《人和国家》，沈宗灵译，中国法制出版社，2011，第88~89页。

不可分割，自由相对其他的社会价值并不具有优先地位。另一方面，随着世界人权实践向纵深发展，新的人权问题不可避免地产生，例如环境保护问题、动物权利问题以及人类的和谐发展问题。[①] 面对上述两方面的问题，西方自由主义人权观暴露出自身的局限性。

虽然现代意义上的人权概念产生于西方的文化和历史背景当中，但是人权所承载的理念和精神却不是西方的专利。非西方国家的文化中也蕴含着丰富的人文思想，体现着人权概念中所蕴含的理想追求和价值目标。不过由于政治模式、经济形态和文化底蕴等多方面的原因，在西方人权观念兴盛的时候，这些对人权的体认仍旧湮没在其他的思想当中，未能发展出人权概念和人权理论谱系。但是，它们依然能够为人权理论和实践的本土化、自主化提供扎实的文化根基和丰富的智识资源。例如，儒家学说就从来不缺乏对人的尊重和维护，而且对西方人权理论的发展和变革、世界的人权实践也产生了重要影响。儒家以德性为基础的思想提供了一种民本主义的人权实现路径，强调个人与他人、社会以及国家应当是和谐统一的，人权始终是依赖于国家和社会场域的，一个物质丰富、有序的社会才能保障人权的实现。

具体而言，虽然儒家思想主张偏重德性和义务，以社会秩序的稳定、和谐为基本的价值预设，缺乏与他人对抗的个体人观念，从中难以推转出权利的观念，但并不意味着其不承认个体人的尊严和价值。[②] "儒家仁政，就其出发点而言是要寻找一种合适的社会关系，并在此基础上制定行为规范，建立一个有秩序的社会。"[③] 在儒家的视野中，个人从来就不是原子化的个体，而是处于由人伦关系连接的社会网络中，个人在其中居于特定的位置，并据此厘定其行为的规范。这也是个体得到适宜对待、享有应有尊重的基础。虽然儒家的政治理论主张一种"精英治理"，但是统治者的权力并非任意的和绝对的，它的正当性有赖于民众的认同，君主需要通过

---

① 参见唐健飞《国际人权公约与和谐人权观》，社会科学文献出版社，2010，第50页。
② 参见夏勇《人权概念的起源——权利的历史哲学》（修订版），中国政法大学出版社，2001，第192、196页。
③ 谢文郁：《儒家仁政和责任政治》，《原道》2013年第2期。

实施仁政保障民众的物质生活条件，以德性引导和提升民众的道德修养，通过社会整体的发展保障个人价值的实现。① 由此可以看出，在儒家思想中，国家与民众之间相互制约但并不是对抗性的。

可以说，"人权观念是传统中国思想中未显题化的理论"。② 儒家思想中蕴含着丰富的人权因子，与源自西方的自由主义人权观念共享着诸多价值，表达着传统中国人对于良善生活的渴求、对个体价值的认知。西方借助"人权"这一概念所表达的诉求，对于传统中国而言并不是一套抽象的理论体系，而是非常具体的生活指南，具有自身的哲学根基和价值倾向。和谐便是根植于中国传统的精神追求，它是一种关系维度，从这一视角看待人权，"不仅充分揭示了人权的社会属性，而且也为人的主体性存在提供了有效的社会经验说明"。③

事实上，非西方国家在自身的人权实践中，也对西方人权理论的局限性有了更加深入的认识，并试图运用自家的文化资源解释人权概念，探索更为符合自身文化传统和现实需求的人权理论和人权话语。西方以自由权为中心的人权观也通过与不同的人权观进行碰撞和交流，逐渐超越或突破自由主义的局限，回应世界范围内的人权保障问题。《世界人权宣言》和国际人权公约的制定过程，就能体现出非西方国家对人权的理解和阐释，也能反映出西方人权观念对非西方人权需求的接纳和包容。这也是两种不同人权运作模式的融合：自由主义人权观的核心是一种防御权模式，个人与国家是一种单向度的关系，人权是针对国家公权力的防御机制，只有通过抗争才能使自身的权利最大化；非西方国家以责任意识为主导的文明模式则能够矫正极端的个人主义，推动一种人权的合作模式的形成，强调人权的实现需要国家提供必要的条件和保障，实现权利主体与公权力的配合与互动。

---

① 参见刘志强《人权法国家义务研究》，法律出版社，2015，第41~42页。
② 张志宏：《德性与权利——先秦儒家人权思想研究》，人民出版社，2012，第1页。
③ 严海良：《从主体性到关系性：人权论证的范式转向》，《法制与社会发展》2008年第5期。

# 二　防御权模式：限制的限制

## （一）"限制的限制" 的必要性

《公约》中对个人权利的规定，为个人构筑起了一个受到保障的私人领域和生活空间，但这一领域和空间也并不是绝对的。为此，《公约》同时也允许缔约国在特定的条件下干预个人权利的行使。从这个意义上说，对权利的限制旨在规范权利的行使，作为权利行使的"安全阀"，过滤其中"不合理""不理性"的因素，权利限制条款就是国家权力干预个人权利的正当性理由和依据。不过，如果国家干预的权力不受到规范和审查，它的行为就仅服从于自己的判断，在国家利益优先的基础上，很可能对个人自由造成过度的限制甚至是侵害。因此，问题的关键不在于是否对权利施加限制，而是如何限制权利，包括限制的主体、依据以及程序等非常具体的问题。为了避免权利限制的滥用影响权利的有效行使，导致权利规范沦为虚置，就特别需要对权利限制本身进行限制。①

换言之，《公约》中的权利保障条款与限制条款之间事实上是一种"原则—例外"的逻辑关系：保障个人的权利享有和行使是《公约》的原则或者核心目的，不过在例外的情况下，也允许公权力机关对一些权利的行使予以适度的干预。由于权力本身的扩张性，允许这种例外不可避免地会产生如下困境：如果对权利限制本身不加以约束，就会给公权力机关利用这种方式任意操控个人权利留下空间，那么《公约》中所保障的权利也就形同虚设。为了避免限制的权力被滥用，导致对权利的不当干预和侵害，必须对此予以严格的约束。因此，《公约》所允许的权利限制都应当被理解为"限制的限制"，这样才能符合《公约》作为国际性人权文件的宗旨和目标。

按照这一逻辑关系，权利限制条款关注的重点不是如何对个体行使特

---

① 参见石文龙《论公民行使权利和自由的限制与 "限制" 的规范——对我国〈宪法〉第51条的研究》，《政治与法律》2013年第7期。

定权利设置边界，而是在界定公权力介入个人权利的限度。权利限制条款真正指向的对象并非作为权利享有者的个体，而是作为这些权利义务主体的国家。它的目的并非告知和限定个人在行使某项权利和自由时应当遵守的界限，而是强调公权力在对个人权利施加限制时必须遵守的限度。缔约国限制权利的公权力行为必须符合权利限制条款中所规定的条件，否则就构成了对《公约》的违反，需要承担相应的不利后果。只有从这个角度出发，才能正确地解释和适用《公约》中的权利限制条款，避免在实践中权利限制被公权力滥用，致使权利受到过度的侵害甚至被排除和落空。

## （二）"限制的限制"的逻辑

既然《公约》中权利限制条款的本质是对限制的限制，那么需要考虑的就是依据何种逻辑来解释和适用这些条款，这就涉及限制权利的理由、方式和标准等。《公约》明示权利限制条款通过"合法性"、"合理性"和"必要性"三个原则，暗示权利限制条款通过"合法性"和"禁止任意性"两个原则，分别从形式和实质方面对缔约国施加限制的权力设定了界限。不过，在权利限制条款的解释和适用中，两者也明显呈现趋同的趋势。① 从人权事务委员会针对个人来文申诉案件作出的决议中可以看出，"禁止任意性"的含义比较模糊，人权事务委员会在适用的过程中，将其解释为内在地包含合理性和必要性的要求，这样就可以避免这一概念由于模糊性而被缔约国曲解和滥用。因此，对于具体权利限制条款适用的正当性，均可以用合法性、合理性和必要性三个要素进行检验。

从允许性功能的角度看，合法性原则强调限制的"工具"许可，合理性原则强调对缔约国公权力机关限制权利的"目的"许可；从限制性功能的角度看，合法性原则内含了对缔约国立法者的信任，将设定权利限制的权力划归立法机关专属，借此防止行政和司法机关对公民自由的任意侵犯，合理性原则界定了允许公权力限制权利的正当目的，必要性原则是对合理性要求的补充和进一步限定。从《公约》中权利限制条款的历史背

---

① 参见毛俊响《国际人权条约中的权利限制条款研究》，法律出版社，2011，第189~190页。

景、规范表述以及人权事务委员会的一般性意见和决定中均可以看出，《公约》在应对牢固但并非不受限制的权利概念时，给予了个人权利更广阔的空间。权利限制条款的核心目标在于，在承认权利不得不受到限制的前提下，从保障人权的视角限定公权力介入个人权利的限度，强化缔约国保障人权的责任。

对"限制的限制"这一本质的确定，也就决定了对《公约》中权利限制问题的思考框架：权利的构成—权利的限制—允许限制权利的正当性事由。如果要对一个涉及《公约》中权利的案例进行分析，应当遵循以下的思考步骤：第一，具体案件中涉及何种权利，被申诉的主体的行为是否触及该权利的保障范围，值得注意的是，在考虑这一方面时，应当对权利的保障范围做尽量宽泛的解释，以充分保障权利；第二，在确定案件涉及的权利之后，进一步分析该项权利是否确实受到了限制，也即该项权利所保障的行为和法益是否受到了公权力的干预或者限制；第三，运用"合法性""合理性"和"必要性"三原则，分析缔约国的行为是否符合权利限制条款所规定的限制条件，以此判断缔约国的权利限制措施是否具有正当性。

人权事务委员会在审查个人来文申诉的过程中，事实上也是遵循这一思路。首先，确定提交人声称受到干预的行为是否涉及《公约》中权利的保护领域，属于哪一项权利的调整范围；其次，判断这项权利是否确实受到了干预；再次，缔约国对这项权利的干预是否具备权利限制条款中的正当性事由。如果不具备第一项或者第二项要件，人权事务委员会就会认定该案件不具有可受理性，只有在具备第一项或者第二项要件的前提下，人权事务委员会才会适用权利限制原则认定对该项权利的限制是否具有正当性依据。当审查缔约国权利限制措施的正当性时，人权事务委员会一般采取"合法性—合理性—必要性"这一审查次序。首先，确定有关的限制是否由法律规定或者是依据法律作出；其次，根据具体权利限制条款的规定，审查限制的理由是否符合其中所列举的任一合理目的；再次，判断对相关权利的限制是否必要（或者在民主社会中是必要的）。如果对该项权利的限制符合上述三项要求，缔约国的限制措施就符合《公约》的规定，否则就会构成对相关权利的不当侵犯。

此外，《公约》第 5 条第 1 款规定的禁止滥用是对各个具体权利限制条款中界限的强化，使得权利限制的条件（合法性、合理性和必要性）被"本质内容保障"所补充。也即，人权应当存在一些不可限制内容，借鉴德国法对基本权利本质的界定，这些内容也称为人权的"本质内容"或"核心内容"。所谓人权的"本质内容"或"核心内容"，就是人权所固有的共同属性，也是其中最根本的内容，这些内容如果被限制，被限制的人权事实上本身也就不复存在。在任何情况下，缔约国对权利的限制均不能侵害或者危及人权的"本质内容"。

无论是国内法还是国际法，对于"本质内容"的本质和标准的规定，在理论和实践上均不够明确。人权事务委员会也很少有明确依据这一理由作出决议的情形。不过，强调人权的"本质内容"的积极意义在于，国家不能过度地使用权利限制条款，以至于这些权利和自由的实质受到破坏。对于"本质内容"的理解可以参照米尔恩"最低限度的人权"理论，其指出，人权是普遍的道德权利，来源于社会所必不可少的共同道德原则。[①]共同道德原则里包含每个人类成员所必须享有的权利，也即普遍道德权利，包括生命权、公平对待的公正权、获得帮助权、不受专横干涉的自由权、诚实对待权、礼貌权、儿童受照顾权，这七项权利就是严格意义上的人权，也即最低限度的人权。[②] 这一理论对于理解人权的本质内容，正确地解释和适用权利限制条款具有一定的借鉴意义。

## （三）不受限制的权利

既然权利不具有绝对性，这也就引发了对另一个问题的思考：为什么《公约》仅对部分权利设置了权利限制条款？这是不是意味着其余权利应该是不受任何限制的？可以确定的是，对于一些权利不设置权利限制规定

---

[①] 共同道德原则包括：行善原则、尊重人的生命原则、公正原则、伙伴关系原则、社会责任原则、不受专横干涉原则、诚实行为原则、礼貌原则、儿童福利原则。

[②] 参见〔英〕A. J. M. 米尔恩《人的权利与人的多样性——人权哲学》，夏勇、张志铭译，中国大百科全书出版社，1995，第 154、171 页。

并不意味着权利是绝对的和没有任何约束的。《公约》中任何权利仍都会受到一种"内在限制",它来源于对《公约》的系统解释,也即作为一个整体,其中所有条款之间均是相互联系、相互协调和相互制约的,对每一条款的解释都应当系统考量各个权利之间的相互关系,由此才能保障《公约》权利体系的统一性。这也就是《公约》第12条第3款中所强调的"与《公约》承认的其他权利的相容性"。不过,要对没有规定限制条件的权利进行约束,应当基于对《公约》整体的权利秩序的考量,或者为了调和该项权利的行使与他人权利之间的冲突,在对这些权利进行干预的时候必须更为慎重。

不过,"没有任何权利不受限制"这一论断并不是绝对的,也存在一些例外的情况。权利限制条款所涉及的大多数是可以积极行使的权利,它们更容易与公共利益或者他人的权利和自由发生交集和冲突,为了协调不同的社会价值,有必要对这些权利的行使施加限制。不过,权利限制条款的根本目的在于约束国家限制权利的行为,保障这些权利的有效实现。而之所以只对部分权利设置限制条款可能有如下原因。

其一,有些权利本身不具有外部性,或者在体现出外部性前,对社会和他人不会产生任何的影响,对这些权利的限制没有现实意义。只有在这些权利体现出外部性的时候才可能受到权利限制条款的规范,如《公约》第18条所确认的思想、良心、宗教和信仰的私下自由;第19条第1款中的形成和持有意见自由。

其二,《公约》确实也认可一些权利具有绝对的价值,它们具有绝对性,不应受到任何形式的限制。这体现在《公约》中禁止性规定所对应的公民权利当中。例如,《公约》第7条确认的禁止酷刑;第8条规定的禁止奴役;第11条规定的禁止因债务的原因而被监禁。这些权利的绝对性取决于它们与其他权利之间不存在相互抵牾情形。① 例如,"不受奴役"的权利实际上排除了奴隶主的权利,但是这项权利依旧可以被视为绝对权

① 参见〔意〕诺伯托·博比奥《权利的时代》,沙志利译,西北大学出版社,2016,第35页。

利，因为在现代社会，奴役行为本身就不是一项合法的权利，而且对这项权利的保护也得到了更深层次的认可，《公约》同时将其规定为不可克减的权利，即便在最为严峻的情况下也不得限制和剥夺。

从利益的角度看，权利可以解释为法律所确认和保障的利益，由于资源的稀缺性，人的利益指向的标的也就具有稀缺性的属性。从这一角度分析，权利是一种竞争性的优势，这就决定了权利必然是有限度的。不过，米尔恩对此观点进行了反驳，指出"认为权利是一种竞争性的优势，或者更准确地讲，是一种对竞争性优势所享有的资格，这种观念本身是站不住脚的。因为，它势必意味着不存在任何普遍权利，即人人皆有、无人不享的权利。这是因为不应该有任何人为他人的优势所压倒。不然的话，普选将在逻辑上成为不可能。"① 虽然米尔恩的上述论断有些绝对化，但是我们可以借鉴这一观点来理解，为什么对于一些权利不需要设置权利限制条款。他的论断至少能够表明，并非所有的权利都是一种竞争性优势。有些权利的标的不存在稀缺性和有限性，这种利益能够以相同的方式给所有权利人带来好处，在对某人有利的同时并不损害他人利益，因而它们的保有和行使并不具有竞争性。对于不存在竞争性的权利，设置权利限制条款意义不大。

霍菲尔德对于"权利"这一概念的分析也有助于对此予以解释。虽然这一分析模型是关于法律权利的，但已有学者表明，这一分析的意义不限于法律权利，可以将其扩展到对道德权利的思考。因此，对人权的思考也可以借鉴这一分析模型。② 霍菲尔德提出，法律中使用的"权利"一词包含在概念上互相有别的四种情形：权利（严格意义上的权利）、特权、权力（自由）以及豁免。这四种情形可以分为两对概念，它们之间应存在同类的普遍关系："权利是指某人针对他人的强制请求，特权则是某人免受他人的权利或请求权约束之自由。""权力是对他人对特定法律关系的强制性'支配'，则豁免当然是在特定法律关系中，某人免受他人法律权力或

---

① 〔英〕A.J.M.米尔恩：《人的权利与人的多样性——人权哲学》，夏勇、张志铭译，中国大百科全书出版社，1995，第122页。

② 参见〔美〕卡尔·威尔曼《真正的权利》，刘振宇等译，商务印书馆，2015，第55页。

'支配'约束的自由。"① 从逻辑上讲，《公约》明示权利限制条款所对应的权利属于积极的自由权，② 也即上述分类中的"特权"，特权的相关者是无权利，表明个体该项权利不受到他人提出的要求的制约，这并不能排斥"权力"对它的干预。而以禁止性规定的个人权利是消极意义上的自由权，确定的权利对应于上述分类中的"豁免"，它的相关者是无权力，也即该项权利不能受到公权力的否定，因此国家也就不能对这些项权利施加限制。

其三，对于无可选择的权利，无须设置规定限制条款。米尔恩提出的"可选择的权利"与"无可选择的权利"这两个概念有助于理解这一问题。他将权利分为行为权和接受权两类，上述两个概念的区分贯穿于这两类权利之间。可选择的权利是在规范上允许选择的权利，权利主体能够自主决定是否行使这些权利，每一项行为权都是可选择的权利。一项接受权，如果权利人能够自由选择接受或者不接受某物或某项行为，或者在未能接受的情况下能够予以默许，就属于可以选择的权利。无可选择的权利就是权利主体不能自由选择是否行使的权利，消极的接受权就属于这类权利：权利人有资格接受，但是不能拒绝接受某物或某项行为。无可选择的权利在本质上是被动的，特定主体对这一权利的实现负有相应的义务，权利人单纯是某种特定利益的受益者，不过他不能拒绝上述义务的履行。③

米尔恩通过案例展现了道德权利之间发生冲突的三种情形：共同道德原则之间的冲突、特定道德的不同原则之间的冲突以及共同道德与特定道德原则之间的冲突。④ 这些案例表明，只有可选择的权利之间才可能发生冲突，因为它们中必须有一项被放弃，而无可选择的权利不能被放弃，它们是消极的接受权（要求权），没有与他人的权利发生冲突的可能。因此，

① 〔英〕霍菲尔德：《基本法律概念》，张书友译，中国法制出版社，2009，第70页。

② 暗示权利限制条款与此情形不一致，主要是通过"禁止任意性"这一原则为限制权利留下余地。

③ 参见〔英〕A. J. M. 米尔恩《人的权利与人的多样性——人权哲学》，夏勇、张志铭译，中国大百科全书出版社，1995，第112、115~116页。

④ 参见〔英〕A. J. M. 米尔恩《人的权利与人的多样性——人权哲学》，夏勇、张志铭译，中国大百科全书出版社，1995，第145~147页。

只有可选择的权利之间才会产生限制的需要，而无可选择的权利由于个人没有选择的自主性，权利人对权利的享有不负有责任，也就无须设定权利限制规范。这种权利类型最典型的例子是儿童受到照顾的权利，也即《公约》第 24 条确认的儿童权利，它的着重点在于国家的积极促进和保障义务。

# 三　合作权模式：国家保障人权的积极义务

## （一）人权保障的国家义务：从免于干预到积极保护

《公约》中的权利限制条款也与国家保障权利的积极义务密切相关。按照自然法理论，政府是人权的当然客体，权力与人权总是此消彼长的。传统的人权主要是公法意义上的权利，旨在抵抗国家和政府的专横行为。从这一视角，自由权的重点在于免于国家的干涉，需要通过抑制国家权力来予以保障，强调国家尊重、不干涉的义务。不过随着对人权认识的深化和人权诉求的变迁，人们意识到，自由权仅仅作为一项消极性的权利是无法实现的，人权制度的目的不仅在于要求国家权力的自我克制，保障人权免受国家机关的侵犯，同时也要积极采取保障和救济措施，为个人的发展创造良好的社会条件。由此，国家义务的内容发生了从消极性保护向积极性保护的转变，国家权力和个人权利的合作层面也逐渐凸显。

米尔恩的人权界说有助于理解国家保障人权的积极义务。他没有将人权和权力对立起来，尤其是在政治权利方面："不存在人们仅凭自己是人就享有的政治权利，不存在在一切时间和场合都属于人们的政治权利。任何一项人权只有在特定场合下解释对它提出的要求时，才能成为一项政治权利。""这种社会生活的政治组织对于人权在特定场合的解释意蕴深长。"① 因此，在一定程度上，政府治理本身就是对人权原则的运用。社会责任原则使得政府受到共同体的委托，为了维护和增进社会利益，行使

---

① 〔英〕A. J. M. 米尔恩：《人的权利与人的多样性——人权哲学》，夏勇、张志铭译，中国大百科全书出版社，1995，第 189 页。

组织和调控社会成员活动的权力。同时，这一原则也要求共同体成员服从政府的调控，组织化和规范化自身行为，并在私人、局部的利益与共同体的利益发生冲突时，作出适当的让步。诚实行为原则要求政府忠实于共同体的委托，保障共同体及其成员的利益，即便有可能牺牲部分个体的利益。不过，公正原则要求政府必须公平地分配这种牺牲和负担。除此之外，为了使人权能够在政治的场合下得到解释，政府的道德基础还应当从特定共同体的实际道德拓展到普遍道德：不受专横干涉的自由除了禁止任意干涉的防御性功能之外，还要求政府作出积极的努力，通过制度规范权力的行使；此外，政府负有义务提供保障措施和救济手段，保护其管辖下每个人的人权。从这个角度讲，国家权力与个人权利之间是一种合作权模式。

对《公约》中权利限制条款的解释和适用也蕴含着国家权力与个人权利之间的合作权模式，也即国家在自由权保障中负有的积极的保障义务。一方面，对权利限制原则的规定不仅是对国家限制权利的授权，也意味着国家有义务采取积极的立法和政策措施，为权利的享有创造安全保障机制，确保除《公约》明确规定的限制条件外，权利的行使不受到任何形式的干预；另一方面，国家有义务阻止私主体对个人权利的侵害，在面对权利冲突时应当予以公正的权衡，使任何服从于国家管辖的人都得到公平的对待，并为权利受到侵害的个人提供救济。

## （二）采取积极措施保障权利实现

权利限制的本质在于实现权利，而非剥夺和取消权利。虽然权利限制条款从表面上来看是对个人权利行使的干预和制约，但并不能据此将对权利的限制看作目的，而必须把限制权利视为协调权利之间或权利与其他社会价值之间关系、保障权利实现的必要手段。因此，权利限制条款中蕴含着国家对自由权实现的积极义务，不仅要求国家消极地不侵犯，还要求国家采取积极的行动，这事实上是自由权和社会权相对性的体现。在传统人权理论中自由权—社会权二分的背景下，国家只针对社会权负有积极的义务，而在自由权方面则着重强调消极的尊重义务。事实上，"所有的人权既要求积极行为，又要求国家予以限制"，① 单纯依靠国家权力的自我克制并不能充分保障自由权，自由权的实现还需要国家通过积极措施承担实现和保护人权的义务。

首先，国家需要通过制度手段，规范和约束自己的权力，为权利的实现提供实在、有效的支持和帮助。这强调了国家对人权的实现义务，② 也即严格规定限制权利的规范和程序，设置相应的监督和保障制度，防止国家滥用权利限制条款，确保权利得到最大限度的实现。例如，对于《公约》第 9 条第 1 款禁止非法和任意逮捕和拘禁的规定，如果公职人员缺乏人权意识，或者缺乏相应的管理和监督机制，个人的人身自由和安全就难以得到保障。为了确保这项权利的实现，就需要确立对这些人员进行人权教育的政策以及对其行使权力进行监督的制度——包括相应的培训制度、内部的监督制度、司法制度以及确保这些制度得以实施的预算和机构。③《公约》第 14 条第 1 款所阐明的公开审讯原则也要求，国家采取一定的措施、投入一定的资源，改善本国的司法制度，提高司法人员的素质，确保这一权利不受到除《公约》明确规定的事由之外的限制。④

其次，国家不仅需要通过立法消极地对权利进行确认和宣誓，还需要明确地界定合理限制的标准，为权利提供切实的保护。对于明示权利限制条款中的权利限制原则，国家应当遵循《公约》的标准并结合自身的实际情况，在国内法中明确限制的目的、程序以及审查的标准，从而严格限定权利限制的范围，避免权利限制条款成为任意干预权利的借口。对于暗示权利限制条款中禁止任意或非法干预的规定，国家不能简单地通过不制定相关的禁止性规范或者为国家机关规定不合理的自由裁量权来规避其在这些条款下的义务，否则就会违背国家保障该项权利的

---

① 〔美〕杰克·唐纳利：《普遍人权的理论与实践》，王浦劬等译，中国社会科学出版社，2001，第 33 页。
② 参见〔奥〕曼弗雷德·诺瓦克《国际人权制度导论》，北京大学出版社，2010，第 47 页。
③ 参见〔日〕大沼保昭《人权、国家与文明》，王志安译，生活·读书·新知三联书店，2014，第 48 页。
④ 参见孙世彦《论国际人权法下的国家的义务》，《法学评论》2001 年第 2 期。

积极义务。

这也表明了缔约国对于保障权利的最低限度的义务，这对应着人权的"核心内容"，这是国家权力不能侵犯的底线，也是所有人无论在任何地方、何种情况下都应当享受的权利的最低标准。如果国家对人权的保障状况没有达到这个最低标准，实际上就不合理地限制了人权。国家履行积极保障义务有赖于一定的资源，但是国家发展不足，也即可获得的资源受到限制或者存在的其他困难，不能作为缔约国不履行最低限度人权保障义务的理由。人权事务委员会在 Mukong v. Cameroon（458/1991）一案中表明，发展不足不能成为政治镇压和实行一党专政的理由。换言之，发展中国家不能以经济不发达为借口，推迟或放弃它们尊重某些政治权利的义务。如果缔约国以资源不足为由，为未履行最低限度的保障义务辩护，必须能够证明已付出一切努力，将其作为优先事项并履行了最起码的义务。①

由此可以看出，权力的存在对于权利保障具有正当性和必要性，权力的正当运行必须得到尊重，而且也必须有足够的力量维护权利并防止权利滥用。否则，社会秩序就会紊乱，权利也就得不到保障，而权力的良性运行就必然要求对权利的行使施加限制。不过，权利限制条款并不仅是对国家的授权，更是对国家相应的积极义务的规范，保障权利赖以实现的条件，可以避免其受到过度的或者不合理的干预。

### （三）平衡私主体之间的权利：横向效力

传统的国际人权法将尊重个人权利的义务赋予国家，很少或根本不产生私人义务，换言之，人权法是垂直的，而不是水平的。但这种观点经常受到挑战。2003 年，联合国人权委员会收到了两个提议，《关于人类社会责任的宣言（草案）》中规定了个人对社会所负的责任，《关于跨国公司和其他企业人权责任的准则（草案）》中规定了企业的人权责任。这可以理解为是对人权法横向效力的表达：私主体既有权利也有义务。虽然这两个提议没有得到采纳，但是不可否认，个人的义务是人权法的重要部分，

---

① 参见蒋银华《国家义务论——以人权保障为核心》，中国政法大学出版社，2012，第 151 ~ 152 页。

权利的享有和行使受到义务的限制。[①]

在《公约》的权利限制条款中，表达了对其横向效力的认可，表明《公约》中的权利规范不仅可以调整个人与国家之间的关系，还可以对个人与个人之间的关系产生效力，解决个人之间的权利冲突问题。这就否定了人权法仅规范个人与国家之间关系的传统模式。它涉及两种价值之间的权衡：一方面，如果国际人权法有了针对私主体的效力，有可能会冲击国家的私法秩序；另一方面，如果国际人权法仅针对国家的行为，会使得个人权利无法在法律秩序中得到充分的保障。在针对《公约》第17条的讨论中，各国代表就针对该条款是否应当具有横向效力进行了讨论并最终予以了认可。这就表明，当权利受到威胁或者侵害的时候，国家有义务提供保障措施或者救济的机制。

不过，《公约》中权利限制条款具有横向效力并不能解释为国际人权监督机构对私主体之间法律关系的直接干预。国际监督程序依旧是针对国家的，如果出现私人侵犯人权的情形，国际监督程序并不直接审查私人侵犯人权的行为，而是审查相关的国家是否尽到其保护人权的积极义务，是否应当为此承担责任。也就是说，直接规范私人之间关系的是国内法而非《公约》中的人权规范，缔约国通过制定国内法规范私主体之间的权利侵犯问题，并通过司法程序为权利被侵害的个体提供救济。缔约国的义务在于完善相关的法律制度和救济机制。当个人的权利和自由无法通过国内的法律制度得到保障或者救济的时候，他可以依据国际监督程序提出申诉。这样既维护了私法体系的自治原则，又能保证个人面对私主体的侵害行为能够得到救济。

首先，国家需要创造制度性、组织和程序保障，避免部分私主体利用权力优势压制其他私主体的权利。对于《公约》第19条规定的表达和信息自由，大型的新闻媒体所具有的权力和资源，使其具有了集中和垄断表达自由权利的行使，引导舆论的方向，并压制小型媒体公司和个人表达自

---

[①] John H. Knox, "Horizontal Human Rights Law," *American Journal of International Law*, Vol. 102, 2008, p. 1.

由的可能性。这就使得小型媒体公司难以有平等的机会参与信息的形成、表达以及传播，个人获取充分信息和自由表达观点的权利也受到影响。第19条第3款对表达自由权利的行使规定的特殊义务和责任也使得缔约国有义务采取积极有效的措施，控制和管理传播媒介，避免其过度集中或者被人控制，以此确保意见和表达自由以及公众获取信息的普遍可能性。除此之外，人权事务委员会在 Delgado Páez v. Colombia（195/85）一案的决定中，就清楚地将人身自由与安全界定为一项具有横向效果的权利。换言之，权利限制条款也包含对国家积极义务的要求，国家在人权保障方面的不作为违背了这一要求。

其次，任何一种现实的权利体系都是各种利益交织的统一体，各种权利之间的关系错综复杂，不可避免地充满矛盾和冲突，个人行使权利的行为很可能对他人的利益或者权利造成影响。在出现权利冲突的情况下，就需要国家设置相应的纠纷解决和救济机制，经由一定的程序划定权利之间的界限，协调权利之间的关系以实现权利，这实际上就是推动权利现实化的过程。换言之，个体之间的权利冲突同时代表着规范意义上的权利转化为现实权利的动态过程，而国家对权利的干预就是通过解决权利冲突，使主体的权利现实化或者权利的原有状态得到恢复，并使一方不当行为造成的相对方受到的伤害、危害和损失得到相应的补偿，从而保障每一个主体的权利都能得以实现。

从这个层面讲，权利限制条款实际上体现的是国家对于权利的平等保护义务。将"他人的权利和自由"作为限制权利的理由表达了这样一种理念：人权是"是每个人都享有或者应当享有的权利"，[①] 不能把任何个人或群体排除在外，国家对其管辖下的所有人负有平等的保障义务。这就要求国家权力通过权利限制这一方式，推进权利从形式上的平等享有到实质上的平等行使。一方面，为了他人的权利和自由限制个人权利的行使，表明个人只有在不损害他人权利的前提下才能追求自己的权利。这并不是以

---

① 夏勇：《人权概念的起源——权利的历史哲学》（修订版），中国政法大学出版社，2001，导言。

他人权利的名义剥夺或者取消个人权利，而是在承认个人价值的基础上，强调权利的社会维度。另一方面，通过限制一部分人极端的权利，从而为另一部分人行使权利增加客观条件，进而保证每个人在权利上达到平等。

在这方面，有一个引起争议的重要问题：国家可否限制有害于自身的行为，"强迫"人们行使和实现权利。根据密尔确立的原则，个人仅在涉及他人的部分才需要对社会负责，也就是说，在仅涉及本人的部分，权利是绝对的。根据这一论断，限制自由仅能涉及伤害他人的行为，不能涉及对自身有害的行为。不过这一观点显然饱受质疑，"法律父爱主义"是对其最为典型的反驳。这一理论强调，国家不仅有避免对个人权利的过度干预的义务，还具有保护公民利益的职责，这就允许国家通过限制个人自由促进其对自身利益的关心。① 密尔在其之后的论述中也并没有坚持这种"个人对于自己的身心是最高主权者"的观点，他提出了一项重要的原则："自由原则不允许一个人有不要自由的自由，而允许一个人让渡自己的自由，也不是真正的自由。"② 虽然《公约》中的权利限制条款并未提及可以为了个体自身的权利限制自由，但很显然，人权事务委员会在 Singh Bhinder v. Canada（208/1986）一案的决定中确认了"法律父爱主义"原则的有效性，它允许缔约国为了保障提交人自身的安全而对其宗教信仰自由予以限制。

## 四　防御权模式与合作权模式之间的张力

总而言之，《公约》中的权利限制条款体现着合作权和防御权两种人权运行模式。防御权模式是指个人权利对国家权力的排斥，强调权利免受国家权力干预的消极属性，要求国家权力自我约束和克制；合作权模式则表明个人权利对国家权力的依赖，强调权利实现需要国家支持的积极属性，要求国家为权利的实现提供基本的条件和保障。防御权模式与合作权

---

① 参见郭春镇《法律父爱主义及其对基本权利的限制》，法律出版社，2010，第79页。
② 〔英〕约翰·密尔：《论自由》，孟凡礼译，广西师范大学出版社，2011，第123页。

模式之间的张力使得人权逐渐现实化：国家一方面要对权利的行使持有尊重和宽容的态度，避免对权利的行使的不当和过分干预，另一方面，要积极保障权利的实现，从而推动应有权利和法定权利转换为现实权利。①

从防御权模式的角度看，《公约》在允许国家限制权利的同时，规定了限制权利必须遵循的条件，根本目的在于保障权利而非限制权利；从合作权模式的角度看，权利限制条款本身也蕴含着对国家履行积极保障义务的要求，通过制度手段明确限制权利的条件、约束自身权力，促进权利实现。此外，对横向效力的认可，也明确表达了要求国家采取积极措施保护人权不受私人干预的要求，确保权利的行使获得平等的保护。这两种模式并不存在优劣之分，是相互牵制、相互支撑的张力关系，而非非此即彼的替代关系。在两者的张力之中，人权才能得以保障和实现。关键就在于，如何通过制度的设置和运行处理好两者之间的辩证关系，从而最大限度地保障人权的享有和行使。

权利限制条款中防御权模式与合作权模式的互动和融合，也是《公约》的制度与价值核心的表达。其一，自由是权利与义务的统一。自由权利是历史的与经验的，它与义务相互依赖、相互平衡且不可分割。任何一项权利的实现总是伴随相应的义务和责任，个人在行使权利时有可能会与他人的权利产生交集，在这一过程中，尊重他人的权利对于个人来说就是一种义务。此外，个人权利的行使同时也伴随着对社会的责任。"权利是保障个人的基本价值，但是绝对不是封闭物。权利需要分担社会利益，也需要承担公共责任，更需要承担道德责任，实现权利的宽容与互惠。"②这就表明，个人在享受权利的同时，也应当承担行使该项权利不超过必要限度的义务，与公共利益或者他人的权利和自由不相抵触。个人对他人或对社会的义务和责任决定着个人权利的范围，这就是个人权利行使的限度。

其二，权利并不总是绝对、首要的价值。作为一个良好社会的重要价

---

① 参见刘志强《人权法国家义务研究》，法律出版社，2015，第71页。
② 彭中礼：《权利话语的时代限度——以美国权利话语为例的分析》，《长白学刊》2012年第1期。

值，权利与其他社会价值息息相关。权利并不是人类唯一的价值追求，也并不总是具有优先性。对于社会的发展而言，其他的社会价值也同样重要，在特定的情况下甚至具有高于权利的价值。这就要求，在尊重和维护权利价值的同时，必须考虑这些社会价值的要求。权利与其他社会价值之间的协调表明，权利限制的目标在于构建一种尊重个人权利和自由的社会秩序。一方面，人并非孤立生活的个体，人的生活的基本需要只有在复杂的社会合作中才能满足。① 因此，为了促进社会合作并降低协调的成本，保障权利实现的社会条件，个人的权利可能会受到一定的限制。另一方面，其他社会价值对权利的限制也不能是任意的，应当设立严格的实体和程序标准，避免国家权力的滥用。

权利的界限既非绝对的，也非一成不变。法律在通过价值的衡量确定权利的界限时，事实上包含着一种代价意识：任何一种权利都伴随着风险的存在，确立一种权利就意味着总会为此付出一定的代价，其他的权利或者社会价值总会因此受到一定的制约。例如，如果以权利或者自由为最重要的价值，秩序或者安全价值就不得不作出一定程度的牺牲。现实的社会生活中，各项价值总是处于动态的运转、碰撞和冲突的过程中，随着权利自身的发展，权利之间的冲突也不可避免，为权利设置界限就是要把包括权利在内的各项社会价值协调起来。

其三，人权具有普遍的、共同的一面，它能为评价各国国内法的正当性提供共同、基本的标准和指导原则；但人权又有相对的、特殊的一面，权利的实现程度受限于各国国情、社会环境和客观条件，这是权利保障程度也是限制程度的现实依据。国际人权公约是一种最低限度的人权话语系统和制度框架，如何对其中的价值及理念进行自主、自觉的文化换义，使其成为建构各国人权理论和人权制度的智识资源，在此基础上，推进国际人权对话和合作，促进世界人权治理的平等参与，这是每个国家需要思考的问题，也是国际人权必然的发展方向。

---

① 参见张千帆《宪政原理》，法律出版社，2011，第79页。

# 尾　论

　　"权利表达的是人们的要求，而人们的要求实在太多，世界和生活根本无法支付那么多要求被普遍化的权利，世界和生活会被太多的权利压垮。"[①] 权利内容的扩张和权利的泛化最终可能淹没权利。虽然不受干预的绝对权利为人的主体意识的觉醒和争取个人独立的斗争提供了有力的工具，但是却必然形成"承诺"和"实践"的紧张关系。导致这一情形的根本原因在于人权本质上的对抗属性，否定了人权的历史性和社会性，当社会矛盾的焦点由斗争转向发展的时候，这种内在的弊端就会不可避免地凸显出来。

　　长期以来，由于西方文化的主导地位，伴生的西方人权理论也深刻地影响了国际人权公约的立论基础、权利设计与价值理想等各个方面。[②] 当然，从《世界人权宣言》制定时始，代表们就注意到国际人权法应该体现多元文化的碰撞和融合。这也促使西方人权理论开始对个人本位的自由主义人权观进行回顾和反思，逐渐注意到其中内在的、难以克服的矛盾和分裂性。在理论方面，西方人权理论开始反思主体性论证范式，从"主体间性"等理论视角对人权进行正当性证成，尝试拓宽其哲学基础和理论视野，解决"自我主体"造成的困境和矛盾；在国际人权的制度实践方面，逐步超越个人本位的局限，肯定人权的社会制约性，承认权利的限度和附随的义务，从而破除不同人权观之间的壁垒，使人权的性质从对抗走向合作，实现各类主体、各类人权的协调发展。这并不是对个人本位人权观的彻底否定，而是强调在个人和社会的张力中确定人权的限度。《公约》中的权利限制条款是《世界人权宣言》中所彰显的更具包容性的人权观的延伸，也是为了将"承诺"转化为"实现"所作出的权衡和选择。

　　权利限制条款的核心关切是人权现实化，它虽然包括允许性和限制性

---

① 赵汀阳：《"预付人权"：一种非西方的普遍人权理论》，《中国社会科学》2006 年第 4 期。
② 唐健飞：《国际人权公约与和谐人权观》，社会科学文献出版社，2010，第 95 页。

两个层面的功能，但目的是一元的。它的本质在于保障权利，限制仅仅是手段而非目的，对权利限制条款的解释和适用必须从这一本质出发。从人权保护的一元视野审视权利限制条款，可以看出，其中蕴含着个体权利与国家权力关系的两种模式：防御权和合作权模式。在防御权模式中，个人与国家是一种相互对抗的关系，权利限制条款是对国家不得干预的个人自由空间的界定；合作权模式要求国家履行积极义务，创造和维护个人自由权实现的社会条件。在两种模式的张力中，个人的权利才能得到充分的实现。

虽然国际人权法中的"人权"和国内法中的"基本权利"的正当性来源不同，但是不可否认两者之间是互相影响、互相补充的互动关系。国内法的基本权利条款不断地回应国际人权规范的要求，"人权条约、宣言及其履行确保程序，通过国际性监督、公开人权侵害的事实、采纳建议、人权法院的判决等形式，对矫正各国仅仅依靠其国内行政、立法、司法程序无法矫正的人权侵害能发挥很大作用"。[1] 国际人权法规范的制定和适用也在借鉴国内法成熟的制度实践，"人权先进国所制定的优秀的人权法及其作出的司法判决，促成了人权条约的缔结、联合国大会或主要国际会议对人权决议的采纳，并且成为各种履行确保程序的范例"。[2] 由此，在各国国内的人权实践中，理解基本权利的限制性规范，也应当着眼于如何对限制本身予以限制和制约。

截至目前，我国国内人权理论研究对于权利限制问题的研究和探讨相对较少，大多附随于权利保障条款之后进行简单的阐释。多数研究者认为，基本权利限制主要是由于个体的社会属性以及为了公共利益等更高的价值，旨在为公民行使权利设定界限。[3] 这样的认识一方面会导致宪法在

---

[1] 〔日〕大沼保昭：《人权、国家与文明》，王志安译，生活·读书·新知三联书店，2014，第48页。

[2] 〔日〕大沼保昭：《人权、国家与文明》，王志安译，生活·读书·新知三联书店，2014，第48页。

[3] 不过，许多学者也开始探讨基本权利限制本身的限度。如，张翔：《基本权利限制问题的思考框架》，《法学家》2008年第1期；赵宏：《实质理性下的形式理性：〈德国基本法〉中基本权的规范模式》，《中外法学》2007年第2期；赵宏：《限制的限制：德国基本权利限制模式的内在机理》，《法学家》2011年第2期；等等。

设置基本权利限制规范的时候，将限制对象指向公民而不是国家，我国宪法第 51 条的表述就表现出这样一种倾向。[①] 另一方面，这也使得对基本权利限制规范的解释出现了导向上的偏差。该条所述的基本权利限制条款仅使用了模糊的"公共利益"概念，对于公权力机关限制基本权利的条件和程序尚缺乏清晰的规定。如此，该条款的应用就有赖于对它的解释。在解释的过程中，如果不能确立"限制的限制"这一理念，这一条款的作用就仅限于对公民基本权利应受到公共利益限制的确认，以及对于公权力机关限制上述权利的概括性授权，无法发挥对公权力的防御功能。如是，单纯照搬国外基本权利限制的立法例和技术，尚不足以发挥其保障公民权利的实际作用。因此，对基本权利限制条款的更新和完善首先应当确立"限制的限制"这一核心理念，并且在这一理念的指导下解释和适用具体的宪法制度，慎重考虑公权力介入的空间和范围。

人权是历史性的产物，没有哪一种权利理论是永恒的，对于《公约》中权利限制条款中限制原则的解释也并非一成不变。在具体案件中对限制原则的解释必须以历史的可变性为前提，确立文明相容的评价基准，使之包容具体民族国家或者区域的当下环境、容纳不同的价值观与人权诉求。这必然是一个动态的和不断完善的进程，唯其如此，才能保持普遍的适用性和权威性。"唯有创造环境，使人人除享有经济社会文化权利而外，并得享受公民及政治权利，始克实现自由人类享受公民及政治自由无所恐惧不虞匮乏之理想"，[②] 各国须在把握《公约》权利限制条款基本理论和制度架构的基础上，参照《公约》所承载的、已获得普遍认可的国际人权保障标准，充分研究和发掘本国的文化资源，妥善处理防御权和合作权之间的张力，以此推进其国内人权实践的不断深化，将应有人权和法定人权不断转化为现实人权，最终实现对公民权利和自由的普遍尊重。

---

① "中华人民共和国公民在行使自由和权利的时候，不得损害国家的、社会的、集体的利益和其他公民的合法的自由和权利。"

② 张伟主编《联合国核心人权文件汇编》，中国财富出版社，2013，第115页。

# 基本权利对第三人效力之重构<sup>*</sup>

## ——以合宪性解释的程式性理解为视角

翁壮壮<sup>**</sup>

**摘　要**：基本权利对第三人效力问题，是处理宪法与民法关系时的首要问题。旧效力论没有区分情形，便单独适用直接效力说或间接效力说，难免具有片面性。新效力论以基本权利的客观价值秩序作为保护义务的宪法依据，以立法违宪审查基准体系为内核，对合宪性解释做程式性理解，并通过细化新效力论，使其具备可操作性，并克服片面性。中国语境下，新第三人效力论有相应的规范基础和理论基础。在宪民关系中，无效力说系"民法适用优先"的现象。"以间接效力说为主体、以直接效力说为补充"的新第三人效力论，可为依宪治国的实践提供有益的思想素材。

**关键词**：基本权利；第三人效力论；合宪性解释；程式性理解

## 一　旧效力论之梳理

在德国宪政发展历程中，基本权利对第三人效力（Drittwirkung der Grundrechte），是以沟通宪民关系为目的、经由学说提炼而创设出的关键概念。尽管不同学说对这一概念的阐述志趣各异，但最终都指向了三个问题：首先，传统意义上针对国家权力的基本权利，[①] 能否在私人主体之间

* 文章获 2019 年蔡定剑宪法学优秀论文奖三等奖。感谢朱芒、林来梵、黄宇骁、陈楚风四位师友的宝贵意见。

** 翁壮壮，华东政法大学法律学院硕士研究生，华东政法大学法律方法研究院研究人员。

① 日本学者芦部信喜认为，基本人权（fundamental human rights）或人权（human rights）或基本权或基本权利（fundamental rights）等，是总称信教自由、言论自由、（转下页注）

发生效力？其次，如果可以在私人主体之间发生效力，那么如何在私人主体之间产生效力？最后，在私人主体之间可产生哪些效力？① 这三个问题环环相扣，因此需要遵循顺序依次予以回答。在依次回答这三个问题的过程之中，不能脱离各国现有理论与实践，盲目展开创新。因此，德国宪法基本权利对第三人效力理论、日本宪法理论中的私人间效力理论②、美国法上的国家行为论③、我国学者以"齐玉苓案"等中国现象为中心展开的有益讨论④以及其他可资研讨的理论与实践素材都需要纳入考察，以尽可能得出尊重既有研究的严谨结论。

国内首先呈现出有效力说与无效力说之两军对垒态势。其中前者又可区分为直接效力说与间接效力说，又以间接效力说为多数。大多数学者主张将间接效力说引入我国，主张在具体运用中尊重私法自治，尽可能防止国家公权力干预私人生活。⑤ 除了直接效力说与间接效力说之外，亦有学者主张无效力说和国家行为说，其论证颇为强势。⑥ 以下对直接效力说、间接效力说、国家行为说及无效力说各自面临的困境进行简要梳理。

---

（接上页注①）职业选择自由等个别性人权的用语。参见〔日〕芦部信喜著，高桥和之补订《宪法》（第6版），林来梵等译，清华大学出版社，2018，第56页。人权概念是一个不断生长着的概念，需要被放在时间序列中进行观察。自然权利观念为人权概念的展开提供了一种有效的逻辑起点，并在以自身为基础构建人权概念的过程中，发挥了不可替代的奠基性作用。但现有的人权概念涵盖了包括自然权利观念在内的更为丰富的内涵，其本身不等同于自然权利观念。因此，自然权利并不等同于前述四个概念。

① 张翔主编《德国宪法案例选释　第1辑　基本权利总论》，法律出版社，2012，第37页。
② 参见马玉洁《宪法私人间效力理论在日本的学说论争和最新发展》，《山东大学法律评论》2017年卷。
③ 参见上官丕亮《宪法在民事纠纷中的司法适用机制比较研究——以美、德两国为中心》，《南京社会科学》2011年第4期；〔日〕芦部信喜著，高桥和之补订《宪法》（第6版），林来梵等译，清华大学出版社，2018，第88~89页。
④ 参见王锴《再疑"宪法司法化"——由"齐玉苓案件"引发的思考》，《西南政法大学学报》2003年第6期；胡锦光、张德瑞《关于齐玉苓案件的法理学思考》，《河南省政法管理干部学院学报》2002年第6期；张千帆《宪法学导论》，法律出版社，2014，第163页；韩大元、胡锦光《中国宪法》，法律出版社，2016，第267~269页。
⑤ 参见刘志刚《宪法"私法"适用的法理分析》，《法学研究》2004年第2期；王锴《论宪法上的一般人格权及其对民法的影响》，《中国法学》2017年第3期。同时学界亦有主张谨慎小心适用的学说，参见张翔《基本权利的双重性质》，《法学研究》2005年第3期。
⑥ 参见〔日〕高桥和之《"宪法上人权"的效力不及于私人间——对人权第三人效力上的"无效力说"的再评价》，陈道英译，《财经法学》2018年第5期；黄宇骁《论宪法基本权利对第三人无效力》，《清华法学》2018年第3期。

## （一）旧效力论的分歧

对间接效力说的批判可以归纳为五个方面。（1）在法律适用上，间接效力说宣称基本权利仅仅间接适用于私人领域，实质上是在民法概括条款"包装"下的变相直接适用，因此与直接效力说无异。[①]（2）在实践后果上，间接效力说将本来约束国家权力的基本权利盲目适用于私人之间，对私人自治构成了较大的威胁。[②]（3）在理论逻辑上，间接效力说认为人的尊严对应的客观价值专属于宪法，忽视了人的尊严乃是整个法律秩序的共同准则。[③]（4）在权利属性上，宪法规定的基本权利系狭义人权，仅具有对抗国家的性质。[④]（5）在公私法二元结构层面，间接效力说系对公私法二元结构的偏离，[⑤] 或是简单捍卫公私法划分的法技术形式构造。[⑥]

这些批评都是从适合采用直接效力说的情形出发，因此是对间接效力说的外部批评，这些外部批评对适合适用间接效力说之情形则多有忽略。

---

[①] 参见李海平《论基本权利对社会公权力主体的直接效力》，《政治与法律》2018 年第 10 期。

[②] 参见张翔《基本权利在私法上效力的展开——以当代中国为背景》，《中外法学》2003 年第 5 期。

[③] 参见〔日〕高桥和之《"宪法上人权"的效力不及于私人间——对人权第三人效力上的"无效力说"的再评价》，陈道英译，《财经法学》2018 年第 5 期。

[④] 参见黄宇骁《论宪法基本权利对第三人无效力》，《清华法学》2018 年第 3 期。

[⑤] 参见李海平《基本权利间接效力理论批判》，《当代法学》2016 年第 4 期。不过需要注意，第三人效力问题解决的是公民之间的法律关系问题，主要表现为私法（民法）关系，但宪法的第三人效力并不等同于宪法的私法效力，与公私法之划分并无必然联系。具体言之，在讨论基本权利规范是否具有第三人效力时，讨论的是原本适用于"国家—公民"关系（或曰"场域"）的宪法是否可以适用于"公民—公民"关系中，尽管"公民—公民"关系大多数情况下是私法关系，但私法关系也可能包含"国家—公民"关系，故二者不可等同。由此，德国既有理论亦如履薄冰般将第三人效力解释为私人间效力，而非私法效力，且不将其当作公法的私法效力问题来讨论。相同见解参见黄宇骁《论宪法基本权利对第三人无效力》，《清华法学》2018 年第 3 期。由此，第三人效力是指基本权利能否对"国家—个人"关系以外的第三人发生效力，也即仍旧属于公法效力范畴的私人间效力，而非公法效力之外的私法效力。

[⑥] 我国台湾地区学者吴庚教授指出，德国联邦宪法法院关于言论自由优于其他私法上权利的判决，已经是直接效力了，宪法法院不愿讲明而已。参见吴庚、陈淳文《宪法理论与政府体制》，台北：三民书局，2015，第 142 页。张翔教授认为，以适用民法条款为名而实际运用宪法条款，又似有掩耳盗铃、自欺欺人之嫌疑。参见张翔《基本权利在私法上效力的展开——以当代中国为背景》，《中外法学》2003 年第 5 期。相同方向的批评参见李海平《论基本权利对社会公权力主体的直接效力》，《政治与法律》2018 年第 10 期。

与之类似，学界对于直接效力说之批评，颇有"以彼之道，还施彼身"的意味，多来自适合适用间接效力说之情形，而对适合适用直接效力说之情形又多有忽略，并且批评的声音大多与前述归纳相反。①

还有学者主张，在公民面对社会公权力的情形时适用直接效力说，而其他情形则都为无效力说。② 与此同时，国内亦有学者主张美国宪法判例中采用的"国家行为"（state action）理论。③ 该理论认为人权规定可以规范公权力与国民之间的关系，并以此为前提，在部分情况下，将私的行为视同国家行为，从而可以直接适用宪法，其本质上是国家行为说。④ 国家行为理论在学界属极少数，其本质是无效力说。与此相对应的无效力说，是宪民关系中民法优先适用之表现，遭到了直接效力说与间接效力说的双重阻击。⑤

除此之外，多数学说认为，在英国宪政实践中不存在宪法的私人间效力，故而不存在讨论间接效力说与直接效力说之必要。但亦有学说认为，英国法院在民事裁判中适用《人权法案》与《欧洲人权公约》的现象是间接第三人效力在英国司法实践中的体现。⑥ 与此同时，有其他学者指出，《欧洲人权公约》是地域性的人权保障制度的有益运用。⑦ 两种说法之间遥相呼应，似乎与通说存在矛盾。由此观之，各种旧效力说在研究具体国

---

① 相关批评参见张翔《基本权利的双重性质》，《法学研究》2005 年第 3 期；赵宏《作为客观价值的基本权利及其问题》，《政法论坛》2011 年第 2 期；陈征《基本权利的国家保护义务功能》，《法学研究》2008 年第 1 期；龚向和、刘耀辉《论国家对基本权利的保护义务》，《政治与法律》2009 年第 5 期；陈新民《宪法基本权利及对第三者效力之理论》，载陈新民《德国公法学基础理论》（上卷），法律出版社，2010，第 330～386 页。

② 参见姜峰《宪法私人效力中的事实与规范：一个分析框架》，《法商研究》2020 年第 1 期；李海平《论基本权利对社会公权力主体的直接效力》，《政治与法律》2018 年第 10 期。

③ 参见张千帆《论宪法效力的界定及其对私法的影响》，《比较法研究》2004 年第 2 期。

④ 〔日〕芦部信喜著，高桥和之补订《宪法》（第 6 版），林来梵等译，清华大学出版社，2018，第 88 页。

⑤ 来自直接效力说的批判参见李海平《论基本权利对社会公权力主体的直接效力》，《政治与法律》2018 年第 10 期。来自间接效力说的批判参见冯健鹏《各自为战抑或互通款曲？——小议宪法基本权利与民事权利的关系》，《浙江社会科学》2007 年第 1 期。

⑥ 参见邱静《论基本人权与私法——以英国和德国为视角》，载梁慧星主编《民商法论丛》（第 59 卷），法律出版社，2015，第 281～286 页。

⑦ 〔日〕芦部信喜著，高桥和之补订《宪法》（第 6 版），林来梵等译，清华大学出版社，2018，第 59 页。

家的对第三人效力问题时也存在分歧。

## （二）国家行为说的劣势

从理论描述上看，国家行为说与直接效力说甚为相似，都表达为"宪法直接适用于私人主体之间"，但两者的旨趣大有不同。（1）就主体行为性质而言，适用前者除了要求一方为社会公权力主体之外，还要求其行为具备国家性，而后者则对此不做要求，仅要求一方为社会公权力主体，并不绝对要求社会公权力主体之行为具备国家性，或者实质上等同于国家行为。（2）就解释技术而言，国家行为说习惯于把适用的判断权交给立法机关，司法机关原则上遵从立法机关的判断，而直接效力说则习惯于把适用的判断权交给司法机关特别是宪法机关。（3）就调整关系而言，在适用国家行为说的情形中，宪法调整的不是私人间关系，而仍旧是国家与私人间关系，而在适用直接效力说的情形中，宪法调整的仍旧是私人间关系。（4）就学说立场而言，国家行为说是对无效力说的肯定，其并非有效力说，而直接效力说则持有效力说的立场，因此两者存在本质区别。

因此，相较于无效力说，直接效力说可以更加及时有效地在个案中给予当事人宪法保护，而无效力说仅能在非常例外的情形中给予当事人宪法保护，原则上却不给予宪法保护。除此之外，法学研究应当有"方法论上的觉醒"，严格区分实存与当为。[①] 以传统社会契约论为代表的经典法哲学，将权力仅仅视作一种国家权力。但是在当代社会，权力的运作已经渗透到了社会生活的各个机构（如学校、工厂、医院、军队等），传统法哲学理论显然并未做好应对此事实的充分准备。[②] 故而，国家行为说之理论劣势明显，可以将其视作无效力说背景中的直接效力说，但绝不能将其等同于通常意义上的直接效力说。

## （三）新效力论的进路

综观之，有效力说是学界的主流观点，仅在选择直接效力说还是间接

---

① 参见林来梵《法学的祛魅》，《中国法律评论》2014 年第 4 期。
② 高中：《后现代法学思潮》，法律出版社，2005，第 38 页。

效力说时有所不同。通过前述考察，两者均有各自的适用情形。各国宪法判例的具体情形存在差异，不加区分便径直适用直接效力说或间接效力说，都难免存在疏漏。三种学说之间的相互攻讦亦多由此造成，对此不可不察。结合学界既有的成熟研究，本文将采用如下进路：引入审查基准体系，以合宪性解释的程式性理解为视角，对基本权利第三人效力论进行重构。

# 二 新效力论之提炼

虽然不同国家的政治体制存在较大差异，但宪法学知识并非地方性知识。法律移植的过程，便是一个地方性知识普遍化的过程。美国的立法违宪审查基准体系恰恰是具有普适性的理论，它与对第三人效力问题处理的案件情形存在交集，将相关情形类型化，为重构第三人效力论提供了良好思路。

## （一）审查基准体系的普适性证成

在借鉴此思路之前，必须对传统大陆法系与英美法系的合宪性解释概念进行厘定，以糅合两大法系知识，证成引入基准体系之普适性，为新效力论开辟道路。有学说主张，美国式合宪性解释只具备"纵向关系上的合宪性解释"的特质，而不具备德国式合宪性解释的双重复合特质，并不存在适用有效力说之可能。[①] 故而，在引入此基准体系之前，需要明确美国

---

① 参见黄宇骁《论宪法基本权利对第三人无效力》，《清华法学》2018 年第 3 期，第 189～191 页。该文从功能主义的价值理念切入，采用日本宪法学界对于合宪性解释的论证——日本学界往往把来自美国的"合宪限定解释"（或称"狭义合宪性解释"）和德国的宪法解释方法统称为"广义的合宪性解释"，后者又可区分为"狭义合宪性解释"与"宪法导向性解释"，其中"宪法导向性解释"为德国所独创。"合宪限定解释"（或称"狭义合宪性解释"）目的在于排除法律之违宪可能，"宪法导向性解释"目的在于将宪法的价值、精神融入一般法律解释之中。因此，有学说主张，将美国式合宪限定解释称为纵向关系的合宪性解释，把德国式宪法导向性解释称为横向关系上的合宪性解释。但此种说法未必妥当。事实上，学界在讨论德国的合宪性解释时，往往是在广义的合宪性解释的意义上使用此概念。故而，德国的合宪性解释具备横向与纵向双重性质。

式的合宪性解释的双重复合特质。

实际上，在美国的分散审查模式下，联邦与各州都有一套具有普遍管辖权的法院系统，每个等级的法院或者法官原则上可审查不同领域的案件。① 一方面，美国法院在进行个案审查的同时，对案件中适用的法律进行附带性审查，对有违宪可能的法律解释进行排除。在所有可能的含义都处于违宪的状态，也即穷尽一切解释选用手段后，依旧没有合宪性解释可以被选用之时，对该条文做出违宪宣判，故而具备"纵向关系上的合宪性解释"的特质。另一方面，美国法院以事后个案处理解决原告和被告（特别是社会公权力）纠纷的方式，在美国的对抗制诉讼构造层面，又具备"横向关系上的合宪性解释"的潜质。由此观之，美国法院在处理具体争议的过程中解释和适用宪法，通过个案裁判并对同案适用法律进行审查，以判定某项法律违宪，或对相关法律做宪法导向性解释。此种独特的宪法审查机制铸就了美国式合宪限定解释的双重复合特质，也为双方当事人都是公民（或一方为社会公权力）的情形保留了适用有效力说的可能性。

与此同时，美国宪法审查机制具备纵向与横向的双重复合特性，又具备了普适性。在个案审查制下存在基本权利与民事权利冲突的可能，这和第三人效力问题所处理的关系相同。因此，同样应该将第三人效力问题纳入思考范围中，以全面把握二者关系。即使在审查严格程度最宽松的案件类型中，也不能断然认为基本权利对第三人无效力，从而认为其具有不接受宪法审查的地位。通过理论澄清，可以发现借鉴美国的立法违宪审查基准体系，重构与美国宪法诉讼机制相对应的、多层次的第三人效力论是可行的。

（二）动态视角下的审查基准体系

宪法诉讼理论是宪法学理论中不可忽视的一环，但在讨论第三人效力问题时却往往被忽视。作为宪法审查模式的一种，宪法诉讼理论当然有可能与第三人效力发生理论关联。规范宪法学旨在为宪政秩序提供技术论与

① 张千帆：《宪法学导论》，法律出版社，2014，第190~192页。

程序论服务，以回应宪法学是"屠龙之技""泛泛而谈"等指责。以基准体系为内核，以对合宪性解释的程式性理解为视角，可以完成对新效力论之构造。

宪法审查的核心部分主要包括有关违宪审查的个别性的技术论和程序论，芦部信喜曾从美国判例体系中，以"双重基准"（double standard）的理论为主轴（或者一个中心主题），整理出一套因应不同的基本人权限制而区别适用的，拥有具体性、整全性和稳定性的立法违宪审查基准体系。这是一个相当精密、精致的体系，① 通过对相关理论进行梳理和完善，可用图 1 表示。

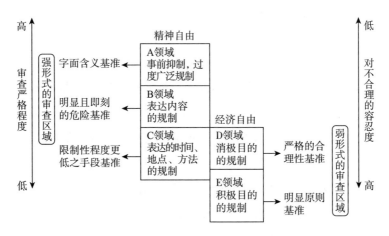

**图 1 立法违宪审查基准体系**

其中，A 领域涉及事前抑制或者过度广泛的规制，通常可以根据法条的文面，直接判断是否违宪；B 领域涉及对表达内容的规制，应该主要适用"明显且即刻的危险"（clear and present danger）基准，或者采用附定义衡量；C 领域涉及对表达的时间、地点与方法的规制，应当采用像"限制性程度更低之手段"（less restrictive alternatives）这样的基准，即所谓的"LRA 基准"（类似于德国法上的比例原则）；D 和 E 领域，则一般可以采用"合理性"基准，其中 D 领域涉及带有消极目的、

① 参见〔日〕芦部信喜著，高桥和之补订《宪法》（第 6 版），林来梵等译，清华大学出版社，2018，第 12～13 页。

警察性的规制，应该采用"严格的合理性"基准，而在 E 领域涉及积极目的、政策性的规制，则应该采用较为宽松的"明显原则"。显然，A、B、C 以及 D、E 的严格程度递减，但 C 与 D 的严格度相当。①

特别需要注意的是，D、E 两个领域的判定基准为"合理性"基准。这一基准包括立法目的与实现目的之手段两个方面，以一般人的标准来审查是否具备合理性。由于这个基准推定了法律具有合理性（合宪性推定原则），因此是比较宽松的审查标准。该"合理性"基准，根据规制职业活动的目的，又包括两种情形。第一种情形是消极的、警察性的规制（消极目的规制），此种情形采用"严格合理性"的基准，法院基于立法审查相关案件的必要性与合理性，并判断是否存在更为宽松的规制手段，以达到相同的目的。第二种情形是积极的、政策性的规制（积极目的规制），则适用所谓的"明显原则"基准，只有该限制措施明显极为不合理时，才将其定为违宪。尽管并不排除做出违宪判定的可能性，但是这个基准事实上承认了立法机关广泛的立法裁量权，对规制立法的合理性问题，采用了非常宽松的司法性质审查。② 由此，新效力说的内核已然明晰。

基准体系是新范式的内核，但仅有内核并不足以全面思考对第三人效力问题。传统学说采用了静态视角，认为"做违宪宣判"和"仅做合宪性解释"这两个诉讼的终结性端点毫无关联，两者是宪政纠纷处理系统之中彼此独立的"终结性端点"。此种理解与美国现实宪政体制不符，又人为割裂了合宪性解释概念的整体性，并不可取。倘若无法跳出此种静态视角的藩篱，即使将基准体系作为新范式的内核，也无法妥善处理对第三人效力的问题。

事实上，"做违宪宣判"和"仅做合宪性解释"这两个最终判定，都需要经过同样的过程。对合宪限定解释做出程式性理解的动态视角，将"做违宪审判"视作合宪限定解释过程失败后的"退出性端点"，将"仅

① 参见〔日〕芦部信喜著，高桥和之补订《宪法》（第6版），林来梵等译，清华大学出版社，2018，第12~13页。
② 参见〔日〕芦部信喜著，高桥和之补订《宪法》（第6版），林来梵等译，清华大学出版社，2018，第177页。

做合宪性解释"视作合宪限定解释过程成功后的"结束性端点",可以恢复被静态视角所割裂的两者关系。可将新范式用图2表示。

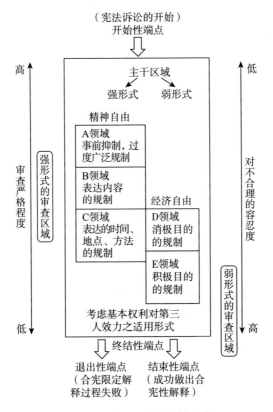

**图2 动态视角下的审查基准体系**

在新范式中,基准体系作为内核,处于"开始性端点"与"终结性端点"① 之间的"主干区域",其左侧的精神自由领域对应"强形式审查区域",右侧的经济自由领域对应"弱审查区域"。从宪法诉讼的开始到宪法诉讼的终结,是新范式发挥作用的程式载体。通过新效力论范式图,可以发现新效力论范式在"做出合宪性解释"、"民事裁判自由裁量"和"宣告违宪"三种情形中并不能发挥作用,但此三种情形之外的其他情形,

---

① "终结性端点"包括"退出性端点"与"结束性端点"。此处的"退出性端点",区别于成功做出合宪性解释的"结束性端点"。"退出性端点"与"结束性端点"共同构成了借助合宪限定解释完成条文含义选择过程后"失败"与"成功"的两种"终结性端点"的耦合,有效解决了合宪限定解释的归宿问题。

均存在新效力论范式的作用空间。

细言之，甲对乙实施了侵权行为，乙以原告身份向法院起诉甲，该纠纷适用某民法条款裁判。本案有三种情况不属于第三人效力论的作用范围。（1）该条款的含义仅存在 A、B 两种解释可能性，且 A 解释违反了宪法。如果采取 A 解释，国家公权力会侵害甲的宪法基本权利。此时，法院只需采合宪限定解释的方法将 A 解释排除，适用 B 解释，该民事纠纷就可以得到解决。这种情况不需要第三人效力理论出场，经由狭义的合宪性解释即可应对，仍旧属于民事领域的问题。（2）该条款的含义有 A、B、C 三种解释可能性，且采用 A 解释会侵害甲的宪法基本权利。此时，法院就算做了合宪限定解释将 A 解释排除，也还是存在 B、C 两种解释可能，无论选择 B 解释还是 C 解释都不会侵害甲的宪法权利，此种情况仍旧并不涉及第三人效力问题，经由民法上的价值判断即可应对，属于民事裁判自由裁量权的范畴，以彰显自由民主国家充分尊重私法自治理念之态度，而非基于宪法基本权利的原理和价值来调整甲与乙的权利义务关系，完成对 B 或 C 的含义选择。① 由此，此种情况属于民法优先适用（也即无效力说）的范畴。（3）A、B、C 乃至于条文的所有含义都违宪，此时则要对条文之效力进行审查罢黜，由有权机关宣告违宪。此种情况，亦不涉及第三人效力问题，经由合宪性审查即可应对，构成合宪性解释失败的"退出性端点"。

可以发现，此种动态视角完整地展示出了"宣告违宪"、"做出合宪性解释"、"民事裁判自由裁判"与"对第三人效力论"四者的关系，相较于传统学说更具优势。此种新效力论范式来自对美国立法违宪审查的判例梳理，在对合宪性解释的概念做出程式性理解后，又获得了脱离美国语境的普遍适用性。这一新范式与德国折中型的保障模式之实质精神也互相吻合，一方面这种折中型的保障模式将对基本权利保障之直接重任交托于基本法律，另一方面该模式又具有实效性的违宪审查制度，以实现对基本

---

① 如果法院错误地解释或适用民法，拥有解释宪法权利的机构必须在宪政审查体制内考虑第三人效力的适用，对法院的错误裁判进行救济，即针对个案进行救济。

权利保障之终极目的。因而，此种借鉴是成功的。通过对动态视角下审查基准体系的两大区域（即经济自由领域和精神自由领域）进行分析，可以明确新效力论中间接效力说与直接效力说的适用情形。

## （三）经济自由领域中新效力论的具体适用

D、E 两个等级所属的争议类型处于经济自由领域中，现代社会中，调整平等主体之间民事权利义务关系的任务原则上应该交给民法。唯有在边际案件中才应当例外地考虑第三人效力问题，此时需要分情况处理。

第一种情况，当私人主体的基本权利与民法权利发生冲突时，采纳间接效力说，对民法规范和经济法规范[①]做出宪法导向性解释，将宪法精神引入民法概括性条款之中，维持宪政秩序的和谐。以德国的"联合抵制周报案"为例，本案具有一定的特殊性，既可以归入 D、E 等级所处的经济自由领域中，也可以归入 A、B、C 所属的表达自由中。不妨把其放入 D、E 等级所属的经济自由领域中进行考虑，原因在于，本案结论的逻辑起点在于，联合抵制并非纯粹基于思想论点，而是采取超越这些限度的手段，联合抵制采用经济压力的方式进行抵制，侵犯了形成政治见解过程中的机会平等。本案确立了德国言论自由法学的两条原则——对于"不同见解的思想交锋"有所贡献的言论更值得保护；法院的任务是平衡个人自由与社会公共利益。其中，间接效力说是重要的平衡手段。

第二种情况，当公民基本权利与国家/社会公权力发生冲突时，采纳直接效力说，将私人行为实质上等同于国家行为。[②] 例如，在公共设施内部经营餐厅的私人，对黑人实行了差别对待，以及私人行使了准国家行为那样高度的公共职能的场合，例如公司所拥有并经营的公司社区（company town）禁止在街头分发宗教文书的行为被判为违宪的案件就颇为有名。[③] 前述案例将某些私人行为等同于国家行为，但并不采纳本质上是无效力说

---

[①] 此处的经济法规范，指更偏向私法规范的经济法规范，而不包括经济法规范中那些纯属公法性质的规范。

[②] 参见李海平《论基本权利对社会公权力主体的直接效力》，《政治与法律》2018 年第 10 期。

[③] 〔日〕芦部信喜著，高桥和之补订《宪法》（第 6 版），林来梵等译，清华大学出版社，2018，第 89 页。

的国家行为说，而将其转化为更加便于保护公民基本权利的、本质是有效力说的直接效力说。

## （四）精神自由领域中新效力论的具体适用

A、B、C 三个等级所属的争议类型处于精神自由领域中，在经过"主干区域"的强形式审查的具体判定后，天然地具有通往做出"宣告违宪"这一"退出性端点"的倾向。尽管如此，依旧需要区分情况。

第一种情况，在涉及公权力机关限制表达的范畴，考虑到此种情形通常为受到限制的公民提出的、针对国家公权力机关的行为，故一般不涉及第三人效力问题。但考虑到在理论死角处可能存在的特殊的案件，例如该国家机关的行为同时兼具公权力性质与私权利性质，此种极端情形，断无适用间接效力说之余地，为适用直接效力说保留了空间。

第二种情况，私人主体间以"民法上的基本权利"之间的冲突为由提起诉讼，先通过民事诉讼的形式解决争端，后又提升为"宪法上的基本权利"与"民法上的基本权利"之间的冲突。此种情况下，应当适用更加尊重民法"治权"的间接效力说。原因在于，后者的权利冲突以前者的权利冲突为底色，本质上仍旧是平等民事主体间的权利义务关系，只是因为上升到了宪法诉求，需要采纳间接效力说，适用宪法导向性解释，对民法的概括性条款做出符合宪法精神的解读。

就此种情况而言，值得关注的是间接效力说的论证过程。在"吕特案"中，德国联邦宪法法院把基本法的解释地位确定为客观价值的等级体系，宪法的客观价值秩序影响着所有领域的法律，自然既包括公法，亦包括私法。而在"墨菲斯特案"中，情况略微不同：多数意见认为宪政法院的审查应该限于有限范围，仅审查法院是否承认并考虑了基本权利的影响。少数意见则认为宪政法院的审查应该是深入而全面的，应当独立审查受到挑战的法院判决。该案要点可以归纳如下。首先，宪法不直接适用于司法领域，但法院解释可能影响当事人的宪法权利，如名誉权。其次，法院判决诽谤可能侵犯言论自由。再次，宪法解释可能会影响到第三人的权利，从而渗透到司法领域。最后，如果普通法院对司法的解释影响了公民的宪法权利，那么这类解释可以受到宪法审查，以保证普通法院对宪法权利的平衡是适当的。① 可以发现，两个案例在判决精神上保持了一致，但是墨菲斯特案比吕特案的说理更为精致。通过对两个案件的比较，可以发现在德国宪政体制中，宪法本身对于言论自由的基本权利存在限制，并通过普通法律条款保护个人荣誉，根据私法解释的"间接影响"之强弱，效力呈现出连续变化的渐进模式。易言之，在法秩序下，德国宪法直接适用于公法领域，间接适用于私法领域，而对于处在公法与私法领域之间的交界地带，由于相关问题可能带有的公法属性，采纳直接效力说，这也印证了新效力论的合理性。

### （五）新效力论的具体适用情形汇总

由此观之，间接效力说、直接效力说与无效力说（民法适用优先）三者在法秩序中所占的比重并不相同。在宪民关系之中，原则上民法适用优先，不轻易涉及新效力论。在涉及新效力论的场合，以适用间接效力说为主体，以适用直接效力说为补充。新效力论可用图3、图4表示。

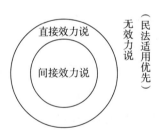

**图3　新效力论适用情形比重**

第一，"以间接效力说为主体"，指其适用于两种情况：（1）在经济自由领域，当私人主体之间基本权利与民法权利发生冲突时，应当考虑适用间接效力说；（2）在精神自由领域，私人主体间以"民法上的基本权利"与"民法上的民事权利"发生冲突为由，以民事诉讼的形式进行争端解决，后又提升为"宪法上的基本权利"与"民法上的基本权利"发

---

① 张翔主编《德国宪法案例选释 第1辑 基本权利总论》，法律出版社，2012，第20~47页。

生冲突，此种情况，应当考虑适用间接效力说。

第二，"以直接效力说为补充"，指其适用两种情况：（1）在经济自由领域，当公民基本权利与国家/社会公权力发生冲突时，适用直接效力说；（2）在精神自由领域，在国家机关的行为同时兼具公权力性质与私权利性质的极端情况下，适用直接效力说。

第三，宪法直接适用的情形，也即无须第三人效力登场的情况加以明确。存在两种情况：（1）在精神自由领域，涉及公权力机关限制表达的范畴，受到限制的公民提出的、纯粹针对国家公权力机关的行为，一般不涉及第三人效力问题；（2）宪法直接适用于公法领域，此时自然不涉及第三人效力问题。①

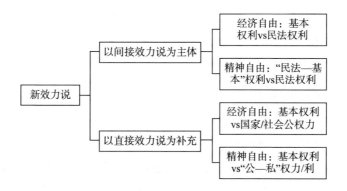

**图4　新效力论适用情形之归纳**

由此观之，新效力说具有三个优势：第一，通过区分经济领域与精神领域，与人权的入宪历程衔接，在理论上自洽，这也体现了该体系对人权发展脉络的包容性；第二，通过区分不同类型、不同来源的权利之间的冲突，打破了旧效力说不区分情况便单独适用的格局，使得理论更加严谨；第三，合宪性解释的程式性解读同时实现了合宪性解释与违宪审查的体系性结合，有助于更好地认识这两种宪法适用现象之间的关系。

---

① 类似的整全性解读，参见许瑞超《德国基本权利第三人效力的整全性解读》，《苏州大学学报》（法学版）2017年第4期。该文认为，基本权利对第三人效力并不仅仅是以基本权利在私人间的直接或者间接效力就能全然概括的效力问题，因此需要对基本权利第三人效力做理论层面的整全性解读，但并未给基本权利第三人效力论提供实践依据。

### （六）对有关质疑的回应

该范式的提出，使得学界既有的第三人效力理论有了新的可能，也势必引发学界对第三人效力问题的新思考，但应该看到，这一理论必须回应如下质疑。

首先，针对经济自由与精神自由的交叉情形，究竟是适用直接效力说还是间接效力说？笔者以为，此时应当针对情形的具体特征，考察其中经济要素与精神要素各自的比重，并与前述总结情形对应。应当承认，依据前述的类型界定，足以得出较为清晰的答案。

其次，为何在众多理论中，单单选择美国裁量基准体系与"事物之本质"的思想结合？笔者以为是因为美国式裁量基准体系已经足够精细，为论者思考问题提供了良好的理论抓手，特别是在证明了其普适性之后，这一基准体系的引入障碍也被消除。

再次，如何在经济自由与精神自由领域按照审查强度进行更细致的情形对应？也即可以视作两个子问题：（1）在精神自由领域，如何对A、B、C三个等级分别对应的区域进行更细致的情形对应？（2）在经济自由领域，如何对D、E两个等级分别对应的区域进行更细致的情形对应？笔者以为，此乃一个伪问题，仔细观察前文论述，便会发现前述范式中，适用何者之关键，乃是经济领域与精神领域之区分与权利类型对立状态之不同结合。最终适用何者，与所谓A、B、C、D、E五个分区并无直接关联，提供此五个分区，是通过例示典型案件类型，以对应不同的审查标准，起到对比说明的作用，方便案件类型的识别。

复次，如何将案件准确对应到具体的区域？与上一个问题所述理由相同，此问题同样是一个伪问题。分类不能过于简单，也不能过于繁杂，繁杂程度合适的分类，既能为解决问题提供良好理论抓手，又不至于过分烦琐。如前一个问题的回应所述，只需要界定情形究竟属于经济领域还是精神领域，辅助以考虑究竟是哪些类型的权利之间的冲突，即可解决此问题。

最后，区分适用直接效力说与间接效力说是否有必要？笔者以为，确有此必要，其原因在于，两者之差别不仅决定了两者适用场合之异同，更决定了其背后对应的说理负担。具言之，两者之对比如下。（1）在论证过程层面，间接效力说的论证过程较为复杂，而直接效力说的论证路径较为简单，这也反向决定了两者的说理负担。（2）在说理负担大小的层面，间接效力说由于其自身的论证过程相对复杂，其说理负担相对小于直接效力说，直接效力说则由于其自身论证过程相对简略，必须辅助更具说服力的说理负担。尽管在我国的司法实践中，似乎法官径直简单适用宪法说理的情形更为常见，但此种"错误的实然"并不能对抗"理论的应为"。间接效力说则由于其借助民法规范，那部分针对民法规范的反对性负担，被消解于民主理性商谈的立法过程之中。（3）在何者承担说理负担层面，间接效力说的说理负担往往是无须证明的，或者应当交由有权机关查明；而直接效力说的说理负担往往需要当事人证明。（4）在说理负担的具体内容层面，间接效力说仅需证明被侵害一方的权利属性是基本权利或者之后上升为基本权利，而直接效力说则需要证明案件中相关行为可以被视作国家公权力的行为，或者国家公权力机关的相关行为同时具备公法和私法双重性质。（5）在说理负担的承担不能层面，两者倘若不能完成此项证明，则不能适用第三人效力论处理此问题，而应当回到其自身所处场域，分别由违宪审查、私法原理或者公法原理等各自途径解决。（6）在涉及案件的数量层面，受制于涉及案件的特征与市民社会经济生活的日趋复杂，间接效力说处理的案件远远多于直接效力说。由此观之，对两者不加区分便笼统单独适用其中一者，是不严谨的。

# 三 兼容性考察：中国语境下的新效力论

从理论回到现实，资本主义国家并不一定意味着宪法对公民有效力，而社会主义国家并不一定意味着宪法对公民无效力，第三人效力能否发生，更多依赖各国的政治抉择，最终取决于一个国家的宪政体制的安排与决定。因此，必须对新效力论是否兼容于我国语境进行考察。

## （一）兼容于我国宪法规范与公约义务

宪法规范是新效力论的规范基础，离开了宪法规范的新效力论将丧失其生命力。就我国现行《宪法》而言，新效力论的规范基础主要有 5 条。

第一，《宪法》第 51 条是宪法基本权利的限制条款。该条规定了公民不得损害其他公民合法的自由和权利，国家在必要范围内以法律的形式限制公民的自由和权利，进而间接得出本规定具有保护他人自由和权利的特性。①由此，国家负有保护公民基本权利不受侵犯的义务，这也为必要条件下，宪法在不同情形之中，通过前述新效力论的作用方式保护公民的基本权利提供了依据。

第二，2004 年宪法修正案第 24 条明确规定了"国家尊重与保障人权"。在人权保护世界化的进程中，我国对此趋势不可能也不会熟视无睹。②习近平总书记指出，宪法是国家的根本法，是治国安邦的总章程，是党和人民意志的集中体现，具有最高的法律地位、法律权威、法律效力。坚持依法治国首先要坚持依宪治国，坚持依法执政首先要坚持依宪执政。我国宪法规定了国家尊重与保障人权，便必然也必须将其深入贯彻到依宪治国的全过程，这也是前述新效力论的根本性宪法规范。

第三，2018 年宪法修正案第 39 条明确规定了"国家倡导社会主义核心价值观"。社会主义核心价值观与人权观念具有相融性，并不存在不可弥合的冲突，既有的人权理论同样可以纳入社会主义核心价值观的思考范围。社会主义核心价值观强调自由、平等、公正与法治，恰好与广义人权理论中的三代人权，以及正在兴起的第四代人权即数据人权交相呼应。这也与新效力论依托的经济与精神两大领域的权利类型划分相对应，为新效力论提供了类型化的基础。

第四，2018 年宪法修正案第 44 条，将法律委员会更名为宪法和法律委员会，使其在功能上转变为具有合宪性审查与法律草案审议功能的综合性机关。我国宪法学者韩大元曾建言，为了有效衔接相关职权与功能，切实推进宪法监督与实施，更名后的宪法和法律委员会应通过一定的机制，尽快合理分工法律审议与合宪性审查职能，严格区分合宪性审查与合法性审查之间的

---

① 参见王进文《宪法基本权利限制条款权利保障功能之解释与适用——兼论对新兴基本权利的确认与保护》，《华东政法大学学报》2018 年第 5 期。

② 参见韩大元《宪法文本中"人权条款"的规范分析》，《法学》2004 年第 4 期。

界限，抓紧建立健全配套的合宪性审查程序与机制。① 这与新效力论仰仗的合宪性解释的程式性理解视角，可谓不谋而合。倘若以宪法和法律委员会作为宪法审查机构，同时明确宪法和法律委员会的准司法性质，采用动态体系的新范式，运用新效力论以保护公民的基本权利，绝非毫无可能，并且大有可期。当然，采取个案审查制还是抽象审查制，仍旧是值得深入研究的问题。

第五，我国参与了人权保护从地域走向世界的进程，批准通过了《经济、社会及文化权利国际公约》（A 公约），签署了《公民权利和政治权利国际公约》（B 公约），应当认为我国宪法存在对公民发生效力的空间。② 中华人民共和国政府于 1998 年 10 月 5 日在联合国总部签署了 B 公约。尽管目前 B 公约并未提交全国人大批准，但从国家守信的角度，应当认为 B 公约的签署使得我国负有了保障公民权利与政治权利的国际义务。两大公约的划分，也基本与新效力论的适用情形相对应。这也说明了尽快以新效力论切实维护公民基本权利的重要性。

### （二）符合马克思早年的基本权利观念

从宪法文本上看，马克思主义思想是写入我国立宪事业的指导思想之一。③ 我国台湾地区公法学者陈新民教授通过研读马克思早年的法学著作，

---

① 参见韩大元《从法律委员会到宪法和法律委员会：体制与功能的转型》，《华东政法大学学报》2018 年第 4 期。

② 此外笔者注意到，比较有代表性的看法是，在国际上已经生效的公约，其规定在各国国内得到执行，以得到各国国内法的接受为前提条件。尽快批准 B 公约，无疑是中国作为负责任的大国的当为之举。李浩培：《条约法概论》（第 2 版），法律出版社，2003，第 314 页。

③ 《宪法》序言提到，中国新民主主义革命的胜利和社会主义事业的成就，是中国共产党领导中国各族人民，在马克思列宁主义、毛泽东思想的指引下，坚持真理，修正错误，战胜许多艰难险阻而取得的。我国将长期处于社会主义初级阶段。国家的根本任务是，沿着中国特色社会主义道路，集中力量进行社会主义现代化建设。中国各族人民将继续在中国共产党领导下，在马克思列宁主义、毛泽东思想、邓小平理论、"三个代表"重要思想、科学发展观、习近平新时代中国特色社会主义思想指引下，坚持人民民主专政，坚持社会主义道路，坚持改革开放，不断完善社会主义的各项制度，发展社会主义市场经济，发展社会主义民主，健全社会主义法治，贯彻新发展理念，自力更生，艰苦奋斗，逐步实现工业、农业、国防和科学技术的现代化，推动物质文明、政治文明、精神文明、社会文明、生态文明协调发展，把我国建设成为富强民主文明和谐美丽的社会主义现代化强国，实现中华民族伟大复兴。

指出马克思早年的思想接近于自由主义法治国之观念。① 实际上，马克思早年的宪法基本权利观念，侧重于自然权利观念。② 马克思认为，习惯权利很少与现实法律一起产生，也一起存在，绝大多数情况，是先于现实法律的，所以由启蒙时代开始，就要努力将合理的习惯权利，纳入现实法律所承认的习惯。③ 由此，将我国的人权实证化路径呈现如图 5 所示。

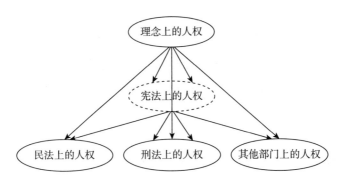

**图 5　人权实证化路径**

---

① 关于此观点的确认，系笔者于 2019 年 9 月 23 日，在陈新民教授的讲座中提问确定。相关纸质文献，参见陈新民《浪漫的社会主义者？——研读马克思早年的法学著作有感》，载《公法学札记》，法律出版社，2010，第 328 ~ 354 页。该文原先收录于《吴庚教授七十华诞祝寿论文集》，元照出版有限公司 2010 年版。该文指出，法治国（Der Rechtsstaat）的德文用语，产生自马克思在柏林大学读书的前后三十年之间，当时由康德、威廉·洪堡、米勒、魏克、莫尔和史塔尔深刻影响并塑造的自由法治国（Liberaler Rechtsstaat）观念盛行于德国学界，对于好学的马克思而言，很难认为其没有受到这些著作的深刻影响。其他支撑文献，对德国法治国观念的深刻考察，特别是康德对德国自由法治国观念的影响，See Michel Rosenfeld, "The Rule of Law and The Legitimacy of Constitutional Democracy", Southern California Law Review, Vol. 74, 2001, pp. 1307 – 1329." 通过文献之间的相互支撑，可以发现康德自由法治国观念对早年马克思的影响。

② 在 1837 年 11 月 1 日写给父亲的信中，马克思提及了其曾经写出的 300 页的《法哲学体系图》，包括第一部分的法的形而上学，以及第二部分的法哲学。虽然这 300 页的草稿已经遗失，马克思日后也没有再公布或提及其细节，但是由其大纲的内容可以看出，基本上是对康德的法哲学理论予以消化。由此观之，康德的自由法治国思想，对青年马克思的影响最大。康德对马克思的影响，参见陈新民《浪漫的社会主义者？——研读马克思早年的法学著作有感》，载《公法学札记》，法律出版社，2010，第 328 ~ 331 页。

③ 参见陈新民《浪漫的社会主义者？——研读马克思早年的法学著作有感》，载《公法学札记》，法律出版社，2010，第 346 ~ 347 页。马克思同时主张，婚姻制度具有高度的道德与伦理价值，只有当夫妻之间的伦理关系已经不存在时，立法者才可以宣布准予离婚，立法者必须尊重此习惯权利，而不能替代当事人思考。参见陈新民《浪漫的社会主义者？——研读马克思早年的法学著作有感》，载《公法学札记》，法律出版社，2010，第 350 页。

更为关键的是，早年马克思多次运用"事物之本质"（Natur der Sache）观念，主张不同事物依其本质，都有不同功能以及不同规范程度应给予不同之法律效果，对于行政裁量权需要进行目的性检验。[1] 前述基准体系范式之界分与运作，正是基于早年马克思"事物之本质"思想的理论阐释。试想，对第三人效力问题所面临的案情千差万别，对其做理论上的单一处理显得过于粗糙。实际上，对相关情形进行仔细界分之后，便可展示新第三人效力论之优势。在改革开放进入深水区后，如何通过对旧制度的完善与新制度的创设来加大对公民权利的保护力度，以更好地促成法治，成为当下的一个重要理论课题。为满足此种需求，应该探寻前述范式在我国直接运用或者变通运用的空间。

## （三）兼容于我国权利义务类型化理论

从理论层面探求运用空间，必须先对我国宪法的权利体系进行梳理与归纳，才能将其分别对应至基准模式中，以展开新效力论。特别是要辨明我国宪法条文中的人权，究竟是广义人权，还是狭义人权，由此来鉴别第三人效力论的作用基础。如若是狭义人权，则前述讨论均无意义，其缘由在于，狭义人权仅指防止国家侵害的防御性权利，而不包含此后的积极性权利。如若为广义人权，由于其表现出的生长性与多样性特征，前述新效力论则获得强大的生命力。过往学界对于基本权利体系的分类观点不一，但都更加重视依照宪法条文序列以及由此产生的权利体系对权利进行分类，[2] 以

---

[1] 参见陈新民《浪漫的社会主义者？——研读马克思早年的法学著作有感》，载《公法学札记》，法律出版社，2010，第336~337页。关于对事物之本质方法的应用，例如在讨论树木与活的树之有机体时，马克思类比了蛇已经蜕皮后，该蜕皮就不再是蛇的一部分，以此将捡枯枝与盗窃林木的行为区分开来。参见陈新民《浪漫的社会主义者？——研读马克思早年的法学著作有感》，载《公法学札记》，法律出版社，2010，第346页。再比如，在《论离婚法草案》之中，马克思多次引用事物之本质，来确认婚姻关系仍是一种有机体的组织，有健康、衰弱及死亡的状态，其并非是机械的法律安排。参见陈新民《浪漫的社会主义者？——研读马克思早年的法学著作有感》，载《公法学札记》，法律出版社，2010，第350页。

[2] 我国教材中，比较具有代表性的有十大分类法，参见吴家麟《宪法学》，群众出版社，1983，第364~386页。此后还有四大分类法，参见魏定仁《宪法学》，北京大学出版社，1994，第172~196页；以及五大分类法，参见许崇德《宪法》，中国人民大学出版社，2014，第407~430页。

下仅介绍两种具有实质意义的观点。

第一种观点依据权利体系的内在理论逻辑，对权利类型进行了归纳。我国学者林来梵将我国实证宪法权利分为八类：（1）人格尊严；（2）平等权；（3）精神自由权；（4）经济自由权；（5）人身自由权；（6）政治权利；（7）社会权利；（8）获得社会救济的权利。其中，人格尊严与平等权是引领其他六种具体的宪法权利的原则性的、概括性的权利；精神自由权、经济自由权、人身自由权是近代宪法所确立的权利，即所谓的三大自由权；政治权利贯穿了从近代宪法向现代宪法的演进历程，是近代宪法权利与现代宪法权利之间的一种枢纽；社会权利则是现代宪法所确认的新型权利；除此之外，我国学者马长山在此基础之上补充了第四代人权，也即数据人权。① 至于"获得社会救济的权利"，同样可以视作整个宪法基本权利保障体系提供自足和自我完结之内在契机的权利。② 该方法重视学理分类的品格，且反映了宪法权利演进的历史进程，并吸收了当今国外宪法学之分类法的优点，已经清晰地将宪法中的人权界定为广义人权说。同时，我国《宪法》中的权利可以较为明确地被纳入经济领域和精神领域，故而，其为新效力论之适用提供了前提。

第二种观点则是从保护义务入手进行分析。我国学者王进文尝试通过对我国宪法规范中的"保护"进行文义分析，以保护义务作为宪法教义学基础，通过立法与司法的双重保护，③ 完成对保护义务的制度化安排与类型化操作，最终建构完善的保护义务救济制度，积极回应公民的权利诉求。④ 保护义务的保护对象系宪法规定的基本权利，对保护义务进行类型化操作，可以等同于对基本权利进行类型化操作。此学说的最大价值在

---

① 参见马长山《智慧社会背景下的"第四代人权"及其保障》，《中国法学》2019 年第 5 期。

② 参见林来梵《从宪法规范到规范宪法》，商务印书馆，2017，第 102 页。

③ 关于立法与司法两者关系的论述，参见〔德〕克理斯提安·史塔克《基本权利之保护义务》，载李建良《宪法理论与实践》（一），李建良译，台北：台湾学林文化出版有限公司，1999，第 130 页。该文指出，立法者做出了保护措施之后，法院仍可以审查是否符合保护请求权的要求。

④ 参见王进文《基本权国家保护义务的疏释与展开——理论溯源、规范实践与本土化建构》，《中国法律评论》2019 年第 4 期。

于，其指明了我国宪法中基本权条款的表述类型并没有赋予其狭义人权的含义，也即绝对的防御权面向的内涵，相反，基本权条款只是中性地规范公民的基本权受宪法保护。其所采纳的广义人权的开放性概念，为进一步发展出体系化的保护义务提供了充足的解释空间。

除此之外，伴随着网络社会的到来，国家/社会公权力对于公民基本权利的侵害，表现出与以往不同的特征，通过网络侵犯公民人身权、财产权等基本权利的行为更加多元化、技术化、隐蔽化与加速化，其制造的危害也往往比"前网络时代"更大。通过精准区分不同情形新第三人效力论范式，可以更好地适应已经到来的大数据时代。

### （四）顺应于公民权利保护的发展潮流

我国宪法实证化的基本权利与新效力论之间存在如下内在关联。首先，较为全面的权利列举业已完成，相比世界其他各国宪法对于基本权利的规定，客观地讲，我国宪法对权利之列举并不吝啬。其次，立法层面采纳了广义的人权概念，也即采用了"自由权＋政治权利＋社会权"的立法模式，体现了人权概念的发展脉络。再次，采取了贯通近代与现代立宪主义的立法模式，强调在有效防范国家权力侵犯私人权利的前提下，释放国家政治权力能量以适应民族国家激烈竞争之格局，而非固守那种18世纪与19世纪限制现代国家政治权利能量的观念。最后，权利体系的内部自足性建构形成了基础性的自我维护机制，通过规定获得救济的权利使得权利体系的内部自足性建构得以在纸面上完成，当然，在现实中仍旧任重而道远。故而，那种固守近代立宪主义继而排斥有效力说、单独主张直接效力说与间接效力说的立场，在我国立法论层面很难得到贯彻，由于我国目前尚未建立起足够明晰的宪法审查机制，实际运作过程中形成了基本权利的相对保障模式，因此讨论第三人效力问题似乎失去了现实依托。

纵观世界发展潮流，当代德国所采用的折中型的保障模式，由于其精密性与实效性，受到了广泛认可。我国未来的权利保障模式可向此方向发展，以更好地维护我国法律的自创生系统，使得作为政治系统与法律系统结构耦合产物的宪法，更好地维系当今社会之稳定与发展。在化解社会矛盾能力强的国家中，社会运动或革命往往会推迟甚至免于发生，而在化解社会矛盾能力弱的国家中，在某些偶然事件发生之后，社会运动或革命很可能会接踵而至。① 不论如何，实践层面的宪法审查运作，是现代法治国家的应有之义，也是化解社会矛盾的良药，尽管此良药会带有几分苦涩。

（五）余论：明确我国宪民关系

结合学界研究成果，宪法与民法发生勾连的情形，包括民法中的公法性质条款、对民事法律规范的合宪性审查、基本权利的第三人效力、对民事法律规范的合宪性解释②以及公法上之行为引起民事法律关系变动等情形。受制于篇幅，仅选取宪民关系的视角，对此问题进行分析。

此前宪民学界对此展开的纷繁争论，似乎有混淆效力位阶与适用位次的关系之嫌疑。观之民法阵营，有以梁慧星教授为代表的"民法优位说"以及以王利明、徐国栋、赵万一等学者为代表的"宪法、民法同位说"，此处的"优位"与"同位"，应当是适用位次上优先或者同位，而非效力位阶上的优位或者同位。宪法学者则多坚守"宪法优位说"，此处的"优位"，应当是指宪法的最高效力位阶地位。

由此观之，宪法的最高效力位阶地位，并不能推导出其于适用层面的优先，而更应重视其兜底效力，易言之，"民法适用优先"（无效力说）同"宪法最高效力位阶"（有效力说）二者并行不悖，并无矛盾，关键在于如何实现二者之沟通。新效力论恰好可以妥善解释与解决这一争论已久的问题。

# 四　结语

对于肩负近代立宪主义与现代立宪主义、自由法治国与社会法治国双重任务的中国而言，统合人权与人民主权两条契约制宪逻辑，树立人之尊

---

① 参见赵鼎新《西方社会运动和革命理论发展之评述——站在中国的角度思考》，《社会学研究》2005 年第 1 期。

② 此处的合宪性解释宜做狭义理解，并不包括合宪性审查中所做的合宪性解释。

严为宪法的核心理念，可谓任重而道远。不论采用何种学说、何种范式，都只是依宪治国的有机组成部分。中国尚未完成近代化，便需要面对现代化与后现代化的课题；尚未有成熟的市民社会，便已经进入社会法治国时代，交错之味浓厚，尤显任重而道远。从一开始，中国法律的现代化便是一场中西之争、理想与现实之争。理想毕竟与空想不同，现代化是大势所趋，保障人权是我们一切努力的依归。人类历史如果只由那不可知的规律与严酷的现实左右，盲目的潮流来来去去，而听不到个人有些异样的声音，不免令人悲哀。历史的规律不由分说地施加于人之时，人也得留下自己的声音。历史中不仅有大事、小事，也有圣人、凡人，这也是虚妄的人还须保留的一点自信。

权利发展研究

# 论作为新兴权利的容错免责权：
## 基础与证成[*]

丁　轶[**]

**摘　要：**在经验层面，权利可以被视为人类在不断犯错过程中为了避免错误再犯所形成的一种稳定措施，由此"错误"构成了权利产生的前提性要素，相应地，试错权和犯错权就成为一般权利得以产生的两大前提性、基础性权利，二者间既相互作用又互相支撑。享有犯错权的主体既包括一般意义上的"私主体"，又包括以政府官员为中心的"公主体"，后者以容错免责权为典型，是一种"合法化"意义上的制度性权利。在终极意义上，容错免责权的新兴权利证成过程就是证明该权利与其社会能够形成价值共容的过程：在"权利之新"的维度上，容错免责权的权利主体和权利客体能够充分满足社会的价值期待；在"利益主张的权利化"的维度上，容错免责权能够形成"共同善"，具有充分的社会共识基础并具备足够的现实可行性。

**关键词：**新兴权利；容错免责权；犯错权；公主体；权利证成

# 引　言

近些年来，"新兴权利"问题日益成为学界和社会大众所关注的一大热点议题，诸如贞操权、祭奠权、特殊主体生育权、乞讨权、流浪权一类

---

　＊　本文系国家社会科学基金青年项目"社群主义政治义务理论后期进展跟踪研究"（项目编号：16CZX061）的阶段性成果。
　＊＊　丁轶，法学博士，中国海洋大学法学院副教授。

的权利主张早已不再陌生，更不用说同性恋者婚姻权、堕胎权、安乐死权这些广为争议和讨论多年的权利诉求了，可以说，无论是在东方还是西方，"在当代的政治话语中，我们已经看到，种种申张、声明、宣告，犹如排山倒海，提出一张张越来越长的单子，上面列举人们据说已拥有或应拥有的种种权利"。① 当然，并非人们的所有主张或诉求都可以被纳入权利的范畴之内，但无论如何，一个并未明示但又存有广泛共识的认识是，新兴权利在性质上必然是"私主体"所享有和主张的一种权利形态，国家或政府在很大程度上只是负有相应的消极或积极义务来保证私主体能够顺利行使这些权利，至于国家或政府中的官员这种"公主体"是否也享有某种类型的新兴权利，这个问题往往被现有研究有意无意地忽略掉了。

有鉴于此，本文将以（政府官员的）"容错免责"为主题，试图在新兴权利的视域内探究这种主张和诉求成为一种权利的可能性与可行性，并给予相应的理论证成。本文试图表明，试错权和犯错权是人类社会长期发展过程中经由经验发现所产生的两种前提性、基础性的权利形态，而容错免责权就是犯错权在当代中国语境下的一种具体体现和表达，进而，容错免责权在权利之"新"和利益主张的"权利化"这两个维度上都具备了足够的合理性与正当性，堪称一种以"公主体"为中心的新兴权利，值得人们进一步重视和讨论。

## 一 试错权与犯错权：权利产生的经验进路

权利因何而生？这是任何新兴权利研究者都必须首先回答的问题。在这点上，本文采纳了哈佛大学法学院教授德肖维茨（A. M. Dershowitz）的著名观点，认为权利并非来自造物主、自然、逻辑或者法律，而是来自人类经验，换言之，"我们将权利建立在灾难、错误以及人类独有的从错误中学习以免再次犯错的能力上"。② 显然，根据这种观点，"从错

---

① 〔英〕雅赛：《重申自由主义》，陈茅等译，中国社会科学出版社，1997，第58页。
② 参见〔美〕德肖维茨《你的权利从哪里来?》，黄煜文译，北京大学出版社，2014，第7～8页。

误中学习"和"以免再次犯错"成为权利之所以存在乃至于具有价值的决定性因素——人们之所以享有各种权利并珍视它们，就是因为经由长期的社会生活实践，人们逐渐认识到只有拥有了这些权利，才能够不犯之前屡受其害的种种错误并具有稳定的预期来保证未来也不会重犯同样的错误，从而实现生活品质的不断提升和人类文明的长期演进。在这个意义上，生命权、自由权和财产权这三大人类社会至关重要的权利类型均遵循了同样的产生经验——生命权之所以会存在就是因为那种霍布斯意义上的"每一个人对每个人的战争状态"对于人类的稳定生存和繁衍构成了重大威胁，人类"不断处于暴力死亡的恐惧和危险中，人的生活孤独、贫困、卑污、残忍而短寿"① 就是对于之前所犯错误的鲜活记忆，相应地，经过不断试错之后，人们终于认识到将生命作为一种权利的形式固定下来并加以切实的保障，才是防止再犯错误的唯一途径。类似地，对于自由权、财产权而言，它们的存在理由也需要到"以免再次犯错"之中去寻找。人类的历史一再表明，缺乏自由的状态往往伴随着独裁、专制和暴虐的统治，而产权的不明晰则常常意味着对于生活资源的无休止争夺或者陷入磨洋工、吃大锅饭的资源利用低效率状态中，而"从错误中学习"之后，人类也终于认识到了自由权和财产权的重要性，即必须保证"个人具有某种确获保障的私域（some assured private sphere）"② 以便于不受他人的任意干涉，并通过明确清晰的产权界分来消除不必要的争斗、以"预防性的"手段替代"抑制性的"手段来控制自身数量的增长。③

由此可见，"错误"构成了权利产生的前提性要素，人类从大量错误中能够得出的一大重要结论便是"人之理性既不能预见未来，亦不可能经由审慎思考而型构出理性自身的未来。人之理性的发展在于不断发现既有

① 〔英〕霍布斯：《利维坦》，黎思复、黎廷弼译，商务印书馆，1997，第95页。
② 〔英〕哈耶克：《自由秩序原理》（上），邓正来译，生活·读书·新知三联书店，2003，第6页。
③ 参见〔英〕哈耶克《法律、立法与自由》（第1卷），邓正来等译，中国大百科全书出版社，2000，第118页。

的错误"，① 继而相信"作为有智慧的或有道德的存在的人类中一切可贵事物的根源，那就是，人的错误是能够改正的。借着讨论和经验人能够纠正他的错误"。② 在这个意义上，既然错误奠定了权利的经验基础，允许人们"试错"就成为顺理成章的事情，换言之，"生活应当有多种不同的试验"，而"不同生活方式的价值应当予以实践的证明，只要有人认为宜于一试"。③ 而"试错"又会产生两种可能结果——要么试错成功，证明此路可走；要么试错失败，表明此路不通。在某种意义上，这两种可能性皆有价值，我们不能以"成败论英雄"的功利态度在肯定、赞扬前者的同时对后者加以否定和贬低，因为这会对所有的潜在试错者产生严重的逆向激励，从而导致敢于试错、勇于试验的人群急剧减少，最终也会对人类文明本身产生损害。就此而论，在肯定"试错"的同时，也要对"犯错"加以必要的宽容，即有"试错"必有"犯错"的可能，而宽容了"犯错"也就在最大程度上激励了"试错"活动的展开，相反，"如果没有宽容，就可能没有真正的生活，没有真正的人际关系"。④ 鉴于此，两种特定的权利形态便呼之欲出了，这就是"试错权"和"犯错权"。

首先，在外部关系上，"试错权"是决定其他权利得以产生的"前提性权利"，在性质上属于一种"源生性权利"。在某种意义上，人类实践活动的首要特征就在于不断试错，试错法在很大程度上成为人类认识世界、改造世界的首要方法，相应地，试错权也具有了"母权"的性质，其运作的基本原理就在于"人类基于试错实践，对自身行为反思之后，逐渐认识到尊重生命、自由的重要性，这才产生了生命权、自由权。所以说，生命权、自由权的保障是拥有'平等试错权'的个体彼此相互妥协的结果，在试错过程中认识到制定法律保障'生命权、自由权'的必要性"，进而，试错权就成为"一种'母权'，处于'一'的位置，而生命权、自

---

① 〔英〕哈耶克：《自由秩序原理》（上），邓正来译，生活·读书·新知三联书店，2003，第44页。

② 〔英〕密尔：《论自由》，许宝骙译，商务印书馆，2009，第23页。

③ 〔英〕密尔：《论自由》，许宝骙译，商务印书馆，2009，第66页。

④ 〔美〕廷德：《政治思考：一些永久性的问题》，王宁坤译，世界图书出版公司，2010，第207页。

由权、财产权等权利是'子权'，处于'二'的位置"，① 而"母权论"即上述"前提性权利""源生性权利"的另一种表达，它表明相对于生命权、自由权、财产权等基础性权利而言，试错权处于一个更为基础和根本的"元权利"地位，是一种"权利中的权利"。

其次，在内部关系上，"试错权"又派生出"犯错权"，二者构成了一个紧密衔接、相互支持的整体。必须强调的是，这种意义上的犯错权并不是道德哲学、法哲学经常讨论的那种"有做道德上错误之事的道德权利"（have a moral right to do moral wrong），② 后者主要是指个体在明知所做之事在道德上是错误的（或者至少在道德上是富有争议的）情况下是否仍然享有道德权利做此事的问题。而在前者的语境中，所做之事一来和道德上的对错无关（或者相关性很弱），仅涉及比较中性的"成败问题"，二来（也是最主要的）也要求行为主体在一开始根本无法预知所做之事的成败概率和风险。相反，如果行为结果注定要失败，那么主张犯错的权利（乃至于试错权）也就失去了起码的意义，换言之，行为结果的不确定性是犯错权得以成立的一大逻辑前提。与此同时，试错权与犯错权又是相互作用的，二者紧密相关、缺一不可，这又分为两方面。一方面，试错权不存在，犯错权亦不存在，试错权构成了犯错权得以存在的必要条件。是否会犯错是一个不确定事实，但无论犯错与否，有机会试错都构成了作为一种权利的犯错得以成立的基本前提，一种没有试错权支持的犯错权显然是一句空话，因为哪怕最终没有犯错也会遭到无情的惩罚。另一方面，犯错权又构成了试错权的实质内核。一种没有犯错权支撑的试错权是否可能？虽然在逻辑上我们可以想象出这样一种权利，但在现实世界中或者说从经验角度来看其又是一种不可能真实存在的权利形态。毋庸置疑，"趋利避害"是个体生存的首要法则，这也是人类社会经由长期优胜劣汰过程所演化出来的生存法则，个体在这种法则的指引下必然凡事均会考量行为选择

---

① 参见周志发《罗尔斯"正义论"的批判与重建》，《学术界》2015年第1期。
② 参见〔美〕沃尔德伦《做错事的权利》，朱万润译，《世界哲学》2012年第4期。另见范立波《权利的内在道德与做错事的权利》，《华东政法大学学报》2016年第3期；陈景辉《存在做错事的权利吗？》，《法律科学》2018年第2期。

的可能收益与风险，而在缺失了犯错权的情况下，单纯赋予一个人试错权显然不具有实质意义，这反倒会将个体逼上"只许成功不许失败"的"华山一条路"，或者说"如果人没有犯错的权利而只有做对的权利，那么他只有什么都不做"，① 而在一个由理性人所组成的现实世界中，这种风险巨大的行为投资几乎不会得到绝大多数人的青睐，自然也无法存续下来。

## 二 容错免责权：一种"公主体"的犯错权

显然，从权利产生的经验进路出发进行探究可以发现，试错权和犯错权构成了人类社会得以存续、人类文明得以演进的重要推动力量，与此同时，权利产生的经验同样告诉我们，"基本权利要得到实现，必须通过一个反思地导控的、提供基础设施的、抵御风险的、同时进行调节、推动和补偿的国家的服务性成就"，② 换言之，"所有权利都要求政府积极的回应"，即"要想成功地主张权利就要开始运作政府当局这部强制矫正的机器"。③ 从这个角度来看，国家（政府）与权利产生的历史可谓同样久远，甚至在古代社会大多数人还不知权利为何物的时候，国家这种事实上的第三方保护机构就已经在人类文明中留下了自己的烙印。

通常认为，享有试错权和犯错权的主体必定是个人这样的"私主体"，但实际上，某种特定的"公主体"（与"私主体"相对的一种称呼）也会享有上述权利：大量研究揭示出，国家之所以会长期存在，一个重要原因就在于它拥有某种显著的优势和力量可以解决各种各样的协调问题和保证问题，可以有效化解社会中大量存在的"囚徒困境"，④ 换言之，国家可以解决很多单纯依靠人类个体所无法解决的公共物品供给和集体行动难题。⑤

---

① 周志发：《重建西方民主概念——基于犯错权的视角》，《学术界》2009 年第 4 期。

② 〔德〕哈贝马斯：《在事实与规范之间》，童世骏译，生活·读书·新知三联书店，2003，第 305 页。

③ 〔美〕霍尔姆斯、桑斯坦：《权利的成本：为什么自由依赖于税》，毕竞悦译，北京大学出版社，2011，第 26、27 页。

④ John Simmons, "Justification and Legitimacy," *Ethics*, Vol. 109, No. 4, 1999, p. 752.

⑤ 参见〔美〕巴泽尔《国家理论——经济权利、法律权利与国家范围》，钱勇等译，上海财经大学出版社，2006。

这样一来，由于个体无法亦无力涉足国家所擅长的诸多领域，这就决定了原本只是局限于个人的试错权和犯错权必然要分享给国家一部分，以便后者也能够在其擅长的领域中不断推陈出新。① 同时，严格来说，国家又是一种虚幻的存在物，它只能"依靠其象征性的表征来维持认同感和凝聚力"，② 这就决定了只有其内部的工作人员（即广义上的政府官员）才是真正存在的行为主体，国家其实是在这些主体的操控之下运行的一部官僚机器。相应地，国家或政府所享有的试错权和犯错权，其实就是它们的政府官员所享有的权利，又由于这些官员在行使公权力时的身份不同于普通个人这样的"私主体"，我们就可以将前者理解为一种"公主体"。

在形式法治层面，相比私主体，由于公主体掌握了重要的公共资源并决定其分配，这就在法理上对于后者形成了一种特定要求，这便是"法无授权即禁止"，它要求公主体所从事的任何行为都必须具备制度上的依据或者获得法律意义上的授权，否则便不得实施该行为，违者将受到制裁。③ 在这个意义上，公主体的试错和犯错行为亦不例外——对于私主体而言，试错和犯错不仅是一种行为也是一种权利，不过这种权利只需要具备足够的"正当性"（justification）或"合理性"（reasonableness）即可，无须也不必体现为"合法性"（legality）意义上的"制度性权利"（institutional right）。简而言之，"只要国家提供和维护适当的结构约束，便可以听任作为经济主体的个人去追求他们自己确定的目标，个人追求这些目标的时候，会以彼此相互尊重的方式享有自由、繁荣以及和平等价值"，④ 这实际上也是针对私主体的"法不禁止即自由"命题的必然展开。相比之下，对于公主体而言，作为行为的试错和犯错与作为权利的试错和犯错却是截

① 对此问题的详细论证，参见周志发、林斌《论中国特色的民主化模式——基于容错性民主的视角》，《学术界》2010年第9期。
② 〔美〕科泽：《仪式、政治与权力》，王海洲译，江苏人民出版社，2015，第24页。
③ 参见童之伟《"法无授权不可为"的宪法学展开》，《中外法学》2018年第3期。
④ 〔美〕布坎南：《宪法秩序的经济学与伦理学》，朱泱等译，商务印书馆，2008，第318～319页。

然二分的①。比如在改革开放的前三十年，行为意义上的试错或犯错早已存在，只不过是非公开的、非制度化的、私下运作的，它奉行的是"说明内在于行动"的机会主义逻辑，"不在事先出台明文的规定，而是临时根据政治需要判定地方的行为"，进而，"做正确的事"而不是"正确地做事"就成为地方政府的理性选择，"做了再说"成为地方政府的普遍做法，即"只要结果是好的，一切就都是好的——反正没有一个确定的程序或规则来校验行动是否违反了它"。② 然而，哪怕这种试错行为取得了再丰硕的成果（抑或在犯错之后被上级成功免责），从规范评价的角度来看，上述行为仍然是一种公主体越权、滥权（或者说越位、错位）的体现，尤其考虑到当代中国是一个中央集权的单一制的国家，地方（相对于中央）或下级（相对于上级）政府屡屡在现有制度框架外从事某种"试验"活动，它"固然会带来制度变革和创新，但又会与上级制定的组织规则形成明显的对立和冲突"，尤其是一旦"最终的试验结果没有达到预期目的和效果（比如没有为中央政府提供出可供借鉴和推广的政策选项），那么，相应的风险和成本就会完全转嫁到地方政府身上，换言之，需要为试验失败的最终后果'买单'"，③ 或者说，为中央或上级政府的"选择性惩罚"埋下了伏笔。究其根源，实则与试错、犯错的非权利化状态紧密相关，而这种意义上的权利化又不能仅仅与行为本身的正当性、合理性挂钩，而是必须将上述行为制度化、法定化，换言之，公主体的、作为权利的试错和犯错必须是一种"合法性"意义上的制度性行为。

然而，在最近十余年，上述公主体的行为与权利"脱节"的状况在当代中国似乎发生了某种变化。一方面，就试错而言，考虑到改革已经全面进入"深水区"和"攻坚期"，自2012年开始，围绕地方改革，全国人

---

① 考虑到这里是在"法无授权即禁止"的规范维度上讨论问题，因此所谓的"公主体"的"作为行为的试错和犯错与作为权利的试错和犯错二分"，其中的"作为权利的试错和犯错"主要是在"法定权利"或"制度性权利"的意义上加以讨论的，这里不否定"公主体"的"作为权利的试错和犯错"在"习惯性权利"的意义上曾经长期存在，后文还会涉及此问题，此处不赘述。
② 参见刘培伟《基于中央选择性控制的试验——中国改革"实践"机制的一种新解释》，《开放时代》2010年第4期。
③ 丁轶：《反科层制治理：国家治理的中国经验》，《学术界》2016年第11期。

大常委会陆续做出了一系列的试点决定，试图将之前完全游离于法律控制之外的地方试验实践统一纳入中央总体框架之中。而在 2015 年 3 月，随着修订后的新《立法法》的出台，全国人大常委会的上述试点决定更是具备了足够的合法性基础，① 从而使得"授权地方改革试点决定指导下的改革体现出了较高的明确性与系统性，也解决了改革的合法性问题"，② 充分贯彻了"凡属重大改革都要于法有据"的指导思想。就此而论，伴随着上述变化，公主体的地方试验实践已经逐步向制度性权利的方向转变，单纯的试错行为也逐渐获得了稳定的法制化保障和制度化庇护。另一方面，自 2006 年开始，随着《深圳经济特区改革创新促进条例》的颁布，尤其是随着习近平总书记"三个区分"的提出③和《关于进一步激励广大干部新时代新担当新作为的意见》的出台，越来越多的地方立法机关（包括党内法规制定主体）仿效深圳，纷纷在相关地方立法中就政府官员（领导干部）在改革创新过程中的"容错免责"问题做出了专门规定。"容错"本是一个专业词语，它最早来源于计算机领域，"主要是指电子计算机系统在硬件或软件出现问题时，能自行采取补救措施，使整个工作系统与效率恢复正常"，④ 而当这个概念与"免责"结合并超出原有领域，转而运用到政府工作中时，就意味着它是一种针对政府官员、领导干部的特殊处理机制——其中，"容"意味着宽容、容纳，"错"表明它不是一种"一般性的违法乱纪，而是干部依法用权中的'探索性偏差'和科学决策基础上的'尝试性失误'"，相应地，"免责"也不是意味着"没有责任或不负责

---

① 2015 年 3 月 15 日，第十二届全国人民代表大会第三次会议通过了《全国人民代表大会关于修改〈中华人民共和国立法法〉的决定》。在修改后的新《立法法》的第 13 条中明确规定："全国人民代表大会及其常务委员会可以根据改革发展的需要，决定就行政管理等领域的特定事项授权在一定期限内在部分地方暂时调整或者暂时停止适用法律的部分规定。"

② 彭浩：《授权地方改革试点决定的性质与功能探析》，《法制与社会发展》2018 年第 1 期。

③ 即要把干部在推进改革中因缺乏经验、先行先试出现的失误和错误，同明知故犯的违纪违法行为区分开来；把上级尚无明确限制的探索性试验中的失误和错误，同上级明令禁止后依然我行我素的违纪违法行为区分开来；把推动改革发展的无意过失，同为谋取私利的违法违纪行为区分开来。

④ 杜兴洋、陈孝丁敬：《容错与问责的边界：基于对两类政策文本的比较分析》，《学习与实践》2017 年第 5 期。

任，而是指在责任存在的前提基础上对于责任的减轻或免除"。① 这样一来，"容错免责"的整体含义就是指"对于在推进改革、工作创新中未能取得预期结果但免于追究相关人员的责任的理念和制度规定"，其本质诉求在于"坚持对官员失职行为进行责任追究的同时，允许官员推进改革过程中存在错误"。② 显然，这种意义上的容错免责已经直接和公主体的犯错权联系起来了，即有试错必有可能犯错，而符合某些条件的犯错有权得到免责，这表明"以试错权为理论注释，公职人员从事公务活动过程中相应地也具有犯错权，犯错权是容错纠错机制在权利层面的具体印证"，③ 原来横亘在犯错行为与犯错权利间的巨大鸿沟在容错免责问题的相关立法中得到了部分弥合。

## 三　社会的价值认可：容错免责的新兴权利证成

无疑，通过十余年来地方立法层面的不断开拓和积累，容错免责已经越来越以一种"合法化"的"制度性权利"面貌呈现在人们眼前，从而使得公主体不再处于"选择性惩罚"的危险环境中，提心吊胆地从事地方改革试验和创新活动。不过，从新兴权利的角度来看，即便这种权利看上去是立法机构的产物，这些机构本身也不能完全提供权利真实性的权威标准，④ 这是因为，容错免责能否成为一种新兴权利，不但取决于立法机构的创制或确认，也依赖于社会层面的价值认可与接受，⑤ 或者说"虽然新

---

① 谭九生、胡伟强：《实施容错免责机制的法治意蕴及其建构路径》，《湖南社会科学》2018 年第 6 期。

② 参见杜兴洋、陈孝丁敬《容错与问责的边界：基于对两类政策文本的比较分析》，《学习与实践》2017 年第 5 期。

③ 胡杰：《容错纠错机制的法理意蕴》，《法学》2017 年第 3 期。

④ 参见〔加〕萨姆纳《权利的道德基础》，李茂森译，中国人民大学出版社，2011，第 5 页。

⑤ 以这几年众说纷纭的"亲吻权"为例，即便这种主张真的被立法机构（而不仅仅是司法机构）确认为一种法定权利，它能否构成一种权利的争论仍然不会平息，因为在社会层面上依然会有大量人群对于这种权利的真实性、合理性和正当性保持怀疑并不断提出质疑，甚至会有很多人受此激励向司法、立法机构提出更多的离谱主张，要求后者承认这些主张为权利。

兴权利产生的直接—形式判准是实在法的规定，但其间接—实质的标准却是依据社会基本格局以及主流意识形态所确定的某种价值判准。这也就是说，一种新的利益主张并非只要形式上得到实在法的确认就可以成为名副其实的新兴权利，后者还必须建立在符合特定社会特定价值判准这一前提之上"。① 这样一来，容错免责的新兴权利证成过程，其实就是一个证明该权利与其所在的社会具有价值共识、能够形成价值共容的过程，进而，也只有在满足上述要求的基础上，被立法机构所"合法化"了的"制度性权利"才能够被名副其实地称作一种"新兴权利"。

在本文看来，由于"新兴权利"是"新兴"与"权利"这两大范畴的结合，这就使得这种追求价值共识、共容的证成过程实际上可以分为两步：首先，我们需要证明在"新兴"权利的意义上，容错免责权能够满足社会的价值期待，换言之，这种权利的新颖之处能够与当下社会的主流价值形成必要的契合；其次，我们还需要证明在新兴"权利"的意义上，容错免责权能够与社会达成价值共识，换言之，只有将容错免责作为一种权利而非单纯的利益主张或诉求才能够与社会的主流价值产生共鸣。

### （一）权利之"新"

如果容错免责权是一种"新兴"权利，那么它的"新"体现在哪里？对此，姚建宗教授认为，可以从形式标准和实质标准两个方面出发来分别考察"新兴"权利的具体内涵。在实质标准方面，可以从纯粹的"新兴"权利、主体指向的"新兴"权利、客体指向的"新兴"权利和境遇性"新兴"权利这四个方面出发来确定某项权利之"新"。② 显然，如果遵循上述实质标准来加以考察可以发现，容错免责权的确是一种新兴的权利形态，并且，它的新兴之处还得到了社会层面的价值支撑，与社会主流价值存在巨大的共容之处。

首先，一如前述，不同于主流的"私主体"权利，容错免责权是一种

---

① 周赟：《新兴权利的逻辑基础》，《江汉论坛》2017 年第 5 期。
② 参见姚建宗《新兴权利论纲》，《法制与社会发展》2010 年第 2 期。

以"公主体"为中心的权利形态，这就在主体指向上决定了该权利的"新兴"之处，而赋予公主体一定的权利有助于进一步激发其服务热情、减少其创新性工作中的后顾之忧，最终也有利于其创造出巨大的社会福祉。公主体在现实中通常被称作"公务员"或"政府工作人员"，他们往往具有两面性。一方面，他们和私人一样具有强烈的自利动机，"尽管他们名义上是为公共利益服务，而不是为自身的晋升和报酬奔忙，但实际上他们总是在追求自身和自己所属部门的最大利益，至于他们的服务对象和那些交了税的纳税人则不在最先考虑之列"。[①] 但另一方面，假以适当的制度激励，他们也可以具有强烈的服务意识和创造精神，甚至"比起私人部门的管理者而言，公共管理者普遍较重视其工作对社会的价值，而不是以物质回报为重点"，[②] 容易在工作中产生一种责任感，"即便做这件工作不能立即带来经济收益"。[③] 尤其考虑到公务员处于一个等级结构森严、任务严格划定的科层官僚体制中，墨守成规、循规蹈矩构成了这种体制中成员的第一天性，如何设计出一种既能够有效约束其寻租行为又能够激励其从事创造性活动的制度规则，就成为决策者、立法者无法回避的一大管理难题。大量研究也表明，如果规则"能够给予政府员工更多的发挥其专长和创新精神的自由，那么政府应该能够更为有效地运转"，[④] 在这个意义上，转变对于公务员这类公主体权力高高在上、"事不关己高高挂起"的刻板印象，转而将他们看成与"私主体"一样需要被充分理解和激励的活生生的人，继而赋予他们一定的权利以规避创新性行为和试验活动的风险，而不是让他们"被种种规章条文捆住了手脚"，[⑤] 显然构成了作为一种"新兴"权利而存在的容错免责权具有社会价值的根本原因。

---

① 〔美〕里德雷：《美德的起源——人类本能与协作的进化》，刘珩译，中央编译出版社，2004，第19页。
② 〔美〕亨利：《公共行政与公共事务》，张昕等译，中央人民大学出版社，2002，第195页。
③ 〔美〕威尔逊：《官僚机构——政府机构的作为及其原因》，孙艳等译，生活·读书·新知三联书店，2006，第208页。
④ 〔美〕彼得斯：《政府未来的治理模式》，吴爱明等译，中央人民大学出版社，2001，第13页。
⑤ 〔美〕奥斯本、盖布勒：《改革政府——企业家精神如何改革着公共部门》，周敦仁等译，上海译文出版社，2006，第12页。

其次，容错免责权的权利客体是一种公主体由于试验创新活动可能承担之风险和责任的合理规避，在本质上呈现为一种"消极利益"，相比于多数情况下的"积极利益"，这种独特的权利客体也使得容错免责权成为一种"新兴"权利，它符合社会公众对于宽容某些类型错误的基本价值共识。"权利是由利益的差别和冲突所导向的利益主体的选择活动与外部客观可能性相联结的一种社会关系。这种关系的一端是为了取得权利以满足需要所进行的积极选择行为的个体；另一端则是在一定程度上和一定范围内提供客观可能性的社会"，① 在某种意义上，容错免责权亦遵循了上述逻辑。一方面，权利以利益形式表现出来，而利益在本质上又体现为个体的具体需要，对于从事试错活动的公主体而言，他们最大的利益所在就是在试验创新活动发生意外或者不幸失败时能够享有一定的免责权或者豁免权，无须担心自己会因为当初积极投身于试验创新活动而遭到"秋后算账"，俗话说的"不求无功但求无过"和"没有功劳也有苦劳"就是上述需要的世俗化表达。另一方面，不论公主体对于容错免责有多大的需要，也不是在所有情形下都能够成功地实现其需要，还要求这种主观需要必须与社会形成恰当的契合，换言之，要符合社会公众普遍共享的价值认知与价值期待。在这个意义上，"合法合理合情"的价值评价标准就进入了我们的视线：其中，"合法"意味着公主体的试错行为必须符合法律法规的底线要求，不能"明知故犯"或者公然逾越；"合理"属于一种工具理性意义上的规范性要求，它关心的是公主体的行为目标与手段是否符合理性的问题，换言之，在行为目标假定的前提下，公主体是否选择了足够合理的手段来保证目标的实现，或者说在外部观察者（比如社会大众）看来，这种行为选择必须符合某些基本的工具理性原则，比如比例原则或者效率原则；"合情"则属于一种价值理性意义上的规范性要求，它关心的是公主体的试错行为是否具有足够的可理解性和可接受性，它要求"一个合理的人可社会化为一个社团的规范和惯例，因而他的目的符合公共的价值

---

① 程燎原、王人博：《权利论》，广西师范大学出版社，2014，第64页。

观，而他对这些目的的追求符合集体的规范"，① 还要求公主体不能只关心工具理性意义上的问题，也要同时运用其价值理性来平衡、规制其工具理性，避免在工具理性的完全支配下做出某些反社会或不道德的事情。或者说，须使得公主体的手段选择符合一定的底线伦理约束和公共价值观限制，而不能"不择手段""唯利是图"。就此而论，综观近些年来各地所出台的相关立法，其中均对公主体享有容错免责权设置了诸多的条件限制，从"改革方案的制定和实施不违反法律、法规有关规定"到"个人和所在单位没有牟取私利"再到"未与其他单位或者个人恶意串通损害公共利益或者他人合法权益"，② 均体现出了社会从"合法合情"的角度出发对于公主体之试错行为的具体要求。尽管目前其在"合理性"约束方面尚有短板（比如缺少基于比例原则的限制），但在总体上还是可以与社会公众的普遍价值期待形成较大的契合，得到社会层面的价值支持。

## （二）利益主张的"权利化"

如果说上述讨论预设了容错免责作为一种权利而存在，那么，这个预设本身无疑也是需要讨论的，换言之，容错免责的利益主张能够被"权利化"吗，而这种"权利化"会得到社会层面的价值支持吗？

实际上，否认容错免责构成一种"权利"的潜在主张者，往往对于"权利泛化"现象怀着深深的担忧，认为一旦各种利益主张被不假思索地一概确认为权利（尤其是法定权利、制度性权利），就会导致权利话语的

---

① 〔美〕考特、尤伦：《法和经济学》，张军等译，上海人民出版社，1994，第 14 页。

② 当然，各地在具体规定中会有所差别，以深圳、重庆和湖北三地的规定为例。《深圳经济特区改革创新促进条例》（2006 年 7 月 1 日施行）第四十一条规定了三种情形：（一）改革创新方案制定和实施程序符合有关规定；（二）个人和所在单位没有牟取私利；（三）未与其他单位或者个人恶意串通，损害公共利益的。《重庆市促进开放条例》（2009 年 1 月 1 日施行）第四十七条几乎"复制"了深圳市的相关规定，同样规定了三种情形：（一）工作措施的制定和实施程序符合有关规定；（二）个人和所在单位没有牟取私利；（三）未与其他单位或者个人恶意串通，损害公共利益。而在 2016 年 3 月 1 日起施行的《湖北省全面深化改革促进条例》第三十八条中则规定了四种情形：（一）改革方案的制定和实施不违反法律、法规有关规定的；（二）相关人员已经履行了勤勉尽责义务的；（三）未非法牟取私利的；（四）未与他人恶意串通损害公共利益或者他人合法权益的。

严重泛滥和权利本身的严重贬值——"如果某个利益团体提出一种他们所谓的权利，而其他竞争者都能仿效他们提出自己所谓的权利，这就像军备竞赛一样，这些权利要求就会在公共角斗场内增加和升级"。① 进而，严重的"权利泛化"又会助长"一般意义上的、规范层面的权利冲突现象，不仅会造成'立法愈多而秩序感愈少'的悖谬，还会在权利设置的目标与实效、权利的分类保障、国家与社会、权利与道德等各个方面造成冲突"，② 甚至会形成权利的"乌龙效应"。

对此，很多学者纷纷提出了新兴"权利"的"权利判准"，即通过提供一套大体可操作的权利认定标准的方式来有效区分"真正的新兴权利"和"虚假的利益主张"，试图将后者挡在权利大门之外。③ 其中，一种有关"权利内在伦理"的理论认为，如果某项主张或诉求能够被称为"权利"，它就必须符合某些基本要求，具体来说包括了五方面的内容：权利必须为人服务；权利应对主体具有善的价值；权利应对社会公共利益有益或无害；权利需要在无害基础上形成社会共识；权利的内容要具有现实的普遍可行性。④ 在本文看来，对于容错免责权，"权利必须为人服务"这一点已经毋庸置疑，真正值得探讨的是其他几点要求。⑤

**1. 容错免责权与共同善**

必须承认，不同利益主张旨在实现的"善"（或通俗演义上的"好处"）是不同的，甚至会有较大差别，某些所谓的新兴权利（比如亲吻权、吸烟权、自杀权、变性权、代孕权）之所以引起争议，就是因为这些利益主张旨在实现的"善"存有巨大争议。一来，其中某些权利的善仅仅对特定个体具有好处或价值，其他个体要么因为先天（比如代孕权）或后

① 〔加〕萨姆纳：《权利的道德基础》，李茂森译，中国人民大学出版社，2011，第8页。
② 陈林林：《反思中国法治进程中的权利泛化》，《法学研究》2014年第1期。
③ 参见刘小平《新兴权利的证成及其基础——以"安宁死亡权"为个例的分析》，《学习与探索》2015年第4期；于柏华《权利认定的利益判准》，《法学家》2017年第6期。
④ 参见王方玉《权利的内在伦理解析——基于新兴权利引发权利泛化现象的反思》，《法商研究》2018年第4期。
⑤ 必须说明的是，接下来的讨论并非严格按照上述"权利内在伦理"的内容顺序展开的，而是做了部分调整，也就是将"权利应对主体具有善的价值"和"权利应对社会公共利益有益或无害"合并到了"容错免责权与共同善"的标题下做统一讨论。

天（比如同性恋者婚姻权）因素无法共享到这种善，要么因为这种善本身具有较大的负面效果（比如吸烟权）而被多数人反感或抵制；二来，一旦国家将上述利益主张承认为权利，还会引发不良的连锁效应，有可能会损害社会公共利益。其中，"自杀权"就是一个典型例子，并非所有人都想以"自杀"的方式来应对这个世界（尽管很多人在某些时候有过这个念头），但国家一旦公开地将自杀承认为一种权利，就会导致那些本来没有自杀念头的人也被"变相鼓励"去自杀，从而导致自杀行为愈发增多，这无疑会极大地损害这个社会的公共利益和福祉，在这个意义上，对于自杀者而言的善（比如一死了之、一了百了），很难也不应该借由公共权力推广到整个社会上。

经由上述分析不难发现，能够被承认为一种权利（尤其是法定权利）的利益主张不能只是对于特定的主张者而言构成了善，还需要这种善能够在最大程度上惠及整个社会而被广泛的人群所共享，至少不能对其他人产生明显的负面效应或者"负外部性"。就此而论，权利的"共同善"（Common Good）维度就进入了我们的视线，它要求任何能够被称为权利（哪怕是习惯权利）的利益主张都不能仅仅对主张者自己有价值，还要对主张者之外的其他人产生正面的效应（至少不能产生负面效应），从而造福于社会整体或社会公共利益，乃至于形成某种"普遍的或共同的善与利益"，即那种"不是指个人利益的总和，而是指在一个共同体里，能以一种无冲突、非排斥也非排他的方式来普遍地服务于人们的那种善"。①

这样看来，容错免责权显然能够通过"共同善"层面的检验：表面上看，容错免责权的受益对象是公主体（主要体现为政府官员），其他个体因为种种原因（比如学历、接受过刑事处罚、家庭、个人志向等）无法进入公务员队伍，自然也无法分享到这种权利所带来的善。但关键在于，容错免责权是一种承载于公共权力之上的个体权利，它需要依附于公共权力才能够发挥出其应有的作用，而公共权力又是针对社会成员的权力，任何

---

① 〔英〕拉兹：《公共领域中的伦理学》，葛四友等译，江苏人民出版社，2013，第61～62页。

决策或者公共政策的做出都会对全体社会成员产生重大的影响，基于公主体的"试错"行为所做出的决策亦不例外，它既有可能造福于也有可能损害民众的福利。进而，赋予公主体在一定条件下享有容错免责权也就意味着，只要遵守了某些底线性的要求（比如不得违反法律法规、不得以权谋私、不得恶意串通），这种试错行为就有可能（虽然并非必定）产生某些可欲的后果（或者将负面效应降低到最小）从而造福于民众，而试错者本人所享有的免责权，其实可以被视为上述广泛产生之福利的一个副产品而已，换言之，在这个过程中，试错者本人和广大民众成功地实现了双赢或共赢。在这个意义上，官方话语反复强调改革创新活动中不能以权谋私、恶意串通，抑或要求试验成果具有足够的可推广性（即"由点及面"）就可以得到很好的理解：对于试错者而言，越是试错活动出于公心、越是试验成果能够得到广泛推广，这种活动所带来的善也就越具有"共同善"的性质，而作为一种权利而存在的容错免责也就自然而然地具备了坚实的现实基础。

**2. 容错免责权与社会共识**

如果说共同善是对于新兴权利自身功能属性的一种要求，那么，社会大众对于某项利益主张能否成为新兴权利同样拥有发言权，换言之，只有得到了充分社会共识的利益主张才有可能或有资格成为一种新兴权利。

如果说权利来自人类经验（尤其是那些错误的经验）具有部分真理的话，那么，一个水到渠成的结论便是权利也来自人类共识，即从错误经验中形成的共同意见和看法，久而久之，对某项利益主张形成社会共识也就成为判定权利的一大重要基准，即"某种权利存在的条件是与此种权利有关的所有人对行动者拥有这一权利意见一致。如果没有这一条件，权利无法存在"。① 当代中国开始大规模法律移植和立法活动之前，权利需要得到社会层面的共识性支持几乎是一个不言而喻的真理，这一点在传统意义上的"习惯性权利"中表现得尤为明显。顾名思义，习惯性权利就是"人们在长期的社会生活过程中形成的或从先前的社会承传下来的，或由

---

① 〔美〕科尔曼：《社会理论的基础》（上），邓方译，社会科学文献出版社，2008，第65页。

人们约定俗成的、存在于人们的意识和社会惯常中，并表现为群体性、重复性自由劳动的一种权利"。① 这种权利具有生命力的一个重要原因就在于人类经由长期社会生活实践形成了某些社会共识，认为只有在各方尊重了相关主体的利益主张并对违反者加以惩罚（虽然不一定是物理惩罚）或者施加社会压力的前提下，人类社会才有可能稳定繁衍存续下去，换言之，"通过了实践经验的检验——形成了社会共识——利益主张权利化"构成了习惯权利得以产生的基本机制。只不过在现代国家开始大规模立法、法定权利成为权利家族主要成员的时代背景下，习惯权利所反映出来的上述"常识"被人们有意无意地忽略掉了，人们转而认为权利只能来源于法律或立法，这其实是一个天大的误会。

就此而论，在新兴权利依赖于社会共识支持的意义上，容错免责权显然也通过了这一层面的检验。事实上，试错行为意义上的"政策试验"在中国共产党的历史实践中长期存在，最早可以追溯到土地革命战争时期，它从最初的分散的试验活动发展到形成成熟的方法论，从可供选择的方法发展到成为公共决策必须采用的原则和制度，历经了数十年的实践探索，②1978 年以来的地方试验和基层试错，其实是先前多年固定下来的试验路线的继续而已。而历史新时期的试验，一大突出的特色就是"中央政府默认给予地方政府更多的改革空间"，让后者在享有越来越多决策权的基础上大胆探索，"尽管整体政策目标仍由中央政府做出，但事实上，中央政府允许地方政府灵活探索具体可行的实施方法和手段，从而实现中央政府的既定目标"，③ 甚至在 20 世纪 90 年代之后，这种试验模式仍然广泛存在，"许多重要的政治行动都是在未经中央事先许可，甚至中央不完全清楚的情况下为解决地方问题而由地方政府发起的。这不仅包括行政改革，而且还包括与提高透明度、社会团体甚至选举有关的行动"。④ 可以说，

① 张文显：《法哲学范畴研究》，中国政法大学出版社，2001，第 313 页。
② 参见宁骚《政策试验的制度因素——中西比较的视角》，《新视野》2014 年第 2 期。
③ 〔美〕弗洛里妮、赖海榕、〔新加坡〕陈业灵：《中国试验：从地方试验到全国改革》，冯瑾等译，中央编译出版社，2013，第 5~6 页。
④ 〔美〕弗洛里妮、赖海榕、〔新加坡〕陈业灵：《中国试验：从地方试验到全国改革》，冯瑾等译，中央编译出版社，2013，第 53 页。

至少在试错方面，地方政府经由多年的历史实践已然获得了某种习惯性权利，这种权利甚至隐秘地得到了党章的许可，[①] 亦被社会大众和学界所部分承认。[②] 与此同时，伴随着试错权得到实践的确认，与试错权紧密相连的犯错权也获得了一定程度的保护，诚如有学者所言，"上级的庇护和支持往往对保护和提高基层创新力有着决定性作用。最高层政策制定者提出宽泛的政策目标和重点，这常常为基层试验提供了合法性和回旋余地。只要政策工具符合上级领导在讲话、文件或发展规划中所提出的工作重心，未经批准的政策试验就可以被当作对政策工具的探求"，[③] 这表明，模棱两可、含混不清的政策文本在实践中被成功地用来庇护那些发起政策试验的地方官员，它实际上赋予了"行动者多元化的诠释空间，这有助于形成一个模糊而又相对广阔的行动区域——在这个区域内，具体的分歧和争议被有意搁置起来，遭到意识形态和正式制度惩罚的危险被减小到最少，而一系列试错行为和创新尝试却能够得到有效的认可与保护"。[④] 在试错和犯错都逐渐呈现为习惯性权利的情况下，容错免责这种更为具体的利益主张无疑也获得了很大程度的社会认可，这也为它后来的法定化过程打下了良好的社会共识基础。

### 3. 容错免责权的可行性

借用伯尔曼的名言，在新兴权利的认定标准上，我们同样可以认为"权利必须具有可行性，否则将形同虚设"，具体来说，它实际上意味着"法律对权利的规定是社会可供资源与人类对于生活水平、生存状态的需求与实现之间平衡契合的表现。因此，权利保障依赖于社会能够提供资源

---

① 在 1992 年修改后的党章中明确表示，全党要"积极探索，大胆试验，开拓创新，创造性地开展工作，不断研究新情况，总结新经验，解决新问题，在实践中丰富和发展马克思主义，推进马克思主义中国化"。

② 20 世纪 90 年代中期展开的所谓"良性违宪"问题的讨论，就是一个典型例子。相关文献参见郝铁川《论良性违宪》，《法学研究》1996 年第 4 期；童之伟《"良性违宪"不宜肯定》，《法学研究》1996 年第 6 期；郝铁川《社会变革与成文法的局限性》，《法学研究》1996 年第 6 期；张千帆《宪法变通与地方试验》，《法学研究》2007 年第 1 期。

③ 〔德〕韩博天（Sebastian Heilmann）：《中国异乎常规的政策制定过程：不确定情况下反复试验》，《开放时代》2009 年第 7 期。

④ 丁轶：《等级体制下的契约化治理——重新认识中国宪法中的"两个积极性"》，《中外法学》2017 年第 4 期。

以满足人们的需要，并形成一种普遍化现象，否则规定权利的法律只会沦为一纸具文"。[1] 反观现实，我们也不难发现，之所以诸如亲吻权、养狗权、快乐权这一类五花八门的权利诉求和利益主张无法被真正权利化，就是因为这些权利一旦被法定化、制度化，它们根本无法被国家全面、有效地实施，如果硬性要求这方面的权利实现，最终的结果只能是公共预算无限攀升和掏空全体纳税人的钱包，这又表明在是否承认某项利益主张为权利时，我们必须认识到旨在保护权利的公共资源是有限的（甚至是极其有限的），权利的制度设计也必须考虑到"公共资源的实际状况，无论是通过立法的形式还是通过司法的形式进行的权利演进都必然要考虑或者要受到社会财富或者公共资源的总量的影响，而权利的行使或者强制执行更是必然要随着每一年都不相同的预算的限制"。[2]

相形之下，容错免责权是否具有可行性呢？在笔者看来，这种权利同样通过了可行性门槛的检验。首先，容错免责权在性质上毕竟属于一种免责权，相比于问责机制，免责机制无疑会耗费更少的资源和成本，具有经济上的合理性。通常认为，问责制包含了两个维度，一是回应性维度，二是制裁性维度，其中，前者涉及的制度又包括报告制度、质询制度、调查制度等，后者则涉及不信任案投票、罢免、弹劾制度等。一个完整的正式问责制度往往首先要求问责对象须对问责事由进行详细的解释和说明，而在问责对象无法给出解释或者无法给出合理解释的情况下又要启动制裁程序让其承担强制性的惩罚后果。[3] 显然，在这样一个过程中，无论是回应阶段还是制裁阶段均会耗费大量的公共资源和人力物力成本，换言之，问责机制的资源成本损耗是由两个阶段组成的。相比之下，在免责机制中，综观目前各地规定均会发现，容错免责实际上主要包含了一个重要程序，即相关认定主体需要对潜在的免责对象进行调查，如果经过调查之后确认其在试错试验过程中没有违反法律法规、以权谋私、恶意串通抑或全面履

---

① 王方玉：《权利的内在伦理解析——基于新兴权利引发权利泛化现象的反思》，《法商研究》2018 年第 4 期。
② 姚建宗：《权利思维的另一面》，《法制与社会发展》2005 年第 6 期。
③ 参见王若磊《论重大事故中的政治问责》，《法学》2015 年第 10 期。

行了其职责，那么，该对象就可以被成功地免责，哪怕试验结果失败。[①]
两相对比之后不难发现，免责机制的资源成本损耗主要发生在调查阶段，
由于在多数情况下被调查对象会被成功免责，自然也就不会涉及具体的制
裁惩罚问题，也就省去了制裁阶段的成本费用。从这个角度来看，尽管问
责和免责是现代政治不可或缺的两大环节，但从具体的成本费用计算来
看，免责无疑会耗费更少的公共资源，却又能收到激励政府官员勇于创
新、敢于试验的良好效果，因此将容错免责设定为一种权利在经济上无疑
是划算的。其次，《关于进一步激励广大干部新时代新担当新作为的意见》
明确指出，"各级党委（党组）及纪检监察机关、组织部门等相关职能部
门，要妥善把握事业为上、实事求是、依纪依法、容纠并举等原则，结合
动机态度、客观条件、程序方法、性质程度、后果影响以及挽回损失等情
况，对干部的失误错误进行综合分析，对该容的大胆容错，不该容的坚决
不容。对给予容错的干部，考核考察要客观评价，选拔任用要公正合理"，
这实际上表明了容错免责事项的认定主体主要为各级党委（党组）、纪检
监察机关和组织部门，上述意见也在目前各地党政部门、人大出台的容错
免责相关文件或立法中得到了全面的体现。[②] 透过上述规定不难发现，现
有的容错免责认定主体主要是由和执政党相关的几大机构部门组成的，在
这背后其实存在一定的"收益—成本"优势：科层制的基本原理告诉我
们，在处理某一事项时，相比于经由多个不同部门分别处理，同一部门内
部的处理速度会更快、信息传递费用会更低，因为后者无须耗费巨大的部

---

① 当然，很多地方在容错免责立法中也规定了一些不可免责的情况，以作为容错免责的例
外条款，这其中包括重大安全责任事故、严重环境污染、生态破坏责任事故、重复性出
现的失误（全部或部分）或者"一票否决"的事项。参见李蕊《容错机制的建构及完
善——基于政策文本的分析》，《社会主义研究》2017年第2期。

② 当然，在具体的操作流程中，上述不同主体之间还存在一定的分工，比如《抚州市容错
免责办法（试行）》就规定，"各级党委（党组）应担负起容错免责主体责任，准确理
解和正确对待容错免责工作，严格规范容错免责申报等工作程序，积极主动提供真实情
况，不得隐瞒事实、弄虚作假、瞒报不报"（第九条），同时又规定"成立由纪委监察局
牵头，组织部、财政局、人社局、发改委、审计局、法制办等部门组成的市、县（区）
两级容错免责协调小组，对允许容错免责的事项进行协调调查认定。协调小组办公室设
在市、县（区）两级纪委党风政风监督室。协调小组办公室负责受理容错免责的申请、
组织调查核实以及调查核实的结果反馈等日常工作"（第十条）。

门间沟通、协调成本，更容易在部门内部的明确指令和命令下实现高效率的运作。这样看来，由各级党委（党组）、纪检监察机关和组织部门主导容错免责的认定过程无疑具有充分的经济学优势——容错免责不但会涉及相关官员的具体责任认定问题，还会涉及他（她）的绩效考核、一票否决、职务升迁等多重问题，而这些问题在更大程度上其实都是和党委（党组）、党内组织部门相关的问题，让党内部门主导认定环节也就省去了不必要的成本和费用，而在涉及违纪犯罪问题时，纪检监察机关的干预也就顺理成章，能够实现党内不同部门间的顺利过渡，相比于党政部门间的沟通协调，仍然具有足够的经济学优势。总而言之，无论是从免责机制本身还是从认定主体来看，将容错免责的利益主张上升为一种权利形态都是可行的，亦完全符合经济学上的"收益—成本"分析，具备足够的合理性。

# 四　结语

"失败是成功之母"这句家喻户晓的名言告诉我们，无论是个人还是国家，在迈向成功的道路上，失败并非一个小概率事件，相反，失败有时是不可避免的，人类社会之所以能够发展到今天的文明程度，在很大程度上就是因为不断经历失败继而从失败中及时汲取经验教训。不过，上述道理看似明显，但道理背后又会涉及其他问题，这些问题的答案远非自明。首先，失败的一个逻辑前提是主体有机会试错，但这种机会并非天赐的，而是受到了时代和地域空间的双重制约。其次，即便有权利试错，一旦失败，是否会受到不合情理的制裁与惩罚，而没有获得免责的丝毫可能性？最后，即便个人有机会试错和犯错，作为国家或政府内部工作人员而存在的"公主体"是不是也可以像个人那样的"私主体"享有试错权和犯错权？这个问题更非自明，而是需要系统的分析和论证。在很大程度上，本文就是围绕上述三个问题展开讨论的，它的主旨就是试图论证作为一种新兴权利的容错免责权不仅是可能的，也是可行的，更是正当与合理的。

# 成就、问题、对策：我国公民基本权利限制制度的现状分析

石文龙[*]

**摘　要**：权利的合理限制与权利保障是一个问题的两个方面，对权利的合理限制可以更好地保障权利的实施与实现。当前，我国基本权利合理限制的制度基础与社会环境已经形成。在目前的权利限制制度与实践中，我国公民权利限制还存在一些问题，主要表现在：基本权利限制的规定不够清晰与全面，基本权利立法中，存在未立法保护的基本权利，已立法的基本权利仍存在权利限制与保障的失衡，现有权利限制结构呈现"金字塔"模型等。为此需要引入"低线人权"、"不可克减的权利"与"宪法上的绝对权"等，以加强权利限制的理论建设与制度建设，切实地推进公民基本权利的真正落实。

**关键词**：基本权利；权利限制；低线人权

权利限制的理论体系是权利理论中的重大问题，全面有效地构建权利限制基础理论，无论是对国家法治建设的健康发展还是对公民权利的有效保障均具有积极的意义。对公民权利的合理限制与权利保障是一个问题的两个方面，限制的目的是更好地保障权利的行使。例如"禁止卖身为奴""限制未成年人入网吧"等限制性措施体现了法律对人的爱，反映了通过对权利的合理限制以达到对权利进行保障的实质性目的。权利的合理限制是权利保障的组成部分之一，通过合理地限制权利以更好地保障权利的实现是我国权利发展的重要内容。

---

\* 石文龙，法学博士，上海师范大学哲学与法政学院教授，英国牛津大学访问学者。

# 一 基本权利合理限制的制度基础
# 与社会环境已经形成

总体而言，人权保障已经成为全社会的共识，保障人权的制度基础已经全面形成，全社会的法治思维已经完成了从专政思维到人权思维的转变。结合现行宪法而言，1982 年宪法实施以来，我国公民权利建设取得了丰硕的成果，人权地位与价值的凸显是权利限制理论与制度得以发展的基本前提，也是我国权利限制利与制度得以发展的重要前提条件。

## （一）人权地位的凸显与弘扬是基本权利合理限制的环境基础

经过改革开放以来 40 多年的法治建设，我们公民的权利发展取得了巨大的成就，"人权"在价值上优位于"专政"，成为国家战略的重要内容之一，这是我国宪法基本权利建设的重大成就。[1] 众所周知，在我国"人权"一度是个"禁区"。在新中国成立后相当长的时期内，我们的宪法和法律中没有"人权"这一概念，理论界也将人权问题视为禁区。对此有学者认为："共和国成立的头三十年，由于国际和国内政治形势等各种因素，我们基本上没有关于人权的研究。"[2] 在改革开放初期甚至 90 年代以前，"人权"仍被作为资产阶级的标识。1979 年 3 月 22 日，《北京日报》发表了《"人权"不是无产阶级的口号》的文章。这篇文章认为："'人权'是资产阶级的口号。它从来就不是无产阶级的战斗旗帜。不能把'人权'这个早已成为粉饰资产阶级反动专政的破烂武器也搬来作为治理社会主义国家的良药。"文章还责问，在人民当家作主的今天，提出"要人权"，究竟是向谁要"人权"?[3] 1982 年国家修宪时，我国宪法总结了"文革"的教训，强调了权利的重要性，现行宪法在体例上的主要特点

---

[1] 参见石文龙《中国人权发展的百年流变及其趋势——以 30 年为研究单位的整体分析》，《太平洋学报》2010 年第 6 期。

[2] 叶希善、钟瑞友：《从白皮书到宪法：中国人权事业的展开与抉择》，《兰州学刊》2005 年第 2 期。

[3] 沈宝祥：《突破人权禁区》，《学习时报》2004 年 1 月 4 日。

之一就是将"公民的权利与义务"放在了总纲之后的第二章，突出了公民权利的地位与价值，多年来的全国普法等教育活动也将此体例变化列为宪法修改的重要内容之一。

1991 年 11 月 1 日，中国政府发布了《中国的人权状况》白皮书，这是中国政府第一部白皮书，也是中国关于人权问题的第一个官方文件。学者董云虎认为："可以不夸张地说，没有这份白皮书在政治上和思想理论上的突破，就不可能有后来的'人权'入宪，也不可能有《国家人权行动计划》的制订实施。"① 在白皮书前言中，人权被称为"伟大名词"和"崇高目标"。② 对此他说："把人权旗帜举那么高，我们当时想都没敢想。"③ 自 1991 年以来，国务院新闻办已经多次就中国的人权状况发布白皮书。2009 年起国务院新闻办还出台了《国家人权行动计划（2009—2010 年）》，后来又出台了《国家人权行动计划（2012—2015 年）》《国家人权行动计划（2016—2020 年）》。现行宪法凸显了人权的价值，2004 年 3 月宪法修订时，人权被写进了宪法，"人权入宪"进一步彰显了现行宪法对基本权利的弘扬。

因此，现行宪法的实施，使得宪法基本权利得到弘扬，"人权"地位的提升，为我国权利限制理论与制度的发展提供了健康的生态环境。

## （二）人格尊严的形成是基本权利合理限制的制度基础

现行宪法第 38 条规定："中华人民共和国公民的人格尊严不受侵犯。禁止用任何方法对公民进行侮辱、诽谤和诬告陷害。"对该条款的研究主要分为两个向度：一是强调该条款中的"人的尊严"内涵；二是强调该条款中"宪法上的人格权"，该两项权利都极为重要。值得注意的是，近年

---

① 转引自金同小《1991：中国人权白皮书那一小步》，《中国新闻周刊》2012 年第 2 期。
② 1991 年《中国的人权状况》第一部分为前言，其第一自然段的内容为："享有充分的人权，是长期以来人类追求的理想。从第一次提出'人权'这个伟大的名词后，多少世纪以来，各国人民为争取人权作出了不懈的努力，取得了重大的成果。但是，就世界范围来说，现代社会还远没有能使人们达到享有充分的人权这一崇高的目标。这也就是为什么无数仁人志士仍矢志不渝地要为此而努力奋斗的原因。"
③ 转引自金同小《1991：中国人权白皮书那一小步》，《中国新闻周刊》2012 年第 2 期。

我国的国家领导人一再倡导"人的尊严",宪法理论界也努力发掘中国宪法中关于"人的尊严"的条款,研究现行宪法第38条的实质性内涵。"宪法上的人格权"也是宪法学近期研究的重要内容之一。人格权在宪法中具有极为重要的地位与作用,王泽鉴先生就曾指出"人格权是一种母权",① 可见人格权地位的重要性。

当今各个国家和地区积极发展这一权利,在德国,《德国联邦宪法》第2条第1款规定"人人享有个性自由发展的权利,但不得侵害他人权利,不得违反宪法秩序或道德规范"。德国宪法法院借助此条将民法上的人格权上升为宪法上的基本权利予以保护。我国台湾地区主管司法的部门设"大法官"专司释宪及统一解释法令,这一机构与德国、奥地利之宪法法院类似,但其不受理宪法诉愿。大法官释"宪"与"宪法"具有同等效力。自释宪制度创设以来,我国台湾地区"大法官"已创设多种新型基本权利,其中属于人格权的有五种类型:人身安全、姓名权、人格发展自由与契约自由、子女知悉自己血统的权利、隐私权。② 由此可见当今世界对人格权的重视。

在我国大陆地区,人格权以往主要是作为民法上的权利由民法学者进行研究。近年来,宪法学界开始关注宪法上的人格权,并开始了相关的研究。宪法上的人格权与民法上的人格权具有内在的联系。王泽鉴先生认为宪法上的人格权与民法上的人格权,其关系犹如宪法上的财产权与私法上的财产权,二者功能不同,但有一定关联,具体如下。

(1)宪法上的人格权系一种基本权利,得对抗国家权力的侵害;就其客观功能而言,国家负有形成私法上规范的义务,以保护人格权不受国家或第三人侵害,并于侵害时,得有所救济。

(2)如何实践私法上的人格权保护,立法上有相当的形成空间,但不得违反宪法保障人格权的意旨。法院适用私法上关于人格权的规定时,应作符合宪法价值体系的解释。

---

① 王泽鉴:《民法学说与判例研究》(第8册),中国政法大学出版社,2005,第86页。
② 张红:《一项新的宪法上基本权利——人格权》,《法商研究》2012年第1期。

（3）宪法上的人格权与私法上的人格权虽常使用同一的概念，但其意义因其规范功能不同而异。[①]

当然，宪法上的人格权与私法上的人格权的区分不宜绝对化，同时，民法等私法上的人格权的实施对于宪法人格权的发展具有积极的意义。

## （三）个人利益与国家利益的兼顾与平衡是基本权利合理限制的关键环节

合法的个人利益与国家利益、社会利益、集体利益在冲突中能够得到"兼顾"甚至"平衡"是权利限制制度发展的重要方面。合法的个人利益得到了宪法的承认与保护，现行宪法第 13 条规定："公民的合法的私有财产不受侵犯。国家依照法律规定保护公民的私有财产权和继承权。"该条强调了国家对私有财产的保护。权利的发展使得个人利益在与国家利益、社会利益、集体利益的冲突中得到承认与保护。同时，宪法第 14 条明确规定："国家合理安排积累和消费，兼顾国家、集体和个人的利益，在发展生产的基础上，逐步改善人民的物质生活和文化生活。"这一条款目前尚没有引起我们的高度重视，我们注意到宪法的这一条文表述中没有"社会利益"一说。对个人利益的"兼顾"有助于克服片面强调"国家利益至上""集体利益至上"并将其绝对化的思想观念。个人合法利益得到尊重与保护是权利能够被"限制"的关键环节。

因此，2004 年修改宪法的时候，关于个人利益的法律保护得到了加强，现行宪法不仅突出了对私有财产权的保护，还突出了对"非公有制经济的合法的权利和利益"的保护。《宪法修正案》将宪法第 11 条第 2 款"国家保护个体经济、私营经济的合法的权利和利益。国家对个体经济、私营经济实行引导、监督和管理"修改为："国家保护个体经济、私营经济等非公有制经济的合法的权利和利益。国家鼓励、支持和引导非公有制经济的发展，并对非公有制经济依法实行监督和管理。"这一修

---

① 王泽鉴：《宪法上人格权与私法上人格权》，载王利明主编《民法典·人格权法重大疑难问题研究》，中国法制出版社，2007，第 16 页。

改不仅突出了"非公有制经济的合法的权利和利益",而且强调"国家鼓励、支持和引导非公有制经济的发展",在这一基础上,"依法实行监督和管理"。

当前,在法学理论界已经开始关注"利益平衡""权利衡量"等概念与制度,行政法学界较早提出"平衡论",知识产权法学界提出了"利益平衡说",这些理论对权利限制理论与制度建设具有重要意义。

### (四)基本权利合理限制的相关制度正在积极探索与建立之中

其一,完善了对因"公共利益"征收或者征用公民财产的限制。现行宪法对权利限制的制度也在不断完善之中。2004年修改宪法时完善了对公民财产的征收征用制度,强调了征收或者征用后的经济"补偿"。《宪法修正案》将宪法第10条第3款"国家为了公共利益的需要,可以依照法律规定对土地实行征用"修改为:"国家为了公共利益的需要,可以依照法律规定对土地实行征收或者征用并给予补偿。"修正案除了突出征收或者征用的区别外,更强调了经济利益上的"补偿"。《宪法修正案》将宪法第13条"国家保护公民的合法的收入、储蓄、房屋和其他合法财产的所有权。国家依照法律规定保护公民的私有财产的继承权"修改为:"公民的合法的私有财产不受侵犯。国家依照法律规定保护公民的私有财产权和继承权。国家为了公共利益的需要,可以依照法律规定对公民的私有财产实行征收或者征用并给予补偿。"该条款增加了"公民的合法的私有财产不受侵犯"条款,对私有财产权的保护、征收或者征用的条件以及补偿等内容。

其二,反特权、反歧视,深化平等权的制度建设。平等权建设始终存在两大任务:一是反特权,一是反歧视。宪法第33条第4款规定:"任何公民享有宪法和法律规定的权利,同时必须履行宪法和法律规定的义务。"该条款通过反对特权,强调了平等,倡导权利与义务的一致性。近年来,学者们积极倡导反歧视的理论研究与制度建设,这一精神已经体现在《就业促进法》中。同时,平等权建设要求尊重他人的权利,这也是宪法第51条的重要精神之一,即公民在行使权利的时候,不得损害"他人的利益"。

另外，法律通过具体制度对基本权利的限制设置了界限。

其三，公民基本权利的范围进一步扩大。现行宪法颁布实施以来，我国的法律也处于不断的"立、改、废"之中，中国特色社会主义法律体系基本形成后，对现有法律的修改将成为法治建设的一大任务，故有人将法治建设的这一时代称为"修法时代"。现有法律的修改进一步扩大了公民基本权利的范围，表现在以下方面。

（1）减少死刑。以往我国《刑法》中有68个罪名会被判死刑。2011年2月25日通过的刑法修正案（八）取消盗窃罪等13个死刑罪名①。其中，经济罪10个，财产罪1个，公共方面犯罪2个。这是1979年新中国刑法颁布以来第一次削减死刑罪名，是宽严相济刑事政策的落实。修改后的《刑法》第49条还规定："犯罪的时候不满十八周岁的人和审判的时候怀孕的妇女，不适用死刑。审判的时候已满七十五周岁的人，不适用死刑，但以特别残忍手段致人死亡的除外。"2015年8月29日第十二届全国人大常委会通过了刑法修正案（九），进一步取消了9个死刑罪名，包括走私武器、弹药罪，走私核材料罪，走私假币罪，伪造货币罪，集资诈骗罪，组织卖淫罪，强迫卖淫罪，阻碍执行军事职务罪，战时造谣惑众罪，同时进一步提高了对死缓罪犯执行死刑的门槛。

（2）权利的发展由重视物质性的权利转向同时关注精神性的权利。2009年12月26日，全国人大常委会审议通过的《侵权责任法》规定了精神损害赔偿，该法自2010年7月1日起施行。2005年8月28日全国人大常委会决定修改的《妇女权益保障法》，将"性骚扰"纳入法律禁止的行为。2012年10月全国人大常委会审议通过了《精神卫生法》，该法自2013年5月1日起施行。

（3）扩大了公民私生活的领域与空间。公民的人格权、隐私权等权利得到了进一步的保护，公民私生活的领域进一步扩大。

---

① 13个死刑罪名分别是：走私文物罪，走私贵重金属罪，走私珍贵动物、珍贵动物制品罪，走私普通货物、物品罪，票据诈骗罪，金融凭证诈骗罪，信用证诈骗罪，虚开增值税专用发票、用于骗取出口退税、抵扣税款发票罪，伪造、出售伪造的增值税专用发票罪，盗窃罪，传授犯罪方法罪，盗窃古文化遗址、古墓葬罪，盗掘古人类化石、古脊椎动物化石罪。

### （五）部门法对宪法上的权利限制条款作了积极有效的回应

部门法落实了宪法上的权利限制条款，例如部门法与宪法第 51 条形成了良性的互动，宪法第 51 条的精神在民法、行政法中得到落实。

禁止权利滥用原则是民法对宪法第 51 条的具体落实。宪法第 51 条的运作方式是首先通过《民法总则》在总则中进行原则性的规定，再通过《合同法》《物权法》等下位法和民法中的具体制度具体化。这既是普通法"根据宪法，制定本法"的运作方式，也是宪法条款得以实施的基本路径之一。具体表现在以下方面。

其一，《民法总则》第 132 条规定："民事主体不得滥用民事权利损害国家利益、社会公共利益或者他人合法权益。"早在《民法通则》时代，《民法通则》第 7 条就规定："民事活动应当尊重社会公德，不得损害社会公共利益，破坏国家经济计划，扰乱社会经济秩序。"在我国民法学界的主流观点中，该条款一般被解读为公序良俗原则。但是，魏振瀛教授在面向 21 世纪课程教材《民法》中，直接根据我国《宪法》第 51 条的规定，提出"禁止权利滥用原则应当成为我国民法的基本原则"，并且认为"禁止权利滥用原则是民事主体行使民事权利的界限"，"行使民事权利超过一定的界限而损害他人权益或者公共利益的，是权利滥用"。[1]而且，最新的民法学教材趋向于将禁止权利滥用原则列为民法的基本原则，如陈信勇等编著的《民法》[2] 等，其法理依据也是宪法的第 51 条。可见，我国民法学界已有学者注意到了民事活动与宪法 51 条的"对接问题"。这一解读是积极、合理的解读。

其二，《合同法》第 7 条规定："当事人订立、履行合同，应当遵守法律、行政法规，尊重社会公德，不得扰乱社会经济秩序，损害社会公共利益。"这一规定起初源自《民法通则》第 7 条的基础性规定，内容结构大致相同。《民法总则》出台后，原《民法通则》第 7 条的规定分成了两

---

[1] 魏振瀛主编《民法》（第 4 版），北京大学出版社、高等教育出版社，2010，第 25 页。
[2] 陈信勇等编著《民法》（修订版），浙江大学出版社，2011，第 25 页。

部分内容，其中禁止权利滥用内容已经单列，即《民法总则》第132条。因此，《合同法》第7条的表述面临着修改的问题。《民法总则》是民事活动领域的基本法，《合同法》《物权法》的规定是对《民法总则》精神的具体落实。部门法的这些规定也都进一步推进了宪法的实施。[1]

其三，《物权法》第7条规定："物权的取得和行使，应当遵守法律，尊重社会公德，不得损害公共利益和他人合法权益。"其中的原理与上述《合同法》第7条的规定一致。

其四，禁止权利滥用与追求利益平衡是知识产权法对于宪法第51条的回应。在现有法律中，知识产权法以及知识产权法学是对权利限制理论与制度发展得比较充分的法律与学科。在法律制度上，现有的知识产权法专节规定了"权利的限制"制度，在法学理论上，知识产权法学提出了"利益平衡理论"，并且这一理论基本上成为知识产权法学界的共识，不少知识产权法教材中提到了类似于"利益平衡"的原则，如"著作权的原则：平衡作者利益和社会利益的原则"[2]。学者冯晓青于2006年就出版了学术专著《知识产权法利益平衡理论》[3]。

行政法上的法律保留原则、比例原则等理论与制度的建立有效地促进了宪法第51条在现实生活中的具体实施。在制度建设中，《行政处罚法》在法律上确立了法律保留原则。在理论建设中，行政法学已经对上述原则发展出次一级的"细则"，其中比例原则发展出的"细则"有适当性原则、必要性原则、过度禁止原则等。不仅如此，行政法上的诸原则还是我们在宪法层次上构建权利限制理论的思想基础与制度来源，即我们需要在宪法意义上构建与发展法律保留原则与比例原则。

2011年，中国特色社会主义法律体系已经形成。这一判断对我国法治建设与发展具有里程碑意义，它标志着我国法治建设取得了阶段性成功。同时要准确理解这一判断的科学含义，主要包括如下几个方面。一是"形成"不代表"完成"，也就是说，中国特色社会主义法律体系并没有

---

[1] 值得一提的是，《合同法》中没有"根据宪法，制定本法"一说。

[2] 张耕主编《知识产权法》，中国政法大学出版社，2011，第50页。

[3] 冯晓青：《知识产权法利益平衡理论》，中国政法大学出版社，2006。

最终完成。二是"中国特色社会主义法律体系已经形成"不排除局部领域还迫切需要制定相关的法律，更不排除现有的法律中还存在立法上的漏洞等。三是从"形成"到"完善"乃至于"完成"，其任务将更加艰巨。2011 年以后的中国法治建设正在从粗放式的以立法为重心、以追求立法数量为主的法治，转变为精细化法治。[①]

上述权利建设的重大成就促使我国走进了"权利的时代"，这也是我们当前强调权利合理限制的社会背景与制度基础。因为在过去以"阶级斗争为纲"的"专政时代"，权利保护的意识、手段、方法等存在不足，权利限制比较随意，其实也是对法治的破坏。因此，强调对权利的积极性保护，是权利合理限制得以正常进行的环境基础与制度基础。

# 二 我国公民权利限制制度及其实践中存在的主要问题

现行宪法中有诸多权利合理限制的规定，其中宪法 51 条的规定是权利限制的总的规定，还有一些其他规定。结合当前我国法治的发展，我国公民权利的合理限制制度存在的主要问题如下。

## （一） 宪法权利限制条款的规定不够清晰与全面

现行宪法、法律对权利限制的条文过于简单，例如我国宪法对权利限制的基本条款是宪法第 51 条，此外还有宪法第 33 条第 4 款中的一般限制，宪法第 10 条、第 13 条中的权利限制，以及基本权利条款中的个别限制[②]，其中宪法第 51 条是总的限制条款，该规定"统领"其他条款，因此宪法第 51 条的规定意义重大。单就文字而言，宪法第 51 条"公民在行使自由和权利的时候，不得损害国家的、社会的、集体的利益和其他公民

---

① 参见石文龙《"后立法时代"与精细化法治》，《法制日报》2010 年 10 月 19 日。

② 宪法第 33 条第 4 款规定的是一般限制，即"任何公民享有宪法和法律规定的权利，同时必须履行宪法和法律规定的义务"。宪法总则第 10 条、第 13 条中的权利限制，主要是反限制条款。基本权利条款中的个别限制，具体包括第 34 条、第 36 条至第 41 条、第 44 条、第 49 条共计 9 个条文，分别对相应的权利进行了个别限制。

的合法的自由和权利"的规定，缺少限制的目的、限制的理由、限制的程序与限制的具体标准等重要内容，非专业人士很难看出其中的"限制"，即作为权利限制的"总的限制"，其限制的功能并不清晰。与德国等有关国家的宪法相比，宪法第 51 条权利限制的内容不够全面。就文本而言，该条款缺少如下内容。

第一，法律保留原则。以德国宪法为参照，德国宪法第 19 条第 1 款规定："依据本基本法规定，某项基本权利可通过法律或依据法律予以限制的，该法律须具有普遍适用效力，不得只适用个别情况。此外，该法律须指明引用有关基本权利的具体条款。"即只有"具有普遍适用效力"的法律才能限制基本权利。

第二，限制的程度，即比例原则。德国宪法第 19 条第 2 款规定："任何情况下均不得侵害基本权利的实质内容。"这就给限制设置了"底线"，所谓限制不得损害"核心权利"。不能因为权利的限制而影响公民权利的实质性行使。

第三，救济途径。德国宪法第 19 条第 4 款规定："无论何人，其权利受到公共权力侵害的，均可提起诉讼。如无其他主管法院的，可向普通法院提起诉讼。"

相比较而言，我国宪法很多条款过于原则，如宪法第 35 条规定的"中华人民共和国公民有言论、出版、集会、结社、游行、示威的自由"，看似没有限制，事实上在现实生活中是限制最严重的条款之一。《集会游行示威法》的立法目的是实现公民的集会游行示威权利，但其对权利的限制高于对权利的保障，因此有学者将宪法第 35 条中的"六大自由"称为"六小自由"。①

从世界各国的法律与实践中，我们发现这样一个规律，那就是相对而言法律条款越复杂、越严格，公民权利往往就越能得到保障。相较而言，我国《宪法》第 35 条条款最简单，包括的内容最多，却是权利保障比较弱的条款。

---

① 林来梵：《宪法学讲义》，法律出版社，2011，第 290 页。

### （二）基本权利立法中存在未立法保护的基本权利

因为基本权利立法中存在未立法保护的基本权利，所以基本权利立法中存在"立法漏洞"，同时还存在"立法懈怠"。

其一，基本权利立法中存在"立法漏洞"。我们注意到 2003 年的一篇文章中涉及一个重要数据，内容是："据学者统计，我国宪法规定的公民基本权利有十八项之多，但时至今日，只有其中九项基本权利制定了具体的法律加以保障，另外九项则长期停留在宪法字面上，缺少成为实践中的权利的必要渠道。"[①] 该数据常被引用，但多未注明出处。再早些时候，《法制日报》的记者就齐玉苓案件在北京大学法学院举办的一次宪法与行政法讨论中也谈道："一些学者指出，我国宪法虽然比较全面地规定了公民的基本权利（有学者统计达十八项之多），然而，时至今日只有其中九项基本权利制定了具体的法律加以保障，另九项则长期停留在宪法'字面'上，缺少成为实践中的权利的必要渠道。这种状况显然不利于对公民宪法权利的保护，也不利于维护宪法作为国家根本大法的最高权威和尊严。"[②] 当然，其中所说的法律应该是狭义上的"法律"，即仅仅指全国人大及其常委会所制定的法律，不包括行政法规与规章。目前，我国公民基本权利的立法情况如下。

（1）广义的法律包括行政法规、规章，宪法第二章的权利义务篇中，已有 11 个条文（即权利条款）。其他的零散地规定在相关法律中，其中包括平等权、人身自由、人格尊严、住宅安全、监督权。科学研究、文学艺术创作和其他文化活动的自由等未进行专门性的立法。

（2）狭义上的"法律"即仅仅指全国人大及其常委会所制定的法律，不包括行政法规与规章，在已有的 11 个条文的专门性立法中，我们发现还有这样几个尚没有进行专门立法，仍需要通过法律（狭义上的）予以保护的权利，包括言论自由、出版自由与结社自由、宗教自由，另外还包括

---

① 李占华：《弱势群体权利保护的宪政关怀》，《人大研究》2003 年第 12 期。
② 查庆九：《齐玉苓案：学者的回应——记一次北京大学法学院宪法与行政法学者的讨论》，《法制日报》2001 年 9 月 16 日。

退休制度等。

（3）从严格意义上来说，基本权利应由全国人大及其常委会的立法予以保护与限制。因此，言论自由、出版自由、结社自由、宗教自由以及退休制度等权利是"未立法保护的基本权利"。

（4）在上述未立法保护的基本权利中，关于言论自由、出版自由与结社自由保护的专门性立法迫在眉睫。鉴于当前我国制定"退休法"的时机还不成熟，故"退休法"暂且可以搁置。

（5）宗教自由的立法要视社会发展等情况而定。

多年来，社会各界长期呼吁对言论、出版与结社自由进行专门性立法，"2001 年 12 月 25 日国务院颁布、2002 年 2 月 1 日起施行的《出版管理条例》对出版自由进行了相关规定，这一位阶较低的行政法规引起了相当大的社会讨论。《出版管理条例》颁布实施的六年间，我国的出版业已经得到了长足的进步，《出版管理条例》已经不能完全适应，《出版法》的制定迫在眉睫。"[1] 因此，我国宪法第 35 条中的"六大自由"难以充分实现，需要进行出版自由与结社自由的正式立法，促进这一权利的"更新换代"。事实上，基本权利保护中的"立法漏洞"还不止这些。从总体上来说，"宪法规定应当制定法律的共有 45 处：一表述为'由法律规定'或'以法律规定的'12 处，二表述为'依照法律规定'或'依照法律的'26 处，三表述为'在法律规定范围内'或'法律法规规定的除外'等的 7 处，四还有 4 处规定应由全国人大及其常委制定法律，但时至今日，许多重要法律仍然没有制定出来"。[2] 这些因素导致了基本权利的运转存在"失灵"的情况，并使得基本权利保护存在"立法漏洞"。另外，部分公民的基本权利，如集会、游行、示威自由等虽然有了立法，但是在社会生活中难以有效地行使。

其二，基本权利立法中存在"立法懈怠"，难以充分保障公民基本权利。《立法法》是重要的宪法相关法，该法规定某些事项只能制定法律，

① 阮晓勇：《从出版自由谈〈出版法〉的构建》，《苏州大学学报》2008 年第 6 期。
② 吴斌：《中国特色社会主义法律体系建设：成就、问题与对策》，《理论建设》2011 年第 1 期。

这称为法律保留，即某些事项只能由代议机关进行专门立法，行政机关不得染指。在我国就是指专属于全国人大及其常委会的立法。2015 年 3 月 15 日最新修改的《立法法》第 8 条规定了 11 项内容"只能制定法律"，其中与权利保护相关的内容有三：一是对公民政治权利的剥夺、限制人身自由的强制措施和处罚；二是关于税种的设立、税率的确定和税收征收管理等税收基本制度；三是对非国有财产的征收、征用。该规定表明我国《立法法》也仅仅对极个别基本权利进行了法律保留，属于部分保留，并没有对基本权利进行全部法律保留，其他的基本权利可以任由行政机关制定行政法规等"法律"，包括宪法第 51 条中的言论自由、出版自由、结社自由等。因为这些自由只有在被"剥夺"的情况下，才能制定法律，这一立法形式无疑会影响公民权利的保障质量。正如有学者认为："我国宪法虽然十分重视对公民基本权利的规定，但却并未明示它属于法律保留的范围，且范围极窄，没有对基本权利保留的一般规定……如果公民的言论、出版、集会、结社、游行、示威的自由可以被行政机关的授权立法限制，宪政秩序则无从谈起。"[①] 而且，这一规定存在立法机关以消极的不作为的方式规避立法义务的漏洞。"'法律保留'的功能有两个方面：一是防止行政机关侵犯代议机关的立法权；二是防止代议机关的立法懈怠。'法律保留'范围内的事项对于立法机关而言是一项立法义务，义务是不可以随意转嫁的。"[②] 同时，在这一立法方式下，无法防范行政机关在行政立法中的越权行为。

## （三）已立法的基本权利存在着权利限制与保障的失衡

总体而言，宪法第 51 条在实施中存在"重限制轻保障"现象，这一现象具体表现在如下几个方面。

其一，权利的保护与限制的失衡。权利的保护与限制的失衡表现为限制有余而保护不足。现有的两部关于政治权利的立法，无疑促进了公民权

---

① 周佑勇：《行政法基本原则研究》，武汉大学出版社，2005，第 197 页。
② 周佑勇：《行政法基本原则研究》，武汉大学出版社，2005，第 198 页。

利的全面发展。2011 年《选举法》第 5 次修改，修改了 25 处。城乡按同比例选举代表等规定推进了平等权的落实。但是，学者在 2005 年所描述的情况依然存在："选举权的普遍性原则更多地是从权利的形式性层面而言即强调形式上的主体的广泛性而没有论及选举权的实质内涵。"① 我国《集会游行示威法（草案）》，由有关主管部门起草，其中有 22 个"不得"（限制），故而被人称为"限制游行示威法"，后来经全国人大审议，去掉了 10 个"不得"②。这些情况的出现，原因很多，其中之一就是如何理解宪法第 51 条，如何把握限制与保护之间的关系，如何设定必要与合理的限制措施，以加强对公民基本权利的保障。

其二，法律内容上的不协调。我们注意到王兆国在《关于形成中国特色社会主义法律体系的几个问题》的报告中提到的一串数据："截至目前，已制定宪法和现行有效法律共 237 件、行政法规 690 多件、地方性法规 8600 多件，我国经济建设、政治建设、文化建设、社会建设以及生态文明建设的各个方面总体上做到了有法可依。"③ 现有法律强调的是社会权利方面、民生方面的立法，对政治权利方面的立法主动性、积极性不够。社会权利方面的法律有 9 部，涉及政治权利的仅 2 部，即《选举法》《集会游行示威法》。现有基本权利立法强调了对特殊人群的权利保护，如《妇女权益保障法》《老年人权益保障法》《未成年人保护法》《残疾人权益保障法》，这是基本权利立法的重大成就，但对其他非特殊人群的权利保障也需要同步加强。

其三，现有法律重视对公权力的维护，忽视对私权利的保障。如征地拆迁等过程中之所以发生"群体性事件""集体上访"等，原因之一就是法律重视对公权力的维护，甚至是"倾斜"式的保护，忽视对私权利的保障。在政府官员与公民之间，现有法律强调对于官员权利的保护，忽视对普通人权利的平等保护，表现为普通人在行使言论自由或者行使批评建议

---

① 焦洪昌：《选举权的法律保障》，博士学位论文，中国政法大学，2005，第 25 页。
② 郭道晖：《法的时代呼唤》，中国法制出版社，1998。
③ 王兆国：《关于形成中国特色社会主义法律体系的几个问题》，《人民日报》2010 年 11 月 15 日。

权的时候，出现了"因言获罪""因文获罪"的现象。因此，限制政府官员的名誉权，需要我们在制度上进一步探索。

因此，现有对基本权利的"立法"不可说不丰富，但是这一"丰富"不是指"质"方面的，而是"量"方面的，现有立法存在结构性的"失调"。

## （四）现有基本权利限制结构呈现出三角形的"金字塔"模型

由于上述诸多原因，加之宪法第51条本身的不足，我国的权利限制结构出现了不合理之处。总体而言，从权利限制的分量、严格程度而言，我国法律中的权利限制的结构呈现出三角形的"金字塔"模型①，表现为宪法上的"弱限制"，法律上的"中限制"，法规、规章上的"强限制"，现实生活中的"增强限制"。典型的例子有很多，如不少学校希望能够创办相关专业领域的期刊，但是在现实生活中的难度可能大于"法律上的难度"。权利限制出现了"层层加码"的现象。就具体的法律而言，个别法律如《集会游行示威法》则呈现出"强限制弱保护"的样态。

现结合《音像制品管理条例》以下简称《条例》对上述模型予以说明。2001年12月30日国务院发布新修改的《条例》，但是比较1994年的《条例》我们发现，1994年《条例》中的禁止性规定更少，在条文中仅有六条禁止性规定。1994年《条例》第3条规定音像制品的经营活动应当遵守宪法和有关法律、法规，坚持为人民服务和为社会主义服务的方向，传播有益于经济发展和社会进步的思想、道德、科学技术和文化知识。禁止经营有下列内容的音像制品：第一，危害国家统一、主权和领土完整的；第二，煽动民族分裂、破坏民族团结的；第三，泄露国家秘密的；第四，宣扬淫秽、迷信或者渲染暴力的；第五，诽谤、侮辱他人的；第六，国家规定禁止出版、传播的其他内容。

2011年修订的现行《条例》与1994年的《条例》在禁止性规定上有两大不同。

首先，在总体内容上，1994年的《条例》不包括下列内容：第一，

---

① 该结论详细论证过程笔者将另外撰文进行专门分析。

反对宪法确定的基本原则的；第二，宣扬邪教、迷信的；第三，扰乱社会秩序，破坏社会稳定的；第四，危害社会公德或者民族优秀文化传统的。2011年现行《条例》增加了上述四项内容。

其次，在相同条款中，2011年《条例》禁止性规定的内容同样有所增加。增加的内容有以下几点。

（1）在民族问题上，现行《条例》包括了煽动民族歧视，或者侵害民族风俗、习惯的内容。

（2）在"泄露国家秘密"条款中，现行《条例》增加了"危害国家安全或者损害国家荣誉和利益的"内容。

（3）现行《条例》将1994年《条例》中的"宣扬淫秽、迷信或者渲染暴力的"条款修改为"宣扬淫秽、赌博、暴力或者教唆犯罪的"。增加了赌博或者教唆犯罪的内容。

（4）现行《条例》将1994年《条例》中的"国家规定禁止出版、传播的其他内容"修改为"有法律、行政法规和国家规定禁止的其他内容的"。

这一模式使得权利限制中出现了"重限制轻保障""限制大于保障"的现象。宪法确立的基本权利价值出现"沙漏"现象，即宪法基本权利的价值在这一模式中无形"流失"，使得公民对宪法的正常期待难以得到满足。

权利限制结构理想的模型是"橄榄形"模式，即"中间大、两头小"模型，表现为宪法、规章的小限制，中间层次的法律、法规是最主要的限制，这种模式比较有效果。理由是：宪法作为最高层级的法律可以作出相对原则性的规定，通过法律保留，大量地由法律进行限制，规章作为落实法律、法规中的具体规定，是对法律的落实，但对基本权利不设置具体的限制。

与"橄榄形"限制模式相比，"金字塔形"的权利限制模式对于权利的设置不均匀、不合理。这一情况的产生与我国宪法保留制度的缺乏及法律保留原则的不充分行使有关。首先，我国宪法中，尚缺乏真正意义上的宪法保留制度，表现为法律文本中缺乏"国家不得"的表述；其次，我国现有的法律保留制度值得思考。我国《立法法》对基本权利采取的是部分保留，因此，基本权利价值的"沙漏"现象在所难免，基本权利难以得到法律的有效保护。例如，就结社自由而言，我国现实情况或多或少表现为以下三点。

其一，对结社自由的限制主要由政府做出，不适用法律保留原则。

其二，在限制结社方面，政府有广泛的自由裁量权，基本不受比例原则的约束。

其三，对公民结社采取严厉的预防性限制和追惩性限制并用的做法，并以预防性限制为主。

（五）缺乏相应的机构以推进权利合理限制制度的有效实施

组织是制度的保证。在这方面，国际社会包括美国设立人权机构的经验是值得我们借鉴与吸收的。1994 年，联合国大会通过了《关于促进和保护人权的国家机构的地位的原则》（简称巴黎原则），为各国在国家人权机构的建立和完善方面确立了基本原则。我国目前已参加了 22 项国家人权公约，都涉及人权机构问题。关于中国国家人权机构的设置，学术界提出两种方案，一种是在人民代表大会内部设立人权委员会之类的专门组织，其成员的构成尽量满足巴黎原则所提出的要求；另一种可能形式是在人民代表大会之外建立独立的国家人权机构，按照巴黎原则确立其成员的构成。[①] 当然，这些只是学术界的构想，政府还没有相应的措施，但是建立相应的组织也是落实基本权利保护的重要任务之一。

总体而言，我国公民权利限制制度中还存在诸多问题，例如重限制轻保障、立法漏洞、立法懈怠、相应机构的缺失等。这些问题值得我们重视，避免宪法上的权利陷入"看上去很美，用起来不能"的权利"搁置""虚置"的状态，以切实保障公民基本权利的实现。

# 三　发展我国权利限制制度的相关举措

笔者曾在先前的研究中提出完善我国权利限制制度的相关举措，包

---

① 张伟：《国家人权机构研究》，中国政法大学出版社，2010，第 190～191 页。

括：（1）加强基本权利合理限制理论建设体系建构，例如引入基本权利限制领域的重要概念"克减"等；（2）加强基本权利制度建设，如加强宪法、法律解释，释放宪法第 51 条的制度空间，对宪法第 51 条中相关概念的适用范围进行法律或者学理解释予以界定等；（3）通过法律与制度的完善发展宪法第 51 条，如通过权利商谈等制度充实宪法第 51 条的内涵等①。除此之外，结合当前法治的发展还应当加强以下内容。

## （一）概念的引入："低线人权"

在最新的人权理论上，西方已经发展出了"最低限度的人权"理论，又称为"低线人权"理论。这一理论是由英国达勒姆大学教授米尔恩在其所著的《人的权利与人的多样性——人权哲学》一书中提出的。作者从道德、政治和法律哲学的角度对人权观念进行了全面深刻的探讨。他认为："人权是一种道德权利，而不是政治权利，作为最低限度的人权应包括生命权、公平对待的公正权、获得帮助权、不受专横干涉的自由权、诚实对待权、礼貌权、儿童受照顾权等 7 项基本权利。"② 米尔恩认为有九项道德原则为社会生活本身所必需，包括：行善原则、尊重人的生命原则、公正原则、伙伴关系原则、社会责任原则、不受专横干涉原则、诚实行为原则、礼貌原则、儿童福利原则。③ "低线人权"的理论价值不仅仅是如该书简介所说的为"我们了解人权问题提供了一个新视角"。而且，就权利限制而言，"低线人权理论提供了一个新的检验现行法律制度正当与否的评价标准"。④

"低线人权"是西方人权理论的新发展，结合低线人权这一概念，我

---

① 石文龙：《论我国基本权利限制制度的发展——中国宪法第 51 条与德国宪法第 19 条的比较》，《比较法研究》2014 年第 5 期。

② 〔英〕米尔恩：《人的权利与人的多样性——人权哲学》，夏勇、张志铭译，中国大百科全书出版社，1995，简介部分。

③ 〔英〕米尔恩：《人的权利与人的多样性——人权哲学》，夏勇、张志铭译，中国大百科全书出版社，1995，第 10 页。

④ 林喆：《公民基本权利法律制度研究》，北京大学出版社，2006，第 766 页。

国学者发展出了"底线权利"① 以及"人权底线"② 的概念，这些概念对于丰富与发展我国的权利限制理论与制度具有一定的积极意义。

## （二）不可克减的权利："低线人权" 的制度依据

在权利限制制度中，国际人权法上有"不可克减的权利"制度，这一制度为"低线权利"生长提供了制度上的空间。"克减"一词来源于联合国大会 1966 年 12 月 16 日通过的《公民权利和政治权利国际公约》与《经济、社会及文化权利国际公约》等国际条约中的克减条款，其他如《欧洲人权公约》和《美洲人权公约》等法律文件中也有克减条款。其中《公民权利和政治权利国际公约》中 9 次使用了"克减"一词，集中使用在该公约的第 4 条，使用了 7 次之多，在第 5 条、第 6 条各使用了一次。《经济、社会及文化权利国际公约》使用了 1 次。"克减"是指国家在公共（社会）紧急状态危及国家生存的情况下暂停或中止履行其承担的与某项与人权有关的国际法律义务。在国际人权法上，克减是国家对人权的行使所施加的特别限制，是对人权行使的一般限制的补充。

上述国际人权公约规定了"不可克减的权利"，规定了权利的某些方面或者某些内容不可克减。"不可克减的权利"这一理念本身对于我国的法治建设具有重要意义。我国政府于 1998 年 10 月 5 日在联合国总部签署了《公民权利和政治权利国际公约》，现正在等待全国人大批准。我国于 2001 年批准《经济、社会及文化权利国际公约》，并已向联合国提交 2 次履约报告。该两项人权公约对我国具有现实的意义，终将成为我国法律制度的重要组成部分。

同时，我国在宪法权利限制制度中存在限制的限制制度，客观上促进了"低线人权"制度在我国生成的现实可能性。

## （三）以"宪法上的绝对权"保障"低线人权"

绝对权是与相对权相对的概念，按照基本权利是否可以被限制，基本

---

① 秦强：《论底线人权》，《山东公安专科学校学报》2004 年第 5 期。
② 张勇：《反恐"裸检"触碰人权底线》，《法制日报》2010 年 1 月 19 日。

权利可以分为绝对权与相对权。宪法上的绝对权是指不能被任何法律限制的权利，相对权是指可以被法律限制的权利。宪法上的绝对权包括如下基本权利。

第一，人格尊严。我国宪法第 38 条规定："中华人民共和国公民的人格尊严不受侵犯。禁止用任何方法对公民进行侮辱、诽谤和诬告陷害。"

第二，思想自由以及宗教自由中的信仰部分。

确立"宪法上的绝对权"具有重要的现实价值，人格尊严、思想自由以及宗教自由中的信仰部分是公民"核心权利"或实质性权利的前提，"核心权利"或实质性权利是前者的结果，彼此相辅相成、互相促进。这一概念提出的目的是有效地对抗公权力，保障限制的限制制度在现实生活中能够更好地实现。

绝对权与相对权的区分理论来源于民法但是区别于民法。民法理论中以权利所及的人的范围为标准将民事权利划分为绝对权与相对权。"如果一项权利相对于所有的人产生效力，即可以对抗所有人的权利，就是绝对权。""如果一项权利仅仅对某个特定的人产生效力，这种权利就是相对权。"[1] 民法上绝对权的特征在于义务人的不特定和请求内容限于不为特定行为两点；相对权的特征在于义务人为特定的人和请求的内容为特定的行为或者不为特定行为。因此，绝对权又称为对世权，相对权称为对人权。所有权是典型的绝对权，债权是典型的相对权。当然，民法上的绝对权与相对权的区分理论显然与宪法学上的绝对权与相对权的区分理论不同，不同之处在于以下方面。

其一，分类标准不同。宪法学上的分类标准在于权利是否受到限制，民法学上的分类标准在于权利所及的人的范围。

其二，权利的性质不同由此带来绝对权性质、内涵、功能等内容上的不同。宪法学上的权利主要是基本权利，民法学上的权利属于基本权利之外的非基本权利。这一不同表明宪法学上的绝对权在性质、内涵、功能等方面均不同于民法上的绝对权分类理论。

---

[1] 江平主编《民法学》，中国政法大学出版社，2011，第 30 页。

其三，宪法绝对权的功能不同于民法。宪法绝对权具有特殊功能，主要是强化基本权利对国家权力的"对抗"，深化基本权利的"不可克减"特征，提升宪法的地位等。具体将在下文区分绝对权与相对权的理论意义时予以阐述。

需要强调的是，民法上的这一分类对于民法学本身具有重要的作用。"绝对权与相对权的划分是民法权利的基本分类"，① 德国学者认为，具有根本意义的划分是把权利分为绝对权与相对权②。这一划分始于罗马法，在今天大陆法系国家的民事立法与学理上仍具有重大作用。针对我国"晚近以来，有人力图否定绝对权与相对权之区别，主张债权于受到第三人侵害时，亦可向之主张损害赔偿，从而认为债权也有对世性"，有学者认为，绝对权与相对权之区分，实际上主要是民法中物权与债权的区分。"如果将两者区分的界限否定了，实无异于将物权与债权的区分抛弃，这样将造成整个私法体系的解构，司法的诸多概念均将消失，对国家和民族之法治建设有百害而无一益。"③ 为此，该学者认为维持绝对权与相对权之分野，进而维持物权与债权的区分"乃系十分必要和正确的，不能动摇之"。④

将民法上的绝对权理论"移植"到宪法中来，在宪法上建立绝对权与相对权的区分理论具有重要的理论意义，表现为以下三点。

其一，强化个别权利的不可限制性，以进一步"防御"国家权力。因为基本权利的首要功能正是"防御权"，即"要求国家不予侵犯的功能。防御权所针对的国家义务是纯粹消极性的，也就是要求国家不得侵犯公民权利"。⑤ 基本权利的功能大体上分为防御权功能、受益权功能与客观价值秩序功能三个方面。⑥

其二，在宪法上明确绝对权是与"不可克减的权利"相联系的。只有承认基本权利中存在着绝对性的权利，那么才能发展宪法学上的另一个重

---

① 江平主编《民法学》，中国政法大学出版社，2011，第30页。
② 〔德〕迪特尔·施瓦布：《民法导论》，郑冲译，法律出版社，2006，第138页。
③ 陈华彬：《民法总论》，中国法制出版社，2011，第207页。
④ 陈华彬：《民法总论》，中国法制出版社，2011，第207页。
⑤ 张翔：《基本权利的规范建构》，高等教育出版社，2008，第44页。
⑥ 张翔：《基本权利的规范建构》，高等教育出版社，2008，第44~45页。

要概念"不可克减的权利"，这是国际人权公约所规定的重要概念。

其三，对绝对权的确认可以提升宪法在国家生活中的地位与作用。对绝对权的确认等于承认了基本权利的强制性功能，这在当今中国具有特别重要的现实意义。因为在我国这样一个"官本位"的国家，强化公民某类权利的绝对性，可以提升公民在国家社会生活中的地位，防止国家权力对公民权利的侵犯。在这一问题上，不少学者主张公民权利的相对性理论，所谓"公民的自由和权利不是毫无限制的""世界上从来没有绝对的自由"。[①] 值得强调的是，这里的"不被限制"是指不被任何法律限制，而不是不被社会物质生活条件所限制。从终极的意义上而言，我们人类总是生活在一定的社会中，总是会受到时代本身的局限，受到一个时代政治、经济、文化等因素的局限。

## （四）更新立法技术，发展宪法第 51 条的内容

发展宪法第 51 条的内容，需要更新立法技术，具体如下。

其一，从"公民为主语"到"国家为主语"的宪法发展。宪法第 51 条规定了"公民在行使自由和权利的时候，不得损害国家的、社会的、集体的利益和其他公民的合法的自由和权利"。这是一个否定句式，其主语为公民，基本结构为"公民不得"。但是如果转化为肯定句式，国家就成为主语，其规范结构与条文目的则更加清晰，这一句式为："为了国家的、社会的、集体的利益和其他公民的合法的自由和权利，国家可以对公民的基本权利进行限制。"这就能凸显国家限制基本权利的目的、依据、程序与比例等内容，即上述"国家可以对公民的基本权利进行限制"需要补充很多内容，首先必须包括国家可以"依法"对公民的基本权利进行限制，其次包括"但是不得"如何等，即需要对限制进行控制。由此就会彰显进而可能会引申出"限制的限制""限制的限度""限制的审查""限制的救济"等相关制度的考量与设计。

其二，从"以否定句式表达"到"以肯定句式表达"的宪法发展。

---

① 许崇德：《中国宪法》（第四版），中国人民大学出版社，2010，第 311 页。

我们发现，立法中的否定句式往往用于国家机关，而不是针对公民。如美国宪法第一修正案中著名的"国会不得……"我国台湾地区相关规定中关于基本人权之限制条款为："以上各条列举之自由权利，除为防止妨碍他人自由、避免紧急危难、维持社会秩序，或增进公共利益所必要者外，不得以法律限制之。"在宪法条文上行文往往表现为"公民享有……权利与自由"。由此，如果宪法第51条的规范结构改变为对国家的否定句式，其规范结构为："除了为国家的、社会的、集体的利益和其他公民的合法的自由和权利，国家不得对公民的基本权利进行限制。"这一规范结构无疑会彰显出权利保障的积极意义。因为"条文"中的"国家不得"，在理念上是个重大突破与创新。

其三，"国家不得"与"公民不得"的差异。与"公民不得"不同，"国家不得"在宪法上具有特别重要的意义，这一积极意义表现在以下三方面。

第一，"国家不得"首先强调的是对国家行为的控制与对国家权力的制约或限制。这对重视国家权力、轻视公民权利的传统及相关制度的转变具有积极的意义。

第二，对社会主义国家与社会主义制度而言，这一精神深刻地体现了人民主权的内容，理应为社会主义国家所效法。

第三，"国家不得"进一步凸显了权利保障，提升了宪法本身在国家社会生活中的地位与作用。

为此，我们主张宪法第51条有效的解读方法之一是以国家为主语的解读法，且以否定句式进行表达，这无论是对于我们理解宪法第51条还是对宪法解释均具有一定的积极意义。

（五）在对法律修改时，增加权利限制的内容

在社会的转型时期，法律的立改废释工作意义重大，这是完善中国特色的社会主义法律体系的重要方式与路径，是修改法律界限以完善我国的权利限制制度的重要手段与方法。

例如2012年3月修改《刑事诉讼法》时，第五编特别程序第四章规

定了"依法不负刑事责任的精神病人的强制医疗程序"，以 6 个条文对强制医疗的适用条件、决定主体、审理方式、救济、执行和监督等进行了规范。精神病人的强制医疗属于对公民人身自由限制的内容之一，现行的《刑事诉讼法》① 对强制医疗程序的规定丰富了对公民人身自由限制的相关内容。

第一，权利限制的合法性考量。合法性是权利限制首先需要面对与解决的理论问题。事实上，合法性问题包括两方面的内容，一是实体法上的合法性，二是程序法上的合法性，我们可以简称为实体法合法性与程序法合法性。实体法合法性是程序合法性的前提与基础，程序法合法性是实体法合法性的结果与保证，二者共同作用，促进了具体制度的实现。

我国《刑法》第 18 条规定："精神病人在不能辨认或者不能控制自己行为的时候造成危害结果，经法定程序鉴定确认的，不负刑事责任，但是应当责令他的家属或者监护人严加看管和医疗；在必要的时候，由政府强制医疗。"因此，2012 年 3 月增加了《刑事诉讼法》关于强制医疗的规定，实现了程序法与实体法的衔接，使得《刑法》第 18 条的规定得到了程序法上的保障，从而使对精神病人的强制医疗制度得到真正的落实。

第二，权利限制的正当性或必要性考量。权利的限制存在正当性或者必要性的考量，即权利限制所依据的理由、目的、条件等因素。正当性是权利限制的价值基础或者说道义基础，是权利限制制度必须面对与解决的重要问题。《刑事诉讼法》第 302 条规定：实施暴力行为，危害公共安全或者严重危害公民人身安全，经法定程序鉴定依法不负刑事责任的精神病人，有继续危害社会可能的，可以予以强制医疗。

从上述规定中我们可以发现权利限制理论的新发展，表现为我国的新《刑事诉讼法》已经将国家保护的义务作为权利限制的正当性理论。这一理论源于德国，德国宪法学者首先提出了基本权利的（国家）保护义务，具体是指："国家负有保护其国民之生命与健康、自由及财产等义务。保护义务之表现形态，乃联邦及各邦之立法者负有制定规范之任务，行政权

---

① 2018 年 10 月 26 日我国对《中华人民共和国刑事诉讼法》进行了第三次修正。

负有执行保护性法律（包括行使裁量权）之义务，宪法法院以保护义务为标准审查立法者及行政权①之相关作为与不作为，普通法院以保护义务为准则，审理民事案件，并作成裁判。"② 随着人权意识的强化，国家以监护人的身份，以使精神病人回归社会为导向，对触犯刑法的精神病人进行强制治疗，体现了"国家尊重与保障人权"的宪法价值。精神病人的强制医疗制度的建立也最终改变了过去重隔离轻治疗的局面，甚至有效地防止了一度存在的"被精神病"等现象，实现了以权利限制的理由或者条件为前提来制约公权力的行使，确保了公民权利的真正享有与实现。

第三，权利限制的主体。谁有权对基本权利进行限制？这就是权利限制的主体理论。根据《刑事诉讼法》的规定，精神病人强制医疗启动程序、决定程序具体包括以下三项。

（1）公安机关发现精神病人，符合强制医疗条件的，应当写出强制医疗意见书，移送人民检察院。

（2）对于公安机关移送的或者在审查起诉过程中发现的精神病人，符合强制医疗条件的，人民检察院应当向人民法院提出强制医疗的申请。

（3）人民法院在审理案件过程中发现被告人符合强制医疗条件的，可以作出强制医疗的决定。

可见，程序的主体包括启动主体与决定主体。其中公安机关、人民检察院是启动主体，决定主体主要是人民法院。对实施暴力行为的精神病人，在人民法院决定强制医疗前，公安机关可以采取临时的保护性约束措施。

第四，权利限制的程序与方式。在精神病人的强制医疗制度中，权利限制的程序与方式即指由法院对强制医疗申请进行审理的相关制度。

（1）审判组织：法院受理强制医疗的申请后，应当组成合议庭进行审理。

---

① Johannes Dietlein, *Die Lehre von den grundrechtlichen Schutzpflichtn*, 1992, S. 70ff. 转引自〔德〕克理斯提安·史塔克：《法学、宪法法院审判权与基本权利》，杨子慧等译，台北：元照出版有限公司，2006，第411~412页。

② 〔德〕克理斯提安·史塔克：《法学、宪法法院审判权与基本权利》，杨子慧等译，台北：元照出版有限公司，2006，第411~412页。

（2）诉讼参与人：法院审理强制医疗案件，应当通知被申请人或者被告人的法定代理人到场；被申请人、被告人没有委托诉讼代理人的，法院应当通知法律援助机构指派律师为其提供法律帮助。

在强制医疗案件中，检察官可不出庭，检察官的功能仅是向法院提出强制医疗的申请，启动审理程序，审理过程则表现为法官当面向被申请人或被告人的法定代理人，或者诉讼代理人了解情况，然后作出决定。在这一过程中，法官的角色接近于行政官员，而不是传统意义上居中审理的法官。

（3）法院经审理作出决定。对于被申请人或者被告人符合强制医疗条件的，人民法院经审理，应当在一个月内作出强制医疗的决定。被决定强制医疗的人、被害人及其法定代理人、近亲属对强制医疗决定不服的，可以向上一级人民法院申请复议。

权利的限制存在限制的限制，即反限制。在精神病人的强制医疗程序中，被决定强制医疗的人、被害人及其法定代理人、近亲属对强制医疗决定不服的，仅可以向上一级人民法院申请复议，而不是启动二审程序。这进一步体现了强制医疗程序的行政性。

第五，权利限制的限度与救济。权利限制的限度是指对权利进行限制所能达到的最大程度，这就是权利限制中的比例原则，强调对公民权利进行最小的限制，确保基本权利得到最大程度的实现。新《刑事诉讼法》通过对精神病人强制医疗的司法审查的方式，保障对公民权利最小的侵害。

权利的限制同样需要救济。在强制医疗程序中，被决定强制医疗的人、被害人及其法定代理人、近亲属对强制医疗决定不服的，可以向上一级法院申请复议，复议期间不停止强制医疗决定的执行。

刑事强制医疗程序是一种非诉程序。法官所做的工作可能更接近于行政官员的审批而非司法意义上的审理，影响程序结局的主要是侦查工作的结果和鉴定意见。

第六，权利限制的执行与法律监督。就强制医疗而言，强制医疗的执行具体包括了两方面的制度。

（1）强制医疗机构应当定期对被强制医疗的人进行诊断评估。对于已不具有人身危险性，不需要继续强制医疗的，应当及时提出解除意见，报决定强制医疗的人民法院批准。

（2）被强制医疗的人及其近亲属有权申请解除强制医疗。

此外，人民检察院对强制医疗的决定和执行实行监督。《最高人民法院关于适用〈中华人民共和国刑事诉讼法〉的解释》第 543 条规定："人民检察院认为强制医疗决定或者解除强制医疗决定不当，在收到决定书后二十日内提出书面纠正意见的，人民法院应当另行组成合议庭审理，并在一个月内作出决定。"

精神病人的强制医疗程序是非刑事处分的诉讼方式，适用的主体就是无罪者，受到处罚的人并没有构成刑法上的犯罪，而是基于他对社会的危害性和本身固有的人身危险性才展开必要的诉讼。上述通过诉讼的方式落实对精神病人的强制医疗，为我国公民权利限制制度的发展提供了制度上的范本。

总之，"国家尊重与保障人权"是我国宪法中的重要内容，这一内容需要结合具体的理论、制度等予以落实。诸如对基本权利的合理限制如何有效地保障人权既是重要的理论问题也是重大的实践问题，即如何通过对权利行使设定合理的范围与边界，保障权利的充分行使。如果说权利的确认是一种"宣告"的话，权利的限制则促进了权利得以现实的"行使"，推进权利由"静态"的确认转化为"动态"的制度。我国宪法关于基本权利限制的理论与制度还存在很大的空间，需要我们进一步研究。

# 探视权抑或被探视权？[*]

## ——"子女本位"下探视制度的法理反思与建构

钱继磊[**]

**摘　要：** 随着离婚在我国越来越普遍，夫或妻对其未成年子女的探视纠纷也日益增多。目前的探视权理论逻辑及制度设计是基于夫妻关系并以双方权利为本位的。它是成年人间的制度安排，而其未成年子女仅处于次要、从属甚至客体的地位。这不仅与世界普遍所认可接受的人权理念所强调的成年人与未成年人人格及自由平等的精神原则不相符，更没有真正体现对属于弱势群体的未成年子女应给予的特殊、倾斜保护精神。我们应当抛弃硬法律父爱主义理念，提出以未成年子女权利为本位的被探视权理论。它着重强调对未成年子女权利的尊重和特殊保护，以此来弥补夫妻分居或离异而导致的对其未成年子女身心方面的伤害。这种被探视权可以从温和法律父爱主义那里获得正当性法理证成。从制度实践角度来看，未成年子女权利本位要求建立现有夫妻探视权与所涉未成年子女的被探视权并存的一种制度模式。这需要从宪法、婚姻家庭法、未成年人权益保护法、民事诉讼法等方面作出整体、系统、协调的立法安排，以形成逻辑有序的法律体系。

**关键词：** 探视权；被探视权；"子女本位"

---

[*]　本文系山东省社科规划优势项目"新时代中国法理学范畴及其体系研究"（19BYSJ04）的阶段性研究成果。

[**]　钱继磊，齐鲁工业大学政法学院副教授，法学博士，博士后。

# 引　子

首先让我们看一则案例判决。① 2014 年 9 月 26 日，本案的原告刘小花之母亲李翠花与父亲刘大郎经北京市丰台区人民法院判决离婚，判决其婚生女刘小花由母亲刘翠花抚养。然而自刘小花父母离婚后，其父亲刘大郎就从未看望过原告刘小花，也未支付原告抚养费。这给尚未成年的原告刘小花的精神和生活造成极大的不良影响。由此，原告刘小花向法院起诉，要求法院判决被告其父刘大郎每月探望自己 1 ~ 2 次，在国家法定节假日被告必须陪同原告 1 ~ 2 天。法院经审理认为，夫妻双方离婚后，不直接抚养子女的父或母，享有探望子女的权利，而另一方则负有予以协助的义务。由此，不直接抚养子女的一方享有探望子女的权利，而直接抚养子女的一方则有协助不直接抚养一方探望的义务。如果义务方不履行此项义务，相对人则有权就此向人民法院提起诉讼。然而，颇有意思的是，作为被探望对象的原告刘小花，却并不属于法律规定的探望权纠纷起诉的主体。因此，法院最终判决驳回了原告刘小花的诉讼请求。从教义法学角度看，法院的判决结果并无太多争议。然而，此判决却抛出了一个值得反思与讨论的问题，即当前探视权制度安排的目的是否在法理上有充分的正当性理据。具体言之，当前探视权制度所涉及的，到底是夫和妻两个法律主体，还是夫、妻及未成年子女三方法律主体？其间夫妻与其未成年子女的法律关系到底是什么？探视制度是应当以成年夫妻为本还是应以未成年子女为本位？

## 一　问题的提出

近些年来，随着我国离婚率的不断上升，关于离婚后对子女探视方面

---

① 具体案情参见李东海《浅析子女是否有权要求父母履行探望权？》，德付家事中心（公众号），最后访问时间：2019 年 7 月 23 日。

的纠纷也大大增加，这些已成为一个普遍受关注的社会问题①。有关探视权的研究也日益成为民法学界尤其是婚姻家庭法学界广为关注的重要论题之一。我国自 2001 年 4 月 28 日修正的《中华人民共和国婚姻法》就首次在"离婚"章节中确立了探视权制度，以便为更好解决这类问题提供制度上的依据。这被学界认为填补了我国婚姻家庭立法上的一项空白。② 后来，我国《婚姻法》相关司法解释又对探视权诉讼、中止和恢复、请求主体等做了更为详尽的规定。③ 近些年来，这一制度的设立意义日益得到凸显，但相关司法实践也显现出既有立法的一些不足。当前正值我国《民法典》婚姻家庭编的编纂有序推进之际，不论是理论界还是实务界都对其寄予厚望，希望能够通过这次立法很好地解决在司法实践中面临的诸多棘手问题。

从学界看，近些年，我国民法学界尤其是婚姻家庭法学者围绕这一论题已经进行了诸多讨论。譬如，探视权的法律主体是否应仅限于父母④，探视权适用期间是否应扩展至离婚前的别居阶段⑤，探视权诉讼程序适用问题⑥，探视权制度体系应当在"离婚"还是"家庭关系"章节⑦，子女的主体地位问题⑧，等等。就目前公布的《民法典婚姻家庭编（草案）（第二次审议稿）》而言，它不仅规定了探视权的权利主体为父或母，还

---

① 国家民政部门统计数据显示，1980 年我国离婚对数为 34.1 万对，1990 年为 80 万对，2000 年为 121 万对，2005 年为 161.3 万对，2006 年为 191.3 万对。2018 年，当年全国结婚登记数为 1010.8 万对，离婚登记数为 380.1 万对，离婚率高达 38%，离婚率升高已成为普遍关注的社会热点问题。
② 我国 2001 年修订颁行的《婚姻法》第 38 条规定，"离婚后，不直接抚养子女的父或母，有探望子女的权利，另一方有协助的义务。行使探望权利的方式、时间由当事人协议；协议不成的，由人民法院判决。父或母探望子女，不利于子女身心健康的，由人民法院依法中止探望的权利；中止的事由消失后，应当恢复探望的权利"。
③ 分别参见 2001 年最高人民法院《关于适用〈婚姻法〉若干问题的解释（一）》第 24 条、第 25 条、第 26 条之规定。
④ 景春兰、殷昭仙：《探望权及其主体扩展的立法思考——以"儿童最大利益"原则为视角》，《法学杂志》2011 年第 8 期。
⑤ 林坤：《冲突与衡平：论分居探望权的司法规制》，《理论月刊》2019 年第 8 期。
⑥ 谢芳：《探望权案件程序法理及适用规则探析》，《法律适用》2017 年第 11 期。
⑦ 瞿灵敏：《探望权的理论反思与规则重构——兼论民法典婚姻家庭编探望权的立法完善》，《江汉论坛》2018 年第 9 期。
⑧ 于东辉：《我国探视权法律制度研究》，《山东社会科学》2009 年第 7 期。

对祖父母和外祖父母的探视权进行了相关规定。这与以往相比有了很大进步。① 然而，就离婚前分居情形下的探视权、未成年子女的法律地位等问题依然未做出规定。

上述理论上的论争和立法等实践现状表明，我国关于探视权的理论研究和立法司法实践已经取得了很大进步，在立足于本国国情和传统、借鉴世界有益立法经验基础上，初步形成了自己的探视权制度安排。但需要指出的是，目前对这一问题依然存在诸多论争和分歧，存在诸多理论和现实问题需要讨论和解决。而这些看似各异的观点背后却有共同的维度预设，即成年人维度。具体言之，关于探视权的既有理论研究讨论和制度安排，都是从夫或妻、祖父母或外祖父母的视角出发，就如何实现其心理、感情、文化等方面的权利，有效化解其间纠纷而进行的一种理论讨论与制度安排，而普遍缺乏的是从离婚或准离婚状态下夫妻间未成年子女本位维度对探视权的理论反思与制度安排。然而，不论是联合国《儿童权利公约》，还是世界很多国家和地区的相关法律，包括我国《未成年人权益保护法》《婚姻法》，都规定了"儿童②最大利益"③ 原则。不过，需要指出的是，文本上对原则的规定是一回事，而具体制度安排和实践则是另一回事。

---

① 我国2019年6月公开征求意见的《民法典婚姻家庭编（草案）（第二次审议稿）》第863条规定："离婚后，不直接抚养子女的父或者母，有探望子女的权利，另一方有协助的义务。行使探望权利的方式、时间由当事人协议；协议不成的，由人民法院判决。父或母探望子女，不利于子女身心健康的，由人民法院依法中止探望的权利；中止的事由消失后，应当恢复探望的权利。"同时第864条规定："祖父母、外祖父母探望孙子女、外孙子女，如果其尽了抚养义务或者孙子女、外孙子女的父母一方死亡的，可以参照适用前条规定。"

② 严格来说，儿童与未成年人并非完全相同，从范围上讲，两者是被包含与包含关系。儿童属于未成年人。考虑到本文论旨，对这两个概念不进行严格区分对本文最终论证的有效性不会产生明显影响。由此，本文并未对儿童与未成年人做严格区分。

③ 1989年通过的联合国《儿童权利公约》（Convention on the Rights of the Child）第3条第1款规定，"关于儿童的一切行动，不论是由公司社会福利机构、法院、行政当局或者立法机构执行，均应以儿童的最大利益为一种首要考虑"。此条款通常被称为"儿童最大利益原则"（best interests of children）。另外，我国学界也有不少学者建议我国应当确立"未成年人利益最大化原则"。参见刘敏、陈爱武《〈中华人民共和国家事诉讼法〉建议稿及立法理由》，法律出版社，2018，第63页；柯友《家事审判中程序正义的维护》，《河北法学》2019年第3期；任凡《论家事诉讼中未成年人的程序保障》，《法律科学（西北政法大学学报）》2019年第2期。

如何在未成年子女与离婚夫妻之间进行价值考量与取舍则需要我们进行更深入的法律反思与讨论。本文拟对当前探视权制度及其法理进行分析，并从未成年子女本位维度对既有探视权做进一步的法理反思与追问，认为应当由当前硬法律父爱主义转向温和法律父爱主义，在此基础上提出未成年子女本位视角下的探视理论基础与制度安排。

## 二　对既有探视权的法理反思

我们知道，探视权制度起源于英美法系，其最初目的是为解决离婚后父母探视子女问题提供法律依据，后来则逐渐为各国法理和立法所接受。如今世界上许多国家和地区的婚姻家庭法都有关于探视权的相关规定，尽管各国或各地区对其具体称谓有所不同，譬如，美国、法国称为探视权，俄罗斯称为来往权，德国称为人身交往权，我国台湾地区称为会面交往权，等等。据英美法学理解释，探视权是指在父母离婚后，由父母一方负责照管和监护子女或在子女的监护令仍继续有效时，子女的另一方父母所获得的准予短期探视（探望性探视）或较长期探视（逗留性探视）子女的机会。[①] 在我国，通常认为，“探视权是指夫妻离婚后，不直接抚养子女的父母一方，基于亲权和血缘关系，依法享有的短期或较长期探视未成年子女的权利”[②]。

从上可知，尽管探视权在不同国家和地区称谓各异、内容有别，但各国和地区对探视权的理解和制度安排也有一些共同特征。归结起来，至少有以下几点。

首先，这一权利制度的设立目的都是解决离婚后夫妻因其未成年子女而产生的纠纷，从而实现社会秩序的有序和谐。也就是说，这一制度的法理基础和立法目的都着眼于夫妻关于其未成年子女权利义务的分割。具体而言，当夫妻双方离婚导致只能有其中一方作为其未成年子女的监护人

---

① 刘世杰、刘亚林：《离婚审判研究》，重庆大学出版社，1998，第216～217页。
② 于东辉：《我国探视权法律制度研究》，《山东社会科学》2009年第7期。

时，另一方也享有定期或不定期看望其未成年子女甚至能够在短期内一起生活的权利。这种探望权不因离婚这一法律事实导致的双方法律关系的改变而消失或减损。因此，这一权利的法律主体必然是夫妻双方或一方。尽管鉴于中国特殊的文化传统和目前独生子女较多的国情，隔代探视问题也被日益关注并进入制度设计①，但祖父母、外祖父母并非标准性的典型法律主体。而与夫妻即未成年子女的父母的探视权相比较，这种隔代探视权只能处于从属、次要和补充的地位。不过，不论是夫妻，还是隔代的祖父母或外祖父母，其着眼点都是成年人，即目前探视权制度设计是一种成年人间的游戏规则，而未成年子女则处于非主体地位，甚至在法律地位上与其父母相比较是可有可无的，尽管很多国家和地区也试图遵循"儿童利益最大原则"②，比如强调探视权同时也是一种义务，司法实践也往往强调应当本着对未成年子女有利的原则进行具体判决，等等。以我国《婚姻法》对探视中止的条件为例，它只是从后果来进行推断的一种"外部标准"，即是否有害于子女健康，而对子女自身对探视的意见和内心感受，即"内部标准"，却并不关注，从而导致子女被"物化"处理。由此，为了尽量减少或克服当前制度对未成年子女的不利影响，国内有学者提出了"共同抚养"法律制度。③ 即便是我国正在编纂审议的《民法典婚姻家庭编（草案）（第二次审议稿）》中有关探望权的规定也同样体现了"以父母权利为本位"的这种立法宗旨。在这样一开始就着眼于成年人间纠纷解决的权利制度设计体系里，未成年子女就注定不可能处于法律主体的地

---

① 我国《民法典婚姻家庭编（草案）（第二次审议稿）》征求意见中第864条规定："祖父母、外祖父母探望孙子女、外孙子女，如果其尽了抚养义务或者孙子女、外孙子女的父母一方死亡的，可以参照适用前款规定。"参见中国人大网，http://www.npc.gov.cn/npc/c8194/201907/48307957b433cba94ec.shtml，最后访问时间：2019年8月28日。

② 据统计，截止到2014年9月，联合国所有会员国均签署了《儿童权利公约》，不过索马里和美国等国家虽签署了此公约，但还需其国内权力机关的批准生效。参见 Status of Convention on the Rights of the Child，联合国儿童基金会网，https://treaties.un.org/pages/viewdetails.aspx? src = treaty&mtdsg_no = iv11&chapter = 4&lang = en#EndDec，最后访问时间：2018年2月2日。

③ 参见段凤丽、李凯文《"抢/藏孩子"现象下的离婚后子女共同抚养模式》，载《"家事法中的法理"学术研讨会暨"法理研究行动计划"第十一次例会会议论文集》（下册），2019，第682~692页。

位。可见，目前"儿童利益最大原则"在世界范围内的普及并未自然带来亲子关系的权利化，而是出现了相反的结果，即亲子关系的权利化因被物化处理而变得更弱。

其次，根据目前探视权的法理基础和制度设计，这一权利产生的前提性事实是离婚。也就是说，在这种制度逻辑下，我们可以推定，在夫妻关系正常存续期间，夫妻双方与其未成年子女在一起生活是常态，因而夫妻都不会存在他/她与其未成年子女见面或一起生活的权利被侵害的可能性。但在婚姻自由原则被广泛认可和遵循的情形下，离婚自由是其重要组成部分和应有之义，而离婚自由所强调和尊重的是夫妻间的个体性感情和意志。根据心理学原理，人与人之间的感情常常是逐渐建立和培养起来的，同样人与人之间感情的淡化乃至消失也往往并非是一朝一夕完成的，同样有一个过程。也正是如此，一些国家或地区往往通过法律规定试图解决夫妻分居（或别居）情形下的相关法律问题。在我国，夫妻间感情不和是离婚成立的一个重要标准和原则，然而对于夫妻感情不和给予认定的重要判断尺度是夫妻分居是否达到一定的时间。可见，只要夫妻之间存在分居的可能性，这也就意味着在此期间同样可能存在其未成年子女只能跟夫妻其中一方共同生活的事实。换言之，分居也会导致夫妻探视权的产生。由此，有学者提出，应当将分居期间的夫或妻探视权也同样纳入婚姻家庭法律制度设计之中①。

再次，进一步讲，在民法学界，有学者从民法法理探视权制度具有正当性的角度认为，它是监护或亲权法理基础的延伸和具体化②。也就是说，在婚姻正常存续期间，夫妻对其未成年子女具有监护职权和职责，或在某些特定时空下对其子女享有亲权。而当离婚导致不与其未成年子女一起生活的夫或妻无法再对其未成年子女进行监护或行使亲权时，他/她依然具有行使类似于监护权责或亲权的正当性理据。监护制度，通常是指对未成年子女的监督和保护制度，此外也包括对限制民事行为能力和无民事行为

---

① 参见林坤《冲突与衡平：论分居探视权的司法规制》，《理论月刊》2019年第8期；林坤《论别居探视权的冲突与衡平》，《法律适用》2019年第15期。

② 参见曹思婕《完善未成年人监护立法的思考》，《理论探索》2016年第4期。

能力的成年人的监护。不过，对于未成年人而言，监护制度的设立完全是为了保护被监护人的合法民事权益，目前世界趋势是从"家本位"转移为"子女本位"，以确保未成年人利益最大化和最有利于其成长和发展为原则。① 比如，美国的《防止儿童遭受虐待法案》中就有明确的"强制报告"制度，即与孩子接触人员，如邻居、医生、教师、卫生保健人员等，只要怀疑儿童在家庭中可能遭受暴力就可以报告相关机构。根据美国法律的规定，12 岁以下儿童必须 24 小时得到监护，否则监护人会受到法律制裁。在美国，父母打骂子女，给子女关禁闭，甚至不在自驾车上为子女安装儿童座椅都被视为违法行为。如若孩子告诉老师自己被父母打了，老师第一反应是马上报警，若知情不报，就会受到法律惩罚。而家长一方被报警后，短则失去十天半月监护权，长则永远被剥夺监护权。②

因此，对于未成年子女而言，监护更像是他们的一项权利，从根本上讲，他们更具监护的法律权利主体地位。而亲权，则源于罗马法和日耳曼法，是一种身份权，指父母对未成年子女在人身和财产方面的管教和保护的权利和义务。罗马法主要以亲权人为出发点，而日耳曼法则以子女的利益为出发点。近代国家大多继受日耳曼法规定，不仅把亲权视为一项权利，也视为一项义务。不过，在现代法中，亲权与监护日益趋同，一般由父母共同行使，其行使须以子女利益为目的。未成年子女必须服从父母的亲权，而父母必须履行亲权的责任。对子女的权利义务是亲权的主要内容。由此可以看出，目前探视权制度看似与监护或亲权具有共同的法理依据，以儿童利益最大化为原则，实则不然。目前探视权制度仅着眼于夫妻双方纠纷的解决和权利义务的划分，未必能很好地体现这一原则。当前的探视权制度似乎与亲权更具渊源关系。

最后，如果从更深层次的法理看，夫或妻之所以具有探视权，是人人平等、个人自由等西方近现代法理念在婚姻家庭法中的具体化，体现为对

---

① 夏吟兰：《离婚亲子关系立法趋势之研究》，《吉林大学社会科学学报》2007 年第 4 期；王葆蒔：《"儿童最大利益原则"在德国家庭法中的实现》，《德国研究》2013 年第 4 期。
② 杨晶：《美国儿童保护强制报告制度响应模式的新转向及其对中国的启示》，《社会发展研究》2019 年第 2 期。

夫和妻在子女方面的权利主张的平等保护，也是对个人自由理念在婚姻家庭中的保障性支持。而建立在这种分离的原子式个人假设之上的理念及其制度设计是极其危险的，并受到西方一些思想家的批评。这就涉及人是原子人还是社会人的命题。前者类似于霍布斯在其《利维坦》中所设定的自然状态中的那种人①，而后者则更类似于卡尔·波兰尼在对哈耶克的自生自发与文化演进所依凭实质为人为建构结果之基础的经济人假设批判时所说的那种社会人②。而人并非孤立于他人和社会的原子式的个人，而是处于社会之中与他人无时无刻不发生着各种关系的社会人。夫妻是抚养和照顾其未成年子女的责任主体，夫妻双方矛盾纠纷的解决和权利义务的划分，不应对抗和优先于其未成年子女的权益，而应当以使其未成年子女的利益最大化和最有利于其未成年子女发展为原则和本位。

综言之，当前婚姻家庭法中对于探视权的制度安排实质上是以成年人为本位的，着眼于夫妻间纠纷的解决和权利义务的分配。其中，虽然也试图最大限度地保护其未成年子女的利益，但与夫妻本位制度安排相比较，其未成年子女只是处于从属的、次要的客体地位，并不具有真正的法律主体地位。

## 三　"子女本位"下被探视权的法理基础：温和法律父爱主义

通过上述对既有探视制度之法理特性进行的归纳与阐释，笔者认为，我们应当由当前以夫妻成年人为本位的探视制度转向以未成年子女为本位的探视制度，创设所涉未成年子女的被探视权法理。从前述可知，既有探视制度的法理依据似乎源于亲权或监护权，或从更抽象层面讲，它源于近现代自由平等的精神及原则。而更确切地讲，这种探视权的法理更是受到

---

① 在《利维坦》中人是原子式的孤立的个体，人与人之间的关系类似于狼与狼之间的关系，是每个人对于每个人的战争，由此人的自我保全成了最基本也最重要的自然正义。参见〔英〕托马斯·霍布斯《利维坦》，黎思复、黎廷弼译，商务印书馆，1985，第92~97页。
② 参见〔英〕卡尔·波兰尼《巨变：当代政治与经济的起源》，黄树民译，社会科学文献出版社，2013，前言。

硬法律父爱主义的支配。与其相比较，本文所提出的这种以所涉未成年子女为本位的被探视权法理及其制度安排之正当性理据则与温和法律父爱主义更具契合性。

近年来，法学界有学者开始关注法律父爱主义，试图将这一理论与中国法律传统及现实实践相结合，并产生了一些成果。有学者认为，法律父爱主义在一定程度上可以由功效主义、自由主义和共同善维度得到正当化证成①；也有学者认为法律父爱主义已经在许多国家的实证法中得到广泛应用，如合同法、行政法、宪法等，而且与中国古代仁政和民本理念有很大相似性，因此在中国有着特殊意义②；另有学者则对法律父爱主义给中国侵权法领域造成的异化现象提出了警示，认为应当审慎对待法律父爱主义在侵权法中的适用③；而在刑法领域则有学者认为，中国应当提倡一种父爱主义立场，以求刑法干预能够在谦抑主义与工具主义之间达到最佳平衡点④。

法律父爱主义（Paternalism），又可称为"法律家长主义"，本是一个源自西方伦理学的概念，"意指法律为了当事人利益而不管、不顾其意志行为乃至限制其自由的一种干预模式"⑤，即指像父亲那样行为，或对待他人像家长对待孩子一样⑥。当然，这里所说的父亲或家长，是指有责任心和爱心的家长。也就是说，法律父爱主义是指法律可以像有责任心的父亲一样为了当事人的利益采取限制其自由的干预措施。法律父爱主义自出现伊始就备受争议，从西方启蒙时期就一直受到批判⑦。因此，为了弥补传统的硬（hard）法律父爱主义过于强调对当事人之自由的强制性之不足，后来的学者提出了温和或软（soft）法律父爱主义，认为法律父爱主义理论应当理解为，在适当考虑当事人的意志的情况下，仅仅是对当事人

① 郭春镇：《论法律父爱主义的正当性》，《浙江社会科学》2013年第6期。
② 孙笑侠、郭春镇：《法律父爱主义在中国的适用》，《中国社会科学》2006年第1期。
③ 吴元元：《法律父爱主义与侵权法之失》，《华东政法大学学报》2010年第3期。
④ 姜涛：《在秩序与自由之间：刑法父爱主义之提倡》，《江淮论坛》2015年第1期。
⑤ 郭春镇：《论法律父爱主义的正当性》，《浙江社会科学》2013年第6期。
⑥ 孙笑侠、郭春镇：《法律父爱主义在中国的适用》，《中国社会科学》2006年第1期。
⑦ 万艺：《温和法律父爱主义之辩》，《天府新论》2017年第5期。

自由的适当限制和剥夺。其核心思想是，只有主体真实的决定才值得尊重。[①] 不过，也有学者认为，不论是硬法律父爱主义还是温和法律父爱主义，其共同性核心内涵都是一致的，即为了当事人的利益可以强制干预其个人自由，否则就无法称为父爱主义。[②] 由此，法律父爱主义的本质特征就是强制性，只不过是以当事人利益和爱为目的和名义的强制性。尽管法律父爱主义在西方曾受到洛克[③]、边沁[④]及密尔[⑤]等人的批判，但是，与这种硬法律父爱主义不同，温和法律父爱主义对于当事人自由和权利的限制以必要性为条件，范围上以最小限度为原则，其目的是消除这种限制。由此，这种温和法律父爱主义可以为被探视权提供正当性的法理借鉴。

可以说，既有以夫妻成年人为本位的探视权是以硬法律父爱主义为理论依据的，即以所涉未成年子女的利益为名义，完全无视对其自我意志的尊重和保障，使其仅处于离婚或准离婚夫妻法律纠纷中的客体地位。而以所涉未成年子女为本位的被探视权则应以温和法律父爱主义为法理，强调最大限度地限制以保障其利益为名义限制其个人自由和权利的享有与行使，这也就意味着强调最大限度地尊重和保障所涉未成年子女的个人意思表示，不仅使其利益得到最大限度保障，更使其以权利主体的身份享有和行使被探视的权利。这就使得我们在对待所涉未成年子女被探视权时，对此未成年子女被探视权进行分类处理，分为完全无民事行为能力的未成年子女的被探视权与限制民事行为能力的未成年子女的被探视权。对于前者，所涉未成年子女的被探视权的自我行使可能会存在难题，但后者则具备享有和行使这种权利的能力。

---

① Thaddeus Mason Pops, "Counting the Dragon's Teeth Claws: The Definition of Hard Paternalism," *Georgia State University Law Review*, Vol. 20, Spring 2004, pp. 667 – 668.

② Thaddeus Mason Pops, "Counting the Dragon's Teeth Claws: The Definition of Hard Paternalism," *Georgia State University Law Review*, Vol. 20, Spring 2004, pp. 667 – 668.

③ 英国思想家洛克曾在其《政府论》（下）中阐释了父权的非绝对性和暂时性，参见〔英〕洛克《政府论》（下），叶启芳、瞿菊农译，商务印书馆，1964，第108页。

④ John Hospers, "Libertarianism and Legal Paternalism", *The Journal Libertarian Studies*, Vol. 4, No. 3, Summer 1980, p. 255.

⑤ 〔英〕约翰·密尔：《论自由》，孟凡礼译，广西师范大学出版社，2011，第10页。

# 四 "子女本位"下被探视权之法理特征

可见，如前所述，既有对探视权的制度设计及理论研究只是一种基于夫和妻的成年人本位的逻辑结果，而其未成年子女却并非法律主体，既非权利主体也非义务主体。既然探视权是建立在男女平等理念与婚姻自由原则上的产物，是现代人权法治在婚姻家庭法领域的具体体现，那么，需要指出的是，夫妻间行使离婚权而涉及的其未成年子女的权利也应当同样受到现代法治人权的呵护，甚至应被置于更优先的地位，以体现平等、自由与公平相结合的现代理念。此外，更具体地讲，以所涉未成年子女为本位的被探视权及其制度安排可以从温和法律父爱主义得到正当性的法理依凭。

我们知道，在西方历史上，人权享有和行使的主体曾经仅限于西方社会的成年白人男性，而包括未成年人在内的其他人群则根本不是权利主体，是无法享有和行使权利的。[①] 随着人类对过去孤立的原子式个人假设方法论的反思，人们的权利观所强调的享有和行使主体也更具有了普遍性和广泛性，尤其是基本人权是人之为人的权利，强调的是人的尊严，不再应因国别、性别、年龄、种族、民族、贫富、宗教等不同而受到不公平对待。此外，除了人作为一般性主体被平等对待外，还应考虑因生理、年龄、健康、性别等特殊原因而处于弱势地位的特殊群体在权利享有和行使上遇到的困难与不利因素，通过对这些弱势群体的特殊的倾斜性制度安排以使其尽可能真正享受到或行使自身的权利。国际社会与世界多数国家和地区关于对老年人、未成年人、妇女以及残疾人权益等特殊保护的法律安排就是这一价值理念的具体体现。比如，德国近年来家事法发展趋势之一就是在亲子关系法方面更加注重子女利益和儿童的权利，"'子女作为权利主体'取代父母，……而成为亲子关系法思考的中心"。[②]

---

① 参见钱继磊、赵晔《全球化：人权及其保障的陷阱》，《上海交通大学学报》（哲学社会科学版）2011 年第 3 期。

② 〔德〕安娜·勒特尔：《德国重新统一后的家庭法学——争论、工作方法及若干观察》，季红明译，"中德法教义学苑"微信公众号，https://mp.weixin.qq.com/s/Ks4di2HO6qQgtT85Ze97hQ，最后访问时间：2019 年 9 月 15 日。

　　而对于夫妻离婚所涉及的其未成年子女而言，与其他处于正常家庭的未成年子女相比较，他/她因其父母对离婚权的行使处于更加弱势的地位，这一权利使其身心的健康成长处于非常不利的地位。从法理上讲，应当给予这一特殊群体更多倾斜性的保护和制度安排，以尽量减少和弥补因成年人权利的行使给未成年人权益造成的伤害。而最有效的保护性制度安排就是使其自身处于法律权利主体地位。我们通常说，"无救济，无权利"，这意味着，获得制度性救济的前提通过制度上的权利设计才可能达致。由此，笔者认为，对于即将处于离婚状态的夫妻而言，应当做出使其未成年子女处于权利主体地位的制度性安排，即被探视权。

　　这种被探视权，与目前学界和制度所指的探视权有着本质不同，意指夫妻离婚所涉及的未成年子女享有要求与其不在一起生活的父或母定期或不定期进行探视的权利。而不论是与其一起生活的父或母中的一方，还是不与其一起生活的父或母的一方，都只是义务主体，都有积极的保障或协助义务。具体而言，相较于既有探视权制度，这种被探视权具有如下特征。

　　第一，本文所倡导的这种被探视权是基于未成年子女视角的制度安排，真正体现了子女本位和儿童利益最大化、最有利于其发展的原则，从而使这项原则可能得以最大程度的实现。而当前探视权及其制度安排仅是基于夫妻成年人视角和其权利实现的一种制度安排。虽然也往往规定了儿童利益最大化或最有利于其发展的原则，但实则所涉及的未成年子女的权益仅处于次要和从属的地位。

　　第二，本文所倡导的这种被探视权的权利主体是父母行使离婚权而涉及的未成年子女。这与现有的探视权制度完全不同。在目前的探视权中，不论是权利主体还是义务主体，都只是限定为夫或妻。而夫妻的未成年子女只是实现夫或妻权利的客体。虽然目前的探视权也强调夫妻行使权利时对其未成年子女应承担的义务或责任，但未成年子女毕竟不是法律主体，也就不可能获得自主性的权利救济。

　　第三，本文所倡导的被探视权的权利性质是一种以享有为主要特性的权利。也就是说，对于夫妻离婚所涉及的未成年子女而言，它是一种纯受益性权利，不需要付出任何对价或行为。或许有人会质疑，未成年子女因为无民事行为能力或限制行为能力而导致其无法真正享有和行使这种权利，因而这种权利安排并无实际价值，由此亲子关系法在本质上属于一种"民事屈从关系"。① 然而需要指出的是，权利的享有与行使的能力是一回事，而权利享有和行使的状态则是另一回事。不能因前者不足而使后者丧失可能性和正当性基础。从法理及目前趋势看，不论是亲子关系现代化还是夫妻关系的改革，虽然两者存有差异，但它们都应遵循一条相似的主线，即人的解放（emancipation）② 和建立在其上的权利本位。具体在亲子关系法中，人的解放主要指未成年人法律人格的独立，与其父母相互独立，具有无差别的抽象人格。换言之，子女对家长的依附，并非人格上的，而仅是民事行为能力上的。因此，子女的民事权利能力和人格从其出生时即为独立的存在，而其之所以依附于父母，只不过是一种成长的阶段性需要。③ 因此，在立法实践中，即便是完全无民事行为能力的未成年人，也并非意味着其所有的民事行为都无效，其特定的行为也具有法律效力，比如获得赠与的权利等。

由此，未成年子女的这种被探视权类似于未成年人享有的获得赠与的权利，权利主体的享有和行使不应以具有任何对价为条件，而只要求有其自主的意思表示即可。当然，这种权利的实现也需要主张才能行使，但仅仅通过其意思表示即可，尤其是处于无民事行为能力年龄的未成年人。而随着年龄的增长，其行使权利的能力会逐渐提高，这种权利的行使特性也就相应增强。④

第四，对于行使离婚权的夫妻而言，基于其未成年子女的被探视权所

---

① 参见徐国栋《父母与未成年子女关系的法哲学透视：与夫妻关系的比较》，《东方法学》2010 年第 3 期。

② Sanford N. Kartz, William A. Schroeder and Lawrence R. Sidman, "Emancipating Our Children: Coming of Legal Age in American," *Family Law Quarterly*, Vol. 3, 1973, p. 211.

③ 蔡永民、张智辉：《对探望权立法的法理分析及其完善》，《甘肃政法学院学报》2006 年第 5 期。

④ 从世界立法实践看，目前许多国家和地区普遍接受了达到一定年龄但尚未成年的未成年子女享有相当程度的自决权，这不仅包括实体性权利还包括程序性权利。比如英国以 Gilick v. West Norfolk and Wisbech Area Health Authority and Another（〔1985〕3 All ER 402）案为基础，发展出了有关儿童自决的系列理论；《德国民法典》第 1626 条第 2 款也确立了儿童自决权的一般性原则。

产生的夫或妻对其未成年子女的探视义务是独立于抚养义务的一项新兴义务。我们知道，目前的夫妻对其未成年子女的抚养义务包括经济、精神、教育等方面，然而获得抚养权的夫或妻中的一方却可以放弃就其未成年子女经济方面的抚养向另一方的索要权。而本文所说的被探视权则不涉及经济财产权利。除了权利主体基于其意思表示不予主张外，这种权利不能由任何人基于任何理由通过约定而放弃或拒绝。这是一项基于未成年人的人权理念而作出的制度安排，更是弱势群体倾斜性保护在特殊未成年群体上的具体体现。

第五，未成年人的被探视权与成年人的离婚权关系问题。基于婚姻自由原则而形成的离婚权实质上是一项以成年人为本位的权利安排。而基于未成年人权益保护的这种被探视权则是一项以未成年人为本位的权利理论。通常认为，成年人之离婚权的行使不受包括其未成年子女在内的任何干涉，即离婚自由原则。这样一来，即使是未成年人的被探视权，也不能对抗和干涉成年人的离婚权。但是，本文认为，成年人这种离婚权的行使对其未成年子女造成身心伤害，由此带来的这种特定责任却不应被无视或免除。因此，行使离婚权的成年人夫妻对其未成年子女应当负有这种法律上的义务和责任。而只有赋予离婚所涉及的未成年子女在法律上的权利主体地位，才可能最大限度地体现未成年子女意志，确保其获得最大程度的保护与救济。

第六，本文所说的未成年人的这种被探视权，应当以尊重和保障权利主体的自我意志为最终目标和优先原则，并以保障未成年子女利益为补充。这就是前面所述的温和法律父爱主义理念在探视制度安排中的具体体现。具体言之，这种温和法律父爱主义的本质不再是对权利主体的自我意志和权利主张的强制与剥夺，而是对其最大限度地尊重与保障，是以为权利主体权利的享有和行使创造条件为目的的。只有在权利主体因年龄等原因依靠自身确实无法表达和主张自我权利时，才应当以保障所涉未成年子女利益来作为对其权利享有和行使原则的补充。

本文所说的被探望权的权利主体是未成年子女，而义务主体则是不与其在一起生活的父母。这样，在婚姻关系中，法律赋予父母及其子女平等的权利。现实生活中，离异家庭中的未成年子女往往在单亲家长的陪伴下成长，因而无法享有完整的父母家庭之爱，未成年子女对不与其直接一起生活的父或母一方的情感渴望也就无法言表。赋予未成年子女这种被探望的权利主体地位则可使其自由自在表达对不直接与自己一起生活的父或母一方的情感需求，无条件要求不与其一起生活的父或母一方探视自己并履行作为父母应尽的义务，从而为其享有权利排除障碍，并提供制度性救济和保障。对于未成年子女的祖父母、外祖父母而言，与夫妻关系本位的探视权不同，他们则不宜成为被探视权的义务主体。对于这种被探视权的客体，可以借鉴目前对探视权客体的通说，即为一种抽象的身份利益。① 它产生于未成年子女和与其不直接一起生活的父或母一方之间。这种身份利益具有双向性，不但属于未成年子女的身份利益，而且属于不与子女一起生活的夫或妻一方的身份利益。这种被探视权的内容则是指被探视权法律关系中各方主体之间的关系。

总而言之，目前的探视权制度安排只是以成年人维度为本位的学理阐释及制度安排，而其所涉及的未成年子女只是处于从属或次要地位，其未成年子女的权益仅仅是作为一项附着于夫妻离婚权行使的事项之一。由此，本文试图提出一种基于未成年人的被探视权理论及其相应的制度构建。它以夫妻离婚所涉及的其未成年子女的权利为本位，是与目前的探视权相独立的一项新兴权利。这一新兴权利实际上使婚姻家庭法从以婚姻法为核心转向以家庭法为核心，从以成年人夫妻关系及其权利为本位转向以未成年人子女权利为本位。这不但是使婚姻家庭法顺应国际人权发展趋势之所需，也是我国传统伦理文化在亲子关系上的传承与发展，同时体现和凸显了我国《宪法》中"尊重和保障人权"宪法精神和原则的应有之义。

## 五 "子女本位"下被探视权的制度建构

如果上面所讨论的这种被探视权理论在法理上能够得到证立，那么接

---

① 杨立新教授就认为，"身份权的权利客体不应是特定身份关系的对方当事人，而是受法律保护的身份利益"。参见杨立新《民法总论》，法律出版社，2009，第253页。

下来就需要对这种未成年子女本位下的被探视权的制度构建进行理论上的讨论。这种制度构建理论应当既立足于现实，尤其是立法现实，又高于现实，同时还应体现法理前沿，以能够为立法实践提供有益参考。

针对我国立法实践而言，我们应当重视未成年子女在婚姻家庭法中的权利地位，进一步体现和落实儿童利益最大化和最有利于未成年子女发展原则，以未成年子女权利为本位构建起中国特色亲子关系法体系。也就是说，我国应当建立起与当前以夫妻权利为本位的探视权并行的以未成年子女权利为本位的被探视权制度体系。

具体而言，本文认为，这一制度体系可从以下几个方面考虑。

第一，我国《宪法》应当更明确地为设立未成年子女被探视权制度提供立法依据。我国现行《宪法》（1982 年颁布）规定"国家尊重和保障人权"，其中就包括人身权利，不仅包括成年人的人身权利，更是明确提出了对未成年子女这一弱势群体的特别保护。① 虽然此条款能够推理出对未成年子女利益的一般与特别的保护，但主要还是体现保障人权，而其对人权的尊重则体现不足。而本文所说的未成年子女对这种被探视权的享有和行使的自决权不仅要求来自法律的保障，而且还要求确保对其应有的尊重。因此，在现行《宪法》第 49 条中可以增加"国家尊重母亲、儿童的合法权利"作为本条的第 1 款。这样使得本款既能体现对作为家庭中弱势群体的女性和儿童权利之尊重，又有后面几款对其权益特殊保障的规定，可以更好地与《宪法》第 33 条第 3 款规定相契合，同时也为未成年子女的被探视权提供了更充分的立法依据和宪法保障。

第二，在未来的婚姻家庭编中的家庭关系部分，应当增加一条，即"夫妻因感情分居或离婚后，未成年子女有要求不与其一起生活的父或母一方给予探望的权利"。这样就使婚姻关系部分中的以夫妻成年人权利为本位的探视权与家庭关系部分中的以未成年子女权利为本位的被探视权同时存在。虽然未成年子女的被探视权无法对抗成年人夫妻的离婚自由及其

---

① 我国《宪法》第 33 条第 3 款规定"国家尊重和保障人权"；第 49 条第 1 款、第 4 款则规定"婚姻、家庭、母亲和儿童受国家的保护"，"禁止破坏婚姻自由，禁止虐待老人、妇女和儿童"。

探视权，但是未成年子女的被探视权也不能因夫妻的探视权而被忽略或替代。后者是为弥补夫妻因感情而分居乃至离婚从而给其未成年子女带来的伤害所应做出的必要补偿。对于分居或离婚的夫妻而言，它是独立于夫或妻探视自由和权利的一项新兴的义务和责任。

第三，在《民法典婚姻家庭编（草案）（第二次审议稿）》的婚姻关系相关部分，第863条中可以增加"夫或妻一方的探视权不得对抗其未成年子女的被探视权"，作为本条的最后一款。这样使得夫或妻的探视权与其未成年子女的被探视权之间的关系得以厘清，即夫或妻的探视权只是针对夫或妻的另一方而言的，而其未成年子女的被探视权却优先于夫或妻的探视权，夫或妻不因其权利的自动放弃而免于履行对未成年子女的探视义务。

第四，为了体现对未成年子女权利保障的一致性，我国《未成年人保护法》的修订也应体现这一立法精神。具体而言，应当在目前的《中华人民共和国未成年人保护法》第二章的家庭保护部分增加一条作为第17条，即"夫妻因感情分居或离婚后，未成年子女有要求不与其一起生活的父或母一方给予探望的权利，夫妻有履行对其未成年子女给予探视的义务"。这样使得本部分条款与第1条和第10条相一致，更充分体现了我国对未成年人权益给予特殊、优先保护的精神和原则①。

第五，除了在实体法立法中体现这种未成年子女权利本位，还应当在诉讼法中对其给予相应规定。因为不仅"无权利，无自由"，而且"无救济，无权利"。如果说权利保障是自由得以实现的坚硬外壳，那么程序性的诉权则是权利保障通道的入口。由此，可以在家事法的诉讼法中增加相关条款，即"因感情分居或离婚的夫妻，其未成年子女就不与其一起生活的夫或妻给予探视向人民法院提起诉讼要求的，应当支持，并在立法、审

---

① 《中华人民共和国未成年人保护法》第1条规定："为了保护未成年人的身心健康，保障未成年人的合法权益，促进未成年人在品德、智力、体质等方面全面发展，培养有理想、有道德、有文化、有纪律的社会主义建设者和接班人，根据宪法，制定本法"；第10条规定："父母或者其他监护人应当创造良好、和睦的家庭环境，依法履行对未成年人的监护职责和抚养义务。禁止对未成年人实施家庭暴力，禁止虐待、遗弃未成年人，禁止溺婴和其他残害婴儿的行为，不得歧视女性未成年人或者有残疾的未成年人。"

判等方面提供便利"。这样使得未成年子女的被探视权有了权利救济的程序性制度保障，为其被探视权的实现提供了保障，避免本文开头提及的类似案例再发生。

同时，应当指出的是，考虑到未成年子女行为能力有限的现实情况，他/她的这种被探视权还可以由与其一起生活的父或母一方，或者在特殊情况下与其一起生活的祖父母、外祖父母等代为提起，但应当有证据证明为未成年子女本人真实的意思表示。

另外，在我国的法律援助方面，这种未成年子女提起的被探视权案件应当被纳入国家法律援助相关法律法规的范围，以便为这种权利的实现提供更便利、更充分的法律体制机制的保障。

# 结　语

我们经常说，儿童是祖国的花朵，是祖国的未来。世界的未来也属于儿童，人类的希望也寄托于他们。这一方面说明了儿童、未成年人健康成长对于国家的重要性，同时也显示了儿童、未成年人的脆弱性，因此我们应该通过更合理的制度性安排为其提供更加规范有效且充分的法律保障，使其早日成为具有独立人格和责任担当的人。然而，目前以夫妻成年人为本位的探视权理论逻辑及制度设计却有意或无意地忽视了未成年子女作为权利主体的正当性。为此，我们有义务阐释、提倡并践行以未成年子女为分析视角和权利本位的理论逻辑和制度设计，真正将未成年子女作为权利主体，使其得到的不仅是被动的利益保护，还使其权利得到最大程度的尊重，使其真实意思得到更充分的体现和保障，使其成为具有真正独立人格的人。这需要我们成年人摒弃过去传统的硬法律父爱主义下的那种家长情结，以开放平等的姿态将未成年子女置于与自己同等的人格地位，以温和法律父爱主义理念为指导进行系统的制度立法和司法实践。

# 庭审改革与诉权保障<sup>*</sup>

丁朋超<sup>**</sup>

**摘　要：** 目前我国当事人诉权保障面临着立法、司法及理念层面不足的问题，造成这些问题的原因可归结为理论纷杂、制度缺陷和司法压力三个层面。现代庭审理论注重案件争点的确定、失权制度的落实，并要求法官在案件审判过程中履行阐明义务，做到心证公开。该理论能够体现诉讼民主、诉讼规律和程序保障，以争点整理引领的现代庭审方式能够实现案件的集中审理以及突袭裁判的有效防止，并能够为当事人诉权提供制度化保障。我国应在现代庭审理论的指引下，建立争点整理引领的集中审理制度、注重法官阐明义务的行使和心证公开、用公共理性重塑当事人的程序主体参与权，以此实现当事人诉权保障的价值追求。

**关键词：** 诉权；庭审改革；庭审理论；争点整理；法官阐明

作为叩开法院之门的权利要件，权利人必须借助诉权才能获得司法救济，可见诉权的重要性不言而喻。甚至在二战之后，人们将诉权上升到人权高度进行讨论，学界对诉权理论的研究也一直处于历久弥新的样态。从诉权的外在表象看，裁判请求权构成了当事人寻求诉权保障的具体化表现形式①。从域外规定观察，目前世界多数国家均将当事人的裁判请求权上升到宪法层面，该权利已经成为公民基本人权不可或缺的一部分。裁判请求权是实现当事人诉权的重要手段，这就要求国家应将司法的基本功能定位为权利

---

\* 本文系广东高校科研青年创新人才类项目"高素质法律职业共同体养成路径研究"（2018WQNCX045）的阶段性成果。

\*\* 丁朋超，广东财经大学法治与经济发展研究所讲师，法学博士后。

① 沈亚萍：《民事诉讼受案范围与基本人权保护》，《武汉大学学报》（哲学社会科学版）2014 年第 2 期。

救济，并在坚持司法被动性和判断性的基础上，重新审视并设计合理的司法制度。显然，当事人获得及时、无差别的司法救济即成为裁判请求权的题中之义。在此基础之上，我们才能讨论裁判的公正性、公开性和透明性问题。在这种逻辑的涵摄前提下，裁判请求权具有两个递进层次的表征：首先是纠纷能够系属法院，其次才是得到公正的裁判。倘若某一纠纷无法系属法院，则当事人的诉权将得不到有效保障，得到公正的裁判也就无从谈起，对当事人诉权保障的追求也就成为"镜中花""水中月"。由此可见，要想推动当事人诉权的实现，需要通过诉权理论的统摄促使国家制定或优化相应的司法制度。近年来，虽然我国学界对诉权保障的研究成果较多，但对诉权理论的研究有僵化的趋势，且对司法实践的指引力日渐式微。"每一种参与竞争的诉权学说都被指有缺陷，无法自圆其说。"① 笔者认为，导致诉权理论研究僵化和指引力消解的直接原因在于人们忽视了诉权保障与庭审过程的某种互动关联，由此带来的直接后果即是当事人诉权保障的片面化，导致多数研究结论有陷入"明希豪森"困境和"休谟问题"追问的窘境②，当事人诉权保障的效果也就可想而知。现代庭审理论讲求对当事人诉权的保障，能够为如何实现当事人诉权的保障提供一条可行的且成本低的进路，值得我们关注。本文拟在庭审改革的涵摄下，从当事人诉权保障的困境出发，讨论现代庭审理论对当事人诉权的具体保障方式，以求教于大方之家。

# 一 当事人诉权保障的桎梏及成因分析

## （一）当事人诉权保障面临的桎梏

我国当事人诉权保障面临着理念和制度双向供给不足的问题。从时间

---

① 严仁群：《回到抽象的诉权说》，《法学研究》2011 年第 1 期。

② 明希豪森困境是德国哲学家阿尔伯特提出的，指作为论证的大前提也面临着证成上的追问，因而导致论证上的无限递归。休谟问题是英国哲学家休谟提出的伦理学问题，指的是从事实描述跳跃到价值判断的论证上的困境。在某种意义上，可以认为明希豪森困境是演绎论证的困境，而休谟问题则是归纳推理的困境。参见〔德〕罗伯特·阿列克西《法律论证理论——作为法律证立理论的理性论辩理论》，舒国滢译，中国法制出版社，2002，第 2 页。

维度分析，虽然我国早在《周礼》中就已经确立了非刑罪案件的诉讼程序①，但诉讼程序的目的在于维护封建专制统治的需要，对当事人诉权的制度保障相当匮乏。新中国成立后，虽然我国开始重视当事人诉权的保障并进行了积极的探索，但这些探索仍然存在诸多不足之处，尚留待我们进一步解决和完善。这些不足主要体现在如下面向。

其一，诉权保障在立法层面的不足。从诉权的内涵分析，无论私法诉权说还是公法诉权说，都承认诉权是当事人要求司法保护的请求权，当事人诉权的源泉为法律的拟制。但是在我国，一方面，有些本应作出规定的权利在法律上并没有体现，从而导致当事人的某些实体性权利在受到损害时无法获得有效的司法救济，典型的例子即状告第三者侵犯配偶权纠纷；另一方面，虽然有些权利被写入法律，但法律并没有设定该权利被侵害时的救济途径，致使该类权利沦为"具文"，典型的例子即当事人对法官不予阐明②的制度设计。

其二，诉权保障在司法层面的不足。学界普遍认为，阻碍当事人诉权实现的主要原因在于审判权对诉权的不当干预。在司法实践中，法院侵犯当事人诉权的情况时有发生，最直接的体现就是人为地抬高起诉门槛，使得"起诉难"问题突出。虽然随着"立案登记制"的实施，审判权对诉权的侵害已经得到很大程度的缓解，但立案登记制并非对所有案件都收、都受。实际上，在立案登记制下，我国《民事诉讼法》第119条的制度功能被演变成"诉权保障和审判压力的平衡点……在立案登记制实施以后，仍然存在着因起诉条件导致'起诉难'的可能性"③。由此可见，当事人诉权实际上仍然处在时刻为审判压力"让路"的窘境当中，其地位和司法保护现状也就可想而知。

其三，诉权保障在理念层面的不足。当事人对诉权的理解不当、诉权意识不强是当前当事人诉权理念的真实写照。多数人对诉权本身缺乏正确

---

① 程政举：《〈周礼〉所确立的诉讼程序考论》，《法学》2018年第4期。
② 阐明，又称释明，目前我国学界在使用这一概念时的表述并不统一，笔者在下文中将根据行文需要交替使用这一概念称谓，特此说明。
③ 曹云吉：《立案登记制下"当事人"的程序构造》，《法制与社会发展》2017年第5期。

的认识，在自身权利遭受损害时，既不懂得如何通过行使诉权保护自身的合法权益，又不愿意去实施这一权利。加之在某些司法过程中屡屡碰壁和受挫，人们行使诉权的积极性必然会进一步降低，也就谈不上对法院的信任感和期望值，这也就解释了为什么当事人对生效裁判的申诉、上访比例居高不下。

### (二) 我国民事诉权保障桎梏的成因分析

第一，就理论层面而言，诉权学说的纷杂无法对立法及司法形成统一的指导。从诉权的学术发达史来看，人们对诉权的认识经历了私法诉权说、公法诉权说、本案判决请求权说、司法行为请求权说以及苏联的二元诉权说等几个阶段。但问题是，虽然诉权学说的发达对人们认识诉权具有积极意义，但如果没有具体制度的支持，诉权学说就有可能陷入"纸上谈兵"的窘境。就我国而言，其一，诉权学说并不发达，人们对诉权的认识还存在诸多的误区。例如，对当事人诉权的认识仍停留在起诉权的层面，偶有论者将当事人诉权扩展到庭审层面进行讨论，但由于缺乏对现代庭审理论的全面认识，其依据旧的庭审理念所提出的制度构建大多不具备可操作性。其二，传统的诉权学说本身即存在自身无法克服的缺陷，致使其对立法及司法的影响力大打折扣。例如，学者们正是基于私法诉权说没有明确区分实体法和程序法的缺陷而提出公法诉权学说，但公法诉权学说中的抽象诉权说将诉权与实体权相分离的认识、具体诉权说偏执于法院立场的认识、本案判决请求说过分依赖法院判决的认识又为后来者暴露了"软肋"。二元诉权说本身就不太具有对实践的指导意义，诉权否定说又不利于对当事人诉权的保障，致使诉权学说呈现"诸侯纷争"的局势，这种纷乱的局面显然不利于立法者对诉权统一尺度的把握。其三，诉权学说的滞后以及对学说尺度把握的不一，又造成了我国立法中诉权保障制度的缺失，从而导致诉权对审判权制衡的失控。

第二，就制度层面而言，当事人诉权缺乏具体的制度保障。在我国，当事人诉权缺乏制度保障呈现两种面向。其一，我国《宪法》并未对诉讼权利作出明确规定。宪法是国家的根本大法，是其他法律的母法。域外多数国家，例如，《德国宪法》第 101 条、《日本国宪法》第 32 条、《俄罗斯宪法》第 33 条，均将诉讼权利作为公民的一项基本权利写入宪法。反观我国，虽然我国宪法对实体性权利的规定较为全面，但与实体性权利对应的程序性权利的规定则寥寥无几，这不得不说是立法的一大缺陷。这种立法现状所导致的直接后果就是当事人诉权保护的法律体系因缺乏根基而有被虚化的危险。其二，民事诉讼法对当事人诉权的规定存在诸多缺陷。这种缺陷可概括为三个层面。首先，法律关于可诉范围的规定过于狭窄。可诉范围与诉权保障呈现正相关关系：可诉范围越广，说明立法对诉权保护的程度就越高；反之则保护程度越低。从我国当前的法律规定来看，可诉的范围过于狭窄，从而使得本应进入诉讼的案件因缺少请求权基础或对应的"案由"而被排斥在法院之外。例如，随着经济的不断发展，社会上涌现出较多侵害国家、社会公众利益的公益诉讼。虽然修改后的《民事诉讼法》第 55 条填补了我国民事公益诉讼的法律空白，但是该条的缺陷也是非常明显的，例如，该条仅采用列举加概括的方式规定了两种具体的诉讼类型，其他类型的公益诉讼案件仅采用"等"字代替，这显然给司法者留下了诸多的裁量空间。考虑到公益诉讼的社会影响，采用列举加概括式的规定反而不利于今后公益诉讼制度的良性运行。其次，立法关于起诉条件的规定过于苛刻。这一问题在前文司法层面不足部分已有论述，此处不赘。最后，诉讼阶段的制度安排也无法有效保障当事人的诉讼权利。"我国民事案件庭审中存在的突出问题主要是法庭调查和法庭辩论两阶段的不当划分，许多复杂案件的审理没有确定争点且查清案件疑点的手段欠缺"[①]，这种制度设计带来的直接后果是：其一，由于缺乏对案件材料的过滤方法，大量与案件审理无关的信息进入庭审，本应由法庭辩论支配的时间被无端挤占，由此带来的直接后果是法官在无争点或者争点极其模糊的情况下审查了大量与本案并不相关或者不必审查的证据；其二，造成相当比重的复杂案件审理终结后事实仍然不清等不良后果，突袭性裁判数量

---

① 章武生：《我国民事案件开庭审理程序与方式之检讨与重塑》，《中国法学》2015 年第 2 期。

居高不下。这些问题可以从最高人民法院发布的工作报告得到进一步的佐证，据最高人民法院工作报告，2015 年申请执行的案件同比上升 37%，2016 年申请执行的案件同比上升 33.1%，申请执行比例高说明案件的自动履行比例低，这说明生效裁判的自动履行率和当事人对生效裁判的接受度都在大幅下降。实际上，执行案件居高不下和执行难问题与突袭性裁判大量发生是有密切关系的。从某种意义而言，这些制度设计的缺陷正是当事人诉权无法得到切实保障的原因所在。

第三，就司法层面而言，繁重的案件压力致使法院无暇过多顾及当事人诉权的保障。由于经济下行压力的影响，当前我国多数法院普遍面临受理案件井喷式增长的压力，以长三角某基层法院为例，该法院 2013 年案件受理量仅为 16000 余件，2017 年竟然达到了惊人的 32600 余件，案件增幅达 103.8%。受制于当前诸多因素的影响，大量案件不断积压，"案多人少"矛盾突出。针对"案多人少"的问题，多数法院寄希望于通过案件的"繁简分流"、优化审判团队模式等途径予以解决。但问题是，一方面由于我国立法关于案件"繁"和"简"的规定并不合理，法院在实务操作中对繁简案件的区分方式并不恰当。同时，当事人缺乏充分的程序选择权，该走普通程序的案件被人为地划入简易或小额程序中进行处理，导致当事人很可能遭受丧失上诉权、案件审理期限过短等某些人为程序上的不利益。另一方面，由于我国并不存在域外国家或地区规定的即决判决（Summary Judge）、认诺和舍弃判决制度，因此这种"繁简分流"仅有形式之相而无制度之实，其实践效果也就可想而知。法官在"案多人少"的现实语境下，对当事人诉权的关注则是能省则省，大有"大权化小权、小权化无权"的趋势。在宪法层面缺失、制度设计缺陷、司法资源紧张的语境下，当事人诉权保障无法得到重视也就变得顺理成章。

## 二　当事人诉权保障的庭审理论选择

从上文论述不难看出，实现当事人诉权的保障，实际上是一个非常庞大的系统工程，这项工程涉及诉权学说的澄清、立法制度的完善以及司法改革等问题。显然，完成这项系统工程必然耗费大量的人力、物力和时间。那么，是否存在一种成本低、效果好的理论或者制度方法？笔者认为，现代庭审理论能够实现这一技术目标和制度追求。

## （一）庭审是实现诉权的重要场域

诉权是当事人请求法院作出公正裁决的权利，其具体表现为程序上的平等权、适时审判请求权、权利有效保护请求权、听审请求权和公正程序请求权[①]。由此可见，诉权保障也应贯穿于诉讼的全过程，而非仅限于对起诉权的讨论[②]。同时，我们也应看到，上述权利中部分权利的实现需要依靠对应制度的设计，有些权利则只能通过原则的方式予以确立。程序上的平等权要求当事人在诉讼过程中的地位平等，同时也应依据当事人一方所处的地位和诉讼能力采取适合该方的诉讼攻击和防御方法[③]。也就是说，程序上的平等权指向的是程序过程中的具体实施权，显然诉讼实施权的主战场应是庭审过程；适时裁判请求权、权利有效保护请求权和听审请求权存在"并轨"因子，即都要求当事人参与诉讼程序，并且该参与是在充分沟通和协作的前提下完成的。同时，其也要求裁判效率不能过于低下，裁判结果是庭审材料的自然推演而不能造成突袭性裁判，法官在案件审理过程中应进行充分的阐明和心证公开[④]；公正程序请求权则是程序自治性的必然结果，在满足上述权利的前提下，公正程序请求权的目的将自然达到，"庭审过程作为权利实现的重要'场'，其在当事人权利的实现过程中扮演极其重要的角色"[⑤]，可见注重庭审的质量和效率，是对当事人诉

---

[①]　田平安、柯阳友：《民事诉权新论》，《甘肃政法学院学报》2011年第5期。

[②]　有学者认为，将诉权扩展到起诉权、上诉权和再审诉权并不妥当，因为这样会导致诉权外延过于宽泛，从而不利于诉权的具体化保护。其认为，诉权宪法化是各国的普遍趋势，诉权可以或者应该上升为基本权利，如果将起诉权、上诉权和再审诉权也视为诉权的基本形态，那么，这些权利显然也必须上升到基本权利层面。从目前域外立法经验来看，没有哪个国家将上诉权及再审诉权上升到宪法高度，这也是不可能实现的。参见刘敏《诉权保障研究——宪法与民事诉讼法视角的考察》，中国人民公安大学出版社，2014，第14~15页。

[③]　沈冠伶：《民事证据法与武器平等原则》，台北：元照出版有限公司，2013，第97页。

[④]　杨严炎：《论民事诉讼突袭性裁判的防止》，《中国法学》2016年第4期。

[⑤]　〔日〕山木户克己：《訴訟における当事者権》，有斐阁，1961，第59页。

权强有力的保障方法和场域。

## （二）我国现有的庭审制度不能有效保护当事人的诉权

当前我国司法实践采用的是传统的庭审方式，虽然该种庭审方式在我国依然能够发挥解纷的功效，但其存在的问题也较为突出。其一，在传统庭审方式下，大量与本案无关的杂质进入庭审，庭审时间被无端拉长①。其二，在传统庭审方式下，法官排除内心疑点的技术较为缺乏，致使庭审结束后法官依然无法形成确定的心证，庭审效果并不理想；加之，庭审透明度不够（我国法官在庭审过程中基本不进行暂定性的或完全的心证公开），当事人无法对裁判结果形成合理预期，这就为关系案的发生埋下了伏笔。而上述问题又导致了：虽然我国有数量庞大的法官群体（在本轮司法改革之前，我国有 20 多万名法官，英法日三国案件总量与我国基本持平，但三国加起来仅有 1 万多名法官），但法官审理案件的压力巨大，"五加二""白加黑"是我国法官日常工作时间的真实写照；案件审理的质效不高，我国法官人均办案数量不到某些国家的十分之一，且错案较多；诉讼成本较为高昂，当事人在判决生效后的申诉、上访比例较大。

我国传统庭审为什么会出现这些问题？经过章武生教授考证发现，目前我国的庭审方式是"断章取义抄自前苏联，但我们从未搜索到我们与前苏联庭审程序联系方面的研究资料，这么重要的一项制度来自何方都不清楚，被我们糊里糊涂运用了几十年"②。同时，"许多复杂案件的审理没有确定争点且查清案件疑点的手段欠缺，直接导致了法官在争点模糊的情况下审查了大量没有必要审查的证据，法庭辩论的宝贵时间被挤占，造成相当比重的复杂案件审理终结后事实仍然不清等后果"③。在这种庭审方式的主导下，突袭裁判的防止、心证的公开、释明权的行使、争点的确定等现代先进的庭审理念和制度统统不存在。这就导致了稍微复杂一点的案件仅法庭调查就要花 1

---

① 笔者调研发现，就庭审排期而言，我国大陆一个上午或下午的排期一般不会超过三个，而我国台湾地区一个上午或下午的排期可以达到 15 个之多，日本最少也有 9 个。调研时间：2019 年 7 月 22 ~ 28 日。

② 章武生：《我国民事案件开庭审理程序与方式之检讨与重塑》，《中国法学》2015 年第 2 期。

③ 杨严炎：《论民事诉讼突袭性裁判的防止》，《中国法学》2016 年第 4 期。

天以上时间，法庭调查花 3 天以上时间的案件也不鲜见。

那么，我国的庭审时间较长是不是庭审精细化的制度使然呢？从实践效果来看，这一假设也并不成立。"由于我们许多案件没有确定争点或争点确定不当，没有围绕争点进行举证质证和辩论，导致了许多案件在争点模糊的情况下审查了许多没有必要审查的证据。"① 倘若案件的标的数额较大，如果一方通过关系疏通要求法官予以关照，那么最好的办法即法官筛选对被关照方有利的证据作为裁判基础，进而做出对该方有利的裁判，这实际上就是突袭性裁判。当然，依据我国民事诉讼法两审终审和再审的制度规定，若一方当事人不服该判决可向法院提起上诉或者再审，从而纠正该突袭性判决。从应然层面而言，案件在二审程序中，本案的问题以及争议焦点相对比较集中，二审法官在案件审理时所要面对的案件事实、证据和法律相对比较清楚，发现错误裁判的概率明显要大得多。但受制于法官考核制度及其他制度痼疾，二审法官并不愿纠正错误的判决，这又使得在二审中无法予以纠正的案件涌向再审通道。但事实上，由于错案追究制度的存在，再审法官很可能基于同行因素的考量，不愿对再审案件进行改判，这可以从我国再审改判比例仅有不到 2% 的现实得到佐证。实际上，据笔者了解的情况，我国再审案件需要改判的比例在 30% 左右，换言之，我国绝大多数错案并不能通过再审程序予以拨正。此时，再审法官处理该类案件最便捷的办法即继续进行突袭性裁判。那么，面对这些问题，有能力的当事人会选择重复上访或申诉，自身能力不够经不起折腾的当事人也就只能自认倒霉。但无论如何，当事人对裁判实际上是不接受的，对裁判的自动履行也就成为"天方夜谭"。当事人对裁判可接受度低又直接引发了我国强制执行比例的连年攀升，除去当事人确实无履行能力之外，相当比重的当事人不自动履行生效判决的原因则是认为裁判不公，这又引发我国"案多人少"的现实矛盾。显然，我们无法期冀于通过对法庭调查和法庭辩论进行顺序的优化来解决这些问题②。

---

① 章武生：《我国争点确定机制和庭审方式的反思与重构》，《人民法院报》2016 年 7 月 15 日，第 5 版。
② 段文波：《我国民事庭审阶段化构造再认识》，《中国法学》2015 年第 2 期。

### （三）当事人诉权保障与现代庭审理论的选择

由上文分析可见，庭审作为实现当事人诉权的重要场域，民事诉讼关于庭审的制度设计的逻辑起点也应以保护诉权展开，但现实是我国采用旧的庭审理论所搭建的庭审制度并不能有效保护当事人的诉权。如何解决上述问题，一种办法即完全抛弃旧有的庭审方式，对我国的庭审方式进行革命性重建，但这种方式的成本未免过高，且是否有效仍然需要实践检验，尤其是在司法公信力还未真正建立的今天，这种改革成本很可能成为我国司法的"不能承受之重"。那么，是否存在一种改革成本低、较为成熟的解决方法？笔者认为，现代庭审理论恰好为这一需求提供了现实的注脚。所谓现代庭审理论，是"近几十年来在法治发达国家逐步形成并通过实践检验有助于法院正确、适时地审理案件，体现诉讼民主、诉讼规律和程序保障的理论"[1]。这些理论以集中审理的践行方式为核心，以突袭性裁判的防止为目的，以争点的确定和疑点的排除、释明权的行使、心证的公开、法官内心确信的形成等为具体实现方法。现代庭审理论有如下特征和内涵。

第一，与传统庭审相反，现代庭审注重在法官指挥权下对案件进行透明化、效率化的审理。与和解、仲裁等相比，民事诉讼是一种通常的纠纷解决方式和装置，其本质特征是依靠国家的强制力来解决社会冲突。而代表国家行使强制力的主体是法官，离开了法官对于诉讼程序的参与、运作，也就没有诉讼活动的正常进行和纠纷的妥当解决。也就是说，如果把民事诉讼活动比作一场舞台剧的话，其渐次推演离不开法官的指挥、引导。因为当代民事诉讼基本上采行的是当事人双方对抗的诉讼构造，而当事人之间的利益是互相对立的，故关于诉讼程序如何推行、当事人之间的攻击防御内容如何整理等，如果一概放任由双方当事人各自任意为之而全不加以节制的话，就难以达成迅速而正确的裁判，诉讼进行也会变得无效率，甚至造成法庭上的杂乱无章。因而，我们必须承认法官的这些指挥、

---

[1] 章武生：《庭审方式改革的目标与任务》，《人民法院报》2015年5月29日，第5版。

引导的权力，即诉讼指挥权。大陆法系国家和地区将诉讼指挥权分为程序性的和实体性的，其中实体性诉讼指挥权的重要表现就是法官的阐明义务。在现代社会，法官在诉讼中发挥着积极作用，因为法不只是评价性的规范，它将是实效的力量。"一个超国家的法要想变得有实效，就不应高悬于我们之上的价值的天空，它必须获得尘世的、社会学的形态。而从理念王国进入现实王国的门径，则是谙熟世俗生活关系的法官。正是在法官那里，法才道成肉身。"①

在民事诉讼的空间中，既有审前程序、庭审程序等程序的渐次推进，又有围绕证据、事实等实体问题而展开的对抗活动，这样一种多主体共同参与、多目标活动共同达成的司法运作样态，离不开法官善尽诉讼指挥权和阐明义务，否则，民事诉讼法上的各种基本要求将无从贯彻，民事诉讼制度设立的目的也就无法实现。也正是这样，阐明义务在大陆法系国家和地区被称为民事诉讼的大宪章、"帝王条款"②。法官阐明义务的有效行使，可以使当事人及时把握证据、事实和法律上的争点，并围绕争点进行集中的证据调查和言词辩论，避免因为不熟悉法律或者因与法官的观点不一而浪费太多的精力、时间和财力，从而有利于案件快速、集中审理。同时，法官对案件阐明并适时公开心证，能够帮助当事人对裁判结果形成合理预期：倘若法官通过阐明方式已使得当事人善尽攻击防御方法，依然无法使法官形成对本方有利的心证，当事人也就接受了败诉的结果；若法官进行了暂定性或完全的心证公开，眼看将要败诉，作为理性的当事人必定也会趋向于选择采用和解或法官调解的方式了结案件，这无疑又会促进当事人和解或调解制度功能的发挥。

第二，现代庭审理论要求以争点整理程序作为审前程序的重要组成部分，且争点整理制度的良好运行应根植于准备程序的发达和有效运行。现代庭审理论注重争点整理程序的运行，在争点的引领下能够克服庭审散漫

---

① 〔德〕古斯塔夫·拉德布鲁赫：《法律智慧警句集》，舒国滢译，中国法制出版社，2001，第36页。
② 〔德〕米夏埃尔·施蒂尔纳：《德国民事诉讼法学文萃》，赵秀举译，中国政法大学出版社，2005，第364页。

化问题。从域外民事诉讼的发展过程来看，"法官—当事人"之间的协作模式经历了从绝对职权、相对职权到协力推进案件审理的过程，在这一发展过程中辩论主义也经历了从职权主义、当事人主义到协同主义的阶段，当前协同主义是现代民事诉讼的核心要求。在协同主义的统摄下，法官和当事人并非审理者和被审理者这一"主动—被动"的模式构造，而是法官和当事人协力发现案件真相，共同推进案件审理。在这一主义的引领下，大陆法系主要国家，例如德国、日本，纷纷修改民事诉讼法，确立了争点整理引领的现代庭审方式。在案件审理过程中，对案件争点的整理，同时注重法官对案件阐明义务的行使以及庭审过程中的心证公开，使当事人明了法官将会采用何种证据、事实或法律对案件进行裁判，从而引导当事人在案件审理过程中将攻击防御的对象聚焦，避免重复或无效的攻击防御，德、日等国庭审质效高的原因也就在于此①。需要指出的是，由于现代庭审注重案件审理的技术要求，法官在采用此种方法时会面临不少困难和挑战，例如，我国台湾地区采用争点整理引领的集中审理方式已经 20 多年，法官也都接受了专门的技术培训，但仍有部分法官不能有效应用这些技术②。

需要特别指出的是，准备程序设计的好坏直接决定了争点整理程序运行的效果。以往我国学者大多认为我国民事诉讼法关于审前程序的规定存在缺陷，应该参照德、日等国的审前程序规定对我国的审前程序进行制度完善③。但笔者经过考证发现，实际上德、日等国的民事诉讼法根本不存在如同英美法系国家那样的审前程序，"所谓德日国家的审前程序，实际上是由不同制度组合而成的碎片化的审前规则"④。例如，根据德国民事

---

① 〔日〕东京弁護士特別委員会：《最新判例からみる：民事訴訟代理人の実務と争點整理（Ⅱ）》，青林书院，2011，第 26 页。

② 许士宦：《民事诉讼法（下）》，台北：新学林出版股份有限公司，2016，第 101 页。

③ 首次系统讨论我国应构建审前程序的文献为王亚新教授于 2000 年发表在《中外法学》第 2 期的《民事诉讼准备程序研究》。随后，我国理论界掀起了一股研究审前程序的热潮，并一直持续到现在。笔者在"中国知网"以"民事""审前程序"进行模糊检索，所得文献超过 340 篇。最后检索时间：2019 年 11 月 20 日。

④ 丁朋超：《试论我国民事审前证据交换制度例外规则的完善》，《证据科学》2017 年第 2 期。

诉讼法的规定，德国的审前程序由首次辩论期日和书状先行两种制度构成。日本则是在借鉴德国审前规则的基础上，又结合本国实际增加了辩论准备程序。我国台湾地区则充分吸收日本三种审前程序规则，并创造性地把自律争点整理程序纳入"民事诉讼法"之中。由此不难看出，德、日及我国台湾地区关于审前程序的规定实际上由不同的程序轨道组成，并呈现平行化特征。显然，对于平行化的程序规定，不能称之为审前程序，用准备程序对其进行统称似乎显得更为妥当些。同时，准备程序的发达也能够反作用于争点整理程序，并为其提供良性的制度支持。在德、日及我国台湾地区的准备程序中，经过二种（德国）、三种（日本）或四种（我国台湾地区）的准备程序轨道，法官即能够实现对本案争点的固定、纯化和排除（因此其也可以被认为是以争点整理引领的准备程序）。法官在案件开庭审理时，即可通过法官指引的方式要求当事人围绕业已确定的争点进行举证、质证和辩论，在该过程中辅之以法官的阐明，从而达到案件审理高质效和实质化的审理效果。

　　需要注意的是，大陆法系国家审前程序的功能设计与庭审存在重叠，依据英国著名法学家乔洛威茨教授的观察，大陆法系国家所依遵的准备程序实际上是庭审程序的反向延伸，准备程序过程中"一贯性"和"重要性"的审查以及争点的固定和纯化均体现了对庭审功能的分担，这与英美法系国家将审前程序视为"为庭审做准备"的立法理念完全不同[1]。由此笔者认为，完善我国准备程序的参考系应是德、日的相关规定，英美法系国家关于审前程序的规定可做适当参考，以此构建出一套与庭审功能相似的审前程序。

　　第三，现代庭审理论要求建构以争点整理程序引领的集中审理制度，同时注重法官释明义务的行使和心证的公开。现代庭审理论要求案件的集中化审理，集中化审理的制度设计和效率符合庭审公开集中效率化命题。民事案件集中审理，又称为民事案件审理的集中化，是当代民诉法的基本

---

[1]　〔英〕乔洛威茨：《民事诉讼程序研究》，吴泽勇译，中国政法大学出版社，2008，第126~127页。

原则之一。由于世界各国集中审理的实践样态和具体要求不同，在不同的国家、地区和不同的制度背景下，集中审理又呈现出各不相同的具体运行样态以及不同的表述和含义。在英美法系国家，集中审理被界定为，“审判应是连续的，它在没有打断的情况下持续进行直至作出一个最终的陪审团裁决”①。当然，这种情况在英美法系一些国家已经发生了很大的变化，英国在1933年正式取消了民事陪审团制度，英国审前程序不发达，但更加信奉集中式的审判传统②。德、日等大陆法系国家在20世纪下半叶民诉法修改前，诉讼实务中一直采取分割（并行）审理主义。但分割审理主义的采行导致了直接审理主义及言词审理主义空洞化③，进而影响裁判质量；对律师来说，开庭的时间很短，有时候开庭就是书状交换，但律师每次开庭都要重复对案件的准备工作，承受路途和等候的辛苦和时间浪费；对旁听人员来说，旁听案件仅能听取一个案件的片段，无法了解案件的全貌，公开审判的目的也就很难实现。为克服分割审理主义的弊端，德国在1977年对民诉法进行了世纪性的大改革，集中审理在司法实践中正式形成并取得了显著成效。此后，历史上曾采分割审理主义的大陆法系国家和地区，纷纷改采集中审理主义的庭审方式。按照集中审理的要求，一方面当事人应履行诉讼促进义务，将所掌握之事实、证据及相关诉讼资料，尽可能于诉讼程序前阶段提出；另一方面扩大法官履行释明义务的范围，以便法官和当事人能及早了解案情，正确确定争点，使诉讼更有针对性，更容易促使当事人在诉讼的前期达成和解。日本实行集中审理之后，尽管与分割审理时期相比开庭次数有了大幅减少，但日本并没有实现像德国法院一样，大多数案件以单一庭期终结的目标，而是以“争点整理”和“集中调查证据”为集中审理之核心④，并在实践中体现了较大价值。

---

① 〔美〕史蒂文苏本、玛格瑞特伍：《美国民诉法的真谛——从历史、文化、实务的视角》，蔡彦敏、徐卉译，法律出版社，2002，第232页。
② John H. Langbein, "The German Advantage in Civil Procedure," *University of Chicago Law Review*, Vol. 52, 1985, p. 823.
③ 许士宦：《新民事诉讼法》，北京大学出版社，2013，第199~200页。
④ 〔日〕甲斐哲彦：《論說争點整理手続における争點整理案の利用》，《判夕》1998号。

# 三　当事人诉权保障的庭审制度构建

目前，新一轮的司法改革正在如火如荼地推进，党的十八届四中全会业已提出，要"加强诉权司法保障，强化诉讼过程中当事人和其他诉讼参与人的知情权、陈述权、辩护辩论权、申请权"。同时又指出，"推进以审判为中心的诉讼制度改革，保证庭审在查明事实、认定证据、保护诉权、公正裁判中发挥决定性作用"。显然，十八届四中全会实际上为我国诉权的保障提供了方向和指引。但应如何践行十八届四中全会提出的保障当事人诉权以及改良庭审方式要求，目前仍然没有明确的答案。"他山之石，可以攻玉"，借鉴域外先进庭审理论，能够为落实我国当事人诉权保障提供有益的方法，为庭审方式的改善以及与之相关的集中审理、争点整理、法官释明等制度提供可资借鉴的方案。

## （一）构建争点整理引领的集中审理制度

上文已指出，域外关于集中审理的制度规定并不相同，英美法系国家的集中审理是在陪审团制度的基础上展开，德、日等国推行集中审理的原因是克服分割审理主义弊端。我国的民事诉讼制度在设计时更多借鉴德、日等国立法，故在选定集中审理制度的参照系时，显然应更多关注德、日等国的做法，但同时也应注重对英美法系集中审理某些制度的吸收。目前大陆法系国家或地区关于争点整理与失权制度模式的立法选择主要有三种（如图1），其代表国家或地区为德、日及我国台湾地区[①]。但是三种立法模式并不相同，具体分析如下。

"德国民事诉讼法上之集中审理原则要求诉讼应'集中于一次言词辩论期日而终结'。"[②] 在集中审理原则的指引下，联邦德国立法者在1977

---

① 需要说明的是，从资料看，域外立法经验中关于争点整理与失权制度的规定多体现在民事诉讼中，当然，争点整理与失权制度对刑事诉讼也产生了较为重要的影响。参见〔日〕东京弁護士特别委员会《最新判例からみる：民事訴訟代理人の実務と争點整理（Ⅱ）》，青林书院，2011，第166～189页。

② 吴从周：《民事法学与法学方法》，台北：一品文化出版社，2008，第314页。

年对民事诉讼法进行了大幅修订，并强化了对失权的制裁。1977 年联邦德国的简化促进法深受"斯图加特模式"的影响，其重要目的就是加强审理集中化。为了达到这一目的，联邦德国法在审前准备程序中规定了两种争点整理程序，即早期第一次口头辩论程序和书面准备程序，而联邦德国采用这种模式的民事庭收效很大，1979 年至 1986 年，在 6 个月之内结案的案件比例上升到 51%，而结案时间超过 1 年的案件比例则降低至 21%。另据联邦司法部的调查数据，1983 年之后的两年间，联邦德国民事案件开庭次数已较之前有大幅度减少，两次以内开庭审结的案件占民事案件总数的 75% 左右。而在简化程序法实施之前，六次以上开庭审结的案件却占了案件总数的 50% 左右[①]。

日本新民事诉讼法于 1998 年 1 月 1 日施行，新法在审理方法上予以更新，注重争点整理的完善，也因此，多数日本学者认为，日本新民事诉讼法实际上是从争点整理程序展开，形成了"争点整理—调查证据"的集中审理方式[②]。日本集中审理制度实际上分为"争点整理"和"调查证据"，在争点整理确定之前不得调查证据。作为前置程序的争点整理程序则由准备的言词辩论程序、辩论准备程序和书面准备程序三种程序构成，而在争点整理程序之前，又有事前准备的程序、适用程序的选择两方面内容。只是，与德国立法者的态度不同，日本新民事诉讼法并未对失权制度予以严格要求，仅规定了倘若当事人未在法定期日提出证据，则当事人应就未提出的原因进行说明。如果当事人未说明原因，则法官可酌定是否适用日本旧民事诉讼法第 157 条之失权规定。"继受德国法的日本法在有关失权的规定上较德国法实际上缓和很多。"[③]

我国台湾地区在千禧年之际修正并实施新"民事诉讼法"，本次修订的最大亮点即在于引进了现代庭审的基本理论，以防止突袭性裁判为立法理念，更新并确立了集中审理的审判方式，导入准备性言词辩论期日程序、书状先行程序、准备程序和自律性争点整理程序等四种实现争点整理

---

① 吴从周：《"集中审理原则"实施满五周年再考》，《月旦法学杂志》2005 年第 8 期。
② 〔日〕林道晴等：《ライブ争点整理》，有斐阁，2014，第 6 页。
③ 许士宦：《逾时提出攻击防御方法之失权》，《台湾本土法学》2002 年 11 月。

的程序方式（前三个程序轨道为借鉴日本法的产物），并将法官阐明权的行使以及当事人的失权制度作为保障集中审理制度这驾马车良好行驶的两个轮子①。显然，我国台湾地区争点整理程序的立法特色表现在当事人失权的规定、法官行使阐明权与心证公开的规定②。值得注意的是，台湾地区"民事诉讼法"在失权规定上抛弃日本法的宽松态度，改采德国的严格失权制度，以此保障争点整理程序的有效实施。台湾地区民事集中审理方式可概括为：争点集中审理制度（日本法）＋严格失权规定（德国法）③。

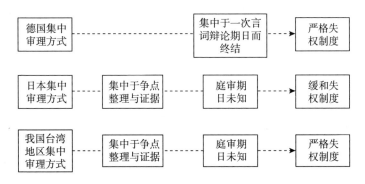

**图1　德国、日本及我国台湾地区集中审理路线**

从德国、日本及我国台湾地区关于集中审理的规定可以看出，集中审理的贯彻实际上就是"争点整理"和"失权制度"综合作用的"场"的必然结果。具体到我国大陆的民事诉讼，从目前来看，引进集中审理制度，能够克服当前实践中的诸多弊端，同时也能够保证庭审公开的关于集中化审理的命题，实践中广泛存在的庭审虚化问题便可迎刃而解。但问题是，我国应借鉴何种集中审理制度，也就是选择何种"争点整理"＋"失权制度"？

笔者认为，随着2012年《民事诉讼法》及2015年民诉法司法解释的

---

① 许士宦：《集中审理制度之新审理原则》，《台大法学论丛》2009年6月。
② 笔者在台湾大学法律学院访问期间，所听到的关于集中审理的讨论基本上都会涉及台湾地区新"民事诉讼法"第199条之一并对其进行解析以及与旧法对比，并认为这是新法修订之最重要的内容及亮点。
③ 魏大晓：《台湾集中审理新制之现况与展望》，《台湾地区"高等法院"庭审检视资料》，2008，第4页。

修改①，我国现在已基本具备争点整理的制度雏形。从修法内容可以发现，我国立法者其实已经意识到争点整理程序缺失给司法实践带来的弊端，意图通过导入争点整理"因子"实现无争点审理方式的扭转，以此解决庭审时间过长、庭审过程散漫化等问题。可以认为，新民事诉讼法及司法解释带来的立法转向为构建我国的争点整理程序奠定了一定的基础。当然，我们还不能得出我国已经建立了争点整理程序的结论，因为仅仅依靠民事诉讼法及司法解释的规定并不足以保证争点整理程序的有效运行，并且当前我国的争点整理制度依然面临制度规定模糊、操作性不强以及配套制度缺失等现实问题。这就需要法官在实践中不断应用、学者在理论层面不断挖掘，以探索出真正适合我国的争点整理程序。

就失权制度应如何选择的问题，笔者认为，某种司法制度的选择并非立法者的一厢情愿，还要考虑本国的司法现状和法律水平。倘若司法水平较高，法官对争点整理的技术掌握较充分，则立法选择较为严格的失权制度是可行的。反之，则应选择较为宽松的失权制度。就我国司法实践而言，由于我国并未规定律师强制代理制度，普通民众对法律的理解还停留在较为浅显的层次，因此，我国还无法选择严格失权制度以保证争点整理程序的有效运行。笔者的基本观点是，我国在关于失权制度的立法选择上可区分阶段予以有步骤的规定：第一步，我国司法实务者应在民事诉讼法及司法解释关于争点整理制度的立法指引下进行必要的实践，并积累相关经验，考虑到当前我国的司法水平，我们可将缓和的失权制度作为争点整理制度运行的配套制度；第二步，经过一定时间的司法积累，司法实践者

---

① 2012年新《民事诉讼法》增加了第133条规定：人民法院对受理的案件，分别情形，予以处理。第四项：需要开庭审理的，通过要求当事人交换证据等方式，明确争议焦点。2015年《最高人民法院关于适用〈中华人民共和国民事诉讼法〉的解释》第225条规定：根据案件具体情况，庭前会议可以包括下列内容。第五项：归纳争议焦点。第226条规定：人民法院应当根据当事人的诉讼请求、答辩意见以及证据交换的情况，归纳争议焦点，并就归纳的争议焦点征求当事人的意见。第228条规定：法庭审理应当围绕当事人争议的事实、证据和法律适用等焦点问题进行。第229条规定：当事人在庭审中对其在审理前的准备阶段认可的事实和证据提出不同意见的，人民法院应当责令其说明理由。必要时，可以责令其提供相应证据。人民法院应当结合当事人的诉讼能力、证据和案件的具体情况进行审查。理由成立的，可以列入争议焦点进行审理。以上条文均为新法及司法解释新增加内容。

已接受争点整理制度且已熟练掌握庭审技术，我们可在时机成熟时对争点整理制度进行系统规定并使其上升为争点整理程序，并导入严格的失权制度作为争点整理程序的保障制度。

### （二）注重法官阐明义务的行使与心证公开

法官在诉讼中规范行使阐明权能够确保当事人实质平等，同时又可以尽早固定本案争点，节省诉讼成本，还能避免诉讼突袭，最大限度地实现实体正义，提升裁判的品质和公信度。针对实践中存在法官阐明内容和范围模糊、阐明方式欠妥等问题，笔者认为应从以下方面进行完善。

首先，明确法官阐明的内容和范围。法官应当对哪些诉讼事项进行阐明是必须明确的问题，这样才能建立完备、系统的法官阐明内容体系[①]。一般而言，诉讼中所涉及的事项分为程序性事项和实体性事项，法官的阐明主要是围绕证据、事实等实体性事项展开，但阐明的内容也同样包括程序性事项，例如阐明变更诉讼标的、再次进行法庭调查和法庭辩论、诉讼中的证据保全等[②]。

关于程序性事项的阐明，应包括以下内容。（1）有关权利义务的告知。比如，在受理案件后，应及时向当事人送达权利义务告知书、送达诉讼风险提示书等，告知当事人享有的诉讼权利、履行的诉讼义务和可能存在的诉讼风险。（2）诉讼主体瑕疵的阐明。在原告起诉的主体不适格、起诉的被告不恰当时，法官应当及时阐明，促使当事人及时进行变更。（3）调解有关事项的告知。民事案件的调解是当前重要的司法政策，法官在主持调解时，应当向当事人告知调解的前提和原则，告知调解结案可减半收取诉讼费用，告知调解结案的法律文书可以不上传到"中国裁判文书网"，告知只要当事人在调解协议签名或盖章，调解协议即具有法律效力而不是以

---

① 当然，法官阐明的前提是当事人已经履行了陈述具体化的义务，具体可参见许林波《我国民事诉讼当事人的具体化义务探析》，《河南财经政法大学学报》2017年第1期。但不负举证责任一方当事人是否负事案解明义务，则存在疑问，具体可参见吴泽勇《不负证明责任当事人的事案解明义务》，《中外法学》2018年第5期。

② 任重：《释明变更诉讼请求的标准——兼论"证据规定"第35条第1款的规范目的》，《法学研究》2019年第4期。

收到法院正式印发的调解书的时间为生效时间等事项，从而引导当事人理性选择以调解作为结案的方式。

关于实体性事项的阐明，应包括以下内容。（1）诉讼主张和法律适用方面的阐明。如果当事人提出的诉讼请求不够明确、不够准确、不够充分，法官应当进行阐明；如果当事人主张的法律关系性质和民事行为的效力与法官的自由心证相互龃龉，法官应当向当事人阐明，并引导当事人变更诉讼请求；在当事人主张的请求权基础存在竞合或不明确时，法官应当通过阐明的方式要求当事人作出明确的选择①。（2）事实和证据方面的阐明。在当事人由于各种主客观原因对自己应当提出的诉讼资料没有完全、充分、在合理期限内提出时，法官应当通过发问等方式启发和提醒当事人提出②。

其次，规范法官行使阐明义务的方式。由于法官阐明是通过法官职权的主动行使来介入本应由当事人依处分权主义进行自由控制的领域，故其阐明的方式不能随心所欲，而是应当有所节制③。笔者认为，一般来说，阐明应当以即时的口头方式为主，而以正式的书面方式为辅。之所以如此，是因为在诉讼过程中，法官与当事人直接面对面的机会并不多，法官在大部分案件中与当事人当面正常接触的场合有两个，即证据交换时和正式开庭时。由于法官案件压力较大，其他时间与当事人接触的方式更多的是通过电话、邮件甚至微信的方式。这就要求法官的阐明应依据案件的具体情况适时、即时进行，较多情形下具有刻不容缓性；如果立法要求法官应当通过发送正式通知的形式进行阐明，这不仅造成法官时间的浪费，也极为不便。需要强调的是，法官口头的阐明并非仅要求其口头告知即可，而是要求其将阐明的内容以调查笔录、庭审笔录、备忘录等形式记入案卷，以此做到有据可查，避免以后发生扯皮现象。

从域外做法以及司法实践来看，阐明的方式主要有发问、提醒、告知

---

① 〔日〕那霸地方裁判所コートマネージャーマニュアル：《訴訟類型別争点整理シート》，判例タイムズ社，2002，第19页。

② 陈真真：《阐明权之研究》，《台湾地区"司法院"司法研究年报》（22），2002，第172页。

③ 任重：《我国民事诉讼释明边界问题研究》，《中国法学》2018年第6期。

等，三者在强度上依次递增。一般来说，发问是最为常见和基本的方式，当法官认为当事人提出的事实主张或者陈述不够清楚时，即可以向其发问并要求其予以明确。而在当事人遗漏某些重要陈述或者某些主张有粗疏而未注意时，法官可予提醒。一般认为，提醒的强度较发问大，比告知又小。告知的方式强度最大，法官在适用时应当慎重。一般来讲，告知主要适用于当事人未委托律师参与诉讼、法律知识极度贫乏以及法官依照法律规定告知当事人应当提供某些证据以及期限的场合。

此外，法官的阐明应留有余地和保持弹性，并持宽容开放的姿态，特别是要注意允许当事人参与讨论和陈述意见，并根据讨论情况适时修正；法官在进行阐明时，还应尽量避免随意打断一方当事人的陈述，以免使当事人产生误会。一般来说，法官的发问、提醒、告知等阐明并无次数的限制，而是由法官视案件具体情况而定，但应以必要为限。值得特别注意的是，在阐明过程中，法官应保持中立立场，不宜过于积极主动。例如，在某案件中被告明显没有意识到诉讼时效已经经过，在答辩环节也没有将诉讼时效作为抗辩的理由时，法官即不能就诉讼时效已过向被告予以阐明。倘若被告在进行抗辩时，存在"这个债务已经过去很久了"或者"都是十年前的债务了，你在过去的几年也没有向我催要"等类似的表述时，被告的意思显然是诉讼时效很可能已经过了，但由于被告并不知道"时间过了很久"在法律上对应的术语是"诉讼时效"而无法明确说出是诉讼时效已经过了。此时，法官就应进行阐明，向被告解释法律关于诉讼时效的规定，例如可以向被告阐明说"你说的时间过了很久是不是就是诉讼时效已经经过，所以原告不应该再向你主张债权？"同时就诉讼时效经过的法律后果向被告进行阐明。在被告明确表示说"我的意思就是诉讼时效"时，法官应当就诉讼时效进行审理，并要求原告举出能证明诉讼时效没有过的证据。

### （三）用公共理性重塑当事人的程序主体参与权

人们对当事人的程序主体参与权的追求，实质上还是为了实现实质的程序正义，消弭程序参与主体的缺失导致的对裁判结果接受度低下的制度张力问题。也就是说，如何实现对诉权主体地位的尊重，如何实现诉权与审判权商谈机制的结合，是保障当事人主体参与权无法绕开的理论问题。显然，采用一种"因为要保护，所以要参与"的苍白说辞是无法回应这种制度的理论需求的。关于采用何种方法来寻求主体参与理论的建构，法哲学领域实际上已有较多的探讨，我们有必要对这一理论问题进行适当的梳理。

"纯粹的程序正义"是罗尔斯正义论的内核。其认为，程序正义能够解决实质正义带来的弊端，人们可以通过"程序实现正义"。但是，"该理论也隐含着一个致命的缺陷——程序自身价值基础问题并没有解决"①。罗尔斯自己也认识到上述理论存在的缺陷，其在后来的著作《政治自由主义》中试图修正这一缺陷，同时提出"公共理性"的概念，"企图把公共理性与程序正义结合起来，以民主社会平等公民关于国家政治生活根本性问题的'重叠共识'修正正义论的前提"②。哈贝马斯赞同罗尔斯通过公共理性实现程序正义的努力，通过这种努力来实现并调和多元社会的价值冲突所带来的对实质正义问题的分歧③。但是，哈贝马斯也敏锐地发现了罗尔斯并没有为这种价值共识的达成找寻到一条适合的路径。哈贝马斯虽然延续了对公共理性的讨论，但是"他把讨论的重点放在'理性的公共利用的程序'上，设计了一种通过交往互动和充分沟通寻求价值共识的机制，并进而指出衡量司法公正最为重要的指标不是某种实体价值或'纯粹的程序正义'，而是商谈程序的合理性和理由的可接受性"④。与罗尔斯的"纯粹的程序正义"相比，"哈贝马斯的法律程序主义可谓'实质的程序正义'，即以论证理由的公共性与程序的民主化让决定获得正当性和约束力"⑤。

---

① 吴英姿：《论诉权的人权属性》，《中国社会科学》2015 年第 6 期。
② 〔美〕约翰·罗尔斯：《公共理性理念新探》，载谭安奎主编《公共理性》，浙江大学出版社，2011，第 129 页。
③ 丁朋超：《论公共理性视域下的民事诉讼》，《河南财经政法大学学报》2016 年第 6 期。
④ 吴英姿：《论诉权的人权属性》，《中国社会科学》2015 年第 6 期。
⑤ 季卫东：《法律程序的形式性与实质性——以对程序理论的批判和批判理论的程序化为线索》，《北京大学学报》（哲学社会科学版）2006 年第 1 期。

哈贝马斯在其"法律程序主义"理论中强调①，司法公正的判断标准和实现方法是基于程序各方参与主体的平等对话和充分沟通。因此，以"法律程序正义"为基础的司法构造，应当是讲求充分尊重诉权主体地位、包含诉权与审判权商谈机制的结构。这一司法构造要求裁判的结果应当体现商谈的过程，并且充分尊重和反映社会主体的参与度，从而保证法院的裁判理由符合社会的公共理性。

具体到现代庭审方式对当事人程序主体参与权的保障方面，当事人程序主体参与权的实质追求应当是对裁判过程和结果的可参与性与可预测性。也就是说，程序的过程应当是双方当事人及法官在庭审过程中，围绕争点推进庭审以及案件的实质解决，采用案件审理过程中诉审商谈的方式达到对案件的"重叠共识"。换言之，对当事人程序主体参与权的追求应抛弃"为达目的而不择手段"的工具理性主义，破解由此带来的"工具理性牢笼"②，改采"交往理性"（或称为沟通理性）的方式，推动诉讼关系由"主体—客体"结构向"主体—主体"结构转换③。当然，在这一"主体—主体"的结构构成当中，应将以争点整理引领的现代庭审理论导入其中，从而实现裁判可接受度的提升，程序主体参与权通过裁判结果得以自然体现（这种方式显然有倒逼权利保障的意味），这也是当事人诉权保障的必然要求和结果。

## 四　结语

长期以来，诉权被认为是当事人一项极其重要的权利，同时，诉权的实现也被认为应依附于特定的条件而存在④。从应然的民事诉讼制度的设

---

① 当然，我们必须承认的是，哈贝马斯商谈理论本质上是要颠覆法律规范中的语义学路径，改为语用学的路径。但是具体到诉讼程序，商谈理论可能应更多地强调如何通过保障社会主体的参与权、缓和社会主体与裁判主体在追求案件正义时的张力，达到裁判理由符合社会的公共理性。笔者在行文中导入哈贝马斯商谈理论也正是基于这种考虑。
② 谭安奎编《公共理性》，浙江大学出版社，2011，第69页。
③ 吴英姿：《司法的公共理性：超越政治理性与技艺理性》，《中国法学》2013年第3期。
④ 〔日〕新堂幸司：《新民事诉讼法》，林剑锋译，法律出版社，2008，第176页。

计逻辑不难发现，当事人诉权保障的实现正是基于此命题展开。但问题是，诉权保障的现实境况已不容乐观，相关制度设计与诉权保障形成了尖锐的抵牾，如何真正实现当事人诉权的保障则是目前我国诉讼制度面临的急迫问题。在笔者看来，现代庭审理论恰好为当事人诉权保障的实现提供了现实的注脚。塑造以争点整理引领的现代庭审方式，能够实现案件质量和效率的双重提升，可以有效地防止突袭性裁判的发生。当然，以争点整理引领的集中审理的实现，除了制度构架之外，对法律人的培养也至关重要，这也就要求我们围绕这一制度摸索出一套适合该制度推行的法官、检察官、律师的培养模式①，这些问题同样也是应当注意的。本文仅是对现代庭审的理论与当事人诉权保障做了一些初步的分析，相关研究仍在继续。同时，笔者也期待这一制度的构建能够为提升我国司法公信力提供一些有益的探索和尝试。

---

① 目前，我国学者已经注意到这些问题并在实践教学中进行了有益的探索。复旦大学司法研究中心：《"贴近审判的司法人才培养与庭审改革的协同发展"研讨会综述》，载复旦大学司法研究中心网，http://www.cjs.fudan.edu.cn，最后访问时间：2020 年 4 月 24 日。

# 类型化视角下防御性紧急避险的正当化根据

## ——兼论"生命冲突案"证成情形的适用根据

李焕集 *

**摘　要：** 防御性紧急避险是指针对危险源实施的避险行为，可类型化为针对不可归责的危险实施的防御性紧急避险、预防性的防御性紧急避险以及"生命冲突案"中的防御性紧急避险三种类型。立足于防御性紧急避险中的各主体和各要件进行分析，可得出多元论的正当化根据。第一种类型由避险人视角下的法益保护原则，危险引起方视角下的风险管辖责任、法益值得保护性及基本权利限制，以及第三人视角下的法确证原则所证成；第二种类型由公民底线救济的基本权利、公权转移的最大克制原则以及法秩序和平状态的维系所证成；第三种类型主要由人权与尊严的宪法保障以及道德哲学层面的自尊原则，"人非工具"的道德准则、对生命的道德责任和自治原则所证成。多元论根据得以为防御性紧急避险的精确化适用奠定理论基础。

**关键词：** 防御性紧急避险；基本权利；风险管辖；利益衡量；生命冲突

我国《刑法》第 21 条规定，为了使国家、公共利益、本人或者他人的人身、财产和其他权利免受正在发生的危险，不得已采取的紧急避险行为，造成损害的，不负刑事责任。这是我国刑法关于紧急避险制度的规定。在德国，紧急避险在刑法理论上分为防御性紧急避险与攻击性紧急避

---

* 李焕集，清华大学法学院 2018 级博士研究生。

险两种类型，前者是指针对危险源实施的避险行为，后者是指针对与危险源无关的第三者的法益实施的避险行为。① 由于我国刑法中并未规定紧急避险行为是指针对危险源抑或与危险源无关的第三者的法益，因而防御性紧急避险在我国刑法体系中具有得以解释与适用的空间，也正因此，我国部分学者相继对防御性紧急避险制度进行了相关研究。② 然而，相较于正当防卫与攻击性紧急避险制度，上述研究中鲜有关于防御性紧急避险背后正当化根据的理论探讨。笔者认为，防御性紧急避险的正当化根据研究对于其正当性证成、体系性定位、适用范围、个案中的具体标准明晰以及极端案件如生命冲突案的裁决均有重要的价值，遂在本文予以探讨。

## 一　防御性紧急避险的内涵与类型

德国学者金德霍伊泽尔教授认为，防御性紧急避险是指为了防止某个对利益的危险，从而对造成这种危险的利益实施侵犯。③ 根据这一定义，防御性紧急避险相较于正当防卫和攻击性紧急避险而言，具有以下两个显著的特征。第一，与正当防卫相比，防御性紧急避险是为了防止危险源对自己的法益造成的侵害，而不是防止某个不法侵害。④ 申言之，这里的危险源是指由物引起的危险或者由于不可归责因素产生的人引起的危险，而非故意或过失支配下的可归责因素引起的人的不法侵害。第二，与攻击性紧急避险相比，防御性紧急避险的避险行为系针对引起这种危险的利益，即针对危险源本身，而并非如同攻击性紧急避险通过损害无辜的第三者的

---

① 张明楷：《刑法学》，法律出版社，2016，第220页。
② 参见彭英美《违法阻却之防御性紧急避险——以德国法为重心》，《玄奘法律学报》2005年第6期；赵栩、谢雄伟《防御性紧急避险制度研究》，《武汉大学学报》（哲学社会科学版）2009年第6期；陈璇《家庭暴力反抗案件中防御性紧急避险制度的适用——兼对正当防卫扩张论的否定》，《政治与法律》2015年第9期；等等。
③ Vgl. Kindhäuser, *Strafrecht Allgemeiner Teil*, 7. Aufl., 2015, S. 168.
④ 我国《刑法》第20条规定：为了使国家、公共利益、本人或者他人的人身、财产和其他权利免受正在进行的不法侵害，而采取的制止不法侵害的行为，对不法侵害人造成损害的，属于正当防卫，不负刑事责任。我国刑法规定的正当防卫制度针对的是不法侵害行为，因而与防御性紧急避险不同。

利益进行避险，在这一点上防御性紧急避险与正当防卫又存在相似之处。

由于引起防御性紧急避险的原因不同，根据危险源的性质可以将防御性紧急避险进行类型化区分。首先，危险源可以分为由自然人引起的危险和由物引起的危险。其次，由自然人引起的危险可以进一步划分。德国学者罗克辛教授便主张由自然人引起的防御性紧急避险有四种案件类型：（1）现在之侵害不是由刑法上之行为所引起，例如突发性痉挛、开车时突然失去意识，或由于车祸无可避免冲上人行道，而撞到行人等其他无法控制之行为；（2）侵害不是由违法行为所引起，例如驾驶者已尽注意义务，遵守交通规则，仍撞到突然冲出来之行人；（3）母亲生产时，医生为避免母亲出现生命危险或重大健康伤害，牺牲其子女；（4）所谓预防性之正当防卫，即行为人因事后之防卫极困难或不可能，事先以预防性措施，防备他人已准备之攻击。[①]

由是，上述划分可以将防御性紧急避险分为五种类型，但笔者认为，由物引起的危险、非由刑法上之行为引起的危险以及不是由违法行为所引起的危险均属于不可归责因素产生的危险，因而在讨论防御性紧急避险正当化根据时，可以划归为同一种类型。而产妇危难案件虽然在严格意义上属于不可归责因素产生的危险，但由于这类案件涉及个体生命权之间衡量的特殊问题，不可避免地会牵涉到一些争议问题，因而有必要单独讨论。故笔者认为，可以将防御性紧急避险类型化地区分为三种类型进行讨论，即针对不可归责的危险实施的防御性紧急避险、预防性的防御性紧急避险以及生命冲突案中的防御性紧急避险这三种类型。这三种类型虽然都属于防御性紧急避险，但是在引起防御行为的原因、防御对象以及防御限度方面存在不同之处，这也是防御性紧急避险区分于正当防卫和攻击性紧急避险的特殊性所在，故在讨论防御性紧急避险正当化根据时有必要分门别类地进行分析，以抽炼出防御性紧急避险中各具体类型的正当化根据。

同时，笔者认为探讨防御性紧急避险的正当化根据并不拘泥于追寻一种统一的"一元论"根据，基于防御性紧急避险中各方主体与适用条件的

---

① Vgl. Claus Roxin, *Strafrecht Allgemeiner Teil*, 4. Aufl., 2006, S. 758.

特殊性，以及为了更准确地指导各个环节中各要件满足与否的评判，诉诸各主体与各要件进行精细化探讨的方式应更值得提倡。事实上，这一探讨正当化根据的方式也为部分德国学者所提倡。诚如罗克辛教授所言，如果试图将违法性阻却根据归结为一种无所不包的原理，那么，该原理只能保持必要的抽象和无内容性；只有通过多元的角度，才能说明违法性阻却事由。[①] 金德霍伊泽尔教授亦认为，所谓的"一元论"试图将所有的正当化事由都还原到这样的一个基本原则上，这种基本原则过于抽象，以至于人们无法从中得出任何具体的结论。因此，更为合理的是"多元论"意义上的正当化事由。[②] 由此，下文将在类型化的基础上对各类防御性紧急避险展开基于各主体抑或各要件的正当化根据分析。

## 二　针对不可归责危险而防御的正当化根据

由于不可归责危险的危险源，在主观上不存在故意或过失的有责性，客观上是不能控制或不能避免的行为所造成的，笔者认为此类危险不能被评价为《刑法》第20条中的"不法侵害"，受害人不能针对危险源实施正当防卫行为，但可以实施防御性紧急避险行为。根据结果无价值论的观点，故意、过失只是责任要素，而不是违法要素，所以，即使是没有故意、过失的法益侵害行为，也是不法侵害，受侵害者或者第三者当然可以进行正当防卫。[③] 但笔者不认同此观点，理由有三。第一，如果针对不具有责性的行为实施正当防卫，那么由于正当防卫者系正对不正，无须先请求可能之救助或回避攻击，[④] 只要危险发生就能直接反抗，比如一个精神病人不可控制地开始实施杀人行为，防卫者在完全可以躲避的情况下却可以直接进行针对其生命的特殊防卫，这便使得无责任能力人的法益得不到有效保护。第二，将不具有责性的行为纳入防御性紧急避险的范畴，可以

① 张明楷：《外国刑法纲要》（第2版），清华大学出版社，2007，第153页。
② Vgl. Kindhäuser, *Strafrecht Allgemeiner Teil*, 7. Aufl., 2015, S. 139.
③ 张明楷：《刑法学》，法律出版社，2016，第200页。
④ 彭英美：《违法阻却之防御性紧急避险——以德国法为重心》，《玄奘法律学报》2005年第6期。

通过"不得已"的要件限制避险人防御行为的限度，这样既可以维护避险人自身的权利，也可以有效保护危险引起方的法益。虽然客观的违法性论者认为在此种情况下可对防卫行为作一定的限制，[①] 但是如果在承认无责任能力人实施的侵害属于不法侵害而可以对之正当防卫的前提下，又另外对防卫行为加诸种种没有法律依据的限制，显然就使得正当防卫的成立条件得不到统一。[②] 第三，将不具有责性的行为纳入防御性紧急避险的范畴不符合正当防卫的正当化根据，正当防卫的正当化根据从保护防卫方法益的角度即可得证，而防御性紧急避险需要从避险人和危险引起方两方面的利益权衡中找寻适当的限度，这将在下文对正当化根据的探讨中得到说明。因而，本文意图将结果无价值论者界定为不法侵害行为的不可归责行为纳入防御性紧急避险中予以探讨。

需要探讨的是，避险人针对不可归责的危险不能实施正当防卫而有权实施防御性紧急避险行为的正当化根据是什么？对于防御性紧急避险存在的与正当防卫在要求上的区别，其正当化根据又是什么？[③]

案例1：癫痫病患者甲发病，将毁坏周遭之物，物之所有权人乙为避免其贵重花瓶遭到甲的毁损，将甲强力推开，以致甲受伤。[④]

案例2：被害人驾驶私家车出行，虽然严格遵守交通规则并未超速行驶，但前方却忽然出现路人，眼见避之不及，千钧一发之际，行为人驾车撞停被害人的车辆，挽救了路人的生命。

案例3：一匹受惊奔跑的马冲向摊贩摆摊之处，摊贩老板为了避免马撞到自己在市场上的售货摊而造成重大的财产损失，勒住了这匹马及时让

---

① 参见张明楷《刑法学》，法律出版社，2016，第199页。

② 陈璇：《紧急避险：对无责任能力人的侵害予以反击之行为的重新界定——从主观违法性论在我国之提倡说起》，《武汉大学学报》（哲学社会科学版）2007年第2期。

③ 证成违法阻却事由的正当化根据重在论证对于防卫或避险对象的侵害行为何以正当，防御性紧急避险虽然与攻击性紧急避险同属于紧急避险的范畴，但攻击性紧急避险的正当化根据重在证明避险人对于无辜第三人的侵害的正当性何以可能，而正当防卫与防御性紧急避险在防卫对象上具有类似性，因而本文在探讨防御性紧急避险正当化根据时，主要选择以正当防卫作为参照系。

④ 彭英美：《违法阻却之防御性紧急避险——以德国法为重心》，《玄奘法律学报》2005年第6期。

马停住，马车夫因受到碰撞而形成了青肿瘀伤。[①]

## （一） 避险人视角下的法益保护

在案例 1 中，癫痫病患者甲的行为不属于不法侵害，此时物的所有权人乙不能直接实施正当防卫行为，但如果此时乙不能实施有效保护自己的贵重财产的防卫行为，将导致乙的贵重财产被癫痫病患者无意志的行为所毁坏，而乙并不能挽救自己的财产法益。在案例 2 中，被害人严格遵守交通规则并未超速行驶，其驾驶行为不存在过失，但前方突然冒出路人，在千钧一发之际，如果仅因驾驶者不可归责而不能实施防御行为，那么必将导致在交通意外事件中，路人的生命因不能进行防卫而不可避免地丧失。同时，如果仅在被害人可归责的时候方能进行防卫，那么在千钧一发之际，本可撞停被害人的车主由于无法分辨得清楚被害人是故意、过失还是意外而不敢在紧急状态中实施防御行为，则路人的生命将进一步陷入无助的危险状态。在案例 3 中，受惊奔跑的马更不能评价为不法侵害行为，因为物不能评价为人的行为。那么如果摊贩老板不能实施制止这一危险的有效防御措施，那便意味着人的财产在物引发的危险面前，将陷于无助的危险境地。

从上述分析可知，在不可归责的因素导致的危险面前，如果由于不能进行防御措施，而致使受害人的法益遭受损害，那么便意味着公民在面对人或物引起的不可归责的危险情势时，具有容忍对方给自己造成法益损害的义务，但这并不具有法律上的根据。《宪法》第 13 条和第 51 条分别规定了公民的合法私有财产、公民的合法自由、权利不受侵犯的原则。[②]《刑法》分则第四章、第五章更是以专章规定的方式保护公民的人身权利和财产权利。因而，人身法益和财产法益均是宪法和刑法保护的重要法益，而在上述情形中，要求公民容忍不可归责的人或物引起的危险给自己

---

[①] Vgl. Claus Roxin, *Strafrecht Allgemeiner Teil*, 4. Aufl. , 2006, S. 760.

[②] 《中华人民共和国宪法》第 13 条第 1 款：公民的合法的私有财产不受侵犯；《中华人民共和国宪法》第 51 条：中华人民共和国公民在行使自由和权利的时候，不得损害国家的、社会的、集体的利益和其他公民的合法的自由和权利。

带来的法益损害后果，无疑违背了宪法和刑法所确立的法益保护原则。由此可见，法益保护原则是防御性紧急避险正当化根据的基本内容。

然而，法益保护原则同样也是正当防卫正当化根据的固有内容，"现代法治国家无不承认，公民的合法权益非有法定理由不受他人侵犯。因此，一旦某人在缺乏合法根据的情况下，对他人法益造成了侵害的危险，面临威胁的一方没有义务对此予以忍受，他有权采取为维护法益安全所必要的一切反击措施"。① 既然两者均将法益保护原则作为正当化根据的基本内容而仍存在性质上的区别，这便意味着防御性紧急避险还存在其他不同的正当化根据。

## （二）危险引起者视角下的分析

实际上，正当防卫和防御性紧急避险的一个重要区别体现在危险源的性质上。正当防卫情形中的危险源是人的不法侵害，而防御性紧急避险的危险源是由自然人或物引起的不可归责的危险。② 危险源的性质不同可能是导致两者性质不同的原因，因而，有必要站在危害引起者的视角进行分析，探讨两种不同的危险源如何证成各自不同性质的紧急权体系。

第一，危险引起方的风险管辖责任。在上述所举的案例中，对花瓶所有者乙的财产损害风险是由癫痫病患者甲所引起的，对路人的人身伤害风险是由私家车驾驶者所引起的，对摊贩老板售货摊的撞毁风险是由马车所引起的。虽然从责任上而言，这些引起危险的危险源均不存在可归责的条件，但是不可否认的是危险源使避险者法益陷入紧急危险状态。既然如此，那么危险引起方应当承担对于风险的管辖责任。这里需要明确的一点是，虽然在上述案例中，危险引起方由于意外因素、非人为因素和不可控制的因素而没有能力对自己所引起的风险进行管辖，但是没有能力管辖并不等同于没有管辖的义务和责任，恰恰是危险引起方没有能力履行自己的

---

① 参见陈璇《侵害人视角下的正当防卫论》，《法学研究》2015 年第 3 期。
② 由于本文采取类型化的分析路径，为了分类探讨的需要，文章第二部分提到的防御性紧急避险均指针对不可归责的危险源进行的避险行为，并不包含下文将分析的预防性防御性紧急避险。

风险管辖责任，从而为避险人的避险行为提供了基础。总之，危险引起方客观上引起了风险，其管辖风险的义务并没有因为其没有能力管辖风险而阻却。

由此，在上述案例中，癫痫病患者甲、私家车司机、马车夫均具有风险管辖的责任。风险管辖的基本原理是"任何人都必须安排好他自己的行为活动空间，从这个行为活动空间中不得输出对他人的利益的任何危险"。而风险管辖的责任意味着，谁创设了风险，谁就应当为该风险及其产生的损害负责。① 当危险引起者不能排除自己所引起的风险而给自己造成损害时，就应当自负其责。而在防御性紧急避险的情形中，对于没有能力管辖风险的危险引起者而言，其风险管辖的责任具体体现为容忍由于对方为排除风险而给自己造成的损害。具体到上述案例而言，癫痫病患者应容忍花瓶所有者乙为保护自己的花瓶而强力推开自己所造成的损害；私家车司机在无法避免撞上路人时，应容忍行为人为了避免路人生命受到损害而撞停自己所造成的损害；马车夫应忍受摊贩老板为排除自己的售货摊被撞毁的危险而勒停马车给自己造成的伤害。

第二，危险引起方的法益值得保护性降低，但其法益仍值得保护。危险引起者的风险管辖责任固然可以解释其应承受避险人给自己造成损害的原因，但这一原理仍然无法解释防御性紧急避险与正当防卫的区别。在正当防卫中，侵害人支配了风险的发生，具有风险管辖的责任，因而也应承担避险人给自己造成的损害。但是防御性紧急避险规定既然在《刑法》第21条，实施避险行为相较于正当防卫者而言应当满足"不得已"这一要件，而风险管辖原则只能说明其应当承担自我受损的责任，而无法解释"不得已"这一限制条件。有学者在证成正当防卫正当化根据时，认为由于不法侵害人法益的值得保护性严重降低，在正当防卫所涉及的法益冲突中，不法侵害人已无权要求他人履行原本对自己负有的义务，从而丧失了期待他人尽量避免对其法益造成损害的资格。②笔者认为，这一视角在探讨

① Vgl. Kindhäuser, *Strafrecht Allgemeiner Teil*, 7. Aufl., 2015, S. 98.
② 参见陈璇《侵害人视角下的正当防卫论》，《法学研究》2015 年第 3 期。

防御性紧急避险时亦值得借鉴，防御性紧急避险的避险强度由于"不得已"的限制而弱于正当防卫，这从危险引起方的法益值得保护性程度的角度可以得到证明。在防御性紧急避险中，由于危险引起方不具有可归责的条件，因而其法益值得保护性虽然有所下降，但其下降的程度并没有正当防卫中不法侵害者的高。因而在正当防卫中，不法侵害者在其侵害的范围内丧失了法益保护的权利，而在防御性紧急避险中，危险引起者的法益仍然得到法律的保护，因而避险人在面对危险引起者时，应先请求可能之救助或回避攻击，只有在请求救助或回避攻击均不可能，[1] 满足了"不得已"的要件时方能实施避险行为，否则，这种危险就是通过其他方式可以防止的。[2]

第三，危险引起方的承受义务源自宪法上的基本权利限制规定和平等保护原则。防御性紧急避险中危险引起方的法益虽然仍值得保护，但在避险人满足"不得已"要件而实施避险行为的情况下，对于避险人给自己造成的损害，危险引起者只能自我答责。笔者认为此处的正当化根据应根据宪法上的基本权利限制规定和平等保护原则进行把握，具体而言系我国《宪法》的第 33 条和第 51 条。[3]

危险引起方根据宪法基本权利的限制规定，有义务忍受对方为排除危险不得不对自己造成的必要损害，否则将违反平等保护原则。尽管危险引起方的法益值得宪法和法律加以保护，但是不可否认的是，危险引起方在客观上违背了《宪法》第 51 条规定的基本权利限制条款，即从客观上而言，危险引起方在行使自由和权利的时候，客观上造成了对其他公民的合法的自由和权利的紧迫危险。那么，既然危险引起方已经在客观上逾越了公民权利行使的限度，那么其享有的要求对方尊重其法益的权利就会在相

---

① 彭英美:《违法阻却之防御性紧急避险——以德国法为重心》,《玄奘法律学报》2005 年第 6 期。

② Vgl. Claus Roxin, *Strafrecht Allgemeiner Teil*, 4. Aufl., 2006, S. 761.

③ 《中华人民共和国宪法》第 33 条第 2 款:中华人民共和国公民在法律面前一律平等;《中华人民共和国宪法》第 33 条第 4 款:任何公民享有宪法和法律规定的权利,同时必须履行宪法和法律规定的义务;《中华人民共和国宪法》第 51 条:中华人民共和国公民在行使自由和权利的时候,不得损害国家的、社会的、集体的利益和其他公民的合法的自由和权利。

当程度上降低。这一程度具体体现为：如果避险者通过其他不损害危险引起方的方式也能进行防卫，就应当首先尊重其法益；但如果避险者除了采取攻击性的防御措施别无他法，那么危险引起方便无权再要求避险者继续保全其法益。

值得注意的是，有观点认为刑法中的正当防卫、紧急避险及自助行为规定是《宪法》第 51 条的例外情况，即"公民在行使自由和权利的时候，不得损害国家的、社会的、集体的利益"存在例外。[1] 紧急避险中对于避险人的权利赋予与《宪法》第 51 条的规定并不矛盾，基本权利限制条款在对危险引起方划定权利行使的边界的同时，亦赋予了避险人实施防御行为的权利，此种行为并非宪法中的"损害"，而是危险引起方对先前损害其他公民合法自由和权利的自我答责，应得以容纳于第 51 条的意涵之中，而不能解释为例外，否则刑法的正当化事由将成为与宪法价值脉络难以融贯的规定。对于《宪法》第 51 条的理解，不应仅从单纯的权利限制的角度出发，而忽视其同样具有的权利保障的面向。[2]

如果在危险引起方客观上逾越了权利限度的情形下，仍然要求避险者始终不得侵犯危险引起方的法益，那么避险者在除了进行攻击性防御而不存在其他避险方式的情况时，便只能选择忍受危险引起方给自己造成的法益侵害。而要求一个公民在法益受到对方威胁的情况下，仍然必须承担对对方法益的尊重义务，这必然使得受害方承担过于严苛的义务，而使危险引起方享有过度的权利保护，而这有违《宪法》第 33 条第 2 款规定的公民在法律面前一律平等的原则。

第四，危险引起方的承受限度与利益衡量原则。《刑法》第 21 条第 2 款规定：紧急避险超过必要限度造成不应有的损害的，应当负刑事责任，但是应当减轻或者免除处罚。这一款规定限定了防御性紧急避险的避险限度，如果超过必要限度造成不应有损害的，就构成避险过当。此处需要证

---

① 石文龙：《论我国基本权利限制制度的发展——我国〈宪法〉第 51 条与德国〈基本法〉第 19 条之比较》，《比较法研究》2014 年第 5 期。

② 王进文：《宪法基本权利限制条款权利保障功能之解释与适用——兼论对新兴基本权利的确认与保护》，《华东政法大学学报》2018 年第 5 期。

成的是，超过必要限度的标准是什么？法益衡量原则是否能够提供相关的界定标准？如果逾越了法益衡量原则而依然能够属于未超过必要限度的合理范围，那么其正当化根据又是什么？

在上述案例 1 中，花瓶所有者乙为了保护自己的财产利益，损害了癫痫病患者的人身法益；案例 2 中，行为人为了保护路人的生命健康，撞停了私家车驾驶者的车使其受到了人身损害；案例 3 中，摊贩老板为了保卫自己的售货摊，勒停马车以致马车夫受到了人身损害。如果从法益衡量的视角分析，只有案例 2 中避险者通过保全路人生命利益而侵害私家车驾驶者人身法益的做法不违反法益衡量原则，案例 1 和案例 3 中的避险者通过保护财产法益而侵害人身法益的避险行为违背了法益衡量的原则，因为在法益衡量的理论框架下，"在违法性判断中，原则上只要运用生命法益优于身体法益，身体法益优于财产法益的简单原理，便被认为足以完成对冲突利益的整个衡量过程。换言之，依据法益衡量的原理，刑法中的利益衡量，只要单纯比较当事各方主体的法益的客观价值大小就足矣"。①

然而，法益衡量原则在方法论上存在重大缺陷，诚如学者所言，"在实体层面，法益衡量原理在适用于正当防卫、紧急避险与被害人同意时，面临诸多体系上的矛盾。在方法论层面，法益衡量原理的缺陷在于未考虑制度利益与法治国的基础利益。方法论上的缺陷，使得法益衡量说的利益衡量观违反立法判断优先的设定，对解释者的主观性也缺乏必要制约，还易于忽视不同正当化事由在内在结构上的差异"。② 因此，在判断防御性紧急避险的避险限度是否逾越合理限度时，应当进行利益衡量，而非法益衡量。利益衡量不同于法益衡量，利益衡量应考虑具体案例之全部情况（或称为重要之决定性观点）。法益位阶之价值只是利益衡量时应考虑的观点之一。冲突法益之位阶价值关系不能决定利益衡量之结果。行为人所维护之法益价值虽未重大优越于所造成之法益损害，但是其所维护之整体利益亦有可能重大优越于所造成之损害。因此，当危害系由法益位阶较高之

---

① 参见劳东燕《法益衡量原理的教义学检讨》，《中外法学》2016 年第 2 期。
② 劳东燕：《法益衡量原理的教义学检讨》，《中外法学》2016 年第 2 期。

238

权利主体所引起时，应将引起危难之因素列入利益衡量，使法益位阶较低之权利主体所维护之利益有可能重大优越于被侵害之利益。①

虽然在上述案例1和案例3中，所保卫的利益在价值位阶上低于所侵害的法益，但是将危险引起的因素、风险管辖责任、宪法上的平等原则等因素同时纳入考量，便不会仅由于法益的高低而做出简单的避险过当的判断。同时，为了避免利益衡量判断中的抽象性与模糊性，笔者认为在界定防御性紧急避险的必要限度时，可以比较借鉴《德国民法典》第228条关于防御性紧急避险的限度规定，亦即"如其毁损或破坏系出于防止危险所必要，且其所造成之损害与危险将引起之损害之关系非显失比例，即非违法"。总而言之，避险者首先应当通过躲避或其他得以两全的方式进行防御，在"不得已"的情况下给危险引起者造成的损害与保护的法益不能显失比例（如为了防卫轻微的财产利益而侵犯了危险引起者的重大人身法益乃至生命利益），即属于合理限度范围之内。

综上所述，基于危险引起方的视角进行分析，风险管辖责任可以证成即便危险引起方不可归责地引起了危险的发生，其仍然具有承担因避险人排除危险而给自己造成损害的责任，在合乎比例的范围内由危险引起方自己承担由于避险行为给自己造成的伤害；防御性紧急避险要求避险人只有在满足了不得已的要件下才能实施防御行为，其背后根据在于危险引起方的法益值得保护性虽然有所降低，但仍然值得保护，其法益值得保护性相较于正当防卫中的不法侵害者而言更高，故避险人应首先采取得以保全危害方利益的方式达致避险目的，不得已时可以采取攻击性避险措施；危险引起方之所以要承受防御措施给自己造成的损害，此义务源自宪法中关于平等原则和公民权利限度的规定，如果危险引起方不承担此一损害而要求避险人容忍危险的现实化，那么平等原则和公民权利限度的宪法规定将受到挑战；在判断避险人的防御条件和危险引起方承受的范围时，利益衡量原则得以突破由法益衡量原则所造成的单纯根据位阶的高低作为决定因素

---

① 参见彭英美《违法阻却之防御性紧急避险——以德国法为重心》，《玄奘法律学报》2005年第6期。

的片面性，并且合理地将危险引起的因素等纳入考量，从而划定避险人得以进行防御性紧急避险的情形，也是危险引起方需要承受因自己产生的危险而所应承担损害责任的限度根据。

### （三）第三人视角下的法秩序确证

在上述案例2中，避险人并非危险引起者所针对的潜在受害人，而是与事件无直接利害关系的第三人，那么在防御性紧急避险中，由第三人进行避险的正当化根据为何？能否由前面所论述的依据所证成？笔者认为，在第三人实施防御性紧急避险的情形中，其正当化根据有所不同，应该由法确证原则进行证立。

首先，第三人避险不能依据法益保护原则证立。在第三人避险情形中，第三人的法益并没有受到危险引起者的侵害威胁，危险引起方引起的危险并没有给第三人的自由空间造成限制或损坏，因而依据法益保护原则进行防御的理应是危险的潜在受害人，而不能是第三人。

其次，第三人避险不能依据宪法上的平等原则证立。根据《宪法》第33条第4款以及第51条的规定，由于危险引起者在行使自由和权利的时候，并没有给第三人的合法权利造成损害，因而危险引起者在平等权的原理上仍有要求第三人尊重其法益的权利，由此也产生第三人对危险引起者法益的尊重义务，因而依据平等原则，第三人也无权对危险引起者进行防御性紧急避险。

最后，第三人避险应由法确证原则进行证立。"法的确证原理，意味着不仅具有个人保全的机能，而且具有维护'法'本身的机能，可以实现'法的恢复'，使国民的规范意识得以维持和强化或者抑制不法行为。"[1]第三人避险的权利来源于《刑法》第21条的规定：为了使国家、公共利益、本人或者他人的人身、财产和其他权利免受正在发生的危险，不得已采取的紧急避险行为，造成损害的，不负刑事责任。这一条款之所以没有将避险主体仅赋予危险受害方，便是为了让其他主体在该当情势下，尤其

---

[1] 参见张明楷《外国刑法纲要》，清华大学出版社，2007，第155页以下。

是危险受害方无法及时采取避险措施的情况下，也有权实施避险行为。前文所论述的依据得以证明对危险引起者实施避险行动的正当性，但第三人进行避险的权利却只能由法规范所赋予。换言之，第三人避险的行为同时确证了法规范对于赋予其避险权利的规范效力，也因而维护了法秩序所欲达到的目标：危险引起者因不可归责的危险动摇了法秩序的和平状态，第三人通过防御性紧急避险保卫了危险潜在受害人的法益，从而恢复了其法益的安定状态，最终维持了法秩序的和平。

有学者对法秩序确证原则进行了批判，认为"当我们把国家理解成某种超世俗秩序的代表，或将其理解成自身目的时，就可以认为，对国家所制定的法加以保卫的行为，具有一种独立于社会和个人利益以外的特殊价值"，同时认为"法秩序维护说隐含着将防卫对象的范围扩大到无辜第三人的危险"。① 但这种观点并非无可批驳。首先，笔者在此提出法秩序确证原则是为了证明第三人避险的权利，在危险受害人自己进行避险行动的时候仍然是将法益保护原则作为基础。而在第三人进行避险的情形中，法秩序确证原则并不否认法秩序的最终目标是保障公民的个人法益，因为第三人实施避险权利的结果正是保护了危险受害方的法益。其次，法秩序确证原则并不将危险扩大到无辜第三人。法秩序在确证避险人实施避险权利的同时，也规定了避险人的权利限度。只有在权利限度内实施的避险行为才能获得法秩序的认可，并不会因为承认法秩序原则而使危险片面地扩大。

### （四）小结

针对不可归责的危险而实施的防御性紧急避险行为，可以从避险人视角、危险引起方视角和第三人视角进行正当化根据的分析。从避险人视角而言，以宪法和刑法为基础确立的法益保护原则是避险人实施避险的基本依据。危险引起方视角下的分析有助于界定防御性紧急避险与正当防卫的区别，危险引起方基于风险管辖原理具有承担因避险人排除危险而给自己

---

① 参见陈璇《侵害人视角下的正当防卫论》，《法学研究》2015 年第 3 期。

造成损害的责任；危险引起方的法益值得保护性虽然有所降低，但仍然值得保护，其法益值得保护性相较于正当防卫中的不法侵害者而言更高，故避险人应首先采取得以保全危险引起方利益的方式达致避险目的，不得已时可以采取攻击性避险措施；宪法上平等原则和公民权利限度的规定决定了不可能要求无辜的避险人容忍危险的现实化；利益衡量原则得以合理地将危险引起的因素等纳入考量，从而划定防御性紧急避险的情形范围。第三人视角下的分析则证明在由第三人实施的避险行为中，应由法确证原则作为其根据。

# 三　预防性的防御性紧急避险的正当化根据

预防性的防御性紧急避险，专门指行为人因事后之防卫极困难或不可能，而采取的事先以预防性措施防卫他人已准备之攻击的行为。[①] 因此种情形与针对不可归责的危险而防御以及正当防卫的情形均有不同，遂有必要单独探讨。相比于后两者，预防性的防御性紧急避险具有以下三点特征：第一，危险引起方并非不可归责，而往往具有不法侵害的故意；第二，避险人的防卫时间点并非在危险正在发生时，避险人选择提前进行防卫；第三，与正当防卫相比，避险人只有在满足"不得已"的要件时才能实施避险行为，也正因此，此种预防性防卫行为属于紧急避险范畴，而非预防性正当防卫。由此，在探讨此种类型的防御性紧急避险正当化根据时，有必要根据其特征展开论证。

案例4：一个偏远小客栈的老板听到自己住店的客人商议，在打烊之后立即袭击他，因为他自己无法对付这些人的攻击，因此，他就在提供给他们的啤酒里下了一些麻醉药。[②]

案例5：某偷窥者甲多次在夜晚侵入某夫妇乙、丙的住宅，且潜入其卧室偷窥，令乙、丙生活于恐惧之中。乙、丙虽然曾多次对空鸣枪，但甲

---

① 参见彭英美《违法阻却之防御性紧急避险——以德国法为重心》，《玄奘法律学报》2005年第6期。

② Vgl. Claus Roxin, *Strafrecht Allgemeiner Teil*, 4. Aufl., 2006, S. 763.

毫无所惧，仍继续不定期于夜晚侵入乙、丙的住宅。每当甲侵入时，乙、丙皆无法及时请求警察协助。最后，当甲再度潜入时，乙、丙大声命令其站住，甲不听从并逃出屋外，乙为抓住甲，以结束此长久令人无法忍受的恐惧情况，乃持枪对准甲腿部射击。[①]

## （一）权利人得以提前实施避险措施的根据

其一，权利人提前实施避险措施权利的根据是基于法益保护原则必然推论出的避险人采取有效保护自身法益的必要手段的权利，其根源于宪法对于公民法益不受侵害的保障。前文在探讨针对不可归责的危险而防御时，已经论述避险人在法益受到危险引起者的紧迫威胁时，得以根据法益保护原则采取防御进行自我保护。"任何人未经他人同意，都无权损害其法益；任何人对于他人无正当根据损害自己法益的行为，都没有忍受的义务。"[②] 此处与不可归责危险而防御的不同点在于，在危险还未切实紧迫威胁避险人法益的时候，其能否依据法益保护原则进行自我保护。笔者认为，法益的有效保护是法益保护原则的必然推论，如果法益得不到有效保护，那么法益保护原则就将落于空谈。因而，与其讨论避险人的避险行为是否是在法益受到紧迫威胁时实施，毋宁判断在该当情势下避险人的行为是否是有效保护其法益的必要手段，如果是，那么当然可以为法益保护原则所证成。

同时，在判断提前实施避险措施的具体时刻时，比例原则中的必要性原则可以提供正当化根据。表面上看，避险人的避险措施是在危险引起方引起的危险仍未现实化的情况下实施的，但应该进一步判断避险人的避险措施的实施是否为其保护自身法益最后的可能和机会，即便表面上危险并未现实化，但如果此时确是避险人最后有效保护其法益的机会，那么也可构成防御性紧急避险中的"不得已"。寻找此时不得已的证成与危险并未现实化之间表面上"脱节"的正当化根据，比例原则上的必要性原则可以

---

① 彭英美：《违法阻却之防御性紧急避险——以德国法为重心》，《玄奘法律学报》2005 年第 6 期。

② 陈璇：《生命冲突、紧急避险与责任阻却》，《法学研究》2016 年第 5 期。

提供其基础。比例原则是行政法上的原则，旨在限制公权力的合法合理行使，防止公权力过度干预公民合法权利，比例原则所要进行审查的手段和目的是明确的，即为了实现某个目的，采取了某种手段对基本权利进行初显性限制。[①] 比例原则中的必要性原则包括目的必要性和手段必要性两个方面。

第一，对于目的必要性来说，它要求政府权力的启动应当是在必要的情形下，不得随意干涉公民个人自由。在判断什么是"必要的情形"时，一般应当考虑目的的重要性和紧迫性等因素，所以"必要的情形"所指的必要性，实际上是指目的的必要性，即有没有必要去实现某个目的，其主要考虑的是目的实现可能产生的收益大小。第二，对于手段必要性来说，它要求在目的有必要实现的情形下，启动后的政府权力只能采取必要的手段干涉公民自由。在判断什么是"必要的手段"时，一般应当考虑手段的种类和手段的损害大小等因素。[②] 在防御性紧急避险中，公民在紧急情况中代替公权力机关实现私人救济，亦应当遵循公权力机关原本所应遵循的必要性原则。目的必要性体现为避险人提前实施避险措施所要保护法益的必要性，这在前文中已经提及。关键即手段必要性，考虑到保护法益的紧迫性，手段的采取需要在能够达致目的的最后时刻，且符合最小损害性。此时，"不得已"的要件正是在必要性原则的指引下找寻到了其确定的避险时刻，而表面上危险并未现实化的忧虑并不重要。

在案例4中，虽然客人的犯罪计划处于商议阶段，但是如果让客栈老板等到客人已经开始实施袭击行为才能防卫，那么面对人多势众的袭击者，即便客栈老板有权直接行使正当防卫权利，也无法保护自己的法益。因而，客栈老板在当时的情形下只有两种选择，要么实施预防性的避险行为，要么坐等危害结果发生，因为等到不法侵害进行之时，他甚至已经不具有实施正当防卫权利的机会乃至能力。案例5中，偷窥者已经逃离夫妇的卧室，而下一次的偷窥行为也没有"正在发生"，但是夫妇俩没有义务

---

① 曹瑞：《比例原则与积极权利限制的司法审查》，载齐延平主编《人权研究》（第21卷），社会科学文献出版社，2019，第410页。

② 参见刘权《论必要性原则的客观化》，《中国法学》2016年第5期。

忍受偷窥者长期的骚扰和侵犯行为。基于偷窥者对鸣枪行为的毫不恐惧，而报警行为也不能及时发挥作用，夫妇得以确信对其非要害部位射击，同时报警将其逮捕是保卫自身法益的必要手段。由此，无论是客栈老板还是经受恐惧的夫妇，在该当情势下，实施预防性的防御性紧急避险已经是有效挽救其自身法益的必要手段，这一手段并没有过早而不必要地施行，是有效保护自己法益的必要避险手段，可以为通过比例原则具体确定的有效保护法益的权利所正当化。

其二，根据利益衡量原则，得以证明避险人实施预防性的避险行为的正当性。此处的利益衡量可以从两个层面进行分析，第一个层面是权衡危险引起方与避险方的利益，判断何者利益处于更为优先的地位；第二个层面是从权利人不实施预防性避险措施和实施预防性避险措施两种情况出发进行分析，分别比较两种情况中危险引起方与避险方各自的后果，从而权衡出两种情况何者更为合理。

（1）避险人的利益明显优越于危险引起方的利益。首先，根据风险管辖原理，危险引起者的利益相较于避险者的利益应负退让义务。与不可归责因素引发的危险比较而言，在预防性防御性紧急避险中，危险引起方并非不可归责，而往往是具有不法侵害的故意。危险引起者事实上支配了给避险者法益造成潜在危害的风险，而"任何一个对事实发生进行支配的人，都必须对此答责。如果创设了这样一个条件，这种条件使得发生符合构成要件的结果的可能性在客观上得到提高，那么，这个人就要为这个风险以及由该风险产生的结果负责"。① 在危险引起者故意创设了风险，有能力阻止风险实现而不阻止的情况下，其利益便应退让于避险者的利益。其次，从双方法益值得保护性的角度而言，避险者的法益高于危险引起者的法益。相比于不可归责的危险引起者，此处的危险引起者的法益值得保护性下降程度更高。双方主体依据宪法上的平等原则，本应履行对对方法益的尊重义务，但危险引起者率先故意违反了这一义务，因而在相当范围内，其法益值得保护性便有所下降，避险者在相当程度上也不需再履行尊

---

① Vgl. Kindhäuser, *Strafrecht Allgemeiner Teil*, 7. Aufl., 2015, S. 97.

重对方法益的义务。因而，从值得保护性的角度而言，避险者的法益也优先于危险引起者的法益。

（2）比较避险者实施与不实施预防性避险措施，可以发现在避险者实施预防性避险措施的情况下，所能保全的利益远远大于不提前进行避险行动的情形。在案例4中，如果不允许客栈老板下麻醉药以保卫自己，那么便意味着：第一，客栈老板的法益得不到有效保护，只能忍受危险的存续，直到危险现实地转化为不法侵害，因为等到客人袭击他时，其已然再无机会和能力进行反抗，对于危害结果的发生没有任何阻止的方法；第二，侵害人由于无须顾忌潜在受害人会实施避险行为，而得以肆无忌惮地预备乃至实行犯罪行为。相反，若允许客栈老板下麻醉药以保卫自己，那么便意味着：一方面，公民在面对正在发生的危险时，得以采取必要的针对危险引起者的预防性制止措施；另一方面，意图不法侵害者的犯罪行为也只能停留在犯罪预备阶段，并且意识到，自己引起法益侵害危险的行为，不仅会受到法律的制裁，更有可能受到避险者正当性的防御性反抗。由是，因危险引起者破坏的法秩序和平，得以通过公民正当化紧急权利的赋予而重新恢复。因此，允许避险者实施预防性避险措施，一方面有利于保护法益，另一方面有助于及时消除不法侵害引发的危险，以恢复法秩序和平；不允许避险者实施预防性避险措施，一方面将导致潜在受害人只能忍受不法侵害的现实发生，另一方面也助长了不法侵害者的犯罪动力，无助于法秩序的维护。因而，在利益权衡的原则下，避险者实施预防性避险措施具备正当性。

### （二）避险人须满足"不得已"要件的根据

在预防性的防御性紧急避险情形中，避险者实施避险行为的时间点相较于针对不可归责危险的防御性紧急避险以及正当防卫中的防卫时间均有所前移。针对这一提前采取的避险措施应严格适用《刑法》第21条中的"不得已"要件，这一"不得已"的要件具体体现为：避险者首先应该寻求国家机关或其他主体的帮助，如果不能及时寻求帮助时可以采取保护性避险措施，不得已时可采取必要的攻击性避险措施。这一以穷尽其他保护手段为前提，在"不得已"关头得以行使避险权利的根据可从以下几个方面得以论证。

第一，公权移转至公民个人行使应遵循最大克制原则。预防性地对危险进行防卫原则上是警察权的领域，将此种防卫权转移给公民个人行使应遵循最大的克制原则。① 对于预防性范围的防卫措施，《警察法》第21条有相关规定：人民警察遇到公民人身、财产安全受到侵犯或者处于其他危难情形，应当立即救助；对公民提出解决纠纷的要求，应当给予帮助；对公民的报警案件，应当及时查处。因而，在该当情形之下，公民应当首先寻求警察的救助。不对形势进行清醒的判断和采取相应的请求措施，容易导致公民俨然以"公民警察"自居而使国家的管辖垄断权失去效力。归根结底，"任何权利皆有扩张之本能，私力救济同样存在摆脱限制之趋向。故这些个人保留或国家返还的权利若不加约束，又会违背社会契约之目的，无法避免私权的滥用与冲突。因此，公力救济与私力救济应保持适当平衡"。② 在预防性的防御性紧急避险领域，虽然一个正在准备或计划的侵害已经开始，但相对于正当防卫而言，其毕竟仍不是一个正在进行的不法侵害，"如果允许人们把这种大胆的紧急防卫权使用于如此广泛的防卫性目的，也会与社会的和平秩序和国家的管辖垄断权发生矛盾：只有现实的攻击情况，才能给予私人个人如此重要的权力"。③ 因而，私权行使公权职能时应遵守的最大克制原则是"不得已"的根据之一。上述案例4中，由于客栈老板身处偏远地区，面对即将发生的袭击计划，如果报警等待警方救援，在警方还未到达现场时，侵害者的犯罪计划即可能得逞，因而其并未违反这一要求。同样地，在案例5中，由于遭受多次不定期的骚扰与侵犯，并且每次报警均未能及时获得警方的协助将侵入者抓获，因而请求警方救助已经无法及时抓住侵入者，故夫妇的行为没有违反这一要求。

第二，尊重法益值得保护性和维护法秩序和平状态。由于危险并未现

---

① Vgl. Claus Roxin, *Strafrecht Allgemeiner Teil*, 4. Aufl., 2006, S. 764.
② 徐昕：《私力救济的正当性及其限度——一种以社会契约论为核心的解说》，《法学家》2004年第2期。
③ Vgl. Claus Roxin, *Strafrecht Allgemeiner Teil*, 4. Aufl., 2006, S. 666.

实发生，危险引起者的法益值得保护性相对高于正当防卫中的不法侵害人，因而避险人不能直接针对仅处在预备或计划阶段中的不法侵害者进行攻击，在无法及时请求警方救助的情况下，毋宁在其他人得以帮助的情况下先寻求他人的帮助。例如，一名 18 岁的学生用一把匕首将另一名正预备对他进行攻击的同学刺成重伤，而在当时他本可寻求在不远处的老师的帮助，在这个攻击借助一个老师的帮助就能够加以阻止并且使自己得到保护的时候，就不应当允许出于一种粗暴的荣誉概念放弃自然人的生命。①当这种潜在的攻击行为并未升级为现实的不法侵害时，潜在的受害人应该将其作为一种危险进行排除，而非正在进行的不法攻击。只要存在得以不造成伤害即可消除危险的手段，那么这名潜在的受害人就应当采取这种手段消除危险。此处也同时体现了法治国比例原则的要求，具体而言是遵循比例原则中的必要性原则，又称为最小损害原则，它要求所运用的手段是必要的，手段造成的损害应当最小，②潜在受害人应当采取最温和的手段达到防御的目的。但需要说明的是，比例原则只是具体实施避险措施时的方式要求，背后的根据仍然是危险引起者并未完全丧失的法益值得保护性。另外，在达到"不得已"的程度而必须防御之前，由于危险引起者的不法侵害行为仅处于预备阶段，法秩序仍旧处于相对和平状态，在不确定对方一定会实施不法侵害行为时，不能率先破坏法秩序的和平状态，只有达到"不得已"时，由于已经能够确定危险引起者必将突破这一秩序，避险者才能够实施避险措施。因而，在"不得已"之前对防御行为的限制同时是出于维护法秩序和平的需要。

第三，公民底线救济的基本权利。底线救济这一提法借鉴了底线伦理的概念，由我国学者在论述私力救济时提出。③

　　基于自然正义的底线救济无疑是私人在订立社会契约时所保留的

---

① Vgl. Claus Roxin, *Strafrecht Allgemeiner Teil*, 4. Aufl. , 2006, S. 682.
② 参见刘权《目的正当性与比例原则的重构》，《中国法学》2014 年第 4 期。
③ 参见何怀宏《底线伦理》，辽宁人民出版社，1998；徐昕《论私力救济》，博士学位论文，清华大学，2003。

自然权利。私力救济作为底线救济是源于人性、贴近自然的基本权利，具有正当性。当公力救济不保障私权时，出于最低限度的自我保护本能，人们便可能寻求私力救济，自行主持个人的正义。这是一种非到不得已时而为之的最后救济。[①]

此种底线救济的权利在宪法上具有正当化的规范根据，即宪法上国家尊重和保障人权的条款。因为"既然国家必须尊重和保障人权，那就需要针对侵犯人权的行为提供具有实效性的救济。否则，对人权的保障就成为一种空想"。[②] 在公权力无法及时实现权利保障的情况下，公民自身实施避险行为的有效救济即应成为可能，这是基本权利保障的必要内涵。

避险人在无法及时请求警方进行救助，同时又无他人能帮助自己不受不法侵害时，便可以依据此一底线救济的权利实施防御性紧急避险行为。这里需要比较的是，相较于针对不可归责危险而防御的情形而言，在预防性的防御性紧急避险中不要求避险人通过逃避的方式进行避险，因为后者情形中的危险引起者系潜在的不法侵害人，并非不可归责，"假如人们在面临攻击时必须逃跑，那么，那些小流氓和好打架的人就会用它来到处驱赶和平的公民，只要他们想在那里建立自己的统治。这将是与法保护的原则和由法律规定和平秩序的原则不相统一的"。[③] 显然，在上述案例 5 中，如果要求夫妇预先能通过逃避的方式躲避侵扰者的不定期侵犯，那么无异于让夫妇放弃房屋的使用权与住宅安宁权，这显然不公平。而在案例 4 中，客栈老板无法及时求得警方和他人的帮助，因而其下麻醉药的行为正是其基于底线救济权而实施的避险行为，具有正当性。

## （三）小结

在讨论预防性的防御性紧急避险的正当化根据时，主要回答两个问

---

① 徐昕：《私力救济的正当性及其限度——一种以社会契约论为核心的解说》，《法学家》2004 年第 2 期。

② 林来梵：《人权保障：作为原则的意义》，《法商研究》2005 年第 4 期。

③ Vgl. Claus Roxin, *Strafrecht Allgemeiner Teil*, 4. Aufl., 2006, S. 680.

题，即权利人得以提前实施避险措施的根据以及避险人需满足"不得已"要件的根据。对于权利人的提前实施避险措施而言，基于比例原则中的必要性原则加以判断，避险人具有采取有效保护自身法益的必要手段的权利。同时，根据利益衡量的原则，可以推论出权利人的利益明显优越于危险引起方的利益，而且在避险者实施预防性避险措施的情况下，所能保全的利益远远大于不提前进行避险行动的情形。至于避险人须满足"不得已"要件的根据，一方面要回应避险人避险权利有限制地行使的根据，另一方面要回应达到"不得已"程度时，其可以实施避险措施的根据。前者主要基于公权移转至公民个人行使应遵循最大克制原则、尊重法益值得保护性和维护法秩序和平状态的需要；对于后者而言，公民底线救济的基本权利决定了在"不得已"的情况下，即便危险并未现实化，避险人也可以实施权利救济的防御性紧急避险行为。

# 四　生命冲突中防御性紧急避险的正当化根据

学界对于对生命进行的紧急避险行为有不同的观点。多数观点立足于社会本位的功利主义立场进行论述，将紧急避险界定为"实际上是对社会有益的合法行为，因为从客观上看，紧急避险行为虽然会对社会带来一定的损害，但是，它的最终结果却是保护了某种更大的合法利益"。[1] 在此种观点下，在单个生命之间发生冲突的案件中，单个生命之间的避险如果没有保全更大的合法利益，则不能得以合法化。但当生命冲突中的紧急避险得以保全多数生命时，则应当将对生命的紧急避险行为合法化。例如，我国学者认为，紧急避险在"为了保全一个人的生命而牺牲一个人的生命的场合，当然是不允许的"，但在"为了保护多数人的生命而牺牲一个人的生命"时，则应当允许。[2] 日本学者西田典之也认为，虽然生命具有最高价值，但这并不意味着不能对生命进行量的比较。在迫不得已的情况

---

① 参见马克昌主编《犯罪通论》，武汉大学出版社，1999，第781页。
② 参见黎宏《紧急避险法律性质研究》，《清华法学》2007年第1期。

下，"死一个总比死五个好"，故而"即便是侵害生命的场合，也应当依据紧急避险而认定正当化"。① 同样，德国也有学者主张，作为最高价值的生命法益也与财产法益一样可以累积相加，"两个生命的价值之和高于一个生命"。因此，在挽救多数人牺牲少数人的场合，应当认为行为人保全了更为重要的利益，构成紧急避险。②

德国学者考夫曼则认为，对生命的紧急避险行为，因为法律没有或不能对之予以评价，因而属于法外空间。③ 还有学者对以上观点均采取了批判态度，并且认为应该从社会团结义务的角度来论证紧急避险的正当化根据，而非社会功利主义理论，"为了能在最坏的情况下也保全自身的基本利益，特定限度内的紧急避险就成为了所有理性人都会认同的普遍规则。由此，每个人都获得了在紧急状态中损害他人较小权益维护自己重大利益的权利，但同时也都承诺在他人重大利益遭遇危险时负担一定的团结义务，对侵犯自身较小权益的避险行为加以容忍。正是这种团结义务使得避险行为成为了合法的权利行为"。④ 然而，"对生命的紧急避险与自利的理性人自愿承担团结义务的初衷背道而驰，其不可能成为理性人普遍认同的行为规则，因而也就无法正当化。不论此时避险行为能够拯救多少人的生命，都无法改变此处的结论。因为对生命的紧急避险不能正当化的原因并不在于所损害和所保护的生命法益之间的权衡，而仅在于其无法基于理性人的普遍同意成为合法行为"。⑤

笔者认为，对生命进行的紧急避险行为具有多种不同的类型，不能简单地基于社会功利主义、法外空间理论抑或社会团结义务理论而认为应予正当化或不应正当化，应诉诸不同类型的生命冲突案件基础上的正当化根据进行分析，进而加以判别。这是一个值得细化研究的复杂问题，由于本

---

① 参见〔日〕西田典之《日本刑法总论》，刘明祥、王昭武译，中国人民大学出版社，2007，第109页。
② 参见王钢《对生命的紧急避险新论》，《政治与法律》2016年第10期。
③ 参见〔德〕考夫曼《法律哲学》，刘幸义等译，法律出版社，2004，第321页。
④ 参见王钢《紧急避险中无辜第三人的容忍义务及其限度——兼论紧急避险的正当化根据》，《中外法学》2011年第3期。
⑤ 王钢：《法外空间及其范围——侧重刑法的考察》，《中外法学》2015年第6期。

文旨在探讨防御性紧急避险的正当化根据，因而笔者试图讨论在对生命进行的紧急避险行为中，是否存在得以根据防御性紧急避险正当化的空间，如果存在这一正当化类型，再进一步探讨此种类型得以正当化的根据之所在。以下举出几种生命冲突的情形。

案例6：甲和乙一起坐在吊篮里，但是这时气球只能承载一个人的重量，眼看气球就要坠落了，甲为了救自己，就把乙从吊篮里扔了出去。[①]

案例7：A与B结伴攀登高峰，B因冰雪塌陷而跌落峭壁，连接A与B的一根绳索使B悬于半空中；A无力将B拽起，而且再这样下去A也会被拖下深渊；于是，A为保住自身性命，只好拿出刀割断绳索，致使B坠亡。[②]

案例8：在产妇分娩过程中，医生在确认剖宫产也无法顺利生下婴儿之后，为了保住母亲的生命，不得已采取穿颅术牺牲了胎儿的生命。[③]

要判断上述案例能否为防御性紧急避险所正当化，关键是判断上述行为是否满足防御性紧急避险的要件。根据《刑法》第21条的规定以及前文所述防御性紧急避险的基本原理，防御性紧急避险的成立应包括四个要件：第一，避险人的人身、财产或其他权利面临正在发生的危险；第二，避险人除了实施紧急避险行为之外没有其他办法保全自己的法益；第三，避险人实施避险行为的措施直接针对危险源进行；第四，避险人的避险行为没有造成不必要的损害。

首先，上述三个案例均符合第一个要件，案例6中气球正在坠落，坐在吊篮中的甲与乙均面临生命利益丧失的危险；案例7中，连接A与B的一根绳索使悬于半空中面临生命紧迫危险的B同时造成了对A的生命危险，无力拽起B的A正面临逐步被拖下深渊的危险；案例8中，正在分娩中的产妇正面临丧生的危险。

其次，上述三个案例亦符合第二个要件，案例6中由于气球只能承载一个人的重量，因而吊篮中的甲或乙若要挽救自己的生命，便需使吊篮只

---

① Vgl. Claus Roxin, *Strafrecht Allgemeiner Teil*, 4. Aufl. , 2006, S. 739.

② 陈璇：《生命冲突、紧急避险与责任阻却》，《法学研究》2016年第5期。

③ Vgl. Claus Roxin, *Strafrecht Allgemeiner Teil*, 4. Aufl. , 2006, S. 762.

承载一个人，而要达此目的，在不具有其他条件的情况下唯一的途径是残忍地将一同胞扔出气球之外以减轻吊篮重量，求得自己生命的存续；案例7中，由于A与B连接在一条绳索之中，无法拽回B的A若要使自己不随着B共同坠入深渊，只有摆脱绳索对自己的生命造成的危险，而在当时情境下割断绳索是唯一方法；案例8中，医生已经确认没有办法能保全产妇和胎儿的生命，剖宫产亦无法挽回产妇的生命，采取穿颅术是当时保住产妇生命的唯一办法。

再次，防御性紧急避险要求避险行为直接针对危险源实施。值得注意的是，防御性紧急避险所针对的危险源应是指单独引起正在发生的危险的一方，由双方共同引起危险的其中一方并不能单独评价为危险源。质言之，避险者实施避险行为时，避险者本身不能同时属于危险源。理由是，如果危险源是由双方共同引起，双方的法益值得保护性便不存在一方相较于一方负有退让义务的情形，那么防御者便不能推诿般地单独将对方视为危险源而采取防御措施。在这一条件的审视下，可以发现案例6不符合此一条件。在案例6中，如果认为气球下坠的原因是超重，那么这一危险是来源于甲与乙共同的重量，并非甲或乙单方所致，因而乙不能单独成为引起生命危险的危险源而成为防御性紧急避险的对象，甲将乙扔出吊篮的措施便不符合防御性紧急避险的对象条件。① 案例7中，B跌落峭壁，致使连接在一条绳索中的A亦遭受了生命危险，因而B的意外行为是引起A生命危险的危险源，A割断绳索的行为系直接针对危险源实施的避险行为；案例8中，虽然分娩是一种纯粹的生物学的过程，但此时母亲的生命危险的来源是即将出生的胎儿，因而医生采取穿颅术是针对危险源实施的避险行为。需要说明的是，之所以认为胎儿能够成为危险源，是因为胎儿能够单独引起产妇生命的危险，例如胎儿脑积水而致使危产的发生等。

最后，紧急避险所采取的行为是否合乎必要的限度，此处需要考量的是，在防御性紧急避险中，牺牲生命是否符合合理限度的问题。由于案例

---

① 由于此文仅探讨可构成防御性紧急避险的生命冲突情形，因而此处证明案例6中甲的行为不能依据防御性紧急避险得以正当化，并不排除存在其他正当化事由（如攻击性紧急避险）的可能性。是否得以根据其他正当化事由予以正当化，需要进一步研究。

6 不符合避险对象的要件，因而不能构成防御性紧急避险，那么在案例 7 和案例 8 中，牺牲危险源生命的行为是否合乎防御性紧急避险的必要限度而能为防御性紧急避险所正当化？笔者对这一问题的回答是肯定的。

## （一）适用生命不可衡量论的否定

强调生命不可衡量的学者一般认为，从数量上对生命进行权衡是不可能的，因为每个生命都具有独特性，体现着"绝对的最高价值""无法比较的个人价值"甚至"不可复制的无穷价值"，故而单个生命的价值与多数人的生命价值并无差别。从质量上也无法对不同的生命加以比较。因为不论其性别、年龄、社会阶层、健康状况，每个人的生命均具有最高价值，在法律面前完全平等，不存在好坏贵贱之分。法律在同等程度上保护现存的每一个生命，仅能短暂存续的生命也不例外。[①]

笔者认为，生命不可衡量的论点符合宪法中的人权保障和平等原则，然而，关于生命不可衡量的论断，是纯粹就生命的抽象价值而言的。但是，侵害某一法益的行为能否正当化，不仅取决于该法益在法律中的抽象价值与位阶，还取决于它在具体案件中值得保护的程度。[②] 换言之，生命不可衡量论并非可以无条件地适用于所有的生命冲突案件之中，在某些情形之中，生命不可衡量的论调可能会失去其成立的土壤。而前文所举出的三个生命冲突的例子即需要在特定情境之中进行个案判断，如果其符合防御性紧急避险的适用条件，具备其类型化的正当化根据，那么针对生命所进行的紧急避险行为即成为可能。

在案例 7 中，A 与 B 的生命原本在宪法上均受平等保护，然而当 B 跌落峭壁的行为使得处在生命共同体中的 A 由一个安全的境地陷入面临生命危险的境地时，双方的法益值得保护性发生了差异。详言之，这种差异的发生来源于权利主体对于自身所造成的风险的管辖，在攀登高峰这一具有高度危险的活动中，无论是 A 或者 B 都应谨慎地管辖自己行为的风险，

---

① 参见王钢《法外空间及其范围——侧重刑法的考察》，《中外法学》2015 年第 6 期。

② 参见陈璇《生命冲突、紧急避险与责任阻却》，《法学研究》2016 年第 5 期。

其他公民无法对其进行干预，但在危险共同体的情况下却有可能因其身体动静而落入同样的生命危险之中，因此其只能信赖对方在行使自由的同时不会对自己的法益造成妨害，而根据自由与责任对等的原则，法律有理由给权利人施加较重的义务，要求他在行使自由时必须满足其他公民的合理期待，承担起保证避免给他人带来危险的责任。[①] 如果权利人未能及时排除危险，则遭受威胁的公民或者第三人有权自行打破权利人对该空间的独占，在为消除危险所必要的限度内损害其法益，权利人对此负有忍受义务。[②] 由此，在 A 与 B 的生命衡量之中，于法益值得保护性层面发生了差异，适用单纯的生命不可衡量论便不再合适，因而片面从不可衡量的角度将避险者针对生命的避险行为评价为超过必要限度便是不妥当的。同时，限度的考量应从利益衡量的角度判断 B 的行为所造成的对 A 的损害是否同样是生命法益层面的威胁，如果满足这一条件并且避险行为乃唯一的避险措施，那么便不能评价为超过必要的限度。

生命不可衡量的观点在普遍意义上是成立的，任何人都不能以其生命高人一等为理由而将牺牲他人的生命作为挽救自己生命的手段，但是在生命并不是单纯作为挽救生命的手段，而是成为引起另一生命危险的危险源时，法益值得保护性的差异发生了位移，使得防御性紧急避险有了适用的空间，因而此时不能简单地再以生命不可衡量作为依据而认为针对生命实施的避险行为超过了必要限度。

## （二） 适用社会团结义务论的否定

社会团结义务论者在面对针对生命进行的紧急避险行为时认为，对生命进行的紧急避险与自利的理性人自愿承担团结义务的初衷背道而驰，其不可能成为理性人普遍认同的行为规则，因而也就无法正当化。对生命进行的紧急避险不能正当化的原因并不在于所损害和所保护的生命法益之间的权衡，而仅在于其无法基于理性人的普遍同意成为合法行为。[③]

---

① 参见陈璇《生命冲突、紧急避险与责任阻却》，《法学研究》2016 年第 5 期。
② 参见陈璇《生命冲突、紧急避险与责任阻却》，《法学研究》2016 年第 5 期。
③ 王钢：《法外空间及其范围——侧重刑法的考察》，《中外法学》2015 年第 6 期。

笔者认为，针对生命进行的紧急避险行为中仍存在需要进一步类型化的情形，并不可一概地认定为一种情形而断定能否进行紧急避险。社会团结义务对生命紧急避险的否定理由实际上更多地存在于攻击性紧急避险之中，因为在针对无辜第三人的生命进行紧急避险时，尤其需要考量作为理性第三人对于牺牲其生命的同意可能性。然而，在防御性紧急避险之中则是另外一种情形，最明显的区别在于，防御性紧急避险中牺牲生命者并非完全无辜，而是生命共同体中的危险源。因此，在探讨能否适用社会团结义务否定将生命作为紧急避险的对象时，应该进一步探讨其在防御性紧急避险中的适用余地。

笔者认为，一方面，在防御性紧急避险中的生命冲突情形中，危险引起者与避险者往往处在生命共同体之中，一方陷入生命危险而引起了对方的生命危险，此时，避险对象本身已然处于死亡的危险之中，并不存在社会团结义务论者所认为的考量避险对象是否同意牺牲自己生命的可能。因为判断同意牺牲自己生命与否的意愿的前提是避险对象原本处于一个没有生命危险的境地之中，如果原本就已经处于生命的危难关头，再去考量其是否同意牺牲其生命的意愿实际上已失去现实意义。因此，此时考量一个理性的自利人是否会同意牺牲自己生命的前提并不存在。例如，在案例7中，B跌落峭壁而陷入生命危险，此时B给A造成了生命危险，不论A是否实施避险行为，B的死亡均在所难免，因而即便将B作为一个理性的自利人进行考量，也不存在考量其是否同意自己死亡的必要，因为死亡的不可避免已经消弭了其是否同意牺牲自己生命的选择权。于此，社会团结义务理论所认为的理性的第三人因为生命的牺牲不符合自利的理性人长远利益考量而不同意牺牲自己生命的前提并不存在，因为此时自利的理性人原本具备的作为交换正义①的"资本"已然不复存在。

另一方面，社会团结义务建立在对一个无辜的第三方从长远利益考量而同意牺牲自己暂时利益的基础之上，然而其不能回答在避险对象并非一

---

① "交换正义"认为，人们在追求利己目的的过程中，也必须尽到一些利他的义务。而公民只有先承担向他人伸出援手的义务，方可使自己在未来遇到困境时获得他人的救助。参见陈璇《生命冲突、紧急避险与责任阻却》，《法学研究》2016年第5期。

个无辜的第三人，而恰恰是避险人生命危险的引起者时是否仍然能够考量牺牲生命的意愿的问题。换言之，在避险对象恰恰由于自身原因引起了避险人的生命危险时，由前文论述，根据平等原则和风险管辖责任，在其不能承担排除自身给对方形成的生命危险的责任时，其负有容忍因对方排除危险而给自己造成必要损害的义务。在此，基于宪法上的平等原则而赋予了避险人避险的权利和避险对象容忍的义务，并非基于一个无辜第三人对自己法益牺牲的同意，因此社会团结义务在此忽视了危险引起者本身所应承担的对风险的管辖责任以及当无力排除风险现实化时对于他人实施避险行为给自己造成损害的容忍义务。这已经不是社会团结义务所能容纳的范围，应根据宪法原则、利益衡量原则、风险管辖原理等重新构筑危险引起方的责任归属范围。

因而，不能以社会团结义务下理性的自利人不可能承诺牺牲自己的生命为由，便否定生命冲突中对生命进行紧急避险的可能。在上述防御性紧急避险的情形中，一方面由于社会团结义务已经由于危险引起者本身陷入死亡危险之中而失去了探讨生命承诺与否的基础，另一方面由于社会团结义务忽视了危险引起者本身基于宪法原则等所应当承担的责任，此种责任不论其同意与否都不由得其依据自我决定权而放弃。由此，在针对生命进行的紧急避险中，不能直接根据社会团结义务中理性人对牺牲生命的个人否定而认为针对生命进行的避险行为必然超过必要限度。

### (三) 笔者观点

对生命紧急避险的行为认可与否，实际上需要衡量在威胁生命的危险正在发生时，避险人不允许做出牺牲危险源生命的行为和允许做出此一行为下的两种不同情形。第一种情形，即避险者不允许实施对危险源生命的避险行为时，那便意味着 A 由于绳索的连接而随着 B 的下坠而下坠时，在 B 的生命已经无法挽回的情况下，即使他有能力防止自己坠入深渊，也不能实施此一行为；产妇在危难关头，不实施穿颅术就无法挽救产妇生命的情形中，医生只能坐视产妇的生命逐渐逝去，即使他本可采取手术挽救其生命。如果这一判断是法律的最终价值选择，那便意味着公民在面对由于对方客观上的行为给自己造成生命危险的时候，其有义务忍受这一行为，尽管忍受意味着最终将使自己丧生。第二种情形，即避险者允许实施对危险源的生命避险行为时，那便意味着 A 在随着 B 下坠而产生逐渐下坠的趋势时，可以通过割断绳索的行为来阻止对方客观上的行为给自己产生的威胁生命的危险发生；医生在产妇危难关头，可以通过采取必要的手术以拯救产妇的生命。如果这一判断成为法律的最终价值选择，那便意味着任何人都不需要在没有特别承担危险的义务下，为了别人而容忍严重的身体损害。尽管给予孩子生命的母亲本身，必须接受这种通常与怀孕相联系的劳累和健康损害，但是，法律不允许强求这位生命的给予人奉献自己的生命。① 比较这两种情形，笔者赞同后一种情形的选择，理由如下。

### 1. 基于危险引起方的视角判断

前文中针对不可归责危险而防御的正当化根据同样适用于生命冲突中适用防御性紧急避险的情形。（1）根据风险管辖原理，危险源一方客观上给对方造成了生命危险，在自己无法排除危险的情况下，便没有理由阻止避险人一方通过必要的措施采取阻止危险现实化的避险行为，而有义务忍受对方为排除危险给自己造成的必要损害。案例 6 中，B 客观上引起了 A 的生命危险，B 本应履行义务采取措施阻止危险的发生，在 B 没有能力履行这一义务时，便不能阻止 A 为排除生命危险而采取的割断绳索的行为。（2）根据法益值得保护性原理，危险引起方的生命值得保护性相对于避险人一方而言降低，危险引起方的生命法益要求避险方必须首先寻求其他一切可能的措施进行避险，但在不得已的情况下，生命值得保护性的天平不得已只能倾向于避险人一方。（3）根据宪法上的平等原则，在危险引起方没有合法根据地引起了避险方的生命危险时，其客观上违反了《宪法》第51 条关于基本权利限制的规定，因而避险方在相当程度内享有对等的权利。亦即，避险方因采取防御自己生命免受侵害而采取的客观上对危险引起方造成的损害与危险引起方不可归责地引起的对避险方的生命危害在平

---

① Vgl. Claus Roxin, *Strafrecht Allgemeiner Teil*, 4. Aufl., 2006, S. 761.

等原则下相互包容。(4) 根据利益权衡原则，危险引起方所应承受的损害范围应与客观上给予避险方造成的损害非显失比例。在案例7、案例8中，危险引起者对于避险方的危险所危及的是生命法益，避险措施所造成的损害也针对生命法益。因而其与避险人所采取的避险措施在损害范围内并非不成比例，而是符合紧急避险的合理限度，危险引起方在避险人不得已的情况下应当承受。

**2. 基于道德哲学立场的避险人视角判断**

在生命冲突领域，在对方不具有刑事上的罪责时，如果针对生命的避险行为是合法的，便意味着公民没有容忍自己丧生的义务，而得以牺牲对方的生命。从避险人角度而言，由于危险引起者在客观上引起了避险人生命法益上的威胁，因而避险人基于法益保护的原则，具有采取防御措施的必要性和正当性。但基于生命权是宪法价值的基础和核心，[①] 前文所述之法益保护原则从避险人角度的探寻旨在证明防御权本身的正当性，并不能证成将生命作为避险对象是否超过限度的根据。因此，笔者认为有必要从道德哲学的角度出发，为以牺牲生命为内容的避险行为找寻正当化根据。

首先，在对方引起的生命危难中，避险人在不得已情况下选择牺牲对方生命而非放任自己生命丧失的行为，符合自尊原则。自尊原则要求我们每一个人都认为自己的生命具有这样的一种重要性：所有人的生命都不容侵犯，不应该视某个人的生命不如其他任何人的生命重要。自尊原则要求在某种意义上将自己看成是自治的，一个人必须认同那些由自己建构的生活价值，由自己判断什么是自己生活的正确方式，并抵制任何旨在篡夺这一权利的强制。[②] 在案例7中，如果要求A应当随着B一同坠落深渊，那将意味着A对自己生命的尊严可以被对方尽管确属意外的行为所掌控。但"只有当我们处于对道德法则的尊重而不是为了服务于某个特定目标而行为时，我们才是自治的"。[③] 一个人的生命理应由他自己掌控，他有权利

---

① 韩大元：《宪法学为何关注生命权问题》，《法制资讯》2012年第11期。
② 参见〔美〕罗纳德·德沃金《刺猬的正义》，周望、徐宗立译，中国政法大学出版社，2016，第226页。
③ 〔美〕罗纳德·德沃金：《刺猬的正义》，周望、徐宗立译，中国政法大学出版社，2016，第280页。

决定自己的生命不被无辜地褫夺，尽管对方造成的行为不具有可责性，他也没有义务接受对方引起的而即将使自己丧生的命运。

其次，避险人采取的防御性紧急避险行为，尽管造成了危险引起者丧失生命的结果，但并不违背"始终把人当目的，总不把他只当工具"① 的道德原则。比较案例6与案例7，可以发现两种避险行为具有完全不同的性质，在案例6中，甲将乙扔出吊篮的行为是将乙看作拯救自己生命的工具，此时乙成为维持甲的生命的手段，其本身并不具有目的价值。因而，案例6中甲的行为违反了"人非工具"的道德原则，不具有道德上的正当性。但是，在案例7中则不同，B的意外行为迫使A陷入生命的危难境地，A割断绳索是阻止对自己生命造成威胁的危险源本身，B的坠落死亡是A避险行为所造成的结果，换言之，A并无将B的生命当成自己生命的手段，而是在没有办法拯救B，同时不放任危险源使自己的生命丧失的附随结果，这与案例6中甲的行为具有本质差异。德沃金在探讨允许医生只能为两个病人其中之一进行肝脏移植的时候认为，"有一个古老但依旧时髦的答案：双重效应原则。当救其他人必然导致某人死亡的时候，它允许这一结果的出现"。② 而事实上，在防御性紧急避险的生命冲突中，双重效应原则正体现为，当危险源即将使自己丧生，而阻断危险源必然导致危险引起者死亡的时候，这一原则允许这一结果的出现。无论是他人的生命，抑或是自己的生命，在法律上均是平等的。因而，双重效应原则下，因拯救自己的生命而必然导致引起自己生命危险的人死亡而非将他人的生命作为拯救自己生命的工具时，它允许这一结果的出现。

再次，对生命进行避险是对生命的道德责任的准则要求。于此我们必须明确，讨论避险人对自己生命责任的前提是：在防御性紧急避险情势中，危险引起者引起了对自己和避险人两个人的生命危险，而避险人对危险引起者的生命已经不具有挽救的任何方法，不管避险人采不采取避险措施，危险引起者都必将丧生，而避险者仍有最后的能力挽救自己

---

① 〔德〕康德：《道德形而上学探本》，唐钺译，商务印书馆，2012，第46页。

② 参见〔美〕罗纳德·德沃金《刺猬的正义》，周望、徐宗立译，中国政法大学出版社，2016，第318页。

的生命，如果不采取任何举措，其自身的生命也必将丧失。在这一情况下，避险人应不应当挽救自己的生命？笔者给出的是肯定回答。康德追问什么是责任的来源时，他的回答是，人类内在的价值来自道德责任，把人类和事物的秩序联结起来。他相信，"我们最基本的责任，是我们对自己的责任。人类并不拥有按照他们的意愿抛弃自己生命的主权。人类必须把他们自己看作是某种价值的携带者，这种价值超越他们对选择的权力的实施，而无论在什么情势下，他们自我的这一方面必须被授予荣誉、被尊重。我们个人身上的人性阻止我们以拥有一件物质性客体的方式拥有我们自己，与此类似他禁止我们按使用物体的方式使用我们的身体"。① 避险人在该当情势下，在已经无法挽救危险引起者的生命时，仍然存在其应当承担的对自己生命的道德责任，他自己的生命仍然完全在他自己可掌控的范围之中，并且他有能力采取措施避免自己丧生。在一定程度上可以说，避险人对自己的生命如果处于有能力采取措施避免丧生结果发生而不采取，他的行为便相当于自杀。而自杀在道德上更是被禁止的，"其被禁止的原因更在于，它是不荣誉的：也就是说，它不能给予我们个人身上的人性以荣誉"。②

最后，还存在一种我们不得不关注的情形，即避险人自愿选择自己死亡的结果，因为其希望通过自己的死亡，能够实现拯救危险引起者抑或其他更多人的生命的结果时，其行为或者帮助实践其抉择的第三人的行为也是正当的，这不违背我们前文探讨的自尊原则以及对生命的道德责任原则，此处涉及的是自治原则。一个典型的例子莫过于，在案例8中，如果产妇宣称，无论如何都要生下孩子，并且自己愿意忍受由此发生的生命危险，那么，医生就必须尊重她的意志。③ 自尊原则认为如果其决定维持自己的生命，那么没有人可以强迫其忍受自己死亡的结果。于此，避险人并没有决定维持自己的生命，相反他/她希望自己的死亡可以实现其希望的

① 参见〔英〕迈克尔·罗森《尊严：历史和意义》，石可译，法律出版社，2015，第122页以下。
② 参见〔英〕迈克尔·罗森《尊严：历史和意义》，石可译，法律出版社，2015，第125页。
③ Vgl. Claus Roxin, *Strafrecht Allgemeiner Teil*, 4. Aufl., 2006, S. 762.

更好的结果，这一决定的作出完全基于其自由意志，不受任何人意志的强迫，因此没有违反自尊原则；对生命的道德责任原则强调在他人的生命已无法挽回的情况下避险人应当坚持挽回自己的生命以承担自己的道德责任。但于此，他人的生命并非无可挽回，其做出表面上违反道德责任的行为，实际上是尊重了他人生命的道德责任。而无论是自己的生命抑或是他人的生命，在道德上乃至法律上，均是平等的。因此，此举也不违反对生命的道德责任要求。相反，自治原则也是人的尊严的体现，在其认为自己的选择能达致更有价值的结果时，一个人可以自我决定其所面临的选择。在著名的"飞机劫持案"① 中，如果航班上的乘客与劫机者进行搏斗，夺回飞机的控制权，结果飞机坠毁在野外，但拯救了大楼内无辜者的生命而没有让劫机者得逞完成他们邪恶的目标，那么这些乘客的行为会被理解为一种英雄主义的壮举，② 没有人会苛责他们放弃自己生命的行为。因为在不得已的情况下，选择自己有价值地死去，也是一个人尊严的体现，这符合自治原则。

### 3. 人权与尊严保障的合宪性证成

上述在道德哲学层面所阐发的自尊原则、对生命的道德责任及自治原则等，于法秩序中具有其规范根据，其型构了规范背后的道德原理。此种规范根据体现为宪法对于人权及尊严的保障规定，③ 既然避险行为人并非将危险引起者的生命当作工具，并且其不接受自己的生命被无辜地褫夺的命运，那么此时其意欲挽救自己生命的举动便得以被法秩序所肯定，因为行为人的避险行为正是保护自身生命权的不得已措施。生命权作为一种最基本的权利，理应属于基本人权的范畴。④ 根据法律面前人人平等和尊重人权的宪法要求，虽然不能根据人的性别、年龄、外貌等特质来将生命划

---

① 案情简介：恐怖分子劫持载有百余名乘客的飞机，试图撞击一幢有千余人在内的大楼。国家或者公民个人在来不及疏散楼内人员的情况下，在飞机即将撞上大楼的前一刻将飞机击落，导致机上人员全部死亡。
② 参见〔英〕迈克尔·罗森《尊严：历史和意义》，石可译，法律出版社，2015，第96页。
③ 《宪法》第33条第3款：国家尊重和保障人权；《宪法》第38条：中华人民共和国公民的人格尊严不受侵犯。
④ 参见秦强《"国家尊重和保障人权"条款的逻辑解释》，《广州大学学报》（社会科学版）2011年第11期。

分为三六九等,[①] 但在防御性紧急避险的情形中,基于危险引起方对避险方生命危险的风险输出,此时若仍由避险一方承担风险明显违背法律面前人人平等的保护原则。同时,在上述道德哲学原理的分析下,此种避险行为的实施亦不构成对危险引起方人权及尊严的侵犯,那么避险行为中应予以更多考量的便是对避险方的生命权及其尊严的保护。"人的尊严的宪法价值决定了人作为权利主体的平等地位,每个人都享有同样的基于人之为人的价值,也意味着对人的身体、理智与精神的完整性的尊重。"[②] 而正是在避险方的尊严不受侵犯的宪法规整秩序下,行为人的避险行为能够通过理性衡量而被接受,[③] 进而便得以肯定避险行为系对避险方尊严的保护。反言之,如若避险行为不被正当化的法秩序所认可,那么势必将毁损宪法基本权利规范于该当情势下对避险方人权与尊严的保障。

## (四) 小结

综合上述分析,在疑难的"生命冲突"案中,经由类型化分析和正当化根据的检验,防御性紧急避险具有得以适用的部分空间,其适用应满足的条件有:第一,避险人的生命正在面临紧迫的危险;第二,避险人陷入生命紧迫危险的原因是由避险措施所针对的避险对象直接引起;第三,避险人避险行为的措施是直接针对危险源进行;第四,避险人除了实施针对生命的紧急避险行为之外,没有其他办法可以保全自己的生命。

关于针对生命进行的紧急避险的正当化根据的难题主要集中在危险引起方对生命的认受和避险人针对生命所实施的避险限度问题上,比较衡量避险人允许和不允许针对生命进行紧急避险这两种情形,应认为允许避险人在特定情形下针对生命进行紧急避险更具有正当性。从危险引起方角度而言,前文中针对不可归责危险而防御的正当化根据,在此处生命冲突中能够得到检验,风险管辖责任、法益值得保护性原理、宪法的平等原则以

---

① 王钰:《生命权冲突的紧急状态下自动驾驶汽车的编程法律问题》,《浙江社会科学》2019 年第 9 期。

② 王进文:《"人的尊严"之疏释与展开——历史渊源、比较分析与法律适用》,载齐延平主编《人权研究》(第 21 卷),社会科学文献出版社,2019,第 146 页。

③ 参见王旭《宪法上的尊严理论及其体系化》,《法学研究》2016 年第 1 期。

及利益衡量原则下的比例审查共同回应了生命冲突中危险引起者一方对避险人针对自己生命实施避险行为的忍受义务。而从避险人的角度而言，针对生命的紧急避险行为符合自尊原则、康德的"人非工具"的道德准则、对生命的道德责任以及自治原则，而这在宪法的人权与尊严保障规定中得以获致合宪性根据。因而，针对生命的避险行为满足特定条件时，不宜认为其超过了避险的必要限度，从而能为防御性紧急避险所证成。生命不可衡量论虽然具有普遍的意义，但是在本文予以正当化的个案情形中，不顾具体情形而片面要求避险人容忍自己生命丧失的主张将违背宪法的平等原则，并不妥当。社会团结义务理论则由于危险引起者本身陷入死亡危险之中以及危险引起者本身基于宪法原则等所应当承担的责任而失去了探讨生命承诺与否意愿的基础，其对生命风险应负的责任不论其同意与否，都不由得其依据自我决定权而放弃。

# 五　结论

本文旨在探讨防御性紧急避险的正当化根据，通过对不同情形的分析探寻背后的根据，此种探讨的方式有别于以往学界在探讨正当防卫和攻击性紧急避险正当化根据时的模式，[①] 以致最后所证成的正当化根据呈现出"多元论"的状态，笔者认为，归根结底，这是由防御性紧急避险的特性所决定的。

## （一）"多元论"根据之原因

一方面，不同于正当防卫中"正对不正"的防卫模式，也不同于攻击性紧急避险中"正对正"的避险模式，防御性紧急避险所面对的危险源徘徊在"正与不正"之间，正是这种处在中间地带的危险源的性质，决定了防御性紧急避险中的正当化根据不可简单地采取"一元论"的模式，而应

---

① 以往学界在探讨违法阻却事由的正当化根据时，得出的结论往往采取一元论或二元论，其思路主要针对正当防卫中的防卫行为或者攻击性紧急避险中的避险行为进行分析，少有从各主体、各阶段、各要件的维度进行的类型化剖析。

细致地分析危险引起方所应当承担的风险责任和仍然值得刑法保护的程度，以及避险人所能实施避险权利的限度以及其在一定条件下仍应忍受的程度，这便是防御性紧急避险的特殊性，由此决定了其正当化根据的"多元论"状态。

另一方面，防御性紧急避险之内，仍可典型性地划分为本文所归纳的三种类型，这三种类型分别存在需要单独进行正当化根据探讨的特殊点。在针对不可归责的危险而防御的情形中，其特殊性体现在危险源既不属于故意的责任形式，也不属于过失的责任形式，而是刑法上不可归责的因素所造成的，因而需要探讨不同于正当防卫中的"不法侵害"和攻击性紧急避险中针对的"无辜第三人"，但又同时产生了现实危险的危险源时的避险根据。预防性的防御性紧急避险，其特殊性在于，相较于正当防卫中由于"不法侵害"正在进行的防卫，避险时点提前了，危险源此时可以界定为预备阶段的不法侵害，但是重在证明提前防卫的根据和以"不得已"要件限制避险人权利限度的根据，防御性紧急避险在此处体现了私权救济与私权限度之间的张力。针对生命的防御性紧急避险一定程度上应归类于针对不可归责因素的危险而防御的情形，但其特殊性在于此种避险的结果是危险引起方的生命牺牲，因而需要探讨牺牲生命的避险限度何以可能。总而言之，这三种不同类型的特殊性阐释了防御性紧急避险的多元论根据的必要性。

## （二）各正当化根据之间的关系

尽管"多元论"有其存在的合理性，但有必要厘清各种正当化根据之间的关系，从而把握各正当化根据的作用范围。

在针对不可归责的危险而防御的情形中，从避险人的视角而言，法益保护原则证成了避险人实施避险权利的必要性根据。从危险引起方视角而言，风险管辖责任解释了危险引起者应当承担避险人为排除风险所实施的避险行为给自己所造成损害的责任的原理，当危险发生时危险引起者需要承担排除风险的责任，在其没能履行此一责任时，法益值得保护性的天平即开始倾斜，最后在避险人实施了避险行为时，对危险引起方造成的损害便只能由危险引起方自己负责，而宪法上的基本权利限制规定及平等保护原则为此种责任分配提供了宪法上的根据；法益值得保护性原理则阐释了避险人唯有在满足"不得已"的要件下才能实施避险行为，而这在宪法上的根据是公民的权利义务相统一的原则。法确证原则则为第三人实施的避险行为提供了根据。

在预防性的防御性紧急避险中，法益保护原则必然推论出避险人具有采取有效手段保护其法益的权利，而比例原则中的必要性原则作为一种特定的方法为避险人保护其法益的避险时刻提供了判断的方法。在私权救济与权利限制的张力中，避险权只有在满足"不得已"要件的情况下才得以实施，这一限制条件从避险人角度而言，是以公权转移至私权主体行使应遵循的最大克制原则为根据，从危险引起方角度而言，是由在不法侵害并未着手实行时的法益值得保护性为根据，从法秩序角度而言，是以法秩序和平状态的维系为根据。最后，当情势满足"不得已"的要件时，公民底线救济的基本权利则为避险权的实现提供了根据。

针对生命的防御性紧急避险行为，其正当化根据建立在针对不可归责危险而防御的根据基础之上，并进一步从道德哲学的视角出发，证成避险人针对生命进行的避险行为并不超过必要限度的根据。自尊原则下避险人有权不忍受自己的生命随着危险引起者的意外行为而被迫丧失的结果、"人非工具"的道德准则证成对生命的避险行为并不等同于将危险引起者的生命作为自救的工具。对生命的道德责任则证明在特定情势下避险人的避险行为恰恰是对生命道德责任的履行。自治原则则证明如若避险人抑或第三人选择放弃自己的生命以尽力挽救他者的生命，这一选择同样是其尊严的体现。而此种道德哲学原理在阐释宪法中关于人权与尊严保障的哲学基础时，也同样在规范脉络中获致其合宪性根据，使得避险人的生命与尊严在防御性紧急避险的框架中获得兼具正当性与合宪性的保护。

（三）"多元论"根据之意义

对防御性紧急避险的多元论根据之证成，立足于精细化地分析其中各个不同主体在防御性紧急避险的各个阶段中的权利范围、权利限度与责任范围，这一根据的探讨具有如下几个方面的意义。

首先，由于不可归责因素所造成的危险行为，与其将其评价为正当防卫中的"不法侵害"行为，毋宁将其纳入防御性紧急避险的类型之中。针对不可归责的危险而防御背后的正当化根据可以合理地界定危险引起者所应承受的损害范围和避险人防御权利的限度。具体而言，一方面，法益值得保护性的根据有助于优化此一情形中避险人的防御措施选择。由于危险引起方不具有故意或过失等责任形式，其法益仍然具有值得保护性，因而得以要求避险人在能够躲避危险的时候优先选择躲避。而在正当防卫的框架之中则无法得出此一要求，不利于合理分配危险引起者与防御者之间的风险归属。另一方面，将其置入紧急避险中得以使防御权受到"不得已"条件的限制，正当防卫则不受此限制。

其次，预防性防御性紧急避险的根据有助于一方面确定避险人具有相较于正当防卫提前实施避险行为的权利，另一方面为避险权的实施提供必要的限制标准。有效保护法益的推论和比例原则中的必要性原则证成了避险人提前实施避险行为的必要性与正当性，根据必要性原则，适当的避险时刻应当界定在得以保证避险人有能力防止危险现实发生的最后时刻。而最大克制原则、法益值得保护性以及法秩序和平的维系又能为避险行为的提前实施证成"不得已"要件的限定。

最后，"多元论"根据从道德哲学及合宪性层面对避险人针对生命进行的避险行为是否合乎必要限度给出了回应，从而对生命冲突案中适用防御性紧急避险的条件以及限度做出进一步的规范。在防御性紧急避险所证成适用的生命冲突案情形中，并不能通过生命不可衡量或社会团结义务否定合乎限度范围的判断，而应在特定情形下通过自尊原则、"人非工具"的道德准则、对生命所具有的道德责任以及宪法关于人权与尊严的规定在限度层面将其予以正当化。基本权利的保障为防御性紧急避险的证成奠定了合宪性根基。

# 在线诉讼中当事人程序主体权保障论<sup>*</sup>

欧 丹<sup>**</sup>

**摘 要：** 最高法院在总结互联网法院在线诉讼程序实践经验基础上授权试点法院推行在线审理机制。虽然最高法院对部分在线诉讼规则进行了细化和补充，但是它对电子诉讼和在线审理机制仅进行了框架性规定。在探索在线审理机制过程中，试点法院仍需参照互联网法院在线诉讼程序规则。不过，互联网法院在线诉讼程序设计之初主要是针对涉网案件，以此为基础的在线诉讼程序往往都隐含了应对互联网案件的处理特征。互联网法院优先适用在线调解程序、降低电子送达程序适用标准、采用诉讼流程全网化以及简化在线庭审程序对当事人程序主体权保障提出挑战。为应对可能的风险，试点法院在探索推行电子诉讼的过程中，更应当注意当事人在线上调解程序中的自主权，保障其在电子送达程序中的知情权，充实其在线上诉讼程序中的选择权，赋予其针对线上诉讼程序的异议权，注重当事人的主体性，进一步塑造在线诉讼程序规则。

**关键词：** 在线诉讼；电子诉讼；程序主体权；程序选择权；程序异议权

## 一 问题的提出

2020 年 1 月 16 日，最高人民法院发布《民事诉讼程序繁简分流改革

---

\* 本文为 2018 年国家社会科学基金后期资助"当事人程序主体权之救济论"（项目批准号：18FFX004）的阶段性研究成果。

\*\* 欧丹，广东财经大学法治与经济发展研究所、法学院助理研究员，法学博士，华东政法大学法律学院博士后。

试点方案》（以下简称《试点方案》）以及《民事诉讼程序繁简分流改革试点实施办法》（以下简称《实施办法》），明确授权试点城市中级及基层法院探索推行电子诉讼和在线审理机制。①可以预见，在线诉讼规则是各级法院尤其是基层法院未来重点探索与发展的方向。其中，《实施办法》授权试点法院不仅包括互联网法院，还包括其他普通法院，这意味着在线诉讼程序已不再仅适用于在互联网法院所受理的涉网民事诉讼案件，它可以在试点法院受理的各类民事案件中选择适用。换言之，试点法院受理的所有类型民事诉讼案件都可以选择适用在线诉讼程序。

从内容上看，《实施办法》中的电子诉讼规则很大程度上总结了互联网法院在线诉讼规则的实践经验。2017年8月18日，杭州互联网法院正式成立。随后，杭州互联网法院相继发布《诉讼平台审理规程》《网上庭审规范》《涉网案件异步审理规程（试行）》《电子证据审查判断指南》《司法文书电子送达规程（试行）》，为涉网诉讼规则体系化作出了积极的探索。②为规范互联网法院诉讼活动，最高人民法院还审议通过《最高人民法院关于互联网法院审理案件若干问题的规定》（以下简称《互联网法院规定》），对互联网法院审理案件的范围、在线庭审、在线调解、电子送达、电子证据等内容进行了规范。实践中，互联网法院通过在线诉讼程序在提升诉讼效率、降低司法成本等方面取得显著成绩，但是其部分内容对当事人程序主体权保障提出了挑战。

在互联网法院实践经验基础上，《实施办法》针对试点法院的实际情况对部分在线诉讼规则进行了细化和补充，重点"明确电子化材料提交效力、确立完善在线庭审规则以及完善电子送达机制"。然而，《实施办法》第六部分"健全电子诉讼规则"③仅对电子诉讼和在线审理机制进行了框

---

① 《实施办法》第1条就明确授权试点法院应当根据《实施办法》"探索推行电子诉讼和在线审理机制"，其核心目标就是"有效降低当事人诉讼成本，充分保障人民群众合法诉讼权益，促进司法资源与司法需求合理有效配置，全面提升司法质量、效率和公信力，努力让人民群众在每一个司法案件中感受到公平正义"。
② 2018年9月9日，北京互联网法院挂牌成立；9月28日，广州互联网法院成立且开始受理互联网案件，它们根据实际需要相继发布了相应的互联网诉讼规则。
③ 该《实施办法》第六部分一共设立6条，对试点法院在线诉讼平台、在线证据材料、在线诉讼程序以及电子送达等方面内容进行了规范。

架性规定。实践中，在线诉讼程序则往往涉及众多内容。可以预见，试点法院在探索在线审理机制过程中仍需参照互联网法院在线诉讼程序。但是，互联网法院在线诉讼程序设计之初主要是针对涉网案件，以此为基础的在线诉讼程序往往都隐含了应对互联网案件的处理特征。在非涉网案件中推行此类在线诉讼程序更应当注意根据不同案件类型积极探索新规则与新机制。因此，本文拟以互联网法院诉讼规则为中心对在线诉讼中当事人知悉权、证明权、陈述权、程序选择权等程序主体权保障问题进行分析与检讨，以期对我国在线诉讼规则建设提供有益参考。

## 二　互联网法院在线诉讼规则的探索与实践

互联网法院建设是"党中央深化司法体制改革、全面推进依法治国的一项重要顶层设计"。[①] 其中，探索在线诉讼程序规则更是互联网法院建设的重中之重。三大互联网法院在探索在线诉讼程序规则上发挥了重要作用。它们积极推动线上多元化纠纷解决机制的发展、涉网案件审理的全网化与司法辅助平台的智能化。在技术革新的推动下，互联网与司法深度融合，较好地提升了司法效率并维护了司法公正。从诉讼规则来看，互联网法院在通过线上起诉、线上提交证据、线上调解、线上送达、线上开庭等措施提升司法效率的同时，也为当事人程序主体权[②]保障提供了有力支撑。

### （一）强化在线非诉讼程序，提升司法效率

提升涉网案件诉讼效率是互联网法院建设的重要目标之一，而在线调解、仲裁等非诉讼程序能有效促进上述目标的达成。针对涉网案件的特点，三家互联网法院都非常注重诉讼程序与非诉讼程序的衔接，增强调解、仲裁等非诉讼程序化解涉网案件的功能。以杭州互联网法院为例，它

---

① 周强：《大力加强杭州互联网法院建设：探索互联网司法新模式　服务保障网络强国战略》，《中国应用法学》2017年第5期。
② 有关当事人程序主体权内容和范围的讨论，参见欧丹《当事人主义诉讼模式的权利属性：程序主体权》，载齐延平主编《人权研究》（第20卷），社会科学文献出版社，2018，第216～218页。

通过《诉讼平台审理规程》与《网上庭审规范》明确授权法院可以根据涉案情况启动诉前调解、庭前调解（庭前会议）、庭中调解以及调解协议确认，也可以根据当事人意愿通过多元化纠纷解决平台提供诉讼外咨询、评估、仲裁、调解等非诉讼程序。在此基础上，杭州互联网法院积极探索并建构了"漏斗式"的涉网纠纷多元化解机制，主要包括建立电商平台专门调解室，增设15天前置调解期限。该院成立一年来立案调撤率为79.3%，调解案件自动履行率则高达97.3%。①

为强化调解平台（或多元化纠纷解决平台）功效，互联网法院诉讼平台积极与社会调解组织和调解员合作，大力发展委托调解（转介调解）。其中，杭州互联网法院调解平台不仅提供调解法官，还提供多家专业调解组织②供当事人选择；广州互联网法院多元化纠纷解决平台③与北京互联网法院调解平台④主要为当事人提供专业调解组织。在互联网法院诉讼中，当事人不仅可以通过诉讼平台选择诉讼程序，还可以选择调解、仲裁等其他非诉讼程序，不仅可以选择法院调解，也可以选择法院外非诉讼程序。概言之，互联网法院通过多元化纠纷解决平台等提供多样化程序选择，在提升司法效率的同时，在一定程度上对当事人程序选择权起到支撑作用。

### （二）各类诉讼平台促进在线诉讼信息的高效流转

由于互联网与司法的融合，"司法信息的生产、共享、流通、存储方式发生变化，都在往无纸化方向发展，以数据的方式呈现"⑤。换言之，

---

① 余建华、周凌云、吴巍：《公正＆效率，在网络互联互通》，《人民法院报》2018年8月18日，第1版。

② 中国互联网协会人民调解委员会、中国信息通信研究院咨询服务中心、阿里巴巴人民调解委员会、京东互联网纠纷人民调解委员会等11家组织，参见 https://hzhf.tiaojiecloud.com/，最后访问时间：2020年1月6日。

③ 其中，广州互联网法院还专门成立互联网法院调解中心，平台一共提供27个调解机构和296名调解员，参见 https://odr.gzinternetcourt.gov.cn/service.html，最后访问时间：2020年1月6日。

④ 它们包括北京多元调解发展促进会等多家调解机构，参见 https://www.bjinternetcourt.gov.cn/judi/AdjustActionshowAdjusterInfo.htm，最后访问时间：2020年1月6日。

⑤ 清华大学王亚新教授《互联网法院案件审理的若干观察和理论思考》主旨发言中如是表述，参见陈杭平、李凯、周晗隽《互联网时代的案件审理新规则——互联网法院案件审理问题研讨会综述》，《人民法治》2018年第22期。

诉讼资料数字化与信息化是互联网法院建设的重要特征之一。因此，互联网法院诉讼信息的对接方式也发生了巨大变化。信息时代下的互联网法院建设更要求诉讼信息能够有效且充分地流转。因此，三大互联网法院都非常注重诉讼信息的对接与分享。目前，互联网法院都选择成立专门的证据平台协助当事人在线提交证据和质证。杭州互联网法院利用在线证据平台鼓励和引导当事人通过电子签名、可信时间戳、哈希值校验、区块链等技术手段，以及通过取证存证平台等对证据进行固定、留存、收集和提取，以确保收集的电子数据的真实性。

根据主体不同，互联网法院诉讼信息对接包括当事人与互联网法院之间诉讼信息对接、第三方与互联网法院之间诉讼信息对接。从三大互联网法院建设情况来看，它们在注重当事人与法院之间诉讼信息对接的同时也非常注重第三方平台与法院之间的诉讼信息对接。其中，第三方平台既包括第三方经营性平台如淘宝、京东、腾讯等，也包括第三方专业数据存储平台，还包括第三方公共部门平台如公安部门、网络市场监管执法部门、银行等。杭州互联网法院《诉讼平台审理规程》第6条率先概括性授权互联网法院诉讼平台可以通过与互联网平台对接的方式，获取原始数据、资料作为起诉材料。之后，最高人民法院《互联网法院规定》明确电子商务平台经营者、网络服务提供商、相关国家机关应当提供互联网法院审理案件所需涉案数据，并有序接入诉讼平台，由互联网法院在线核实、实时固定、安全管理。①

根据内容不同，互联网法院诉讼信息对接包括当事人基本信息、案件背景信息以及证据信息等内容在内的传递。当事人基本信息则主要包括原被告身份信息、有效地址、微信与淘宝账号信息等，它们可以由原被告主动提供也可以由第三方平台向法院传递。证据平台通过与第三方平台对接，主动收集涉网案件的相关数据作为诉讼资料，这可以降低当事人在收集部分电子数据上的负担。不仅如此，杭州互联网法院还通过证据平台引导当事人在庭前进行在线质证、发表质证意见，这样有利于提升涉网案件庭审效率。概言之，互联网法院证据平台及其规则扩充和保障了当事人的

---

① 最高人民法院《互联网法院规定》第5条。

证明权。它通过证据平台引导、协助当事人提交电子证据，有效提升电子数据审查的效率，主动对接第三方数据平台作为证据材料等方式积极保障当事人证明权。

## （三）简化在线诉讼流程有利于当事人"接近司法"

互联网法院在涉互联网纠纷案件数量与日俱增、新类型案件不断涌现的情况下应运而生，它同时也是建设网络强国的司法治理之策。因此，互联网法院设立之初的重要定位之一就是"用互联网方式审理互联网案件"。① 但是，互联网法院绝不止于简单的"互联网＋庭审"，而是对传统审判方式的一次互联网化的重构。② 可见，互联网法院建设对传统诉讼规则和审理机制提出了新的要求。互联网法院诉讼程序最显著的特征之一就是"全流程网络化（网络办理）"。所谓"全流程网络化"就是当事人与法院可以通过在线诉讼平台实现所有诉讼程序，如：起诉、立案、送达文书、调解、证据提交与质证、庭审等。目前，杭州、北京及广州三大互联网法院都相继建立专门在线诉讼平台推动互联网案件诉讼程序流程全网化。但是，互联网法院诉讼程序全流程网络化并不排斥个别程序在线下进行③，也不排除部分案件在线下进行审理。

以杭州为例，互联网法院《诉讼平台审理规程》明确了涉网案件审理过程中哪些情况采用线下程序进行。根据法律规定，互联网法院在线审理都需尊重当事人的意愿。换言之，在线审理的前提是双方当事人都认可。如果有一方选择在线下进行，则互联网法院需尊重当事人的意见。④ 案件

---

① 杭州互联网法院院长杜前如是介绍，参见徐隽《互联网法院："键对键"打官司》，《人民日报》2017年9月16日，第19版。
② 李少平：《互联网法院：建设网络强国的司法治理之策》，载《半月谈》，http://www.banyuetan.org/sx/detail/20180831/1000200033136141535678411545122606_1.html，最后访问时间：2020年1月6日。
③ 根据当事人申请或者案件审理需要，互联网法院可以决定在线下完成部分诉讼环节。另外，如果互联网法院需要当庭查明身份、核对原件、查验实物等，互联网法院可以决定在线下开庭。参见《互联网法院规定》第1条第2款及第12条。
④ 杭州互联网法院院长杜前如是解释，参见王梦遥《首家互联网法院在杭州揭牌成立》，载《新京报》，http://www.bjnews.com.cn/inside/2017/08/19/454836.html，最后访问时间：2020年1月6日。

受理之后，互联网法院可以主动将疑难复杂案件转为线下审理。① 另外，《诉讼平台审理规程》第 24 条还规定如果互联网法院无法通过在线送达文书，涉网案件还是要转到线下开庭审理。在庭审过程中，如果当事人对证据原件有异议，涉网案件可能要转到线下进行。② 概言之，互联网法院积极通过在线诉讼平台对在线诉讼程序流程进行改造，努力提升涉网案件在线审理的效率，突出在线诉讼程序的全网化，但同样尊重当事人的选择权。虽然互联网法院原则上采用网上诉讼程序，但是当事人仍有机会申请采用线下诉讼程序。

此外，杭州互联网法院还引入庭审排期协商机制，充分尊重当事人程序选择权。一般而言，法院会事先通过诉讼平台（自动触发）向当事人关联手机发送庭审排期。如果当事人需申请改期则直接通过诉讼平台提交庭审排期，那么法院诉讼平台则直接进入二次排期。不仅如此，杭州互联网法院还率先推出异步审理程序并颁布《涉网案件异步审理规程（试行）》进行规范，该规范适用于异步审理的起诉、答辩、举证、质证、宣判等所有程序。实践中，异步审理可以打破时间空间限制，让司法更加便利人民、贴近群众。③

## （四）优化在线诉讼程序有利于保护当事人诉讼权利

互联网法院通过优化在线诉讼程序提升程序效率和实效。其一，三大互联网法院都非常注重利用互联网新技术（智能导诉）协助当事人提交起诉状。其中，北京互联网法院在通过诉讼平台推出智能导诉、诉讼工具、天平链存证等多项功能方便当事人起诉的同时，还推出 AI 虚拟法官服务当事人。具体而言，AI 虚拟法官采用真实法官形象，它通过虚拟技术合成，呈现 3D 形态，采取一问一答的模式。根据设计，AI 虚拟法官对当事人在立案、应诉、调解、法律咨询、技术操作中的常见问题进行整理，归

---

① 参见杭州互联网法院《诉讼平台审理规程》第 14 条。

② 参见杭州互联网法院《网上庭审规范》，第三部分（法庭调查）。

③ 王春、岳丰：《杭州互联网法院举行全球首个"异步审理模式"上线》，载法制网，http://www.legaldaily.com.cn/index/content/2018 - 04/02/content_7512803.htm？node = 20908，最后访问时间：2020 年 1 月 6 日。

纳出 120 个、近 2 万字的常见问题，采用智能识别技术对当事人提问进行关键词读取定位，进行有针对性的解答，为当事人提供诉讼指引。[①] 概言之，AI 虚拟法官可以为当事人提供全时空全方位解释，提供全流程诉讼指导。可见，互联网法院有意识通过诉讼平台人工智能和大数据技术引导并协助当事人起诉，有效保障当事人起诉权，整体上推动了当事人诉讼权之保障。

其二，互联网法院新的电子送达规则对保障当事人知悉权发挥了积极作用，集中体现在互联网法院利用电子送达平台积极扩充电子送达的媒介，最大限度保障当事人知悉权。根据《诉讼平台审理规程》，杭州互联网法院可以向当事人（已关联案件）的诉讼平台账户，以及绑定诉讼平台的手机号、电子邮箱、阿里旺旺、微信（下称电子地址）推送信息，进而完成送达。作为热门的社交软件，微信、阿里旺旺用户使用率高，它们往往都与涉网案件存在一定关联。[②] 因此，互联网法院利用上述两种社交软件作为送达媒介可以较为充分地保障当事人知悉权。

# 三 互联网法院在线诉讼规则对当事人 程序主体权保障的挑战

宏观上，互联网法院让"传统司法与现代信息技术充分结合，实现网络纠纷不落地，以专业、高效、便捷的司法体系服务民众"。[③] 其中，提升网络司法的效率和降低在线诉讼的成本已成为互联网法院在线诉讼程序的显著特征之一。实践中，互联网法院利用诉讼平台、证据平台等新技术提升在线诉讼效率、便利各方当事人，在保障当事人权利有效保护请求权方面发挥了重要作用。当事人不仅关注实体权利能否得到充分的实现与救

---

① 赵岩：《AI 虚拟法官亮相北京互联网法院在线智慧诉服中心》，《人民法院报》2019 年 6 月 28 日，第 1 版。

② 吴逸、裴崇毅：《我国民事诉讼电子送达的法律问题研究》，《北京邮电大学学报》（社会科学版）2018 年第 5 期。

③ 于志刚：《互联网法院为司法模式创新提供中国样本》，《光明日报》2017 年 8 月 21 日，第 7 版。

济，还关注诉讼中能否得到迅速而有效的程序保障。[①] 互联网法院诉讼程序变革不仅在保障当事人有效权利保护请求方面发挥重要作用，而且在保障当事人知悉权、陈述权、证明权等听审请求权以及程序选择权等适时审判请求权方面发挥重要作用。不过，互联网法院在线诉讼程序规则仍在探索与形成过程中，部分内容对当事人程序主体权保障提出了挑战。在线诉讼程序规则的新挑战不仅影响当事人诉讼权利的充分行使，也影响当事人实体性权益的充分实现。

## （一）互联网法院"调解优先"对诉讼权/起诉权的挑战

互联网法院突出调解程序的功能存在多方面的原因。一方面，互联网法院受理的涉网案件往往呈现数量大、标的额小、系列案频发的特征。以广州互联网法院为例，该法院受理的涉网案件中网络著作权案件及互联网金融案件分别占总受理案件的40%左右，两类案件合计占80%以上。[②] 正因如此，按照传统诉讼模式一个一个开庭审理此类案件将面临司法效率较低的巨大压力。另一方面，多数涉网案件本身也适合通过调解等非诉讼程序处理。大部分涉网案件的案件事实及法律关系都较为明确，往往仅涉及利益之争。通常当事人也有意愿通过更为灵活简便的方式进行处理，通过调解等非诉讼程序处理此类纠纷往往也具有较好的效果。互联网法院通过多元化纠纷解决平台处理涉网案件有利于提升司法效率，为当事人提供更多样化的程序选择保障其程序选择权。但是，互联网法院强化调解等非诉讼程序呈现"调解优先"[③] 的趋势则可能对当事人诉讼权尤其是起诉权造成挑战。

互联网法院"调解优先"主要表现在以下两个方面。其一，个别互联网法院设置调解前置程序，可能影响当事人直接提起诉讼。例如，杭州互

---

① 参见沈冠伶《诉讼权保障与裁判外纠纷处理》，北京大学出版社，2008，第6~9页。
② 2019年11月15日，笔者在广州互联网法院调研时获知上述案件的数据。
③ 有关法院"调解优先"的争论，参见李浩《理性地对待调解优先——以法院调解为对象的分析》，《国家检察官学院学报》2012年第1期；田平安、吕辉《"调解优先"质疑论》，《河南社会科学》2013年第1期；吴英姿《"调解优先"：改革范式与法律解读——以O市法院改革为样本》，《中外法学》2013年第3期。

联网法院《诉讼平台审理规程》授权法院诉讼平台设置调解前置程序。所谓调解前置程序就是法院在正式立案之前向当事人提供调解程序。详言之，原告通过诉讼平台向法院提交起诉状之后或"过程中"，法院诉讼平台会根据案情推送类似案例及法律条文，并在调解平台上推荐（转介）调解员给当事人，并设立 15 天诉前调解期。与此同时，该《诉讼平台审理规程》规定法院应在网上诉前调解期届满后的 7 日内在线审查起诉材料并作出相应裁定。换言之，法院可以在调解前置程序期届满之后再开始审查相应起诉材料，在诉前调解期届满后的 7 日内作出裁定即可。虽然实行类案推送的诉前调解能够实现分流案件与降低法院司法成本的双重目标，但是强制性的调解前置程序可能限制当事人起诉权。虽然法院给予双方当事人通过诉讼平台"在线调解"表达自己的调解意向的权利，但是法院诉讼平台在立案之前启动转介调解程序，并未设置程序征询原被告双方（尤其原告一方）意见，具有一定强制性。不仅如此，法院还以 15 日前置调解程序期届满作为立案审查前置条件则更可能侵害当事人的起诉权。

其二，互联网法院"启动"调解程序的阶段与次数不受任何限制，可能侵害当事人的诉讼权。以广州互联网法院为例，它可以根据案件具体情况在立案前委派调解和立案后委托调解①，还可以在诉讼中进行法院调解。一般而言，法院在启动法院调解和委托/委派调解之前需征得当事人同意。如杭州互联网法院在《网上庭审规范》中明确规定法官询问当事人调解意愿且得到当事人明确同意之后才可以主持调解，而法院通过调解平台委托调解组织进行调解的前提则是当事人提出申请。严格意义上，法官询问当事人调解意愿并不等于法院"启动"调解程序。在"调解优先"理念的影响下，法官"询问"当事人调解意愿，尤其是不注意诉讼阶段和询问频率，可能会对当事人自愿选择调解程序造成一定影响，至少在心理上会对当事人自主选择构成压力。概言之，"调解优先"可能会对当事人参与调解程序的自愿性构成威胁，乃至侵害当事人诉讼权。

---

① 参见《广州互联网法院调解规程》第 10 条；另外，该规程并未明确法院是依职权委托还是依据当事人申请，是否在委托前征得当事人同意。

## （二）互联网法院简化电子送达程序对知悉权的挑战

互联网法院在线送达程序的简化主要集中在降低法院适用电子送达的条件和简化电子送达证明标准。一般而言，电子送达适用标准分为明示同意和默示同意。[①] 根据《民事诉讼法》，法院采用电子送达应当征得当事人之同意。[②] 随后，最高人民法院司法解释则进一步确认法院采用电子送达须获得当事人的明示同意。[③] 司法实践中，部分被告往往以各种理由拒绝电子送达，且受送达人地址不详、下落不明、逃避送达等现象也很常见，这在一定程度上降低了电子送达乃至整个送达程序的效率。为提升送达效率，杭州互联网法院在《诉讼平台审理规程》中并未直接沿用《民事诉讼法》及司法解释中确立的明示同意标准。该规则第 22 条第 1 款首次确认针对涉网案件互联网法院原则上采用在线（电子）送达。所谓原则上采用电子送达就是互联网法院审理涉网案件时会优先选择电子送达。

具体而言，互联网法院首先会在诉讼平台根据原告提供的被告手机号通知其关联相关案件（初步"送达"）。初步送达之后，被告不同的诉讼行为也会产生不同的法律效果。一方面，被告根据法院初步送达信息关联相关案件，那么此次送达实质上已经达到送达效果，通常被告也会通过平台接收相应诉讼材料。实际上，被告已经通过事后追认的方式默示同意电子送达意见。另一方面，被告未根据法院初步送达信息关联相应案件，那么此次送达原则上被视为送达不成功。但是，如果被告在未关联相应案件时却已阅读相应诉讼材料，视为已送达。[④] 可见，杭州互联网法院《诉讼

---

① 参见宋春龙《电子送达的理论反思及其制度完善》，《河南财经政法大学学报》2016 年第 6 期。

② 《民事诉讼法》第 87 条规定："经受送达人同意，人民法院可以采用传真、电子邮件等能够确认其收悉的方式送达诉讼文书……"

③ 2015 年《最高人民法院关于适用〈中华人民共和国民事诉讼法〉的解释》第 136 条："受送达人同意采用电子方式送达的，应当在送达地址确认书中予以确认。" 2017 年《最高人民法院关于进一步加强民事送达工作的若干意见》第 2 条："……同意电子送达的，应当提供并确认接收民事诉讼文书的传真号、电子信箱、微信号等电子送达地址。……"可见，法院选择电子送达的前提是当事人明示确认。

④ 杭州互联网法院《诉讼平台审理规程》第 15 条第 2 款。

平台审理规程》通过被告事后追认及推定送达确定法院电子送达完成且有效。换言之，杭州互联网法院可以采用当事人默示同意标准选择适用电子送达。

针对涉网案件的电子送达问题，最高院司法解释也同样确认了被告默示同意标准。[①] 具体而言，《互联网法院规定》第15条第2款明确了事先约定适用以及事后回复追认视为当事人同意电子送达。在此基础上，《互联网法院规定》第16及17条进一步细化拟制送达程序（推定送达），即当事人未提供电子送达地址，法院可以向当事人有效的常用电子地址送达相应法律文书，当事人回复收到以及系统确认当事人收到则可以视为电子送达有效。法院适用推定送达确认电子送达是否有效的前提是法院已经明确采用电子送达，而法院明确可以采用电子送达的前提则是先确认当事人是否同意采用电子送达（包括明示同意和默示同意）。然而，拟制送达标准并不能直接作为确定当事人同意电子送达的标准。可见，默示同意第一层次上先是确认当事人是否同意法院采用电子送达方式，第二层次上是确认当事人同意电子送达却未提供有效送达地址的送达有效性问题。一般而言，当事人在通过回复或者诉讼行为确认电子送达有效性的同时确认了同意电子送达。但是，法院通过系统确认相应法律文书已经送达当事人并视为电子送达有效，这并不能直接推导出之前未作出任何意思表示的当事人已经同意电子送达。毕竟，法院单方面根据"有效电子地址"向当事人送达相关法律文书，当事人完全有可能不做任何回应或诉讼行为。这种情况在无法找到明确被告的涉网案件中表现得更为突出。因此，判断电子送达是否有效或者适用推定电子送达的前提是先确定当事人是否同意电子送达。

根据实践情况，2020年《实施办法》第24条再次确认上述默示同意标准，并补充起诉状及答辩状中主动提供用于送达的电子地址可以视为同意电子送达。虽然电子送达默示同意标准可以提高送达效率，避免个别当事人利用电子送达同意要件拖延诉讼，但是默示同意标准对于当事人知悉

---

[①] 参见胡仕浩、何帆、李承运《〈关于互联网法院审理案件若干问题的规定〉的理解与适用》，《人民司法》2018年第28期。

权的充分保障目前仍受到一定程度上的质疑。这主要是因为默示同意送达要求被送达人回复或作出一定诉讼行为，但是部分被告人可能存在因信息的及时性、可靠性等不可归责被送达人而未及时回复或者作出相应行为的情形。另外，事先约定电子送达的协议形式也可能影响默示同意的效力，如格式合同约定适用电子送达的效力往往受到外界的质疑。因此，默示同意电子送达可能侵害当事人知悉权。

### （三）　互联网法院诉讼全网化对程序选择权的挑战

互联网法院诉讼程序全流程网络化可以提升在线诉讼效率、便利当事人，但它对当事人的程序选择权同样构成一定挑战，主要体现在以下两个方面。其一，互联网法院诉讼程序全流程网络化很大程度上意味着涉网案件基本都是通过在线庭审来进行审理。虽然最高院《互联网法院规定》第 2 条允许当事人申请在线下进行部分诉讼程序，但是是否采用线下程序进行由法院决定。换言之，虽然互联网法院可以根据案件情况或当事人申请将部分涉网案件在线庭审转为线下，但是当事人对在线庭审还是线下庭审缺少具有约束力的选择权。这主要是因为互联网法院以及相应规则都未曾明确当事人可以事先根据案件情况或自身程序利益追求而选择在线庭审或者线下庭审。

最高院《互联网法院规定》第 12 条前半句仅原则上规定互联网法院采取在线视频方式开庭，并未明确在线审理与线下审理案件的标准。实际上，规则上的模糊性并不利于当事人根据实际情况选择程序保障更为周全的线下诉讼程序。另外，该条后半句规定"存在确需当庭查明身份、核对原件、查验实物等特殊情形的，互联网法院可以决定在线下开庭"。但是，它同样仅授权法院决定是否采用线下开庭，当事人意愿或选择对法院缺乏约束力。在起诉之初，互联网法院通常可能因无法判断案件的复杂程度，针对涉网案件会首选在线庭审方式。实践中，针对涉网案件中部分疑难案件，互联网法院首选在线庭审在法庭调查和法庭辩论的充分性和完整性等方面无法给予当事人周全的保障。[①] 其中，部分新型争议以及双方争议较

---

[①] 参见熊秋红《为什么要设立互联网法院》，《人民论坛》2018 年第 5 期。

大的案件更需要通过程序保障严密的线下庭审程序进行审理。

其二，互联网法院进行程序转换时缺少对当事人程序选择权的尊重。具体而言，互联网法院可以根据案件情况决定线上程序转为线下程序，而不必征询当事人的意见。在部分涉网案件审理过程中，法院可能基于案件复杂等原因将案件转为线下程序，而当事人却可能更愿意选择程序更为便捷的线上程序。在此种情况下，法院仍坚持进行程序转换，则可能有减损当事人自主追求程序利益的机会。[①] 相反，当事人理应有权根据自身需求选择更合适自己的线上程序。概言之，缺少当事人参与的程序进程对当事人程序主体权保障构成威胁。

### （四）在线诉讼程序简化对陈述权的挑战

在线诉讼程序的简化是互联网法院诉讼程序重构的显著特征之一，它提升了在线司法的效率，但可能对证明权、陈述权构成挑战。在线诉讼程序的简化集中体现为在线庭审程序的简约化重构。法院可以根据案件具体情况选择简化或者合并部分庭审程序，甚至也可以改变部分庭审程序的顺序。互联网法院还可以根据案件情况选择简易程序进行审理。实践中，"网上审判主要是适用简易程序，由审判员独任审理。……实际上，为节省审判成本，有些本该适用普通程序的案件有可能会被转为适用简易程序"。[②]

不仅如此，对于简单民事案件，法院"可以直接围绕诉讼请求进行庭审，不受法庭调查、法庭辩论等庭审程序限制"，还可以"围绕有争议的要素同步进行法庭调查和法庭辩论"。[③] 但是，互联网法院规则对如何界定简单民事案件缺乏明确的标准。规则的模糊性导致在上述问题的认定上法官裁量的空间过大。况且，互联网法院管辖案件的范围较为广泛，[④] 它

---

① 有关程序利益的讨论，参见邱联恭《程序利益保护论》，台北：三民书局，2005，第1页及以下。

② 侯猛：《互联网技术对司法的影响——以杭州互联网法院为分析样本》，《法律适用》2018年第1期。

③ 参见杭州互联网法院《诉讼平台审理规程》第32条第4款和最高人民法院《互联网法院规定》第13条第3项。

④ 具体内容参见最高人民法院《互联网法院规定》第2条。

们管辖的案件不仅涉及较为简单的网购产品、服务争议，而且涉及部分重大、复杂、疑难的知识产权和行政等案件。正因如此，简约化的在线诉讼程序可能无法充分保障当事人陈述权。

互联网法院证据平台在协助当事人提交证据、收集电子数据、降低证据审查难度等方面发挥了重要作用，但是证据平台等互联网新技术所带来的"技术依赖"同样可能威胁当事人证明权之保障。目前，互联网法院在线审理涉网案件基本上都要求在线举证和质证。其中，当事人及法官对电子数据存储与审查所依赖的可信时间戳、哈希值校验、区块链等新技术具有非常强的依赖性。然而，大部分当事人甚至部分法官可能对上述新兴技术缺乏必要的技术与法律储备。民事诉讼中传统的当事人在线下法庭中对证据进行质证的方法和方式已经无法应对部分案件中在线电子数据的审查。另外，互联网法院证据平台收集的部分在线数据对个别私营部门平台具有一定依赖性，<sup>①</sup> 它可能对法院证据平台的中立性构成威胁。换言之，当第三方私营性经营平台涉诉时，互联网法院证据平台与之对接数据的真实性、可靠性、完整性、无差别性等中立性问题会影响当事人证明权的保障。<sup>②</sup> 概言之，互联网法院证据平台的"技术依赖"与"数据依赖"都会对当事人证明权保障构成威胁。

# 四　以当事人程序主体权保障<br>为原则塑造在线诉讼规则

当事人程序主体权属于程序权，是根植于宪法的基本程序权。<sup>③</sup> 换言之，程序主体权是人权的重要内容，受宪法保障。从功能上看，当事人程序主体权是一种救济权，是一种防御性权利。法谚有云，没有救济，就没有权利。当事人程序主体权的保障是人权保障的重要内容，它与司法机关

---

① 侯猛：《互联网技术对司法的影响——以杭州互联网法院为分析样本》，《法律适用》2018 年第 1 期。

② 参见占善刚、王译《互联网法院在线审理机制之检讨》，《江汉论坛》2019 年第 6 期。

③ 参见〔意〕莫诺·卡佩莱蒂等《当事人基本程序保障权与未来的民事诉讼》，徐昕译，法律出版社，2000，第 12 页以下。

司法权的行使存在密切联系。毕竟，司法是人权保障的最后防线。司法过程既是纠纷解决的过程，也是人权实现的过程。司法机关能否履行尊重和保障人权的宪法使命，司法权能否公正地运行，正是"纸上人权"能否变现的决定性因素。[1] 然而，智慧社会的网络化、数字化、智能化发展，使得传统人权及其保障遭遇了新的挑战。[2] 在线司法对人权保障的影响也不例外，它同样对人权保障提出了新的挑战。

互联网法院在线诉讼程序在提升诉讼效率方面发挥了重要作用，但是部分在线诉讼程序在对当事人程序主体权保障方面也产生了新的挑战。"大数据、云计算、信息技术、人工智能都只是实现合法正义的辅助手段"，[3] 它们及其应用的本身并不是在线司法的最终目的。试点法院在探索电子诉讼和在线审理机制的过程中仍须坚持以当事人为本，切不可将当事人视为在线诉讼程序的客体对待，忽视当事人自身的主体性。这是由我国司法权的属性决定的，司法权来源于人民，属于人民。我国《宪法》明确了"国家一切权力属于人民"的原则。社会主义司法制度强调它的人民性。[4] 试点法院探索在线诉讼程序更应以增强人民群众福祉为目标，以保障当事人利益为核心。在互联网司法的建设过程中，在线诉讼程序保障当事人程序主体权更是司法机关尊重与保障人权的重要内容。

就其成因，互联网法院在线诉讼程序对当事人程序主体权保障形成负面影响主要源于两个方面的因素。其一，信息技术本身存在局限与风险；其二，在线诉讼程序的理念存在局限与偏差。相比而言，在线诉讼程序理念上的偏差造成的负面影响更甚，因为技术本身的局限还可以通过制度优化加以弥补，理念上的偏差则不仅影响技术正面作用的发挥，而且还会放大技术本身的局限。就内容而言，互联网法院以处理涉网案件为对象，重点通过在线诉讼程序提升其处理相关案件的司法效率。互联网法院在线诉

① 参见江国华《新中国70年人权司法的发展与成就》，《现代法学》2019年第6期。
② 参见马长山《智慧社会背景下的"第四代人权"及其保障》，《中国法学》2019年第5期。
③ 季卫东：《人工智能时代的司法权之变》，《东方法学》2018年第1期。
④ 参见吴建雄《中国司法制度人民性研究》，《新疆师范大学学报》（哲学社会科学版）2015年第3期。

讼程序仍是以法院高效地应对日益增长和复杂的涉网案件为核心目标，它秉持以"法院为中心"的理念探索与构建在线诉讼程序。然而，试点法院受理的案件并非仅限于涉网案件，还涉及传统的离婚、抚养等民商事案件。正因如此，试点法院在探索在线诉讼程序规则过程中更应当坚持以保障当事人程序主体权为基本原则，秉持以"当事人为中心"的理念探索与建设在线诉讼程序。具体而言，试点法院应当从确保当事人自主权、保障当事人知情权、充实当事人程序选择权及程序异议权等几个方面塑造在线诉讼程序。

## （一）确保当事人在线上调解程序中的自主权

互联网法院在线诉讼程序突出调解程序，限制了当事人的部分自主性，它主要是基于涉网案件本身呈现的特点而逐渐形成的。不过，试点法院受理的案件已经不仅限于普通的涉网案件，而是包括所有类型的普通民事案件。正因如此，基于涉网案件特征建立起来的在线调解模式（调解优先）是否能够直接被套用到其他法院则更需要试点法院根据自身情况进行区分。毕竟，自愿性是调解程序的基石，[①] 也是所有调解程序的起点。调解程序以任何形式违反当事人自愿性都会侵害当事人的合法权益。基于价值多元、提升司法效率以及维持和谐关系等理念，互联网法院通过调解平台大力发展调解等非诉讼程序具有较大的社会意义并具有较好的社会基础。但是，上述理由并不意味着任何法院在线上调解程序中可以直接或间接影响当事人选择诉讼程序之机会。换言之，法院调解程序不得以任何形式削弱当事人选择通过诉讼程序获得正义的机会。虽然《实施办法》未对在线调解等非诉讼程序内容进行细化，各级试点法院在探索在线调解等ODR 程序过程中仍应注意尊重并保障当事人在 ODR 程序中的自主权。

前文提到，杭州互联网法院设置前置调解程序并设定 15 日调解日期为立案条件可能侵害当事人直接选择起诉的权利。一般而言，法院设置诉前调解程序并不会直接损害当事人获取诉讼的权利，只要法院尊重当事人

---

① 参见邱星美《调解的回顾与展望》，中国政法大学出版社，2013，第 180～185 页。

自主性给予其充分的选择权即可。但杭州互联网法院设置 15 日调解日期为立案审查时间条件可能削弱当事人直接进行诉讼的机会。相比而言，最高院《互联网法院规定》明确规定"互联网法院在线接收原告提交的起诉材料，并于收到材料后七日内"作出是否予以受理裁定。可见，当事人通过互联网法院诉讼平台提交诉讼材料之后 7 日内法院须作出相应裁定，而不是在前置调解程序 15 日届满之日起开始计算法院作出是否予以受理裁定之日期。

为回应上述担忧，试点法院应当从以下两个层面对法院在线调解程序进行优化。其一，不得将前置调解程序的固定调解日期作为立案审查的前置条件。换言之，试点法院须以原告提交起诉材料为基准及时对起诉状进行审查。法院设置固定日期的前置调解程序与法院对 7 日内是否立案作出裁定之间并无冲突，两者在时间上存在部分重叠但仍可并行处理。出现上述情况的原因可能是，法院担心在调解期内其作出不予受理裁定，会影响调解组织（或调解员）与当事人的调解工作。不过，上述担心不足为虑。首先，对是否达到立案标准存在重大争议的涉网案件，法院作出裁定之后当事人仍愿意继续进行调解的，理论上非常少。其次，即便在此种情况下争议仍存在调解可能，法院仅需及时告知相应情况，当事人双方可以自主决定是否继续。

其二，在当事人在线提起诉讼或者进入试点法院提起诉讼时，法院可以事先引导当事人选择诉前调解或者直接起诉。实际上，上述方案在线下法院的实践中已经较为常见，法院都会选择在当事人提交诉讼材料之前将案件转介给其他调解组织，这样也可以避免调解期限与立案期限出现重叠的情况。然而，互联网法院诉讼平台与调解平台高度融合且数据实时共享，这就造成部分案件中究竟是当事人向诉讼平台提交材料在先还是案件转介调解在先很难判断。换言之，当事人向法院平台提交材料应被视为直接提起诉讼还是被视为接受转介调解存在模糊性。试点法院通过在平台中设置诉讼与调解等不同的模块中心，对当事人进行分类引导，可以消除部分模糊性。

实践中，当事人通常会优先选择通过诉讼平台提交数据。在此种情况下，法院必须严格遵循转介调解引导或分流规则，法院还需要严格遵循最高院《互联网法院规定》关于立案期限的规则。这就可能形成法院担心的立案与调解冲突的悖论。究其根源，上述悖论源于追求司法效率与程序保障之间的内在冲突。不过，法院可以通过事先将程序转换信息告知当事人，以当事人自主选择权来托底因提升司法效率而被部分限制的起诉权。详言之，法院应当事先明确告知当事人转为调解程序之后意味着当事人提交给诉讼平台之材料"暂缓提交"，并在诉讼平台中设置相应的备案机制，以便当事人查询与修改。其中，"修改"意味着法院应当允许当事人在转介调解过程中"反悔"而继续直接在线提交诉讼材料，进而保障当事人起诉权。

### （二）保障当事人在电子送达程序中的知情权

无论电子送达还是线下送达，其本质都是要求及时有效地将诉讼信息传递给受送达人，保障其知悉权。电子送达默示同意标准可能致使部分当事人因无法归责于自身的原因而无法知悉相关诉讼信息并作出相应诉讼行为。这就与送达程序的本质存在冲突。正因如此，有人曾建议"可尝试建立起人工触发送达、系统自动送达与人工再次触发送达的三重程序保障"。[1] 从概率上来讲，提高电子送达的频率或者增加送达次数可以减少当事人因技术或者疏忽等特殊原因未及时有效接收信息的情形，但是，该方案发挥作用的前提是在线送达地址（Email 以及其他电子通信地址）以及送达媒介（如 QQ、微信、支付宝等）具有可靠性。如果在线送达地址与送达媒介的范围狭窄，甚至部分内容失真或被受送达人"视为失真"，那么送达次数的增加也无法实现提升送达效率的预期。

试点法院可以通过诉讼平台利用大数据技术进行深度挖掘并发现当事人的有效在线送达地址，但是此种情况可能侵害当事人其他权益。[2] 毕竟，个人数据的使用须征得当事人事先的同意或者授权。当然，"刻意地严守

---

① 郑旭江：《互联网法院建设对民事诉讼制度的挑战及应对》，《法律适用》2018 年第 3 期。
② 参见徐骏《智慧法院的法理审思》，《法学》2017 年第 3 期。

程序性或片面追求灵活性都是不可取的，两者的有机结合当属目前背景下的应然对策"。① 因此，试点法院理应通过合法程序尽可能地扩大在线送达媒介的范围，但不得以电子送达为终极目标，甚至出现"为了送达而送达"的情形。换言之，试点法院不得轻易将当事人未及时对"默示同意"电子送达作出回复或回应拟制为送达成功。具体而言，试点法院根据单方面探知的"有效电子地址"向当事人送达法律文书，当事人未作出任何回应或者诉讼行为，法院不得根据系统确认送达标准直接拟制电子送达有效。如果当事人确实未及时回复，法院应当根据不同情况决定是否采取其他送达方式进行补充。

为应对上述问题，德国《民事诉讼法》明确规定针对不同类型当事人采取差异化同意标准，即专业用户采用默示同意标准，而非专业用户采用明示同意标准。② 从司法效率与程序保障平衡角度来看，试点法院可以采纳上述分类方法，根据案情针对不同类型当事人采取相应的同意标准。概言之，试点法院可以根据不同情况判断是否将当事人未及时回复或作出相应诉讼行为拟制为送达成功，以及决定是否需要通过其他送达方式进行补充。为避免强势一方当事人通过格式化电子送达协议限制另一方当事人诉讼权利，法院在审查当事人事先签订的电子送达协议过程中应当充分审查协议的有效性，重点是审查当事人签订协议过程中的自主性，而不是简单适用推定送达。试点法院在审理传统的非涉网案件过程中更应当注意不得简单适用推定送达，应当结合案件类型以及当事人的不同情况判断是否需要补充送达。

另外，杭州与北京互联网法院曾专门设计了弹屏短信送达方式。弹屏短信以对话框的形式出现在当事人的手机页面，强制阅读，当事人必须点击"关闭"键才能继续使用手机，"关闭"键起到阅后留痕的作用。③ 这主要是针对部分当事人"忘记看短信"或"以为是诈骗短信"等情形而

---

① 王琦、安晨曦：《时代变革与制度重构：民事司法信息化的中国式图景》，《海南大学学报》（人文社会科学版）2014 年第 5 期。

② 参见周翠《德国司法的电子应用方式改革》，《环球法律评论》2016 年第 1 期。

③ 吴逸、裴崇毅：《我国民事诉讼电子送达的法律问题研究》，《北京邮电大学学报》（社会科学版）2018 年第 5 期。

设计的电子送达方式。不过，由于弹屏短信可能侵害当事人的其他权益，此种送达方式也遭到部分质疑。[①] 其实，弹屏短信在功能上仅是提醒当事人注意接收相应司法信息。只要弹屏短信不搞"一刀切"的方式妨碍当事人对手机的正常使用，如仅限制较短时间内当事人对手机的使用，或"短时间多频率锁定"，那么它仍是不错的选择。

### （三）充实当事人线上诉讼程序的选择权

前文提到，互联网法院通过在线诉讼程序流程的改造与诉讼程序的优化提升了司法效率并降低了司法成本，但它可能造成当事人部分权利受到限制。为弥补缺失，试点法院"宜强化当事人、法官在程序中的选择权"。[②] 这主要是因为当事人主动参与并自主选择部分程序进程可以"对冲"在线诉讼规则对当事人诉讼权利的部分限制。充实当事人程序选择权的另一个重要原因就在于：它既是诉讼实施权的重要内涵之一，还是当事人宪法权利保障的重要形式。[③] 毕竟，"赋予当事人对审理方式的选择权，实际上是公平性的问题"。[④] 正因如此，试点法院更应当注重充实当事人在电子诉讼程序中的程序选择权。

第一，试点法院应当尊重并保障当事人在线下诉讼与线上诉讼（主要指庭审）之间拥有一定的选择权。[⑤]《实施方案》第 23 条第 1 款首次明确授权当事人可以选择拒绝法院适用在线庭审。具体而言，双方当事人都明确拒绝或者一方当事人拒绝并有正当理由，法院不得适用在线庭审。案件在线审理过程中，出现上述情形法院应当转为线下审理。当然，试点法院应综合"考虑诉讼成本、效率和形成公正裁判的难易程度等因素"审查当

---

① 有关质疑的讨论，参见周斯拉《电子诉讼中当事人权益保障——以杭州互联网法院为例》，《东南大学学报》（哲学社会科学版）2018 年增刊。

② 中国政法大学纪格非教授的发言，参见陈杭平、李凯、周晗隽《互联网时代的案件审理新规则——互联网法院案件审理问题研讨会综述》，《人民法治》2018 年第 22 期。

③ 参见黄忠顺《再论诉讼实施权的基本界定》，《法学家》2018 年第 1 期。

④ 中国法学会法治研究所刘金瑞副研究员的发言，参见陈杭平、李凯、周晗隽《互联网时代的案件审理新规则——互联网法院案件审理问题研讨会综述》，《人民法治》2018 年第 22 期。

⑤ 参见王福华《电子法院：由内部到外部的构建》，《当代法学》2016 年第 5 期。

事人拒绝在线审理的理由。概言之，可能会影响到在线庭审公正性的情形都应当允许当事人申请线下审理。一般而言，"如果当事人提出线下审理的申请，只要不存在主观上的恶意，通常应当准许"。① 当然，涉网案件中当事人对在线诉讼程序的选择权并非不受任何限制。例如，在电子商务B2C 案件中，几乎所有案件的原告都是消费者，如果任由经营者选择线下程序进行审理可能影响原告维权的效果。② 因此，试点法院同样应当根据不同案件类型确定当事人是否合理行使程序选择权，确保在尊重一方当事人程序选择权的同时保障其他诉讼主体的合法权益。

另外，试点法院还应当在庭审程序简化方面赋予当事人一定的选择权。从性质与内容上来看，在线庭审程序的简化属于诉讼实施权的一部分。随着现代诉讼理念的革新，诉讼实施权已不专属于法院审判权，它已内含当事人程序选择权之要义。详言之，在线庭审过程中，互联网法院可以允许当事人根据自身程序利益与实体利益去选择法庭调查、法庭辩论的形式和顺序，甚至可以允许当事人对简易程序与普通程序之间的选择与转换具有一定选择权。同样，在庭审程序进程中赋予当事人一定的选择权并不是要将诉讼实施权完全从法院一方转移至当事人一方，而是要求试点法院通过充分吸收当事人参与程序进程，提高诉讼程序进程的透明度，防止暗箱操作，进而提升在线审理的可信度，维护电子诉讼与在线司法的权威。

## （四）赋予当事人针对在线诉讼程序的异议权

就其属性而言，异议权本身属于当事人程序主体权的防御性内容，它同样也属于程序主体权的救济性措施。试点法院亟待充实当事人在线审理过程中的异议权存在多方面的原因。其中，互联网法院诉讼规则未赋予当事人在网上诉讼过程中具有程序异议权，我国《民事诉讼法》及其司法解

① 北京互联网法院李经纬副院长的发言，参见陈杭平、李凯、周晗隽《互联网时代的案件审理新规则——互联网法院案件审理问题研讨会综述》，《人民法治》2018 年第 22 期。
② 叶敏、张晔：《互联网法院在电子商务领域的运行机制探讨》，《中国社会科学院研究生院学报》2018 年第 5 期。

释也未针对此问题进行必要规范。然而，异议程序规范的缺失可能对当事人程序主体权保障构成较大风险。于在线诉讼中赋予当事人较为充分的异议权，可以有效降低互联网法院在程序进程中违反法定程序原则或规则，侵害当事人起诉权、知悉权、陈述权、程序选择权等程序主体权的风险。具体而言，试点法院可以从以下两个层面充实当事人的异议权。

其一，试点法院可以探索于在线诉讼程序中赋予当事人一般性程序异议权，允许当事人在较大范围内针对法院及对方当事人违反诉讼程序的诉讼行为提出异议。这源于德国《民事诉讼法》第 295 条与日本《民事诉讼法》第 90 条的规定。虽然我国《民事诉讼法》目前暂时未引入上述程序异议权①，但是这并不意味着于在线诉讼程序中不可以设置相应规范。相反，试点法院可以积极探索于在线上诉讼程序中引入一般性程序异议权。具体而言，针对法院及对方当事人诉讼行为有违反法定程序的情形（例如法院违反规定中止诉讼、当事人违反规定迟延提交证据），试点法院可以允许当事人提出异议，并记录在案。毕竟，试点法院承载着探索与实践新程序规则的功能。实践中，程序异议权可以有效提升对法院违法诉讼行为的救济效率，这符合试点法院大力提升线上司法效率的整体规划。不过，该款程序异议权仅针对直接违反程序规范之诉讼行为，对其他未直接违反程序规范却涉嫌间接违反部分程序原则（如自愿调解）的法院诉讼行为缺乏救济措施。换言之，当事人通常无法通过援引程序异议权条款针对法院上述不当行为提出异议。

其二，试点法院还可以探索在法院行使诉讼实施权过程中赋予当事人一定的异议权。换言之，当事人可以针对法院诉讼指挥行为提出异议。由于线上诉讼程序规则的粗疏性与模糊性，试点法院在转介调解、程序简化、线上审理等诉讼实施权/诉讼指挥权等方面获得更大的裁量权。缺乏制约的裁量权侵害当事人程序主权的可能性会加大。试点法院可以在法院行使上述线上程序指挥权时适当赋予当事人提出异议的权利。具体而言，

---

① 有关对我国民事诉讼程序中缺乏一般性程序异议权以及程序异议权行使与规制的具体讨论，参见占善刚《民事诉讼中的程序异议权研究》，《法学研究》2017 年第 2 期。

法院出现未坚持自愿调解原则进行转介调解或者频繁询问调解等，或依职权根据案情简化庭审程序，或依职权选择简易程序处理案件，或依职权选择线上审理程序等情形时，当事人都可以提出异议，法院应当如实记载当事人异议情况并作出相应回应。不过，上述当事人针对法院不当行为或违法行为的异议权与我国《民事诉讼法》上管辖权异议与上诉等申明不服权内容存在一定差异。基于程序保障与诉讼效率之间的平衡，试点法院对当事人提出异议事项的决定应被设定为具有终局性，当事人不得就此提出上诉而有碍在线诉讼程序之进行。

# 五　结语

在线诉讼的发展既给传统诉讼构造及方式带来了机遇，也对其提出了新的挑战。互联网法院在探索在线诉讼过程中通过线上诉讼平台推动线上多元化纠纷处理机制、诉讼信息的高效流转、诉讼程序及流程的便利化，很大程度上提升了司法效率，并在一定程度上为当事人程序选择权、证明权等程序主体权的保障提供了有力支撑。不过，部分互联网法院在线诉讼程序内容对当事人程序主体权保障提出了新的挑战。试点法院推行在线诉讼程序理应注意互联网法院在线诉讼程序的局限与挑战，更应根据不同类型案件积极探索合适的在线诉讼程序。在线诉讼的目的在于保护当事人的合法权利并保障当事人的诉讼权益，它不仅包括当事人的实体权利而且内含了当事人的程序权利。与财产权、生命权等实体权利一样，当事人的程序选择权、知悉权等程序主体权本身就归属于人的基本权利的内容。它根植于宪法之中，受宪法这一根本大法的保护。按照马克思主义的观点，人之所以为人的一个显著特征就是人的自主性。在日新月异的信息技术裹挟下，当事人作为程序主体可能会因为技术依赖和路径依赖等原因不知不觉成为在线诉讼程序的客体，从而减损自身的主体性。正因如此，试点法院在普通的非涉网案件中推行在线诉讼程序更应当注意尊重并保障当事人的主体地位，以当事人程序主体权保障为原则进一步塑造在线诉讼程序。

# 互联网产业相关市场界定的规则完善：
# 以基本权利保护为导向*

**摘　要：**在互联网新业态蓬勃发展的当下，互联网产业的相关市场界定环节不仅是反垄断法适用中的基础问题，还关乎公民科学研究自由、就业自由、营业自由等基本权利与自由的实现。由于既有相关市场界定立法未能充分关注互联网产业经济活动的特征，立法呈现出笼统抽象、可操作性不强的特点，实践中产生了界定互联网产业相关商品市场与相关地域市场的难题。在《反垄断法》修订之际，借鉴国外立法经验，建议从相关市场界定的考虑因素、相关地域市场的有关规定、相关市场的界定方法、相关市场的时间维度这四个层面着手，进一步完善既有相关市场界定的规则，从而维护公平有序的竞争秩序，使数字技术发展的成果能更好地造福于社会。

**关键词：**相关市场界定；基本权利；反垄断法；互联网企业

　　互联网产业、共享经济等创新经济业态已经成为国民经济发展中的重要支柱之一，十九大报告中也多次提及互联网科技和共享科技。在党的十九大作出加强科技创新的部署后，"数字中国"和"智慧社会"建设将进一步迎来飞跃。在此新时代背景下，共享经济和智慧经济等创新业态蓬勃发展，并向衣、食、住、行、医疗、教育等各领域迅速扩张，相关产业的

---

　*　本文是研究阐释党的十九大精神国家社科基金专项课题"新时代共建共治共享的社会治理法治化机制研究"（项目编号：18VSJ033）的阶段性成果。

　**　黄晶晶，上海师范大学哲学与法政学院法律硕士研究生；刘岳川，上海师范大学哲学与法政学院副教授。

投资潮日益高涨。互联网产业便是代表，电子商务、娱乐直播等网络经济已经融入日常生活的各个领域，以互联网信息服务为核心内容的创新经济产业迅速发展，互联网产业在日常领域中几乎实现"全覆盖"。由于互联网行业具有较强的外部效应，极易出现"赢者通吃"的局面，在部分细分行业中已经出现了若干寡头垄断现象。① 然而互联网公司垄断所造成的损害甚至远超过传统行业形成垄断的后果。互联网产业的垄断不仅对自由竞争关系、合同自由、市场效率、消费者利益等通常认识上的市场经济因素产生损害，由于互联网产业的特殊性质，更会对企业和公民的科学研究自由、就业自由、营业自由等受《宪法》保护的基本自由和权利有不良影响。这些问题仅依靠市场的自我规制是无法解决的，任由垄断企业继续发展，甚至会导致其具有异化的经济权力和社会权力，造成社会冲突，加剧社会治理困难。《反垄断法》素有"经济宪法""经济基本法"的美誉，是规制互联网产业垄断行为的基本法律。然而，诞生于工业时代的反垄断法律制度，很难适应互联网行业的特点，难以有效规范互联网行业的竞争秩序。尤其是既有的相关市场界定的规定，根本无法有效适用于互联网产业。相关市场界定是反垄断法适用至关重要的问题，是判定经营者的行为是否会产生排除或限制竞争效果的最基本的前提。反垄断法所规制的所有竞争行为，都发生在特定的市场范围内。只有科学合理地界定相关市场的范围，才能判断经营者是否存在垄断协议行为、滥用市场支配地位行为和经营者集中行为。② 鉴于此，必须及时反思和优化我国当前的相关市场界定制度，从维护、促进企业和公民的基本自由和权利的视角出发，保障公平有效的市场竞争秩序，使数字技术高速发展带来的成果能被广大的中小型创业企业和全体消费者所共享。目前，《反垄断法》已经进入修订阶段，因此本文将围绕互联网产业的相关市场界定这一最为重要和突出的问题展开研究，并提出相应的立法建议。

---

① 参见孙晋、钟瑛嫦《互联网平台型产业相关产品市场界定新解》，《现代法学》2015 年第 6 期。
② 参见孟雁北《反垄断法》，北京大学出版社，2017，第 68 页。

# 一 以基本权利为导向的互联网 产业相关市场界定原则

《中华人民共和国反垄断法》第十二条规定，相关市场指的是"经营者在一定时期内就特定商品或者服务进行竞争的商品范围和地域范围"。相关市场界定是反垄断工作开展的基础，因为反垄断法虽然反对垄断、保护竞争，但是在大多数反垄断案件中只有清楚识别经营者的市场势力才能确定是否需要规制，而相关市场界定正是间接测度市场势力的方法。因此，反垄断执法机构或者法院选取基准市场、界定相关市场的边界就是十分重要的步骤。相关市场界定具有复杂性，因此确定相关市场界定应当遵循的基本原则具有重要意义。

首先，互联网产业相关市场界定应当遵循透明性原则，以保障公民的知情权。由于相关市场界定是众多反垄断工作开展的基础，反垄断执法机构或者法院选取基准市场、界定相关市场的边界就是十分重要的步骤，也关乎当事人的利益。反垄断执法机构或者司法机关在界定相关市场时，应对理由和程序进行详细阐释，保证这一过程的公开性与透明性，不含糊其词，从而更大程度地保证公平正义。从实践来看，目前相关市场界定的标准仍不清晰，很大程度上受到政策的影响。例如"奇虎诉腾讯滥用市场支配地位纠纷案"中，一审法院的判决书并没有提到双边市场，仍然按照单边市场的思路进行市场界定，从而引发了部分学者的质疑。同时，披露相关市场界定相关信息可以采纳更多人的智慧，一定程度上可以减少相关市场界定的主观随意性，预防或减少错误的产生，有利于约束执法机关和司法机关的行为，有助于人民群众监督相关机构的行为。因此，相关市场界定的步骤应当保证最大限度的公开与透明，以进一步促进公民知情权的实现。

其次，互联网产业的相关市场界定应当遵循促进和维护公民科学研究自由的原则。《宪法》第四十七条规定："中华人民共和国公民有进行科学研究、文学艺术创作和其他文化活动的自由，国家对于从事教育、科学、技术、文学、艺术和其他文化事业的公民的有益于人民的创造性工作，给予鼓励和帮助。"科学研究自由是《宪法》明确赋予公民的基本权利。互联网行业依托于飞速发展的数字科技、智慧科技等高新技术，而企业主要依靠科技创新才能在互联网行业脱颖而出。在互联网时代和市场经济的背景下，科学研究已经不仅仅是个人实施的智力活动，科学研究和科技创新必须通过一定的经济条件的支持方有可能实现。宪法不仅规定国家不干涉科学研究自由这一消极权利，更要求建立相关的法律制度，以保证科学研究活动能够享有一定的经济条件以及经济回报。部分具有垄断地位的互联网企业往往试图以较低的价格收购初创企业及相关技术，否则就有可能利用其市场支配地位倾轧初创企业，接受技术转让或技术许可的当事人，在收购谈判的过程中往往处于劣势地位，不得不接受苛刻的合同条款。这种情况将会严重损害公民进行技术开发和科学研究的积极性。因此，在界定相关市场的时候，就应当考虑给予具有科学技术、科研潜力的公民以必要的法律支持，防范互联网企业对公民科学研究自由的不合理限制。

再次，互联网产业的相关市场界定应当遵循维护市场主体营业自由的原则。企业之间公平有序的良性竞争会更大程度地创造经济效益、社会效益。竞争价值是反垄断法保护的首要目标，反垄断法重视维护竞争秩序，相关市场界定也应秉持这一理念原则。而竞争秩序的实现，有赖于对市场主体营业自由权利的维护。尽管《宪法》没有明确确定公民享有营业自由的权利，但在市场经济背景下，公民享有营业自由、经营自由的基本权利已经成为学界的共识。在互联网平台上开展经营活动是新经济形态下许多企业的选择，而近年来部分互联网企业要求经营者进行"二选一"等行为，无疑对公民的营业自由造成了损害。部分具有垄断地位的互联网企业，强迫经营者对其营业的平台进行"二选一"的选择，已经侵入营业自由的保护范围，有损于公民在不违反法律强行性规定的前提下选择经营场所的营业自由。在进行互联网产业相关市场界定的过程中，应当以维护公民的营业自由为原则，防范互联网企业对公民营业自由的损害。

最后，互联网产业的相关市场界定应当遵循维护市场主体就业自由的原则。《宪法》第四十二条规定，我国公民有劳动的权利，其权利内容具体分为依法就业的权利、获取报酬的权利、自由择业的权利等。在市场经济体制下，保护公民的就业自由，对于维护公民的劳动基本权利有至关重要的意义。如前文所述，研发能力是互联网产业赖以生存的根本，而科技能力只有通过技术人员才能得以增强。为了保证自身的技术研发优势，遏制竞争企业的发展，互联网企业往往对于核心技术开发人员规定十分严苛的竞业禁止条款。近些年来，部分具备垄断地位的互联网企业与技术开发骨干所签订的不合理的竞业限制条款备受指摘。其中，竞争企业的范围往往被设定得极为宽泛，几乎包括细分行业的大部分企业。离职员工难以在不违反竞业禁止协议的前提下求职，只能选择继续在原企业工作。竞业禁止条款一定程度上限制了公民就业自由的基本权利，因此，在进行相关市场界定的时候，就应当考虑其可能对公民就业自由权的实现所产生的影响，将维护市场主体就业自由的原则作为界定的原则，以更好地实现公民的这一基本权利。

## 二　互联网产业相关市场界定面临的困境

互联网产业的经济活动与传统产业经济活动大不相同，而中国相关市场界定的有关立法制定时间都较早，未能充分考虑互联网经济发展日新月异的现状。互联网本身是虚拟的，超越了时间与空间的限制，而互联网产业又呈现出平台竞争、跨界竞争、重视创新、存在用户锁定效应等特点，在这些特殊性的影响下，互联网产业进行相关市场界定就会遇到困境。

### （一）实践中界定互联网产业相关商品市场的困境

传统产业市场中，商品或服务（以下简称商品）的性质和属性并没有那么复杂，并不存在界定相关市场前对商品进行定性的问题。但是在互联网产业的相关市场界定中，部分互联网产业的商品具有虚拟性、功能相似性等特性，导致对该商品如何定性产生争议。

2015 年北京市高级人民法院审理的"北京米时科技股份有限公司与

北京奇虎科技有限公司滥用市场支配地位纠纷案"中，原被告对本案相关市场如何界定进行了讨论。原告主张本案的相关市场是综合性、辅助性手机安全软件及服务市场。但是被告主张其认定过窄，本案相关市场还应包括 PC 端安全软件市场、专项类的安全软件、平台类的安全软件、应用软件的安全插件市场、移动互联网的 App 分发平台软件市场和企业级安全市场。本案"360 安全卫士"提供的垃圾短信拦截服务究竟应定性为手机安全软件市场还是范围较宽的安全软件市场？对此，北京市高级人民法院的观点是本案相关市场是手机安全软件市场，并认为手机安全软件市场可以构成一个独立的相关商品市场。① 很多互联网企业提供的都是虚拟服务，相较传统服务其性质往往显得更为复杂，从而给实务部门造成定性上的困难。

而 2018 年广东省深圳市中级人民法院审理的"深圳微源码软件开发有限公司与腾讯科技（深圳）有限公司、深圳市腾讯计算机系统有限公司的垄断纠纷案"则更直观地反映了在互联网产业反垄断案件中相关商品或服务的定性问题的重要性。法院将相关商品的界定列为此案的争议焦点之一，并认为微信公众号服务不能等同于微信产品。原告主张本案相关商品市场应被界定为"即时通信和社交软件与服务市场"，法院认为应界定为"互联网平台在线推广宣传服务市场"。本案之所以会出现相关市场界定方面的争议，主要是因为互联网平台提供的各项服务之间存在竞争关系，造成相关商品或服务定性不清。深圳市中级人民法院在判决书中阐明，首先应当厘清不同商品或服务之间的关系、明晰案件被诉争议行为所涉及的具体商品或服务，这样才能防止界定范围偏宽或偏窄，保证之后争议行为竞争分析结果的准确性。②

这些司法案例从侧面体现出在互联网产业有关案件中，相关商品或服务的定性问题应得到重视。在平台竞争模式下，互联网平台提供多种服

---

① 参见北京米时科技股份有限公司诉北京奇虎科技有限公司滥用市场支配地位纠纷案，北京市高级人民法院（2015）高民（知）终字第 1035 号民事判决书。
② 参见深圳微源码软件开发有限公司诉腾讯科技（深圳）有限公司、深圳市腾讯计算机系统有限公司滥用市场支配地位纠纷案，广东省深圳市中级人民法院（2017）粤 03 民初250 号民事判决书。

务，相关商品该如何定性成为新的难题。厘清互联网平台是否可以构成独立的商品、平台中的每个应用是否可以单独作为商品等问题是竞争分析的基础。以苹果手机为例，其操作系统自带的应用商店，我们究竟应将其视为独立的商品还是苹果手机系统的一部分？对相关商品或服务进行正确定性是进行相关市场界定步骤之前应重视也往往被忽视的环节，若是错误定性将会影响后续的竞争分析的结果。

另外，互联网产业还面临着市场选取的困境。传统产业的商业模式是买卖双方直接完成交易，此时的交易参与方只有买卖双方，所在的市场是单边市场。① 但是互联网产业与之不同。平台竞争是互联网产业竞争的特有模式之一，平台企业的经营者将众多互联网应用整合到一个平台，这样用户通过平台就可以使用其所提供的各种应用。互联网平台能够同时满足多方群体的需求，此时市场呈现出鲜明的双边或多边市场特征。双边或多边市场具有网络外部性，消费者使用商品或接受服务时，除了得到商品或服务固有的价值外，还会获得由其他同样使用该商品或接受服务的消费者带来的好处。② 实践中，如果某一互联网商品或服务的用户数量较多、名气较大，那么消费者可能也会考虑到协同价值的实现，会倾向于选择该商品或服务。互联网产业平台呈现出的是交叉网络外部性特征，平台各边互相影响，这种对用户的影响也有不同表现，分为正网络外部性和负网络外部性两种形式。对于负网络外部性的平台，用户数量可能会因为平台上另一边广告商投放的广告数量过多产生负面效果而减少。因此，在互联网产业平台竞争模式下，该以哪一边的市场来界定相关市场是一个现实且复杂的问题。

这种市场选取的困境也直接反映在司法实践中。在唐山市人人信息服务有限公司与北京百度网讯科技有限公司垄断纠纷案中，北京市第一中级人民法院认为本案的相关市场是中国搜索引擎服务市场。③ 本案中，搜索

---

① 参见黄勇、蒋潇君《互联网产业中"相关市场"之界定》，《法学》2014 年第 6 期。

② 参见吴泗宗、蒋海华《对网络外部性的经济学分析》，《同济大学学报》（社会科学版）2002 年第 6 期。

③ 参见唐山市人人信息服务有限公司诉北京百度网讯科技有限公司滥用市场支配地位纠纷案，北京市高级人民法院（2010）高民终字第 489 号民事判决书。

引擎服务虽然对用户不收费，但是百度公司没有认识到搜索引擎服务平台的双边市场特征以及通过竞价排名盈利的现实。从法院的表述中可以看出，法官已经关注到了本案中互联网平台存在特殊的盈利模式，但是并没有触及问题的根本。有学者提出法院判决存在内在矛盾，司法机关的裁判仅考虑了一边市场，忽视了另一边市场，其判决可能存在些许谬误。[①] 从本案来看，法院是从网络用户的角度考虑，将相关市场界定为搜索服务引擎市场，但是又从厂商角度出发，认为搜索引擎不能算是免费服务。[②] 这意味着法院认识到有两方消费者群体，搜索引擎同时提供免费的自然排名和收费的竞价排名服务，但是并没有解决双边平台该选取哪一"边"来界定市场的问题，回避了视角不同界定结果不同的矛盾。

最后，互联网产业相关市场的界定还面临着传统商品市场界定方法适用的难题。基础业务的零价竞争已成为互联网领域界通行的商业运营模式。[③] 实践中互联网企业往往会采取免费供应商品或服务给普通用户的策略，依靠用户的增值服务或者广告收入赚取利润。在互联网企业与广告商的交易中，用户的注意力转而成为互联网企业出售的商品。

鉴于假定垄断者测试法大多是通过定价的变化来确定目标商品市场，运用这种测试方法对互联网领域的商品或服务进行相关市场界定时主要会面临两种挑战：一是消费者对这类商品价格上涨的敏感度往往高于传统商品，哪怕轻微的提价都可能导致消费者转移，因此定量的假定垄断者测试法难以适用于免费产品；[④] 二是价格为零使得价格变化的测试难以进行。由于互联网行业大多数产品都采取免费的销售模式，而对定价为零的商品运用假定垄断者测试法进行涨价分析，以分析价格变化为依据的假定垄断者测试法无法在基准价格为 0 的情况下继续推进，因为无论进行何种涨价

① 参见蒋岩波《互联网产业中相关市场界定的司法困境与出路》，《法学家》2012 年第 6 期。
② 参见李剑《双边市场下的反垄断法相关市场界定——"百度案"的法与经济学》，《法商研究》2010 年第 5 期。
③ 参见徐炎《互联网领域相关市场界定研究——从互联网领域竞争特性切入》，《知识产权》2014 年第 2 期。
④ 参见胡丽《互联网经营者相关商品市场界定方法的反思与重构》，《法学杂志》2014 年第 6 期。

其结果都将是 0，这样这种测试方法就无法直接予以适用。① 互联网产业往往对用户采取免费定价策略，并且用户对互联网商品价格上涨过于敏感，假定垄断者测试法的适用就面临困境。

运用需求替代分析法界定传统商品的相关市场时，往往会根据需求者对商品价格、功能、质量等因素的衡量来确定商品的替代性程度。运用供给替代分析法分析则是从供给者的角度，通过衡量供给者投入的成本、风险、进入市场的时间等因素来分析其替代程度。互联网产业独特的经营模式也给替代分析法的适用带来新的挑战。

首先，互联网产业存在跨界竞争模式。跨界竞争也是互联网产业显著的竞争特点，经营者需要同时面对来自本行业和其他行业的经营者的竞争。② 在互联网时代，电子产品可能兼具其他传统商品的基础功能，比如说智能手机所具有的摄影功能是对相机的挑战，而其所具有的媒体播放功能则对电视机、MP4 等产品产生了冲击。产品功能的重合度提高，其相互之间的边界就会变得模糊，以功能差异来判断产品之间的替代程度就会变得困难。

其次，平台经营模式下企业之间的经营内容会产生趋同。一个经营者可能会涉足几个相关市场或具备涉足几个相关市场的能力，这样就难以明确商品或服务的潜在供给者。③ 平台企业本身便具有天然的用户优势，用户很容易再去使用该平台提供的其他产品，供给者转入其他市场的难度也会降低很多。适用供给替代分析法需要对这种情况进行考虑，否则容易产生相关市场界定范围过大的结果，因此要谨慎界定相关市场。

再次，互联网商品或服务的用户数量成为消费者考虑的重要指标。对于具有网络效应的商品或服务，特征、价格、用途对消费者而言不再是选择替代商品或服务时的重要考虑因素，目前该商品或服务的已有用户数量以及是否具有极大用户数量的潜质将会更受消费者重视，因为用户数量更

---

① 参见宁立志、王少南《双边市场条件下相关市场界定的困境和出路》，《政法论丛》2016 年第 6 期。

② 参见徐炎《互联网领域相关市场界定研究——从互联网领域竞争特性切入》，《知识产权》2014 年第 2 期。

③ 参见胡丽《互联网经营者相关商品市场界定方法的反思与重构》，《法学杂志》2014 年第 6 期。

多也会给使用商品或服务的用户带来更多的商品价值。① 互联网平台市场具有交叉网络效应，商品或服务的价值高低与使用该商品或服务的用户数量多少密切相关，各"边"的用户数量多少可能都会对另一"边"的效益带来辐射影响。因此，除了立法规定的考虑因素之外，用户数量这一因素也会影响界定方法的适用。

最后，互联网商品或服务具有"用户锁定效应"，消费者不会轻易更换产品。"用户锁定效应"是指使用互联网产品的用户不会轻易转换使用别的相似种类的产品。这是因为如果用户更换之前一直使用的产品，转而使用其他与之功能相近的产品，可能会产生新的成本，比如学习如何操作新产品、购买新的设备等。例如，一些习惯使用苹果开发的操作系统的人，可能不愿意再去购买安卓操作系统的产品。针对互联网产业的商品或服务，非价格因素对相关商品市场界定方法的影响更为突出，适用替代分析法界定相关市场时应当格外注意。

## （二）实践中界定互联网产业相关地域市场的困境

互联网是虚拟的，不受地理空间的限制，在这种前提下界定互联网商品或服务的相关地域市场也会面临许多新的问题。

首先，互联网是虚拟的，可以跨越空间而存在。一些互联网产品可以在全世界流通，因此众多互联网企业的用户来自全球各地。涉及互联网产业的案件，相关地域市场是否应当直接界定为全球市场？ 对于这一问题，学术界一般持否定意见。相关地域市场界定为全球市场，意味着互联网产业经营者的经营范围遍布全球，这一结果过于宽泛，可能会对竞争秩序产生不良影响。直接界定为全球市场有可能导致一些垄断协议得到豁免、已构成滥用市场支配地位的行为被视为正当经营行为以及本不应被通过的经营者集中被批准。② 虽然互联网本身不受空间的限制，但是互联网产品的

① 参见胡丽《互联网经营者相关商品市场界定方法的反思与重构》，《法学杂志》2014 年第 6 期。

② 参见胡丽《反垄断法视域下网络空间"相关地域市场"的界定——兼评"奇虎诉腾讯垄断案"中全球市场的认定》，《河北法学》2014 年第 6 期。

竞争仍然受到其他因素制约。消费者不同的文化背景和语言、互联网市场与传统市场的重叠性和不同国家对互联网行业采取的不同管制政策等因素，都会对相关地域市场的界定结果产生影响，因此笼统地主张为全球市场未免有失妥当。[①]

其次，伴随着互联网技术的进步和电子商务的发展，市场上出现了一些虚拟商品或服务，如社交软件、搜索引擎服务等。消费者和经营者仅在线上便可完成交易，消费者在线上即可获得商品或服务，这种新型的销售模式对传统市场的销售模式产生了冲击。与这一现象直接相关联的一个问题就是，虚拟商品或服务的相关地域市场是否应直接界定为虚拟的网络空间。

针对互联网虚拟商品，大多数学者不支持将其相关地域市场直接界定为互联网。有学者指出，美国法院已通过判例认定相关地域市场应当是一个物理上的地点或位置。[②] 还有学者认为，虽然互联网以全球的互联互通为主要特征，但这并不代表互联网产品或服务的地域市场都是无国界的，在语种、国家或民族文化、边境管制措施等因素的影响下，互联网产品或服务的相关地域市场可能是全球范围的，也可能是某国范围的或者某个区域范围的。[③] 若是直接将该类商品的相关地域市场界定为虚拟的网络空间，则不好把握互联网企业影响力的范围。如果不是在有形的地理区域内进行评估，将难以把握和评估经营者的市场支配范围。

再次，互联网的发展给商品或服务的销售模式带来了革新，随着"网购"的普及和物流业的兴盛，传统商品或服务可以流通于世界各地。当传统商品或服务同时在线上市场和实体市场进行销售，线上市场和实体市场的范围便存在交叉重叠，此时界定该类商品或服务的相关地域市场便更加烦琐。学术界对线上市场与实体市场是否需要区分存在争议。有学者认为认定为同一个市场更为合理，因为分别通过这两种渠道销售的商品或服务

---

① 参见叶明《互联网经济对反垄断法的挑战及对策》，法律出版社，2019，第23页。

② 参见胡丽《反垄断法视域下网络空间"相关地域市场"的界定——兼评"奇虎诉腾讯垄断案"中全球市场的认定》，《河北法学》2014年第6期。

③ 参见吕明瑜《网络产业中相关市场界定所面临的新问题》，载王晓晔主编《反垄断法中的相关市场界定》，社会科学文献出版社，2014，第228页。

之间依旧可能存在竞争。① 网络只是为传统商品或服务创设了一种新型销售渠道或途径，并不能就此认定线上市场创造了一个独立于传统市场的新的地理市场，而需要将其与传统的地理市场结合考虑。② 对此，持反对意见的学者一般认为，互联网的销售特点不同于实体经济模式，消费者的购物体验、运输费用、交易习惯等因素在线上和线下两种模式中是截然不同的，因此不宜将线上和线下两种方式销售的商品笼统归属于同一个市场，而应该厘清两个市场间的界限。

最后，相关地域市场界定在方法适用方面也会面临挑战，这突出反映在替代性分析法的适用上。互联网的出现、物流运输业的发展加速了商品或服务在不同地理区域之间的流通。电子商务领域日益兴盛，"海淘""代购"等新型购物方式使跨境购物变得更为方便。即使是不同区域甚至不同国家的商品或服务，消费者也可以轻易获得，直接使不同地域之间的商品或服务的可替代程度变得更高，实践中评估替代程度也需要进行更全面的分析。无论是运用需求替代分析法还是供给替代分析法界定相关地域市场，都要充分考虑不同地理区域之间的商品或服务的替代程度。因此实践中适用界定方法时也会面临挑战，互联网市场使得经营者可以向不同区域的消费者出售产品，大大扩展了销售范围。对于经营者而言，他们无须花费高额的转换成本即可实现在不同的地理区域进行销售，经营中存在的主要进入障碍是法律或政策的限制。③

因此，相较于传统产业，实践中在适用替代分析法界定互联网产业相关地域市场时需要根据实际情况判断个案所涉及的地理区域范围。可以肯定的是，在网络新型购物方式的影响下，界定结果可能会出现范围变宽的趋势。相关地域市场究竟应如何界定需要在个案中具体衡量，应在关注互联网带来的影响的同时，全面分析影响相关地域市场界定的因素，谨慎又

---

① 参见吕明瑜《网络产业中相关市场界定所面临的新问题》，载王晓晔主编《反垄断法中的相关市场界定》，社会科学文献出版社，2014，第229页。

② 参见焦海涛《论互联网行业反垄断执法的谦抑性——以市场支配地位滥用行为规制为中心》，《交大法学》2013年第2期。

③ 参见胡丽《反垄断法视域下网络空间"相关地域市场"的界定——兼评"奇虎诉腾讯垄断案"中全球市场的认定》，《河北法学》2014年第6期。

科学地适用相关地域市场界定方法评估经营者的市场势力。

### （三）互联网产业相关市场界定困境的立法原因剖析

互联网产业相关市场界定存在许多新问题，这些问题也突出反映在了司法实践中。在法院裁判中，法官依据《反垄断法》及相关的行政部门规章、规范性法律文件中所规定的相关市场界定规则对案件中经营者的相关市场进行界定，但这些规则具有一定程度的滞后性，可操作性不强。因此从立法角度剖析实践中出现界定困境的原因，主要是关于相关市场界定的立法还存在不足之处。

一方面，既有相关市场界定的立法过于抽象。中国目前关于相关市场界定的规则主要由《反垄断法》和《关于相关市场界定的指南》进行直接规定。2019 年 6 月 26 日公布的《禁止滥用市场支配地位行为暂行规定》和《禁止垄断协议暂行规定》间接涉及一些相关市场界定的内容。下文将对关于相关市场界定的立法进行梳理。

我国《反垄断法》并没有对相关市场界定的规则予以详细规定，除了通过第十二条对"相关市场"的含义予以阐释之外，其他条文只提及"相关市场"这一名词，没有直接具体的规定。根据《反垄断法》的有关规定，认定经营者具有市场支配地位或推定其具有市场支配地位，是在"相关市场"这一前提范围内进行考虑的。[①] 除此之外，经营者合并案件和垄断协议案件也强调了"相关市场"的基础性地位。经营者向国务院反垄断执法机构申报集中提供的文件包括"集中对相关市场竞争状况影响的说明"，而审查经营者集中所需考虑的因素也是以"相关市场"为前提范围进行规定的。[②] 另外，垄断协议得到豁免的一般条件是经营者能够证明所达成的协议不会严重限制"相关市场"的竞争。[③]

可见，《反垄断法》对"相关市场"的内涵进行了明确的阐述，但它并没有对其界定规则的有关内容予以具体规定。作为反垄断法中的一个基

---

① 参见《中华人民共和国反垄断法》第十七条、第十八条、第十九条。

② 参见《中华人民共和国反垄断法》第二十三条、第二十七条。

③ 参见《中华人民共和国反垄断法》第十五条第二款。

础概念，"相关市场"渗透在了反垄断法的众多条文之中，凸显出相关市场界定在滥用市场支配地位案件、经营者集中案件、垄断协议案件中的重要地位。这在一定程度上为反垄断执法、司法工作留出了自由裁量的空间，以应对实践中层出不穷的新情况。然而事物具有两面性，反垄断法高度抽象又具有原则性的规定也存在弊端，实践中仅依据《反垄断法》并不足以应对互联网时代给相关市场界定带来的诸多挑战。

在 2019 年 6 月 26 日国家市场监督管理总局令第 11 号公布的《禁止滥用市场支配地位行为暂行规定》中，第五、六、十条的内容直接涉及"相关市场"，通过对《反垄断法》的条文作深入说明进一步强化了相关市场的重要地位。值得注意的是，该文件还首次规定了认定互联网等新经济业态经营者具有市场支配地位时可以考虑的因素，不仅列举了相关行业竞争特点和经营模式因素，还对用户数量、网络外部性、用户锁定、技术特性、市场创新、经营者掌握和处理相关数据的能力等因素加以细致规定。① 这些内容可以说明该规章的立法者考虑到了互联网产业的竞争特点和特殊性，对实践中反映的漏洞具有一定的弥补作用。虽然它仅是内容较为笼统的条文，但其对于处理互联网产业滥用市场支配地位案件具有重要的指引意义。

《禁止垄断协议暂行规定》也未直接涉及相关市场界定的内容，仅在第十三条第二款规定，市场监管总局负责认定垄断协议时应当考虑的因素包括"经营者在相关市场中的市场份额及其对市场的控制力"，从而间接涉及相关市场界定的内容，并没有对界定规则作出直接的规定。

中国《反垄断法》第九条规定了国务院反垄断委员会有制定、发布反垄断指南的职责，目前具体指导相关市场界定工作的文件是国务院反垄断委员会于 2009 年发布的《关于相关市场界定的指南》。制定反垄断指南的做法是对国外制度的移植。《关于相关市场界定的指南》（以下简称《界定指南》）作为目前中国规定相关市场界定最为详尽的文件，主要由总则、界定相关市场的基本依据、界定相关市场的一般方法、关于假定垄断者测

---

① 参见国家市场监督管理总局《禁止滥用市场支配地位行为暂行规定》第十一条。

试分析思路的说明四章构成。它首先强调了界定相关市场的作用以及正确界定相关市场的重要性；其次明确中国界定相关市场的基本依据是替代性分析，重点介绍了运用替代分析法界定相关商品市场和相关地域市场时的考虑因素；最后对国际上通行的假定垄断者测试方法进行了专章介绍，阐释了其基本思路和一些实际问题。

从以上梳理来看，目前中国相关市场界定的立法原则性规定较多，且较为笼统、抽象。然而近年来互联网产业相关市场界定出现的问题都是十分具体与复杂的。如果缺乏明确、可操作性强的规则指引，案件中相关市场界定的结果就会产生较多争议。

另一方面，相关市场界定的既有规则存在滞后性。目前相关市场界定的规则是以传统的单边市场为对象制定的，没有充分关注互联网产业经济活动的特点。除了《禁止滥用市场支配地位行为暂行规定》列举了认定具有市场支配地位时应考虑互联网产业等新经济业态的特点，间接涉及互联网产业相关市场界定的问题之外，目前并没有针对互联网产业相关市场界定规则进行直接规定的立法。

具体而言，第一，当前立法未关注互联网产业的相关商品定性问题。对传统行业而言，将商品与商品相区分不是一件难事，比如说运动鞋和皮鞋就是很容易区分的两类商品。但是对互联网产业的商品进行相关市场界定前，首先需要明确该商品的性质，确定该商品与其他商品之间的边界。因为互联网商品的性质要更复杂和抽象，难以确定边界。实践中，是否需要将某种功能视为独立的互联网产品往往会引发争议。[1] 尤其是双边或多边平台的出现，对互联网产品该如何清晰定性给反垄断执法机构、司法机关、当事人提出了难题。双边或多边平台为了集聚更多用户，通常会在平台上统一推出一系列产品，统一销售、统一免费定价。[2] 对商品进行辨认和判定，将其正确定性，才能为之后市场选取与界定的各个环节奠定基

---

① 参见叶明《互联网对相关产品市场界定的挑战及解决思路》，《社会科学研究》2014 年第 1 期。

② 参见张江莉《论相关产品市场界定中的"产品界定"——多边平台反垄断案件的新难题》，《法学》2019 年第 1 期。

础。目前相关市场界定的法律规定并没有对相关商品定性这一环节予以规定。在实践中有必要通过立法强调这一环节的重要性。

第二，当前立法未关注互联网产业的市场选取问题。在进行相关市场界定时，平台型互联网企业的市场该如何选取，是近年来理论界及实务界探讨的热点问题之一，也是众多司法案件的争议焦点。然而对这一棘手问题，相关市场界定的既有立法却并未涉及。由于《界定指南》制定的年份较早，并未考虑到互联网产业迅速发展带来的市场模式变革。最高人民法院在"奇虎诉腾讯案"中已经认识到互联网企业平台之间的竞争状况和互联网行业中的双边市场特征，但可惜的是其并未在相关市场界定阶段考虑这种特征。无论是立法还是执法或司法实践，都有必要准确识别市场属性，将单边市场与双边市场区分考虑。① 传统市场与平台市场有显著区别，会影响竞争分析的过程与结果，目前相关市场界定的立法并没有对市场类型进行区分，只是笼统地予以规定，并不能有针对性地对实践中平台竞争模式造成的界定难题予以充分指导。

虽然双边或多边市场的现象不是互联网产业独有的，在传统行业中也存在，但是互联网产业的发展使得大量双边市场涌现，如门户网站、搜索引擎等服务的市场模式。平台也有不同的形式，需要在具体案件竞争分析中根据平台一"边"的支配力是否可以传递到其他"边"来评估经营者的行为。为了对反垄断执法与司法实践进行充分指引，针对互联网产业相关市场界定时双边市场的选取问题，立法上应予以重视。

第三，针对实践中对互联网产业相关地域市场的范围所产生的争议，立法没有予以回应。首先，互联网具有虚拟性，跨越了时空的范围，究竟是否应将互联网产业的相关地域市场直接认定为全球市场，《界定指南》并没有直接规定。当然，我们可以从《界定指南》对相关地域市场的定义来理解。《界定指南》规定，相关地域市场是需求者获取具有较为紧密替代关系的商品或服务的地理区域。因此，我们可以推断，立法认为互联网

---

① 参见宁立志、王少南《双边市场条件下相关市场界定的困境和出路》，《政法论丛》2016年第6期。

产业的相关地域市场不是毫无边界的，仍然需要根据实际地理范围来确定。其次，对于同时通过线上和实体渠道销售的传统商品或服务，其相关地域市场的边界如何确定、是否应加以区分等困扰着理论界与实务界的问题，立法仍有需要完善的地方。根据《界定指南》第八条第（四）项的规定，销售渠道不同的商品或服务面对的需求者可能不同，彼此之间难以形成竞争关系，那么成为相关商品或服务的可能性就较小。该项规定的"销售渠道不同"并没有指向线上与实体市场的销售渠道；而且这里的表述也只是"可能性较小"，并不能直接用以解决实务中相关地域市场的范围问题。

第四，既有法律规定的界定方法未关注互联网产业的特殊性。首先，网络效应对需求替代分析方法的影响突出反映在其削弱了商品或服务的特征、用途、价格等因素对需求替代程度分析的作用，而使其成为适用该方法时的重要参考因素。[①] 当前立法规定的替代性分析法，其考虑因素如价格、功能用途需求、质量等都是基于传统商品或服务的角度所规定的。而网络效应对替代性分析法的适用具有显著影响，这是因为消费者选择互联网产品的时候，对有一定用户规模的产品更为青睐。既有立法并没有将用户数量列为相关市场界定应考虑的因素，这可能是立法需要补充的地方。

其次，替代性分析法未关注跨界竞争的特点。从目前立法来看，主要是通过分析产品的功能、用途等角度进行替代性分析，但是互联网产业跨界竞争模式下，依靠功能、用途的差异将很难区分一些产品，因为它们虽然是不同种类的商品，其功能却具有重合或相似性。在跨界竞争模式下，分析有关商品或服务之间的竞争关系更重要的是要关注它们之间存在的或者潜在的可替代关系。[②] 结合"奇虎诉腾讯案"一审判决来看，广东省高级人民法院从供给替代角度，针对综合性的即时通信与文字、音频以及视

---

[①] 参见胡丽《互联网经营者相关商品市场界定方法的反思与重构》，《法学杂志》2014 年第 6 期。

[②] 参见吕明瑜《网络产业中相关市场界定所面临的新问题》，载王晓晔主编《反垄断法中的相关市场界定》，社会科学文献出版社，2014，第 491 页。

频即时通信之间的替代程度问题进行了分析。由于许多供应商都可以提供这三种即时通信功能，因此消费者可以很容易地在这三种服务之间进行免费转换，可见，按照功能对这几种产品或服务相区分是不妥当的。该法院已经注意到互联网行业的特殊性，动态市场的特点降低了市场进入门槛、互联网产业取得成功的商品或服务以及经营模式很容易被其他企业复制，因此该法院强调还应注意从供给替代角度出发，将其他经营者的潜在产能考虑在内。[①] 从既有立法对替代性分析法的规定来看，立法并没有关注到这种现状，所以尚存不完备之处，还有完善的空间。

最后，假定垄断者测试法未关注零价竞争的特点。既有立法对定量的假定垄断者测试的基本思路和问题作出了较为详细的规定，但它并没有规定定性的假定垄断者测试的内容。依照《界定指南》第四章的规定，假定垄断者测试法是首先选取基准价格再对目标商品涨价来进行测试。在免费的定价策略下，实际运用假定垄断者测试法会存在缺少价格数据的问题。这一内容的缺失直接导致立法无法适应实践中存在的互联网产业零价竞争的模式，给假定垄断者测试法的适用带来了较大的挑战。互联网企业大部分采取对用户免费的定价策略，在平台市场中，对于提供免费服务的一边市场，用户使用平台提供的基础服务往往是免费的，这样会导致运用SSNIP方法测试时，难以确定适用何种基础价格。[②]

正是因为立法存在不完善之处，最高人民法院通过"奇虎诉腾讯案"发布指导案例，对既有立法规定的假定垄断者测试法的步骤进行了调整，补充了通过考察质量变化而进行的假定垄断者测试法。互联网产业的零价竞争使得消费者具有较高的价格敏感度。为了避免使用价格上涨的测试方法产生相关市场界定过宽的结果，应当采取质量下降的假定垄断者测试进行定性分析。这也充分说明我国反垄断法关于相关市场界定的规则存在较大的完善空间。

---

① 参见北京奇虎科技有限公司诉腾讯科技（深圳）有限公司、深圳市腾讯计算机系统有限公司，广东省高级人民法院（2011）粤高法民三初字第2号民事判决书。

② 参见张素伦、王晓晔《SSNIP测试法在互联网行业的应用》，载王晓晔主编《反垄断法中的相关市场界定》，社会科学文献出版社，2014，第239页。

# 三　互联网产业相关市场界定的国际立法经验

自 20 世纪末以来，美国、欧洲部分国家的互联网产业得到了蓬勃发展。特别在近几年，一些国家开始重视数字经济时代的反垄断监管问题，积极通过立法回应平台相关市场界定、界定数字服务市场需要考虑的因素等新问题。因此，它们在相关市场方面也积累了较为丰富的反垄断实践经验。与这些国家相比，中国反垄断法立法较晚，执法、司法实践经验也相对不够充足。从反垄断法生成模式来看，美国、德国是激进主义生成模式的典型，在反垄断法发展的最初阶段就达到了基本成熟的状态；而英国作为渐进主义生成模式的代表，反垄断法经历了从不完善到成熟的过程；日本则是中庸主义生成模式的代表，不断地在基本框架的基础上进行完善。[①]笔者选取了这些国家在互联网产业相关市场界定方面的法律设计予以研究，以为完善中国相关市场界定的立法提供借鉴。

## （一）德国的立法经验

德国属于反垄断法历史比较悠久的国家之一，从反垄断法发展历史来看，德国在第二次世界大战后颁布的反限制竞争法的立法理念和制度设计对欧洲许多国家的反垄断立法产生了重要影响。

在当今信息化社会，德国反垄断法的立法经验仍然值得其他国家关注。德国是明确通过法律对互联网产业特点进行规定的国家。在德国《反限制竞争法》第一部分"限制竞争行为"第二章"市场支配地位及其他限制性做法"中第十八节"市场支配地位"部分，立法除了规定在评估经营者相对于竞争对手而言的市场地位时应考虑的一般因素，还单独规定了在多边市场和互联网案件中评估经营者的市场地位时还应考虑的因素。这些因素是直接和间接网络效应、不同提供商的平行服务和用户的转换成本、与网络效应相关的企业规模经济、企业获取与竞争相关数据的能力以

---

① 参见李国海《英国竞争法研究》，法律出版社，2008，第 300～301 页。

及创新驱动下的竞争压力。① 德国通过《反限制竞争法》强调了认定市场支配地位时应考虑互联网产业的有关因素，为评估经营者的市场支配地位以及作为这项工作基础步骤的相关市场界定提供了明确的法律指引，具有较高的参考价值。

另外，德国反垄断执法机构于 2016 年 6 月 9 日发布文件——《平台和互联网的市场力量》，针对如何界定平台的相关市场提出了意见，先将平台划分为不同种类，再根据不同种类进一步界定相关市场，明确交易型双边平台应界定为一个单一的市场。德国反垄断执法机构认为，界定平台相关市场的一个重点是如何看待不同的市场方。一方面，平台总是服务于多个用户群，对于平台每一边来说，其可能分属不同的市场；另一方面，间接网络效应引起平台双方的互动，可以将相关市场界定为单一的平台市场。因此，德国反垄断执法机构提出，实践中需要将平台进行分类，第一种是交易型和非交易型双边平台；第二种是匹配平台，如约会平台、就业市场等配对平台。② 如果是交易型双边平台，不需要将各边分开考虑，应界定为一个单一的市场。互联网产业存在平台竞争模式，界定相关市场时，平台各边是应相互区分还是统一看待，一直是学术界重点研究的问题。德国竞争执法机构出台的这一文件的规定，可以为我们带来启发，可以考虑将互联网产业的双边市场按照交易型和非交易型双边平台予以分类，再进一步考虑如何界定。

## （二）美国的立法经验

自 1890 年美国颁布《谢尔曼反托拉斯法》以来，美国反垄断法已经拥有了较长的历史。尤其在相关市场界定规则方面，美国陆续出台了大量文件不断构建并完善相关市场界定的理论框架。司法部于 1968 年出台了《企业兼并指南》，后于 1982 年、1984 年、1992 年分别进行修订。在 2006 年，司法部又联合联邦贸易委员会发布了《横向兼并指南》，后又于 2010

---

① 参见 Bundestag, Act against Restraints of Competition。
② 参见 Bundeskartellamt, Working Paper：Market Power of Platforms and Networks。

年进行修订。从以上发展概况我们可以看出，美国在相关市场界定方面取得了较多成果，研究美国的立法经验将具有一定的参考价值。

首先，从美国判例法的经验来看，一方面，美国采取了运用双边市场理论界定相关市场的做法。双边市场理论起源于经济学理论，最早从对支付卡行业的双边市场研究发展而来，伴随着信息技术的发展和商业模式的变革，后来逐渐形成了双边市场的理论研究热潮。① 双边市场理论反对将单边市场的理论框架照搬适用于双边市场，双边市场的竞争约束更为复杂，需要反垄断执法机构或者司法机关充分考虑双边市场的特征。

双边市场理论在美国也得到了发展，世界第一起在司法判例中正式肯定并适用双边市场理论的案例便是美国最高法院 2018 年判决的"俄亥俄州诉美国运通公司案"，在该案中二审联邦第二巡回法院认为一审法院在评估纵向限制行为的竞争效果时未考虑信用卡交易的双边市场特点。② 对此，美国联邦最高法院多数派的意见是，信用卡交易市场应认定为交易型双边市场，交易型双边市场由于具有较强的间接网络效应，因此信用卡交易市场应被整体界定为一个相关市场，同时当事人证明所遭受的损害则需要对各边都进行分析。双边市场案例中较受实务界关注的一个问题便是如何看待市场各边的关系、判断竞争约束来自哪一边、界定为一个还是多个市场等问题。双边市场理论的发展可以为实践中反垄断执法机构或者法院的工作提供思路借鉴、实务参考。

另一方面，美国还充分考虑了线上市场与实体市场之间的联系。在界定互联网产业相关地域市场时，通过线上和线下渠道销售的商品或服务的销售范围该如何认定是一个存在争议的问题。在 Gerlinger v. Amazon. Com Inc. 案中，原告的主张是本案的相关市场应界定为在线图书交易市场，但是主审法官以原告未能证明本案存在一个单独的网上书籍市场为由，未能支持其请求。③ 美国司法判例表明，法官所持的观点是对于通过线上和实

---

① 参见赵莉莉《反垄断法相关市场界定中的双边性理论适用的挑战和分化》，《中外法学》2018 年第 2 期。

② 参见顾正平《2018 年国际反垄断经典案例评析（下）》，《竞争政策研究》2019 第 3 期。

③ 参见叶明《互联网对相关产品市场界定的挑战及解决思路》，《社会科学研究》2014 年第 1 期。

体渠道销售的传统产品，不能割裂线上市场与实体市场之间的联系，这是因为这两种渠道销售的产品存在着替代关系。互联网营销对传统营销的压力已在图书销售等行业初见端倪，互联网的低价销售模式对传统销售模式是一种挑战。[①] 在这种市场竞争现状下，应认识到界定相关地域市场需要充分考虑线上市场与实体市场之间的联系。

其次，从美国 2010 年修订《横向兼并指南》的经验来看，一是引入了临界损失分析法。为了应对互联网产业新情况给相关市场界定带来的挑战，反垄断监管机构需要将传统的相关市场界定的方法转变成更灵活的方法，美国相关部门也在积极探索其他新的界定方法。2010 年美国司法部与联邦贸易委员会修订《横向兼并指南》，特别规定了临界损失分析法，这种方法由假定垄断者测试法衍生而来，通过对假定垄断者进行小幅又显著的非暂时的提价来测试该假定垄断者所能忍受的最大损失幅度。它具有较宽泛的适用范围，免费商品或服务以及具有双边市场特征的商品或服务等都可以作为适用对象。[②] 纵然临界损失分析法在实践运用中还备受争议，但不可否认，这一方法对探索界定互联网产业的相关市场的新方法具有参考意义。二是降低相关市场界定的重要程度。《横向兼并指南》第 4 部分"市场界定"中指出，合并案件中，执法机关的分析不必要从相关市场界定开始，如果有关竞争效果的证据能够更为直接地提供信息，那么就不需要依赖于界定相关市场。从该文件的表述来看，它降低了相关市场界定的重要程度。相对应的，该文件提出了有关竞争效果的证据也能够为市场界定提供信息的观点。

然而，该文件提出的降低市场界定重要性的观点缺乏支撑。一方面，它同司法实践的做法不一致。王晓晔结合美国法院审理反垄断并购案件的实践后指出，虽然美国反垄断执法机关在其 2010 年《横向兼并指南》中提出反垄断执法分析不必要从界定相关市场开始，但是法院在司法实践中仍然强调相关市场界定是处理反垄断并购案件的起点和关键步骤，依据这

---

① 参见仲春《互联网行业反垄断执法中相关市场界定》，《法律科学》2012 年第 4 期。

② 参见丁春燕《论我国反垄断法适用中关于"相关市场"确定方法的完善——兼论 SSNIP 方法界定网络相关市场的局限性》，《政治与法律》2015 年第 3 期。

一规定不能说明界定相关市场没有意义，更不能说明该文件要取消"界定相关市场"这一竞争分析的重要工具，只是基于相关市场界定本身存在不确定性的考虑来整合竞争分析的各种方法。① 另一方面，降低界定步骤重要性的做法无论是从实践上还是从理论上来看都尚不成熟。降低相关市场界定的重要程度似乎是解决互联网产业相关市场界定难题的便捷方法，如若能够通过直接证据评估市场势力将省却复杂步骤，但是这些方法对数据及有关考量因素的分析有严格要求，不能保证可以得出精确的结论，况且，目前对于可以证明经营者具有市场支配力的直接证据或是消费者因经营者的垄断行为损失了利益的证据方面，理论界尚未形成成熟的理论研究成果。②

（三）英国《相关市场界定》的经验

中国反垄断法并没有将相关时间市场的维度单独详细阐述，但是从英国公平交易局于2004年出台的《相关市场界定》这一指导文件中可以看出，其将时间维度纳入了相关市场的维度考量。

具体而言，该文件第5部分开篇便指出相关市场的第三个可能的维度是时间。同时，它还列举了几种情况说明生产、购买环节的时间因素是怎么对市场产生影响的，其中第三种情形就是针对创新或者迭代产品。顾客可能会推迟购买现有产品，因为他们相信在创新驱动下企业将很快生产出更好的产品，或者因为他们拥有该产品的较早版本，而他们认为这是当前新产品的近距离替代品。英国公平交易局的考量顺应了目前互联网发展的趋势，充分考虑了时间市场维度在特定情况下的重要性，因此有一定的借鉴意义。

（四）日本《关于企业合并审查的反垄断法实施指南》的经验

日本公正交易委员会于2019年12月17日发布了修订后的《关于企

---

① 参见王晓晔主编《反垄断法的相关市场界定及其技术方法》，法律出版社，2019，第165页。
② 参见宁立志、王少南《双边市场条件下相关市场界定的困境和出路》，《政法论丛》2016年第6期。

业合并审查的反垄断法实施指南》。在对特定交易领域的阐释中，该文件针对多边市场、互联网产业的特点对相关市场界定进行了大量补充性规定以指导实践。首先，对于多边市场服务于多个用户群的情况，执法机构需要界定多个市场并分析这些业务结合所产生的竞争影响。特定交易领域基本上需要界定各个用户组，如果一个平台不同用户组之间存在强烈的间接网络效应，那么特定交易领域的界定就会存在重叠。其次，该文件还详细分析了网络效应和规模经济对相关市场界定的影响，互联网产业需要根据产品质量而非价格因素分析替代性。最后，还特别介绍了在界定数字服务的相关市场时，日本公正交易委员会需要进行考虑的各种因素。①

这些规定对中国的相关立法完善具有启发意义。尤其在数字服务的相关市场界定因素方面，该文件提出界定相关商品市场需要考虑商品的型号和性能等基本内容、声音或图像质量等质量因素以及用户友好性等因素，界定相关地域市场则需要考虑同等时间和质量条件下用户所能享受服务的范围等。这些规定较为新颖，可以为中国的立法完善提供经验借鉴。

### （五）国际立法经验对中国立法的启示

总体来看，世界上许多国家都对相关市场界定的规则进行了规定，相关市场的概念、主要维度、主要界定方法如需求替代标准以及假定垄断者测试法等内容大体一致。然而只有少数国家及时根据互联网产业的特点对既有相关市场界定规则予以补充完善，这些国家的规定又因具体法律实践发展情况的不同呈现出差异。成文法国家可能会直接在部门法中明确规定如何适应互联网特点的条文，辅以监管部门出台文件指导具体问题；而判例法国家主要通过从判例法中发展出规则来应对互联网产业发展带来的挑战。

结合国外相关市场界定的规则经验来看，目前中外有关立法主要存在以下几方面的差异。

---

① 参见 Japan Fair Trade Commission, Guidelines to Application of the Antimonopoly Act Concerning Review of Business Combination。

第一，中国对于平台竞争的规定缺失。中国的《界定指南》对相关市场界定的基本步骤和方法虽然规定得比较详细，但是不可避免地存在一定的滞后性，传统单边市场框架下制定的相关市场界定规则已经不能很好地解决实践中遇到的新问题。从中国法院的有关裁判来看，法官已经关注到了双边市场的存在，但并没有运用双边市场理论解决问题，没有回应平台市场应如何定性以及是否应以各边分开界定等实际问题。平台市场该如何界定相关市场问题，也是互联网产业发展带来的较大挑战之一，相比之下，国外立法实践要更为超前，比如德国就出台了《平台和互联网的市场力量》，对竞争法视角下如何界定平台的相关市场提出了专门的指导。

第二，中国对于相关时间市场维度的规定缺失。中国的《界定指南》没有明确将时间市场作为单独维度介绍，但是国外有不少国家都将相关时间市场列为维度之一，比如英国和新西兰。英国公平交易局强调了时间这一维度的重要性，在创新竞争日益成为重要的竞争手段的现代社会，这也让我们反思明确规定相关时间市场维度的必要性。

第三，相关市场界定方法的规定存在差异。中国在相关市场界定方法方面比较保守，除了替代性分析法和假定垄断者测试法并没有规定其他方法。虽然《界定指南》明确指出界定方法并不是唯一的，但是对于既有立法规定的方法同互联网特点不相适应的地方并未及时进行调整完善，也没有及时更新或者引进其他新的方法，这样就不能很好地指导反垄断实践。国外在立法或者司法判例中会运用一些不同的方法，如盈利模式测试法、临界损失分析法、销售方式测试法等来解决互联网产业发展带来的界定难题。由于国内外法律制度不同且个案具体情况不同，因此难免在相关市场界定方法方面存在差异。

第四，对于相关市场界定重要程度的规定存在差异。美国 2010 年《横向兼并指南》提出降低相关市场界定的重要程度，但是中国《界定指南》明确规定了相关市场界定的重要地位与作用。面对互联网产业相关市场界定遇到的挑战，中国有部分学者开始重新审视相关市场界定的意义，提出淡化或越过相关市场界定的环节。

通过上述分析，为了完善中国相关市场界定的规则以适应互联网产业的特点、解决互联网产业相关市场界定的难题，笔者认为中国可以从以下几个方面借鉴国外的法律设计。

第一，由于中国是成文法国家，可以在《反垄断法》或《界定指南》中明确规定在特定情况下应考虑互联网产业的经济特点，以避免当事人或者执法、司法机关根据传统的单边市场的相关市场界定规则框架去分析。第二，相关时间市场的维度有必要明确加以规定。互联网经济具有"赢者通吃"的现象，产品的生命周期也呈现出不断缩短的趋势，为了增强竞争实力，经营者会大力推进技术创新、研发产品以取得优势。[①] 互联网产业格外重视技术更新与产品研发，因此产品推陈出新的频率较快，产品之间的替代性也相应增强，时间因素需要得到立法重视。第三，反垄断执法机构可以适时出台针对互联网产业相关市场界定的指导文件，帮助解决实践中的难题。第四，相关市场界定规则离不开经济学成果的支持，因此立法可以适时吸收双边市场理论的有益的研究成果来解决双边或多边市场界定的问题。第五，国外对相关市场界定的方法的创新值得参考与借鉴，目前，各国在相关市场界定方面所采用的方法上是高度趋同的，它们主要采用假定垄断者测试法。[②] 在一些国家的反垄断实践中，还采取了一些特有的方法，虽然这些方法也存在不足与争议，但是其仍然具有一定的参考借鉴意义。

## 四　中国相关市场界定的立法完善

通过研究互联网产业相关市场界定的困境与造成困境的立法原因，中国相关市场界定的立法应当及时更新与完善。互联网反垄断的首要准则应当是灵活、宽容的标准和全面、动态的考量。面对互联网产业相关市场界定所面临的新型、复杂的情况，反垄断法应在充分衡量反垄断法价值保护的基础上，对当前立法不足之处予以调整与完善，在反垄断法律规则的确

---

① 参见叶明《互联网经济对反垄断法的挑战及对策》，法律出版社，2019，第23页。
② 参见丁茂中《反垄断法实施中的"相关市场"界定国际比较》，《法学杂志》2012年第8期。

定性和不确定性之间维持适当的平衡。在实现反垄断法保护竞争、保护消费者目标的同时也要避免竞争执法机构过度介入市场，并最终通过构建透明、健康、有序的竞争环境来实现竞争法益。[①]

面对互联网产业的特性给相关市场界定带来的种种挑战，建议根据互联网产业的特点、结合国外的有益经验来进一步完善当前相关市场界定的相关立法。

## （一）完善相关市场界定考虑因素的有关规则

目前详细规定了界定相关市场考虑因素的法律文件是《界定指南》，但是《界定指南》是以传统市场为出发点进行制定的，并没有针对目前互联网产业普遍存在的双边或多边市场模式以及跨界竞争模式等予以考量。

首先，相关商品定性环节的重要性应当得到重视，可以在立法中补充规定有关条文强调这一环节在界定工作中的重要地位。在判断争议行为是否造成竞争损害之前，需要确定相关市场的范围，但更为首要的步骤便是要清楚确定经营者行为直接指向的是何种商品或服务。这一步骤对于互联网产业的有关案件而言更为关键，深圳市中级人民法院也已经明确在判决书中阐释了该步骤的具体流程及其对于涉及互联网行业的反垄断诉讼案件的重要意义，可供立法机关参考。[②] 相关商品定性环节立法并没有考虑，司法实践从侧面体现了既有立法存在的漏洞。笔者认为，既有立法在补充界定互联网商品或服务的相关市场时，应重视互联网相关商品或服务的性质认定的规定。具体而言，可以在规定界定相关商品市场考虑的主要因素之前，首先强调互联网反垄断中相关商品定性环节的重要性，防止后续的竞争分析出现不必要的差错，节约司法资源，更好地指引反垄断执法、司法工作。

其次，建议补充考虑互联网产业特点的条文。《禁止滥用市场支配地

---

① 参见仲春《互联网行业反垄断执法中相关市场界定》，《法律科学》2012 年第 4 期。
② 参见深圳微源码软件开发有限公司诉腾讯科技（深圳）有限公司、深圳市腾讯计算机系统有限公司滥用市场支配地位案，广东省深圳市中级人民法院（2017）粤 03 民初 250 号民事判决书。

位行为暂行规定》中对滥用市场支配地位案件中应考虑互联网新经济业态竞争特点予以了规定，无疑是具有进步意义的。但是该条文比较笼统、概括，对于解决实务中相关市场界定的困境是远远不够的，且该条文仅涵盖滥用市场支配地位行为的案件类型，笔者认为，其对经营者集中等其他类型的案件也缺乏统领性的规定。如果在《反垄断法》或者《界定指南》中补充考虑互联网产业特点的条文，将可以更全面地指导反垄断执法机构、司法机关、市场主体正确界定反垄断案件中互联网产业的相关市场。

目前，《〈反垄断法〉修订草案（公开征求意见稿）》第二十一条根据互联网产业的特点提出了完善建议。根据该稿，在认定互联网领域的经营者具有市场支配地位时，特别补充了还应当考虑网络效应、规模经济、锁定效应、掌握和处理相关数据的能力等因素的规定。[①] 修订草案对互联网领域滥用市场支配地位案件的审理具有一定的指导作用，同时也对相关市场界定规则的完善具有一定的参考价值与启发作用，可以予以吸收并进一步完善互联网产业相关市场界定的有关规定。

笔者认为，为了适应互联网行业的新特点，可以对相关市场界定规则中界定相关市场的考虑因素进行补充完善。创新所带来的生产周期短、流行时尚性等时间性因素已经在《界定指南》第三条中规定，但是仍然有未涵盖完全的因素，需要结合互联网行业的特点加以补充完善。首先，现行反垄断法可以引入双边或多边市场的有关概念；其次，可以补充在双边或多边市场条件下界定相关市场时应注意考虑的网络效应、用户转换成本、技术创新等因素；再次，互联网产业背景下用户数量也应列入考虑因素予以强调；最后，考虑到跨界竞争的特点，还可以补充供给替代分析法的考虑因素，如其他企业的潜在产能。

## （二）完善互联网产业相关地域市场界定的规则

面对互联网产业进行相关地域市场界定时出现的困境，尤其是实践中

---

① 参见国家市场监督管理总局《〈反垄断法〉修订草案（公开征求意见稿）》，载国家市场监督管理总局网站，http://www.samr.gov.cn/hd/zjdc/202001/t20200102_310120.html，最后访问时间：2020 年 1 月 2 日。

实体市场与线上市场存在交叉的现象，可以考虑将互联网产业地域市场界定按照不同情况分类规定界定步骤，并对立法中相关地域市场界定的条文予以完善。

有学者建议根据互联网产品的性质和目标群分类，对于纯虚拟互联网产品，可以界定得宽一些；对于互联网产品与通过实体市场销售的产品存在重叠的情况，应分析该产品的具体性质，如运输成本、保质期限、贸易壁垒等；如果考察互联网产品的目标群是全球范围的，可以将相关地域市场界定为全球；如果其定位的目标群是某国或地区，则可以界定为某国或某地区。① 当前相关地域市场的规定比较笼统，并未将这两种市场区分规定，这是因为《界定指南》是以传统实体商品为主要对象制定的。据此，可以参考对互联网产品按照性质、目标群的定位或销售市场的范围进行分类的做法。

为了防止出现将线上市场与实体市场相割裂的情况，建议立法对互联网产业相关地域市场界定的条文予以补充。具体而言，笔者认为，立法首先可以补充关于商品或服务性质的条文，根据商品或服务的性质进行分类规定。明确虚拟商品或服务和实体商品或服务存在区别，强调要根据实际情况科学界定相关地域市场的范围。其次，对于实体市场和线上市场存在交叉的情形，可以细化当前相关地域市场有关立法的规定。界定日常生活中消费的商品的地域市场，需要考虑相关商品的运输成本与重量、消费者所在地理位置等因素。在这方面，立法还可以补充强调互联网产品的特性以及网店所在的地理位置等因素的影响。如果线上市场明显对实体市场存在竞争威胁，其价格策略对于消费者更有吸引力，则应考虑二者产品存在替代关系。

## （三）完善相关市场界定方法的相关规则

由于受网络效应和定价免费等条件的影响，相关市场界定方法的运用

---

① 参见叶明《互联网行业相关地域市场界定的误区及解决思路》，载王晓晔主编《反垄断法中的相关市场界定》，社会科学文献出版社，2014，第282页。

也面临挑战，尤其体现在假定垄断者测试法的适用上。《界定指南》对假定垄断者测试法的运用进行了解释说明，但是在价格因素的重要性减弱甚至出现价格为零的情形时，又应如何适用该方法，现行规定并未有所涉及。对此，学术界也在积极寻求破解相关市场界定方法困境的途径，目前来看主要有两种，一种是对既有的假定垄断者测试法进行改革调整，另一种是寻找新的测试方法。从立法角度来看，可以从两个方面对相关市场界定方法的条文进行完善。

一方面，可以调整既有的假定垄断者测试法的规定。部分学者主张，假定垄断者测试法虽然受到质疑，但是不意味着该方法就此失效，只要对其假设条件进行调整变通，它仍然可以适用于很多案件。以"北京奇虎科技公司与腾讯科技（深圳）公司、深圳市腾讯计算机系统公司垄断纠纷案"为例，广东省高级人民法院创造性地对既有测试方法进行变通，界定出了即时通信产品市场。根据假定垄断者测试法的传统分析思路，考虑假定垄断者通过降低产品质量或者非暂时性地小幅提高隐性价格（如广告时间）是否获取利润。① 该案虽然是对即时通信服务市场的界定，但其对基于价格上涨的假定垄断者测试法进行了变通，这一做法对免费商业模式下其他具有类似情况案件的相关市场的界定具有借鉴意义。

然而，从《界定指南》的规定来看，目前只规定了价格上涨的假定垄断者测试法，没有规定其他类型的假定垄断者测试法，这显然是片面与不充分的。在互联网产业零价竞争模式下，适用考察质量变化而进行的假定垄断者测试法已经在实践中得到运用。笔者认为，为了与最高人民法院指导案例的裁判要旨保持一致，可以对假定垄断者测试的规定予以完善。首先要对《界定指南》规定的假定垄断者测试法条文进行完善，不能只规定价格上涨这一种测试方式，可以把其他定性的测试法补充进去；其次，还可以规定在互联网市场等情形下，对假定垄断者测试的方法根据个案予以改进适用，以适应实践中新情况的出现，为实践中反垄断法的实施预留足

---

① 参见叶明《互联网对相关产品市场界定的挑战及解决思路》，《社会科学研究》2014 年第 1 期。

够的空间。

另一方面，可以补充规定新的界定方法。针对假定垄断者测试法的适用挑战，学术界也进行了新的界定方法的探索，主要提出了产品性能测试法、盈利来源界定法、销售方式测试法等。这些方法是基于互联网产品的特点提出的新方案，具有一定的参考价值。同时，这些方法有许多都是借鉴于国外的法律经验，欧盟委员会在司法实践中就尝试采用了多种新的方法来界定互联网产业的相关市场，此处笔者选取具有代表性的盈利模式测试法和销售方式测试法简要进行阐述。

盈利模式测试法考察了不同种类的经营者收费的具体对象，划分出三种盈利模式：一是向用户收取费用盈利，常见于网络接入服务供应者；二是收取在线广告费用盈利，常见于各个网站经营者；三是通过开展订阅业务盈利，常见于提供有偿信息网络订阅内容服务的经营者。① 这种方法通过盈利模式是否相似来考察是否具有替代性，避开了需要运用产品技术知识的分析步骤，简化了相关市场界定的工作。因此它在一定程度上具有高效率和实用性，不同于互联网领域有关案件常用的复杂又烦琐的界定方法，它避开了直接考察功能、特性、用途、用户需求等因素的环节。② 收费模式的考察要更为直观，相对于传统的界定方法，它或许可以为解决互联网产业的界定难题提供帮助。

销售方式测试法最早由欧盟委员会使用，它主要对采取线上销售方式的产品的相关市场界定具有启示意义，尤其是书籍、音像制品类。受互联网特点的影响，卖家会采取一些新型的销售方式，这些销售方式也许能更好地同买家的消费偏好相适应，从而达到满足消费者需求的预期。这种情况下，需要认识到这些新型销售方式具有传统销售方式无法比拟的优势与长处，因此通过这种渠道形成的市场可以认为独立构成一个相关市场。③

① 参见吕明瑜《网络产业中市场支配地位认定面临的新问题》，《政法论丛》2011年第5期。
② 参见孙晋、钟瑛嫦《互联网平台型产业相关产品市场界定新解》，《现代法学》2015年第6期。
③ 参见吕明瑜《网络产业中市场支配地位认定面临的新问题》，《政法论丛》2011年第5期。

根据销售方式测试法的步骤，针对某类商品或服务通过多种方式销售的情形，如果其中某种方式能够得到许多消费者的青睐，就应将运用此种销售方式进行销售的产品认定为存在一个单独的相关市场。这种方法其实对界定同时在实体市场与虚拟市场进行销售的商品或服务的相关市场具有一定的借鉴意义。①

笔者认为，新方法的引入对于解决互联网行业的相关市场界定难题具有参考价值，可以作为主流界定方法之外的备选方案。《界定指南》第七条也明确指出在反垄断执法实践中，根据实际情况，可能使用不同的方法。新方法不应该被一味排斥，但是应考虑其实际可操作性，比如产品性能测试法虽然有其合理性，但是性能较为抽象，难以把握。因此，在新方法的科学性经过经济学充分验证以及司法实践收到良好效果时，立法可以适时引入新的方法，及时予以补充规定，从而为实务工作提供指导。

### （四）补充相关时间市场维度的内容

相关时间市场在互联网产业中应得到重视，时间应当提升为一个独立的界定维度。《界定指南》只单独阐释了相关产品市场与相关地域市场的内容，对相关时间市场并没有明确直接的规定与阐释。随着互联网技术的发展，市场竞争呈现出高度动态性，某一经营者在特定时期取得的市场支配地位也会很快被其他人取代，因此时间应当成为相关市场界定的一个独立维度。② 而中国目前仅规定在特定情况下才考虑时间性。

互联网产业具有注重创新的特征，先进的科学技术缩短了产品的生产周期，产品更新换代变快。一方面，互联网行业产品的性能会成为消费者购买产品的衡量因素之一。消费者可能会更偏好使用技术先进、功能新颖的产品。另一方面，互联网产品更新换代频率快，技术落后的企业很容易就被别的企业赶超，失去曾经的优势地位。这就意味着在互联网产业的相关市场界定工作中，在分析产品的替代程度时，特定情况下一些非价格因

---

① 参见叶明《互联网经济对反垄断法的挑战及对策》，法律出版社，2019，第 51 页。
② 参见丁茂中《反垄断法实施中的"相关市场"界定国际比较》，《法学杂志》2012 年第 8 期。

素可能更为重要。

由此，相关时间市场的维度也应得到立法重视，只规定在特定情况下考虑时间因素是远远不够的。补充相关时间市场的维度的条文无论是对于鼓励互联网企业技术创新，还是对于推动数字时代市场经济的发展都有深远的影响。虽然对于相关时间市场该如何界定的问题目前还未形成成熟的理论支撑，这方面还有待进一步深入研究，但有学者提出可以借鉴澳大利亚的"长远发展原则"和"可预期范围内原则"。[①] 尽管在实践中反垄断有关部门一般考察的是某个市场长期的竞争情况，但是需要明确该时间范围不是没有限制的，而要根据互联网产品的生命周期以及知识产权保护期限等因素来具体确定范围。

总而言之，当前涉及相关时间市场的条文尚存完善的空间。如果将相关时间市场的维度予以补充规定，明确将其列为一个维度，将可以结合互联网新经济业态发展的现状，更全面地指导反垄断法相关市场界定的实践工作。

---

① 参见杨文明《网络经济中相关市场的界定》，《西南政法大学学报》2012 年第 4 期。

# 文化权利国家保障机制建设的中国图景

高鲁嘉[*]

**摘　要：**在中国具体的国别语境下，文化权利具有消极权利与积极权利复合、个人权利与集体权利并行的基本属性，文化权利的国家保障机制建设则呈现出文化体制建构的国家主导倾向与文化权利功能的"客观法"偏重这两大主要特征。在我国文化权利的国家保障机制建设过程中，存在文化体制改革过程中国家管控思维略显强势、文化法律体系有待深化与完善、文化权利的防御权功能需要进一步强化等现实问题，因而有必要推动国家文化职能从传统管理模式向现代治理模式转变、采取以制定《文化基本法》为核心内容的文化立法举措以及实现文化权利功能体系的总体均衡。

**关键词：**文化权利；国家保障机制；文化体制；文化法律体系；文化权利功能

文化是一个民族的创造力与生命力之所在，在全球化背景下，文化软实力更成为衡量一个国家综合国力的关键性指标。自改革开放以来，我国已在经济建设方面取得巨大成就，在国民物质生活水平得到显著提升的同时，如何开展文化建设、丰富国民精神文化生活，成为改革新时期的重要任务。而欲实现文化大发展大繁荣的理想图景，关键之一就是要实现对文化权利的有效保障。

虽然共识性权利定义理论的缺位以及"文化"内涵的包容与开放，使得在一般意义上准确定义文化权利变得困难，但文化权利对于经验事实有

---

[*] 高鲁嘉，浙江工业大学法学院讲师，法学博士。

着较强依赖，如在具体的国别语境下，围绕核心性文化法规范展开法释义学作业，那么阐明文化权利的基本内涵将变为可能。我国《宪法》第47条被视为文化法规范体系内的核心条款之一，其在根本法层面确立文化权利之基本权利地位，其第1款规定"中华人民共和国公民有进行科学研究、文学艺术创作和其他文化活动的自由"。如对该文本规定进行直观的文义解释，可得出文化权利主要意指参加文化活动的自由，其中所列的"科学研究""文学艺术创作"应是一种对于"文化活动"的列举性解释。而"其他文化活动"的规范表述应是基于对"文化活动"多样性与复杂性的考量，赋予文化权利一定的开放空间，再由下位法予以具化。此外，作为国际人权法层面保障文化权利的核心文件，《经济、社会及文化权利国际公约》在第15条第1款规定人人有参加文化生活的权利，同样以科学研究、文艺创作对文化生活进行列举性解释，将文化生活作为文化权利的核心要素，并涵盖与之相关的利益保护。由于我国已于2001年批准了该公约，其中相关的文化权利条款对于阐释我国文化权利的基本内涵具有重要参考价值。实际上，"文化生活"与"文化活动"除在语义表达上略有不同，实质意义并无太大差别，文化生活即由各式各样的文化活动所构成。因此，我国多数学者选择以更具语义包容性的"文化生活"这一概念来界定我国文化权利，认为文化权利意指一种指向文化生活的权利，其主要内容包括进行科学技术研究、开展文学艺术创作等。[①]

在当代中国，基于历史传统、意识形态、社会惯性等因素的影响，国家在社会文化生活中所展现的影响力是显而易见的，在推进与实现文化权利保障与发展的过程中，核心的问题之一即要明确国家应该扮演什么样的角色，发挥何种作用，承担哪些责任，如何建设最为合理与有效的文化权利国家保障机制。基于此，笔者试图通过透析我国文化权利的基本属性及其表现，阐述我国文化权利国家保障机制建设过程中所呈现的主要特征与存在的现实问题，进而提出个人的完善建议，希冀为进一步改善我国文化

---

① 参见万鄂湘、毛俊响《文化权利内涵刍议》，《法学杂志》2009年第8期；黄明涛《公民文化权研究——〈宪法〉第47条之规范建构》，中国政法大学出版社，2015，第26～27页。

权利的国家保障机制提供有益的智识指引。

# 一 我国文化权利的基本属性及其表现

## （一）消极权利与积极权利的复合

在理论界，多数学者以人权的代际划分理论作为域内权利类分的主要标准之一，而其中最具影响力的理论学说当数法国学者卡雷尔·瓦萨克提出的"三代人权理论"。该理论的核心观点为第一代人权主要指形成于18世纪末美法革命时期的公民权利和政治权利，第二代人权主要指形成于20世纪初苏俄革命时期的经济、社会及文化权利，第三代人权主要指形成于二战以后的和平权、环境权和发展权[①]。在英国政治理论家以赛亚·伯林的"两种自由概念"[②] 对权利理论的影响下，"三代人权理论"中的公民权利和政治权利被视为一种消极权利，要求国家扮演一种消极克制的"守夜人"角色，禁止侵犯或过多干涉个人权利的行使。而经济、社会和文化权利则被视为一种积极权利，强调国家运用公共资源在权利的型塑、发展与保障方面进行积极有效的介入与干预。由此可见，作为第二代人权中的文化权利，其所具有的积极权利属性，在理论界已达成了一定的基础共识。

在中国具体国别语境下，从既有文化法规范体系出发，我们可以发现，文化权利优先展现出积极权利属性。在根本法层面，如前已述，我国《宪法》第47条被视为文化法规范体系内的核心条款之一，其规定"中华人民共和国公民有进行科学研究、文学艺术创作和其他文化活动的自由。国家对于从事教育、科学、技术、文学、艺术和其他文化事业的公民的有益于人民的创造性工作，给以鼓励和帮助"。该条在第1款确立了文化权利之基本权利地位，同时在第2款明确了文化权利发展与完善过程中

---

① 参见沈宗灵、黄楠森《西方人权学说》（下册），四川人民出版社，1994，第282页。

② 以赛亚·伯林根据公民与国家间的关系，将自由划分为"消极自由"与"积极自由"，具体参见〔英〕以赛亚·伯林《自由论》，胡传胜译，译林出版社，2003；郑智航《论适当生活水准权的救济》，《政治与法律》2009年第9期。

的国家保障义务，凸显了文化权利的积极权利属性；在下位法层面，文化法规范的语义结构不是笼统意义上的"国家应如何……"，就是具体指代的"某国家机构应如何……"。例如，《公共图书馆法》第 13 条规定"国家建立覆盖城乡、便捷实用的公共图书馆服务网络"，《非物质文化遗产法》第 7 条规定"国务院文化主管部门负责全国非物质文化遗产的保护、保存工作"，《广东省公共文化服务促进条例》第 5 条规定"县级以上人民政府文化主管部门具体负责本行政区域内的公共文化服务工作"，其实质是根据宪法规范的表面文义与内在价值，在下位法中逐步全方位、多领域地形成与细化国家在保障文化权利方面应履行的积极作为义务。

在国家法体系之外，中共中央和国务院出台的一系列文化政策文件也在一定程度上展现了文化权利的积极权利属性。《国家"十三五"时期文化发展改革规划纲要》《中共中央关于深化文化体制改革、推动社会主义文化大发展大繁荣若干重大问题决定》等重要文件都着重强调国家应该积极合理地规划、调控、引导文化生活，概述性地规定国家应履行的文化职责以满足广大人民的文化权益，这显然是将文化权利视为一种须由国家采取积极措施予以保护与实现的积极权利。另外，如前所述，我国于 2001 年正式批准了《经济、社会及文化权利国际公约》，因而该公约的相关规定必然成为理解我国文化权利基本属性的重要规范参照。该公约第 2 条第 1 款规定，"每一缔约国家……采取步骤，以便用一切适当方法，尤其包括用立法方法，逐渐达到本公约中所承认的权利的充分实现"，总括性地规定了主权国家在保障与实现文化权利过程中的角色与义务，充分展现了文化权利的积极权利属性。

不过，无论是基于建构理性还是经验理性的视角，我们都可发现文化生活具有一定的先国家性，其形成不以国家的产生为前提条件，国家也不是文化生活的垄断者。在国家的主动设计和积极干预之外，文化生活有其自身的内在发展规律，其强调开放的文化生态环境、多元的文化参与主体以及丰富的文化组织形式。国家只能在尊重文化生活的内在发展规律的基础上，予以有限且适当的指导。因此，对于以文化生活为基本内涵的文化权利而言，国家也应给予必要的尊重，在特定范围内保持一种消极无涉的状态，而此时的文化权利实际上已显现出消极权利属性。

如前所述，我国《宪法》第 47 条第 1 款确立了文化权利之基本权利地位，其规定"中华人民共和国公民有进行科学研究、文学艺术创作和其他文化活动的自由"。从该条款的规范表述可直接得知，参与"科研、文艺创作和其他文化活动"首先是公民的一项自由权，针对的是国家的消极克制义务，要求国家不得非法干预公民的文化生活。而特别关涉少数民族文化权利的我国《宪法》第 4 条第 4 款也采用了与第 47 条第 1 款相类似的规范表述与语义结构，其规定"各民族都有使用和发展自己的语言文字的自由，都有保持或者改革自己的风俗习惯的自由"。再者，2004 年宪法修正案将"国家尊重和保障人权"条款写入宪法，该条款表明国家对人权负有"尊重"义务，即意味着国家应保持一种消极克制的状态，尊重权利发展的内在规律与原生秩序。因而针对作为一项基本人权的文化权利而言，国家理应负有一种"尊重"义务。由此可见，文化权利的消极权利属性已在根本法层面得以显现与确认。

此外，由前述可知，作为理解我国文化权利基本属性的重要规范参照，《经济、社会及文化权利国际公约》明晰了文化权利的积极权利属性。但与此同时，作为该公约指涉文化权利的核心条款，其第 15 条则使用了"本公约缔约各国承认人人有权""本公约缔约各国承担尊重进行科学研究和创造性活动所不可缺少的自由"等规范表述，同样是将文化权利视为一项主权国家不能肆意干预与侵犯的自由权，显示出文化权利的消极权利属性。

值得注意的是，从国际大环境出发，"人权代际理论"与"权利二分理论"诞生于意识形态激烈竞争的冷战时期，往往将作为消极权利的公民权利和政治权利视为资产阶级革命和自由主义思潮的成果，将作为积极权利的经济、社会和文化权利视为无产阶级革命和社会主义思潮的产物，将二者进行严格的对立界分，这也被美国宪法学者路易斯·亨金称为"自由主义的权利观和社会主义的权利观"的对立①。但是，随着东欧剧变、苏

---

① 参见〔美〕路易斯·亨金《权利的时代》，信春鹰等译，知识出版社，1997，第 208 ~ 220 页。

联解体，冷战时期结束，两大意识形态阵营对峙现象逐渐消亡，加之福利国家模式在全球范围内兴起，消极权利与积极权利的二元界分变得淡化，二者之间的界限变得模糊。"正如《关于违反经济、社会和文化权利的马斯特里特指导准则》第 6 段所表明的，无论是积极权利还是消极权利，国家都要承担尊重、保护和实现的人权义务。"[①] 自中共十一届三中全会以来，中共中央反正了"以阶级斗争为纲"的政治路线，实行了改革开放的战略决策；在领导 1982 年全面修宪的基础上，又陆续通过五次部分修宪，淡化了政治色彩浓厚的宪法规范表述，确立了个体经济、私营经济等非公经济的宪法地位，扩大了爱国统一战线的构成范围，在根本法层面营造了意识形态冲突弱化的氛围、认可了利益格局多元化的社会态势，进而引领基本法律制度的建构与完善。由此可见，既往强调消极权利与积极权利非此即彼的严格界分在我国当下的现实背景中逐渐失去了观念支撑与制度空间。

综上所述，以既有的文化法规范体系为主要参照，结合国内外的现实背景，在当前中国语境下，文化权利实质上已发展为兼具消极权利属性与积极权利属性的复合型权利。针对任何具体的文化权利而言，两种权利属性同构于一体，针对国家义务而言，要求国家保持适度的克制与容忍，同时提供与分配必要的资源。

## （二）个人权利与集体权利的并行

在启蒙时代，受古典自然权利理论的影响，社会被视为由原子式的个人组成，因而权利所指向的主体只能是个人。及至后来，虽在德国民法上出现了"法人"的概念，但其不过是一种自然人人格在法律上的拟制，"法人"的权利从其本质而言依旧是一种个人权利。二战结束后，在全球范围内掀起了一股反殖民化与争取民族解放的浪潮。针对国际局势的发展，依据《联合国宪章》的基本精神，联合国大会于 20 世纪 50 年代末至60 年代初作出一系列决议，承认一种属于集体权利的民族自决权。而随

---

① 黄晓燕：《国际人权法视野下文化权利的考量与辨析》，《政法论坛》2013 年第 3 期。

后兴起的"人权代际理论"也提出了以和平权、发展权和环境权为代表的集体权利观。至此，权利理论领域内的个人权利与集体权利的二分结构日渐明晰。

以权利主体为标准，文化权利的个人权利属性是显而易见的。在文化生活的初始阶段，其参与主体必定是形形色色的个人。在国家介入文化生活以后，法人或其他组织开始出现，文化参与主体日趋多元化。但在极具分散性与随意性的文化生活中，个人依旧是最主要的文化参与者。因而作为国际人权规范体系内关涉文化权利的核心条款，《经济、社会及文化权利国际公约》第15条第1款的表述为"凡缔约国承认人人享有下列权利……"，乃是将个体意义上的"人"作为文化权利的主体，而非抽象意义上的"人民"抑或带有集体色彩的"民族""种群"等。在我国，被视为文化法规范体系内核心条款之一的《宪法》第47条也使用了类似的规范表述，其规定"中华人民共和国公民有进行科学研究、文学艺术创作和其他文化活动的自由"，在根本法层面明确了在文化活动中享有文化权利的主体主要指向个体意义上的"公民"。基于宪法规范的层级效力，下位法则进一步将宪法文化权利条款的规范意涵予以具体化，在各个具体文化领域内进一步凸显文化权利的个人权利属性。例如，在公共文化服务领域，作为总括性的基础文化法律，《公共文化服务保障法》第2条就明确规定公共文化服务"以满足公民基本文化需求为主要目的"，《公共图书馆法》《博物馆条例》等分则性的法律法规也都将保障公民的相关文化权益规定为最为重要的立法目的之一；在文化成果保护领域，《著作权法》第2条明确赋予公民、法人、外国人、无国籍人等著作权主体之地位，《文物保护法》第50条附条件地赋予文物收藏单位以外的公民、法人等收藏、流通文物的权利。上述的相关规定都突出了公民、法人等个体性主体的文化权利主体地位，彰显了文化权利作为一项个人权利的基本属性。

然而，"文化"的内在意涵具有极大的包容性与开放性，从不同的视角出发，可以得出各种不同的理解。墨西哥学者斯塔温黑根曾提出三种文化概念，其中一种文化概念主要意指特定社会群体将自己与其他社会群体

相区别的物质和精神活动及其成果的总和。① 这是一种人类学意义上的文化观，强调文化存在并依附于特定群体之中，某一特定群体会以一种集体人格的主体身份，以保存其特有生活方式等为核心诉求，希冀国家给予各种保护与支持，避免被其他群体文化所同化或吞噬，而特定群体通常又会以"种群"或"民族"的面貌出现。这种文化观在一定程度上证成了作为一项集体权利的文化权利的合理性。我国作为一个历史悠久的文明古国与多民族国家，在传统主流文化之外，存在许多以少数民族为代表的次级文化共同体。在当前的规范体系与制度实践中，以集体权利面貌出现的文化权利也有迹可循。

如前已述，我国《宪法》第 47 条虽然凸显了文化权利的个人权利属性，但与此同时，《宪法》第 119 条又明确规定"民族自治地方的自治机关……保护和整理民族的文化遗产，发展和繁荣民族文化"。显而易见，针对一个民族的所有文化遗产和整体文化生活的权利不可能指向单个的民族内部成员，必须是由作为一个次级文化共同体的整个民族来享有，这就为在宪法层面证成文化权利的集体权利属性提供了一定的规范解释空间。而作为宪法性法律的《民族区域自治法》，其第 38 条第 2 款规定"民族自治地方的自治机关组织、支持有关单位和部门收集、整理、翻译和出版民族历史文化书籍，保护民族的名胜古迹、珍贵文物和其他重要历史文化遗产，继承和发展优秀的民族传统文化"，这实际上是对《宪法》第 119 条的规范内涵与价值目标的细化与展开，重申了文化权利的集体权利属性。在下位法层面，文化权利的集体权利属性在文化成果保护领域内表现得更为明显。例如，《非物质文化遗产法》第 2 条规定"本法所称非物质文化遗产，是指各族人民世代相传并视为其文化遗产组成部分的各种传统文化表现形式"。从该条款的规范表述可以推断出，某些特定的非物质文化遗产被视为一种历时性的文化产物，是一个民族集体智慧的结晶，难以归属于某个人抑或某代人，因而必须由整个民族以一种集体人格的主体身份而

---

① 参见〔墨〕R. 斯塔温黑根《文化权利：社会科学的视角》，载〔挪〕A. 艾德、〔芬〕C. 克罗斯、〔比〕A. 罗萨斯编《经济、社会和文化的权利》，黄列译，中国社会科学出版社，2003，第 98～103 页。

享有，这实际就认可了文化权利的集体权利属性。此外，由国家版权局发布的《民间文学艺术作品著作权保护条例（征求意见稿）》第 5 条更是明确规定"民间文学艺术作品的著作权属于特定的民族、族群或者社群"，集体意义上的文化权利主体资格在明确定义的特定类型文艺作品的范畴内是完全能够成立的。

在司法实践层面，2001 年发生的"郭颂等与黑龙江省饶河县四排赫哲族乡人民政府侵犯著作权纠纷案"（又称"乌苏里船歌"案）可谓是证成文化权利的集体权利属性的标志性案例。在该案的二审判决意见中，北京市高院认为"世代在赫哲族中流传、以《想情郎》和《狩猎的哥哥回来了》为代表的赫哲族民间音乐曲调形式，属于民间文学艺术作品，应当受到法律保护。涉案的赫哲族民间音乐曲调形式作为赫哲族民间文学艺术作品，是赫哲族成员共同创作并拥有的精神文化财富。它不归属于赫哲族某一成员，但又与每一个赫哲族成员的权益相关"。[①] 由此可见，北京市高院支持作为一个整体的赫哲族享有本民族特有的民间文学艺术作品的权利，强调这种权利不归属于本民族内的任何特定成员，承认一种集体意义上的权利主体资格，认可作为一项集体权利的文化权利的存在。

不过，需要特别说明的是，作为个人权利的文化权利与作为集体权利的文化权利是两种并行的权利样态。与前述文化权利的消极权利与积极权利复合的属性特征不同，此处所谓的"并行"，并非意味着两种权利属性的同构一体，而是对于某项具体文化权利的属性判断，必须在集体权利与个人权利之间做出非此即彼的选择。一项具体文化权利的主体不可能既是个人又是集体，这在逻辑上也是无法成立的。我们强调上述两种权利属性并行的权利样态，其意义主要在于以下两点。第一，实现作为集体权利的文化权利所指向的功能目标，即为次级文化共同体提供能够抵御官方所倡导的文化生活的同化压力的制度保障，帮助其创建与实施一种文化上的自主安排；同时也为社会文化领域内某些权属不明晰的开放性文化资源，在法律上创设一个明确的权利主体，以避免在文化传承与发展过程中出现

---

① （2003）高民终字第 246 号。

"公地悲剧"现象①。第二，保护作为个人权利的文化权利免受集体性的裹挟与压迫，即在妥善处理好次级文化共同体与诸如政府等外部主体之间的关系的同时，必须处理好集体与其内部成员之间的关系，不能因为一味维护与保障集体的文化权利而对成员个体所拥有的文化权利进行过度限制，"需要防范这种集体性的主张——在内部关系中——异化为压制个人权利的工具"②。

## 二 我国文化权利国家保障机制建设的主要特征

### （一） 文化体制建构的国家主导倾向

文化体制对于文化发展有着十分重大的影响力，欲实现对于文化权利的有效保障离不开对于文化体制的建构与完善。不同于以美国为代表的西方国家所倡导的"社会自治、个人自主、国家配合"的文化体制③，在中国文化体制的建构过程中，国家所扮演的角色与发挥的作用是举足轻重的。

从历史传统出发，在新中国成立之初，为巩固革命的成果与快速有效地进行社会改造，国家对文化生活予以全面接管，在全国范围内建立起高度集中统一的文化体制。在当时特定时空条件下，此种文化体制的建立有其必要性与合理性。首先，此种文化体制有力消除了封建残余思想与反动政权官方意识形态的消极影响，快速推动了社会主义意识形态在全国范围内的普及，巩固了新生政权的思想观念基础，为后续的社会主义改造营造了良好的文化氛围。其次，在经历了长期战乱之后，个人的物质生活水平极为低下，已无力顾及文化生活水平的提升，加之社会力量的整体式微，

---

① "公地悲剧"主要是经济学上的一个概念，其通常用于描述某些公共资源或财产因权属难以界定而被竞争性地过度使用、消耗或侵占，最终导致资源或财产枯竭消亡而令所有人都受损的现象，例如农业领域内的过度砍伐等。在社会文化领域内，对于民俗旅游资源的过度开发就属于典型的"公地悲剧"现象。

② 黄明涛：《公民文化权研究——〈宪法〉第47条之规范建构》，中国政法大学出版社，2015，第151~152页。

③ 参见洪明星《当代中国文化体制改革逻辑研究》，博士学位论文，华中师范大学，2015，第19页。

唯有国家能够有效地整合各种利益与资源，推动文化的复兴与发展。在此种高度集中统一的文化体制下，"新中国成立初期我国文化建设取得了巨大成就，城市公共文化设施焕然一新，城乡基层文化舞台日益扩展，群众业余文化力量不断壮大，扫盲运动成就突出，文艺创作硕果累累"①。及至后来，虽然高度集中统一的文化体制对于社会文化生活与文化权利造成了一定程度的冲击与阻碍，但伴随着中共十一届三中全会的召开与改革开放战略决策的作出，高度集中统一的文化体制逐步松动，文化体制改革成为社会转型中的重要一环。

如前所述，在当前中国语境下，文化权利展现出消极权利与积极权利复合、个人权利与集体权利并行的基本属性。对于文化权利的消极权利属性而言，其有赖国家履行对于文化权利所负有的尊重义务，在文化体制建构的过程中对国家自身进行有效的制度规制。对于文化权利的积极权利属性而言，其亟待国家运用公共资源在文化体制建构过程中对于文化权利的保障与发展进行积极有效的干预。而此二者复合的基本属性则进一步要求国家清楚地划定国家文化职能的范围，明确在不同文化领域内国家权力所辐射的广度与深度。对于文化权利的个人权利属性而言，其倚重国家在法律制度层面对于各项具体文化权利进行类型化区分，明确权利内容、主体范围、保障方式等。对于文化权利的集体权利属性而言，其依靠国家在制度层面尤其立法层面创设一个明确的集体并指定权利的承担者。而此二者并行的基本属性则进一步要求国家有效地调和个人文化利益与集体文化利益的冲突，实现作为个人权利的文化权利与作为集体权利的文化权利的平衡。简而言之，虽然我国当前文化体制的建构已不再是国家一方的独角戏，但是国家的角色与作用依旧显著，呈现出一定的国家主导倾向，并主要表现在以下两个方面。

**1. 文化事业与文化产业二分的文化业态格局逐步形成**

在改革开放以前，我国旧有的文化体制偏重于文化的意识形态属性，将文化建设视为一项仅具有社会公共性质的事业，文化产品的生产、流通

---

① 蒯大申、饶先来：《新中国文化管理体制研究》，上海人民出版社，2015，第201页。

与消费由国家按照统一计划进行安排和管理。在此种文化体制下，文化传播渠道官方化，文化表现形式标准化，文化创作空间有限化，社会文化生活的整体样态呈现为单调与沉闷。如前述所揭，文化权利以文化生活为基本内涵，文化生活的形成与发展有其自身的内在规律，自由、多元、创新是文化生活的基本特性。由此可见，旧有的文化体制与文化权利之间有着内在的张力与冲突，尤其伴随着社会整体认知水平与公民个人文化水平的不断提升，民众日益增长的精神文化需求和文化产品与服务匮乏的文化生活现状之间的矛盾愈发突出。因此，为了促进文化生活的繁荣与文化权利的发展，自改革开放以来，文化体制改革成为社会转型中的重要一环，其中公益性文化事业与经营性文化产业的二分成为文化体制改革最为核心的内容，而在此过程中国家成为最主要的推动者。

（1）文化产业的萌芽初现时期（1978～1991年）。早在改革开放初期，一些文化部门已初显产业化趋向，譬如财政部在1978年批准《人民日报》等单位关于开展企业化管理的报告。在1988年《关于加强文化市场管理工作的通知》中，第一次出现了"文化市场"的表述方式。而一年以后的文化市场管理局成立，标志着国家开始以文化立法者和执法者的角色参与文化活动。1991年，由国务院批转的《文化部关于文化事业若干经济政策意见报告》则进一步提出了"文化经济政策"这一概念。在这一时期，部分文化部门的产业性质得到国家认可，文化生活内容开始呈现多样化的趋势，国家也尝试转变其在社会文化生活中的角色，整体社会文化生活的自由度得到一定提升。

（2）文化产业的初步成长时期（1992～2001年）。1992年，中共十四大报告明确提出要建立和完善社会主义市场经济体制，随后一年的宪法修正案将《宪法》第15条修改为"国家实行社会主义市场经济"，市场化明确成为新时期文化体制改革的主要方向。从1993年至1998年，文化管理领域的机构改革在悄然开展，文化产业司也于1998年正式成立，这就为国家推动文化产业的发展做好职能机构上的准备。2000年，中共十五届五中全会通过的《中共中央关于制定国民经济和社会发展第十个五年计划的建议》明确提出"完善文化产业政策，加强文化市场建设和管理，推动有关文化产业发展"。"文化产业"第一次正式出现在中央文件当中,这意味着文化产业获得独立地位。在这一时期,文化产业前期发展所遭遇的市场经济体制不健全、政策定位不明晰、国家扶持力度不大等问题得以有效解决,文化市场机制得以逐步建立,文化权利主体所享有的文化创造性自由与选择性自由得到了市场、政策与体制的多维保障。

(3)文化产业与文化事业的并立高速发展时期(2002年至今)。2002年,"积极发展文化事业和文化产业"被写入中共十六大报告,文化产业获得与文化事业并驾齐驱的地位,文化事业和文化产业的二分格局正式形成。此后,在中共十六大积极发展文化产业政策的指导下,我国文化产业开始进入高速发展时期,文化产业呈现出成长为国民经济支柱性产业的发展趋势。2013年,全国文化及相关产业增加值首次突破2万亿元关口,到2018年则上升到41171亿元,其占GDP的比重也从3.63%稳步上升到4.48%。[1] 在文化产业迅猛发展的同时,国家也在大力推动文化事业的发展。自中共十六大召开以来,全国文化事业费已由2002年的83.66亿元增长到2018年的928.33亿元,与1978年的4.44亿元相比,更是增长了200多倍,年平均增长率为14.3%。[2] 2005年召开的中共十六届五中全会提出要加大政府对文化事业的投入,逐步形成覆盖全社会的公共文化服务体系。此后各级政府切实履行公共文化服务职能,相继实施"广播电视村村通""农家书屋"等重大文化惠民工程,基本实现"四馆一站"等公共文化服务设施免费开放,广播电视覆盖面不断扩大。截至2018年底,我国共有公共图书馆3176个、文化馆站44464个、博物馆4918个,全国广播综合人口覆盖率与电视综合人口覆盖率分别为98.94%和99.25%,[3] 初步建成

---

[1] 参见《2018年全国文化及相关产业增加值占GDP比重为4.48%》,载国家统计局官网,http://www.stats.gov.cn/tjsj/zxfb/t20200121_1724242,html,最后访问时间:2020年2月15日。

[2] 参见《文化事业繁荣兴盛,文化产业快速发展——新中国成立70周年经济社会发展成就系列报告之八》,载国家统计局官网,http://www.stats.gov.cn/tjsj/zxfb/201907/t20190724_1681393,html,最后访问时间:2020年2月20日。

[3] 参见《文化事业繁荣兴盛,文化产业快速发展——新中国成立70周年经济社会发展成就系列报告之八》,载国家统计局官网,http://www.stats.gov.cn/tjsj/zxfb/201907/t20190724_1681393,html,最后访问时间:2020年2月20日。

"包括国家、省、地市、县、乡、村和城市社区在内的六级公共文化服务网络"①。在这一时期，文化事业与文化产业的二分完全由制度设计层面过渡到制度实践层面。在整体社会文化生活的自由度得以进一步提升的同时，文化权利主体的文化共享权益得到全面恢复与高速发展，即能够有效充分地享受由公益性文化事业所带来的各种基础性文化权益，促进了文化权利的机会平等与结果平等、形式平等与实质平等的均衡。

总体而言，国家积极推动文化事业与文化产业的二分是遵循文化逻辑与市场逻辑进而有效保障文化权利的必然选择。文化产业的确立与发展是文化生活与市场秩序的有机结合。在文化市场规则的无形指引下，文化提供者日益多元，他们根据文化市场的需求与发展而创造、提供多样化与个性化的文化产品与服务，而文化消费者可以依照自由意志选择符合自身偏好的文化产品与服务，二者之间形成良性互动的文化供需关系。多元复杂的文化传播渠道更是重新组织了文化产品的存在形式和文化生活的格局，突破了文化表现形式的地域性、族群性、阶层性等限制。文化产品的流动性与可传播性不断增强，社会文化生活的具体内容更为丰富、组织形式日趋多样、成长空间不断拓展，文化权利主体的文化创造性与积极性得到大幅提升。不过，文化对于个体人格的健全与发展是不可或缺的，尤其在社会主义的制度语境下，文化权利的内在逻辑更为强调一种普遍的、最低限度的文化产品供给，因此必须保留公益性的文化事业。并且，大力促进文化事业的发展能够有效弥补文化市场规律的缺陷，调和区域间、族群间、阶层间的文化发展不平衡，推动文化平权的逐步实现，保护濒危文化形态，减少公共文化资源的浪费。质言之，文化产业构成了文化权利的自由之维，而文化事业则展现了文化权利的公平之维。

**2. 具有中国特色的文化法律体系初步建立**

文化体制改革的主要目标之一是使社会文化生活步入法治化的轨道，确保文化权利获得法律制度上的保障，而实现这一目标的前提条件是文化法律体系的建立与完备。作为文化立法活动的主要推动者和参与者，国家

---

① 刘仓：《中国文化体制改革探析》，《当代中国史研究》2018 年第 4 期。

在中央与地方两个层面积极推进各个位阶的文化法规范的出台，统领文化法律体系的建构。

首先，在根本法层面，我国《宪法》在规范表述上直接提及"文化"的条文多达 15 条，"其数量之多，内容之完备，堪称 20 世纪文化立宪国之典范"①。这些宪法文化条款要求国家以保障文化权利为逻辑起点，履行相应的国家义务。对于立法机关而言，需要将极具抽象性与概括性的宪法文化条款予以现实化和具体化，尽快制定与颁布体现宪法文化条款的规范精神与价值目标的相关下位法规范。对于行政机关而言，必须积极承担文化责任与履行文化职能，落实相关文化基本国策，创造实现文化权利所需的各种社会条件。对于司法机关而言，在具体个案判决中，努力进行"合宪性判断"，以保护相关个人与集体的文化法益。其次，在法律层面，如表 1 所示，我国文化法律体系呈现出特定文化领域立法先行的特点。并且，部分法律条款针对特定群体的文化权利保护作出专门规定，如《残疾人保障法》第 41 条、《老年人权益保障法》第 71 条等。再次，在法规规章层面，由于大部分具体文化领域内的法律缺位，法规规章承担了主要职能，譬如在广电传媒、出版发行、娱乐休闲等领域，国家相继颁布《广播电视管理条例》《出版管理条例》《娱乐场所管理条例》等。最后，在地方立法层面，许多省份根据其地方文化特色，在其立法权限范围内积极推进文化立法。以浙江省为例，考虑到省内旅游文化资源丰富与科技文化产业发达的现实情况，浙江省重点颁布了《浙江省风景名胜区条例》《浙江省促进科技成果转化条例》等地方性法规。再者，公共文化服务立法近年来在经济发达地区取得显著成果。诸如广东省、江苏省、苏州市等省市已陆续颁布有关公共文化服务总括性规定的地方性法规或规章。这对其他地区或部门开展相关的立法工作起到示范引领作用，也为中央立法的细化与完善提供了宝贵的地方性经验。

总体而言，经过 40 多年的发展，我国已经初步建立起以宪法文化条款为基石、以基本法律为统领、以专门性的法规和规章为骨干、中央立法

---

① 周刚志：《论中国文化法律体系之基本构成》，《浙江社会科学》2015 年第 2 期。

与地方立法齐头并进的具有中国特色的文化法律体系，"在调整人们的社会文化关系和文化管理的一些重要方面，初步做到了'有法可依'、'有章可循'"①。

表1 我国主要文化法律立法概况（1978~2019年）

| 具体文化领域 | 具体立法 | 立法年份/修订年份 |
| --- | --- | --- |
| 知识产权保护 | 《商标法》 | 1982/1993、2001、2013 |
| | 《专利法》 | 1984/1992、2000、2008 |
| | 《著作权法》 | 1990/2001、2010 |
| 文物与文化遗产保护 | 《文物保护法》 | 1982/1991、2002、2007、2013、2017 |
| | 《非物质文化遗产法》 | 2011 |
| 科技进步与创新 | 《科学技术进步法》 | 1993/2007 |
| | 《促进科技成果转化法》 | 1996/2015 |
| 文化产业与文化市场 | 《广告法》 | 1994/2015、2018 |
| | 《旅游法》 | 2013/2016 |
| | 《电影产业促进法》 | 2016 |
| 公共文化服务 | 《公共文化服务保障法》 | 2016 |
| | 《公共图书馆法》 | 2017 |

## （二）文化权利功能的"客观法"偏重

作为一项已被我国宪法实定化的基本权利，文化权利展现出复杂多元的基本属性。但基于国家性质的根本要求、政治经济体制的特有结构、宪法规范体系的总体特征等因素，在此种立体综合的属性结构中，文化权利会表现出对某一权利功能的偏重。为了更为直观与概括地阐述我国文化权利的功能偏重，此处将引入德国法上的"基本权利双重性质"理论。在德国当前的宪法理论与实践中，通常认为基本权利具有"主观权利"与"客观法"的双重权能。所谓"主观权利"是指个人可以依照自身意志要求国家作为或不作为的权利，具体又包含两种功能：第一，"防御权功

———

① 肖金明：《文化法的定位、原则与体系》，《法学论坛》2012年第1期。

能",即当国家权力对个人基本权利予以恣意侵犯时,个人可要求国家停止侵害并获得相应的司法救济;第二,"受益权功能",即在特定条件下,个人可请求国家采取某种特定行为,以使个人能够享有某种特定利益。所谓"客观法",又可称为"客观价值秩序",是指基本权利除作为一项主观权利之外,可以直接成为一项基本宪法规范,以约束国家立法、行政、司法等公权行为,要求国家创造实现与保护基本权利所需的各种条件,具体包括制度性保障、组织和程序保障、狭义保护义务等方面。而"主观权利"与"客观法"之主要区别则在于是否可以被特定权利主体所直接援引。①

基于社会主义的国家性质,我国致力于创建一种普惠式的全民利益分享机制,因而国家通常会被课以更多的责任与义务。自改革开放以来,政治经济体制改革快速展开,国家从各个领域逐步退场,尤其在经济领域内发生由计划经济体制向市场经济体制的突破性转型,但国家对于社会整体发展的宏观调控地位并未发生根本性改变,当前政治经济体制对于国家的积极作为依旧有着强烈期待。由此可见,我国宪法基本权利功能体系必然展现出一种不同于西方立足于古典自由主义国家学说、以个体性"主观权利"为核心的总体特征。从我国《宪法》规范体系出发,在"公民的基本权利和义务"一章,主要有 18 个条文涉及公民具体基本权利(第 33 条至第 50 条)。如果以上述三个权利功能为分类标准,除第 34、35 条无法从其规范表述明确判断其功能指向外(如表 2 所示),在余下的 16 个条文中,有 11 个条文采用了"国家发展""国家帮助""国家保障"等相近的规范表述,概括性地规定了国家有义务创造有利于基本权利实现的各种条件,充分展现了基本权利的"客观法"功能。此外,再考虑到"宪法总纲部分对共有经济、城乡集体经济组织、非公有制经济、外国的企业和其他经济组织或者个人的保障性规定",② 综合来看,我国基本权利功能体系已明显呈现出"客观法"偏重的总体特征。

---

① 参见张翔《基本权利的双重性质》,《法学研究》2005 年第 3 期。
② 郑春燕:《基本权利的功能体系与行政法治的进路》,《法学研究》2015 年第 5 期。

表 2 我国《宪法》基本权利条款的功能分类

| 具体宪法条款 | 核心规范表述 | 基本权利功能 | 国家义务类型 |
|---|---|---|---|
| 36（2）、37、38、39、40 | "不得强制""不得歧视""公民的……不受侵犯" | 防御权功能 | 消极克制义务 |
| 41、45（1） | "有关国家机关必须……""有获得……的权利" | 受益权功能 | 特定的国家给付义务 |
| 33、36（3）、42、43、44、45（2）、45（3）、46、47、48、49、50 | "国家保障""国家保护""国家发展""国家帮助""国家培养" | 客观法功能 | 不特定的制度性保障、组织和程序保障、狭义保护义务等国家保护义务 |

　　具体到文化领域，我们发现文化生活具有极大的包容性与开放性，难以准确设定其边界所在。对于以文化生活为基本内涵的文化权利而言，如若其过于倚重"主观权利"的功能指向，强调十分明确的权利内容与对象，反而可能制约文化生活的未来发展空间。因而对于文化权利的保障，应该更加注重通过制度的配套、组织与程序的设置乃至对私人关系的介入，在客观上促进文化基本权利的保护与发展。如前所述，在当前中国语境下，文化权利展现出消极权利与积极权利复合、个人权利与集体权利并行的基本属性。无论是文化权利的消极权利属性还是积极权利属性，皆要求国家在客观上通过构建各种制度、设置各种组织和程序，一方面保障文化自由的权利内核不被国家或第三方所侵犯，另一方面积极营造与创建促进社会文化生活发展与繁荣的氛围与条件。对于作为个人权利的文化权利而言，公民个体需要凭借文化权利的防御权功能来抵御国家对于个人文化生活的不当干涉以及依靠受益权功能获得特定的国家给付与帮助来提升个人的文化生活水平。但与此同时，文化权利的"客观法"功能所担负的制度性保障、组织和程序保障等对于个人文化生活的发展亦不可或缺。尤其在我国尚未建立宪法诉愿制度的大背景下，文化权利的"客观法"功能更具现实意义。而对于作为集体权利的文化权利而言，其更为依赖国家在客观制度层面的积极作为，需要国家创设一个权利主体，赋予相关的文化利益，指定或设置特定组织作为具体的权利承担者以在各种程序安排中代表集体行动。相较于公民个体而言，集体及其权利承担者难以积极有效地直

接请求国家的作为或不作为，而主要依靠国家主动地履行保护义务以维护其文化权益。由此可见，基于文化生活的内在特征与我国文化权利的基本属性，在我国基本权利功能体系呈现出"客观法"偏重的总体特征下，作为一项具体基本权利的文化权利将会进一步表现出对"客观法"功能指向的青睐。

首先，在根本法层面，如前所述，我国《宪法》第47条确立了文化权利的基本权利地位，其第2款采用了"国家对于从事教育、科学、技术、文学、艺术和其他文化事业的公民的有益于人民的创造性工作，给以鼓励和帮助"的规范表述，总括性地规定了国家在各项文化事业中负有"鼓励和帮助"的义务，实质就是强调了文化权利的"客观法"功能指向。此外，在我国《宪法》总纲一章有着许多涉及文化发展的概括性条款（第2条、第4条、第19条、第20条、第22条、第23条、第24条）。这些条款被某些学者称为"文化基本国策条款"[①]，它们所采用的都是"国家帮助……""国家保护……""国家发展……"等相近的规范表述，意味着"文化在宪法文本中首先是以国家义务的客观制度的姿态存在"[②]。文化基本权利与文化基本国策是相互联系、相辅相成的，文化基本权利体现了文化基本国策的目标追求，文化基本国策决定了文化基本权利的发展方向。由此可见，我国《宪法》的结构与内容充分展现了文化权利保障对于"客观法"权能的依赖与偏重。

其次，在下位法层面，文化法律制度的具体建构必然以对文化基本权利的功能偏重为基础与方向。以少数民族文化法制为例，作为保障少数民族文化权利的基本法律，《民族区域自治法》第36条、第37条、第39条、第42条赋予了民族自治地方的自治机关在制定教育规划、发展民族教育、制定科学技术发展规划、对外开展文化交流等方面的充分自主权，并在第38条详细规定民族自治地方的自治机关要自主地发展具有民族形

---

① 参见王锴《论文化宪法》，《首都师范大学学报》（社会科学版）2013年第2期；沈寿文《"文化宪法"的逻辑》，《法学论坛》2016年第4期。

② 张慰：《"文化国"的秩序理念和体系——以国家目标条款带动的整合视角》，《南京大学法律评论》2015年第1期。

式和特点的民族文化事业，加大对文化事业的投入，加强文化设施建设，保护、继承与发展优秀的民族传统文化。而在最为严苛的刑事法领域同样体现了国家对于保障少数民族文化权利的保护义务，《刑法》第250条、第251条分别规定了出版歧视、侮辱少数民族作品罪和禁止国家机关工作人员侵犯少数民族风俗习惯，国家通过刑事制度的建构在客观上为少数民族文化权利的保护与发展创建其所需的最基本的社会环境与条件。

此外，针对具体文化权利而言，其同样表现出对"客观法"功能的偏重。由前可知，我国《宪法》第47条明确提及"科学研究自由"以对文化权利内容进行列举性解释，依据当前学界的主流观点，这实际就是在根本法层面确立了学术自由这项典型的具体文化权利[①]。以学术自由保障为例，国家在将学术自由视为一项主观权利的同时，更加注重通过制度性保障、组织和程序保障等方式来实现对学术自由的保护与发展。在现代文化生活中，学术活动主要以大学为依托，因而国家主要通过建构与完善现代大学制度以实现对学术自由的有效保障。一个现代国家需要一部宪法来指导国家各项制度的建立与各项事业的发展，一所现代大学则需要一部章程来引领大学的自主建设与特色发展。2011年，教育部颁布《高等学校章程制定暂行办法》，其中第11条第2款规定"章程应当明确学校学术评价和学位授予的基本规则和办法；明确尊重和保障教师、学生在教学、研究和学习方面依法享有的学术自由、探索自由，营造宽松的学术环境"，明确将大学章程作为高等院校学术自由的基础性与框架性制度保障。此后各大高校掀起了一股章程制定与修订的高潮，目前已有百余所高校的章程获教育部核准。另外，《高等学校章程制定暂行办法》第11条、第12条还规定高校章程须包含有关"学术委员会""学位评定委员会"等学术组织与"教职工代表大会""学生代表大会"等民主决策组织的相关规定，并要求明确区分两类组织的权责与功能，实际是将上述组织的设立、分工、配合作为高等院校学术自由的基本组织保障。随后，教育部又于2014年

---

① 参见蒋碧昆《宪法学》，中国政法大学出版社，1997，第273页；许崇德《宪法》，中国人民大学出版社，1999，第167页；童之伟、殷啸虎《宪法学》，上海人民出版社，2009，第177页。

公布《高等学校学术委员会规程》，进一步细化与完善作为高校最为重要的学术组织的学术委员会的组成规则、职责权限、运行制度等内容。与此同时，各高校内部也开展以学术委员会为中心的组织机构改革，例如部分高校有效推行校长退出学术委员会的去行政化举措等。

## 三　我国文化权利国家保障机制建设的现实问题

### （一）文化体制改革过程中国家管控思维略显强势

如前所述，自改革开放以来，旧有的文化体制逐步解体，国家的角色开始转变为文化体制建构的有限主导者，而不再是文化领域内的绝对控制者，整体社会文化生活的宽松度与自由度有了大幅提升。在现代文化生活中，文化参与主体日益多元，文化传播渠道日趋拓展，文化生活内容越发多样，不同的文化主体之间更易发生文化权益的矛盾与冲突，无节制的文化传播渠道扩张将可能危害正常的文化市场秩序与国家文化安全，消极的文化生活内容不利于个人身心健康的发展与和谐文化氛围的营造。为了保障文化权利主体在公平、有序、健康的社会文化秩序中自由地享受应有的文化权益，国家的介入与管控仍是不可或缺的。并且，我国《宪法》第51条规定"中华人民共和国公民在行使自由和权利的时候，不得损害国家、社会、集体的利益和其他公民的合法的自由和权利"，表明了公共利益与他人合法权益构成了文化权利的内在限制，这就需要国家在平衡不同文化权利主体的权益冲突、个体文化权利与公共利益的冲突过程中扮演监管者与调解人的角色。因此，国家为了诸如维护国防安全、防止文物流失、严禁淫秽物品传播等目的而实施的文化管控通常是必要且正当的。

不过，无论是基于建构理性抑或是经验理性的视角，我们都发现文化生活具有一定的先国家性，其形成不以国家的产生为前提条件。文化生活有其自身的内在发展规律，其强调自由开放的文化生态环境、多元差异的文化参与主体以及丰富创新的文化表现形式。因此国家只能在尊重文化生活的内在发展规律的基础上，予以有限且适当的管控。对于以文化生活为基本内涵的文化权利而言，国家也必须给予必要的尊重。但是，或许是基于在旧有计划经济体制影响下的制度惯性，我们依旧能发现在当前文化体制改革过程中国家管控思维略显强势，国家介入社会文化生活的频率略显密集、广度略显宽泛，将具体文化领域的准入门槛设定得略显严苛，一定程度上不利于文化传播渠道的多样化与文化参与主体的多元化。

## （二）文化法律体系有待深化与完善

虽然自改革开放以来，我国文化法制建设取得了长足的进步，文化法律体系逐步建立，但是从整个国家法制建设事业的视角出发，文化立法数量的绝对值与相对值都有待提高。有学者统计，截至 2017 年，我国立法的总体数量在 38000 多件，其中文化立法的数量大致在 1042 件，[①] 如图 1 所示，文化立法占全部立法的比重仅约为 2.7%。据进一步统计，若以全国人大及其常委会制定的法律为统计对象，如图 2 所示，涉及政治领域的法律占全部法律的比重约为 52.1%，涉及经济领域的法律约为 31.5%，涉及文化领域的法律仅约为 1.7%。文化领域是与政治领域、经济领域相并列的最为重要的领域之一，其具有文化内容开放、文化表现形式多样、文化参与主体多元的基本特征，但我国当前有限的文化立法难以全面有效地调整该领域内复杂多变的法律关系。并且，多数文化立法的位阶过低。由前述可知，除了知识产权保护、文物与文化遗产保护、科技进步与创新、文化产业与文化市场、公共文化服务等少数具体文化领域外，在广电传媒、出版印刷、娱乐休闲等大部分具体文化领域内仅依靠行政法规、部门规章乃至其他规范性文件来调整与规制相应的文化法律关系。由于部分具体文化领域内缺乏文化法律的指导与整合，以及整体文化领域内缺乏一部统一的文化基本法的统筹与引领，文化法规范体系显得有些杂乱无章。不同位阶或同一位阶的法规范在文本内容方面经常相互冲突、抵触抑或重叠，文化法律体系所应有的内在统一性、稳定性与权威性受到极大的削弱。

此外，在文化执法领域后，行政机关在纵向与横向上的文化权责分配

---

① 参见喻少如《公民文化权的宪法保护研究——以国家义务为视角》，中国法制出版社，2017，第 196 页。

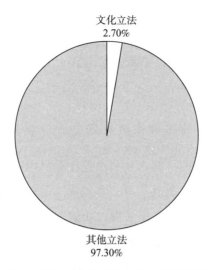

**图 1   我国文化立法占全部立法的比重**

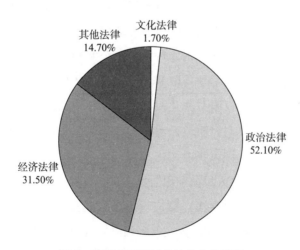

**图 2   我国主要领域的法律占比概况**

不够明晰。在部门利益的驱动下，不同部门争夺执法标的抑或推卸责任等现象在实践中时有发生。在司法实践领域，由于宪法文化条款的高度抽象性与概括性，以及下位法规范未能很好地将其具化，针对相同的案件事实，不同法院对于文化基本权利条款的规范意涵的理解也存在偏差与混乱。在"葛长生诉洪振快名誉权、荣誉权纠纷案"① 中，一审法院在裁判

---

① （2016）京 02 民终 6272 号。

说理中将"学术自由"与文化基本权利条款中的"科学研究自由"相等同。二审法院虽然维持一审判决，但潜在地认为"学术自由"的内涵明显大于"科学研究自由"，因而在裁判说理中又用"科学研究自由"取代一审裁判说理中的"学术自由"。

## （三）文化权利的防御权功能需要进一步强化

根据前述德国法上的"基本权利双重性质"理论，作为一项基本权利的文化权利应兼具"主观权利"与"客观法"的双重功能，而针对"主观权利"功能而言，其核心又在于防御权功能，即文化权利主体能够抵御国家对于其文化生活的不当限制，确保其文化选择的自由。实际上，如从国家角色的角度切入，文化权利的防御权功能可以理解为国家何时能够限制以及如何限制文化权利的行使。如前所述，国家公权的介入对于实现文化生活的健康有序发展与文化权利的全面有效保障是不可或缺的。根据我国《宪法》第51条的规范意涵，国家可以基于公共利益与他人合法权益的实体性理据对文化权利进行干预与限制。但是，以文化自由为核心的防御权功能构成了对于国家公权限制文化权利的限制，规训国家公权的恣意，它要求国家在限制文化权利时要遵循法律保留原则、法的明确性原则、比例原则等具体限权原则。作为我国文化法规范体系内的核心条款之一，《宪法》第47条规定"中华人民共和国公民有进行科学研究、文学艺术创作和其他文化活动的自由"，《宪法》第33条第3款也总括性地规定"国家尊重和保障人权"。二者都明确了国家在权利保障中要履行尊重义务，保持一定的消极克制，这就在根本法层面凸显了文化权利的防御权功能指向。

不过，在我国文化权利的国家保障机制建设过程中，文化权利的防御权功能未受到应有的重视，主要表现在以下几个方面。首先，文化权利作为一项被我国宪法实定化的基本权利，国家对其进行限制时在形式上没有严格遵循立法保留原则，即不是以全国人大及其常委会制定的法律作为限制文化权利的主要形式依据。由前述可知，我国存在大量对文化权利进行限制的管理性立法，但以行政法规与部门规章为主，立法层级过低且体系杂乱无章。再者，国家所设置的限制文化权利的实体性理据没有严格遵循法的明确性原则，即具体文化法规范中的限权理据在规范表述上过于模糊不清，赋予了文化执法者过大的自由裁量空间。譬如，我国《广告法》第9条规定广告内容不得损害社会公共利益。但"社会公共利益"这一概念本身就具有极大的不确定性，《广告法》又未依据广告文化领域的具体特性而对"社会公共利益"进行一定的列举性解释，这极易为广告管理部门的过度管理提供规范解释空间。此外，国家在选择限制文化权利的手段时并未严格地遵循比例原则，即限权手段与限权目标之间不具有合理关联或未选择对文化权利造成最小限制的手段抑或限权手段所造成的损害与所保护的利益不成比例。

## 四　我国文化权利国家保障机制建设的完善路径

### （一）推动国家文化职能从传统管理模式向现代治理模式转变

如前所述，在我国当前文化体制改革过程中，国家管控思维略显强势。"每年一度的官方指定的文化发展规划，常常把文化活动的方方面面规划得'无微不至'、'面面俱到'"，[1] 这表明国家文化职能依然停留在以"管文化"为基本导向的传统管理模式上。但是，文化生活有其自身的内在发展规律，其强调多元的文化参与主体、丰富的文化组织形式与开放的文化成长空间，在我国经营性文化产业与公益性文化事业二分的文化业态格局日渐明晰的背景下，文化市场日趋壮大，文化参与主体日益多元，在保障以文化生活为基本内涵的文化权利时，必须实现对传统文化管理模式的扬弃与超越。2013年召开的中共十八届三中全会首次提出"全面深化改革的总目标是完善和发展社会主义制度，推进国家治理体系和治理能力现代化"，"治理"[2] 开始成为国家整体职能进行现代转型的关键词。基于

---

① 陶东风：《文化发展需要打破政府迷思》，《江苏行政学院学报》2013年第2期。
② 目前学界对于"治理"形成了一定的共识性定义，即治理被认为是各种公共的或私人的个人和机构管理其共同的事务的诸多方法的总称，具体参见丁宇《走向善治的中国政府管理创新研究》，博士学位论文，武汉大学，2011，第32页；郑智航《当代中国国家治理能力的提升路径》，《甘肃社会科学》2019年第3期。

文化生活的原生秩序与基本特性，在文化业态格局更新与国家整体职能转型的大背景下，作为国家职能重要组成部分的文化职能应摒弃传统一元化的刚性管理模式，逐步走向一种现代多元化的柔性治理模式，即国家、社会、市场、个人等多元主体参与其中的文化共治模式，"文化治理主体不再只是政府机关以及纯粹的意识形态国家机器，而是包含市民社会的各种文化机构，以及作为文化实践者的公民个体"①。

具体而言，此种现代文化治理模式主要有以下三个特征。第一，文化治理主体的多元化。由国家独管文化的"单边中心主义"转向国家、市场、社会、个人多方参与的文化共治，充分发挥市场在文化资源配置中的决定性作用，进一步增强社会组织、行业团体与公民个人在促进文化产业发展、完善现代文化市场体系、加强国际文化交流、参与国内文化立法、保护公共文化资源等方面的主体作用。并且，基于文化生活具有多样性与地方性的特征，应进一步扩大地方政府在促进地方文化发展方面的自主权，使其能够因地因时地履行相应的文化职能，进而有效保障当地人民的文化权利。第二，治理实施手段的柔性化。文化生活的发展与文化权利的保障不再苛求于相应措施与办法的正式制度化，非正式的社会规范与行业规则将在调整社会文化关系中扮演更为重要的指引角色。国家文化立法的范围与内容不再无节制地扩大与膨胀，国家文化行政将由强调行政处罚与行政强制等的权力行政转向重视行政指导与行政合同等的非权力行政、由强调社会稳定的秩序行政转向重视权利保障的给付行政，行业团体与社会组织的内部自律自查与外部调解协商将成为国家司法救济功能的有效补充。第三，国家治理角色的限定化。国家将从一个"无所不能"的文化管理者转变为谦抑宽容的文化生活"掌舵人"。国家主要文化职能将集中于综合运用经济、法律、行政等多种手段对文化市场进行宏观调控，弥补市场规律的缺陷与不足，积极推进现代公共文化服务体系建设，为文化权利主体提供更多享用社会公共文化资源的机会与条件，在文化发展全球化与

---

① 李艳丰：《走向文化治理：托尼·本尼特文化研究理论范式的转型》，《华南师范大学学报》（社会科学版）2017年第3期。

多元文化冲突加剧的浪潮中切实维护自身的文化主权，实现国家的文化安全。

### （二）采取以制定《文化基本法》为核心内容的文化立法举措

由前述可知，我国文化立法在数量、质量、位阶等方面都有所欠缺，因此应适当地加快文化立法的速度，实现在文化立法理念上由管理性立法向保障促进性立法的转变，推动部分具体文化领域内文化法律的制定与出台，而上述这些立法举措的关键之处在于制定一部统一的《文化基本法》。虽然我国《宪法》中包含了文化基本权利条款与文化基本国策条款，它们在一定程度上引领着我国文化法律体系的前进方向，但毕竟宪法文化条款的规范内涵具有极高的抽象性、概括性与全局性，具体文化领域内的文化单行法很难全方位地将这些宪法文化条款予以具化。而这些宪法文化条款也很难对各个文化单行法给予直接有效的指引，这就容易出现根本法层面的文化法规范与下位法层面的文化法规范的脱节与断裂。因而需要制定一部统一的《文化基本法》作为前述二者的桥梁，既能够有效承担起具化宪法文化条款规范内涵的重任，又能够统一引领各个文化单行法的前进方向，将宪法文化条款的价值目标与基本精神贯穿其中，统筹与整合既有的文化单行法，避免与消除不同领域、不同位阶的文化单行法在文本内容上矛盾冲突或重复规定的现象，最终实现整个文化法律体系的融贯与自洽。

在具体建构《文化基本法》的基本框架方面，应在立基于我国既有文化发展国情的前提下，适度参考与借鉴域外文化立法的模式与经验，譬如日本的《文化艺术振兴基本法》，可将我国《文化基本法》大致分为总则、基本文化发展方针、基本文化政策三个部分。首先，在总则部分，确立我国文化立法的价值目标与指导思想，概括性地划定国家机关的文化权限、职能与责任，进而为我国具体文化单行法的制定、实施和评估提供原则性规范，明确国家促进文化发展与繁荣、实现与保障文化权利的主体义务；其次，在基本文化发展方针部分，以宪法文化条款的价值目标与规范精神为主要出发点，结合中共中央的文化发展方针，具体概括为"八个坚持"，即坚持社会主义核心价值观、坚持为人民服务、坚持各民族的平等与团结、坚持社会主义先进文化前进方向、坚持以人为本、坚持把社会效益放在首位、坚持社会效益与经济效益有机统一、坚持改革开放；最后，在基本文化政策部分，列举各项基本文化政策，实现政策与法律的衔接与转化时，要重点处理好以下几方面的关系，即文化权利的形式平等与实质平等、机会平等与结果平等之间的关系，多元文化背景下主流文化与次级文化、大众文化与精英文化、本土文化与域外文化之间的关系，以及文化权利保障过程中国家管控与公民自由之间的关系。

### （三）实现文化权利功能体系的总体均衡

如前述所揭，我国文化权利表现出对"客观法"功能的偏重以及对防御权功能的轻视。要全面有效地实现与促进文化权利的保护与发展，其功能结构不应过于倚靠或偏废某一权利功能，而是应实现防御权功能、受益权功能、"客观法"功能三者均衡的总体格局态势，其中最为核心之处是需强化文化权利的防御权功能。

具体而言，国家在限制文化权利时应尽可能地遵循立法保留原则。虽然我国《立法法》第 8 条规定的前十项具体的法律保留事项中未明确包含国家对于文化权利的限制，但是第 11 项"必须由全国人民代表大会及常务委员会制定法律的其他事项"作为一项兜底条款，实际上为对于文化权利的限制的立法保留提供了解释的规范空间。以文化生活为基本内涵的文化权利在具体权利内容、权利主体资格、权利行使方式等方面具有开放性，难以都由稳定性与概括性较强的高位阶法律予以全面调整，但至少应将有可能对文化权利造成重大或普遍限制的文化立法交由全国人大及其常委会予以制定。并且，针对文化生活具有包容性、开放性、创造性的特征，相关文化法规范对于国家文化职能部门的权限范围要进行明确的授权与限定。有关国家机构对于文化权利进行限制的规范理据应该清楚明晰，有时可适当地借助文化领域内的专业性术语与行业性标准来限定有关规范概念的内涵与外延，尽可能地少用譬如"社会公共利益"等不确定法律概念，避免文化权利主体因缺乏对于法律后果的合理性预期，而潜在地对自身文化自由进行自我限制，压抑了个人的文化创造性与积极性。此外，在文化立法与文化执法过程中，要严格地遵循比例原则，必须认真考量与分阶审查相关的立法行为与执法举措是否能够有效实现预期的公益性目标、对于所涉及的文化权利的限制是否已降到最低以及所欲实现的公共利益是否超过了因限制所涉及的文化权利而造成的损害，严密防止立法机关与行政机关对于文化权利进行不合理的过度限制。当然，在防御权功能得以强化的同时，也要维持与推进文化权利的受益权功能与"客观法"功能，督促国家有效地履行国家给付义务与国家保护义务，最终实现文化权利功能体系的"主观权利"功能稳固开展与"客观法"功能有限偏重的总体均衡。

人权实证研究

# 非洲国家制定和实施人权行动计划的
# 概况、成效与启示[*]

许 尧[**]

**摘 要**：1993 年世界人权大会举行以来，非洲共有 9 个国家实施了 10 期人权行动计划。这些行动计划对保障政治权利和公民权利以及经济、社会和文化权利等做出了具体的安排，表达了执政者对促进人权保障的良好愿望。从各国人类发展指数的历史数据及联合国普遍定期审议的相关报告来看，非洲国家制定和实施国家人权行动计划有助于在某些特定方面改善本国的人权保障水平，提高国际社会的认可程度，但并不能够保证人权状况的根本好转。这充分表明，行动计划对人权状态的提升作用受制于一系列特定条件。综合比较各国计划的内容和实施效果，有五对关系尤其值得特别关注，即历史与现实的关系，国际与本土的关系，经济、社会和文化权利与政治公民权利的关系，秩序与计划的关系，承诺与实现能力的关系。

**关键词**：非洲国家；国家人权行动计划；人权政策

通过制定和实施国家人权行动计划来系统地促进和保障人权是一种世界范围内广受认可的施政方式。1993 年举行的世界人权大会提出了制定国家人权行动计划的倡议，大会通过《维也纳宣言和行动纲领》，"建议每个会员国考虑是否可以拟订国家行动计划，认明该国为促进和保护人权

---

[*] 本文系国家人权教育与培训基地重大项目"各国国家人权行动计划比较研究"（项目编号：13JJD820022）的研究成果。

[**] 许尧，南开大学人权研究中心（国家人权教育与培训基地）、南开大学周恩来政府管理学院副研究员，管理学博士。

所应采取的步骤"。① 2002 年联合国人权高专办发布了《国家人权行动计划指南》，对已经制定的 11 个国家人权行动计划进行了总结，鼓励各国制定国家人权行动计划。从联合国人权理事会的相关会议情况来看，一个国家颁布和实施人权行动计划，会引起国际社会的正向关注和普遍赞誉。

从 1993 年到 2016 年，先后有 9 个非洲国家制定和实施了 10 期国家人权行动计划，其中的 7 期分别为：马拉维制定的《人权领域的国家行动计划（1995～1996）》，南非制定的《保护和促进人权国家行动计划（1998）》，尼日利亚制定的《促进和保护人权国家行动计划（2006）》《促进和保护人权国家行动计划（2009～2013）》，坦桑尼亚制定的《国家人权行动计划（2013～2017）》，利比里亚制定的《国家人权行动计划（2013～2018）》，索马里制定的《索马里人权路线行动计划（2015～2016）》。这 7 期人权行动计划是本文介绍的重点。此外，根据联合国人权高专办网站的资料，位于非洲的刚果（金）、佛得角、毛里塔尼亚分别在 2000 年、2003 年、2003 年制定和实施了国家人权行动计划，但由于无法获得英文版本，本文暂时不对该三个国家的三期国家人权行动计划做介绍。

## 一 非洲诸国制定和实施人权行动计划的基本情况

### （一）各国人权行动计划的总体特点

马拉维在 1995 年就制定了人权行动计划，是非洲国家中第一个制定和实施国家人权行动计划的国家，在世界上也是制定和实施国家人权行动计划比较早的国家。从联合国人权高专办网站上得到的马拉维的国家人权行动计划篇幅很短，只有三页纸，是所有已经制定的国家人权行动计划中最为简短的一个，内容也比较模糊，缺乏细化规定。从整体来看，马拉维在其人权行动计划中表达的主题是，将采取各种政治的、法律的、司法的、宣传的措施，将相关人权条约的要求落实到其国内的相

---

① 《维也纳宣言和行动纲领》，世界人权会议 1993 年 6 月 25 日在维也纳通过，参见胡志强编《中国国际人权公约集》，中国对外翻译出版公司，2004，第 294 页。

关实践中。

南非在 1998 年制定和实施了《保护和促进人权国家行动计划》①，是非洲大陆第二个制定和实施人权行动计划的国家。该计划内容详尽，是全球范围内制定时间较早、结构比较清晰的一项国家人权行动计划。南非在其行动计划中采用的论述框架被尼日利亚效仿②。

尼日利亚于 2006 年制定了其第一期国家人权行动计划，实施周期为三年。③ 而后，又制定了第二期行动计划。④ 从这两期人权行动计划的写作框架来看，和南非的行动计划非常相似，事实上，尼日利亚也在计划中介绍了他们曾向南非学习相关经验。

坦桑尼亚于 2013 年公布国家人权行动计划（2013～2017）⑤。该计划强调了人权和善治委员会在人权行动计划制定和推进中的核心枢纽作用，并通过列矩阵的方式，将具体各项权利目标任务用图表进行了结构化的表达，具体包括每项具体计划的目标、行动、其他发展规划、负责部门、协同合作主体、产出、时间、资源等。

利比里亚于 2013 年制定了国家人权行动计划。⑥ 该国之前曾经历了14 年的战争，人权行动计划规定了对相关权利加以保障的举措；在制定计划之前进行了全国人权调查，收集了大量数据，从而使计划内容更符合实际需求；该计划强调了利比里亚批准和加入的主要国际人权文书在本国的落实，强调了对联合国普遍定期审议建议的充分吸收。

---

① National Plans of Action for the Promotion and Protection of Human Rights-South Africa. http://www. ohchr. org/Documents/Issues/NHRA/SoutAfrica. doc.

② 框架结构为：首先对该国的宪法义务、国际义务分别介绍，而后总结已经完成的政策、立法和行政举措，明确进一步的挑战及其原因，进而确定应对挑战的举措及相关监督和实施措施等。

③ National Action Plan for the Promotion & Protection of Human Rights in Nigeria. http://www. ohchr. org/Documents/Issues/NHRA/nigeria. pdf.

④ National Action Plan for the Promotion and Protection of Human Rights in Nigeria (2009 – 2013). http://www. ohchr. org/EN/Issues/PlansActions/Pages/PlansofActionIndex. aspx.

⑤ United Republic of Tanzania National Human Rights Action Plan 2013 – 2017. http://www. ohchr. org/Documents/Issues/NHRA/Tanzania_ en. doc.

⑥ National Human Rights Action Plan of Liberia (NHRAP) 2013 – 2018. http://www. ohchr. org/Documents/Issues/NHRA/Liberia_ en. pdf.

索马里制定了人权行动计划实施路线图（2015～2016）①。路线图涉及的大多数项目与促进"和平和国家建设目标"相关，其将人权具体划分为六大专题，每个专题都有对应的和平和国家建设目标，还对2011年第一轮普遍定期审议意见进行回顾，在每项相关计划活动后都附上了对应的UPR建议及序号，注明了计划制定时的事实基础，并明确了对应活动的预算金额及进展情况。

## （二）各国计划中所规定的权利内容

对不同国家人权行动计划中所涉及的具体内容进行归纳，可以得出表1。由于马拉维人权行动计划并没有在具体权利层面进行规定，所以表1中未包括该国的情况。

**表1　非洲国家人权行动计划所规定的具体权利内容**

| 权利＼国家 | | 南非 | 尼日利亚（1） | 尼日利亚（2） | 坦桑尼亚 | 利比里亚 | 索马里 |
|---|---|---|---|---|---|---|---|
| 公民权利与政治权利 | 平等权（不受歧视） | √ | √ | √ | √ | — | — |
| | 人的尊严 | — | √ | √ | — | — | — |
| | 生命权 | √ | √ | √ | √ | √ | — |
| | 自由与人身安全权 | √ | √ | √ | √ | √ | — |
| | 隐私权 | √ | — | √ | — | — | — |
| | 劳工权利 | √ | — | — | — | — | — |
| | 政治权利 | √ | — | — | — | — | — |
| | 司法公正权利 | √ | √ | √ | √ | √ | √ |
| | 行政行为公正的权利 | √ | — | — | — | — | — |
| | 公民权 | √ | — | — | — | — | — |
| | 侨民权 | √ | — | — | — | — | — |
| | 难民权 | √ | — | — | — | — | — |
| | 表达自由权（出版自由） | √ | √ | √ | √ | — | √ |

① Action Plan for the Implementation of the Human Rights Roadmap（HRRM）For Somalia 2015-2016. http://www.ohchr.org/Documents/Issues/NHRA/Somalia_en.pdf.

续表

| 权利 \ 国家 | | 南非 | 尼日利亚（1） | 尼日利亚（2） | 坦桑尼亚 | 利比里亚 | 索马里 |
|---|---|---|---|---|---|---|---|
| 公民权利与政治权利 | 被羁押人权利 | √ | √ | √ | — | √ | — |
| | 思想与宗教信仰自由 | — | √ | √ | — | — | — |
| | 和平集会与结社 | — | √ | √ | √ | — | — |
| | 参与权 | — | — | — | — | √ | — |
| | 财产权 | — | √ | √ | — | — | — |
| 经济、社会和文化权利 | 财产权 | — | — | — | √ | — | — |
| | 工作权 | √ | √ | √ | √ | √ | √ |
| | 住房权 | √ | √ | √ | √ | — | — |
| | 健康权 | √ | √ | √ | √ | — | √ |
| | 食物权 | √ | √ | √ | √ | √ | √ |
| | 水权 | √ | √ | √ | √ | √ | √ |
| | 土地权 | √ | — | — | — | — | — |
| | 社会保障权 | √ | — | — | √ | √ | — |
| | 受教育权 | √ | — | — | √ | √ | — |
| | 文化、宗教与语言自由权 | √ | — | — | — | — | — |
| 其他 | 妇女权利 | — | √ | √ | √ | — | — |
| | 老年人权利 | — | — | — | √ | — | √ |
| | 儿童和青年人的权利 | √ | √ | √ | √ | — | — |
| | 残疾人权利 | — | — | √ | √ | — | — |
| | 艾滋病患者权利 | — | — | — | √ | — | — |
| | 寻求庇护者和无国籍人权利 | — | — | — | √ | — | — |
| | 难民权 | — | — | — | √ | — | — |
| | 发展权 | √ | — | √ | — | — | — |
| | 自我决定权 | √ | — | — | — | — | — |
| | 和平权 | √ | — | √ | — | — | — |
| | 环境权 | √ | — | √ | — | — | — |

注："—"表示没有直接的表述或数据缺失，本文所有表格中的"—"均表此意。

结合表1中所示及各国在行动计划中的主要内容介绍，可以发现非洲国家人权行动计划对不同权利的具体规定有如下四个特点。第一，在公民权利与政治权利中，非洲诸国对生命权、司法公正、表达自由、平等权、被羁押人权利等比较重视；在经济、社会和文化权利中，对工作权、健康权、食物权、水权、受教育权等比较重视。第二，各国在权利归属上还存在一些不同的认识。比如，对于财产权，尼日利亚将其归为公民权利与政治权利，坦桑尼亚则将之归为经济、社会和文化权利；对于难民权，坦桑尼亚将之纳入特殊群体的权利，在南非的行动计划中则将之归为经济、社会和文化权利。第三，非洲一些国家结合自己的特点，将一些独特的认识或需要特殊保障的权利内容列入行动计划中，体现出自身一些独有的特色。比如，在南非和尼日利亚的行动计划中，将发展权、和平权和环境权单列，体现了他们对这些权利的高度关注；再比如，坦桑尼亚将艾滋病人的权利单列，也体现了该国对促进相关问题解决的重要性认知。第四，整体而言，非洲各国对经济、社会和文化权利认识的共性更多一些，相对而言，在不同国家的行动计划中，对政治权利和公民权利的规定，条目更为繁杂，共识性的认知也更少一些。

## （三）　实施人权行动计划的主要措施

为按期完成各项具体的项目和计划，大部分国家在其人权行动计划中明确了计划的实施机制和监督举措，表 2 列出了马拉维、南非、坦桑尼亚、利比里亚四国的主要相关内容。尼日利亚和索马里的行动计划中没有专门规定其实施机制和监督举措，故未体现在表中。

表 2　非洲国家实施人权行动计划的主要措施

| 国家 | 实施机制和监督举措 |
|------|-------------------|
| 马拉维 | 将人权条约的要求反映在政治框架、计划和其他领域的执行中；创制委员会和特别执行机制，以促进人权条约的落实；加强司法机构保障人权的能力；提高警察、监狱管理者、法官、地方官员的人权知识水平；发挥监察官和人权委员会的监督作用，促进条约落实；制定数据统计指标，促进人权条款的落实；发挥非政府组织、劳工组织、专业社团的监督作用；设立政府秘书处，协调处理相关问题。 |
| 南非 | 政府交流和信息系统负责向民众宣传行动计划的内容；中央政府和九家省级政府负责计划的具体执行；继续保留在计划制定中形成的人权协商机制；负责监督和执行人权行动计划的政府必须定期汇报进展情况；在计划实施中期和末期，将对计划实施情况进行全面评估。 |

| 国家 | 实施机制和监督举措 |
|------|-------------------|
| 坦桑尼亚 | 将人权纳入国家发展主流框架,融入其他发展规划中;人权和善治委员会监督将计划内容融入各部门工作;人权和善治委员会为相关行动者提供建议和技术支持,评估公众响应;人权和善治委员会在实施三年后发布进度报告,五年后发布最终报告;建立高级别官员的政治共识,促进行为主体间高效伙伴关系;保证资源供给;对行动计划广泛传播,在教育培训和体制建设方面进行长期努力;对进展情况和成果进行定期监督。 |
| 利比里亚 | 国家人权行动计划指导委员会负责监测实施过程,鼓励公民及利益相关者积极参与人权对话,信息部和独立的国家人权委员会将在整个执行过程中发挥主要作用,处理关切事项和报告实施过程;在政府和社区强化对行动计划实施的监测;UPR中提出的设立监察员职位、加强国家人权委员会、结构化加强促进和保护人权的民间组织、提高人权相关部委和机构的技术能力和专门知识、赋予社区权利及促进它们的参与等建议将被充分考虑并加以落实。 |

## 二 非洲国家人权行动计划的实施效果

对非洲国家人权行动计划的实施效果进行评价是一件困难的工作,一是很难全面获得人权行动计划实施的具体领域的数据资料;二是在社会科学研究中,很难在逻辑上将一类结果的原因归结为某项政策,而社会后果往往是多种法律、政策、行动等因素互动的综合结果。在这种情况之下,笔者尝试对一些间接的有关实施结果的资料进行汇总和比较,试图从总体上来描述非洲这些国家实施人权行动计划后是否在相关领域有了比较明显的改变,并尝试解释这些变化的原因。

### (一) 从"人类发展指数"的变化看实施效果

人类发展指数(human development index)是由联合国开发计划署(UNDP)在 1990 年提出的,用以衡量和比较不同国家、地区之间人类发展程度的指标,在全世界范围内具有广泛的影响。根据联合国开发计划署网站上公布的历年的人类发展指数情况数据,可以将非洲八国的人类发展指数的变化情况绘制为表 3,其变化趋势见图 1。[①]

---

[①] Human Development Data(1990 - 2015),联合国发展计划署网站,http://hdr. undp. org/en/data#,最后访问时间:2017 年 10 月 12 日。索马里的相关数据缺失,故在表 3 和图 1 中均没有展现。

表3 非洲制定国家人权行动计划国家人类发展指数发展趋势

| 国家<br>年份 | 马拉维 | 南非 | 刚果<br>（金） | 佛得角 | 尼日利亚 | 毛里塔尼亚 | 坦桑尼亚 | 利比里亚 |
|---|---|---|---|---|---|---|---|---|
| 1990 | 0.325 | 0.621 | 0.356 | — | — | 0.378 | 0.370 | — |
| 1991 | 0.331 | 0.629 | 0.352 | — | — | 0.382 | 0.370 | — |
| 1992 | 0.338 | 0.638 | 0.346 | — | — | 0.391 | 0.368 | — |
| 1993 | 0.346 | 0.645 | 0.339 | — | — | 0.403 | 0.368 | — |
| 1994 | 0.347 | 0.652 | 0.333 | — | — | 0.415 | 0.367 | — |
| 1995 | 0.380 | 0.653 | 0.331 | — | — | 0.422 | 0.368 | — |
| 1996 | 0.368 | 0.651 | 0.330 | — | — | 0.429 | 0.369 | — |
| 1997 | 0.388 | 0.647 | 0.333 | — | — | 0.429 | 0.371 | — |
| 1998 | 0.389 | 0.641 | 0.334 | — | — | 0.436 | 0.377 | — |
| 1999 | 0.391 | 0.635 | 0.332 | — | — | 0.443 | 0.384 | 0.338 |
| 2000 | 0.387 | 0.629 | 0.331 | 0.562 | — | 0.444 | 0.391 | 0.386 |
| 2001 | 0.388 | 0.620 | 0.332 | 0.569 | — | 0.446 | 0.399 | 0.376 |
| 2002 | 0.362 | 0.613 | 0.339 | 0.572 | — | 0.447 | 0.410 | 0.373 |
| 2003 | 0.366 | 0.611 | 0.347 | 0.574 | 0.445 | 0.451 | 0.420 | 0.335 |
| 2004 | 0.371 | 0.609 | 0.355 | 0.582 | 0.463 | 0.461 | 0.432 | 0.372 |
| 2005 | 0.377 | 0.609 | 0.364 | 0.596 | 0.466 | 0.466 | 0.446 | 0.377 |
| 2006 | 0.387 | 0.612 | 0.370 | 0.602 | 0.477 | 0.475 | 0.457 | 0.383 |
| 2007 | 0.400 | 0.616 | 0.377 | 0.615 | 0.481 | 0.475 | 0.468 | 0.394 |
| 2008 | 0.415 | 0.622 | 0.389 | 0.621 | 0.487 | 0.476 | 0.478 | 0.400 |
| 2009 | 0.430 | 0.630 | 0.395 | 0.627 | 0.492 | 0.484 | 0.488 | 0.403 |
| 2010 | 0.444 | 0.638 | 0.398 | 0.632 | 0.500 | 0.487 | 0.498 | 0.406 |
| 2011 | 0.454 | 0.644 | 0.407 | 0.636 | 0.507 | 0.491 | 0.504 | 0.416 |
| 2012 | 0.459 | 0.652 | 0.412 | 0.643 | 0.514 | 0.501 | 0.513 | 0.419 |
| 2013 | 0.466 | 0.660 | 0.419 | 0.643 | 0.521 | 0.509 | 0.512 | 0.426 |
| 2014 | 0.473 | 0.665 | 0.425 | 0.646 | 0.525 | 0.513 | 0.519 | 0.427 |
| 2015 | 0.476 | 0.666 | 0.435 | 0.648 | 0.527 | 0.513 | 0.531 | 0.427 |

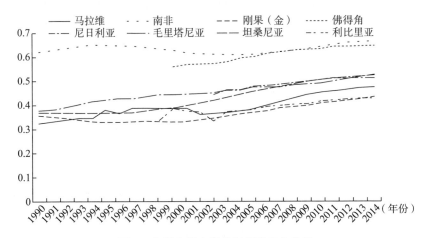

**图1　非洲八国人类发展指数变化趋势**

从表3和图1可以看出：（1）部分国家的人类发展指数呈现出一直向上的好转态势，这些国家包括：佛得角、毛里塔尼亚、坦桑尼亚、尼日利亚；（2）部分国家的人类发展指数则呈现出一种波纹状，有下滑，也有回升，这些国家包括：南非、刚果（金）、利比里亚、马拉维；（3）从整体来看，南非和佛得角的人类发展指数居于相对较高的水平，近年来已经稳固在0.6之上，利比里亚和刚果（金）则处于较低的水平，只是在近几年小幅超过0.4。

这些具体分布表明：（1）从长远趋势来看，各国的人类发展指数在慢慢转向更高的水平；（2）从具体走向来看，不少国家还有一些波折，还有很多比较脆弱的因素，在人权改善方面还存在比较大的困难；（3）在非洲内部，也存在较大幅度的差异，这也是各国历史、资源、发展水平和治理能力的一种体现。

如果我们将关注点聚焦在不同国家制定国家人权行动计划前后若干年的人类发展指数的变化，则可以由表3中的数据，整理计算为表4中的变化趋势。①

---

①　表4中的数据筛选原则为：（1）尽可能选择制定计划前10年的平均增长率，以及实施计划后（包括计划实施中）10年的平均增长率；（2）在数据缺失的状况下，则采取具体的既有数据来进行核算。

表 4　非洲八国制定国家人权行动计划前后人类发展指数变化趋势比较

| 国家 | 计划实施年份 | 计划前平均增长值 | 计划后平均增长值 |
|---|---|---|---|
| 马拉维 | 1995～1996 | 1990～1994 年平均增长 0.0055 | 1997～2006 年平均负增长 0.0001 |
| 南非 | 1998 | 1990～1997 年平均增长 0.0037 | 1998～2007 年平均负增长 0.0028 |
| 刚果（金） | 2000 | 1990～1999 年平均负增长 0.0027 | 2000～2009 年平均增长 0.0071 |
| 佛得角 | 2003 | 2000～2002 年平均增长 0.0050 | 2003～2012 年平均增长 0.0077 |
| 尼日利亚 | 2006～2013 | 2003～2005 年平均增长 0.0105 | 2006～2015 年平均增长 0.0056 |
| 毛里塔尼亚 | 2003 | 1993～2002 年平均增长 0.0049 | 2003～2012 年平均增长 0.0056 |
| 坦桑尼亚 | 2013～2017 | 2003～2012 年平均增长 0.0103 | 2013～2015 年平均增长 0.0095 |
| 利比里亚 | 2013～2018 | 2003～2012 年平均增长 0.0093 | 2013～2015 年平均增长 0.0005 |

从表 3、表 4 中的数据，我们可以总结归纳出以下几种情况。

第一，制定和实施人权行动计划后，本国的人类指数发展速度出现显著下降，包括：（1）马拉维，在 1990～1994 年尚保持着每年 0.0055 的增长速度，在计划制定和实施后的十年间，人类发展指数几乎停滞，甚至出现微小的后退（负增长 0.0001）；（2）利比里亚在计划制定前的十年间，人类发展指数保持着较高的增长速度 0.0093，但这期间也出现较大幅度的"过山车式"的波动，比如 2000 年比 1999 年上升了 0.0048，2001 年、2002 年、2003 年又出现连续三年的下滑，下降到比 5 年前更低的水平，之后又出现快速提升，制定人权行动计划后，人类发展指数没有显著上升，这有可能与计划正在实施中有关；（3）南非在 1995 年达到一个高峰（0.653）后开始了持续的下滑，一直到 2005 年（0.609），1998 年制定人权行动计划也并没有扭转这种下滑的态势，所以从数字上看，制定人权行动计划后，其指数反而是负增长。

第二，制定和实施人权行动计划后，本国的人类指数发展速度得到一定提升，包括：（1）刚果（金），1990～1999 年平均每年负增长 0.0027，制定行动计划后的 2000～2009 年平均每年增长 0.0071，一正一负，二者相差 0.0098，是在所统计的非洲八国中表现最为突出的国家，这与该国在 1993～2003 年的长期战乱有关；（2）佛得角，其人类发展指数一直在持续稳健地上升，制定人权行动计划后，其增速明显加快，从制定前的年均 0.0050 增长到 0.0077；（3）毛里塔尼亚，1993～2015 年一直保持稳健增长，考虑到基数越高越难以获得大幅的进步，所以，制定和实施人权行动计划后尽管指数 0.0056 只比制定前的 0.0049 高了非常有限的 0.0007，但其难度在增加，可以认为人权行动计划的作用依然是显著的。

第三，制定和实施人权行动计划后，本国的人类发展指数发展速度几乎没有变化，包括：（1）坦桑尼亚在制定计划前的发展速度平均为 0.0103，计划实施后为 0.0095，二者相差 0.0008，几乎没有发生变化，从图 1 也可以看出，该国的人类发展指数曲线呈长期的平缓上升趋势；（2）尼日利亚在制定计划前后尽管在指数上有一定差异，但考虑到制定计划前只有 3 年的数据，而制定计划前后，其人类发展指数都在稳健地提高，所以，可以认为尼日利亚的人类发展指数增幅变化不大。

如果单独以制定行动计划的年份和我们能够得到数据的最后一年（2015 年）的数据相对比（见表 5），不考虑其他相关因素，从人权行动计划制定前后的人类发展指数变化来看，按照增长速度从高到低排序，可以大体排位为：坦桑尼亚、刚果（金）、佛得角、尼日利亚、毛里塔尼亚、马拉维、南非、利比里亚。

表 5　非洲八国制定人权行动计划当年与 2015 年人类发展指数对比

| 国家 | 计划实施年份 | 制定计划当年指数 | 2015 年指数 | 2015 年比制定年增长 | 年均增长 |
|---|---|---|---|---|---|
| 马拉维 | 1995 | 0.380 | 0.476 | 0.096 | 0.00465 |
| 南非 | 1998 | 0.641 | 0.666 | 0.025 | 0.00147 |
| 刚果（金） | 2000 | 0.331 | 0.453 | 0.122 | 0.00813 |
| 佛得角 | 2003 | 0.574 | 0.648 | 0.074 | 0.00617 |
| 毛里塔尼亚 | 2003 | 0.451 | 0.513 | 0.062 | 0.00517 |
| 尼日利亚 | 2006 | 0.477 | 0.527 | 0.050 | 0.00556 |
| 坦桑尼亚 | 2013 | 0.512 | 0.531 | 0.019 | 0.00950 |
| 利比里亚 | 2013 | 0.426 | 0.427 | 0.001 | 0.00005 |

综合考虑行动计划制定前后的人类发展指数增长的速度、原有基数和增长难度、统计期间内的时间长短等因素，我们可以认为：（1）制定人权行动计划对持续改善人类发展指数产生明显促进作用的国家包括刚果（金）（较低起点快速增长）、佛得角（较高起点稳健增长）、尼日利亚

（持续稳健增长）、坦桑尼亚（持续稳健增长）、毛里塔尼亚（持续稳健增长）；（2）作用不显著或有待继续观察的国家包括南非（较高起点波动式增长）、利比里亚（时间尚短不易评价）、马拉维①（持续低水平较慢增长）。这也表明，对多数非洲国家而言，人权改善还是一个非常艰巨的任务，单单制定人权行动计划，并无法保障该国能够持续地改善其人权状况，还需要其他一系列的政治、社会、外交条件。这些其他条件是什么，它们是如何起作用的，值得学界做更深入的比较研究。

（二）从联合国普遍定期审议情况看非洲各国人权行动计划的实施效果

普遍定期审议（UPR）是一个由人权理事会主持并由国家主导的程序，每个国家借此机会公开其为改善国内人权状况而采取的行动及履行人权义务的情况。本文结合制定和实施人权行动计划的非洲各国参加联合国定期审议的情况来考察它们实施人权行动计划的效果。

**1. 马拉维《人权领域的国家行动计划（1995～1996）》的实施效果**

马拉维已接受了两轮普遍定期审议，时间分别为 2010 年 11 月 1 日和 2015 年 5 月 5 日。② 马拉维制定的人权行动计划比较简单，按其人权计划的内容框架来对应第二次普遍定期审议中的工作组报告的相关内容，可以得到表6③。

**表6 UPR 报告中对马拉维人权状况的有关评价**

| 人权行动计划框架 | 工作组报告 |
| --- | --- |
| 为促进和保护人权创制有效法律框架 | 多国注意到在批准国际人权文书、制定行动计划等方面的努力；多国注意到通过的法律，对部分法律审查过程慢、缺乏实施机制等表示关切；多国注意到制定艾滋病国家战略计划、保护儿童权利的计划、第二个增长和发展战略等政策 |

① 尽管马拉维在 2002 年后实现了持续性的稳健增长，但由于该时段距离该国制定人权行动计划时间太长，因此认为该时段趋势与行动计划的相关性不强。
② 参见联合国人权高专办网站，http://www. ohchr. org/CH/HRBodies/UPR/Pages/MWIndex. aspx，最后访问时间：2017 年 10 月 27 日。
③ 从马拉维参加第二次联合国定期审议报告来看，没有直接以人权行动计划为主题的相关评价。表中叙述均为笔者根据相关内容进行提炼而成。

续表

| 人权行动计划框架 | 工作组报告 |
|---|---|
| 强化执行机制 | 多国注意并肯定监察员、人权委员会、法律委员会等机构的工作。建议继续加强人权机构；多国对消除艾滋病、实现男女平等、加强儿童保护、确保粮食安全、监狱条件恶劣等问题表示关切；免费义务教育缺乏执行机制 |
| 公众信息和培训活动 | — |
| 加强国家监督能力 | 监察员、人权委员会的作用得以发挥 |
| 行动计划的有效执行 | — |

综合考虑马拉维提交的国家报告、普遍定期审议工作组报告和利益攸关方报告，可以看出，马拉维制定国家人权行动计划的意愿及确定的努力方向是明确的，并且在后续的改革和发展中，进行了多样化的努力，取得了一定成绩。比如该国在制定行动计划的当年（1995 年）成立了国家人权机构——马拉维人权委员会，该机构在 2000 年接受初次认证便得到 A 级的评价①。同时，也需要看到，受到资源、政府能力、传统文化等多方面的限制，马拉维的很多人权议题没有得到根本性改善，一些机构因为缺乏人力和资金而运转困难②，一些人权议题或政策由于缺乏资金而推迟或尚未开展讨论或实施。

**2. 南非《保护和促进人权国家行动计划（1998）》的实施效果**

南非在 1998 年实施了为期三年的人权行动计划，2008 年 4 月 15 日接受了第一轮普遍定期审议，2012 年 5 月接受了第二轮普遍定期审议。③ 考虑到时间的接近性，本文主要以其参加第一轮普遍定期审议的相关文件为分析对象，相关内容见表 7。④

---

① 董云虎主编《国家人权机构总览》，团结出版社，2011，第 254 页。
② 比如人权委员会便由于资金问题，很多职位空缺，一些调查和宣传活动无法展开，委员会不得不花大量的精力用于筹措活动经费。参见董云虎主编《国家人权机构总览》，团结出版社，2011，第 262 页。
③ 参见联合国人权高专办网站，http://www.ohchr.org/CH/HRBodies/UPR/Pages/ZAIndex.aspx，最后访问时间：2017 年 10 月 27 日。
④ 国家人权行动计划中公民权利和政治权利中的隐私权、公民权、自由与人身安全权、劳工权利、司法公正的权利、行政行为公正的权利、表达自由权，经济、社会和文化权利中的工作权、食物权、土地权、社会保障权、文化宗教和语言自由权，其他部分中的自我决定权、和平和环境权由于没有直接相关的描述和评论，而未在表格中体现。

表 7  UPR 报告中对南非人权状况的评价

| 人权行动计划框架 | | 工作组报告 |
|---|---|---|
| 总体性评价 | | 45 个代表团肯定南非的陈述和国家报告；反歧视与不平等的努力受到普遍赞扬；与国际人权机制的合作受到肯定；多国建议南非尽早批准《经济、社会及文化权利国际公约》。 |
| 公民权利和政治权利 | 平等权 | 消除种族歧视、促进平等方面有进步，积累了经验 |
| | 生命权 | 关注酷刑及有罪不罚现象 |
| | 侨民权 | 迁徙者人权不能得到保障 |
| | 难民权 | 难民权利未得到切实保护 |
| | 被逮捕、拘留、判刑、控告时具有的权利 | 监狱人满为患 |
| 经济、社会和文化权利 | 住房权 | 赞扬其保障住房的成就 |
| | 健康权 | 立法为艾滋病患者提供廉价药品 |
| | 水权 | 提供安全饮用水的做法得到肯定 |
| | 受教育权 | 教育不平等依然存在 |
| 其他 | 儿童和青年人的权利 | 家庭暴力问题 |
| | 发展权 | 经济社会文化权利保障方面得到广泛肯定 |

综合考虑南非提交的国家报告、普遍定期审议工作组报告和利益攸关方报告，可以看出，南非在实施了国家人权行动计划之后十年内，很多情况都有了比较积极的变化，这既包括政治权利和公民权利，也包括经济、社会和文化权利，尤其是在消除种族歧视、建立民主的新文化方面取得了积极进步。同时，需要关注的是，在其实施人权行动计划的第二年，也就是 1999 年，南非国家人权机构——南非人权委员会——接受了初次认证，认证等级为 A（R），代表该国基本符合《巴黎原则》要求，仅有部分内容没有达到要求。南非于 2000 年再次接受认证，认证等级为 A，代表南非人权委员会与《巴黎原则》完全一致，自动获得 ICC 会员资格，2007年第三次接受认证，等级仍然为 A，证明了该机构具有稳定性。[①] 作为人权高专办非洲区域办事处的东道国，南非在将国际人权机制作为改善本国人权状况的重要标准和推动力方面，得到了广泛认可。但不容回避的是，

---

① 董云虎主编《国家人权机构总览》，团结出版社，2011，第 236 页。

该国还存在着大面积的贫困和社会不公正①、艾滋病患者权利保障、酷刑、儿童权利保障不足、性暴力严重等比较突出的问题，作为艾滋病等众多问题的综合后果，南非人的预期寿命从 1994 年的约 60 岁降到了 2012 年前后的 50 岁左右，② 这昭示着相关人权问题的综合解决还任重道远。

**3. 尼日利亚两期《促进和保护人权国家行动计划》的实施效果**

尼日利亚先后制定了两期国家人权行动计划③，从 UPR 的情况来看，直接针对人权行动计划的评价比较少，能够看到的包括：在工作组审议报告中，俄罗斯联邦欢迎批准"增进和保护人权国家行动计划"；④ 在利益相关方的报告里，"正义伙伴关系"认为，计划在普遍定期审议期间提出的保证尚有待落实；"人权议程网络"则认为，没有足够的财政资源实施该计划。

尼日利亚于 2013 年 10 ~ 11 月参加了人权理事会普遍定期审议。此时，其第二期人权行动还在实施过程中。由于两期人权行动计划的权利结构和清单基本相同，我们就以第二期的权利目录来对照分析在相关报告中的评价情况，相关内容见表 8。⑤

表 8　UPR 相关报告对尼日利亚人权状况的评价

| 人权行动计划框架 | 工作组报告 |
| --- | --- |
| 总体性评价 | 普遍赞扬加强国家人权委员会的做法；以权利为重的"2020 年愿景规划"引起普遍关注；批准或加入了七项国际人权公约，积极态度获得广泛肯定或赞誉；对第一轮 UPR 后的努力表示肯定 |

---

① 参见〔南非〕S. 泰列伯兰奇《迷失在转型中：1986 年以来南非的求索之路》，董志雄译，民主与建设出版社，2015，第 101 ~ 115 页。

② 参见〔南非〕S. 泰列伯兰奇《迷失在转型中：1986 年以来南非的求索之路》，董志雄译，民主与建设出版社，2015，第 102 页。

③ 2013 年尼日利亚参加人权理事会普遍定期审议的国家报告中提到，尼日利亚正在审议第三期国家人权行动计划，该计划将覆盖 2014 ~ 2018 年，但截至 2017 年 11 月 9 日，笔者没有在相关网站上找到该计划。

④ 普遍定期审议工作组报告——尼日利亚，人权理事会第二十五届会议普遍定期审议，A/HRC/25/6，第 11 页。

⑤ 国家人权行动计划中的个人自由、隐私与家庭生活、人的尊严、和平集会和结社、自由迁徙、财产权、雇佣权、受教育权、食物权、水权、可持续发展权、残疾人权利等内容由于缺乏直接对应表述，未在表 8 中体现。

续表

| 人权行动计划框架 | | 工作组报告 |
| --- | --- | --- |
| 公民权利和政治权利 | 生命权 | 关切酷刑、法外处决、强迫失踪；继续采取措施防止暴力行动 |
| | 公平审讯 | 注意到监狱系统存在的问题 |
| | 思想、道德与宗教自由 | 注意到促进宗教和谐措施；应制止暴力侵害少数宗教群体行为 |
| | 言论和出版自由 | 促进言论、集会和结社自由；为人权维护者提供有保障的环境 |
| | 不受歧视 | 对性少数者的政策令人失望 |
| 经济、社会、文化权利 | 住房权 | 注意到更好普及廉价住房的努力 |
| | 健康权 | 肯定在艾滋病防治方面做出的努力 |
| 其他权利 | 和平权 | 在反恐斗争中应保证尊重人权 |
| | 环境权 | 监测石油工业造成的环境问题 |
| | 妇女、儿童及青年人权利 | 鼓励取消对儿童的体罚；应更有效地保护儿童和增进其福利，尤其是在人口贩运和性剥削、割礼、早婚与强迫劳动问题上；妇女人权应得到切实保护，减少和杜绝人口贩运、性暴力和剥削、家庭暴力、孕产妇死亡及女性外阴残割 |

综合考虑尼日利亚提交的国家报告、普遍定期审议工作组报告和利益攸关方报告，尼日利亚的人权状况大体呈现出以下三个相互影响的显著特点。第一，尼日利亚是一个拥有广袤国土和多元种族文化的大国，这些复杂性和多样性对协调增进和保护人权、实施具体的人权行动计划造成了很大的困难。第二，该国在人权承诺方面展现出非常积极的态度，表现为积极加入国际人权文书，接受其他国家或组织提出的继续加入其他国际人权文书的建议，加强人权委员会建设等，表明了政府积极推动人权和接受国际人权机制的主观意愿。第三，在人权落实方面还存在严峻挑战，表现为众多人权问题，尤其是酷刑、性少数者、妇女儿童的权利、健康权保障等方面的情况不容乐观。同时值得关注的是，国家人权委员会作为国家人权机构在2000年接受认证时得到A的评价，但到2006～2007年再次认证时，被降级为B，代表被降为观察员，表明该委员会与《巴黎原则》并不完全一致，或其提供的信息不充分，难以认证①，这也在一个侧面表明了

---

① 董云虎主编《国家人权机构总览》，团结出版社，2011，第339～340页。

人权保障工作的复杂性和非线性。

**4. 坦桑尼亚《国家人权行动计划（2013～2017）》的实施效果**

坦桑尼亚于 2013 年实施了第一期人权行动计划。在 2011 年接受第一轮普遍定期审议时，该国尚未制定和实施人权行动计划。2016 年 5 月，坦桑尼亚接受了第二轮审议，本文的分析以该轮审议的相关报告为依据。联合国人权高专办网站上尚未登出工作组报告。根据其国家报告及利益攸关方报告，可以从宏观上来把握该国制定和实施人权行动计划的情况：（1）面对国际相关人权文件的要求，更强调本国的传统、基础和已有机制的情况，更强调通过立足于本国情况的立法和政策实施，来保障和改善本国的人权状况；（2）重视发展本国经济和制定一系列具体的聚焦于实际问题的政策规划，比较务实；（3）整体来看，该国的人权政策和行动计划比较平稳，没有特别显著的外在的障碍因素，相关政策也比较强调连续性，尽管人权问题依然很多，也很具有挑战性，但整体在持续的改善过程中。

**5. 利比里亚《国家人权行动计划（2013～2018）》的实施效果**

利比里亚于 2013 年 12 月 10 日发布了国家人权行动计划，2015 年提交了国家报告参加第二轮普遍定期审议，同时，8 个利益攸关方提交了相关资料。2015 年 5 月 4 日，联合国人权理事会第二十二届会议对利比里亚进行了审议。本文以其相关报告为基础进行分析。

《国家人权行动计划》由一个指导委员会管理，该委员会的成员来自各地方政府和民间社会，委员会每两个月开会一次，跟踪《国家人权行动计划》的实施情况，相关内容见表 9。①

表 9　普遍定期审议相关报告对利比里亚人权状况的评价

| 人权行动计划框架 | 工作组报告 |
| --- | --- |
| 总体性评价 | 欢迎设置独立的人权委员会及实施人权行动计划，向国家人权委员会提供足够的资源；埃博拉疫情造成的人权影响引起广泛同情；修订国内法从而与国 |

---

① 根据人权理事会第 16/21 号决议附件第 5 段提交的国家报告——利比里亚，人权理事会普遍定期审议工作组第二十二届会议，2015 年 5 月 4 日至 15 日，A/HRC/WG.6/22/LBR/1，第 3 页。

续表

| 人权行动计划框架 | | 工作组报告 |
|---|---|---|
| 总体性评价 | | 际义务一致；自第一次参加 UPR 以来为落实承诺而采取的措施受到肯定；重新在法律中规定死刑引起广泛关注，多国建议废除死刑；女性生殖器切割引起广泛关注，多国呼吁严格禁止 |
| 公民权利和政治权利 | 生命权 | 注意到武装部队和国家警察内部设立了人权部门以加强人权教育；建议废除死刑 |
| | 自由与人身安全权 | 存在女性割礼；建议批准《保护所有人免遭强迫失踪国际公约》 |
| | 诉诸司法与司法改革 | 司法部门薄弱 |
| | 被羁押人权利 | 注意到为改善监狱条件所做的努力；建议批准《禁止酷刑和其他残忍、不人道或有辱人格的待遇或处罚公约任择议定书》 |
| | 公平而迅速的审判权 | 增加性暴力和基于性别的暴力的受害者诉诸司法的机会 |
| | 参与权 | 民间社会的空间有限 |
| 经济、社会和文化权利 | 受教育权 | 努力在埃博拉恢复期实现教育权；改进教育系统的运作，使所有儿童包括残疾儿童更容易获得受教育的机会 |
| | 工作权 | 实施以就业、创业和小额信贷为重点的方案，确保年轻人能够更容易加入劳动力市场 |
| | 基本生活水准权利 | 欢迎《构建弹性卫生系统投资计划》 |
| | 社会保障权 | 在《国家卫生和社会福利政策和行动计划》（2011~2021 年）的框架内继续努力及建立后续机制 |
| 特定群体权利 | 妇女权利 | 抓紧努力批准《消除对妇女一切形式歧视公约》及任择议定书；将男女平等原则纳入《宪法》；颁布法规并提高认识，禁止女性生殖器切割；加强现有机构以及负责处理性暴力的组织的能力 |
| | 儿童权利 | 加强保护儿童免受性侵犯和剥削的国内法律的落实；建议批准儿童权利公约的各项任择议定书 |
| | 对妇女儿童的性暴力 | 关注基于性别的暴力；加快通过《家庭暴力法》 |
| | 残疾人权利 | 注意到批准了《残疾人权利公约》 |
| 其他 | 人权教育 | 继续加强包括司法机构、警察、监狱管理局和政府各部在内的政府机构采用立足人权方针的能力；实施人权培训方案；努力提高公众对人权的认识 |

利比里亚制定和实施人权行动计划的突出背景是不得不面对 2003 年战争结束后的各种人权挑战，包括内战时大规模系统的人权侵犯所造成的

历史遗留问题、宗教和种族间仇恨、资源和专业人士短缺、相关政府机构混乱与能力低下、法治衰败、暴力行为频发等。在这种背景下，国家人权行动计划的实施是政府促进冲突后社会重建的一个重要组成部分，重在规定落实该国的区域和国际人权义务以及普遍定期审议期间提出的各项建议。[1]

截至人权行动计划正在实施的 2015 年，该国的社会状况依然是脆弱的，最明显的表现是，埃博拉疫情暴发严重地打击了本来就比较脆弱的公共卫生体系，不仅对经济发展造成了严重影响，也对维持社会稳定造成了很大的挑战，还在很大程度上延缓了政治改革的进程。

在这种背景下，利比里亚需要首先建立起人权保障的基础设施，其中既包括国家人权机构，也包括加入一些主要的国际人权文件，制定一些核心领域的规划。从 UPR 的相关情况来看，尽管有着很多问题，但是该国政府保护人权的态度，以及面对冲突后社会重建、重大公共卫生事件的阻碍等特殊困难，还是得到了国际社会的理解和同情。

**6. 索马里《人权路线行动计划（2015～2016）》的实施效果**

索马里 2015 年开始实施国家人权行动计划，2016 年 1 月参加了联合国第二期普遍定期审议。由于索马里所处的特殊历史阶段和人权建设任务，其国家人权行动计划没有按照传统的权利框架来表述，而是结合其和平和国家建设目标有重点地展开，这对分析其行动计划内容在 UPR 中的体现造成了一些困难。笔者努力在内容上对两者进行了对应，基本情况见表 10。

**表 10　UPR 相关报告对索马里人权状况的评价**

| 人权行动计划框架 | 工作组报告 |
| --- | --- |
| 诉诸司法、宪法和法律改革 | 称赞政府与相关利益攸关方就建国、调停和社区和解开展合作；赞赏为保护和增进人权在宪法、立法和体制各级所做的工作；赞扬考虑设立国家人权机构 |

---

[1]　普遍定期审议工作组报告——利比里亚，人权理事会第三十届会议，2015 年 7 月 13 日，A/HRC/30/4，第 3 页。

续表

| 人权行动计划框架 | 工作组报告 |
|---|---|
| 保护平民和遵守国际人道法 | 安全问题是重要的挑战；对有关索马里安全部队和非索特派团部队谋杀平民的指控表示关切 |
| 言论自由和媒体自由 | 对蓄意袭击记者却得不到惩治的行为表示关切 |
| 妇女、儿童和其他弱势群体的权利 | 赞赏加入《儿童权利公约》；对招募儿童兵及性暴力案件一直有罪不罚表示关切；<br>未采取具体步骤批准《消除对妇女一切形式歧视公约》；注意到在实施解决性暴力问题的行动计划方面进展缓慢；注意到禁止女性外阴残割的立法草案 |
| 经济、社会和文化权利 | 赤贫、干旱和洪水等引发的灾害是面对的重要挑战；注意到采取立法和行政措施来确保人民享受各项经济、社会和文化权利；注意到为补救教育系统的不足而重视各级的受教育权 |
| 流离失所者和难民的权利 | 对大批国内流离失所者特别是无法满足基本食物需求的人表示关切；肯定索马里大力保障国内流离失所者和难民的权利 |

整体而言，索马里面临着资源紧缺、体制能力不足、贫困、抵抗自然灾害能力低下、安全形势脆弱等一系列严重的人权挑战，在这种极度困难的情形下，制定和实施国家人权行动计划受到了很多国家的同情和赞赏。从总体上来看，该国提升人权保障机构的能力、加入重要的国际人权公约、制定和颁布一系列法律法规、努力恢复社会秩序和保障公民的生命安全等举措取得了一定成效。但是，由于面对的问题依然多元而复杂，而且每一种问题都涉及基本的人权保障，所以，对处于重建过渡期的索马里而言，人权挑战依然是全局性的、持续性的、深刻性的，整个政府系统脆弱的人权保障能力与严重的人权建设任务之间存在着十分紧张的关系，这些问题都不是一个人权行动计划所能解决的。但不容置疑的是，颁布和实施国家人权行动计划对于更系统地认识当前的人权问题，在秩序恢复中加入人权保障的意识，缓解最为严重的人权侵害问题，都起着十分重要的作用。

从总体上看，非洲国家颁布和实施国家人权行动计划在国际上引起的反响是有限的，尤其是相对于同处于发展中国家集团的亚洲国家制定人权行动计划在国际上的影响，这可能是由于：（1）非洲国家普遍面临着更尖锐的具体人权问题，比如国内战乱问题、艾滋病问题、种族歧视问题、妇女割礼问题、选举暴力问题等，这些问题往往吸引了更多的关注，而不稳定的社会秩序使得这些行动计划的实施面对着巨大的压力和阻力；（2）相对于亚洲国家较为普遍的威权政府，非洲国家普遍实施了西方社会所推行的民主制度，但这种民主在非洲国家却扮演着比较复杂的角色，成为国内冲突能量激化、对抗、升级的重要凭借，冲突能量缺乏必要的、有效的制度化导引，导致了非洲国家普遍的国内秩序混乱的问题，这些问题的交织对有效实施保护人权的行动计划造成了众多障碍。

## 三 非洲各国制定实施人权行动计划的主要启示

非洲国家实施人权行动计划的效果不一，难以进行简单的评价。但这不影响我们从宏观的角度对非洲国家制定和实施人权行动计划的主要经验和教训进行提炼和总结。总体而言，非洲国家制定和实施人权行动计划的实践及其效果表明，要真正发挥好人权行动计划的作用，积极而不冒进，就必须把握好五对核心关系，即"历史与现实的关系""本土与国际的关系""经济、社会和文化权利与政治公民权利的关系""秩序与计划的关系""承诺与实现能力的关系"。

### （一）"历史"与"现实"的关系

现实是历史的延伸，任何国家都不是在一张白板上描绘人权的蓝图。这就需要各国熟悉本国的历史，了解本国当前所处的历史阶段，从历史的长河中认识本国人权问题的源流及当下的重点所在，在长时段的背景下确定本届政府人权事业发展的使命及人权行动计划的具体定位。

从历史讲，非洲国家曾被长期殖民，各种制度、文化、阶层、自然资源及产业特色等都与长期的被殖民历史相关，这就决定了类似种族歧视等问题很难采取"短期工程"式的介入解决；从现实看，非洲国家普遍面临经济社会发展相对落后的现实状况，有些国家找到了适合自身发展的道路，实现了经济发展的初步起飞，有些还处于迷茫和困顿的时期，经济社会发展低迷，还有些国家由于缺乏有效的冲突治理机制，还处在高度紧张的暴力冲突状态中。这些是非洲国家制定和实施国家人权行动计划所必须面对的。在行动计划中，南非、尼日利亚都比较详尽地回顾了本国的人权历史，以及现有的人权问题与人权历史的内在关联，这成为人权行动计划制定和实施的天然底色，在很大程度上决定着计划的内容重点、手段和途径依赖等。

处理好"历史"与"现实"的关系对于明确人权行动计划的整体功能定位具有十分关键的作用。其一，能够在战略上明晰时代的定位，避免过度失望，也避免太过冒进；其二，能够深化对当前人权问题的认知，找到人权问题的结构和根源，从而采取有针对性的政策措施；其三，能够促进"以我为主"来认识和把握各种人权文件和规范，避免盲目跟风和简单移植。比如，中国从历史和现实出发，将自身的人权事业发展的优先点定位于"生存权和发展权"，取得举世瞩目的成效，非洲诸国普遍面对经济发展乏力、生存权和发展权保障不足的困境，但对生存权和发展权的重视程度还显得不足，这制约了本国人权的根本改善。

## （二）"国际"与"本土"的关系

国际与本土的关系是人权政策制定与实施中的一对基本关系。作为一种高度国际化的价值和体系，人权在国际交往中被高度关注，并有一系列文件和规范提出了明确的要求，还有 UPR 等多个机制来进行监督，所以，人权问题具有显著的国际化的一面。同时，人权又是高度"本土"的，因为，无论何种价值或机制，最终面向的都是本土的问题。这就要求人权行动计划一方面要认清本国的人权重点，另一方面，也要积极、辩证地看待国际的要求、建议和经验，努力平衡好国际与本土的关系。

非洲国家在制定和实施人权行动计划时，普遍比较重视国际人权文书的相关规定，重视对这些要求的转化和落实。比如，马拉维将改革国内法律使之与其批准加入的人权公约相吻合作为人权行动计划的重要内容，对国内法参照国际人权公约进行评估，并改进和废止那些与马拉维作为会员国所加入的国际人权条约不相符合的现行法律、规章和司法实践；① 坦桑尼亚、索马里等多个国家均将联合国普遍定期审议的意见作为自身制定人

---

① National Plans of Action for the Promotion and Protection of Human Rights-Malawi.

权行动计划的主要依据；索马里还将批准国际人权文件视为自身未来工作的重要内容之一。

同时，非洲国家在面对人权问题时，常常能够有意识地保持一种独立而辩证的人权态度，注意本土化的要求和传统心理，这方面可以从非洲国家对两种权利的认可程度来加以观察。一种是针对割礼和妇女人权的保障，对于这种传统的伤害人权的文化习俗，所有国家都表示要采取多种举措，严厉打击这类现象，这与国际社会的呼吁高度一致；另外一种是针对性少数者的权利保障，非洲多数国家不承认性少数者的权利，这又与国际社会的一些呼吁不相一致。

处理好国际与本土的关系对于提升人权行动计划的效能具有重要作用。从人权行动计划的制定初衷来看，改善本国在国际社会的人权形象本身就是重要的政策出发点①，从这一点来看，要尽可能满足国际的要求，借鉴国际社会的经验，使用国际社会通用的框架和话语。同时，国际化并不意味着照搬照抄、生硬移植，"现今国际社会中，占支配地位的人权观和思想表现出浓厚的欧美中心主义色彩"②，相关理念和话语主要体现的是西方国家的偏好与传统③，多种人权文件在人权的设置上过于慷慨大度④，在这种状态下，要使人权政策更好地契合本国的历史传统和现实国情，就要求相关国家必须保持独立的判断，为公共政策和法律的有效性提供基础⑤。对于广大发展中国家而言，这就要求行动计划一定要"基于本土问题，尊重本土习惯，挖掘本土资源，探索本土路径"。基于这种考虑，计划的有效实施必须平衡本土化与国际化的关系，偏废任何一方，都可能会导致严重的后果，或失去国际支持，或偏离本土问题，这就会使计划效果大打折扣。

---

① 许尧：《国家人权行动计划实施机制比较研究》，载中国人权研究会编《人权研究文集：中国人权研究会优秀研究成果》，五洲传播出版社，2018，第 292 页。

② 〔日〕大沼保昭：《人权、国家与文明》，王志安译，三联书店，2014，中文版作者序文。

③ Francis Deng, Abdullahi An-Na'im, Yash Ghai, Upendra Baxi, *Human Rights*: *Southern Voices*, edited by William Twining, New York: Cambridge University Press, 2009.

④ 〔英〕詹姆斯·格里芬：《论人权》，徐向东、刘明译，译林出版社，2015，第 223 页。

⑤ 参见许尧、韩雪《国际衔接与本土融合：对各国人权行动计划的考察及思考》，《广州大学学报》2017 年第 11 期。

（三）"经济、社会和文化权利"与"政治权利和公民权利"的关系

经济、社会和文化权利与政治权利和公民权利的关系一直是不同阵营国家主要的分歧点。从价值上来看，很难明确判断二者孰轻孰重，但从现实来看，却需要根据本国的实际情况做出恰当的安排。从所分析的 9 期国家人权行动计划来看，非洲国家普遍比较强调政治权利和公民权利的保障，一方面，所有计划毫无例外地将政治权利和公民权利放在经济、社会和文化权利的前面；另一方面，相对而言，普遍对经济、社会和文化权利的规定比较简单，也无法涵盖所有的权利内容，而对政治权利和公民权利的规定则相对详尽一些。这种情况与非洲现实政治中过于强调"选举政治""选举迷信左右一切"[①] 的情况相互印证。

这种结构可能会导致以下不利后果：其一，经济、社会和文化权利保障的相对不足会增加社会冲突能量的聚集，因为大量得不到基本生活保障的人口，必然会寻找途径发泄不满；其二，如果政治权利和公民权利的保障相对于经济、社会和文化权利保障更靠前，措施更多元，那么会使民众积累的冲突能量导入政治性的诉求表达渠道中来，从而加剧社会的不稳定，社会秩序的缺乏会导致政府更加没有能力和精力去发展经济，从而更无法保障民众的经济、社会和文化权利；其三，上述循环会自动延续，从而从根本上造成两个极其严重的后果，即经济发展乏力和政治秩序混乱，在这种大背景下，人权保障也就成为缺乏必要资源和环境支持的空中楼阁。这就启示我们，经济、社会和文化权利、政治权利和公民权利等权利间的保障要均衡发展，要以经济社会发展的实际状况作为制定各种权利保障计划的基本依据，民主、自由、秩序、发展等价值之间要注意基于社会发展现实的平衡。

（四）"秩序"与"计划"的关系

人权行动计划的有效实施客观需要具备稳定、可预期的环境，基本的

---

① Liu Hongwu, "China-Africa Development Cooperation and Reshaping of Modern Human Civilization," *China International Studies*, No. 5, 2010, pp. 48 – 64.

秩序环境是确保实施主体到位、责任权力结构明确、实施行为连贯、资源保障充足的前提条件。同时，计划本身也并不完全受制于秩序的好坏，计划本身也对秩序产生影响，很多行动计划将"秩序恢复"作为重要内容。所以，计划与秩序之间是一种交叉的、相互促进或相互掣肘的紧密关系。

非洲国家行动计划实施的最为严峻的挑战之一就是缺乏必要的稳定的秩序环境。非洲政治稳定普遍面临比较严重的挑战，这主要基于以下历史和现实情况：（1）从历史上看，非洲曾经被多个殖民主义国家人为切割、拼凑，其政治版图并非当地民族经济、政治、文化自然发展的结果，由于缺乏自然形成的磨合过程，不同派别之间普遍缺乏彼此认同，一些国家的分离主义运动此起彼伏，不同势力间的冲突潜能很大；（2）由于非洲经济社会发展水平普遍不乐观，国家和种族的经济发展情况严重依赖于当地的自然资源，这也导致了对自然资源争夺的白热化，更容易发生严重的暴力冲突；（3）冷战结束以后，大多数非洲国家实行了民主化和多党选举制度，宪政成为大多数国家努力追求的目标，但是与成熟的民主国家相比，非洲在民主选举方面面临一些极其突出的问题，比如选举失利者不接受选举结果，并采取极端对抗性措施问题，又如现任总统为延续权力而修改宪法所产生的社会冲突和暴力问题，等等，各种势力间的对抗经常借助周期性的选举而产生冲突[1]，劣质的选举政治与无序政党竞争使国家的任何长期规划与发展都无从落实[2]；（4）国家能力和政权合法性程度的不足，使得决策失误的空间异常狭小，这就意味着，严重的战略计划错误和计算失误会被人为放大，并导致严重的社会和政治危机[3]。

---

① 比如，依据目前所掌握的资料，尼日利亚是在现有非洲国家中唯一一制定了两期人权行动计划的国家，计划覆盖时间为 2006～2013 年，在此期间，经历了三任总统——奥巴桑乔、亚拉杜瓦、乔纳森，每次选举都是种族、地区、宗教等不同力量相互冲突的角力场。参见刘鸿武等《尼日利亚建国百年史（1914－2014）》，浙江人民出版社，2014，第 223～245 页。

② 刘鸿武：《从中国边疆到非洲大陆：跨文化区域研究行与思》，世界知识出版社，2017，第 325 页。

③ 乔舒亚·B. 弗雷斯特：《地区主义和冲突后治理——以非洲为例》，载〔美〕德里克·W. 布林克霍夫编著《冲突后社会的治理：重建脆弱国家》，赵俊、霍龙译，民主与建设出版社，2015，第 368～372 页。

这些问题综合作用，共同导致非洲国家普遍面临民族国家构建乏力，中央政府缺乏权威，民族间、宗教间缺乏认同等问题，巨大的冲突能量借助周期性的选举、政策失误等相关冲突表达机会而出现能量共振或集中涌现，引发社会长期的、结构性的冲突和对抗。由于宗教版图、民族版图、资源版图与政治版图的不一致性，国内的政治冲突也容易扩散成为不同国家对战争的卷入。典型的案例如 1993～2003 年，刚果（金）曾两次爆发内战，卢旺达、乌干达等多个邻国以及 20 多个武装团体卷入，被称为"非洲的世界大战"，本国和外国的武装团体或军事部队在刚果（金）境内实施了 617 起大规模洗劫、摧残、强奸、杀害平民等严重罪行，造成了至少 350 万人死亡。① 在索马里，人权行动计划实施过程中，青年党与国民军进行着旷日持久的地盘争夺战和拉锯战，维和部队不仅难以支持索马里的国家重建，甚至连自身的安全都难以保证。② 政治社会秩序的缺乏会导致众多规划流于形式，在高度对抗的环境中，国家人权行动计划的各种议题就缺乏最低限度的稳定的社会环境和各部门彼此协商推进的政治氛围，从而打断、弱化、阻碍行动计划的实施工作，有时甚至实施主体也会长期缺位，这就使其效果大打折扣。同时，计划的停滞或名存实亡又使人权保障的状态难以得到持续改进，这进一步增加了冲突的潜能，从而使计划与秩序之间相互恶化。

非洲国家秩序匮乏的事实严重影响了人权行动计划的效能实现。这就启示我们，在发展中国家实施人权行动计划，必须对整体社会的冲突能量进行有效的控制和疏导，保证起码的社会秩序。一方面，要加强对民众需求的引导和管理，不能简单将"民主""自由"等价值"绝对化"看待，而必须看到这些价值实现的条件和步骤；另一方面，要完善冲突治理的机制和体制，有效疏导冲突的能量，将冲突处置、冲突化解、冲突转化进行系统化的治理优化，针对不同场景，精准施策③。秩

---

① 《联合国发布刚果（金）10 年人权报告　列 617 起罪行》，中国新闻网，http://www.chinanews.com/gj/2010/10-02/2568261.shtml，最后访问时间：2017 年 10 月 14 日。
② 参见肖玉华、谢明奎《非洲之角国家政治发展年度报告（2015-2016）》，刘鸿武主编《非洲地区发展报告（2015-2016）》，中国社会科学出版社，2017，第 66 页。
③ 常健、许尧：《论公共冲突治理的三个层次及其相互关系》，《学习与探索》2011 年第 2 期。

序保障与计划实现的平衡关系，在正处于秩序不佳状态的发展中国家尤其值得关注。

### （五）"承诺"与"实现能力"的关系

非洲国家普遍面临人权保障乏力的社会现实，在这种情况下，一些国家的政府可能出于增进执政合法性或改善国际形象的需要，向国际社会承诺很高的人权实现目标，或不加细化分析地快速加入或签署众多国际人权文书，但这些目标或承诺受到本国社会现实、文化、资源、政府能力、民众接受度等多种制约，可能会出现承诺或目标无法兑现的尴尬情况。客观而言，具有改善人权的意愿，树立改善人权的目标，这都是值得肯定的，但一定要注意相关目标和本国社会现实的匹配性，表现为：人权计划和本国整体的法律、政策、文化的匹配性，人权计划和本国迫切需要解决的问题及资源充分程度的匹配性，以及人权目标与本国政府能力的匹配性。"人权保障没有最好，只有更好"[①]，人权也不存在一个唯一的标尺，各国只有基于本国的实际情况，持续不断地努力改善，才能避免"胡子眉毛一把抓"的被动现象出现，才能避免"高承诺－低实现能力"的预期反差导致严重的社会冲突。

"人权是一个伟大的名词，也是人类的共同理想。"[②] 从人权保障角度出发制定的行动计划具有天然的正义性和合法性。从联合国人权高专办网站对各国人权行动计划的收集与展示及普遍定期审议的相关材料来看，全球已经至少有 38 个国家共制定了 55 期国家人权行动计划，其中，来自亚洲、非洲、拉丁美洲的国家达到了 27 个，计划数达到了 41 期，国家数占总数的 71.1%，计划数占总数的 74.5%。[③] "思考占人类人口百分之八十以上的发展中国家人权时，就必须将各方面问题放入视野"[④]，客观而言，这些发展中国家多数面临与非洲国家相类似的经济发

---

① 《习近平致"2015·北京人权论坛"的贺信》，新华网，http://www.xinhuanet.com/politics/2015－09/16/c_1116583281.htm，最后访问时间：2018 年 10 月 9 日。
② 罗豪才：《深入开展中国特色人权理论研究》，《人权》2014 年第 4 期。
③ 许尧：《保障人权行动计划效能的四种机制：基于非洲的经验》，《人权》2018 年第 3 期。
④ 〔日〕大沼保昭：《人权、国家与文明》，王志安译，三联书店，2014，第 16 页。

展问题、社会稳定问题和人权保障的巨大压力，相对于欧美日发达国家，这些国家的情况更为复杂，目标更为多元，约束条件更多，干扰因素也更多。非洲国家在制定和实施计划过程中的上述经验和教训尤其值得发展中国家借鉴和参考。

# 行政诉讼受案范围"权利义务实际影响"条款的应然范围[*]

柳砚涛  原浩洋[**]

**摘　要：** 为穷尽"权利义务实际影响"条款应然范围，必须将"权利义务实际影响"置于"行政过程＋权利义务实际影响"而非"行政行为＋权利义务实际影响"模式，彻底消除一些理论观点和司法个案强加于条款之上的最终性、实体性、确定性、已然性、直接性、显明性等"法外要求"，并在其与受案范围、原告主体资格之间保持应然一致性。

**关键词：** 权利义务实际影响；受案范围；原告资格标准；应然范围

作为对《行政诉讼法》关于受案范围之"认为……侵犯其合法权益"条款的"适用性解释"，最高人民法院《关于适用〈行政诉讼法〉的解释》（以下简称《解释》）第 1 条第（十）项规定"对公民、法人或者其他组织权利义务不产生实际影响的行为""不属于人民法院行政诉讼的受案范围"。不少理论观点和司法个案基于各种考虑或理由，毫无法律依据地对该条款附加了确定性、法律性、直接性、实体性、最终性、明显性等限制条件，缩小了受案范围和原告资格范围。那么，前述"法外设限"是否合乎一般法理，"权利义务实际影响"条款的应然范围如何，颇值得理论探究。

---

* 本文系山东省 2017 年社科规划重点项目"行政审判参照惯例问题研究"（项目编号：17BFXJ03）的阶段性成果。

** 柳砚涛，山东大学法学院教授，博士生导师；原浩洋，山东大学法学院博士研究生。

# 一 "权利义务"的应然范围

借"权利义务"拓展受案范围有两个进路。其一，从法律属性上看，"权利义务实际影响"一词的使用明显缩小了《行政诉讼法》关于受案范围的"侵犯其合法权益"的范围，尤其是其中的"益"并不为"权利义务"所包含，这对于超出"权利义务"范围的"合法的利益"甚至"反射利益"的保护极为不利。有学者主张"中国大陆行政法没有反射利益概念，但《若干解释》确立的原告资格标准中实际包含了反射利益内容"[①]，而且，此次修法确认行政强制执行可诉，并将执行环节的事实行为、"事实上的利益"纳入可诉范围，鉴于《行政诉讼法》第25条将"原告资格标准"界定为"利害关系"而非"法律上的利害关系"，将"公共利益"纳入"可诉权益"范围以及第12条肯定了"行政强制执行"的"可诉性"，其已经为"事实上的利害关系人"的原告资格确认和"事实上的利益"作为"可诉权益"提供了制度空间，也使我们看到了我国的行政诉讼由"受害人诉讼"向"利益人诉讼"过渡的"曙光"。

其二，从"权利义务""合法权益"的法部门属性看，除了行政法权益属于当然的"可诉权益"外，当下制度设计还可以在以下两个领域拓展受案范围。

（1）彻底改变当下行政诉讼制度设计"漠视私权保护"的现象，[②] 进一步扩大"民事权益"作为行政诉讼的"可诉权益"。《解释》第13条规定："债权人以行政机关对债务人所作的行政行为损害债权实现为由提起行政诉讼的，人民法院应当告知其就民事争议提起民事诉讼，但行政机关作出行政行为时依法应予保护或者应予考虑的除外。"该规定被学者称为"明确导入保护规范理论的一个标志性（司法解释）条款"，[③] 但该条款不

---

① 于立深、刘东霞：《行政诉讼受案范围的权利义务实际影响条款研究》，《当代法学》2013年第6期。

② 参见付蓉、江必新《论私权保护与行政诉讼体系的重构》，《行政法学研究》2018年第3期。

③ 参见章剑生《行政诉讼原告资格中"利害关系"的判断结构》，《中国法学》2019年第4期。

能被解读为创造性地设计了"行政诉讼保护民事权益"的新思路，因为一则民事权益从我国行政诉讼制度设立之初就属于"可诉权益"，亦即法律条文中的"人身权、财产权"，只不过当民事权益需要行政行为保护，或者进入行政行为影响范围之时，其已经不再是纯粹的"私权"，而是一种"公权利"，并因此具有了"要求行政机关为一定行为或不为一定行为"的法律资格，其中包括"诉权"。二则既然债权属于"财产权"，那么行政行为与行政诉讼对其实施保护和救济早已在规范与制度射程之内，前述条款并未创造性地确立了"行政诉讼保护债权"的制度设计。可见，前述条款既没有开创行政诉讼保护"私权""民事权益""债权"的"先河"，也没有跳出行政法上的"权利义务影响"或"合法权益"才属于"可诉权益"的"窠臼"。

那么，前述条款的"贡献"何在？主要有二：一则细化了《解释》第12条关于"相关人诉权"保护的具体情形，"债权人"因债务人所欠债务而成为"行政机关对债务人所作的行政行为"的相关人；二则细化了相关人的"关联权益"作为"可诉权益"的具体情形，"关联权益"因行政行为"依法应予保护或者应予考虑"而成为"可诉权益"。

如何借助前述条款拓展"权利义务实际影响"的范围？关键在于对"债权"和"依法应予保护或者应予考虑"的扩张解释。其一，这里的"债权"和"债权人"仅系"示例性列举"，本条款的应然范围如下。

一则就"权利"而言，所有"人身权、财产权等合法权益"，只要作出行政行为时"依法应予保护或者应予考虑"，就都属于可诉权益。可惜司法实践中并未将该规定"类推适用"于作出行政行为时"依法应予保护或者应予考虑"的其他权益，如有裁判认定："对于被征收房屋权属证书上载明的所有权人死亡且涉及继承的，在房屋征收补偿决定中如何列明被征收人，相关法律法规没有规定。因继承可能同时存在多种法定情形，要求征收人查明情况，确实存在现实困难，也不利于征收补偿效率和征收补偿法律关系的稳定。因此，对上述情形，征收人在作出房屋征收补偿决定时，可根据实际情况，将房屋共有人确定为被征收人，而无须查明继承事项，将所有的继承人均列为被征收人。征收人作出征收补偿决定后，相关继承人可以就补偿所得自行分配或通过民事法律程序解决。"① 对于本案所涉继承人不享有针对征收补偿决定的行政诉权的司法认定，笔者不敢苟同，原因有三方面。一是尽管对涉继承征收补偿如何列明被征收人"相关法律法规没有规定"，但这里的"法"不应局限于"条文法"，且谁也不能否定"法意"和法的目的、原则中包括行政机关作出行政行为时应该保护合法的继承权，或起码不得侵犯合法继承权的内涵。在这一点上，被学者奉为打开我国原告资格判定困境"金钥匙"的"主观公权利"和"保护规范理论"强调"主观公权利"依赖于客观法，即"权利法定"，进而遁入"实体法上的权利只有在被具体地、例外地赋予诉讼可能时才能获得贯彻"的"窠臼"，② 这在"权利法定化"相对不足的我国恐"水土不服"，因为一方面，我国当下脱胎于"管理法"理念、首重秩序与公益的行政实体法架构不能为"主观公权利"和"保护规范理论"提供足够全面的"权利保护规范"的土壤。另一方面，按有观点所言，"并非所有的客观法都会构成公民的主观权利，某些公法规范只是设定了行政执行法律的义务，但与这些公法规范对应的却只是个人的反射利益"。③ 加之尽管最高人民法院主张"不宜单纯以法条规定的文意为限"，"而应坚持从整体进行判断"，"参酌整个行政实体法律规范体系、行政实体法的立法宗旨以及做出被诉行政行为的目的、内容和性质进行判断"，④ 但这无疑又增加了主观判断的偏差和随意性。其结果是，收紧了《解释》关于行政相关人诉权保护和原告资格范围，司法实践中不少涉及相邻权、继承权、债权等"私权"的行政诉讼保护个案中反映的法官在该类问题认定上的保守性和差异性足以证明这一点。二是作出征收补偿决定时未将继承人列为被征收人，足以表明行政机关在这个环节上侵犯了继承权，起码侵犯了继承人在行政征收环节实现继承权及取得相关财产的权利，达到了"权利义务

---

① 参见最高人民法院（2018）最高法行申 56 号行政裁定书。
② 〔日〕小早川光郎：《行政诉讼的构造分析》，王天华译，中国政法大学出版社，2014，第 234、47 页。
③ 赵宏：《原告资格从"不利影响"到"主观公权利"的转向与影响——刘广明诉张家港市人民政府行政复议案评析》，《交大法学》2019 年第 2 期。
④ 参见最高人民法院（2017）最高法行申 169 号行政裁定书。

实际影响"的可诉标准。尽管继承人可以事后向被征收人主张或通过民事程序解决,但不能否认其同样享有在征收环节主张和实现权利的权利,该权利的正当性足以支撑继承人要求征收人作出征收补偿决定时必须依法保护或考虑其程序和实体权利。三是本案已经具备了"依法应予保护或者应予考虑"的条件,各方也确实有了保护意向,只是因为"存在现实困难"和"法律关系的稳定"等因素而未予保护或考虑。实际上,如果有关机关以公告程序征集继承人信息,做到起码的程序公开公正,从客观效果上会降低涉诉或败诉的概率。

二则就"权利人"而言,并非仅限于"债权人",所有"根据法律可以清楚界定的潜在原告人"[1] 均有权以其合法权益应在作出行政行为时"依法应予保护或者应予考虑"为由提起行政诉讼。只可惜,最高人民法院在个案中并未秉持这一理念,而是将大量作出行政行为时"应予保护或者应予考虑"的权利保护遗留在民事诉讼领域:"举凡债务人夫妻的离婚登记行为、债务人的非抵押房屋转移登记行为、抵押人的公司股东变更登记行为,虽有可能影响民事债权人或者抵押权人债权或抵押权的实现,债权人或者抵押权人因而与上述行政登记行为有了一定的利害关系,但因此种利害关系并非公法上的利害关系,也就不宜承认债权人或者抵押权人在行政诉讼中的原告主体资格。上述债权人的普通债权和抵押权人的抵押权等民事权益,首先应考虑选择民事诉讼途径解决。"[2] 很明显,前述裁判与《解释》第 13 条投射出两种不同理念,除"债权"之外的其他"私权"的诉讼保护尚需依赖于不断出现的司法解释、个案裁判来"各个击破",这也预示在我国当下,"私权"应否以及如何受到公法规范的"个别化保护"欠缺的不仅是完整的公法规范体系,更是一致而系统的认识框架。

其二,关于"依法应予保护或者应予考虑"。一则"依法"中的"法"不能局限于"法有明文""具体法定职责"等范畴,而应拓展至法

---

① 〔德〕弗里德赫尔穆·胡芬:《行政诉讼法》(第 5 版),莫光华译,法律出版社,2003,第 252 页。

② 参见最高人民法院 (2017) 最高法行申 169 号行政裁定书。

律原则、价值、目的、规则、原理等，类似于德国"保护规范理论"中的"规范的目的"，只要其"至少也必须是旨在保护原告的"①，就足以产生"主观公权利"和原告资格。二则"应予"的判断也不能局限于直接因果关系，只要行政行为构成相关人合法权益受损的条件之一，就应当认定"依法应予保护或者应予考虑"。当下司法个案中对于这一标准的把握略显狭窄了些，如有裁判以"联系特定化"作为"应予保护或者应予考虑"的判断标准："本案所涉采矿权中的财产利益即与屈胜洪债权实现间的联系特定化，继而对该采矿权进行变更的行政行为则可能对屈胜洪的权利义务关系产生影响。"② 也有观点从债权实现的信赖利益角度解读涉债权行政诉权的"该当性"："根据信赖保护原则，债权人基于对一定行政程序中的特定事实不变性的合理期待，并且此种信赖值得保护时，若行政机关改变或不作出合理行为的，此时便应当对债权人的信赖利益给予行政诉讼保护，例外的承认债权人的行政诉讼原告资格。"③ 该观点实则"事实特定化"和"利益特定化"，与前述裁判中的"联系特定化"如出一辙。事实上，如果不对债权实现与行政行为之间的关系作出限定，既不合乎"法意"，也不现实；但如果过多纠缠于哪笔债权对应哪个标的物或哪笔款项、债务人是否还有别的资产满足债权实现等问题，不仅混淆了"起诉权"与"胜诉权"、"原告资格审查"与"实体审理"之间的界限，而且会导致此类案件"成讼"很难，"胜诉"更难。

当然，前述条款自然有其应然范围和界限，不能对"相关人"和"关联权益"无限制扩张，否则，行政行为的"周边效力"（Rundumwirkung）会使原告范围和标准的"可界定性"（Abgrenzbarkeit）荡然无存。④ 这方面还需要更进一步的理论研究和实践探索。

---

① 〔德〕弗里德赫尔穆·胡芬：《行政诉讼法》（第5版），莫光华译，法律出版社，2003，第252页。
② 参见重庆市第一中级人民法院（2018）渝01行终435号行政裁定书。
③ 张红梅、周余、谢春燕：《债权人提起行政诉讼的原告资格判定》，中国法院网，https://www.chinacourt.org/article/detail/2019/10/id/4587519.shtml，最后访问时间：2020年2月26日。
④ 参见〔德〕弗里德赫尔穆·胡芬《行政诉讼法》（第5版），莫光华译，法律出版社，2003，第252页。

（2）模糊宪法权利与行政法权益之间的界限，将更多的"公法权利""公法权益"纳入行政诉讼范围。如此设想的理论前提是，当下理论和制度设计并未在"宪法权利""宪法权益"与"行政法权利""行政法权益"之间划出一道清晰的界线，如对于受教育权、劳动权、休息权等究竟何时属于不可诉的"宪法权利"，何时属于可诉的"行政法权利"，既无理论探究，也无规范划界。这种理论上界限模糊和规范制度上"未予规制"为将更多界限不清、性质模糊的"公法权利""公法权益"纳入行政诉讼范围提供了可能，尤其在此次修法将"可诉权益"拓展至"人身权、财产权等合法权益"、理论上越来越多的论著认同"法院援用宪法"[1]"法院援引宪法说理"[2]"在裁判文书中援引《宪法》条文"[3] 的背景下。

# 二　"影响"的应然范围

## （一）放宽"影响的确定性"要求

不少司法个案裁判以"权利义务影响"是否具有"确定性"为由否定阶段性行为的可诉性，错误地认为只有"最终行为"才能承载"确定性影响"。如有裁定认为，"阶段性行政行为只是相关行政机关最终作出拆迁许可行政行为的一个阶段，其并没有对范某勇等 7 人的权利义务产生确定性的影响，行为尚未成熟"。[4] 学界也大都秉持"影响的确定性"观点，如有观点认为："对于多阶段行政行为，行政相对人只能就最后阶段行为提起诉讼；除非前阶段行为已对外表示，且对行政相对人的权利义务产生了确定的影响。"[5] 事实上，"确定性影响"并无法律规范依据，"权利义

---

① 参见邢斌文《法院援用宪法的经验研究能给我们带来什么?》，《浙江学刊》2019 年第 3 期。

② 参见梁洪霞《我国法院援引宪法说理的实施问题研究》，《政治与法律》2017 年第 7 期。

③ 参见朱福惠《我国人民法院裁判文书援引〈宪法〉研究》，《现代法学》2010 年第 1 期。

④ 参见湖北省武汉市中级人民法院（2015）鄂武汉中行终字第 00517 号行政裁定书。

⑤ 徐键：《论多阶段行政行为中前阶段行为的可诉性——基于典型案例的研究》，《行政法学研究》2017 年第 3 期。

务实际影响"条款只是强调权利义务影响的"实际性"而非"确定性"，所谓的"确定性影响"无非出于防范"人少案多"、节约诉讼成本等考量，对"权利义务实际影响"条款的"法外设限"，客观上造成了可诉行为数量减少和"可诉时点"后移的法律效果。

从法理上说，"确定"的汉语意思是"明确肯定"，据此梳理行政过程会发现，"确定性"时常与"最终性"挂钩，但不能因此而否认"阶段性影响"的"确定性"甚至"最终性"，一则在行政过程或行政程序"无果而终""意外终止"的情况下，"阶段性影响"就是"确定的"和"最终的"，二则"阶段性影响"对于阶段性行为而言，就是"确定的"和"最终的"。正如有裁定所认定的，"两被上诉人对上诉人所提积分异议的审查及回复行为，可以认为是在积分制入学行政审核过程中实施的一种过程性行为……但是，过程性行为并非均不可诉"，因为其"对上诉人子女的受教育权已经产生实际的、终局性的影响"。①

可见，并非只有"最终行为"所含权利义务是"确定的"，诸多具有"外部性""处理性"的阶段性行为均"确定性地""明确肯定地"影响了权利义务。比如，行政机关举行听证会时疏漏了依法应当参加的行政相关人，致其失去了听证权，这个影响当然是"确定的"，但当下理论、制度设计和司法实践均不认同行政听证行为的可诉性。实际上，很多阶段性行为的权利义务影响尽管不是"最终的"，但极可能是"确定的"。传统观点中所谓阶段性行为的权利义务影响不确定，是指附着于"最终行为"的权利义务影响尚未最终形成和确定，但附着于阶段性行为的权利义务影响随着阶段性行为的完成已经形成和确定了。

"实际影响"中的"实际"要求影响具有一定程度的"确定性"，但并不局限于"绝对确定"的"实然性"，也包括"相对确定"的"必然性"，正如法国法上对于"低限度"确定性的理解，只有"有充分的理由令人信服可以得到某种利益，这种损害才能成为确定的损害"。②

---

① 参见广州铁路运输中级法院（2018）粤71行终74号行政裁定书。
② 王名扬：《法国行政法》，中国政法大学出版社，1989，第693页。

## (二) 将"事实上的影响"纳入受案范围

为最大限度拓展司法审查和司法监督范围,域外国家大都对"可诉影响"究竟系"事实上的"还是"法律上的"持宽松态度,如美国法上的原告资格标准即为"事实上的损害",最高人民法院关于"可诉时点"的把握一贯秉承"在原告当事人事实上感受到这种裁决的效力之前,保护行政机关免受司法干扰"。[①] 日本法尽管秉持"法律上的利益"标准,但并不限于"法律明文规定的利益,而且可以根据法令的目的等确定",[②] 为保护"事实上的利益"预留了解释空间。近年来,意大利行政诉讼的审理对象从过去纯粹对行政行为进行审理转变为对行政法律关系的审理,即从"行为审"到"关系审",[③] 便于将行政法律关系范畴内"事实上的"抑或"法律上的"的问题一并纳入司法审查范围。相比之下,我国目前这方面的认识尚显陈旧和保守,如有观点认为,"'实际影响'是指对相对人法律上的权利义务产生影响,而不是事实上有影响"。[④] 再如,"尽管法律及司法解释未进一步阐明'利害关系'标准的内涵,其应当属于'法律上的利害关系',且仅指'公法上的利害关系'"。[⑤] 司法实践中,最高人民法院在"刘广明诉张家港市人民政府行政复议案"中明确将"利害关系"定位于"仍应限于法律上的利害关系,不宜包括反射性利益受到影响的公民、法人或者其他组织",如此做法主要源于"个案中对法律上的利害关系⋯⋯的扩张解释,仍不得不兼顾司法体制、司法能力和司法资源的限制"的考量,[⑥] 这种以"案多人少"为代表的"司法能力有限论"已成当下行政诉讼制度健康发展的最大障碍。

将"事实上的影响"纳入诉讼保护范围必须立法先行,正所谓只要有

---

① 〔美〕伯纳德·施瓦茨:《行政法》,徐炳译,群众出版社,1986,第478页。

② 江利红:《日本行政诉讼法》,知识产权出版社,2008,第236页。

③ 参见罗智敏《意大利行政诉讼制度的发展变化及其启示》,《行政法学研究》2018年第3期。

④ 王海燕、温贵能:《论过程性行为的司法介入——以"实际影响"条款的适用为视角》,《山东审判》2017年第1期。

⑤ 伏创宇:《行政举报案件中原告资格认定的构造》,《中国法学》2019年第5期。

⑥ 参见最高人民法院 (2017) 行申169号行政裁定书。

了"法律规定或一般法律原则",包括"值得保护的事实上的利益"在内的"一切合法正当的利益"都在诉讼保护范围内。① 修订后的《行政诉讼法》在立法目的、受案范围、原告资格等方面的变化为将"事实上的影响"纳入可诉范围提供了规范依据和制度空间。首先,第 1 条将"解决行政争议"列为行政诉讼的制度目的之一,且位居"保障权益"和"监督行政"之前,完全可以借此将"诉之利益"扩大到"事实上的影响",以充分发挥"一案一诉"的最大效能,贯彻"一并解决、便民高效、化解纠纷"的精神,如上海市高级人民法院《关于进一步完善行政争议实质性解决机制的实施意见》就将"涉及行政相对人信赖利益保护的"纳入实质性解决机制,而在当下行政信赖保护方面的立法凤毛麟角的规范背景下,"信赖利益"大都属于"事实上的利益"。其次,第 25 条将"利害关系"而非"法律上的利害关系"作为"原告资格标准",起码在文义上为将"事实上的影响""事实上的利益"等纳入受案范围提供了"诉权"保障。再次,第 12 条第(二)项将"行政强制执行"纳入可诉范围,结合长期以来学界关于行政强制执行实则"事实行为"的共识,以及行政强制执行过程中的主导行为类型为事实行为的实践状况,该规定实质上确认了"事实上的权利义务影响"和作为"事实行为"的"行政强制执行"的可诉性。从行为脉络看,行政强制执行行为存在两次"权利义务实际影响":一次是据以执行的行政行为"作出",此为"法律上的影响",亦即"生效";另一次是法定起诉期间届满,当事人既不起诉又不执行前提下的强制执行行为"实施",此为"事实上的影响"。为防止出现"两次诉权"并导致浪费司法资源、破坏诉权平等、增加诉讼成本等现象,以往理论、规范和制度设计大都秉持只有"法律上的影响"才可诉的观点,正所谓"诉的适当性的前提是,行政行为在法律上是存在的(rechtlich existent)",② 此次修法尽管确认了行政强制执行的可诉性,但并不寓意相对人有权针对据以执行的行政行为和行政强制执行行为"重复起诉"和"重

---

① 参见陈清秀《行政诉讼法》,法律出版社,2016,第 225 页。
② 〔德〕弗里德赫尔穆·胡芬:《行政诉讼法》(第 5 版),莫光华译,法律出版社,2003,第 215 页。

复审查",而是肯定了超出"据以执行的行政行为范围"或"生效裁判所确定的范围"的行政强制执行可诉,正所谓"对于传达或用于执行一行政行为的事实行为不得单独提起不作为之诉或其他诉讼"。[①]

事实上,修改前《行政诉讼法》第 2 条、第 11 条和修法后第 2 条、第 12 条等条款一直将"可诉权益"定位于"合法权益",其中当然蕴含"合法的事实上的利益"。易言之,法律早已为"事实上的利益"的诉讼保护提供了规范依据,实则法理和法律规定之外的因素造成了司法实践落后于法律规定的现状,这也是法律实施受制于社会实践的典型事例,更是"法律人"的无奈,正如最高人民法院在个案裁判中所述"有权提起诉讼的原告,一般宜限定为主张保护其主观公权利而非主张保护其反射性利益的当事人",[②] 试想,如果法律已经明确将"事实上的利益"排除在可诉范围之外,这里的"一般宜"肯定会被法官换成"依法应",不必在判词表达上显得如此"不硬气"。

### (三) 肯定"必然影响"的可诉性助成功能

字义上看,"实际"寓意"客观存在的事物与情况""事实""实有的""实在的利益"等,而"必然"寓意"必定这样""一定条件下不可避免性和确定性","或然"寓意"或许可能""有可能而不一定",可见,"必然"和"或然"并不符合"实际"所蕴含的"实然"的意思,"实际影响"只能指向"实然影响"。

秉承"如果不能苛求原告必须等到某一负担实际出现才采取行动,就应当考虑采用预防性法律保护"[③] 的诉讼理念,不少域外国家已有对"将来利益""必得利益""可得利益"予以诉讼保护的制度事实。如在美国,损害的"现实性是指已经发生或者发生的可能性极大,不是基于推测可能发生的损害"。为预防"将来不利影响",法律创设了"用于作出决定前

---

① 〔德〕平特纳:《德国普通行政法》,朱林译,中国政法大学出版社,1999,第 119 页。
② 参见最高人民法院 (2017) 行申 169 号行政裁定书。
③ 〔德〕弗里德赫尔穆·胡芬:《行政诉讼法》(第 5 版),莫光华译,法律出版社,2003,第 321 页。

和执行中的决定"的"禁止状"。① 法国法上借放宽"现实损害"的范围来承认"必然损害"的可诉性："将来的损害如其发生为不可避免，也视为已经发生的现实损害。"② 在德国，"公民必须可以针对任何一种权力行为提起防御之诉"，据此，为在多种情况下"防患于未然"，行政法院法创设了不作为之诉、暂时法律保护、针对不利行政行为的暂时法律保护和暂时命令等多种救济途径，意在避免将来违法和保护将来利益。其中，在预防性确认之诉中，"诉之利益""必须正好在于，一个未来的（künftig）法律关系之存在，当前已经可以得到确定"。③ 在意大利，行政法官不仅可以命令停止执行行政行为，还可以根据具体案情采取一切"能够临时性保证诉讼判决效力"的措施。④ 域外的先进经验做法为我们将"必然影响"纳入"可诉影响"范围提供了制度样板。实质上，最高人民法院早在 2000 年就在学理解释上秉持了"必然影响"的诉讼保护理念："'法律上的利害关系'是被诉行为对自然人和组织的权利义务已经或将会产生实际影响，这种利害关系，包括不利的关系和有利的关系，但必须是一种已经或必将形成的关系。"⑤ 只是司法个案中法官大都秉持"必将"毕竟不是"实际"的观点否定"必然影响"的可诉性，如有裁判以涉案行为"尚未对原告造成实质影响，只是未来会对原告产生影响"为由驳回原告起诉。⑥

从减少违法行政成本、及时纠正违法行政行为、为利害关系人提供及时的诉讼保护等因素考虑，完全有必要创设"预防性诉讼"制度。尤其是，一旦承认阶段性行为的可诉性，就必须配套设置能够阻止违法性继承、避免将来利益损失发生的制度设计，以期能阻止"不利影响"从"或然""必然"走向"实然"。

---

① 参见王名扬《美国行政法》（下），中国法制出版社，1995，第 630、578 页。
② 王名扬：《法国行政法》，中国政法大学出版社，1989，第 693 页。
③ 参见〔德〕弗里德赫尔穆·胡芬《行政诉讼法》（第 5 版），莫光华译，法律出版社，2003，第 448、487、494、516、321 页。
④ 参见罗智敏《论行政诉讼中的预防性保护：意大利经验及启示》，《环球法律评论》2015 年第 6 期。
⑤ 最高人民法院行政审判庭编《关于执行〈中华人民共和国行政诉讼法〉若干问题的解释释义》，中国城市出版社，2000，第 26~27 页。
⑥ 参见河南省平顶山市中级人民法院（2019）豫 04 行初 18 号行政裁定书。

值得注意的是，尽管"由于风险本身并非传统意义上的'损害'，因此利害关系人能否仅仅基于受到风险威胁而主张原告资格是高度争议性的问题"，[①] 但已有学者提出"在现代风险社会中，'利害关系'还应当包括因行政机关作出的行政行为对行政相对人产生的风险利益"[②] 的观点，笔者以为，仅从"风险利益"的客观性、人们规避风险损失行为的必然性及追逐风险增益行为的正当性等方面考虑，将"风险利益"纳入"诉之利益"并非"异想天开"之举。

### （四）逐步将"间接影响"纳入受案范围

一般认为，"间接影响"并不产生可诉行为和诉权，不少司法个案裁判时常以"不属于直接影响"为由否定当事人的诉权，如有裁判以房屋征收过程中的调查性、程序性、过程性行为"本身并不对上诉人邓××的权利义务产生直接性的实质影响"[③] 为由否定其可诉性；另有裁判将原告资格标准解读为"这里的'利害关系'应当是指被诉行政行为可能直接影响起诉人权利义务的情形"。[④] 更有最高人民法院在"刘××诉张家港市人民政府行政复议案"中认为："'有利害关系的公民、法人或者其他组织'，不能扩大理解为所有直接或者间接受行政行为影响的公民、法人或者其他组织。"[⑤] 既非"所有"，究竟有哪些？"直接受影响者"也不能当然取得原告资格么？与前述司法个案中的消极态度不同，近年来规范制度设计层面带给我们一些积极的信息。首先，2000 年最高人民法院《关于执行〈行政诉讼法〉若干问题的解释》第 13 条和《解释》第 12 条赋予"行政相关人"诉权，实质上已经揭开了"间接影响"产生诉权、原告资格和可诉行为的序幕，因为从语义上看，"间接"寓意"通过第三者发生联系"，而"行政相关人"大多属于通过"行政相对人"的权利义务、行为等与行政行为发生可以生成诉权的关联。其次，《行政诉讼法》第 25 条

---

① 金自宁：《风险中的行政法》，法律出版社，2014，第 6 页。
② 章剑生：《行政诉讼原告资格中"利害关系"的判断结构》，《中国法学》2019 年第 4 期。
③ 参见湖南省高级人民法院（2018）湘行终字 150 号行政判决书。
④ 参见湖南省高级人民法院（2019）湘行申 355 号行政裁定书。
⑤ 参见最高人民法院（2017）行申 169 号行政裁定书。

将原告资格标准界定为"利害关系"，赋予"事实上的利害关系人"以诉权，而"事实上的利害关系"极可能是"间接影响"，系通过"法律上利害关系人"的权利义务、行为等间接受到行政行为影响。再次，《行政诉讼法》第 25 条授权人民检察院作为"公益诉讼起诉人"提起行政公益诉讼，但这并不寓意检察机关与行政行为之间有直接利害关系。按照宪法、法律的规定，检察机关是"国家的法律监督机关"，《人民检察院组织法》第 2 条等法律规定也只是赋予检察机关"维护国家利益和社会公共利益"的职责，其自身与社会公共利益以及损及社会公共利益的行政行为之间并无直接利害关系。在国家与社会分域而治的背景下，其并非社会公共利益的当然代表人，所以才有了《联邦德国行政法院法》第四节对"联邦行政法院检察官"作为"公益代表人"的特别规定。理论上，主流观点也认为公益诉讼起诉人、发起人与被诉行政行为之间并无直接利害关系，"代表公共利益提起公益诉讼的主体与行政机关的作为或不作为行为无直接利害关系。所谓无直接利害关系，包括完全没有利害关系和有间接利害关系两种情况"。[1] 最后，《解释》中的"权利义务实际影响"条款强调的是"影响"的"实际性"，至于其究竟属于"直接的"抑或"间接的"，不在条款规制范围之内。如果"间接影响"也具备了"实际性"，当然能够助成行为的可诉性。

基于上述，笔者认为，将"可诉影响"由"直接影响"拓展为"间接影响"已有规范制度基础，需要的是一线办案法官的学识和魄力。鉴于一旦全面肯定"间接影响"的可诉性助成功能，必定会带来案件数量"井喷"，可以考虑采用赋予相关人诉权的立法模式，先以列举式设定几种"间接影响"产生可诉行为的具体情形。

其实，即使仍将"可诉影响"局限于"直接影响"，也可以从对"直接影响"的宽松解读入手拓展可诉行为范围，为此必须树立三个基本观念。第一，所谓的直接与间接只是相对而言的。行政过程中的阶段性行为对于"最终行为"所含权利义务可能是"间接影响"，但对"阶段性权利

---

① 马怀德主编《行政诉讼原理》，法律出版社，2003，第 157 页。

义务"则是"直接影响"。如最高人民法院在"崔志惠等诉天津市滨海新区人民政府行政复议申请再审案"中认定:"建设单位在取得建设用地规划许可证后,方可向土地管理部门申请用地。也就是说,建设用地规划许可证,仅是申请建设用地的前提条件,并不会直接发生设立、变更、转让或消灭不动产物权的效力……如果崔志惠等人认为自己的合法权益受到了侵害,可以在征收或补偿环节依法寻求救济,而非颁发建设用地许可证环节。"① 实质上,"建设用地规划许可"对于"建设环节"的合法权益而言,属于"间接影响",但对于"规划环节"的合法权益而言,无疑属于"直接影响",受土地规划影响的权利人完全可以主张"该地块不能被规划为建设用地",这种"直接影响"的"实际性"足以使其获得针对规划许可行为的起诉资格。第二,必须承认一个行政行为或行政过程并非仅有一个"直接影响",并附着于"最终行为",而是会有多个附着于阶段性行为的"直接影响"。当存在几个"直接影响"时,当下法律制度设计既未限定只有一个诉权、一个可诉行为,也未强迫人们必须比较哪个环节的影响"更直接"并诉之。第三,判断"权利义务影响"的"直接性"抑或"间接性",必须以"行为-人"模式为背景,行政过程中的每个行为都会有"直接受影响者";不能以"行为-人-行为"模式为背景,在行政过程存在多个行为的前提下,不能让人们必须通过具体比对看哪个行为更"直接地"影响了合法权益并诉之。以前述"崔志惠等诉天津市滨海新区人民政府行政复议申请再审案"为例,"规划许可"与"建设用地许可"两个行为都有各自的"直接受影响者",各该"直接利害关系人"均有权起诉对自己造成"直接影响"的行为,当两个行为的"直接受影响者"重叠时,不能让其选择"更直接影响"权益的行为起诉。

## (五)肯定"程序性影响"的可诉性

从字义上看,"权利义务实际影响"条款注重的是影响的"实际性",至于其究竟是程序上的还是实体上的,并不计较。但是,当下司法实践对

---

① 参见最高人民法院(2017)最高法行申3827号行政裁定书。

"程序性影响"可诉性有三种不同做法。第一种做法是承认"程序性影响"可诉，如早在2003年已有个案裁判在肯定"程序性影响"的可诉性方面"率先垂范"："被告作出的武政函（2002）52号文系对原告请求事项的答复，该函虽然未对原告请求事项作出实质性答复，但对原告实体权利的实现产生了程序性影响，属于国家行政机关依职权作出的具体行政行为，原告认为该行为侵犯其合法权益，有权依法提起诉讼。"① 这种完全符合"权利义务实际影响"条款本意的典范案例，后来因不断出现的对于该条款的"法外设限"而呈"凤毛麟角"之势。第二种做法是有条件地承认"程序性影响"可诉，如最高人民法院公布的第14批指导案例第69号"王明德诉乐山市人力资源和社会保障局工伤认定案"为"程序性影响"可诉附加了三个限制条件："如果该程序性行政行为具有终局性，对相对人权利义务产生实质影响，并且无法通过提起针对相关的实体性行政行为的诉讼获得救济的，则属于可诉行政行为。"② 其将"无法通过提起针对相关的实体性行政行为的诉讼获得救济"作为"程序性影响"可诉的前提，带有浓厚的"程序工具主义"色彩，与"与实体权益无关的程序请求权"不产生诉权的观点一脉相承。第三种做法是否定"程序性影响"的可诉性，如有裁定书认为："即便该告知书被认定为一种行政行为，那么也仅是一种过程性行政行为，且未对原告产生实体权利的影响，不具有可诉性。"③

司法实践中误判"程序性影响"可诉性的原因主要有三方面。第一，程序工具主义作祟。只要秉持程序服务于实体、程序没有独立价值，就必然陷入"程序权益"的合法性认定和保护完全可以融入和附随于"实体权益"，"程序行为"的合法性判断亦可以被"实体行为""最终行为"所吸收的谬误。第二，理论误导。当下行政行为理论主流上属于"静态的行为研究"而非"动态的过程研究"，主要研究作为行政过程终点的"最终行为"，对阶段性行为和"过程性影响"的成立要件、类型、

---

① 参见湖北省高级人民法院（2003）鄂行初字第1号行政判决书。
② 参见四川省乐山市中级人民法院（2013）乐行终字第74号行政裁定书。
③ 参见江苏省无锡市中级人民法院（2017）苏02行终332号行政裁定书。

效力、瑕疵及其矫正等理论研究相对落后,极易误导人们从"静态的行为"角度来解读可诉行为。第三,法条误读。《行政诉讼法》第2条在界定"可诉行为"时采用了"行政机关和行政机关工作人员的行政行为"的表述,注重"法条主义"和"文义解释"的"法律人"极易将"行政行为"作为一个"点"来解读,"诉之利益"也随之被定位于"最终行为"所含"实体性影响"。与此不同,《国家赔偿法》第2条将"侵权行为"表述为"国家机关和国家机关工作人员行使职权",注重"侵权行为"的"动态性"和"过程性",自然会以侵权行为过程为视角厘定损害和赔偿范围。

近年来,随着"程序性影响"不可诉的观点逐步被否定,司法个案中又出现了程序性行为"不单独审查"的观点。如有裁判认为:"人民法院将对程序性行为的合法性审查纳入公民、法人或其他组织不服该最终行政行为而提起的行政诉讼中一并处理。公民、法人或其他组织不服单个程序性行为而提起的诉讼,不能成立为独立的行政诉讼案件。这一原则不因公民、法人或其他组织是否实际就最终行政行为提起行政诉讼而发生改变。"① 该观点不能应对各种可能的个案情形:相对人不提起"最终行为之诉";行政程序终止,没有"最终行为"产出,而此时针对程序性行为的起诉期间已过;"最终行为"作出后,相对人对"最终行为"没有任何异议,而只对程序性行为不服,但此时针对程序性行为的起诉期间已过。那么,程序性行为的可诉性及其合法性审查机会将随之消灭。尽管有观点认为可以灵活运用《行政诉讼法》第48条关于"其他特殊情况耽误起诉期限的""可以申请延长期限"的规定,但同时也承认"不是所有的案件都能存在救济时效的例外事由,所以,不免仍要面对违法性继承的现实问题"。另外,如果承认程序性行为也有独立法律效果和起诉期间,那么相对人提起了"最终行为之诉",但此时程序性行为的法定起诉期间已过,已产生不可争力,此时审查程序性行为的合法性是否有违不可争力、公定力等一般法理和法律规则?该问题同样困扰着日本等国家的理论与制度设

---

① 参见浙江省杭州市中级人民法院(2018)浙01行终211号行政裁定书。

计，尽管已有"起诉期限只是要求主张先行行为违法必须在先行行为的撤销诉讼中提出，在后续行为的撤销诉讼中主张先行行为违法，并不属于先行行为起诉期限的客观范围之内"等观点，[1] 但也难以说服不同见解者。

事实上，域外学术观点早已开始反思"程序性影响"不能单独评价合法性的正当性。如在德国，有观点认为："原告通常不能单独强求行政机关遵守程序规定，而不将其决定作为整体进行抨击。否则，诉讼不仅不具备理由，而且也不适法……但诉的适当性并没有被排除，因为行政法院法第44a条不依赖于所争执的程序行为的法律形式……对于程序问题尽早进行司法上的澄清，本来可以起到保障效率的作用，而行政法院法第44a条却恰好是在迫使人把程序缺陷及其后果一直'保留'到对主要事件的行政诉讼中去。"[2] 在这个问题上，既有经济学考量，亦即在起诉程序行为与起诉"最终行为"之间哪个更"划算"；也有制度设计的理性考量，比如，《行政诉讼法》为何不创设预防性诉讼类型，进而利用"程序行政行为之诉"阻断违法的行政程序前行和"最终行为"作出。

可喜的是，我国已有肯定对"程序性影响"进行单独评价的司法个案，如在"郑世深诉五莲县人民政府行政强制执行、行政赔偿案"中，人民法院裁判："如果被执行人及利害关系人以行政机关实施的强制执行行为存在违反法定程序、与人民法院作出的准予执行裁定确定的范围、对象不符等特定情形，给其造成损失为由提起行政诉讼或者行政赔偿诉讼的，人民法院应当依法受理。"[3] 据此，在"裁执分离"背景下，如果行政机关的强制执行行为新增了"违反法定程序"的内容，则可诉，且鉴于除"超范围执行"等特殊情形外，被诉行为的实体部分或者"已过争讼期间"，或者"为生效裁判所羁束"，所以"本诉"中只能就"程序性影响"单独评价。实际上，在行政机关协助法院执行生效裁判和"裁执分离"背景下，这种对执行行为的"程序违法"进行单独审查的情况屡见不鲜。

---

[1] 王贵松：《论行政行为的违法性继承》，《中国法学》2015年第3期。
[2] 〔德〕弗里德赫尔穆·胡芬：《行政诉讼法》（第5版），莫光华译，法律出版社，2003，第391页。
[3] 参见山东省高级人民法院（2018）鲁行赔终1号行政裁定书。

## (六) 摒弃"影响"的"最终性"要求

司法实践中,不少裁判文书以"权利义务实际影响"应当具有"最终性"为由,否定"中间性影响""中间行为"的可诉性,具体理由包括"不成熟说"①"不产生最终的法律后果说"②"不是最终影响说"③ 等。应然地说,任何一个行政行为,无论是"中间性"的还是"最终性"的,只要处于"权力权利的交汇点",就会产生"权利义务实际影响"和可诉行为,至于其究竟系"中间影响"还是"最终影响",在所不问。"权利义务实际影响"条款强调的是"影响"的"实际性"而非"最终性"。个案裁判中的"成熟""最终"等限制条件,并非"权利义务实际影响"条款的应有之义,不能作为可诉性判断标准。事实上,作为"成熟原则"发源地的美国,也未限定"影响的最终性","只要它发生了实际的不利影响",哪怕是"行政程序内部的信件","就可受复审"。④ 我国当下主张"最终性"的理由不外乎保持行政程序的连续性、防止"滥诉"等,殊不知,如此做法的代价是,丧失了权利保障和监督行政的"及时性",不能通过"事中监督"及时阻断"违法性继承",进而导致行政与诉讼成本"双付出"。尤其是,将"可诉时点"前移至阶段性行为,并未损及系于阶段性行为和"最终行为"之上的"行政首次判断权",更何况还有"起诉不停止执行"原则保障行政程序继续前行。

## (七) "实际影响"并非仅限于"四要件齐备"背景下的"法律效果"

鉴于理论上一般将成立要件中的"法律效果"界定为"对某种权利义务的设定、变更、消灭或确认",⑤ 与"权利义务实际影响"含义相同,

---

① 参见广西壮族自治区南宁市中级人民法院 (2017) 桂 01 行终 13 号行政判决书。
② 参见江苏省泰州市海陵区人民法院 (2017) 苏 1202 行初 243 号行政裁定书。
③ 参见湖北省武汉市中级人民法院 (2019) 鄂 01 行终 158 号行政裁定书。
④ 〔美〕伯纳德·施瓦茨:《行政法》,徐炳译,群众出版社,1986,第 490~491 页。
⑤ 参见姜明安主编《行政法与行政诉讼法》(第六版),北京大学出版社、高等教育出版社,2015,第 188 页。

这就导致不少理论观点和司法个案习惯于从成立要件之"法律效果",尤其是"四要件齐备"背景下的"法律效果"的角度解读可诉标准,进而将可诉行为局限于"最终行为"。这种理解不仅忽视了除"法律效果"外的其他成立要件对可诉性的应然影响,而且抹杀了其他成立要件也可以有"外部性"和"处理性",也能独立产生"权利义务实际影响"。例如,只要有了行政权能的"外部性"和"处理性",就足以成就"权利义务实际影响"的可诉标准;"意思表示"的内核就是"权利义务影响",因而一旦"表示出来",即达到了"权利义务影响"的"实际性"要求,并助成行为可诉性。

鉴于所有的成立要件均可独立产生"权利义务实际影响"和成就可诉性,所以必须将可诉性判断导入"各成立要件+权利义务实际影响"模式。否则,会减少一个行政行为或行政过程中"权利义务实际影响"的个数和次数,进而减少"可诉行为"和"可诉时点"的数量,并将"可诉时点"由"阶段性行为"延迟至"最终行为"。

以"四要件说"为理论基础、以"四要件齐备"为标准判断行政行为是否成立和可诉,无疑忽视了两个基本问题。一则要件越多越不利于行政行为成立和可诉,"最少要件说"应该是诉权保障视角下的最佳选择,理论上必须加紧探究如何以最少要件数达到行政行为的成立和可诉。二则"四要件说"并非判断行政行为成立和可诉的"法定标准",法律对于行政行为成立究竟应秉持"几要件说"并未"表态",从《行政诉讼法》关于受案范围等的相关法律规定中也只能推导出"行政权能""法律效果"要件。据此,如果继续以"四要件说"和"四要件齐备"为标准,会将很多"一要件说""二要件说""三要件说"背景下已经成立、生效和可诉的行政行为挡在法定受案范围之外。

**(八) 以行政过程为脉络析出"实际影响"和可诉行为**

针对"实际影响",当下理论和实务做法有两点不足:一是只注重其对行政行为"可诉性"的助成功能,忽略了其对"可诉时点"的定位功能;二是忽略了以动态行政过程为"平台"、以行政过程为脉络来寻找

"实际影响时"和"可诉时点"。这不仅牵涉起诉期间的"起始点",而且事关可诉行为的纵向范围。

以行政过程为脉络析出"实际影响"会发现,大凡出现"权力权利交汇点",就会相应地产生"权利义务实际影响"和可诉的阶段性行为。《行政诉讼法》第2条在界定可诉行为时采用了"行政行为"的表述,极易误导人们以"静态的行政行为+权利义务实际影响"模式判断行为可诉性,进而将可诉行为局限于"最终行为"。为拓展受案范围,必须将可诉性判断导入"动态的行政过程+权利义务实际影响"模式,从行政过程中析出"权利义务实际影响"的次数和可诉行为的个数,只有如此才能使阶段性行为的可诉性回归到"权利义务实际影响"条款的应然范围内,进而将"可诉时点"提前到行政过程中所有"权利义务实际影响时",尤其是"单一成立要件运行时"和"阶段性行为时",前者如一旦行政权开始实际运用,就必然影响权利义务;后者如行政监督检查影响程序权利义务。

只有"最终行为"才可诉背景下的"可诉时点"曾被误读为"成立之时",这主要源于最高人民法院行政审判庭曾经将"对公民、法人或者其他组织的权利义务不产生实际影响的行为"解读为"主要是指还没有成立的行政行为以及还在行政机关内部运作的行为等"[1],但"影响的实际性"决定了行政行为的"可诉时点"并非"成立之时",因为不成立的行政行为可能是可诉的,如违背"要式"的"口头罚款"、"不能成立"的行政处罚等;[2] 而且,即使行政行为成立了也并非当然可诉,因为"权利义务实际影响"是以行政行为"生效"为"节点"的,"成立了但未生效"的行政行为同样不可诉。从行政过程和"权利义务实际影响"的脉络看,"可诉时点"一般应为"生效之时",在行政强制执行可诉的情况下,则会增加"执行之时",只有"实际"二字才真正确立了"生效或执行才可诉"的"诉的成熟性"规则。

---

[1] 参见最高人民法院行政审判庭编《关于执行〈中华人民共和国行政诉讼法〉若干问题的解释释义》,中国城市出版社,2000,第9页。

[2] 参见柳砚涛《质疑"行政处罚决定不能成立"——以我国〈行政处罚法〉第41条为分析对象》,《政治与法律》2017年第2期。

### （九）"影响的显明程度"不应成为可诉性影响因素

《解释》第 69 条第（八）项规定，"行政行为对其合法权益明显不产生实际影响的"，"已经立案的，应当裁定驳回起诉"。这里的"明显"值得商榷，理由如下。第一，"明显"的词义为"清楚地显露出来，容易让人看出或感觉到"，意指"影响的可视度""影响的可感知度"而非"影响的程度"。作为可诉性标准的"权利义务实际影响"是一个客观存在，强调"影响的客观真实性"，至于"影响的明显程度""可视度""可感知度"这种主观性因素，不能作为可诉性影响因素。第二，鉴于人的敏感度、感知度各不相同，同样一个"实际影响"，不同的人会有不同的感知程度，如果以"影响的明显程度"作为可诉性判断标准，容易使人产生"一定要遇见一个感知能力强的、敏感的法官"的错觉。第三，"明显"一词所含"清楚地显现出来"本质上还是强调"影响的实际性"，只要"权利义务影响"实际发生了，就具有可诉性，没有"清楚地显现出来"的就不具有"实际性"，尚未达到"可诉时点"。第四，当下制度设计中有关无效行政行为标准之"重大且明显"、诉讼审查标准之"明显不当"等，均因"明显"一词具有不确定性而多生歧义，也给司法实践中准确认定带来变数甚至误解、滥用。为此，《解释》第 99 条不得不专门对《行政诉讼法》第 75 条中的"重大且明显违法"作出解释，但至今也未对"明显不当"作出必要的解释。[①] 据此，在主要奉行成文法、条文法理念的我国当下，法律条文中尽量避免冠以"明显"之类的不确定法律概念。第五，《解释》第 1 条第 2 款第（十）项规定"对公民、法人或者其他组织权利义务不产生实际影响的行为""不属于人民法院行政诉讼的受案范围"，第 69 条第（八）项却要求将"行政行为对其合法权益明显不产生实际影响的""裁定驳回起诉"，"明显"一词的存在导致"不属于受案范

---

① 尤其是，现行法律规定为何不将"重大不当"或"重大且明显不当"作为司法介入的界限或标准？因为一则"重大不当"比起"明显不当"更需要法律规制，二则"重大且明显不当"能与"重大且明显违法"的"无效行政行为"标准保持法理上的一致性，进而形成"轻微不当——一般不当——重大且明显不当"及"轻微违法——一般违法——重大且明显违法"的规制次序。

围的行为"与"驳回起诉的行为"范围不一致，试问对于"不明显不产生实际影响"或"不明显产生实际影响"的行为应该如何处理？再者，"明显"的反义词有"隐约、模糊、朦胧、隐晦"，那么，按照前述关于"明显不产生实际影响"的规定，对于"权利义务实际影响"有无的判断存在"模糊性"的行为是可诉的，这明显有悖于"实际影响"的可诉性标准。

综上，本条款的真实意思应该是，由于立案把关不严，没有产生"权利义务实际影响"的行为进入了审理程序，故应裁定驳回起诉。因此，本条款应该修改为"经审查，行政行为对其合法权益并未产生实际影响的"，"已经立案的，应当裁定驳回起诉"。

# 三 促成"权利义务实际影响"与受案范围、原告资格标准之间的应然一致性

应然地说，行政行为的可诉标准之"权利义务实际影响"、法定受案范围之"认为……侵犯其合法权益"、原告资格标准之"有利害关系"三者之间理应相互关联、范围适度一致。实然地看，当下制度设计中三者之间并未相互观照和力求一致。

## （一）"可诉标准"与"受案范围"之间的差异性

二者范围不一致的根源在于"权利义务"与"合法权益"之间的内涵与外延差异。"权利义务"缩小了"合法权益"的范围，因为"权利义务"一般与"法定"相连接，而"合法权益"更注重"合法"，且其中的"益"包括"事实上的利益"和"合法的利益"，这就会导致超出"权利义务"范围、内含"合法的利益"的行为不可诉。有观点认为，"合法权益""权利义务""法律上的利害关系"三者之间"本质上是一致的"，"'合法权益'即'权利义务'"。[①] 对此笔者不敢苟同。从语义上看，尽

---

[①] 参见于立深、刘东霞《行政诉讼受案范围的权利义务实际影响条款研究》，《当代法学》2013年第6期。

管"权利义务"也有道德意义、社会学意义等样态，诉讼救济层面的"权利义务"一般仅限于法律上的，即"必须是法律规范所规定的，得到国家的确认和保障"，具有"特殊的法律性"，而且，"在一些没有明确法律依据的疑难案件中，道德意义、社会学意义或其他意义上的权利义务有时也会成为法官判案的依据"，[1] 但这种对于"权利义务"的"非常态"适用仅限于"没有明确法律依据的疑难案件"中，尚属"个例"。因此，"权利义务"的"法定性"与"权益"的"合法性"之间的差异造成了"权利义务实际影响"与"侵犯其合法权益"之间的不一致。

《解释》中的"权利义务实际影响"侧重于从法理角度来理解和判断"可诉性"，而《行政诉讼法》第2条、第12条和司法实务则主要以"行政行为 + 合法权益"模式来界定"受案范围"，并将行为类型、行为内容、违法方式等作为辅助性判断标准，这就为二者之间不一致埋下"伏笔"。"可诉性"解决的是"是否可诉"或"诉的应当性"问题，在大陆法上称为"诉的适当性"，其影响因素主要有是否成立生效、是否产生权利义务影响等；"受案范围"主要解决"是否受理"或"诉的现实性"问题，其影响因素包括立法者的考量、法律规定、法院承受力、法治进程、观念转变、公民素质等。结果可能是，符合"权利义务实际影响"标准的行为具有可诉性，但并不必然属于行政诉讼受案范围，"诉的应当性"并不等于"诉的现实性"，有些行为尽管在法理上是可诉的，因为其符合"权利义务实际影响"标准，但在法律规定上是不可诉的，因为其不在"法定受案范围"内，如行政终局行为、部分阶段性行为等。

（二）"可诉标准"与"原告资格标准"之间的不一致及其消弭

"权利义务影响"缩小了"利害关系"的范围。按当下理论观点和实务做法，"权利义务影响"即为"利害关系"的内核，判断是否存在"利害关系"的实质标准就是"权利义务影响"。但应然地看，鉴于法学领域

---

[1] 参见朱景文主编《法理学》，中国人民大学出版社，2008，第438~439页。

的"权利义务"均系于法上,而"利害关系"存在"事实上的利害关系",所以"利害关系"的内涵与外延明显宽于"权利义务"。结果可能是,某些与被诉行政行为之间存在"权利义务影响"之外"利害关系"的人无法行使"诉权",因为其虽与行政行为之间有"事实上的利害关系",符合"原告资格标准",但该"事实上的利害关系"并不属于可诉性标准之"权利义务实际影响",不足以导致该行为可诉。

行为可诉是原告主体资格的上位概念,在行为不可诉的情况下,即使与该行为"有利害关系",也不会产生原告资格,因此,"可诉性"标准的外延应该宽于或至少等同于原告主体资格范围,因为构成可诉性的"影响"越广泛,就有越多的"受影响者"获得起诉资格。若要拓宽可诉行为和原告主体资格范围,必须将"权利义务实际影响"统一于"利害关系"上来。在此,美国法院系统的做法值得借鉴,尽管《联邦行政程序法》规定,"因为行政行为而致使其法定权利受到侵害的人,或受到有关法律规定之行政行为的不利影响或损害的人,均有权诉诸司法复审",但是,法院系统更习惯于将"事实上的不利影响""实际的不利影响"标准统一用于判断可诉性和起诉资格。①

为促成"权利义务实际影响"与"有利害关系"之间的应然一致性,最为关键的是促成"权利义务实际影响"与"有利害关系"之间在适用的"行为"与"对象"范围上的一致性,即"哪些行为可诉"与"谁有权诉"共同指向同一范围的"行为"和"人",只有这些"人"才有权认为这些"行为""侵犯其合法权益"。

## (三)"侵犯其合法权益"与"利害关系"之间不一致

"利害关系"的外延明显宽于"侵犯其合法权益",即使抛开第三人资格,仅从原告资格意义上的"利害关系"来看,若无法律特别规定,类似于"依法应予保护或者考虑"的债权关系、公平竞争关系等"利害关系"并不属于"侵犯其合法权益"范畴,因为我国当下关于"事实上的

---

① 参见〔美〕伯纳德·施瓦茨《行政法》,徐炳译,群众出版社,1986,第429、490~491页。

利害关系人"或"间接利害关系人"的"诉权"需要经过法律的特别确认或赋予才能享有。

　　既然二者之间范围不一致，那么应该以谁为准？有观点主张应遵循"原则"高于"具体"的原则，即规定在《行政诉讼法》"诉讼参加人"部分的"利害关系"应受规定在"总则"部分的"合法权益"的"统领"，不能以"利害关系"替代"合法权益"。①　笔者认为，"原则优于具体"只是对所有法律文本的通常解释，一则不排除例外情况，比如尽管"总则"中有"合法性审查"，但"行政处罚显失公正"和"明显不当"始终作为"合理性"内容一直交替出现在《行政诉讼法》中；二则在行政诉讼领域，鉴于"保障合法权益"在"立法目的"中所处的重要位置，更要把保护诉权和原告资格作为特别要素加以强调，所以二者之间的应然范围和一致性应遵循"最大范围"原则，作为原则的"合法权益"必须将"利害关系"中超过自身范围的部分作为必须予以承认的"例外"情形。这也合乎最高人民法院在个案裁判中所确立的法律适用规则"适用一个法条，就是在运用整部法典"。②

　　此次修法将外延极其宽泛的"利害关系"确定为"原告资格标准"，投射出立法者刻意追求"以权利制约权力"的理念，也与域外"行政法的任何方面都没有有关原告资格方面的法律变化迅速""原告资格的栏杆大大降低了"的发展趋势相一致，③　但客观上会加重司法实践中的"人少案多"现象。作为应对措施，司法个案裁判中已经出现了各种对于"利害关系"的限缩解释，包括"直接联系论""实际影响论"④"因果关系论"等，如有裁判认为，"上诉人所主张的权益损害与涉诉公司工商登记的具体行政行为不存在因果关系，上诉人与涉诉公司的工商登记具体行政行为没有利害关系，故上诉人不具有申请复议的主体资格"。⑤　此等限缩解释

---

① 参见程琥《行政法上请求权与行政诉讼原告资格判定》，《法律适用》2018 年第 11 期。

② 参见最高人民法院（2017）最高法行申 169 号行政裁定书。

③ 〔美〕伯纳德·施瓦茨：《行政法》，徐炳译，群众出版社，1986，第 419 页。

④ 参见章剑生《行政诉讼原告资格中"利害关系"的判断结构》，《中国法学》2019 年第 4 期。

⑤ 参见《最高人民法院公报》2012 年第 5 期。

实质上已经超出了《行政诉讼法》第25条关于"与行政行为有利害关系"规定的范围。

## （四）相互之间不能交叉使用

"侵犯其合法权益"、"权利义务实际影响"和"利害关系"三者之间内涵不同，功能有别，不能相互交替使用，如不能以是否有"利害关系"否定"可诉性"、以是否"侵犯其合法权益"否定"原告主体资格"等。当下不少司法个案裁判在否定原告主体资格和行为可诉性时，经常采用"并未侵害其合法权益"的理由表述，实则混淆了"原告主体资格审查""可诉性审查""实体审理""合法性审查"之间的界限，而事实上，"原告资格与起诉人实体诉讼请求的是非曲直没有直接关系"。①

前述情况的出现可以归因于《解释》第69条第（八）项的规定："行政行为对其合法权益明显不产生实际影响的""已经立案的，应当裁定驳回起诉"。从文义上看，该规定并未对原告资格标准之"利害关系"给予足够观照，未与《行政诉讼法》第25条之"与行政行为有利害关系"、第29条之"同被诉行政行为有利害关系但没有提起诉讼"、第49条之"原告是符合本法第二十五条规定的公民、法人或者其他组织"之间形成呼应关系。尤其是，"侵犯其合法权益"明显窄于"利害关系"，以前者否定后者实则缩小了原告资格范围，尤其对于"有数量限制的许可""作出行政行为时依法应予保护或者应予考虑"等需要法律特别规定才能纳入"侵犯其合法权益、进入受案范围"的"利害关系"而言。

综上，在三者之间的关系处理上，科学合理的规范制度设计应该避免出现下述情形。一则根据"权利义务实际影响"标准，行为可诉，但依法不属于受案范围；或者依法属于受案范围，但按"权利义务实际影响"，行为不可诉。二则按"权利义务实际影响"标准，行为可诉，但按"利害关系"标准，没有具备原告资格者；或者有具备原告资格者，但行为不可诉。

---

① *Black Law Dictionary*, 1979 the Fifth Edition, West Publishing Co..

# 四 结语

"权利义务实际影响"条款只是确立了"凡是产生权利义务实际影响的行政行为就可诉"的标准，并未同时设定最终性、实体性、已然性、直接性、法律性、确定性等限制条件。"受案范围"之"认为……侵犯其合法权益"条款也未特别要求"权利义务实际影响"必须是"显明影响"。这些限制条件之所以在司法实践中得以应用甚至发扬光大，除了"人少案多""司法消极主义"等客观因素外，主要缘于个案裁判中的主观性和随意性。如在"谢峰诉瑞金市人民政府行政复议案"中，最高人民法院认定："再审申请人作出的不予赔偿决定仅系赔偿义务机关对赔偿请求人的赔偿请求进行先行处理的程序性行为，故并非独立可复议和诉讼的行政行为。赔偿请求人即使在诉讼中提出撤销不予赔偿决定，其实质仍是申请行政赔偿。《国家赔偿法》第十四条第二款对单独提起行政赔偿诉讼作了规定，赔偿请求人对赔偿义务机关作出的不予赔偿决定不服，应向人民法院提起行政赔偿诉讼。"① 实质上，其一，从理论上看，"不予赔偿决定"完全符合行政行为成立生效要件和"权利义务实际影响"的最终性、实体性、已然性、直接性、确定性等可诉性要求，其合法性也有单独评价的法律资格和个案需求，故其并非不可诉；其二，从法律条文上看，《国家赔偿法》第14条第2款给当事人指明的救济途径是"向人民法院提起诉讼"而非如前述裁判所述"向人民法院提起行政赔偿诉讼"，据此，当事人完全有权依法提起两个"诉"：一是针对"不予赔偿决定"的"撤销之诉"或"确认违法之诉"，二是针对违法侵权行为的"赔偿之诉"。

江必新曾撰文指出，在行政诉讼受案范围上，"必须严格执行法律规定，不能随意限缩行政诉讼受案范围。与此同时，还应该通过积极解释法

---

① 参见最高人民法院（2019）最高法行申 2380 号行政裁定书。

律把应该受理的案件纳入受案范围"。① 这一观点与司法个案裁判中出于各种考虑、以各种理由缩小受案范围和原告资格范围的做法之间形成巨大反差。

---

① 江必新：《行政诉讼三十年发展之剪影——从最高人民法院亲历者的角度》，《中国法律评论》2019 年第 2 期。

「疫情中的权利保障」笔谈

# "疫情中的权利保障"笔谈专题导语

    2020 年初突发的新型冠状病毒肺炎疫情引起法学界广泛关注。在突发公共卫生事件这一特殊场景中，权利主体、对象、内容以及权利保护场景、保护原则、保护机制等，均与以往大为不同。这些新的变化值得探讨、分析和思考。为了梳理与总结疫情中的权利保障经验，山东大学法学院《人权研究》编辑部联合中国法学会法理学研究会组织了"疫情中的权利保障"这一专题笔谈。本专题笔谈共 8 篇文章，探讨了疫情中的公民医疗权利、商事主体经营权、特殊群体权利保障等问题，并对疫情中政府公共服务的基本原则、权利保护的规范困境、基本权利的限制、后疫情时代的权利保护等问题进行了综合分析，以期对相关理论和实践有所助益。

《人权研究》编辑部

# 论政府公共服务的基本原则

## ——以抗击新冠肺炎疫情为视角

姬亚平　王艾捷[*]

**摘　要：** 公共服务是政府为满足公民需求而向公众提供产品或服务的一种政府职能。公共服务的基本原则可以落实党为人民服务的宗旨，能够指导公共服务实践的发展方向，在公共服务法制不健全的情况下弥补公共服务正式制度的不足，为立法提供指引。确定政府公共服务基本原则，应结合公共服务的基本特征、公共服务的核心理念、价值要求以及实践目标，由此确定公共服务的基本原则应当包括合法性与合理性相结合原则、普遍性原则、平等性原则、持续性原则、针对性原则、适用性原则以及公开性原则等七项。在新冠肺炎疫情期间，政府为民众提供公共服务也应遵循此七项原则，以维护公众基本权益，助力打赢疫情防控阻击战。

**关键词：** 公共服务；服务型政府；新冠肺炎疫情

公共服务是现代政府行政职能的重要组成部分，不管是在突发事件时期，还是在其他正常时期，都要求政府提供符合实际需求的服务产品，满足人民群众生存和发展的需要，实现其对美好生活的向往愿望。改善公共服务是政府职能转变的核心理念，这一理念更加强调政府的服务性，以及对公民权利的尊重。本文结合此次抗击新冠肺炎疫情实践，讨论政府在提供公共服务时应遵循的基本原则，以指导公共服务实践，推进公共服务的发展。2020 年春节我国暴发新冠肺炎疫情，这次疫情考验着党的执政能

---

　*　姬亚平，西北政法大学行政法学院教授、博士生导师；王艾捷，西北政法大学行政法学院助理研究员。

力和执政水平，同时也更加突出了政府公共服务对于保障人民群众生活的重要性。公共服务是疫情期间保障群众生产生活正常开展的关键领域，如何为疫情重灾区武汉市提供最大程度的支援以及如何提供精准的公共服务是当务之急。我国政府全力抗击新冠肺炎疫情，实施了一系列严格的措施，比如为了保护人民群众的生命健康，本着应收尽收的原则，在武汉市兴建"火神山"和"雷神山"医院、免费为感染人员提供救治；又如各地政府为在家隔离的市民提供蔬菜、米面等基本物资，保证群众的正常生活；再如各地政府组织专门人员对公共场所进行消毒、组织专门力量包机接回在国外的留学生；等等。这些措施有效地保护了人民群众的生命健康，集中地体现了公共服务理念。

# 一 公共服务的基本理论

## （一）公共服务的兴起

在人类进入资本主义社会以前的漫长阶段，管理理论一直是关于政府的基本理论，这一理论认为政府的主要职能是管理社会、维护秩序。资本主义社会初期，奉行的是市场经济自由主义，政府扮演着"守夜人"的角色，消极被动，不干预公共生活。19 世纪 90 年代，随着工业的发展，工业社会矛盾尖锐，一种旨在通过政府加强社会保障调和阶级矛盾的公共服务理论诞生。1912 年，法国法学家莱昂·狄骥在其著作《公法的变迁》一书中首次阐释了主权理论的衰落以及公共服务理论的兴起，并论述了公共服务的释义以及公法与公共服务的关系。到了 20 世纪 30 年代，随着世界性经济危机的爆发，人们开始反思亚当·斯密理论的局限性和市场失灵的巨大负面效应，政府在经济增长、收入分配和社会保障方面的作用开始被重视并实践。[①] 20 世纪 90 年代，珍妮特·登哈特和罗伯特·登哈特在对新公共管理理论进行反思和批判的基础上，提出了"新公共服务理论"。这一理论主张政府职能主要是服务，满足公众需求，提升公众生活质量，

---

① 参见尹栾玉《基本公共服务：理论、现状与对策分析》，《政治学研究》2016 年第 5 期。

消极政府应当转变为积极政府。21 世纪以来，西方学界关于公共服务的研究进一步具体、微观和细化。

在我国，中国共产党一直把为人民服务作为自己的立党宗旨，新中国成立后，政府一直在广泛地提供全方位的服务。但是，在理论上精准确立政府的公共服务职能还是较晚。党的十六大报告第一次把政府职能归结为"经济调节、市场监管、社会管理和公共服务"四个方面[1]。2004 年 2 月，温家宝总理在《提高认识统一思想牢固树立和认真落实科学发展观——在省部级主要领导干部"树立和落实科学发展观"专题研究班结业式上的讲话》中首次提出"服务型政府"的概念，并强调要"在继续改进经济调节和市场监管的方式方法的同时，更加注重履行社会管理和公共服务职能"。[2] 党的十八大以来，党中央继续推行公共服务均等化战略，使得公共服务在政策上和实践中都有了新的进展。十八届三中全会更将生态环境保护确立为政府的第五大职能。公共服务得以在我国发展的原因主要有两个。一是现代民主国家政府和公民关系的转变。在现代民主思想的影响下，我国的政府与公民的关系从管理与被管理转变为服务与被服务，公民通过选举产生政府，政府代表公民的利益、为公民服务，此时，这种关系表现为一种平等、契约协作、相互推动的新型关系，我国的政府定位也从传统的管理型政府转变为服务型政府，对于行政的定义也从传统的管理、命令变为服务。二是经济发展为公共服务创造了前提条件。马克思主义基本原理主张经济基础决定上层建筑，要提供公共服务就要求政府必须有一定的财力，经过改革开放，我国经济快速发展，政府有了提供公共服务的较强能力，不断加大为公民提供服务产品的力度。而公共服务与经济发展水平应该相互适应，一方面，不能因为提供优质的公共服务而导致财政过度举债；另一方面，在经济发展到一定水平的情况下，就必须改进公共服务，"因为优质的公共服务是经

---

① 江泽民：《全面建设小康社会，开创中国特色社会主义事业新局面——在中国共产党第十六第全国代表大会上的报告》，2002 年 11 月 8 日。

② 温家宝：《提高认识统一思想牢固树立和认真落实科学发展观——在省部级主要领导干部"树立和落实科学发展观"专题研究班结业式上的讲话（摘要）》，《中华人民共和国国务院公报》2004 年第 12 期。

济长期持续快速发展的根本保证"①，在经济发展进程中，政府应提供高质量的公共服务以保证经济的持续增长。

（二）公共服务的界定

2019 年党的十九届四中全会通过的《关于坚持和完善中国特色社会主义制度、推进国家治理体系和治理能力现代化若干重大问题的决定》指出，"……优化政府职责体系。完善政府经济调节、市场监管、社会管理、公共服务、生态环境保护等职能"。我国把公共服务放在了更加突出的地位。对于公共服务，其概念内涵在学界存在多种理解，其中，最为热议的是从广义与狭义两方面解读公共服务的内涵。如学者杨宏山认为，从广义上看，政府的所有行政行为都可视为公共服务，而从狭义上看，公共服务仅仅是政府的职能之一。② 学者薛澜、李宇环认为，"狭义的公共服务仅仅指政府除经济调节、市场监管和社会管理之外的，与'民生'直接相关的政府职能"，"广义的公共服务除了狭义概念的范畴外，还包括政府进行宏观调控、维护市场秩序和社会秩序的监管行为"。③ 显然，对于公共服务的不同理解，关涉服务型政府如何理解和构建。从广义上看，公共服务包括政府所有行为，其范围与边界比狭义情境下的公共服务要大，并且较为模糊，这一情境下的公共服务需要讨论的是如何重新调整与界定政府与公民、社会的关系；而从狭义上看，这一情境下的公共服务是政府的职能之一，只涉及政府职能体系的内部调整。可见，在不同的理解下构建服务型政府的路径是不同的。

本文认为，在当前的中国语境下，对公共服务的概念界定，还应从狭义上进行理解。改革开放以来我国把政府工作的重心都放在经济建设上，但这一工作重点使得现阶段出现了一些市场无法解决的社会问题，为了解决这些问题，"一个最直接的反应和措施就是重新调整职能体系，加大政

---

① 连儒来：《公共服务的兴起与我国公共管理的转型》，《内蒙古民族大学学报》（社会科学版）2016 年第 2 期。

② 参见杨宏山《公共服务供给与政府责任定位》，《中州学刊》2009 年第 4 期。

③ 薛澜、李宇环：《走向国家治理现代化的政府职能转变：系统思维与改革取向》，《政治学研究》2014 年第 5 期。

府在社会领域的投入，通过制定相应的公共政策，增加政府对公共产品方面的供给"。① 同时，我国也一直强调公共服务是我国的政府职能之一，是政府为满足公民生活、生存和发展的某种需要，向公民提供的产品或服务，包括城乡公共设施建设、教育、科技、卫生、文化、体育等。这一职能与其他如市场监管、社会管理等政府职能不同，它可以使公民的直接需求得到满足，具有较强的现实意义。所以，对公共服务概念的界定，应从狭义上进行理解。

为了准确界定公共服务的内涵和外延，我们也有必要比较一下相关概念。

### 1. 公共服务与公共行政

公共行政是国家行政机关和法律授权的公共机构依法管理社会事务所进行的活动，是以政府为主体的公共权力运作形式。公共行政的功能在于为社会提供公共产品、维护公共秩序、实施管制以及进行宏观调控。公共服务属于公共行政的一部分，公共行政为社会提供公共产品的基本方式便是服务，无论是为低收入者提供低保，还是为大众提供住房、医疗、养老、教育、交通等，以及已经解决了生存问题的人们所需求的更加高端化的精神享受，都属于公共服务的范畴。可以说，公共服务是公共行政的一种方式，它是政府以公民为中心所进行的公共行政活动。

### 2. 公共服务与公共管理

公共管理是指以政府为主导的公共组织或法律授权的非政府组织为实现公共利益，而行使行政权维护公共秩序的活动，公共管理与公共服务的平等性、自愿性和双方性不同，其具有命令性、单方性、强制性。例如，疫情期间，政府执法部门严厉打击制造销售假冒伪劣防疫设施的行为，以及平时为了监管市场、保护生态采取的各种措施。公共管理也是公共行政的组成部分，可以说，公共管理与公共服务共同构成了公共行政，二者特征泾渭分明。

---

① 余世喜：《公共服务型政府的内涵及其基础分析》，《暨南学报》（哲学社会科学版）2007 年第 3 期。

## （三）公共服务判断标准

### 1. 以公共利益为界限范围

服务型政府强调要为全体公民而不是为某些特殊利益集团或者个体服务①，因此，公共服务作为政府的一项职能既关涉到每一个社会成员的基本利益，同时又超越个人的私人利益，对公共服务这一政府职能所涵盖的界限范围应以"公共利益"为界定标准。公共利益，从字面理解，也即公共的利益，即能使一定范围内所有公众需求得到满足的对象。因公共利益具有抽象性与社会性，其与公共服务范围与内容的不确定性相吻合。由于公共服务的范围和内容不确定，会随着社会需求的变更而变更，对政府提供的产品和服务根本无法通过一一列举的形式予以明示，因此，将政府提供的物品与服务的特性与公共利益挂钩，能更准确地界定公共服务的范围与内容。公共利益不仅代表社会价值，体现需求的公共性与社会性，并且可以涵盖各种性质的物品。学者柏良泽指出，"政府提供物品的根据是对公共利益的判断，公共利益才是判定公共服务的内在依据，物品只有与公共利益相联系才具有公共服务的特性"②，王名扬教授也指出："当行政主体认为如果不从事某种活动，公共利益的需要就不能满足或不能充分满足，因而决定承担某种活动时，这种活动就成为公务。"③ 因此，将公共服务与公共利益相挂钩，可以准确地对公共服务进行判断，从这一意义上说，政府提供公共服务必须基于公众的共同需要，以满足社会公益为前提，所有违背社会公共利益的政府服务行为，都不能称为公共服务。

### 2. 以满足公众的生存和发展需要为目的

将公共服务作为政府职能的目的之一是克服长期以来我国以经济建设为中心而带来的市场本身无法解决问题的困难，是对市场失灵、社会自治失败而导致的社会差别和个人弱势地位的一种积极矫正。④ 由于市场具有

① 参见邢华《论公共利益与服务型政府建设》，《中国行政管理》2009 年第 7 期。
② 柏良泽：《公共服务研究的逻辑和视角》，《中国人才》2007 年第 3 期。
③ 王名扬：《法国行政法》，北京大学出版社，2016，第 376 页。
④ 参见马英娟《公共服务：概念溯源与标准厘定》，《河北大学学报》（哲学社会科学版）2012 年第 2 期。

竞争性与排他性，个人赖以生存和发展所需的生活资源有时无法通过市场直接得到满足，而政府作为社会管理的机关，其角色定位从最初的"守夜人"转变为公民的"大管家"，当市场无法满足公众基本生产生活需要时，个人基本生存需要的满足就落到了政府的职责范围内。政府通过提供公共服务，发挥其作为"大管家"的积极作用，满足社会或市场无法提供给个人的基本生存发展需求，保证了公民的正常生活，维护了社会的稳定，目的在于实现社会公平、正义。因而，公共服务应以满足公众基本生存和发展需要为目的。

**3. 公众无法通过自力获得的**

公共服务是对市场失灵、社会自治失败的一种矫正手段，这也决定了公共服务的提供应是个人凭借自己的努力仍无法获得公共利益时的辅助性行为。"国家追求、实现公益的行为，必须在社会的个人凭自己的努力都无法获得利益，也因此使公益无法获得时，方得为之，故是一种次要性的补助性质的辅助行为。"① 由于政府在进行公共服务活动时，需调动经济、政治、行政等手段对社会财富进行再分配，这时，政府需要对行政权力进行把控，不能以提供公共服务之名侵害本属于公民个人的生存发展自由权利。在一个民主国家，政府首先应保证公民有选择自己生存发展方式的自由和权利，当公民个人凭借一己之力仍无法获得生存发展利益时，政府方能介入，以提供公共服务的方式满足需求。这既是实现民主、正义的需要，也是对公民宪法权利的尊重。

# 二 确立公共服务基本原则的必要性

公共服务在国家的社会管理中具有重要地位，确立公共服务的基本原则对政府的社会管理活动具有重要作用。公共服务基本原则是指决定公共服务制度、模式和方式的基本指导思想，贯穿于公共服务始终。② 确立公

---

① 陈新民：《德国公法学基础理论》上册，山东人民出版社，2011，第189页。
② 参见陈振明等《公共服务导论》，北京大学出版社，2011，第84页。

共服务的基本原则对公共服务相关规范的制定和实施具有重要意义，政府在提供公共服务时必须严格遵循公共服务的基本原则，以保障公民的受益权。

### （一）确立基本原则是精准落实党为人民服务宗旨的需要

全心全意为人民服务是中国共产党的宗旨，这一宗旨要求党不论何时何地都要把人民的利益放在首位。我们的政府是党领导下的政府，应把党的宗旨转化为政府的任务。公共服务作为政府的职能之一，其重在关注民生、重视民生、保障民生、改善民生的价值目的与党全心全意为人民服务的宗旨相契合。通过提供服务和产品，从而实现社会需求的满足，保障和改善了人民群众的生活，使更多发展成果更快更公平地惠及全体人民，这是政府履行重要职能的要求，也是践行党的宗旨的体现。而公共服务的基本原则是公共服务制度体系的灵魂，反映公共服务的本质特征和价值内涵，彰显了公共服务制度下国家与社会关系的本质要求，直接体现了公共服务精神实质。确立公共服务的基本原则，可以使为人民服务这一宗旨与公共服务价值理念高度融合，从而有助于精准落实为人民服务这一宗旨，也体现了贯彻党的宗旨的坚定性，提高政府践行全心全意为人民服务宗旨的自觉性。

### （二）基本原则可以指导公共服务实践的方向

基本原则是一种具有抽象性与概括性的思想，其抽象性与概括性就决定了其具有指导性。在公共服务实践中，除了正式的制度可以对其产生指引作用之外，非正式的制度如基本原则、核心理念等也能起到很大的指导作用。公共服务基本原则对于公共服务的发展具有重要意义，有如学者所言："理论与实务之间本不存在隔阂，尽管理论本身可能永远与'实体'有相当的距离；尽管理论只有'局部的真理性'，但这丝毫不影响理论的重要性。"① 公共服务的基本原则不仅可以反映公共服务的基本价值内涵，

---

① 张成福：《重建公共行政的公共理论》，《中国人民大学学报》2007年第4期。

对整个公共服务活动进行宏观上的把握，为政府的公共服务活动提供理论引导，同时还可以帮助理解公共服务的现实状况，并且能够指导公共服务实践发展，使公共服务实践更具"真理性"，防止公共服务发展误入歧途，使其朝着正确的发展方向前进。

（三）基本原则可以弥补公共服务正式制度的不足，为立法提供理论指引

新中国成立以来我国党和政府都非常重视民生领域的立法工作，在教育、就业、社会保障、医疗卫生、食品安全等领域都有正式的法律制度，但不可否认的是，我国公共服务制度体系还存在许多制度空白，比如公共服务基本法缺乏、实体法不完善、程序性法律滞后、公共服务权利救济法律制度不健全、配套法律法规不完善等。① 当制度制定与现实生活之间存有一定的空白时，就需要非正式的制度对暴露于制度空白下的社会关系进行调整。公共服务基本原则的作用领域可以合理延伸到缺乏具体规范的制度空白领域，发挥其调整功能，弥补正式制度中的缺陷和不足。同时，确立公共服务基本原则，还可以对公共服务立法起到指引作用，通过基本原则指导公共服务制度设计，使公共服务法律制度与公共服务的价值取向、核心内涵、精神实质等相契合，从而加强公共服务立法的系统性、科学性和权威性。

# 三 确定公共服务基本原则的考量因素

## （一）公共服务的基本特征

### 1. 公共服务是大众化的服务

从公共服务的服务对象上看，公共服务是一种大众化的服务。公共服务是为了满足社会需求而向公民提供的服务或产品，其公共性就决定了公

---

① 参见李德国、陈振明《公共服务的法治建构：渊源、框架与路径》，《厦门大学学报》（哲学社会科学版）2015 年第 4 期。

共服务的大众化。由于公共服务要求能满足所有人的利益需求，因此公共服务的覆盖面非常广泛。公共服务不是针对特殊的阶层或群体，而是面对普通的大众，向一国领域内的所有公民提供的服务，比如疫情隔离期间为公众提供防护用品、粮食蔬菜等，这些都属于社会大众共同需要的物品，具有大众性。因此，作为政府来讲，它提供的公共服务首先是一种大众化的服务。

**2. 公共服务是基本的服务**

如前所述，公共服务是为了满足公民基本生活需要而进行的活动，它涵盖的内容非常繁杂，涉及公民生活的方方面面，包括供水、供气、供电、交通、公共安全、医疗、教育、文化娱乐等等。这些不仅是关系到人们日常生活的服务，而且也属于基本服务的范畴。比如疫情期间对水电气暖的欠费不停供、对口罩进行价格补贴、免费为感染者提供医疗等，这些都是关系群众基本生活需求的、具有基本性的服务。这也是公共服务的第二个特征。

**3. 公共服务是非营利性的服务**

一般来说，公共服务是由政府和公共部门来提供的，不同于以营利为目的的企业，政府提供公共服务的主要目的是满足公共利益，从而促进社会与个人的全面发展，政府提供的公共服务是一种非营利性的服务，并且其服务所得是投入公共事务发展中，不是用于利益分配。比如疫情期间政府提供的公共服务均未向群众收取任何费用，包括免费的医疗救治，这就是由于公共服务的非营利性，它仅是政府单方面基于服务型政府的职责所在而在能力范围内向公众进行援助，以服务的方式助力疫情的过渡。因此，公共服务具有非营利性。

（二）公共服务的核心理念、价值要求以及实践目标

**1. 以保障人权为内涵**

保障人权是公共服务的首要内涵。在现代的政治体制下，公共服务的主要目的是促使公民的基本权利得到保护。西方的政治理念倡导"天赋人权"，主张人的权利与生俱来，这种权利甚至高于国家权力，之所以建立

国家，就是为了有效保障个人的权利。虽然我国的政治理念与西方不同，但对于基本人权的保障，从人民民主专政制度以及党为人民服务的宗旨就可以推演出我国提供公共服务也是以保障人权作为逻辑起点的。正因为保障人权的核心理念，在发生突发事件时，就更需要政府以其能力范围来保障特殊时期公民的正常生活以及维护社会的稳定。保障人权不仅关系到公共服务的理论基础构建，更关涉公共服务体系制度的构建、目标模式的确立，体现公共服务的价值和内容的核心。首先，公共服务以保障人权为起点，没有对人权的保障，公共服务就失去了其应有的基本价值。其次，公共服务以保障人权、促进人的全面发展为目标。人权保障是公共服务的内在价值基础，对整个公共服务体系的理论构建具有重要意义。正如学者马庆钰所说："实现普遍人权是公共服务的价值基础。"[1]

**2. 以维护公共利益为准则**

维护公共利益是提供公共服务的实践准则。政府提供公共服务是为了满足公众需求、维护公共利益，这一目的也是政府提供公共服务过程的行动准则。德国学者汉斯·J. 沃尔夫等认为："在民主法治国家、社会国家和环境国家，公共行政的目的是维护和促进公共利益或大众福祉。"[2] 虽然公共利益的概念具有抽象性，很难界定其范围，但是政府提供公共服务是基于维护公共利益这一观点确是理论界的共识。政府通过提供公共服务，自觉地对社会公众的需求进行回应，比如在此次疫情中，最大的社会需求便是医疗设施以及医疗物资，政府通过兴建医院、从各地派遣医疗队伍前赴武汉增援，回应了社会需求，促进社会公共利益的实现。因此，政府提供公共服务也应以维护公共利益为实践准则，以公众利益为出发点，使公共服务与社会需求相匹配。

**3. 以平等、自由、公正为价值要求**

平等与自由是现代民主社会的价值目标和民主社会得以实现的前提和基础。每个个人都有平等进入社会的机会，有进行自我选择的自由与平等

---

① 马庆钰：《关于"公共服务"的解读》，《中国行政管理》2005 年第 2 期。

② 〔德〕汉斯·J. 沃尔夫、奥托·巴霍夫、罗尔夫·施托贝尔：《行政法》（第一卷），高家伟译，商务印书馆，2007，第 323 页。

的权利，在公共事务上，也有平等享受的权利和机会。在公共服务领域，平等与自由是政府提供公共服务应遵循的基本价值要求。而公正作为促进人与社会和谐的重要动力，同样是公共服务的价值要求之一。社会的公正，是指能够满足每一个人的需求、实现每一个人的愿望、维护每一个人的权益，要求政府在提供公共服务时，能够在促进社会发展的过程中实现各领域、各层次、各方面的公正，同时使每一个人在公共服务领域都享有公正的权利、公正的机会、公正的规则，从而促进社会和谐发展。

结合疫情实践，平等、自由、公正的价值要求就表现为以下方面。首先，在公共服务的提供上，政府应平等地为公民提供公共服务，比如疫情期间对患者的免费救治，就不因感染者性格、身份、年龄等的不同而有歧视或偏见，所有感染者都有享受免费医疗的权利，这就很好地体现了平等的要求。其次，在公民的选择上，每个公民都有自由选择认为适合自己的公共产品或服务。就如对口罩的需求，公民可以根据自己的需要选择购买一次性医用口罩或者防护性能更强的 KN95 口罩，这就是公民选择的自由性。最后，政府公共服务的供给要保证全体公民享受同等的服务、执行公平的制度、拥有相同的权利，不存在对某些人某个群体的优先优惠政策等。

## 4. 以精准化为实践目标

"十三五规划"明确提出要"推进社会治理精细化，构建全民共建共享的社会治理格局"，精准治理是政府治理新模式，而精准化服务也必然成为社会治理的发展趋势，公共服务的供给要以精准化为实践目标，这也是打造共建共治共享社会治理格局的重要路径。因此，实现公共服务精准化，要做到精准识别、精准供给、精准管理。

首先，从国情上看，我国地域广袤，区域发展不平衡，各省市的发展基础各异，东部与西部经济发展差异较大，经济结构、人均生产总值、农村经济实力、基础建设等均不同，相比之下，西部发展缓慢，东部与西部经济发展形成了较大差距。而在发展环境上，有些省份环境优越、条件良好，而有些省份资源匮乏、环境脆弱、发展条件较差，各省市的发展环境不同。这就要求公共服务的提供需要立足于我国基本国情，针对不同地域发展情况与实际需求，提供适合各地区发展的服务和内容，使公共服务的提供与我国国情相适应。

其次，从中央与地方权能上看，中央与地方政府在公共服务的提供能力上也各有特殊性。我国中央与地方的事权范围、职能、责任、服务能力、财力支撑等都不相同，因此，就需要对政府的职能进行科学、准确的界定，明确中央与地方政府之间的事权范围，理顺各层级政府之间的关系，实现事权与财权的匹配，并赋予法治化支撑，这是"落实基本公共服务供给责任，提升基本公共服务供给效率，促进各级政府更好履职尽责的重要保障"①，也可以使不同地区各个领域都能实现公共服务的精准化供给。

最后，从公众需求上看，随着人们生活水平的提高和人口结构的变化，公众对公共服务的需求呈现出个性化、差异化和多样化的趋势。要实现公共服务的精准化，就需要强化以人民需求为中心的服务理念，"在鼓励和支持公众参与、识别和整合公众需求的基础上，确定公共服务供给方案并实施服务生产，实现公众需求的有效满足"②，从而实现公共服务供给与公众需求的"精准性"匹配。

总之，公共服务精准化的目标追求决定了政府提供公共服务的内容和水平不可以采取一刀切的方式，需要在研究公共服务基础理论的同时，深挖公共服务不同层面的内容，对公共服务的探讨不仅需要从理论上进行分析，更需要从不同区域和政府出发，对公共服务做更加细致的研究探索，使公共服务的提供更具针对性和可应用性。

## 四　科学确定政府公共服务的基本原则

由上述分析可知，确定公共服务的基本原则除了应明晰公共服务本身

---

① 党秀云、彭晓祎：《我国基本公共服务供给中的中央与地方事权关系探析》，《行政论坛》2018 年第 2 期。

② 徐增阳、张磊：《公共服务精准化：城市社区治理机制创新》，《华中师范大学学报》（人文社会科学版）2019 年第 4 期。

的概念内涵外，还应结合公共服务的基本特征、核心理念、价值要求以及实践目标进行确定。同时结合此次抗击疫情的实践经验，本文认为，公共服务的基本原则至少应包括下述七项。

### （一）合法性与合理性相结合原则

在行政法领域，行政权的行使要符合合法性原则，也即政府要依法行政，行使行政权必须符合法律规定，在法律的范围内进行。公共服务作为公权力行使的一种形态，属于行政主体的职责，实质上仍是行政权的范畴，必然也受行政法上依法行政原则的规制。但是，相较于传统的行政权力而言，公共服务属于政府授益性的行政行为，其本身具有的能动性、创造性、高效性特点，对原先的合法性原则会造成一定影响，加之公共服务是以公民需求为导向的服务，公民需求的复杂性、广泛性、变动性等特性也决定了公共服务的相关法律制定的不及时、不全面，法律制度的建设必然落后于实践的发展。因此，本文认为，政府提供公共服务一方面应遵循合法性原则，在法律制度的框架下进行服务活动；另一方面，公共服务的提供又需要保持一定的合理性张力，对于法律没有规定、法律规定滞后但符合公共利益需求或者在紧急情况下需要对法律进行变通且符合合理性的公共服务，也应予以支持。正如杨小军教授所说："没有法律依据，就不能侵犯调整他人权利，这是权力行政的规则。但并不等于说没有法律依据，行政机关就不能给社会大众或者某类群体提供公共产品、利益、帮助和服务，更不能说，在法律没有规定的情形下，行政机关提供的公共服务都是无效的。"[1]

在疫情期间，各个公共服务部门制定出许多惠民政策，比如欠费不停水，降低用水费用，减免路侧停车费用，免费开放停车场，指定区间免费办理航空、铁路运输退费，等等，这些措施都是对合法性原则的合理性调整，旨在特殊时期更好地服务群众生活，助力打赢疫情防控阻击战。因此，政府的公共服务供给首先应遵循合法性与合理性相结合这一原则。

---

① 杨小军：《从法律视角看服务型政府》，《法治论丛》2008 年第 6 期。

## （二）普遍性原则

公共服务的服务对象是全体社会公众，具有普遍性、公共性的特点，这也决定了公共服务的提供须以普遍性为原则。比如在疫情期间，政府针对全体社会成员，提供涵盖医疗、教育、用水用电用气、通信、物流、交通等领域的服务，这些服务不管是在对象上还是在内容上都具有普遍性。

因此，要实现普遍性原则，第一，要保证服务目的上的普遍性。公共服务必须以维护社会公益为目的，不能以公权力谋取私人利益，也只有将维护公共利益作为实践准则，政府才能动用公共资源、公共财政为公众谋福利。第二，政府提供公共服务的范围要具有普遍性。从覆盖的领域看，政府公共服务应涵盖医疗、教育、卫生、就业等公共领域；从人的权利上看，公共服务应包含从人的生存权到发展权的广阔空间，从而实现人的全面发展。[①]

## （三）平等性原则

追求平等和公正是公共服务的价值要求，为实现这一要求，政府提供公共服务就要遵循平等性原则。平等性原则是指政府在提供公共服务时应平等地对待每一位服务对象，不因身份、性别或主观原因对部分服务对象带有歧视或予以优惠待遇，应使每一位公民都享受到同等服务。比如在抗疫期间，政府对医疗领域投入大量的财力支持，不仅保证各地医院的医疗物资充足，同时对所有感染的人员实行免费救助，不分感染人员的身份、收入、地位等，只要是确认感染新冠病毒，一切治疗费用均由政府支出，这便是平等性原则对政府服务的要求。

要践行平等性原则，要做到以下方面。第一，保证立法与政策的平等。在制度的制定、政策的出台上，要保证公共服务在立法上、政策制定上的平等，只有制度的平等才能实现实质的公平。第二，保证公共服务法

---

① 参见袁曙宏《服务型政府呼唤公法转型——论通过公法变革优化公共服务》，《中国法学》2006年第3期。

规政策实施的平等。公共服务的一个重要目的就是维护社会公共利益，满足公众的需求，因此，要对全体公民施行相同的政策，提供同等的服务，对于同一情况的公民，不因身份、性别、职业等的差异而有所不同，应保证享有同样的服务、权利和救济，从而使社会贫弱者的权益得到保护，实现整个社会实质上的公平。

## （四）持续性原则

公共服务具有基本性、社会性的特征，它关涉公民能否正常生活、进行生产活动，为避免影响社会正常秩序，以维护公共利益、满足公共需要为目的的公共服务不能突然中断，这是持续性原则的要求。由于公共服务是一种基本的服务，这一服务特性决定了这种公共供给必定会对民众日常生活产生深远的影响，一旦停止公共服务的供给，无论是对公民权益的保护还是整个社会的正常运转都将产生严重的负面影响，因此，政府提供公共服务需要保持持续性，不能间断。比如在此次疫情中，政府为社会提供的医疗救援、物资保障等各项服务是一直持续的，不会出现在疫情期间某项公共服务援助突然中断的情况，各项服务持续至疫情结束，这是保障公民在疫情期间正常生活的要求，也是维护社会稳定的应有之义。

要做到公共服务的持续：首先，在政策上，公共服务政策应持续稳定，不能随意更改变动，也不可随意中断公共服务的供给；其次，在运行时，国家应从财力、物力、人力等方面保障公共服务运作机制的畅通，同时加强各职能机构间的沟通联系，防止因运行机制的问题导致公共服务中断；最后，在监管上，公共服务的生产供给应加强监管，对公共服务生产供给部门的进入与退出进行严格审查与限制，使得监管体制完善，生产供给链条顺畅。

## （五）针对性原则

由于我国国情的特殊，区域发展不平衡，公民的需求各异，这就要求公共服务的供给要有针对性。首先，在地区差异上，针对不同的地区，从经济能力、资源条件、基础建设等条件出发，因地制宜，制定适合各地区发展的服务方案，使公共服务与地区发展相适应；其次，以人民群众的需求为导向，根据不同人的需要提供不同的服务，使公共服务更加精准，符合群众需要，从而保证公共服务的实用性、有效性。

在此次抗击新冠肺炎疫情过程中，每个领域、每个地区的疫情情况、防疫能力都不同，服务需求也不同。一方面，从全国疫情来看，武汉市是疫情暴发地，是全国疫情最严重的地区，相较于其他疫情稍微和缓的地区，武汉市感染人数较多，仅凭当地的医疗条件以及医疗物资显然已无法负担，这时就需要政府加大援助力度，调动各地资源，加强对武汉市的医疗援助，以保证感染人员得以及时救助，因此，政府将重点放在武汉市，首先满足武汉市防疫所需的物资资源，同时兼顾其他地区，通过控制武汉疫情的蔓延实现对全国疫情的防控；另一方面，从服务的领域来看，医疗卫生领域无疑是最重要的服务领域，特别是武汉市作为疫情最严重的地区，需要大量的医疗资源，此时政府的服务重点在于对医疗服务的提供，而其他的服务领域如交通、教育等，作为次要的服务重点统筹兼顾，这样就很好地实现了服务的精准有效，同时也体现了针对性原则对公共服务实践的指引。

（六）适应性原则

由于公共服务与公共利益相挂钩，公共利益又是一个动态性的概念，它与一个国家的发展现状、社会环境、经济发展水平、公民意识等相关，会随着社会的变迁而变化，以维护公共利益为实践准则的公共服务应适应不断变化的社会，根据社会需求调整服务内容，以适应社会发展，这就是公共服务的适应性原则。公共服务这一原则类似于民法中的情势变更原则，要求公共服务部门依据公共需求的变化不断进行调整。在疫情期间，社会的需求也是随着时间的推移而不断变化的。比如在疫情暴发的前期，公众的需求集中在医疗物资上，如防护用品等，而到了后期，医疗卫生服务得到满足，但随着各地中小学开学日期的临近，相关部门又需在做好教育系统防疫的同时保证"停课不停学"。同时，在疫情期间公民需要有充足的医疗设施、口罩、生活物资等来保证对疫情的有效防控，但疫情结束之后，这些物资便不再是公民迫切需要的，此时政府便不宜将重点再放在此类服务的提供上，而应结合实际需求提供更符合公众需求的公共服务，比如受疫情影响所需要的经济扶持等，这样才能保证公共服务适应社会的发展。因此，政府要根据社会需求的变化，及时地调整服务内容，以保证服务适应需求的变化。

公共服务要满足适应性原则的要求，首先，在理念上，公共服务理念要适应社会的发展节奏，不断更新理念，使公共服务理念与社会发展相适应；其次，在能力和水平上，适应性原则要求各层级政府职能要进行科学划分，明确中央与地方政府之间的事权、财权范围，通过理顺各层级政府之间的关系，使政府的服务能力和水平可以与不断变化的公共需求相匹配，从更高层次、更广领域提供更加高效、便捷、公平的服务；最后，公共服务要适应社会化和市场化的发展趋势，寻求构建公私合作的新公共服务模式，将公共选择机制和私人选择机制进行有机整合，为公民提供最优质的服务。①

（七）公开性原则

抗疫期间，为确保解决特殊时期群众困难、及时为市民提供最新疫情信息，许多地区开通疫情防控热线，接听群众关于防控方面的咨询、求助、建议、投诉等，进一步畅通市民对新冠病毒感染相关问题的诉求渠道。同时各地政府通过微博、微信等媒体客户端，及时发送新冠病毒感染的最新消息，将感染人数、感染者的具体情况、活动路径等通过官方平台发布，使民众在第一时间了解疫情最新信息，从而自觉加强防护，以更好抗击疫情，这些措施都是公开性原则对公共服务实践的要求。

公共服务的公开性原则是指政府应将与公共服务有关的信息、资源等及时向公众公开，实现公共服务实践的透明公正。公开性原则不仅要求公共服务应将各类信息、公共服务的过程进行公开，同时也要求政府应与公

---

① 参见袁曙宏、宋功德《通过公法变革优化公共服务》，《国家行政学院学报》2004 年第 5 期。

众互动，让公众参与到公共服务过程中，有了公众的参与，可以"避免传统的靠经验政策规划，或由于公民与政府信息掌握不够完全而导致的政策决定的盲目性"①，从而提高公共服务的科学性、精准性、实用性。

因此，一要做好公共服务的信息公开工作。2019 年 4 月，国务院办公厅印发的《2019 年政府信息公开工作要点》明确了要"突出做好就业、教育、医疗、养老、征地、公共文化等领域的信息公开工作"。政府作为信息公开的责任主体，有义务将与公众日常生活相关的教育、就业、卫生、医疗、社会保障等民生领域的信息及时公布。但由于信息获取渠道不畅通、过程封闭等，实践中公共服务存在信息不对称的问题，公众对公共服务的相关信息知情度不高，服务供求信息的匹配性也不足，这不利于公众进行理性选择。因此，政府要做好公共服务信息公开工作，将公共服务过程中的服务条件、服务标准、服务成本等信息及时向公众公布，使公民能充分了解公共服务动向，从而保障公民的知情权，使公民更好地选择服务、享受服务。二要提高公众在公共服务过程中的参与度。让公众参与到公共服务过程中，可以更好地收集群众诉求，弥补政府与市场的缺陷，维护公共利益和社会和谐，使公共服务更具针对性和实用性，也可以推动政府政策的顺利执行。因此，政府要加强信息宣传，提高公民参与公共服务实践的热情，同时利用微信、微博等渠道扩大公众参与，形成政府与公民的良好互动机制，通过公众的参与评价来提高政府的服务能力和服务水平，从而提高公共服务质量，使公众可以更好地享受到高质量的公共服务。

---

① 王勇：《我国社会管理创新的基本原则探究——从行政法学的视野》，《行政法学研究》2012 年第 2 期。

# 抗疫行动中公民基本权利的限制及其界限

刘红臻*

**摘　要**：疫情肆虐，公共健康和社会利益的考量高于个人的私益和自由，公民基本权利依法得受限制。但是，公民基本权利的限制有其界限，即必须遵从必要和成比例的原则，必须维护人权保障的本质内涵，不得违背国家所承担的不可克减的人权义务，必须遵从非歧视原则，不得对相关人员进行"污名化"对待，必须遵从法治原则，人权意识与法治思维须通贯于防疫大战的所有环节和全部工作。

**关键词**：疫情防控；基本权利限制；基本权利限制的界限

从历史社会学的角度来看，权利可以说是来自对人类所经历磨难与不幸的反思。[1] 面对2020年这场百年大疫，我们为保障人民生命权、健康权、社会保障权等基本权利而采取的有力措施值得称道。与此同时，在该场抗疫大战中，由公共治理失范或缺位而导致的个人基本权利不当受限或者保护不力的问题，同样值得我们关注和认真对待——这既是为人们防范和应对未来重大风险编织权利防护衣的需要，也是国家治理现代化进程的内生动因。

遭遇新冠肺炎疫情这样来源不明、来势凶猛的大瘟疫，由于每个人都是未知病毒传染链条上潜在的感染者和传播者，按照流行病学规律和传染病防治法、突发公共卫生事件应急条例等相关法律法规的规定，公共健康的考量高于个人的相关私益，个人的行动自由、迁徙自由、集会自由、营

---

* 刘红臻，吉林大学法学院副教授，法学博士。
① 参见〔美〕阿伦·德肖维茨《你的权利从哪里来》，黄煜文译，北京大学出版社，2014。

业自由、隐私信息等权利和自由得受必要限制，但是这种限制必须是出于必要、成比例和非歧视性的，必须在法治的结构框架下做出，并且不得背离人权保障的本质内涵、不得克减不可克减的绝对权利。基于此，本文拟就此次抗疫行动中出现的公民基本权利限制方面的相关问题，简做如下探讨。

第一，公共利益的迫切需要和某些基本权利的依法得受必要限制。个体权利和自由从来都受公共利益的边际约束。尤其是在新冠肺炎疫情中，鉴于病毒的传播途径及其强易感性和较高的致死率，而其来源和特性尚未被充分认知，疫苗和特效药在一定时期内亦难以研制上市，人与人之间同"呼吸"共"命运"的重大连带关系急剧突显出来，公共健康和社会利益的紧迫性和优先性飙升，由此，行政公权力应激性扩张，其有权依法实行必要的封锁、停业、禁止迁徙和聚集、强制隔离和检测等强制性措施，相应公民个人有义务报告必要的私人信息、接受对其财产和行动自由的必要限制。当然，公共利益与个体权利之间的边际约束关系是一个受制于实践理性的动态过程。在不同的社会体制下和疫情发展的不同阶段，人们对社会利益之"必要性"的理解不同，所能接受的对个体权利和自由的限制程度也有所不同。以欧美国家为例，在疫情大面积暴发之前，其应对措施普遍较为宽松，对于其迟迟不愿宣布国家紧急状态并采取严厉措施，除去其对病毒特性的评估、对本国医疗体系和建立于信息透明基础上的社会治理体系的自信等因素外，有分析认为这也是因为其国民强劲的权利意识和对行政管制的强烈拒斥。随着疫情严重性的升级，这些国家都先后转向强硬的应对策略，也有专家和国民感慨应该早些推行封城、停业、停课、禁止聚集等强制措施。偏好自由是人的天性，紧急状态时由政府提供父权式保护是现代政治的理性设计，面对无知之幕笼罩下的突发性公共卫生事件，就二者之间的张力关系做出正确的选择和安排，需要国民和政府双方面的理性能力和科学的决策机制。

第二，对公民基本权利的限制须遵从必要和成比例的原则。关于权利限制须以公共利益所必需为前提并且限制程度须与达成公共利益之必要相对称，其判断标准具体包括"适当性原则"、"最小侵害原则"和"过度禁止原则"。① 在此需要强调的是此一评估过程的动态性和实践理性特质。在疫情发展的不同阶段，公共利益所必需的程度以及与之成比例的权利限制的强度应该是因势利导地调整和变化着的。例如，在早期阶段和攻坚决战期，在城市、乡村、社区实行严格的封闭政策，对外来人员尤其是重点疫区旅行史人员除去确诊病例强制送诊、疑似病例强制隔离之外，一律要求必须居家或集中医学观察并上报其必要的个人信息，等等，这些权利限制的措施在合法性上是可以得到证成的。但是，随着对病毒科学认知的加深，尤其是随着大数据技术的应用，政府及相关部门可以较为科学和精准地分析把控相关人员个体状况和疫情的整体状况，这样就使得合理区分风险等级，因人因地施以多元化、弹性化和人性化的防控措施成为可能，从而避免粗暴僵化、一刀切的权利限制政策。同时，作为常识必须予以强调的是，在任何情势下，关于"必要性""成比例"的衡量标准都有其稳定的核心意思地带，一些权利限制措施是如此显而易见的"不适当"、"非最小侵害"和"过度"，以致仅凭朴素的权利直觉就能评判和识别出其侵权性。例如，对于有重点疫区旅行史的人员不问青红皂白一律实行封门隔离，或者断然禁止其返回所居住的小区；走在大街上仅仅因为咳嗽几声清清嗓子就被执勤的民警扭送到医院强制检测；作为联防联控的重要手段，在人们所到之处除去大面积普遍化地采集其姓名、手机号码、居住地址等信息外，甚至要求登记并公布其民族、身高、血型、家庭成员姓名、身份证号码、具体到门牌号码的家庭住址等无关性、敏感性隐私信息；等等。这些显然都不属于对公民权利的必要和正当限制，而是明显的侵权现象。

第三，对公民基本权利的限制不得背离和否定人权保障的本质内涵，不得违背国家所承担的不可克减的人权义务。紧急状态下，对公民基本权利做必要限制是为了保护包括权利受限人本人在内的社会利益。在此，对社会利益不能做"去人化"的纯功利主义计算，公共卫生秩序不能被理解为最大多数人健康诉求对少数"他者"主体性权益的简单否弃，而权利受

---

① 参见陈云生《论比例原则在基本权利保障中的适用》，《广州大学学报》（社会科学版）2011 年第 5 期。

到限制的人也不应被减等为实际或潜在的病毒感染者、携带者和传播者，即使需要对特定权利依法施以必要的限制，也不得损害权利人作为人的尊严、价值、人格和主体性权益。尤其是为确保某些绝对性基本权利在非正常状态下免受侵犯和减损，相关国际人权公约中规定了生命权，禁止酷刑或残忍的、不人道或侮辱性的待遇或刑罚，思想和良心自由，不得歧视等不可克减的人权义务，为基本权利的限制设置了刚性的边际界限。在疫情防控的早期阶段，公共场合拒戴口罩者、拒绝接受隔离的确诊或疑似病例密切接触者等违反防控秩序者被执法人员粗暴强制对待的现象时有发生，也发生过重点疫区旅行史人员因防疫禁令归家无路而不得不在高速公路上流浪十数天的事例，这些都是对权利人缺乏尊重和关怀的不当权利限制。另外，此处需要格外关注的还有个人信息和隐私保护的问题。为精准追踪疫病的传播链条、采取科学有效的防控措施，社会成员的旅行史、接触史、活动情况、健康状况等方面的个人信息和数据的采集与分析就非常重要。例如，在春运、复工复产大潮、输入性病例暴增等关键节点上，航空公司、铁路公司、通信公司等部门所提供的移动大数据，就为全国和各地方制定科学的防控战略与举措提供了重大支撑和强大助力；健康码的推行也大大助益了疫情防控与复工复产之间的兼顾与平衡。在联防联控机制中，用人用工单位、社区、物业、药店、超市、公交地铁等人们日常微观生活的所及之处，广泛被授予了采集使用相关个人信息和数据的权利。被强制采集的信息和数据中，除去个人姓名、手机号码等具有目的相关性的必要信息和数据外，甚至还包括个人身高、血型、政治面貌、家庭关系、精准住址等大量不具有目的相关性的敏感信息和数据。海量个人信息和数据随处散逸，几近裸奔，个人基本对其失去控制和支配。无疑，其中很多情形下对个人信息和数据的采集超越了防疫所需的必要范围和程度。令人担忧的是，一方面，在疫情期间，个人敏感信息和数据的过当收集、使用和公布，易于泄露个人在正常生活状态下所维护的隐私，导致对其自主私域的侵扰，尤其是对确诊病例、疑似病例、密切接触者、重点疫区旅行史人员的身份信息和精准定位信息所做的过度披露，极易将其置于被"污名化"、受到歧视乃至无端骚扰的不利境地；另一方面，借助大数据技术令人畏惧的信息挖掘、分析、处理和开发利用能力，疫情期间急剧堆积、无序散逸的个人信息和数据极易被用来对个人进行精准画像，使其进一步沦为金融机构、医药公司、保险公司等从事商业营销甚至商业宰治的对象。因此，对于突发性重大公共卫生事件中个人信息和数据采集使用的授权与限制、个人信息和数据的储存与安全保护、个人信息和数据的开发利用、疫情过后相关个人信息和数据的删除、公众知情权与个人隐私权之间以及公共利益与个人权利之间张力关系的平衡等问题，需要在法律和制度上作出明确而合理的规定。在我国既有的法律制度框架内，虽然传染病防治、突发公共卫生事件应对、互联网治理、个人信息安全、隐私保护等方面的立法对此已有基本的规定，中央网信办近期也专门发布了《关于做好个人信息保护利用大数据支撑联防联控工作的通知》，但成熟稳定的制度供给仍然不充足不完备，仍待进一步完善。

第四，对公民基本权利的限制必须遵从非歧视原则，不得对相关人员进行"污名化"对待。大疫面前，人人谈疫色变，在社会公众与病毒携带者、感染者和潜在感染者之间极易发生社会连带关系的撕裂和对立，为防疫所需针对后者所制定的区别性权利限制措施亦往往倾向于不必要的过于严苛以致自觉不自觉地演变为"歧视"。确诊病例定点收治、疑似病例强制隔离、密切接触者和重点疫区旅行史人员居家或集中医学观察、来自重点疫区或者有重点疫区旅行史的人员须向防控部门报告等权利限制措施无论在医学上还是法律上都是正当的、可以得到证成的。但是，诸如禁止有重点疫区旅行史的人员进小区回家、禁止湖北车辆下高速、封堵或者挖断与湖北毗邻地带的交通路线、要求湖北地区人员一律不得返京等防控措施就明显属于地域歧视。防疫，防的是病毒，而不是武汉人、湖北人、确诊和疑似患病的人，他们是社会共同体中受病毒威胁或伤害最大的人，而不能被污名化为病毒本身。紧急状况发生时，"不得歧视"是国际人权公约所强调的一项不可克减的人权义务。无论是社会公众还是联防联控的公共政策都须对其尊严、人格、疫病诊治、生活保障等予以同等的尊重和特别的关怀，对其相关权利和自由的限制只能基于科学规律并为疫情防控所必需，而不能基于病毒和地域而施加歧视性、污名化的对待。

第五，对公民基本权利的限制须遵从法治原则，人权意识与法治思维应通贯于防疫大战的所有环节和全部工作。随着全国各省市先后启动公共卫生事件一级响应以及联防联控机制的运转，公权力应激性扩张，社区、街道、乡村、警察、检疫、卫生、交通等广泛的层级和部门都获得了前所未有的行政授权从事社会治理和疫情管制的工作。在治理现代化尚属起步阶段的语境中，如果不敲响人权法治的警钟，联防联控工作极易异化为公权力任性的狂欢。必须强调，强制性措施的制定和推行，对公民基本权利的限制和克减，都必须遵从法治原则、依法进行。可以说，人权意识和法治思维在疫情防控中的通贯，将是中国治理现代化进程中的一个重要界碑。

# 疫情防控与权利保障

## ——一种基于国家制度稳健性的考察

王奇才*

**摘　要**：应对新冠肺炎疫情对当代中国法治建设和国家制度建设提出了新问题。引入国家制度稳健性的视角，有助于深入研究应对突发公共卫生事件的理论和实践问题，对提升国家治理现代化水平和国家制度治理效能具有重要意义。以人民权利为本位、强化权利保障则是国家制度稳健性的重要内容和方法，具体体现在合法性、可靠性、稳定性、应变性、进化性等方面。

**关键词**：新冠肺炎疫情；权利保障；国家制度；制度稳健性

当前，新冠肺炎疫情在全球范围内仍在蔓延。以新冠肺炎疫情防控为案例，深入研究应对突发公共卫生事件法治化的理论和实践问题，对提升国家治理现代化水平和国家制度治理效能具有重要意义。新冠肺炎疫情发生以来，学界就疫情防控涉及的理论和实践问题做了广泛而深入的讨论。就法学研究而言，一个重要的理论问题是如何运用法治思维和法治方式开展疫情防控工作。[①] 笔者曾撰文认为，应对突发公共卫生事件应当遵守权利保障原则、权力依法行使原则、合理性原则、效率原则、比例原则、信

---

* 王奇才，上海师范大学哲学与法政学院副教授，法学博士。

① 在 2020 年 2 月 5 日召开的中央全面依法治国委员会第三次会议上，习近平总书记强调："当前，疫情防控正处于关键时期，依法科学有序防控至关重要……各级党委和政府要全面依法履行职责，坚持运用法治思维和法治方式开展疫情防控工作，在处置重大突发事件中推进法治政府建设，提高依法执政、依法行政水平。各有关部门要明确责任分工，积极主动履职，抓好任务落实，提高疫情防控法治化水平，切实保障人民群众生命健康安全。"习近平：《全面提高依法防控依法治理能力 健全国家公共卫生应急管理体系》，《求是》2020 年第 5 期。

息公开原则等法治原则。① 其中，权利保障是首位原则，其理论逻辑和实践逻辑在于：坚持人民主体地位是中国特色社会主义法治道路的基本原则。在应对突发公共卫生事件中，以人民为本就是要把确保人民群众生命安全和身体健康放在第一位，② 系统保障人民群众的生命权、生存权、健康权、知情权、建议权、监督权、治疗权、预防权、个人信息权、人格权、隐私权、财产权等权利，③ 集中体现以人民权利为本位。

从国家治理的全局来看，我们在把目光聚焦于法治思维及其具体要求的同时，还应把视野投向对法治实践和法治运行具有指引作用的底线思维、辩证思维、系统思维等，高度重视、深入挖掘权利保障在疫情防控中的重要作用。其中，权利保障是底线思维的应有之义：以人民为本位、保障和实现人民权利在突发事件过程中的重要性较之常态情况要更为突出，因为它关系国家制度和社会系统存续的民意基础和道德基础。权利保障是辩证思维的重要考量：以人民权利为本是价值排序的基本原则，要求以辩证方法有效处理效率、正义、自由、人权、秩序、安全之间的复杂冲突。④

权利保障还是系统思维的必然要求。如果我们把国家制度视为一个系统或者系统工程，那么以人民权利为本位、强化权利保障则是国家制度稳健性（Robustness）⑤ 的重要内容和方法。从国家制度稳健性的视角看，一方面，党的十九届四中全会提出要把制度优势转化为治理效能，要求我们从制度系统运行的动态角度来考察国家治理和法治体系的运行和绩效；另一方面，我们需要从法治建设的工程思维的视角来思考问题。如果把法治运行视为一个工程系统，那么它的设计和运行需要考虑常态和非常态、可预计的风险和不可预计的风险、可靠性与应变性等诸多问题，而如下文论述的，这正是国家制度稳健性的主要内容。新冠肺炎疫情防控对突发公

---

① 参见王奇才《应对突发公共卫生事件的法治原则与法理思维》，《法制与社会发展》2020年第3期。
② 参见中央全面依法治国委员会办公室《为赢得疫情防控胜利提供法治保障和服务》，《求是》2020年第5期。
③ 参见张文显《依法治疫 长治久安》，《法制与社会发展》2020年第2期。
④ 参见教育部习近平新时代中国特色社会主义思想研究中心（执笔：丰子义）《以辩证思维统筹疫情防控和经济社会发展》，《人民日报》2020年3月4日，第9版。
⑤ Robustness，又翻译为"鲁棒性"。

共卫生法治化提出的新要求、新问题，为我们思考上述国家制度稳健性与法治建设之间的关系提供了素材和经验。对上述问题的深入思考，有助于理论研究的深化，更重要的是有助于人民福祉。

工程学科、金融学科、计算机学科等对稳健性（鲁棒性）的讨论，[①]对讨论国家制度稳健性乃至法治系统的稳健性很有启发。徐峰等人所著的《重大工程情景鲁棒性决策理论及其应用》一书，通过对决策鲁棒性（稳健性）与脆弱性、稳定性、可靠性、适应性及敏感性等概念之间的比较，阐述了鲁棒性（稳健性）的内涵，强调了系统稳健性在健壮性、持久性、免疫功能等方面的特征。[②]本文尝试将上述学科对稳健性的讨论加以吸收和改造，提出一个权利与国家制度稳健性间关系的分析框架。其主要内容包括以下方面。

## 1. 合法性

国家制度的稳健性关系法律秩序的存续。法律秩序存在是法律效力的社会前提，也是社会秩序和国家制度的合法性基础。突发公共卫生事件可能导致社会处于紧急状态之中。国家制度稳健性要求即便面临可能使社会处于紧急状态的突发事件，国家制度的合法性与权威性继续存在并能够支撑社会秩序仍然处于有序状态甚至处于法治秩序之中。从另一个方面说，如果合法性丧失或者严重减弱，国家制度和社会秩序也将面临崩溃的风险，国家制度的稳健性也无从谈起甚至面临另起炉灶的危险。这种情况，极有可能置普通民众于极度困难和危险的境地，人民的生命安全和其他基本权利也将得不到保障，并将进一步影响和动摇国家制度的合法性基础。因此，权利保障是国家制度稳健性的必然要求，关涉国家制度合法性的道德基础、实践基础和法理基础。

在中国抗击新冠肺炎疫情的过程中，党和国家始终把人民群众生命健康置于第一位。无论年长或年幼的、家境殷实或家境困难的，还是救治对

---

① 参见〔美〕拉尔斯·彼得汉森、〔美〕托马斯·J. 萨金特《稳健性》，周彤、潘文卿译，机械工业出版社，2016，第 23～47 页；刘金全、张龙《我国货币政策的宏观经济时变效应及其稳健性检验》，《中国经济问题》2019 年第 3 期；孙华丽、项美康《设施失灵风险下不确定需求应急定位——路径鲁棒优化研究》，《中国管理科学》2020 年第 2 期。

② 参见徐峰等《重大工程情景鲁棒性决策理论及其应用》，科学出版社，2018，第 31 页。

象或医护人员、轻症患者或重症患者,都是人民群众的一员,其生命健康
权得到平等保障。实践中"应收尽收、应治尽治、应检尽检、应隔尽
隔"① 等措施的提出和实施,既是科学决策的结果,也是贯彻权利平等
和权利保障原则的体现。正是以人民权利为本位,抗击新冠肺炎疫情才
能取得重大成果。不仅如此,国家制度的合法性显然还需要统筹推进疫
情防控和经济社会发展,这样才能在更坚实强大的物质基础上保障人民
权利和做好疫情防控。在全球疫情形势并未扭转的情况下,只有周全考
虑、科学决策和良好执行,才能把新冠肺炎疫情防控、保障人民生命健
康与保障基本民生、实现经济社会发展目标统筹抓好,为国家制度夯实
合法性基础。

**2. 可靠性**

如果把国家制度看作一个系统工程,那么国家制度的可靠性如何理
解?类比来说,同为人造物,水坝、桥梁的可靠性在于在满足设计需求的
前提下抵御地震和台风等自然灾害、工程建筑材料性能衰减等方面因素影
响的可靠程度,软件的可靠性则在于应对外部软硬件环境——如机器配
置、操作系统、网络条件——变化的可靠程度,其共同点在于结构设计良
好、具备系统刚性和韧性、有效抵御系统外部因素的冲击和影响。从工程
的角度看,国家制度可靠性同样体现在具有良好设计的制度体系、具备制
度刚性和韧性、能够有效抵御外部因素的冲击影响等方面。新冠肺炎疫情
的冲击,包括与自然因素相关的生物安全、与国家外部相关的全球疫情形
势、与科技因素相关的病毒研究进度等,对国家制度可靠性构成重要考
验。就此而言,权利又将扮演何种角色、发挥何种功能呢?

以人民权利为本,意味着国家制度在设计过程中的目的性因素是权利
保障,即综合考虑常态下和非常态下外部因素对国家制度系统的冲击及其
对保障和实现人民权利的影响,在制度设计层面对权利的性质、内容和配
置作出良好规范,并明确国家制度系统在应对外部冲击时应当如何保障权

---

① 中华人民共和国国务院新闻办公室:《抗击新冠肺炎疫情的中国行动》(2020年6月7
日),载中华人民共和国国务院新闻办公室官方网站,http://www.scio.gov.cn/zfbps/
ndhf/42312/Document/1682143/1682143.htm,最后访问时间:2020年6月20日。

利。在我们把抗击新冠肺炎疫情视为一次大考之时，应当注意新冠肺炎疫情所关涉的包括人民生命安全在内的各种权利，在国家制度系统中是否有良好规范并足以支撑国家制度的可靠性，在实践中是否有效实施。也就是说，常态下的物资储备、立法民主、个人信息安全以及非常态下的紧急动员、网络舆论、个人数据收集等，涉及知情权、建议权、监督权、个人信息权、人格权、隐私权、财产权等权利，这些权利在法律法规、应急预案和疫情应对中的保障和实现程度，是国家制度可靠性的直接体现。

### 3. 稳定性

与可靠性主要考虑外部因素影响不同，国家制度稳定性主要考虑的是其内部的诸种因素对这个制度系统运行的影响。既然把国家制度视为一个系统，把国家制度和法治运行视为一个系统工程，那么就应该考虑国家制度系统内部诸要素对这一系统运行的影响。因此，国家制度稳定性意味着内部各组成部分和诸要素处于有序状态，能够容纳某一部分或者某一要素暂时甚至永久性损坏或者停止发挥功能但不影响系统稳定有效运行。国家制度稳定性需要一套体制机制维护和实现系统内部的有序、整合、容错和效益。在现代社会，基于以法律面前人人平等为核心的权利观念，以法律主体建构、完善权利配置、实施权利救济等为核心的法律制度形式，成为维护国家制度稳定性的有效保障。

新冠肺炎疫情对国家制度系统构成外部冲击，国家制度可靠性要求构筑一套应对此类冲击的制度体系，国家制度稳定性则要求构成这套制度体系的诸要素在应对冲击下能够继续有效运作。毫无疑问，国家制度稳定性既要求容错，又要求应变，核心是国家制度的整合机制仍然能够运作以维护系统的完整性、有效性，而这套整合机制的核心就是权利保障。在抗击新冠肺炎疫情过程中，平衡不同主体的权利诉求，[1] 面对局部功能受损及时提供代偿机制[2]和采取修复措施，协调系统资源和各组成部分集中应对

---

[1] 关于这一问题，笔者已做了一个初步的分析。参见王奇才《应对突发公共卫生事件的法治原则与法理思维》，《法制与社会发展》2020 年第 3 期。

[2] 运用代偿功能作为分析工具来研究法律制度的，参见侯学宾、陈越瓯《党内巡视制度功能的新阐释》，《治理研究》2019 年第 5 期；白建军《法秩序代偿现象及其治理——从妨害公务罪切入》，《中外法学》2020 年第 2 期。

疫情等，都是这套整合机制发挥作用的体现。正如国务院新闻办公室发布的《抗击新冠肺炎疫情的中国行动》白皮书中所指出的："中国共产党以人民为中心的执政理念，中国集中力量办大事的制度特点，改革开放40多年来特别是中共十八大以来积累的雄厚综合国力和国家治理现代化建设的显著成效，中华民族同舟共济、守望相助的文化底色，中国人民深厚的家国情怀、天下情怀，汇聚成抗击疫情的强大合力。"①

### 4. 应变性

国家制度系统动态运行，在应对风险挑战和外部冲击时，即便已经准备了应对预案、确立了规范标准，也要考虑遵循既有标准还是采纳新标准、如何平衡既有标准和新标准、新标准如何不断改进②等问题。风险规制理论将这种既有标准和新标准之间的区分称为新旧标准，核心关注点是应对风险要考虑哪些变量以及相应地采取哪些举措。③ 在应变性的层面，国家制度稳健性意味着科学决策和有效运行针对风险冲击的措施，在既有措施不足以应对风险冲击的情况下，需要借鉴、移植来自其他系统和领域的应对措施，也包括创新应对措施和干预技术。显然，国家制度稳健性议题下的应变性，指的是在维持国家制度稳健性的前提下对常态和非常态的风险及时有效应对，其所采取的措施要受到前述合法性、可靠性、稳定性等约束条件的限制。

在国家制度的稳健性问题下，以人民权利为本位、以权利保障为目的，要求对干预公民依法享有的自由、限制公民权利的证成方式有深刻理解，对干预技术的运用有充分证成。在抗击新冠肺炎疫情的过程中，"应隔尽隔"、流行病学追踪调查、加强体温筛查等属于在既有措施方法基础

---

① 中华人民共和国国务院新闻办公室《抗击新冠肺炎疫情的中国行动》（2020年6月7日），载中华人民共和国国务院新闻办公室官方网站，http://www.scio.gov.cn/zfbps/ndhf/42312/Document/1682143/1682143.htm，最后访问时间：2020年6月20日。

② 例如，宋华琳和牛佳蕊对新冠肺炎诊疗方案的演进做了研究，参见宋华琳、牛佳蕊《指导性文件是如何制定和演进的——对新冠肺炎七版诊疗方案的跟踪研究》，《公共行政评论》2020年第3期。

③ 参见〔英〕罗伯特·鲍德温、〔英〕马丁·凯夫、〔英〕马丁·洛奇编《牛津规制手册》，宋华琳等译，上海三联书店，2017，第351~352页。

上的采用和改进，方舱医院、健康码、大数据分析等属于采用新的措施方法，[①] 但都涉及权利之限缩和干预的证成。还需要注意的是，这些技术在不同地区、不同领域的运用方式和程度也存在差别，例如高风险、中风险、低风险地区的差别，学校、电影院、商场、医院等不同场所的差别。运用上述技术手段依赖于人、财、物方面的条件，也依赖于法律资源和理论资源意义上的条件，即法律依据是什么、科学依据是什么、社会接受度如何考虑等。证成法律干预自由的经典分析框架，为讨论此类问题提供了起点。例如，伤害原则与妨害传染病防治罪，[②] 法律家长主义与要求乘坐公共交通工具时佩戴口罩，[③] 冒犯原则与坚决纠正针对疫情严重地区劳动者的就业歧视等，[④] 应当成为我们深入考察应变性的案例和切入点。

### 5. 进化性

笔者在上文把国家制度与水坝、桥梁、软件等人造物做了类比。从系统工程的角度看，笔者认为可以在软件与国家制度间做进一步的直观类比，即它们都被设定为不断更新完善的系统。国家制度的稳健性是一个动态概念，应当包括改善和更新的方面，本文称之为进化性。在国家制度稳健性议题下，进化性指向国家制度系统在经受持续或者临时的刺激、挑战

---

① 上述措施方案的总结，来自中华人民共和国国务院新闻办公室《抗击新冠肺炎疫情的中国行动》（2020 年 6 月 7 日），载中华人民共和国国务院新闻办公室官方网站，http://www.scio.gov.cn/zfbps/ndhf/42312/Document/1682143/1682143.htm，最后访问时间：2020 年 6 月 20 日。

② 例如，2020 年 4 月 17 日，最高人民法院发布第三批 8 个依法惩处妨害疫情防控犯罪典型案例，这些典型案例是疫情期间因故意隐瞒出入境或疫情高发地区旅居史又拒不执行隔离规定、造成疫情扩散重大风险的刑事案件。参见最高人民法院《人民法院依法惩处妨害疫情防控犯罪典型案例（第三批）》，载中华人民共和国最高人民法院官方网站，http://www.court.gov.cn/zixun-xiangqing-225681.html，最后访问时间：2020 年 6 月 20 日。

③ 关于科学佩戴口罩，参见国务院应对新冠肺炎疫情联防联控机制综合组《关于印发公众科学戴口罩指引（修订版）和夏季空调运行管理与使用指引（修订版）的通知》（联防联控机制综发〔2020〕174 号），载中华人民共和国国家卫生健康委员会官方网站，http://www.nhc.gov.cn/jkj/s5898bm/202005/2d89c552f9804f39bb4f44a9d826b2cd.shtml，最后访问时间：2020 年 6 月 20 日。

④ 国务院办公厅发文要求"维护就业公平，坚决纠正针对疫情严重地区劳动者的就业歧视"，参见《国务院办公厅关于应对新冠肺炎疫情影响强化稳就业举措的实施意见》（国办发〔2020〕6 号），http://www.gov.cn/zhengce/content/2020-03/20/content_5493574.htm，最后访问时间：2020 年 6 月 20 日。

和冲击的过程中或者过程后，对有助于这一系统存续的应对措施进行提炼、优化乃至升华，使之转化为国家制度系统的固有部分，推动国家制度的升级完善。只有不断改进并具备不断改进能力的系统，才是稳健的、能够应对未来挑战的具有生命力的系统。但是，不同于软件系统的升级版本涉及生产商和用户的商业关系，国家制度系统的完善和发展——特别是法律系统的完善和发展——涉及立法、决策与公民之间的政治法律议题，因此必然涉及民主和权利问题。

我们看到，抗击新冠肺炎疫情的成果经验和政策措施创新，正在或者已经依法依规依程序转化成国家制度。以法律制度系统的完善发展为例，抗击新冠肺炎疫情已经推动立法进程，相关立法成果强化了对人民生命健康权和其他相关权利的立法保障。2020 年 4 月 17 日，全国人大常委会首次制定专项立法修法工作计划，即《十三届全国人大常委会强化公共卫生法治保障立法修法工作计划》，其中涉及法律 30 件。[1] 2020 年 5 月 28 日通过的《中华人民共和国民法典》，将疫情防控经验和制度需求予以纳入。[2]

笔者相信，疫情防控期间取得的诸多经验成果特别是制度性成果，将从非常态走向常态，在未来一个阶段逐步转换为国家制度的有机组成部分，为人民权利保障和实现提供更有力的制度保障。

---

[1] 《十三届全国人大常委会强化公共卫生法治保障立法修法工作计划》（2020 年 4 月 17 日第十三届全国人民代表大会常务委员会第 50 次委员长会议通过），载中国人大网，http://www.npc.gov.cn/npc/c30834/202004/eacce363c350473f9c28723f7687c61c.shtml，最后访问时间：2020 年 6 月 20 日。

[2] 例如《中华人民共和国民法典》第二百四十五条规定："因抢险救灾、疫情防控等紧急需要，依照法律规定的权限和程序可以征用组织、个人的不动产或者动产。被征用的不动产或者动产使用后，应当返还被征用人。组织、个人的不动产或者动产被征用或者征用后毁损、灭失的，应当给予补偿。"第四百九十四条规定："国家根据抢险救灾、疫情防控或者其他需要下达国家订货任务、指令性任务的，有关民事主体之间应当依照有关法律、行政法规规定的权利和义务订立合同。"

# 共商共享：农村社区疫情防控中个人与集体权利的保障路径<sup>*</sup>

刘红春<sup>**</sup>

**摘　要：**农民个人与集体权利保障是精准扶贫与乡村振兴协调融合阶段发挥主体性作用和促进中国特色社会主义人权事业发展的关键性纽带。针对农民个人与集体权利保障现状以及新冠肺炎疫情农村社区防控中权利的实现和救济存在的困难，本文提出完善村民的工作权、健康权、教育权、传统风俗与文化权利等个人权利和少数民族、老年人、残疾人等特定群体的集体权利的保障模式，构建由政府主导、社会力量参与、农民自发加入的共商共防共建共享农村社区疫情防控保障路径。

**关键词：**农村社区；疫情防控；个人与集体权利

在纪念《世界人权宣言》发表 70 周年的座谈会上，习近平总书记发来贺信指出：“人民幸福生活是最大的人权”①。农民在人口数量上占据绝对优势，其权利保障不仅是国家人权事业发展的一大主题，也是精准扶贫与乡村振兴协调融合阶段促进中国特色社会主义人权事业发展的关键性纽带。而在新冠肺炎疫情防控中，农村社区防控工作尤能体现国家在农民权利保障领域尊重和保障人权义务的履行。农民的个人与集体权利保障存在一定的现实障碍，通过将共商共防共建共享理念融入农村社区疫情防控工作中，构建政府及职能部门主导、社会力量参与和农民自发加入协同合力

---

　* 本文是 2018 年教育部一般项目“行政规范性文件审查机制研究”（项目编号：18YJC 820033）的阶段性成果。

　** 刘红春，云南大学法学院副教授，法学博士。

　① 魏哲哲：《人民幸福生活是最大的人权》，《人民日报》2018 年 12 月 11 日，第 4 版。

权利保障模式以切实充分保障农民经济、社会和文化权利以及公民权利和政治权利及特定群体权利，为"最后一公里"的最大人权——农民"幸福生活"的尊重与保障奠定了各项实然权利的基石，提升了农民群众的获得感、幸福感、安全感①，助力了平安乡村与城乡平等建设，健全了中国特色人权发展道路的实践与理论内涵，丰富了人类文明多样性。

# 一　共商共防型的个人权利保障

农民个人权利的实然保障是"充分发挥亿万农民主体作用和首创精神、不断解放和发展农村社会生产力，激发农村发展活力"②的关键。因此，新冠肺炎疫情防控中结合正常时期常规型的权利保障模式，开创性地保护好工作财产、生命健康、受教育、风俗文化、人身自由、知情与参与、表达监督、基本生活水准与社会保障等权利，必将充分尊重与发挥农民疫情防控的主体性作用，激发精准扶贫与乡村振兴融合、公民基本权利保障农村短板补齐等新任务的内地动力。整体观之，各项权利保障都融入了共商共防的理念，该个人权利保障模式雏形已呈现。

农民的工作权，涵盖了返城务工人员的权利、留村务农或创业以及各类农村经济体的相关工作权利。对于返程务工人员，通过加强防控意识教育、积极落实国家出台的一系列政策引导其分批有序到岗，推广点对点"专车"接送等特殊保障措施助其安全有序返岗。针对在家务农的农民，通过积极贯彻习近平总书记的全国春季农业生产工作的重要指示、李克强总理的批示精神，确保不误农时，满足农村对农业生产要素如种子、化肥、农机等生产资料的需求，打通农资供应、农机作业、农民下田等关键节点，制订合理生产计划错峰安排农资企业加快复工复产等措施针对性保障春耕有序进行和农民就业增收。针对乡村产业及创业平台、农村企业、

---

① 新华社：《中共中央 国务院关于抓好"三农"领域重点工作确保如期实现全面小康的意见》，载中国政府网，http://www.gov.cn/zhengce/2020-02/05/content_5474884.htm，最后访问时间：2020年2月25日。
② 中共中央政治局第二十二次集体学习时习近平发表的讲话。

农贸市场、超市、乡村旅游等农村经济体，通过指导开业、严格执行环境卫生整治、消毒、通风、"进出检"、限流、落实主体防控责任、依法稳定农产品生产及正常的供应渠道等专项措施保障逐步有序营业。

防控执法主体结合《传染病防治法》与疫情严重程度，在采取限制或者停止集市或者其他人群聚集的活动，决定停工、停业、停课，控制或者扑杀染疫野生动物、家畜家禽，对私人房屋、交通工具和相关设施、设备征用等涉及财产权利的防控措施时，坚持依法从实体和程序合规及符合比例原则要求出发，较好地保护了农民的财产权利，缩减了防控措施对农村个体的经营自由权以及与之相关财产权及个人财产权的不当影响。

农民健康权包括获取健康所需的食物、知识、信息及设备渠道畅通，对患病的适当治疗及基本药物的获得等医疗保健。此疫中，通过加强对农贸市场、垃圾收集站、村庄广场、畜禽养殖场所等公共场所的消毒和管理，组织农民参与农村的疫情预防与控制活动，指导各家各户进行清洁、消毒和通风工作，定时清洁村庄公共卫生区域，积极做好环境清洁卫生工作，引导农民养成良好生活习惯和健康生活方式，切实保护了农民健康权。此外，有必要从公共卫生体系、服务设施、医生队伍及资金投入等方面加快建立健全农村公共卫生三级网络机制，继续完善"厕所革命"和垃圾分类处理，改善农村人居环境，补齐公共卫生服务设施不足带来的农民健康权保障短板，促进农民健康权的实现。

作为"特殊"农民的学生，其受教育权也得到了较好的保障。农村网络教学受到未安装宽带网络、农村信号不稳定等因素的限制，难以保证网络的流畅和听课的实效。但各职能部门、学校与授课老师各尽其力、因地制宜地创新了网络教学模式，充分保障所有农村学生受教育权的实现，部分新思路和新路径为城乡教育公平实现带来了新动力。如大喇叭广播上课、工信部鼓励基础电信企业重点面向建档立卡贫困家庭学生推出特惠流量包等精准帮扶举措、学校为学生发放补助及联通、电信与中国铁塔等推出"宽带免费提速""贫困生赠送钉钉卡学习"等保障措施。

农民传统风俗与文化权利包括享受传统风俗与文化成果和参与传统风俗与文化活动。疫情防控期间，根据防控需要，对集市、花灯、文艺会演等各种聚会及娱乐活动及时依法采取推迟或取消措施，对于婚丧嫁娶事宜，坚持喜事停办、白事从简的原则，各级各类工作人员通过融情于法的共商共享方式动员与宣传，取得农民的理解和支持，兼顾了传统风俗与文化权利的保障，优化了文化节庆、文化设施、文化网络等文化权利载体的供应，促进了乡风文明建设。

　　此疫中的农民人身权利保障主要体现在人格尊严、隐私权及人身自由等方面。在人格尊严保障方面，把每个农民的人格尊严放在首位，坚持城乡同等标准、优待弱势的平等保护原则①，在确需隔离时以尊重和保障基本生活水准为基础依法隔离，有效防止"人肉搜索"、个人信息泄露、电信诈骗、网络侵权等在农村社区发生。在隐私权保护方面，无论是政府、村两委还是其他组织与个人，未经农民允许，都没有随意暴露个人身份信息，保护好了患者、疑似患者、密切接触者的个人隐私；政府利用大数据技术收集和掌握上述人员的行踪，收集信息和精准排查也属于特殊时期的合法行为，②虽出现非法侵入住宅的个案，但农村社区防控行为整体未侵犯农民该合法权益。在人身自由保障方面，防控初期采取的封闭交通、设立临时防疫检查点、封村及堆土、挖路、装载机与挖机封路、门上上锁、拉铁丝网等"硬阻断"手段已经过度限制了农民的人身自由，特别是出行自由。随后，各地依法合理纠正了这些侵权措施，采用卡点设置、卡点配备、车辆拦截、人盯人点对点、人员劝导、体温测量、信息登记、后勤保障和纪律要求等合理限制与保护农民人身自由措施。

　　针对农民特别是中老年群体由于文化水平有限，主要通过串门与人聊天、广播通知等相对单一渠道获知疫情信息与知识，未能在疫情初期意识到问题的严重性，农村采取更为生活化与本土化的大喇叭连续播放疫情防控等相关信息及要求、悬挂宣传条幅、电视、互联网、移动音箱、广播通知等③方式及时公开信息，保障农民的知情权；同时充分利用互联网技术、

---

① 西南政法大学人权研究院：《中国战"疫"中的基本人权保障》，载中国人权网，http://www.humanrights.cn/html/2020/dt_0221/48438.html，最后访问时间：2020年2月25日。
② 沈岿：《大疫之下善待每一个人的基本权利》，载澎湃新闻网，https://www.thepaper.cn/newsDetail_forward_6035631，最后访问时间：2020年2月25日。
③ 中国农村杂志社还及时出版发行了《农民文摘·农村防控新冠肺炎疫情专刊》。

平台优势和发达的物流、电商的数据化信息优势及专业化的效率优势，利用"全国新冠肺炎疫情实时通告"等平台①让农民及时知晓新形式与提升信息辨识能力，拓展了知情权保护的方式。农村社区防控不仅在"硬件"上扎实推进，且通过让农民全过程与环节参与真正提高了其健康与防控意识，如采取了"3 + 3 + ×"即"主要领导督导镇（街道）、县级领导挂钩村（社区）、科级干部包保村小组"组织架构、"一名村（社区）干部、一名警务人员、一名医护人员、若干志愿工作者和民兵预备役"人员配备、开展×项工作等举措有效提高了农民的参与感与参与率，更切实保障了参与权。

由于信息传递"最后一公里"等带来的信息不对称，农村在保护农民表达权的同时，也防范了表达信息被恶意利用或片段化选取作为抹黑污名国家治理能力与体系及国家制度直接证据的潜在风险。此外，还充分发挥了农民的主体性监督作用，加强了内部与外部监督，既防止了因各种血缘熟人等近关系而出现不报瞒报疫情及诱发严重后果的风险，又运用好政府服务热线等及时收集村民真实诉求，尤其是针对卫生行政部门以及其他有关部门、疾病预防控制机构和医疗机构的违法防控行为，侵犯个人合法权益的处理与信息公开情况，捐赠物资接收与使用信息等。

农村的社会保障权利主要包括低保、特困人员救助供养、新型农村社会养老保险、农村合作医疗保险、五保供养等。在疫情防控过程中最为直接的体现为新冠肺炎确诊和疑似患者的农村合作医疗保险保障。对于确诊患者发生的医疗费用，在基本医保、大病保险、医疗救助等按规定支付后，个人负担部分由财政给予补助。在确保患者不因费用问题影响就医和确保救治医院不因支付政策影响救治的"两个确保"原则的指导下，对于确诊病例、疑似患者等及时跟踪帮扶，使其得到及时救治。

## 二　共建共享型的集体权利保障

少数民族、老年人、残疾人等特定群体的集体权利保障是农村社区防

---

① 如腾讯"为村"、中国电信"村村享"平台等防控平台。

控中贯彻落实尊重与保障人权宪法原则的另一端，也是"人民幸福生活是最大的人权"落实的最薄弱环节以及农民主体性作用发挥的兜底性保障。目前，防控中采取的权利保障措施已经具有共建共享的特征，共建共享型的集体权利保障模式已初步形成。通过组织防控人员使用多种少数民族语言深入聚居区，悬挂条幅，张贴倡议书，发放宣传资料等形式，进行疫情防控和公共卫生知识宣传，如编制"藏语疫情宣传册"、在社区播放"少数民族语言疫情宣传片"等，同时兼顾宗教因素，如在穆斯林社区对信教群众集体上寺礼拜依法进行合理劝阻等。

对农村独居、空巢、留守的老年人群体进行心理疏导，通过电话、视频等方式与亲友加强交流，充分吸纳社会力量参与，及时予以关心帮扶、传递信息并持续跟进，解决其实际的困难；同时加强对农村养老机构、福利院等特殊场所及人员实施预防性卫生措施及排查与密切关注机构老年人、精神障碍患者的健康状况，帮助家属通过微信、视频等方式对其进行探访和慰问，做好物资配备、加强消毒和环境卫生保护以及心理呵护与个人卫生防护，依法有效对需要隔离观察对象采取相应措施。

对农村残障人士及时进行心理疏导，密切关注机构残障群体的健康状况，通过电话、视频等方式与其亲友加强交流，及时了解其需求，结合《着力解决因残致贫家庭突出困难的实施方案》等文件的要求，充分发挥社会救助的力量。

## 三 结语：嵌入共商共防、共建共享农村社区疫情防控中的权利保障

从权利保障的主体审视，前文所述各项权利保障成效与创新，是行政保障、司法保障与社会组织保障①都始终秉承共商共防、共建共享及村民

---

① 行政保障，指的是行政主体以服务于全体国民为理念设置城乡一体的公共卫生制度，充分调动农业农村部、人力资源和社会保障部、教育部、国家卫健委、财政部等多部门力量，加大对农村社区防控政策的扶持力度，落实强农惠农政策，促进公共资源向农村配置，扎实推进农民医疗卫生、社会保障等多方面的发展。司法保障指的是各级人民法院、检察院、司法行政机关等结合各自有关农村疫情防控期间司法实务，积极开（转下页注）

生命健康权至上的理念，以平等保护农民的基本权利为着力点，依法科学权衡正常与突发事件下国家对人权保障必要克减的不同原则与标准，坚持集体与个人人权辩证统一的结果。农村公共卫生基础薄弱与各类防控资源相对匮乏、基层与两委干部及其他防控人员尊重与保障人权意识不强、防控措施的法治思维与法治方式不够、农民法治意识与素养不高等诸多主观与客观因素的叠加，导致部分防控措施及其执行存在侵犯个人与集体权利的情形，削弱了农民的获得感、幸福感、安全感。虽在曝光后被及时纠正，但标本兼治的农村人权保障还需要制度化、规范化与法治化的机制体制创建，如部分农村社区开创的协商共识、共商共防权利保障新范式，提升了社区的凝聚力与向心力，嵌入共建共治共享的农村社区治理新格局中。总之，中国特色社会主义人权事业不断迈上新台阶、保障农民持续追求与享有幸福生活，需要依法补齐不同时期与阶段农民权利保障体系与能力的短板，拓展"最后一公里"人权保障的新路径与新模式。

---

（接上页注①）展农村疫情防控中的法律援助、司法救助、心理矫治、公益诉讼、相关法律培训等工作，为农村疫情防控提供司法服务和保障，加强了人权司法保障。社会组织保障指的是各社会组织通过物资捐赠等方式参与农村社区疫情防控，对村民个人与集体权利的保障发挥了不可或缺的作用。

# 突发事件下权利保护的
# 规范困境及其出路<sup>*</sup>

李　华<sup>**</sup>

**摘　要：** 突发事件下的权利保护既有规范困境又有秩序困境，本文仅探讨规范困境。所谓规范困境，是指突发事件下，一些以保护公民权利为目标的法律规定不仅无法起到保护权利的作用，有时甚至还会加剧权利保护的困境。本文以《突发事件应对法》和《价格法》授权政府在突发事件下用政府统一决策替代市场分散决策为例，运用经济学的分析方法，阐释突发事件下权利保护规范困境的产生原因在于对"市场失灵靠政府"信条的过分迷信。文章结合公共选择理论对该困境探寻出路：接纳现代经济学理论对传统法学理论中政府和市场关系的反思，放手让市场进行资源配置，同时，将真正需要政府保障的维护市场秩序、惩罚市场欺诈者、打破行政垄断、保障道路运输和公共服务供给等任务交给政府。

**关键词：** 突发事件；统一决策；市场机制；权利保护

新冠肺炎疫情暴发后，为了保障人民生命健康财产安全，各地政府纷纷采取各种措施。毋庸置疑，多数措施取得良好效果，但不可否认也有部分措施没有达到甚至有悖于公民权利保障的目的。这促使我们反思突发事件下权利保护的困境及其出路。

---

　*　本文系华东政法大学高峰学科重点特色专项项目"'后疫情时期'我国慈善立法的配套与实施研究"的阶段性成果。

**　李华，华东政法大学公民社会与法治发展比较研究中心研究人员。

# 一 突发事件下权利保护的规范困境

新冠肺炎疫情期间发生的许多事情昭示：在突发事件下权利保护具有双重困境，即规范困境和秩序困境。所谓规范困境，是指在突发事件下，一些以保护公民权利为目标的法律规定，不仅无法起到保护权利的作用，有时甚至还会加剧权利保护的困境。所谓秩序困境，是指在理论上能保护权利的一些法律规定，在突发事件中由于种种社会现实原因最后形同虚设，无法实现保护权利的功能。因此，规范困境是由法律条文自身原因引起的适用困境，其本质是目标与效果不一致的问题。秩序困境是由法律之外的其他社会因素带来的困境，如权力没有受到有效制约等，其本质是法律与社会的实践问题。本文的主旨在于探讨规范困境产生的原因及其解决办法，而由于篇幅所限，秩序困境不在此文讨论范围之内。

突发事件下权利保护的规范困境最具代表性的例子便是《突发事件应对法》和《价格法》授权政府在突发事件下用政府的统一决策替代市场的分散决策。[1] 法律何以如此授权？毕竟商法的核心价值是私法自治与经营自由，[2] 政府的统一决策行为如价格控制和生产控制会侵犯市场经营主体的营业自由。法律的授权原因在于立法者信奉，在突发事件下，由于市场机制的失灵，公民生存所需的最低限度物资供应已无法依靠市场。此时，只有通过政府介入市场以统一的决策取代已经瘫痪的市场分散决策，才能使公民生活、防疫和救助所需的最低限度物资供给得到保障。因此，我们可以梳理下这个例子的逻辑：突发事件应对法的目的在于保障公民的生命财产安全。立法者们认为突发事件下由于市场机制的瘫痪，公民的生存生产物资供应已无法得到保障，这就意味着公民的生命和财产安全受到威胁。为了实现权利保障的目的，法律由此授权政府在突发事件下用统一

---

[1] 政府干预有许多种，其中凯恩斯主义主张：在市场失灵时用政府统一决策来取代市场分散决策。这是本文的批判对象，至于其他以维护市场秩序为己任的政府干预则不在本文讨论范围之内。

[2] 参见王建文《我国商法的核心价值：逻辑展开与实践应用》，《法学杂志》2012 年第 1 期。

决策替代市场分散决策。在下文中我们会证明，用政府统一决策来替代市场分散决策一样无法有效达到权利保障的目的，而且从长远来看，甚至还不利于公民的权利保护。这就是典型的立法目的与立法效果不一致。

## 二　突发事件下权利保护规范困境的原因

### （一）立法者眼中政府干预有效论的逻辑起点——凯恩斯主义

如前所述，立法者授权政府以统一决策代替市场分散决策的原因在于他们信奉"市场失灵靠政府"的信条。为了更好地认识这一规范困境，我们考察一下这一理论的根基。"市场失灵靠政府"源自凯恩斯主义，立法者正是依据这一逻辑制定法律。这种理论认为由于人的"动物精神"、市场交易的外部性、市场上的自然垄断、信息不对称和交易成本等市场的非完美因素，市场运行的结果有时呈现出明显的配置上的非效率和分配上的非公平性。换言之，市场是存在缺陷的，市场缺陷产生了市场失灵。因此，凯恩斯主义者主张既然市场存在失灵，那就需要以理性的力量恢复秩序，如果不能阻止灾难的发生，起码也可以减少灾难所带来的损失，而这个理性的力量就是政府。他们认为，政府应动用财政和货币政策以及监管和行政等微观干预手段，遵循"社会利益"最大化的原则，调节经济运行，指导和管理市场交易，克服市场失灵，甚至还可以劫富济贫，在实现资源更优配置的同时保证社会公平。

基于上述凯恩斯主义的逻辑，立法者认为，在突发事件下人们的"动物精神"、市场上的信息不对称和交易成本均会被进一步放大，由此市场机制基本上处于瘫痪状态，所以，只能通过政府的统一决策保障物资供应。确实，在此次新冠肺炎疫情中，非理性的恐慌四处蔓延，抢购风盛行；谣言四起，不良商家通过散布不实消息和囤积居奇投机牟利；口罩和防护服等防疫必需品价格大幅度上涨，在某些网购平台上还出现了大量假冒伪劣商品。这一系列现象似乎都在说明此时市场存在严重失灵。因此，许多学者呼吁政府应依法对口罩和防护服等防疫必需品市场进行干预，稳定防疫品供给。很快政府开始依法全面介入防疫品市场，对终端销售价格实行上限控制，对防疫品生产进行管控，强制企业进行生产并制定生产数量任务，对防疫品销售进行控管，同时打击假冒伪劣产品的生产和销售。

## （二）"一罩难求"——政府干预难达目的

毋庸置疑，政府对市场的干预都是依照法律授权进行的，但这种干预有没有实现最低限度的物资供给保障目标呢？我们先来看一组数据。2020年2月15日，陈一新宣布医疗物资每日基本耗尽，并仍存在缺口。[①] 2月25日，国家发展改革委社会司司长欧晓理介绍，目前全国口罩日产量超过5400万只，医用N95口罩日产量已经超过90万只。对比1月23日800万的产能和1月17日前2000万的产能，确实有几倍的提升。但是据《财新周刊》报道，如果全面复工，中国每天所需口罩数量为5亿至6亿只。[②] 可见，从1月20号到3月初，"一罩难求"一直是市场上的常态。[③]

如何解释在政府全面干预市场的情况下，"一罩难求"仍然在较长时间内存在呢？虽然原因是多方面的，但政府与市场的关系失衡难辞其咎。在疫情期间，政府的统一决策行为虽然能保障厂商和原材料公司的开工运行（如采取强制开厂开工措施，给厂商下达生产指标和任务），但无法调动起其生产积极性，政府按照法律要求所进行的统一决策把防疫品市场带入了"政府决策，企业执行"的计划模式。[④] 换言之，政府的统一决策替代了众多市场主体的分散决策，现在由政府来决定生产什么、生产多少、谁来生产、谁来定价、谁来消费以及如何消费。大量事实证明，这种统一决策的模式在资源配置中无法激发经济的活力与效率。

## （三）政府干预无效论原因——被神化的凯恩斯主义

防疫品的长时间短缺消解了政府统一决策行为对市场失灵的有效性。

---

① 其中防护服当日需求77680件，缺口5461件，N95需求125246件，库存仅剩余11209件。

② 参见孙良滋、沈欣悦、原瑞阳等《物资驰援过难关》，《财新周刊》2020年第7期。

③ 参见中国纺织报《多国上演"一罩难求"，熔喷布价格标高：口罩产业链该如何理顺？》，https://www.ctn1986.com/index.php? c = content&a = show&id = 89652，最后访问时间：2020年3月6日。

④ 参见鱼玄机、远山《揭秘口罩断供迷局：厂商花五倍工资招人，药店不敢进货》，http://finance.ifeng.com/c/7tqonwYHQzw，最后访问时间：2020年3月7日。

这也证实了经济学家保罗·A.萨缪尔森的观点——"集体行动不是市场失灵的理想的解答"。① 但这并不意味着我们能以结果为导向去责备政府。政府对防疫必需品的市场干预都是依法进行，尽管在一些地方会出现不适当干预。② 在这里，真正需要责备的是授权政府在突发情况下用政府统一决策代替市场分散决策的法律以及法律背后的凯恩斯主义。它们的基点是，在突发情况下市场已经无法对资源进行有效配置，因此，应当用政府统一决策来代替市场的分散决策。政府干预成为立法者眼中解决突发事件下市场失灵问题的灵丹妙药。当然，他们肯定不会用"替代"这个绝对性的字眼，而是用"适当干预、合理干预、合理监管"等乍看起来合理的字眼，但是从具体措施和建议上就可以看出这些看似合理的字眼背后的观点。理论和实践均表明，这些要求政府对市场进行直接干预的法律并不会有效解决市场失灵。市场当然存在失灵，政府同样也存在。

凯恩斯主义者至少存在两个重要错误。其一，凯恩斯主义者虽成功指出了市场失灵的存在和原因，但当他们建议政府干预时，却有意无意地假设：政府官员的完全理性、政府干预没有外部性、政府不可能垄断、政府没有信息不对称问题和政府的政策成本等于零。一句话，政府干预市场是完美的。其二，凯恩斯主义主张在市场失灵的场合用政府统一决策模式替代市场分散决策会产生重大弊端。分散决策的市场经济通过价格—利润机制可以更好地利用分散在各人头脑中的"个人知识"或者说"默示知识"。这些知识散落在全社会各个角落，瞬息万变，而又难以编码、难以加总、难以在人们之间传递，从而无法及时准确地传递给中央决策者，而市场经济将决策和行动的权利交给分散的个人，从而有利于这类知识的充分利用，而价格—利润机制可以很好地以低成本的方式实现分散决策的协调问题。③

① 张良、戴扬：《公共选择理论的政府观：综述与启示》，《生产力研究》2007年第7期。
② 参见观察者网《湖北洪湖一药房涉嫌哄抬价格被罚：进价0.6元的口罩卖1元》，https://news.ifeng.com/c/7uOEbNyvJy7，最后访问时间：2020年3月7日。
③ 参见〔英〕弗里德利希·冯·哈耶克《个人主义与经济秩序》，邓正来译，复旦大学出版社，2012，第353页。

## 三 突发事件下权利保护规范困境的出路——双规制

### （一）重新审视市场失灵

那么，立法者究竟应如何应对突发事件引起的市场失灵呢？换言之，如何才能确保目的与手段的一致性呢？在回答这个问题前，我们需要重新审视下什么是市场失灵。突发事件下的市场失灵，在现象上表现为非均衡的混乱价格①大量充斥在市场交易主体之间，这一现象会让人产生失望和后悔的情绪。但是，这种非均衡的混乱价格提供了一种反馈机制，使得人们根据先前给出的信号与实际情况之间的差距进行调整、②不断地改变，逐渐从不协调趋于协调。市场的价格—利润机制同时也作为一种高效的信息交流机制和一种高效的协调机制协调着无数个体的分散决策，在资源配置领域无可争议地具有政府统一决策机制无法比拟的高效率。此外，诺贝尔经济学奖得主马斯金和赫维茨的机制设计理论也表明，即使是在个体理性与信息不完全的情况下，市场机制依然是有效的资源配置手段。③

当然，也有反对者认为，在短期内价格机制对于那些缺乏供给价格弹性④的物品是没有用的，其依据在于口罩和防护服这类商品的生产是资本密集型的，大幅度扩产只能通过增加厂房和大型机械设备的方式实现，而这往往需要两到三个月时间。因此，价格机制对于这类物品供给与需求的协调是无效的。既然价格大幅度上涨在短期内（两到三个月）并不会使产品供给大幅度增加，而且还会产生诸如"民怨沸腾"等负面影响，那么还不如让政府来分配。因此，他们主张对于缺乏供给价格弹性的物品，应当

---

① 也就是没有正确反映市场供求状况的价格，有高有低，参差不齐。价格中的投机成分高，市场各方参与者并不能很顺利地协调，因此，市场上的成交量远远低于均衡价格下的成交量。换言之，供给存在严重短缺。

② 人们进行调整的动机在于可以利用这种预期与实际的差距获利，而这种差距会不断缩小，原因在于市场竞争。

③ 参见陈旭东《赫维茨的经济思想谱系及其方法论》，《财经研究》2020年第2期。

④ 供给价格弹性是用来衡量价格变动的比率所引起的供给量变动的比率，即衡量供给量变动对价格变动的反映程度。所谓缺乏供给价格弹性是指该产品供给量变动的幅度小于价格变动的幅度。

让政府统一决策来替代市场分散决策。这种观点的错误之处在于他们把经济活动当成静态活动，确实按照现有管理模式和技术条件，防疫产品大幅度扩展需要两到三个月，但该理论忽略了经济活动中最重要的因素——商人以获利为目的所主导的技术和生产管理模式的创新活动。在英国产业革命前夕，针对棉布价格短时间内的暴涨，英政府如果以棉布是居民生活日用品且棉布缺乏供给价格弹性为由进行价格控制，那现代的生产组织形式"工厂"和现代的机械设备不知道要推迟多少年才会出现。

## （二）重新审视政府的定位

前面我们分析了即使在市场失灵的情况下价格机制依然是有效的，但是这不等于我们否认政府的作用。我们针对的是凯恩斯主义下立法者对全能政府的神化，故而，我们需要重新审视政府在权利保护中的定位。在此，我们采取"公共选择"理论的分析框架。① 公共选择理论的优势在于，该理论下政府是构建在个体理性行为②的基础之上，它克服了凯恩斯主义对政府及其官员在上文中的不当假设。

公共选择理论认为，价格机制确实具有自发调节以使市场供求趋于协调的反馈机制，但是这个调节反馈的自我恢复过程需要时间，而有时经济体根本无法支撑到自我恢复，此时我们需要政府采取一系列措施来为市场机制的恢复争取时间。例如，"口罩将会在十天后恢复供给"对于一个经济体来说确实是个好消息，但如果其口罩存量只够用三天，那么这个消息只带来了绝望，于是我们需要国家宏观调控。但这并不意味着要用政府统一决策去代替市场分散决策，政府在此应以帮助加速市场自我恢复机制为己任。因此，立法者们在制定法律时不应当要求政府在突发事件下用统一决策来取代市场的分散决策，而是应让政府通过采取维持社会秩序、打击市场欺诈者、破除行政垄断和确保交通顺畅等措施来为市场机制的恢复争

---

① 如布坎南的《同意的计算——立宪民主的逻辑基础》和《自由、市场与国家》、奥尔森的《集体行动的逻辑》和《权力与繁荣》等。

② 这里的理性行为并不是指某人在设定一个合理目的后采取最有效的手段实现该合理目的，而仅仅是指人们倾向于采取自己所认为的最有效的手段实现其目的。

取时间。排斥市场机制的法律根本无法有效解决物资供应问题，有时甚至还会加剧物资短缺。换言之，法律授权政府用其统一决策替代市场分散决策以促进权利保障，但二者均无法保证效果。

因此，在突发情况下，唯有同时发挥好政府和市场的作用，权利保护才能获得厚实的物质保障，缺乏物质基础的权利保护只能是法律学者们口中的一句空话。这就要求立法者在立法时对政府与市场各自的定位有正确认知，这样才能使权利保护的手段与权利保护的目标相一致，减少权利保护的规范困境。

# 突发事件中商事主体经营权的保护[*]

## ——以利益衡量理论为视角

贺 茜[**]

**摘 要：**尽管应急状态下对公民权利克减已经成为共识，但是对商事主体经营权克减的正当性并未得到充分阐明。如何妥当保护商事主体经营权是突发事件应对中必须回应的现实问题。利益衡量理论为限制商事主体经营权的正当性提供了理论基础和制度逻辑，即对需保护的公共利益与受侵害的商事主体利益进行衡量。针对突发事件应对中商事主体经营权的限制与保护，我国现行法律规范尚未形成完整体系。实践中，应以利益衡量理论为基础，从程序正当、措施适度和有效救济三个层面入手，构建应急法治状态下国家公权力与商事主体权利之间的利益动态平衡。

**关键词：**突发事件；商事主体；经营权；利益衡量

新冠肺炎疫情暴发后，各地纷纷出台防控措施，对商事主体的正常经营造成了很大影响。比如，大量蜂农无法转场追花夺蜜，损失惨重，养蜂人刘德成在养蜂房内自杀，而他只是千千万万因疫情利益受损的商事主体中一个渺小的个体。"海底捞日亏 8000 万""中山万吨脆肉鲩滞销""云南鲜花产业损失超过 40 亿""上汽集团销售同比下降近九成""亚洲旅游收入预计损失 1150 亿美元""意大利关闭全国餐厅、酒店和商店"等等，这些都让我们不得不思考，为了阻断疫情蔓延，"一键暂停"背后商事主体的经营权应当如何保护。当遭遇突发事件时，公民的某些权利必须受到

---

* 本文系青岛市社科规划项目"突发事件中商事主体经营权保护研究"（项目编号：QD-SKL2001023），青岛市博士后研究人员应用研究项目的研究成果。
** 贺茜，中国海洋大学法学院讲师，法学博士。

限制已经成为共识，那么在法治国家和优化营商环境的语境下，商事主体经营权受限制的正当性及保护也需要得到针对性回应。学界对应急法治状态下权利的克减与保护多从公法角度入手，鲜有文献从私法角度进行阐述。笔者将以利益衡量理论作为切入点，分析突发事件应对过程中商事主体经营权的保护。以利益衡量的方法考量突发事件应对中国家公权力与商事主体私权利之间的冲突，能够实现以最低程度限制私权利的代价恢复社会正常秩序的治理目标。

# 一 商事主体经营权克减的正当性基础

在突发事件处理过程中，为了维护社会整体利益，国家机关不可避免地会采取一定措施限制商事主体的经营权以应对危机。根据不能强制要求私权行使增进公共利益的原则①，商事主体并不负有为了公共利益克减自身权利的积极义务。这直接导致国家机关的应急权与商事主体经营权之间的冲突，突出表现为关闭商事交易场所、中止商事交易活动、禁止商事交易行为等。为协调二者之间的冲突，国家机关针对突发事件的应对措施必须纳入法治的轨道，如此才能妥善处理好社会公共利益与保障公民权利之间的关系。商事主体经营权在突发事件应对中存在克减的必要性，是国家机关采取应对措施的前提。由于现行法规范未对国家机关在此情形采取的应对措施明确授权，因而对商事主体经营权克减的正当性论证就显得尤为重要。

关于权利的限制，社会功利主义认为，为了尽可能多的利益牺牲尽可能少的其他利益，对自由的限制就是公正的。② 因此，限制权利必须依赖利益与利益之间价值位阶的判断。不过，这一判断并非易事，根据以赛亚·伯林提出的价值多元困境，价值与价值之间并不存在相容性和公度性，因此异质利益的衡量并不存在一般性标准。也就是说，由于所保护的法益的

---

① 〔德〕迪特尔·梅迪库斯：《德国民法总论》，邵建东译，法律出版社，2000，第110～112页。
② 〔美〕罗斯科·庞德：《普通法的精神》，唐前宏、廖湘文、高雪原译，法律出版社，2018，第140～142页。

异质性，没有确定性的一般公理能够衡量国家机关应急权与商事主体经营权之间的冲突。然而利益衡量理论提供了异质利益比较的可能路径，这一理论采用了从抽象到具体的求解路径，认为在现实社会中，不同利益之间的位阶存在社会共识，即生命利益 > 健康利益 > 财产利益。[①] 在这一意义上，为了保护生命利益和健康利益而牺牲财产利益可以被判定是正当的。没有人能够将生命利益让与他人，而健康利益必须附属于生命利益。健康利益表现为身体权和健康权，均是维护自然人生命活动利益的人格权。虽然生命权、身体权、健康权属于物质性人格权，但对其价值的评估必须涵盖财产价值和精神价值。[②] 当然还需说明的是，生命利益之间不存在位阶，财产利益之间按照价值确定位阶即可。

毋庸置疑，商事主体经营权作为用益物权的一种，属于财产利益。按照利益衡量理论所确立的利益位阶，国家机关在应对突发事件时可以将利益逐一衡量排序，以避免过度行使执法权力。当国家机关应急权是为了维护生命利益和健康利益时，可以对商事主体的经营权进行限制；当国家机关应急权是为了维护财产利益时，则必须对所保护的财产利益和损害的经营权利益进行价值比较，给商事主体造成的损失不能高于突发事件可能造成的损失。概括来看，评价的关键在于协调应急行为所获得的公共利益与所侵害的商事主体权利。例如，在本次新冠肺炎疫情中，为了及时切断传染病传播途径，保护人民群众的生命健康权，各级政府及其职能部门采取了封闭经营场所、禁止营业、限制/停止人群聚集活动等措施。在这种情况下为了群体的生命利益和健康利益，对部分商事主体经营权的限制可以被认定是符合应急法治原则的，商事主体也应当履行疫情防控义务，积极配合停止相关经营活动。

## 二　商事主体经营权保护在利益衡量中的展开

突发事件的突发性、公共性、紧迫性、危害严重性等特征都决定了必

---

[①] 梁上上：《利益衡量论》（第二版），法律出版社，2016，第87~88页。
[②] 张平华：《人格权的利益结构与人格权法定》，《中国法学》2013年第2期。

须采用与常态法治不同的应急法治。在应急状态下，国家公共权利扩张集中，公民权利会受到一定限制、收缩或克减。前述已论证商事主体经营权克减的正当性，后疫情时代关注的重心不仅在于政府公权力是否能限制商事主体私权利，而且在于如何保护商事主体的经营权。从我国现有法律法规来看，突发事件应对过程中对商事主体经营权的克减并未形成统一规制体系，只能依赖具体情况具体判断。故而，以利益衡量为基本出发点，从限制程序、限制范围、损害补偿等层面对突发事件中商事主体经营权进行保护具有重要现实意义。

首先，程序要正当。对商事主体经营权的限制必须建立在正当程序之上。缺乏清晰的程序，将增加基层政府应对突发事件的难度，降低基层政府应对突发事件的科学性和有效性。以正当程序规范利益衡量的过程，对各种利益的强弱进行充分的对比分析，建立客观科学的规则体系，明确需要保护的利益，才能获得最为合理的应对策略。严格按照程序衡量不同利益之间的大小得失，才能防止公权力被滥用，尽量降低商事主体的利益损失。

程序正当的同时也要求主体适格，只有法律法规授权的机构（组织）才能实施对商事主体经营权的限制。"法无授权不可为，法定职责必须为。"增强国家机关特别是基层地方政府和基层自治组织的法治意识，在法治轨道上积极推动突发事件危机化解。例如在本次新型冠状病毒肺炎疫情的防控中，有村委会未经批准设卡拦截农产品运输车辆，严重影响了家庭农场的经营权。鉴于此，地方政府应当因地制宜建立"权威、独立、统一、高效的各级危机应对指挥中心等专门机构，分级管理、各司其职、各负其责"①，真正做到行政手段的最终目的是保障人民权利的实现。

其次，措施要适度。对商事主体经营权的限制必须与应对突发事件的需要相适应。前文已论证在突发事件中适当消减商事主体的经营权具有正当性，国家也鼓励各类商事主体积极应对突发事件，但是这种正当性必须有严格的边界。国家权力对商事主体经营权的克减必须遵循一定的限度。

---

① 郑铉：《突发事件应对中的法制保障问题探讨——以"5·12"汶川大地震为例》，《理论探索》2011 年第 6 期。

应急法治状态意味着国家权力机关可以克减商事主体的权利和自由，在突发事件消失或危害减轻后，应急法治就应当恢复到常态法治，或者转化为对商事主体利益损害更为轻微的方式。

在利益衡量的层次结构中，国家权力机关限制经营权的行为应当尽量将对商事主体利益的损害降到最低，超过突发事件发展态势的限制行为属于侵害商事主体的合法权益。具体而言，可以采取以"情境区分"为基础的规则。① 以新冠肺炎疫情的应对为例，对经营权的限制需与疫情的发展阶段相适应，主要可划分为三个阶段（参见图1）：（1）第一阶段，疫情发展初期，疫情传播的风险小于商事主体正常经营的利益，此时没有必要限制经营或者没有必要限制全部商事主体的经营；（2）第二阶段，疫情传播的风险大于商事主体正常经营的利益，此时就有必要对商事主体的经营权进行克减；（3）第三阶段，疫情得到控制后，传播风险逐渐降低，此时可以逐步减少对商事主体经营权的限制。同样，针对不同类别的突发事件，对商事主体经营权的限制措施也应当是不同的。

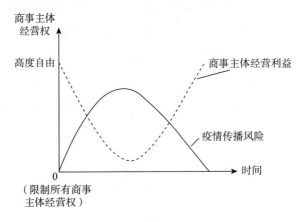

**图1**

---

① 该规则由美国 Roe v. Wade［410 U. S. 113，（1973）］案获得启示，本案中法官 Blackmun 在决定原告是否可以合法堕胎时，认为决定是否可以堕胎取决于孕妇的生命健康利益和保护胎儿潜在生命利益之间的衡量，将妊娠期划分为不同阶段，从而根据不同情境决定以保护何种利益为重。德国法学家罗伯特·阿列克西的"双重干预密度理论"也采用了类似规则，具体参见曹瑞《比例原则与积极权利限制的司法审查》，载齐延平主编《人权研究》第 21 卷，社会科学文献出版社，2019，第 393～419 页。

最后，对因经营权受限制而利益受损的商事主体，应当给予有效的救济。在突发事件应对过程中，国家权力对商事主体经营权的限制主要表现为两大类：一类是直接禁止或限制商事交易，另一类是征用商事主体的不动产或动产使其无法从事正常商事经营活动。对于第一类限制，在突发事件结束或有所缓解后，应及时积极协调、补充、刺激商事主体积极复工复产，打通产业链和供应链，多措并举（例如税费减免、社保公积金减免、贷款贴息等）确保企业发展的资金供给，帮助商事主体重构市场预期和信心。例如为抗击疫情冲击、减轻企业资金压力，北京市自 2020 年 2 月起阶段性减免企业基本养老保险、失业保险和工伤保险单位缴纳部分。对于第二类行为，我国《物权法》第 44 条、《民法典（草案）》第 117 条都有明确规定，依照法定权限和程序征用不动产或动产的，应当给予公平、合理的补偿。例如在本次抗击新冠肺炎疫情过程中，武汉市将卓尔集团旗下的武汉客厅作为"方舱医院"救治病患，在疫情结束之后应当给予该公司公平合理的补偿。

同时，应当给予利益受到损害的商事主体寻求救济的渠道，就争议部分由法院对国家权力机关采取的应急措施和商事主体受到的损害进行利益衡量，作出裁决。法律的使命不仅在于对现有事件的裁判，也在于对社会未来行为的倡导。应对因政府机构违法应急权给商事主体造成的不当损害进行赔偿，以实现应急法治状态下国家公权力与商事主体权利之间的利益动态平衡。

# 三　结　语

应对突发事件的终极目标是保障人权。对商事主体经营权的保护事实上是突发事件中公民社会保障权的延伸。商事主体经营权的"冰封"可能会导致经济下滑、通货膨胀、失业率上升等一系列问题，给我国社会稳定发展带来巨大风险与挑战。利益衡量旨在保障公权力之行使的适当、必要、均衡，以实现最小限度的损害换取最大可能的社会福利。疫情面前每个人都是受害者，表面来看商事主体的经营权只是财产性权利，但事实上最终将会影响个体的人身权利（正如开篇谈到的养蜂人一样），完善突发事件应对的法律法规体系，加强对突发事件下商事主体经营权的保护，才能最终保护公民的基本权利，避免突发事件下悲剧的发生。

# 后疫情时代欧洲人权法院面临的
# 挑战与机遇

伍科霖[*]

**摘　要：**在新冠肺炎疫情所引发的"整体性危机"之下，欧洲人权法院面临着如何调节一国基于社会治理复杂性所享有的边际裁量余地，与保障个人权利的强烈义务之间的巨大压力。尤其是在风险社会与紧急状态的相互交织中，防控措施走向"半政治中心化"状态。这就不可避免地会使人们担心后疫情时代的欧洲人权法院在法律与政治的双重因素之间"钟摆"。但危机之中，也蕴含着机遇。在欧洲人权法院的既有体系中，引领性判决程序、通知义务，以及第 15 号议定书仍需要进一步变革，从而完善欧洲人权保障体系。

**关键词：**后疫情时代；欧洲人权法院；诉讼危机；改革机遇

## 引　言

随着工业革命和信息技术的发展，现代社会已然成为一个紧密联系的复杂系统，所有国家和个人都无法逃脱其外。但在某种意义上，这并没有让现代社会变得更加坚不可摧，反而变得愈显脆弱。除了传统的战争威胁之外，自然灾害、金融风暴、恐怖袭击、核电站事故以及公共卫生安全等非传统安全，也能够对现代社会产生剧烈的影响。可以说，非传统安全将安全的重心由国家拓展至人和社会的安全，使得传统安全的边界——"国

---

　　*　伍科霖，西南政法大学人权研究院博士研究生。

家主权",扩展到非传统安全的"整体人权"。① 这种潜在的威胁感,迫使我们每个人都处在一种高度不确定的状态之中,现代社会也由此走向了"风险社会"。"风险社会是人类在整体上所面对的、充满了不确定性的社会,没有人可以例外。"② 新冠肺炎疫情的暴发,亦是如此。在病毒面前,人类似乎变得前所未有的平等。而这种平等源于我们个人应对风险时的无力,正如乌尔里希·贝克(Ulrich Beck)所说,"社会危机体现在个体身上,并且只有在间接和非常有限的意义上,人们才能感知到它的社会性"。③

据美国约翰斯·霍普金斯大学的统计,截至 2020 年 5 月底,全球新冠肺炎患者已突破 550 万,累计死亡人数超过 34 万。其中欧洲地区就累计超过 192 万,约占全球确诊人数的 34.9%,死亡人数超过 17 万,约占全球死亡人数的 49.4%。不仅如此,欧洲各国的各项指标均不理想,其百万人确诊数和病死率均居高不下。但面对当前疫情稍显趋缓的形势,欧洲社会的"重启""解禁"已然提上议程,而这并非意味着疫情的结束。新冠肺炎疫情的暴发,正在悄然改变着欧洲社会的格局,并对 21 世纪第二个十年之后的欧洲社会产生难以估量的影响。

最为严重的是,"大流行"的新冠肺炎疫情引发了创纪录的《欧洲人权公约》(以下简称《公约》)减损状况。截至 2020 年 5 月底,塞尔维亚、罗马尼亚、北马其顿、阿尔巴尼亚、格鲁吉亚、爱沙尼亚、摩尔多瓦、亚美尼亚、拉脱维亚都已通知欧洲理事会秘书长(以下简称"秘书长"),打算减损其根据《公约》所应承担的义务。可能会有更多国家竞相效仿,或者已然放弃《公约》所规定的义务,但尚未根据《公约》第 15 条第 3 款的规定通知秘书长。④ 正因为这些减损措施,欧洲各国将可能出现大范围侵犯人权的现象。可以想见,未来欧洲人权法院将持续面临因新冠肺炎疫情产

---

① 参见余潇枫、王江丽《非传统安全维护的"边界""语境"与"范式"》,载余潇枫主编《非传统安全研究》(2010 年第 1 期),知识产权出版社,2010,第 43~45 页。

② 孟庆涛:《重读〈世界人权宣言〉》,《现代法学》2018 年第 5 期。

③ 〔德〕乌尔里希·贝克:《风险社会》,张文杰、何博闻译,译林出版社,2018,第 104 页。

④ 参见 Sean Molloy, "Covid-19 and Derogations Before the European Court of Human Rights", Verfassungsblog(April 10, 2020), https://verfassungsblog.de/covid-19-and-derogations-before-the-european-court-of-human-rights/。

生的相关诉讼。这种局面将严重挑战欧洲人权法院长久以来所坚持的立场与原则，甚至可能促使《公约》所塑造的区域性人权保障体系进一步解体。但正如贝克所说，"风险社会给痛苦中的人带来了不确定性，而不确定性的反面则是机遇：在对抗工业社会的限制、指令和进步宿命论的同时，寻找并激活更多的平等、自由与独立，即现代性的允诺"。[①] 故而，欧洲人权法院在面临挑战的同时，也暗含着进行重大改革的可能。

# 一　三元结构下欧洲人权法院面临的挑战

欧洲人权法院并不拥有超国家主权特征，而仅仅是依据《公约》所建立的专门性国际人权法院。《公约》作为一般性的国际条约，在成员国法律体系中的地位也千差万别。根据各国的宪法和判例法，大致可以分为三种情况：第一种情况是与国内基本法律地位相同，但低于宪法，如德国、意大利；第二种情况为超法律地位，即公约地位低于宪法但高于法律，如法国、瑞士；第三种情况为公约地位与宪法相同，如荷兰学者认为欧盟法和《公约》才是荷兰真正意义上的"宪法"。[②] 这意味着，欧洲人权法院、内国政府或法院以及申诉个人事实上处于三元的"动态平衡"结构之中，尤其是面对一国基于社会治理复杂性所享有的边际裁量余地与保障个人权利的强烈义务，如何调节二者的关系则会落在欧洲人权法院的"肩上"。尽管这一调节压力长久以来也一直困扰着欧洲人权法院，但面对新冠肺炎疫情所引发的"整体性危机"，其"质"与"量"均无法与过去同日而语。正如英国学者康斯坦丁·哲瑟鲁（Kanstantsin Dzehtsiarou）教授所说："COVID – 19 的影响将在 5～6 年内看到，届时将根据欧洲人权法院的判决重新评估各国政府采取的措施。"[③]

---

① 〔德〕乌尔里希·贝克：《风险社会》，张文杰、何博闻译，译林出版社，2018，第298～299 页。

② 参见王德志《论宪法与国际法的互动》，《中国法学》2019 年第 1 期。

③ Kanstantsin Dzehtsiarou, "COVID – 19 and the European Convention on Human Rights", Strasbourg Observers (March 27, 2020), https://strasbourgobservers.com/2020/03/27/covid – 19 – and – the – european – convention – on – human – rights/.

## （一）个人申诉制度

在风险社会中，高度的不确定性使得人的理性难以发挥应有的作用，人们由此被迫进入一种"焦虑团结型社会"，并使得这种风险制度化，而这种制度化又会进一步促进这种不确定性。正如，个人申诉程序是《公约》所确立的赖以保障基本权利和自由的重要形式，但这一制度也加剧了日益膨胀的个人申诉与有限的司法资源之间的矛盾，如何处理积压案件就成为欧洲人权法院的困境之所在。《公约》第14号议定书就《公约》进行了大幅度的修改，并对审理组织与方法、审理程序和组织权利进行了变革。① 尽管这一改革帮助欧洲人权法院减少了大量的未决案件，但仍存在数量巨大的未决上诉申请。②

新冠肺炎疫情无疑会进一步加剧这种矛盾。正如法国学者克里斯蒂安·梅斯特（Christian Mestre）所指出的，法国目前已有超过1000名医护人员决定控诉国家危害其生命权。③ 同时，欧洲人权法院业已发布《COVID-19特殊措施》，延长申诉受理期限至9个月，以确保不会因疫情而损害民众向欧洲人权法院申诉的权利。④ 面对可能来临的新冠肺炎疫情大规模诉讼，考虑到法院的巨大案件负担，法院有理由就那些无希望的申诉采用尽可能经济的程序。正如法院指出："其任务不能够去解决一连串根据不足的、发牢骚式的申诉，这必然会产生不必要的工作量，而这与法院的真正职能是不相容的，并且有碍于法院实现这些职能。"⑤

尽管根据《公约》第34条的规定，各缔约国承诺不得以任何方式妨

① 参见朱力宇、沈太霞《〈欧洲人权公约第14议定书〉的实施效果及其对我国的启示——以欧洲人权法院对个人申诉的过滤为视角》，《人权》2011年第3期。
② 参见欧洲人权法院《案件受理标准实践指南》，欧洲理事会，2014，第7页。
③ 参见〔法〕克里斯蒂安·梅斯特《对新冠病毒语境中"弱势群体"这类不寻常人群的思考》，"疫情防控中的生命权保障"国际研讨会发言稿，重庆，2020。
④ 《COVID-19特殊措施》："自2020年3月16日起，欧洲人权法院将扩大了《公约》第35条的规定，已使申诉期延长至三个月。这意味着，在2020年3月16日至6月15日期间，申诉人可以自用尽国内救济之日起九个月内，向欧洲人权法院提出申诉。"
⑤ 〔英〕克莱尔·奥维、罗宾·怀特：《欧洲人权法原则与判例》（第三版），何志鹏、孙璐译，北京大学出版社，2006，第561页。

害个人申诉权利的有效行使，并授予一项可以在公约诉讼程序中加以维护的程序性权利。在 Mamatkulov and Askarov v. Turkey 一案中，欧洲人权法院认定国内权威机关必须避免对申诉人施加任何形式的压力促使他们撤诉或者改变申诉。[①] 但鉴于法院收到大量申诉，其不得不建议一种既经济又有效率的可受理性程序，确保每一个案做到公正。根据欧洲人权法院《案件受理标准实践指南》第 35 条第 3 款的规定，法院在两种情况下对个人申诉不可受理，主要体现在：（1）申诉与公约或其议定书的条文不相符，明显无根据或构成对个人申诉权利的滥用；（2）申诉人没有遭受重要的损失。[②] 但即使某申诉被认为与公约相符合且满足所有形式上的受理条件，法院仍可根据案件事实的审查结果认定其不可受理。

事实上，任何申诉只要在初始审查中未发现明显违反公约保障权利的情况，该申诉即会被认定为"明显无根据"（manifestly ill-founded），且无须通过对案件正式审理的程序便可将其认定为不可受理。这也是最常见的不可受理的理由。在 Mentzen v. Latvia 一案中，法院为了论证某一申诉属于明显无根据，会要求案件双方提交观察意见并进行推理，但这也并不会改变该申诉明显无根据的本质。案件的可受理性标准可以从以下方面探讨：（1）谁可以向法院提起申诉？（2）所宣称的违反是由一个缔约方作出的吗？（3）被诉事项是否属于公约或议定书的范围？（4）申诉者是否已经用尽了国内救济？（5）申诉是在 6 个月时限内提出的吗？（6）申诉以前被提交过吗？（7）申诉是否明显根据不足？（8）是否存在对申诉权的滥用？因此，如果没有构成"第四审"诉求，且诉求没有明显违反公约保障的权利，法院会通过审理诉求的实体方面，作出没有明显违反公约的结论，宣布诉求不可受理且不用继续进行诉讼。

## （二）国家积极保护的义务与人权克减措施

恐怖袭击、自然灾害、大流行疾病对于现代社会的危险，都可能迫使

---

① 参见 Mamatkulov and Askarov v. Turkey〔GC〕，nos. 46827/99 and 46951/99，ECHR 2005 – I，para 102。

② 参见欧洲人权法院《案件受理标准实践指南》，欧洲理事会，2014，第 102 页。

一国政府宣布紧急状态。而政府为了缓解紧急形势、挽救民众生命而采取的权利克减措施，又会不自觉地侵害到民众的某些人权。随着疫情蔓延到欧洲，意大利、西班牙、英国、法国、德国等多国政府都出台了前所未有的限制人员流动、停止交通运输、停产停业等严格措施，希望减少人与人之间的接触与传染，以保障民众的生命安全和身体健康。但综观整个欧洲的防疫措施，就不难发现还存在一种"完全放任"的消极措施，即英国一开始宣传的所谓"群体免疫"策略。这一策略始于 2020 年 3 月中旬，英国首席科学顾问帕特里克·瓦朗斯（Patrick Vallance）提出，大约 60% 的英国人将需要感染新冠病毒，以使社会对未来的疫情具有"群体免疫"。这一想法一经抛出便震惊了英国和世界，著名医学杂志《柳叶刀》的主编理查德·霍顿在社交媒体上批评，英国政府正在"与公众玩轮盘赌"。虽迫于国内外的巨大压力，英国政府于 3 月 23 日宣布全国封城，禁止民众非必要外出，并呼吁民众遵循社交距离的建议，但"群体免疫"这一防疫策略，显然已存在一定的市场。

不可否认，各国政府在寻求保护其民众免受新冠病毒的威胁方面，面临着巨大的挑战。正如吉登斯所说："生活不可避免地会与危险相伴，这些危险不仅远离个人的能力，而且也远离更大的团体甚至国家的控制；更有甚者，这些危险对千百万人乃至整个人类社会来说都可能是高强度的和威胁生命的。"[1] 但生命权作为公约中最基本的权利之一，"是其他基本权利的前提条件"。[2] 即使在紧急的情况下，也不能对生命权进行任何减损。[3] 根据《公约》第 15 条第 2 款的规定，仅仅"因战争行为引起的死亡"，才可以被视为对生命权的合法克减。这就意味着《公约》对于国家所负有的保障生命权的义务课以了极其严格的标准。

在 LCB v. United Kingdom 一案中，欧洲人权法院确立《公约》第 2 条要求各国保护其管辖范围内民众生命的积极义务，并在随后的案例中进行

---

[1] 〔英〕吉登斯：《现代性的后果》，田禾译，译林出版社，2011，第 115 页。

[2] 参见 McCann and Others v. the United Kingdom, Series A no. 324, para 147。

[3] 参见〔奥〕伊丽莎白·史泰纳、陆海娜主编《欧洲人权法院经典判例节选与分析第一卷：生命权》，知识产权出版社，2016，第 3 页。

扩大，逐步建立起事前的预防机制、事中的保护机制以及事后的调查机制。① 面对未知病毒的威胁，目前已知的阻隔传播的有效手段只有减少接触。因此，在疫情暴发之初，欧洲多数国家均采取"封城""禁足""隔离"等措施。这些防疫措施，可能会影响各国保障自由权和安全权的能力。虽然在紧急时期对上述权利的严格限制可能是合法合理的，但即使是特殊情况，也不应扩大疫情造成的权利损害。就病毒本身而言，它直接威胁的是民众的生命安全和身体健康，这一点不言自明。但就政府如何行使权力、采取怎样的具体措施而言，其可能会进一步损害其他公民的其他基本权利。譬如，全面实行隔离措施，可能造成商品供应链断裂、企业效益重挫、防疫物资短缺，民众疯抢囤积生活商品，导致其私生活和家庭生活受到尊重的权利，思想、良心和宗教信仰自由，表达自由，集会和结社自由等基本权利受到侵犯。虽然《公约》规定对上述权利可基于公共安全考虑，实施必需的限制，但这并不意味着政府可以滥用紧急权力，而是应在采取限制相对权利的同时，做好与预防传染病传播之间的合理平衡，以此来遵守《公约》的相称性要求，保护法治下的民主社会不可或缺的权利和自由。而这关键就在于政府的措施是否符合《公约》的相关规定，是否努力保护其民众免受生命威胁，以及是否符合国内宪法和国际人权标准。

## （三）欧洲人权法院的"边际裁量"原则

《公约》所创设的权利保障体系根植于"辅助性原则"（Principle of Subsidiarity），这表明保障该权利实施的任务首先应由缔约国来完成，欧洲人权法院只在缔约国未履行其义务时才加以干预。② 由此，欧洲人权法院常常会赋予缔约国较大的自由裁量权，正如在 Handyside v. United King-

---

① 参见 Elizabeth Stubbins Bates, "Symposium: Article 2 ECHR's Positive Obligations – How Can Human Rights Law Inform the Protection of Health Care Personnel and Vulnerable Patients in the COVID – 19 Pandemic?", OpinioJuris（April 1, 2020）, http://opiniojuris.org/2020/04/01/covid – 19 – symposium – article – 2 – echrs – positive – obligations – how – can – human – rights – law – inform – the – protection – of – health – care – personnel – and – vulnerable – patients – in – the – covid – 19 – pandemic/。
② 参见欧洲人权法院《案件受理标准实践指南》，欧洲理事会，2014，第 11 页。

dom 一案中，欧洲人权法院第一次在司法实践中提出"边际裁量"（Margin of Appreciation）原则。在 Schalk and Kopf v. Austria 一案中，欧洲人权法院指出："裁量余地的适用范围视具体环境、问题及其背景而定。"① 尤其是鉴于此次疫情危及部分国家生存的紧急状况，欧洲人权法院可能会赋予较大的边际裁量余地，这是因为其"通常会基于政治、文化、自身权限以及客观条件等原因，指出其不能以自身的意见代替国内法院的意见，从而避免参与到缔约国内政治、社会或道德事务的争议之中"。② 事实上，欧洲人权法院的判决也并不具有撤销内国法院裁判的形成效力，其主要是针对申诉个案确认内国政府的作为有无违反公约，并附带酌定判处当事国向申诉原告给付一定的赔偿金，故而其主要是一种确认之诉，以及给付之诉。③

根据欧洲人权法院以往的判例可知，在涉及政治稳定与重大公共利益的冲突事件时，法院通常会支持公共利益的自由权优先于国家权威；而在涉及道德、宗教、文化等极具特色的案件中，法院尽管会采用比例原则来审查其限制措施，但通常还是会赋予缔约国较大的边际裁量余地，来支持缔约国的措施。但缔约国有义务证明其措施具有更高的价值意义，限制个人权利的做法具有合法性和正当性。在 Ireland v. the United Kingdom 一案中，欧洲人权法院认为，就紧急状况的判断与必要减损应对措施的性质及范围而言，各国政府更具有决定权。④ 而这难免会存在冲击人权底线的可能。尤其是当国际社会面对新冠肺炎疫情时，对适用《公约》减损的适当性存在意见分歧，而这一趋势就会被更多地进行政治化考量。由于受疫情的严重影响，尽管绝对权利不可克减，但绝大多数人权无论如何都会受到限制，那么主张克减在很大程度上是无关紧要的。⑤ 在 Gafgen v. Germany

---

① Schalk and Kopf v. Austria, no. 30141/04, ECHR 2010, para 46.

② 范继增：《欧洲人权法院适用边际裁量原则的方法与逻辑》，载刘艳红主编《东南法学》（2016 年秋季卷），东南大学出版社，2016，第 98 页。

③ 参见艾明《论欧洲人权法院判决对内国刑事诉讼制度的影响与改造》，《比较法研究》2017 年第 2 期。

④ 参见 Ireland v. the United Kingdom, Series A no. 25, para 207。

⑤ 参见 Sean Molloy, "Covid‐19 and Derogations Before the European Court of Human Rights", Verfassungsblog（April 10, 2020），https://verfassungsblog.de/covid‐19‐and‐derogations‐before‐the‐european‐court‐of‐human‐rights/。

一案中，少数法官指出既然《公约》第 3 条是在紧急情况下也不得克减的权利，那么就应当依照严格解释，认定任何违反《公约》第 3 条的行为都是严重的。他们批评多数意见企图突破这一底线原则，从而在基本人权的核心领域创设出某种所谓的"界分"规则。[①] 但少数法官的反对意见，究竟在保障人权的程度上有多大效力，我们不得而知。

然而这并不意味着欧洲人权法院会向各缔约国"束手就擒"，正如欧洲人权法院院长西西里亚诺斯（Linos-Alexandre Sicilianos）强调的，在任何情况下都不能用人权克减来削减那些基本权利，各国政府应认真考虑从秘书长那里获取技术性咨询建议，以确保基本权利不被侵犯。[②] 对此，欧洲理事会为各国政府发布了《关于在 COVID - 19 危机期间尊重人权、民主和法治的工具包》（以下简称《工具包》），旨在帮助并确保缔约国在当前危机期间所采取的措施与病毒传播所构成的威胁成比例且在时间上有所限制。[③] 该文件指出："每个缔约国对'国家的生存'都负有责任，因此首先应由缔约国来确定其生存是否受到'公共紧急状态'的威胁。若确实存在，也需要确定应该怎样应对紧急情况。"[④] 艾伦·格林（Alan Greene）也认为，如果不适用《公约》第 15 条限制克减措施的规定，紧急权力将会因为法律的漏洞而具有合法性，导致人权不断贬损的风险以及法律上紧急状态永久化的效果。[⑤] 由此，我们就只剩下事实上的紧急状态和紧急权力，却缺乏法律上紧急状态中应有的透明度与监督功能。因此，最好的办

---

① 参见万旭《刑事证据采纳中的裁量问题：欧洲人权法院的实践及其启示》，《交大法学》2018 年第 2 期。

② 参见 "ECtHR's President Statement on Challenges Posed to Human Rights Protection by COVID - 19", EU Law Live（April 21, 2020），https://eulawlive.com/ecthrs - president - statement - on - challenges - posed - to - human - rights - protection - by - covid - 19/。

③ 参见 Council of Europe, *Respecting Democracy, Rule of Law and Human Rights in the Framework of the COVID - 19 Sanitary Crisis: A Toolkit for Member States*, Council of Europe, 2020, p. 2。

④ Council of Europe, *Respecting Democracy, Rule of Law and Human Rights in the Framework of the COVID - 19 Sanitary Crisis: A Toolkit for Member States*, Council of Europe, 2020, p. 2.

⑤ 参见 Alan Greene, "States should Declare a State of Emergency Using Article 15 ECHR to Confront the Coronavirus Pandemic", Strasbourg Observers（April 1, 2020），https://strasbourgobservers.com/2020/04/01/states - should - declare - a - state - of - emergency - using - article - 15 - echr - to - confront - the - coronavirus - pandemic/。

法是通过一个框架来引入这些措施，从而使措施具有合法性并尽快恢复正常状态。正如里克·戴姆斯（Rik Daems）所说："欧洲各国政府应继续与病毒作斗争，但同时也要确保维持《公约》所规定的保障措施，并及时审查是否需要维持紧急状态以及持续时间等。"①

## 二　双重因素的互相博弈

"一旦真的发生灾难，穷国混乱的司法，盘根错节的利益，都为以淡化和模糊为取向的政策提供了机会。"② 长久以来，欧洲人权法院为应对成员国之间错综复杂的现实状况，采用弹性的"辅助性原则"来处理，也即在综合考虑多种因素的基础上，对各缔约国的行为是否违反《公约》所保护的权利和自由进行个案判断。这意味着就疫情而言，《公约》的效力和优先适用性必须是由缔约国来确定的。

此次疫情波及的范围和受侵害的程度，以及公约机制所体现的个案性，会使各缔约国辖区内的任何人或法人实体向欧洲人权法院提交申请，导致其可能面临大规模的诉讼以及内国政府和法院的巨大压力。未知的病毒，使得所有措施的后果具有高度的不确定性，并对欧洲社会的民主原则形成了全新的挑战，而紧急状态有权阻止最可怕情况的出现，但似乎又潜藏着将"例外状态变成正常状态"的可能性。"令人不悦的两难境地出现了：是因系统出现的危险而承认民主的失败，还是借威权主义的、秩序国家的'支持力量'抛弃基本民主原则。"③ 在风险社会与紧急状态的相互交织下，防控措施走向了一种"半政治中心化"。④ 这就会使人们担心欧洲人权法院在法律与政治双重因素之间"钟摆"，帮助缔约国逃避国际责

---

① "COVID - 19：President urges states to abide by the ECHR when responding to the crisis"，Council of Europe（March 24，2020），http：//assembly. coe. int/nw/xml/News/News - View - en. asp？newsid = 7825&lang = 2.

② 〔德〕乌尔里希·贝克：《风险社会》，张文杰、何博闻译，译林出版社，2018，第104页。

③ 〔德〕乌尔里希·贝克：《风险社会》，张文杰、何博闻译，译林出版社，2018，第91页。

④ 参见李忠夏《风险社会的宪法观——以疫情防控中的生命权保障为切入点》，"疫情防控中的生命权保障"国际研讨会发言稿，重庆，2020。

任，抑或违反了"法治"的可预见性要求。

## （一）法律层面的确证

新冠肺炎疫情引发了创纪录的《公约》减损状况。除了9个已通知秘书长，打算减损其根据《公约》所应承担的义务之外，事实上有更多的国家宣布进入了紧急状态，但并未根据《公约》第15条第3款的规定通知秘书长。当然，"作出克减不一定意味着缔约国承认无法保障公约所规定的权利。事实上，缔约国提出克减是声明它所采取的措施'可能'涉及对公约的克减"。① 正如欧洲人权法院院长西西里亚诺斯所说，在严重危及健康的情况下，采用人权克减措施具有合法性，但这种手段必须符合比例原则。② 因而，无论是《公约》还是《工具包》，其实质是通过尊重民主、法治和人权的基本价值观来为应对人权危机提供法律保障，且从实体性和程序性两个方面，来分析欧洲各国的具体防疫措施是否违反规定。根据《公约》第15条的一般原则："当申诉人主张其人权在克减时期受到侵犯时，本法院会首先审查当局所采取的措施是否符合公约的实体规定；只有当认定采取该措施不合理时，本法院才会继续审查该克减是否正当。"③

### 1. 实体性分析

就实体性方面来说，最主要的就是审查缔约国是否履行了相关义务。欧洲人权法院院长西西里亚诺斯强调，保护生命和人身安全是各国根据《公约》所应承担的积极义务，但他也指出，在界定疫情期间此类积极义务的范围方面存在困难，因为当地作用有限，而且需要跨界合作。④ 《公

---

① 欧洲人权法院：《〈欧洲人权公约〉第15条适用指南：紧急状态下的克减》，欧洲理事会，2016，第5页。
② 参见"ECtHR's President Statement on Challenges Posed to Human Rights Protection by COVID - 19"，EU Law Live（April 21, 2020），https://eulawlive.com/ecthrs - president - statement - on - challenges - posed - to - human - rights - protection - by - covid - 19/。
③ 欧洲人权法院：《〈欧洲人权公约〉第15条适用指南：紧急状态下的克减》，欧洲理事会，2016，第5页。
④ 参见"ECtHR's President Statement on Challenges Posed to Human Rights Protection by COVID - 19"，EU Law Live（April 21, 2020），https://eulawlive.com/ecthrs - president - statement - on - challenges - posed - to - human - rights - protection - by - covid - 19/。

约》第 2 条中明确规定，国家对于生命权的保护是不可减损的，除非是合法战争行为造成的死亡。在 Osman v. United Kingdom 一案中，法院提出了"在某些明确的情况下……国家应采取预防性操作措施以保护处于生命危险中的个人……"的积极义务。[①] 其认为，即使由于治安挑战、人类行为的不可预测性，以及在优先事项和有限资源中做选择这三个原因，也不应将积极义务解释为对国家当局施加了"不可能或不成比例的负担"。同时，在 Stoyanovi v. Bulgaria 一案中，法院更为第 2 条的积极义务设定了一个框架："首先要建立起保护生命的法律和程序框架，其次是采取预防性措施。"[②]

在 Öneryildiz v. Turkey 一案中，欧洲人权法院从两个方面考察了国家的实体义务，即预防性措施的实施以及信息的公开。[③] 而根据《公约》第 2 条的规定，并非所有假定的威胁都足以使政府采取特定措施来避免危险。只有当局已经知道或者应当知道真实存在即刻发生的危险，并且对危险情况有一定的掌控时，政府才承担采取特定措施的积极义务。但倘若我们仔细梳理时间线索，世界卫生组织于当地时间 2020 年 1 月 30 日晚就在日内瓦举行新闻发布会，说明新型冠状病毒感染的肺炎疫情已构成国际关注的突发公共卫生事件，并动员各国采取适度的防疫措施。[④] 意大利政府也于同一时间宣布其境内出现两例确诊病例，并宣布进入国家紧急状态。这显示已存在可靠信息表明新冠肺炎疫情可能在欧洲暴发。但大部分欧洲国家实际上自 3 月 16 日起才陆续开始采取行动，比如英国下议院于 3 月 24 日紧急通过新冠肺炎紧急法案。然而事实上，各国应至少于 1 月底或者 2 月初就疫情迅速调动起危机意识和风险意识，在医院建设、治疗方案、隔离防护、物资供应、舆论引导、心理疏导等方面提前做好系统预备，以

---

① Osman v. United Kingdom，28 October 1998，Reports of Judgments and Decisions 1998 - VIII，para 103.

② Stoyanovi v. Bulgaria，no. 42980/04.

③ 参见 Öneryildiz v. Turkey〔GC〕，no. 48939/99，ECHR 2004 - XII，para 98 - 105。

④ 《世界卫生组织发布新型冠状病毒感染的肺炎疫情为国际关注的突发公共卫生事件》，载新华网，http://www.xinhuanet.com/world/2020 - 01/31/c_1125514295.htm，最后访问时间：2020 年 5 月 28 日。

全面防备疫情暴发。但遗憾的是，此时的各缔约国在合理期待的情况下，却没有采取进一步的措施，甚至没有履行其应有的告知义务，以便让民众可以自己评估风险并采取相应的措施。各缔约国对疫情信息的忽视，缺乏事前的预防性措施，为后期疫情暴发、应对措施的混乱埋下伏笔。据《星期日泰晤士报》称，如果英国在 3 月 4 日就决定采取封城措施，那么其无论是确诊病例数还是死亡数都将大大减少。因此，资源紧张和当前的紧急状态均不能使各缔约国无视其根据《公约》第 2 条所应承担的预防性积极义务。

而在 Lopes de Sousa Fernandes v. Portugal 一案中，欧洲人权法院明确规定在两种"非常特殊的情况下"，国家应负有保护生命的积极义务：一是明知拒绝提供治疗会使生命处于危险之中；二是医院的系统性或结构性功能障碍导致患者被剥夺了获得紧急治疗的机会，而当局知道或应该知道这种风险，却没有采取必要的措施来防止这种风险的发生。① 在法国已有超过 6000 名卫生工作者因法国当局未提供充足的口罩、护目镜以及消毒液等个人防护设备而受到感染。② 虽然这一困难很难通过其他替代性措施获得解决，但这也意味着其触犯了判例法中所确立的"明知拒绝提供治疗会使生命处于危险之中"的规则。由新冠病毒所引发的疫情，也同样并非卫生工作者在正常过程中所可能面临的普通风险。由此，基于欧洲人权法院的自主性解释立场，③ 也完全有可能延伸至"医院的系统性或结构性功能障碍导致患者被剥夺了获得紧急治疗的机会"。

除此之外，在疫情的感染率指数不断增长，并很快使各缔约国医疗系统不堪重负之际，英国国家卫生和临床技术优化研究所颁布快速指南，取消了对那些弱势群体的特殊考量，将所有人置于同一情况下考量。④ 尽管指南中没有明确强调"人权"，但规定了应充分考虑禁止歧视的必要性。

---

① 参见 Lopes de Sousa Fernandes v. Portugal〔GC〕，no. 56080/13，para 192。

② 参见〔法〕克里斯蒂安·梅斯特《对新冠病毒语境中"弱势群体"这类不寻常人群的思考》，"疫情防控中的生命权保障"国际研讨会发言稿，重庆，2020。

③ 参见范继增《欧洲人权法院适用比例原则的功能与逻辑》，《欧洲研究》2015 年第 5 期。

④ 参见 National Institute for Health and Care Excellence, COVID – 19 Rapid Guideline：Critical Care in Adults, National Institute for Health and Care Excellence Published, 2020, p. 2。

然而《公约》第 2 条并未建议国家在履行保护生命的积极义务时预先放弃"虚弱患者""并发症患者""老年患者"等特定群体。而这一情况与 Asiye Genç v. Turkey 一案有极大的关联，由于孵化器不足，新生婴儿被拒绝进入重症监护室，法院认为土耳其"没有给予足够的关照以确保公立医院服务的顺利运作"。① 但在疫情暴发期间，英国根据民众生命的升值幅度和健康状况来减损义务，意大利为重症监护病房设置年龄限制，实则违反了《公约》第 2 条保护生命的积极义务，以及第 14 条禁止歧视的义务。

**2. 程序性分析**

根据《公约》的相关规定，可以发现各缔约国需要承担三个方面对生命权的保护义务：第一，生命权要求国家不得干预、剥夺他人生命；第二，《公约》缔约国必须全面审查非法剥夺生命的行为；第三，缔约国负有积极义务保障其民众生命不被他人剥夺。但是从上述的实质性分析可以看出，无论是对疫情中国家积极义务的履行，还是运用比例原则对具体措施的合理性审查，都可认为某些缔约国的防疫措施违反了《公约》的实体性权利。但从程序性角度而言，这并不意味着上述对于缔约国的指控一定成立。

（1）因果关系

很难证明缔约国所采取的措施与损害结果具有直接因果关系。在 LCB v. United Kingdom 一案中，欧洲人权法院虽然责成国家不仅要抑制故意和非法剥夺生命，还要采取适当步骤来保障其民众生命。但事实是：申诉者并不能够证明有可能导致对违反的认定的因果关系链条。由于只存在威胁生命健康的可能性，而当时的证据并非结论性的，欧洲人权法院并没有认定该国违反任何与该申诉者有关的职责。②

最初英国政府采用了可以称为"群体免疫"的策略。根据该策略，相当多的人必须生病，从而对病毒产生免疫力，这意味着英国需要有 4000 万人感染新冠病毒。虽然该计划很快被拒绝，并且英国采取了更加严格的

---

① Asiye Genç v. Turkey, no. 24109/07, para 80.
② 参见〔英〕克莱尔·奥维、罗宾·怀特《欧洲人权原则与判例》（第三版），何志鹏、孙璐译，北京大学出版社，2006，第 70 页。

保护措施，但即使保留了最初的策略，也有必要证明受害人是由于直接受国家的作为或不作为而死亡，或者有必要证明国家没有保护人民的生命，也即没有行为，就不会出现危害结果。哲瑟鲁就认为，尽管不是在可能性范围之外，但这种因果关系很难成立，欧洲人权法院可能会认识到当前局势的困难，只有在存在歧视性待遇或公然拒绝医疗救助的情况下，才能认定违反《公约》第 2 条的情况。[①] 虽然欧洲人权法院在价值立场上坚持真相优先于其他程序性价值，[②] 但积极防疫措施与疫情之间的关系尚无法得到科学的证明。能否仅仅依据统计和观察就说明二者存在疫学上的高度盖然性，成为因果关系能否判定的关键。[③]

　　然而，这一模糊性空间显然会成为欧洲人权法院寻找"共识"的场域所在。长期以来，《公约》被视为一部"活法典"（Living Instrument），这意味着其内容会根据缔约国或国际人权立法而发展变化。因此，公约权利的含义要同欧洲多数共识保持一致，这就限缩了缔约国的边际裁量余地。[④] 但欧洲人权法院基于自主性解释的立场，并不受缔约国认知或传统的拘泥。由此，欧洲人权法院敢于作出不同于内国法律理解的自主性解释，从而对内国法律制度形成影响和冲击。在 Tyrer v. United Kingdom 一案中，尽管体罚作为马恩岛当地居民接受的法定刑罚方式理应依据"边际裁量"原则予以认可，但欧洲人权法院还是基于欧洲"共识"认定马恩岛的刑罚违反了《公约》第 3 条。[⑤] 但在如此大相径庭的防疫趋势之下，能否找到"共识"显然值得进一步商榷。

　　（2）通知义务

　　根据《公约》第 15 条第 3 款的规定，"任何采取上述克减权利措施的

---

① 参见 Kanstantsin Dzehtsiarou，"COVID－19 and the European Convention on Human Rights"，Strasbourg Observers（March 27，2020），https://strasbourgobservers.com/2020/03/27/covid－19－and－the－european－convention－on－human－rights/。

② 参见万旭《刑事证据采纳中的裁量问题：欧洲人权法院的实践及其启示》，《交大法学》2018 年第 2 期。

③ 参见劳东燕《公共政策与风险社会的刑法》，《中国社会科学》2007 年第 3 期。

④ 参见范继增《欧洲人权法院适用边际裁量原则的方法与逻辑》，载刘艳红主编《东南法学》（2016 年秋季卷），东南大学出版社，2016，第 114 页。

⑤ 参见 Tyrer v. United Kingdom，Application no. 5856/72。

缔约国，都应当向欧洲理事会秘书长全面报告它所采取的措施以及采取该措施的理由。缔约国应当在已经停止实施上述措施并且正在重新执行本公约的规定时，通知欧洲理事会秘书长"。第 52 条规定，"在收到欧洲理事会秘书长的询问请求时，任何缔约方应当说明其国内法是如何保证本公约项下的任一规定得到有效执行的"。与此同时，《公约》第 16 号议定书为欧洲人权法院增加了咨询性功能，规定缔约国的最高法院有权在适用和解释人权公约的过程中，向人权法院提出咨询性申请，人权法院的大法官会议可以针对该法院的问题发布一般性意见。① 可以说，上述制度在"辅助性原则"指导下，为欧洲人权法院与内国政府、法院建立了充分的"对话渠道"。

但遗憾的是此程序性义务并非强制性的，其要求各国审查自己的法律状况。因此，在新冠肺炎疫情背景下，人权克减措施在各国之间有所不同。如拉脱维亚和北马其顿减损了《公约》第 8 条（私生活和家庭生活受到尊重的权利）和第 11 条（集会和结社自由），《公约》第 1 号议定书第 2 条（受教育权）以及《公约》第 4 号议定书第 2 条（迁徙自由）；摩尔多瓦在其通知中提到了《公约》第 11 条，《公约》第 1 号议定书第 2 条和《公约》第 4 号议定书第 2 条。除这些条款外，爱沙尼亚指出，在紧急状态中可能采取措施减损《公约》第 5 条（自由和安全权）和第 6 条（获得公正诉讼的权利）规定的某些义务。

但《公约》第 15 条及其他相关机制并未规定，缔约国如若不履行通知义务会面临怎样的法律风险。这一通知制度完全属于"缔约国自己的责任"，应当"由其自行决断"。在 Denmark，Norway，Sweden and the Netherlands v. Greece 一案中，欧洲人权法院认为其没有义务决定希腊当局不履行充分通知的后果。② 事实上，欧洲人权法院一直避免决定通知是不是有效克减的先决条件，这将会进一步模糊"限制"与"克减"之间的细微

---

① 参见〔意〕娜娅拉·波塞那多《〈欧洲人权公约〉第 16 号议定书对欧洲人权体系的影响》，《人权》2016 年第 3 期。

② 参见 Denmark，Norway，Sweden and the Netherlands v. Greece，Application Nos. 3321/67，3322/67，3323/67，3344/67。

差别。①

## （二）政治层面的考量

疫情暴发以来，病毒传播呈现出两个主要特点：一是反复性强，可能会在短时间内造成大暴发从而给医疗机构增加难以承受的负担；二是在强隔离的措施之下，很难兼顾疫情监控与生产、生活之间的适当平衡。② 而应对这两个特点的主要手段就是强有力的行政能力，尽管欧洲社会的民主机制也可以凝聚起强大的行政权，但在极端情况下，则仅仅会导致民粹主义的登台。特别是疫情初期欧洲各国防疫措施不力，使得疫情迅速蔓延。而政府为了抚平民愤，又通过一系列模糊、肆意的行政手段来迅速遏制疫情发展。这使得本应由"科学""人权"占据的主导地位，被"政治"所窃取。正如杜明教授所说，"自从《2020年冠状病毒法案》匆忙通过以来，授予政府的权力是模糊的、广泛的，而且显然是无限的。法律缺乏精确性，导致解释不一致，执法随意。一时间，警方和公众都对什么是允许的，什么是确切禁止的感到困惑。这在公众和警方之间引起了很大的紧张"。③

相较于中国强有力的防疫措施，欧美国家倾向于依照自由主义的原则，从事后减害的角度入手。依照其民主原则，选择自由，责任自负，所以决策的风险相对是可以分散、可以转移的。即便出现错误，也可以进行责任转嫁，这个转嫁既可以是个人，也可以是外国，以此来重新获得信任和支持。④ 欧洲人权法院基于其"辅助性原则"，同样也主要是从事后监督的角度进行处理。在 Finogenov and Others v. Russiay 一案中，欧洲人权法院进一步重申《公约》第2条规定的积极义务具有程序性特征，如果由

---

① 参见 Natasha Holcroft-Emmess，"Derogating to Deal with Covid 19：State Practice and Thoughts on the Need for Notification"，Blog of the European Journal of International Law（April 10，2020），https://www. ejil talk. org/derogating – to – deal – with – covid – 19 – state – practice – and – thoughts – on – the – need – for – notification/。

② 参见季卫东《疫情监控：一个比较法社会学的分析》，《中外法学》2020年第3期。

③ 参见杜明《全球卫生危机中的法治和人权：国际标准和英国经验》，"疫情防控中的中西人权观比较"国际研讨会发言稿，武汉，2020。

④ 参见季卫东《疫情监控：一个比较法社会学的分析》，《中外法学》2020年第3期。

于政府使用武力引起个人死亡，缔约国应当组织正式的、有效的调查活动。① 其关键在于，国家机关不经监管的行为和专断的行为与尊重人权背道而驰。在欧洲各国纷纷开始"重启""解封"之后，各缔约国应负有义务调查防疫期间非法剥夺生命的行为是否违反了《公约》的积极保护义务，确保他们对发生在他们责任之下的死亡负责。不管采取什么样的调查方式，有关当局必须主动地、在相关问题引起注意时便去行动。正如欧洲理事会主席里克·戴姆斯（Daems）警告说，即使各缔约国正在采取紧急措施，也应维护基本的法治保障，如通过有效的议会监督、独立的司法控制和有效的国内补救措施，来反思和调查此前的防疫措施。②

这主要是依据民主与法治的价值观，在比例原则的基础上审查对人权的限制是否符合"民主社会"的必要。根据《公约》第4号议定书第2条第3款的明确规定，为了保护国家安全和公共安全、健康和道德以及他人的权利和自由，国家可以减损某些人权。在 Finogenov and Others v. Russia 一案中，欧洲人权法院确立了审查标准，即立足于比例原则对案件进行合理性审查，并评估各缔约国措施是否会对基本人权构成不合比例的限制。③ 因此，欧洲人权法院评估限制措施是否合乎比例，成为保护生命健康的关键。这实则指向的是在使用的手段和希望达到的目的之间构建合理的关系，主要包括两个方面：第一，评估相关的防疫措施在当前疫情期间是否具有必要性，任何措施均不能超出防疫目标的必要范围；第二，防疫措施应尽可能减少"对权利的额外侵害"，即不能超出追求公共政策目标的必要范畴，亦不能给个人增加额外的负担。④ 但对比例原则的分析并非等同于对防疫措施"正确性"标准的审查。依据已形成的判例体系，比例原则的功能可以分为两类：第一，合理权衡相冲突的不同利益关系；

---

① 参见〔奥〕伊丽莎白·史泰纳、陆海娜主编《欧洲人权法院经典判例节选与分析第一卷：生命权》，知识产权出版社，2016，第16页。

② "European Governments Urged to Abide by ECHR When Responding to COVID – 19 Crisis", Neweurope（March 25, 2020）, https：//www. neweurope. eu/article/european – governments – urged – to – abide – by – echr – when – responding – to – covid – 19 – crisis/.

③ 参见 Finogenov and Others v. Russia, Application Nos. 18299/03 and 27311/03.

④ 参见邱静《论比例性原则在私法关系中的运用——以英国和欧洲人权法院案例为视角》，《当代法学》2016年第1期。

第二，审查采用的手段与追求的目的之间是否具有合理性。①

首先，就权衡利益冲突来看，在 Soering v. United Kingdom 一案中，法院认为："《公约》的本质就是在国家的整体利益和个人的基本权利之间寻找合理的平衡。"② 而各缔约国采取的防疫措施，产生了两种不同利益冲突：一是不同主体之间生命权的冲突；二是生命权与自由权之间的冲突。在生命权的冲突中，不管是设置年龄限制还是采用"一视同仁"的量化表，其实是在年轻人的生命与特定群体的生命之间作抉择。而在生命权与自由权的冲突中，到底是宗教信仰自由、集会和结社自由、表达自由、家庭生活自由等具有优先性，还是生命权更具有紧迫性？通过"封闭""禁足""隔离"措施，是否能达到有效防疫的目的？以采取"群体免疫"措施的荷兰和瑞典为例，尽管它们被欧洲社会视为"防疫典范"，但其效果均不理想，病死率都超过 12%，几乎是世界平均水平的两倍。

其次，审查防疫手段与防疫目的之间的合理性。与权衡不同利益之间的冲突有所差别的是，探求手段与目的的平衡，并不是在客体间进行权衡，而是检验以牺牲个人权利为代价实现所追求的目的是否具有合理性。在 Isayeva v. Russia 一案中，欧洲人权法院确立了审查的两方面内容：一方面，国家使用武力的行为是否属于"绝对必要"，即使承认使用武力的正当性，也并非意味着所要达到的目的和手段之间具有关联；另一方面，当局是否妥善计划和控制行动，以尽最大力量降低使用武力的可能，并采取适当措施确保对民众的生命威胁降到最低程度。③ 同样，我们可以从这两方面来审查所谓的"群体免疫"措施，它们似乎是通过让众多的人接触病毒从而获得免疫能力，以便将有限的医疗资源用于救治重症病人，但其实其不仅会给医疗系统带来严重的压力，还会让无数民众的生命受到威胁。也就是说，采取"群体免疫"的手段与所追求的保障生命健康之间并无必然关联。以号称"效果最显著"的瑞典斯德哥尔摩为例，其市长曾公开宣传 5 月即可实现"群体免疫"。但截至 4 月底仅有 7.3% 的民众有抗体，

---

① 参见范继增《欧洲人权法院适用比例原则的功能与逻辑》，《欧洲研究》2015 年第 5 期。

② Soering v. United Kingdom, Application no. 14038/88, para 89.

③ 参见 Isayeva v. Russia, Application no. 57950/00。

这离英国政府宣传的 60% 的"群体免疫"门槛尚远。反过来说，即使实行"群体免疫"，相关国家也没有积极准备防疫物资，增加医院和 ICU 病床，从而避免医疗系统崩溃导致人道主义灾难。即便如此，也依旧存在病毒变异、抗体失效的风险。病毒虽然对年轻人并不致命，但可能会有未知的后遗症，尤其可能影响人的生育能力或者智力等。

但欧洲人权法院考虑到疫情状况和各国现实，仍可能会赋予缔约国宽泛的裁量空间，甚至承认缔约国的某些极端措施并不违反《公约》的规定。正如戴姆斯所说，鉴于新冠病毒的广泛传播，欧洲各国政府为了制止这种病毒的传播，以及对公共卫生、社会和经济的后续影响，可能会采取限制性措施，其措施可能超出通常允许的范围。[1] 就像在 Finogenov and Others v. Russia、Kamel Ketreb v. France、Kontrova v. Slovakia、Oxana Rantsev v. Cyprus and Russia 等涉及政府与民众的生命权纠纷判例中，欧洲人权法院对缔约国措施进行一般性原则审查，均给出了一个同样的理由："铭记着管理现代社会的困难，个人行为不可预测，政府行为以优先性和资源为选择因素，对国家积极义务的范围的解释，必须通过一种不给当局施加不可能或不成比例的负担的方式来进行。因此，并非每一个生命都面临风险时，都要求国家履行公约义务采取措施，以防止风险转化为现实。"[2]

# 三 后疫情时代欧洲人权法院的机遇

"在后疫情时代，各国将重新审视全球市场的结构和产业链的布局，主权以及自力更生的意识会重新抬头。"[3] 欧洲人权法院也同样面临着严峻的挑战，这种挑战源于其与受侵害个人，以及内国政府或法院三者之间在法律、政治两个层面上的博弈。尤其是在重大突发公共卫生事件面前，

---

[1] "European Governments Urged to Abide by ECHR When Responding to COVID – 19 Crisis", Neweurope（March 25, 2020）, https://www.neweurope.eu/article/european – governments – urged – to – abide – by – echr – when – responding – to – covid – 19 – crisis/.

[2] 参见〔奥〕伊丽莎白·史泰纳、陆海娜主编《欧洲人权法院经典判例节选与分析——第一卷：生命权》，知识产权出版社，2016，第 15、134、150、193 页。

[3] 季卫东：《疫情监控：一个比较法社会学的分析》，《中外法学》2020 年第 3 期。

我们很难按照以往的判例，来对疫情冲突局势造成的损害进行比较，或很难猜想欧洲人权法院在将来会对其作出何种反应。然而可以肯定的是，"风险不仅仅是风险，它也是市场机会"。[1] 正如法国学者让·保罗·科斯达所说，"从更广泛的意义上来说，这是一个政治意愿的问题：如果成员国希望欧洲人权保护体系有所变革，其自身也愿意与之适应，那么达成一份协议甚至形成某种共识也不是不可能的"。[2]

## （一）引领性判决程序

面对突如其来的新冠肺炎疫情，欧洲人权法院首先面临的挑战就是成千上万的个人申诉案件，从而加剧个人申诉与有限的司法资源之间的矛盾。但欧洲人权法院并非没有办法，2004 年在 Broniowski v. Poland 一案中，为了解决源自同一国家的同一体制性或结构性问题引起的重复性案件，欧洲人权法院创设了"引领性判决程序"（Pilot Judgement）。其背后的逻辑是，如果存在大量关于同一问题的申诉，与其在斯特拉斯堡单独处理，不如在国内法律体系内建立有效的补救办法，这样申诉人反而会更快地获得救济。[3] 特别是鉴于欧洲人权法院目前的巨大案件量，以及紧急案件对法院的资源提出的更多要求，这些重复的申请可能要等待很多年才能得到判决。尤其是考虑到当前疫情在整个欧洲的规模和范围，完全可以想象这将是一场持续十多年的漫长过程。

特别是基于欧洲人权法院的地位，其与成员国法院之间并非上下级的关系，不可以被视为整个欧洲真正的"第四审法院"。[4] 因此，基于辅助性原则，其最佳措施仍然是依靠内国法院和政府进行改革，以便消除系统性侵犯人权的可能。因而引导性判决程序主要依靠内国政府采取一般性救

---

① 〔德〕乌尔里希·贝克：《风险社会》，张文杰、何博闻译，译林出版社，2018，第 43 页。

② 〔法〕让－保罗·科斯达：《欧洲人权法院与人权法之进展：评价与展望》，邓凯、朱国斌译，载张仁善主编《南京大学法律评论》（2015 年春季卷），法律出版社，2015，第 76～77 页。

③ 参见 European Court of Human Rights，"Pilot-Judgment Procedure"，European Court of Human Rights，2009。

④ 参见〔意〕娜娅拉·波塞那多《〈欧洲人权公约〉第 16 号议定书对欧洲人权法体系的影响》，《人权》2016 年第 3 期。

济措施，而并非依据个案裁判的效力。这体现了人权保护的权力由欧洲人权保护机制向内国政府倾斜，积极发挥内国政府在人权保护中的作用。①在 Burdov v. Russia 一案中，引导性判决程序获得了俄罗斯内国法院的积极执行，在消除系统性侵犯人权问题的同时，也大大减轻了欧洲人权法院的工作压力。② 2011 年欧洲人权法院也通过了第 61 号规则，进一步规范了引导性判决程序。

但引领性判决程序并非全然是积极的，事实上欧洲人权法院对于此程序的运用也一直非常谨慎。2017 年欧洲人权法院就 Burmych v. Ukraine 一案作出了"引领性判决"，并由此删减了 12143 份同类案件。但乌克兰政府并未在两年的观察期内执行"引领性判决"，使得欧洲人权法院重新面临压力：究竟是重新恢复审理个人申诉？抑或欧洲理事会采取强硬立场维护其声誉？③ 除此之外，长久以来备受关注的"非当事国效力"（effectiveness of non-parties）也有机会再次被提上议程，以便进一步扩大法院判决的约束力范围。④ 结合《公约》第 16 号议定书、"引领性判决"以及"非当事国效力"的改革举措，欧洲人权法院似乎已不再满足于仅仅依赖于各国政府的配合，尤其是在面对过去欧洲人权保障机制缺乏强有力的执行监督机制的缺陷时，更希望加强发挥自身在执行判决时的作用。

## （二）明确《公约》第 15 条之通知义务

《公约》第 15 条第 3 款的规定仅仅是一个单纯的程序性规定，且没有附加任何禁令。但正如前文所说，新冠肺炎疫情引发了创纪录的人权减损状况。更为有趣的是，英国近期一项判决单方面宣布英国政府对《公约》

---

① 参见刘晓《欧洲人权法院判决效力改革研究》，《政法学刊》2016 年第 3 期。

② 参见刘丽《欧洲人权法院权利救济新举措——引导性判决程序》，《哈尔滨工业大学学报》（社会科学版）2012 年第 3 期。

③ 参见 Lize R. Glas, "Burmych v. Ukraine Two Years Later: What about Restoral?", Strasbourg Observers（September 17, 2019），https://strasbourgobservers.com/2019/09/17/burmych - v - ukraine - two - years - later - what - about - restoral/#more - 4420; Kanstantsin Dzehtsiarou, "The New Trial: Kafkaesque Punishment for Cooperation with the ECtHR", Observers（January 31, 2020），https://strasbourgobservers.com/category/burmych - v - ukraine/。

④ 参见刘晓《欧洲人权法院判决效力改革研究》，《政法学刊》2016 年第 3 期。

第 5 条实施了克减措施，并认为这项判决已经履行了《公约》第 15 条第 3 款所规定的通知义务。① 英国学者斯蒂夫·马丁（Stevie Martin）认为，"主审法官的理由无论如何都不可能构成一个公开、正式的克减通知"。② 虽然这一规定在过去很长一段时间内被欧洲人权法院淡化甚至模糊化，但是英国法院的立场可能迫使其重新思考这一问题。

就《公约》第 15 条而言，其前两款均被赋予了"强行性规范"的性质。依据第 3 款相关表述，以及欧洲人权法院据以参考的一般原则，第 3 款毫无疑问也应当是一项"强行性规范"。但欧洲人权法院过去的判例表明，即使没有正式的通知，也可以在国际人道法的框架下解释《公约》的相关规定。③ 在 Ireland v. United Kingdom 一案中，也没有看到正式的减损通知，但欧洲人权法院却认定其满足了《公约》第 15 条的规定。④ 事实上，在国际人权法领域中，这一情况并非特例。联合国人权委员会在 Jorge Landinelli Silva v. Uruguay 一案中也曾指出，一国未根据《公民权利和政治权利国际公约》第 4 条第 3 款发出正式通知，不会有损其减损措施的合法性。⑤ 这是因为，人们通常认为在《公约》第 15 条中，克减的关键在于其性质和限制措施，而非形式，这才是最基本的要素。换句话说，由于新冠肺炎疫情的大流行现状，欧洲各国毫无疑问已经进入紧急状态之中，《公约》第 15 条第 1 款和第 2 款的实质性义务已然得到满足，无须再履行通知义务。所谓通知义务仅仅是在紧急状态不那么明显的情况下，作为确证而已。但"举轻以明重"，在更为明显的紧急状态中，国家履行通知义务实际上应当更为容易，并同样可以发挥重要作用，且其在实践中的

---

① 参见 BP v. Surrey County Council & Anor〔2020〕EWCOP 17。

② Stevie Martin, "A Domestic Court's Attempt to Derogate from the ECHR on behalf of the United Kingdom: The Implications of Covid - 19 on Judicial Decision - making in the United Kingdom", Blog of the European Journal of International Law（April 9, 2020）, https://www.ejiltalk.org/a - domestic - courts - attempt - to - derogate - from - the - echr - on - behalf - of - the - united - kingdom - the - implications - of - covid - 19 - on - judicial - decision - making - in - the - united - kingdom/? utm_source = mailpoet&utm_medium = email&utm_campaign = ejil - tal.

③ 参见 Hassan v. United Kingdom〔GC〕no. 29750/09, paras. 104 - 107。

④ 参见 Ireland v. United Kingdom, 18 January 1978, Series A no. 25, para 223 - 227。

⑤ 参见 Jorge Landinelli Silva v. Uruguay, Communication No. R. 8/34, U. N. Doc. Supp. No. 40（A/36/40）at 130（1981）。

状况极有可能是这样："假如一国未能向秘书长通知所采取的措施,那么该国在证实其主张时将会遇到很大困难。"①

首先,当国家采取在紧急状态下的人权克减措施时,以通知为条件限制国家的克减能力是为了提高透明度和遵守法制。通知不仅可以证明紧急状态的存在,还会迫使各国保存各项措施的详细信息。其次,人权的限制与克减之间一直存在十分模糊的界限。通常认为,克减是一项特殊的限制,是基于《公约》的紧急状态所进行的特殊限制;而限制则是基于《公约》的一般限制进行的小规模、小范围的限制性措施。② 但在疫情期间,有许多国家宣布进入紧急状态,却并不宣布进行克减,从而使得限制人权与克减人权之间画上了等号。正如在 Hassan v. United Kingdom 一案中,多数派法官认为《公约》第 5 条第 1 款中规定了限制;而少数派法官则认为,这属于人权克减的措施。③ 事实上,如果不赋予《公约》第 15 条第 3 款些许强行性,则不可避免地会"掏空"这个条文,使其不具有任何实际意义。这就不免涉及缔约国与欧洲人权法院之间相互博弈的问题,最终可能需要欧洲人权法院通过司法的方式创造性地解决该问题。④

## (三) 第 15 号议定书的改革

欧洲人权法院的发展大致经历过四次重大改革,其中第 11 号议定书、第 14 号议定书以及第 16 号议定书(仅在 15 个批准的国家中生效)均已生效。而第 15 号议定书(需所有国家批准方可生效)尚未生效,但《公约》47 个缔约国中的 45 个已经签署并批准,仅剩下意大利、波斯尼亚和

---

① 参见〔英〕克莱尔·奥维、罗宾·怀特:《欧洲人权法原则与判例》(第三版),何志鹏、孙璐译,北京大学出版社,2006,第 514 页。

② 参见 Alessandra Spadaro, "COVID - 19:Testing the Limits of Human Rights", *European Journal of Risk Regulation*, Vol. 11, 2020, pp. 317 - 325。

③ 参见 Hassan v. United Kingdom〔GC〕no. 29750/09, paras. 104。

④ 参见 Natasha Holcroft-Emmess, "Derogating to Deal with Covid 19:State Practice and Thoughts on the Need for Notification", Blog of the European Journal of International Law (April 10, 2020), https://www.ejiltalk.org/derogating - to - deal - with - covid - 19 - state - practice - and - thoughts - on - the - need - for - notification/。

黑塞哥维那两个国家未批准。① 可以说，《公约》所塑造的人权保障体系迎来第四次重大变革，并且极有可能进一步扩大第16号议定书的生效范围。正如《伊兹密尔宣言》所说，仅靠第14号议定书所确立的改革无法为《公约》所面临的问题提供持久而全面的解决方案，仍需进一步改革以确保《公约》体系的有效，并持续为欧洲8亿多人的权利和自由提供保障。② 第15号议定书就是为此而诞生的，它旨在进一步提高欧洲人权法院的工作效率，并与缔约国之间形成良好的交流互动。

其内容包括：在序言中增加"辅助性原则"和"边际裁量原则"；降低法官年龄上限；删除当事人反对分庭放弃管辖并将其移交大审判庭管辖的权利；缩短受理期限至四个月；修改"严重损失"（significant disadvantage）的标准。③ 而对本次疫情而言，影响最大的将会是其中三项修正。首先，在序言最后一段中增加"辅助性原则"和"边际裁量"原则。这两个原则尽管过去一直在欧洲人权法院的判决中发挥积极作用，但并未在《公约》中明示，仅仅是通过判例法的形式确立，此次明确两项原则不仅使《公约》与判例法保持一致，更会提高这两个原则的透明度和可靠性，这些在《布雷顿宣言》中已得到了进一步明确。④ 但欧洲人权法院对"边际裁量"原则持保留意见，这是因为基于立场的不同，缔约国和欧洲人权法院可能会持不同意见，但这已经是尽可能地中和大多数的意见，以使缔约国接受。⑤ 其次，删除当事人反对分庭放弃管辖并将其移交大审判庭管辖的权利。《公约》第30条规定："当审判庭的待审案件牵涉影响公约或议定书的解释的严肃问题，或者存在无法与法院之前之判决保持一致的危

① 详情参见欧洲理事会网站，https://www.coe.int/en/web/conventions/full - list/ - /conventions/treaty/213/ signatures? p_ auth = dhRnGpMH，最后访问时间：2020年5月30日。
② 欧洲理事会部长委员会：《伊兹密尔宣言》，载欧洲理事会网站，https://echr.coe.int/Documents/2011 _Izmir_ FinalDeclaration_ ENG.pdf，最后访问时间：2020年5月30日。
③ 参见 Council of Europe，*Protocol No. 15 Amending the Convention on the Protection of Human Rights and Fundamental Freedoms*，Council of Europe，2013。
④ 参见 Council of Europe，*Explanatory Report*：*Protocol No. 15 Amending the Convention on the Protection of Human Rights and Fundamental Freedoms*，Council of Europe，2013。
⑤ 参见 European Court of Human Rights，*Opinion of the Court on Draft Protocol No. 15 to the European Convention on Human Rights*，European Court of Human Rights，2013。

险，那么，被指派审理该案件的审判庭可以放弃对该案件的管辖从而将其让与大审判庭，除非当事人一方拒绝这种让与。"第 15 号议定书删除了例外情形，这意味着当事人所面临的判决极有可能突破当前判例法的约束，并延迟案件的审理时间。但欧洲人权法院在其意见书中指出，其可通过提前咨询的方式来询问当事人的意见，以决定是否向大审判庭让与审判权。[①]最后，修改"严重损失"（significant disadvantage）的标准。此标准是依据第 14 号议定书设立的，第 15 号议定书删除了《公约》第 35 条 b 款之"在国内审判庭未能进行正当的审理的案件"限制。这意味着欧洲人权法院认为，如果申诉人已经在内国法院获得了正当的审理，那么申诉人就可能会因没有"严重损失"而被驳回申诉。这可能致使新冠肺炎疫情期间个人申诉案件的数量进一步下降，但其下降与否的关键仍在于欧洲人权法院是否可通过"出于对公约及其议定书规定的人权之尊重要求对案件进行实体审理"[②] 来进行判定。

第 15 号议定书的核心就在于强化欧洲人权法院与缔约国之间的对话，但这一对话机制不免会受到法律之外的因素影响。欧洲人权法院的立场长期在司法"积极主义"和过度的司法自制之间"钟摆"，[③] 但面对新冠肺炎疫情，欧洲人权法院并非一个"被决定者"，而是一个"决定者"，它可能必须依靠自己的决断来决定接下来欧洲人权保障体系的走向。

# 结　语

"眼下'未来之危机'是不可见的，它是一条通往现实的可能道路。"[④] 欧洲人权法院总是面临两难的境地：一方面，缔约国指责其"辅

---

① 参见 European Court of Human Rights, *Opinion of the Court on Draft Protocol No. 15 to the European Convention on Human Rights*, European Court of Human Rights, 2013。

② 欧洲人权法院：《案件受理标准实践指南》，欧洲理事会，2014，第 102 页。

③ 参见〔法〕让－保罗·科斯达《欧洲人权法院与人权法之进展：评价与展望》，邓凯、朱国斌译，载张仁善主编《南京大学法律评论》（2015 年春季卷），法律出版社，2015，第 75~76 页。

④ 〔德〕乌尔里希·贝克：《风险社会》，张文杰、何博闻译，译林出版社，2018，第 55 页。

助性"原则和"边际裁量"原则过度侵蚀其立法权,特别是在新冠肺炎疫情中,民粹主义的影响力越来越大,而包括外国移民、老年人、残障人士等在内的弱势群体却被愈加忽视;另一方面,欧洲人权法院过于沉默的做法,为缔约国利用其自由裁量权肆意侵犯个人的权利与自由打开方便之门,而这又招致非政府组织、学者的强烈批评。换句话说,哪怕欧洲人权法院尽了自己的最大努力,其仍可能会招致某些缔约国的不满。即使所有成员国在未来真的达成一项新的改革协议,也可能如第 11 号议定书和第 14 号议定书一般,耗费 5~6 年的时间,甚至是更长的时间(如同第 15 号议定书一般)。[①] 因而,欧洲人权法院面对新冠肺炎疫情所可能产生的长期诉讼和积压案件,极有可能进行新一轮的改革,从而不断完善欧洲人权保障体系。

---

[①] 参见〔法〕让 - 保罗·科斯达《欧洲人权法院与人权法之进展:评价与展望》,邓凯、朱国斌译,载张仁善主编《南京大学法律评论》(2015 年春季卷),法律出版社,2015,第 76 页。

# 疫情防控中健康码应用的权利隐忧<sup>*</sup>

章安邦<sup>**</sup>

**摘　要：** 杭州健康码的推行实现了人工智能时代国家运用大数据技术实现个体化的精准治理。健康码的推行在帮助政府有效应对新冠肺炎疫情的同时，也存在公民的权利隐忧，主要体现在健康码的生成机制中可能存在的算法黑箱；健康码所依赖搜集的信息可能侵犯公民信息权与个人隐私权；健康码背后的算法歧视也将可能带来弱势群体的权利平等问题；健康码机制因为其有效治理而在日常生活中被常态化运行将给社会和个人带来进一步的风险。

**关键词：** 健康码；公民权利；算法；信息权

## 一　健康码生成的基本原理及效用

新型冠状病毒肺炎疫情让整个中国在春节前后陷入了一场没有硝烟的战争当中，根据流行病学专家的专业意见，国家采取全民在家自我隔离和禁足的措施防止病毒扩散传染的方式让社会先"静下来"，取得了良好的防疫效果。因为春节本身处于假期，隔离措施在开始实施阶段并未对经济社会发展产生重大的影响。随着时间推移，长期停滞的社会状态势必引发经济问题和民生问题，疫情期间已经有无数的中小企业因为社会的停滞状

---

* 本文系山东省司法厅 2019 年度山东省社区矫正工作课题研究项目"社区矫正 + 大数据"（项目编号：CDBX1908 - 09）的阶段性成果。
** 章安邦，浙江工商大学法学院基础法学系主任，讲师，法学博士。

态而面临破产倒闭，人的生命权、健康权固然重要，但是发展权、就业权等经济性、社会性权利也需要得到适当的保障。如何让经济社会在确保疫情可控的前提下有序地"动起来"，成为在疫情期间中国国家治理的紧迫难题，但是复工复产带来的人口流动又可能导致病例输入从而重新引燃疫情。在这种两难境地下，制度治理的桎梏在特定时空条件下可以通过技术化解。作为数字经济先行地的杭州，面临春节后 500 万人口流入的防控压力，依托阿里巴巴、每日互动、海康威视、大华股份等高新技术企业，率先推出嵌入支付宝、微信、钉钉的"杭州健康码"作为"通行路条"，"杭州健康码"实施"三色码制度"，通过个人主动的诚信填报和大数据比对，生成绿、黄、红三个颜色码。节后返杭人员手持绿码可以从外地直接进入杭州，红码集中隔离 14 天，黄码自行隔离 7 天，隔离完成后如无病状即会自动生成绿码。在居民日常生活中，只有生成绿码并出示才能自由出入小区、菜市场、公园等公共场所，出行乘坐公共交通工具和网约车也必须出示绿码。绿码可以说是杭州居民的通行证和自由通行的标签。在短时间内，浙江全省所有地市推广了当地的健康码，上海等地也在逐步推广并试图建构长三角地区健康码互认机制。在疫情引发的紧急状态下，普通公民受到克减的基本权利通过健康码制度逐步恢复。

杭州健康码的推行实现了人工智能时代国家运用大数据技术对个体化的精准治理。根据杭州市委副书记张仲灿在《新闻 1 + 1》节目中的介绍，杭州健康码主要依据三个维度量化赋分。一是空间维度，根据全国疫情风险程度，杭州市的大数据公司按照有关数据已经可以精确到乡镇（街道）。二是时间维度，即某个人去过疫情地区的次数及停留的时间长短。三是人际关系维度，即与密接人员的接触状态。[1] 通过这些精细的数据信息运算，构造了与疫情和健康程度相关的数据链条，刻画了每一位进入杭州的人的"健康肖像"，区分了不同个体的"健康登记"，比起简单的入口测量体温等查验方式，健康码的综合数据信息分析方式在疫情控制治理上体现出精

---

[1] 《张仲灿接受央视〈新闻 1 + 1〉连线采访》，http://www.hangzhou.gov.cn/art/2020/2/14/art_812259_41915465.html，最后访问时间：2020 年 3 月 2 日。

确性和个体化的特点，实现了精密智控。健康码的推行让杭州乃至整个浙江不仅成为在疫情控制上的典范，并且实现了快速复工复产，经济社会逐步回到正轨，并且几乎没有发生因为复工复产带来的输入性病例，是最早、最健康地"动起来"的地区，最大限度地降低了疫情带来的经济社会损失。

## 二　健康码的有效治理与权利隐忧

杭州健康码体现了从"治理"到"智理"的转型升级，突破了过去在突发问题处理上粗放采取的"一刀切"模式。后工业文明蕴含的人工智能、大数据、云计算等已经悄然来到我们生活当中，无论是公民、组织还是国家权力都通过作为终端的智能手机和作为血液的数据流动维系在一起。信息技术为疫情治理提供了良好的效用机制，取得了良好的治理绩效。但是，在法哲学的视野里，有效、有用无法作为行动的正当性基础足够的论证依据。从治理理论的角度，效用机制与合法性机制共同作用于治理行动，而效用机制本身存在稳定性不足等问题，合法性机制在现代治理体系中凸显了重要性。作为效用机制的新科技革命成果本身如同一把双刃剑，既可以给人民带来福祉，亦时刻酝酿着各种危机。杭州健康码为我们带来了功利主义意义上的"最大多数人的最大幸福"，我们也必须时刻警惕以它为代表的技术治理对于人权潜在的威胁，我们时刻都要认真对待作为王牌的权利，权利的出场要求效用机制在紧急状态下必须以合法性机制作为守护者。正如张文显教授所言："大数据、区块链技术的使用正在悄悄地甚至公然地侵袭公民的信息权利，个人的隐私、尊严、安宁面临不复存在的严重危机……如果说，人类社会还将有一场巨大的社会革命的话，那就是规制数字帝国的法治革命。面对科学技术的双刃剑及由信息技术引发的风险社会，必须把互联网、大数据、人工智能等的开发运用置于法治的规制之中。"[1] 张文显教授所言规制数字帝国的法治革命，意味着必须

---

① 张文显：《"未来法治"当为长远发展谋》，《新华日报》2018 年 12 月 4 日，第 15 版。

将数字帝国技术治理机制纳入合法性机制当中，合法性机制的规训才能真正保证社会的长治久安。

从实践上看，根据报道，"这两天杭州'12345'热线来电暴增 3 倍。2 月 13 日平台呼入量 86292、人工接听 7688（含居家 1260），智能服务 63227（疫情 37055），合计呼入总量 87552。其中，咨询绿码问题的电话占到了六成"。① 这组数据意味着健康码可能存在的生成错误对杭州的部分群体造成了影响。根据笔者的调研反馈，健康码错误生成的原因主要为：①填写申报信息错误；②近期因各种疾病就医购药；③在疫情严重地区申请健康码等。在健康码作为"通行路条"的时代，健康码的颜色即代表着出行的便利和自由的限度。所以健康码的使用因为其固有的算法本质引发了诸多涉及基本权利的问题，值得我们进一步反思和警惕。

**1. 算法黑箱与健康码的生成机制**

疫情期间，在"健康码治下"的杭州，可以说每个人的自由权利最终由人工智能和大数据的算法决定，却无人有能力知晓和打开算法黑箱，权利救济亦难以找到明确路径。这是由大数据以"相关关系替代人脑思维逻辑的因果关系"的思维方式所决定的。在数据能力有限时代，有限的数据样本根本无法展现批量事物组成的"群集"② 间的普遍联系，因而个体事物之间的线性的因果关系就成为主要的思维方式。在因果关系思维方式下，虽然算法较为粗糙、精确度较低，但是因果关系的逻辑链条可以准确地反推溯源。然而大数据应用的算法黑箱遮蔽了逻辑链条，正如舍恩伯格在《大数据时代》中提出："大数据时代，人们应放弃对因果关系的渴求，转而关注相关关系；没有必要非得知道背后的原因，相关关系能够帮助我们更好地了解这个世界。"③ 所以，手持杭州健康码的群体，无论显示红色、黄色还是绿色，普通人不了解自己为什么是这个颜色。

杭州健康码的生成机制是通过算法展现出巨大而高效的选择、判断和

---

① 《杭州"12345"被打爆了！6 成咨询健康码 最新回复全在这了》，http://kuaibao.qq.com/s/20200214A0MFXG00？refer = spider，最后访问时间：2020 年 3 月 24 日。

② 群集主要指个体间的局部自组织交互在集体层面上所展现出的一种涌现现象。参见胡敏中《大数据分析的认识特征》，《自然辩证法研究》2018 年第 1 期。

③ 〔英〕舍恩伯格：《大数据时代》，周涛译，浙江人民出版社，2012，第 9 页。

决策的力量，对展示在我们面前的信息进行分类、筛选和取舍。在人工智能时代，社会信息算法成为权力，但是神秘的算法黑箱让民众无法感受到"正义不仅要实现，而且要以看得见的方式实现"。虽然张仲灿副书记提供了健康码形成的三个维度的信息材料，但是在"信息数据×算法＝结论（健康等级）"公式下，算法的具体公式、信息权重等仍然处于保密状态。"知道'是什么'就够了，没必要知道'为什么'。"①公民仅了解（某种意义上也并不如大数据了解）信息数据，并不能确保自己在三色健康码中的评价结果。所以说，健康程度决策是不透明的算法黑箱，算法权力与公民权利之间形成技术支配关系，普通公民被算法技术统治却浑然不知也无力抵抗。从申诉的反馈机制上看，能够申诉成功的少数案例主要是那些初始主动填写申报信息错误的群体。另外两个类型原因造成的健康码生成偏差涉及算法的神秘黑箱且初始信息并未改变，只能接受算法运算的结果。然而，算法黑箱并非天然形成，而是由系列的算法代码构筑，算法代码的编写则融入了健康码推动者的主观意图和价值偏好，推动者往往是权力者，不论它是政治权力、资本权力还是技术权力。

**2. 健康码涉及的个人数据信息与隐私权危机**

在健康码生成的基本机制上，公民个人的信息采集和获取是算法运行的基础。按照欧盟《一般数据保护条例》（GDPR）第4条，个人信息即个人资料"与一个确定的或可识别的自然人相关的任何信息（数据对象）"。根据王利明教授的理解："识别主体身份包括直接识别与间接识别，如能够借助个人的姓名、身份证号码、位置数据、身体、生理、遗传、心理、经济、文化或社会身份有关的一个或多个因素，识别个人的身份，均应当属于个人信息的范畴。"②根据笔者的申报健康码经历，个人申请的时候填报的信息极为有限且存在作弊问题，大部分的时间、空间、人际三个维度的数据信息来自第三方。根据上文《新闻1＋1》的报道，健康码的生成依托阿里巴巴、每日互动、海康威视、大华股份等高新技术

---

① 〔英〕舍恩伯格：《大数据时代》，周涛译，浙江人民出版社，2012，第67页。
② 王利明：《人格权法的新发展与我国民法典人格权编的完善》，《浙江工商大学学报》2019年第6期。

企业，进一步查找资料可知，阿里巴巴旗下的支付宝几乎是杭州所有智能手机的必备软件和消费的主力平台，对于公民的消费信息和消费轨迹了如指掌；每日互动的主营业务之一就是为政府提供大数据决策服务；海康威视、大华股份是全球较大的监控摄像设备生产商。所以说，除了政府既有的数据库外，为算法提供数据信息可能有路口的监控设备、电信运营商的数据以及嵌入随身携带的手机终端的移动支付平台。

按照一般的人格权理论，对公民个人信息的使用应当征得个人同意。但是相关的数据条例和法律规范对于紧急状态和公共卫生的目的设置了同意保留条款。根据《网络安全法》和《信息安全技术个人信息安全规范》，疫情时期的健康码作为与公共安全、公共卫生、重大公共利益直接相关的机制，个人信息控制者共享、转让、公开披露个人信息无须事先征得个人信息主体的授权同意①。因此，在这次新冠肺炎疫情作为公共卫生事件的情况下，公民的数据信息无须经过同意便可被使用，这就是典型的"用失去隐私、丧失个人生活和失去批判精神的代价换取可预测性、安全性，以及人类寿命的延长"②。但是，健康码对公民个人信息的获取也昭示着一个事实，那就是在信息时代，在涉及个人的数据信息和隐私权的侵权主体上，除了传统的国家公权力外，资本与技术权力结合产生的现代互联网企业海量记录着每个人的数据信息且可随时形成个人的信息画像。人生而自由，却可能无往不在数据枷锁之中。在商业领域，大数据定向推送和大数据"杀熟"等涉及公民隐私的问题已经产生，人们无奈成为被互联网企业运用大数据窥视着的"裸奔者"。资本、技术、权力三合一的数字化垄断技术帝国和"超级权力体"，可能成为无时无刻不试图通过未经同意的信息获取实现权力运行的目的，监控资本主义和信息资本主义有可能基于其强大资本追逐利益的需求而事实上架空信息使用的知情同意原则，侵犯公民的基本权利。

---

① 全国信息安全标准化技术委员会：《信息安全技术个人信息安全规范》，2017 年 12 月 19 日，8.5（b）。

② 〔美〕德伯拉·L. 斯帕：《技术简史——从海盗船到黑色直升机》，倪正东译，中信出版社，2016，序言，第XII页。

### 3. 健康码的算法歧视与弱势群体的权利平等问题

健康码是算法运算的符号结果。正如卢曼所言："人工智能研究关心的是如何操纵'符号'，而不是如何形成意义。"① 健康码生成的信息要素主要依靠互联网上涉及疫情控制的相互关联的数据足迹（比如互联网移动支付、购物）。基于这些数据足迹，大量原本不可追踪、检索、汇编、计量和运算的社会活动，变得可以追踪、检索、汇编、计量和运算②。因此，通过互联网活动形成的数据肖像、数据人格体现的健康水平可能区别于现实生活中的实际健康水平，移动互联网使用的频次、时间、能力与健康码体现的健康程度直接挂钩。健康码生成的三种不同颜色也标志着形成三种不同的评分等级，这个评分机制将"赛博空间与真实世界无缝融合在一起，借由数字架构的不断渗透逐渐成为一种主导力量，在商业力量和行政力量的共同推动下成为一种无处不在的量化系统"。③ 但是，算法运行的前提是有大量的"数据废气"成为重要的"数据能源"，数据信息供给的多寡则会产生算法歧视，进一步扩大社会差距。截止到 2019 年 8 月，中国的网民数量为 8.54 亿，相较于 14 亿的总人口来说，还有很大一部分群体不习惯使用互联网，该群体往往是社会中的老人、病人、小孩或者受教育水平相对较低的弱势群体，除了上文提及的他们可能无法正确填报信息外，可供健康码生成和进入算法黑箱的互联网数据信息本身较少，生成的不同健康码某种意义上意味着经济地位的弱势可能带来基本权利的实质不平等，这也是算法机制所必然导致的算法歧视问题。与大部分工作可以通过互联网在住所居家办公的群体不同，相对弱势群体的工作往往需要脱离居所。在疫情期间以健康码作为通行自由等级意味着弱势群体的自由进一步受到限制，居家隔离影响其外出工作，甚至可能让一个稳定收入者失去一份工作，从事农业和养殖业的劳动者也可能因此颗粒无收和家庭破产，从而进一步加剧贫困等弱势境况，家庭破产又可能导致其个人征信等社会

---

① Niklas Luhmann, *Theory of Society*, Vol. I, translated by Rhodes Barrett, Los Angeles: Stanford University Press, 2012, p. 315.
② 冯仕政、陆美贺：《社会计算如何可能?》，《贵州师范大学学报》（社会科学版）2016 年第 6 期。
③ 胡凌：《数字社会权力的来源：评分、算法与规范的再生产》，《交大法学》2019 年第 1 期。

信用出现问题，降低其社会信用评级，给其在未来的工作生活带来负面信息。从罗尔斯的社会正义理论看，算法歧视不仅没有为竞争中的弱势群体带来补偿性的社会正义，反而形成了"强者愈强、弱者愈弱"的恶性循环，甚至可能影响代际的权利平等，造成新的剥夺和压迫。

除此之外，即使再精确的算法，相关关系的算法得出的也终归是一个多数事件，总归会产生少数的错误和遗漏，对概率论方法的依赖会造成数据偏差。杭州健康码也存在类似问题。从杭州健康码推广后的正式投诉以及通过微信、微博、知乎等自媒体发出的"申冤"声音可以看出，仍然有少部分群体的正当权利可能会被算法的黑箱吞噬。在疫情这样的紧急状态下，权利缩限和克减固然是社会必需，但公民最基本的权利仍然需要得到底线性的救济和保护，反而越是在紧急状态下，少数受到不公待遇的个体所陷入的困境会比常态情况下更加糟糕（譬如互联网教学的形式，让偏远地区的学生面临更多的求学困境），因为在疫情状态下，公共权力总是试图以"最强有力的措施"实现"最大多数人的最大幸福"的治理效果，对于少数人而言，如果按照文学叙事，那就如作家方方所感慨："时代的一粒灰，落在个人头上，就是一座山。"

**4. 健康码机制常态化运行的风险问题**

健康码机制在疫情期间凸显了运用大数据运算在治理效率的优势而被作为优秀的治理经验进行推广，但是，在推广应用中往往强化其效用机制而出现忽视基本人权问题等合法性危机。在未来，甚至有可能推动公共利益名义下的未经同意的常态化个人健康相关信息搜集使用。事实上，杭州在健康码应用见效后的短时间内很快实现了健康码与电子健康卡、电子社保卡互联互通，支持医院就诊和医保支付。[1] 这意味着健康码机制在疫情过后将有可能长期存在并影响公民的生活、工作、医疗等领域，意味着公民被社会所评估的健康程度将依赖个人的数据信息轨迹与尚未透明化和有效解释的算法（比如，某个人经常进出香烟店的位置痕迹是否会被算法判

① 《"杭州健康码"升级：支持医院就诊和医保支付》，中国新闻网，https://baijiahao.baidu.com/s? id=1659157766533409173&wfr=spider&for=pc，最后访问时间：2020年3月4日。

定其极有可能存在心肺和呼吸道的健康问题）。一旦健康码被常态化使用，将会带来一系列的社会问题。在笔者可以思考预见的能力范围内，健康码在涉及健康的保险、就业、求学等社会领域的常态化使用，就会引发重大的基本权利问题和社会风险：在涉及健康的保险领域，本身已经拥有大量精算师、作为资本大鳄的保险公司必然会依托拥有技术和大数据的互联网企业对拟投保人进行以健康码为基础的健康系数、健康程度的精确评估，从而得出最有利于公司盈利的保险费率，这对于本身寻求保险方式以规避健康风险的参保人而言是非常不利的。某种意义上，这会导致存在健康问题的人丧失参与健康保险的机会。

如果健康码机制超出了商业保险的范围被运用到社会保险领域，则可能引发更多的社会问题。在涉及劳动权的就业领域，现代社会尤其强调平等和反对歧视的雇佣方式，但是健康码为企业提供了劳动者的"健康符号"信息，企业在与劳动者进行劳资谈判时事实上就占据了信息优势的地位，本身在企业面前处于相对弱势的劳动者的谈判境地可能进一步恶化。在涉及受教育权的求学领域亦是如此，健康码的常态化应用将很有可能因为其健康原因导致学生被学校拒绝，即使入学之后也会遭受来自校方、教师、同学甚至同学家长的健康歧视，公民的受教育权在事实上也可能遭受侵犯，这样常态化的健康码机制非但没有化解最为基本的民生问题，反而让新科技成为社会分裂的助推器。另外，国家、资本与技术三者结合形成的超级权力，有可能在未经公民同意的情况下常态化地搜集公民的数据痕迹并通过社会计算的方式对公民进行"信息画像"，还有可能为了治理的有效性需求超出身体健康码的范围而扩展到其他领域。

## 小　结

虽然没有按照《大数据时代》一书中所举运用大数据成功预测了欧洲流感的例子那样成功预警这次新冠肺炎疫情，但中国近年来高速发展的大数据和人工智能等信息技术发挥了其在疫情控制中的数据信息传递功能，让公民从以单位、职务、工作为标志的社会符号化的个体变为以手机为载体的行为信息全面聚集形成的信息标签化的人，为政府部门对疫情的防控决策提供了尽可能完整的数据，并为有序恢复自由和出行设计了通行路径，扮演了战胜疫情的数据参谋角色。在疫情防控的状态下，我们诚然实实在在地享受到了高效的信息技术治理的福祉，但也深切感受到了其如核能一般的巨大威力。所以，一定要谨记"疫情防控的根本目的是保护人民、造福人民"[1]的以人民为中心的防控理念，以权利作为法学思考的出发点，我们当且应当对信息时代的大数据治理方式抱持必要的警惕，因为现代法治正是竭力通过调整人的行为代替对符号化、标签化的"人"的调整，正如马克思所言："对于法律来说，除了我的行为以外，我是根本不存在的。"[2]

---

[1] 张文显：《依法治疫 长治久安》，《法制与社会发展》2020 年第 2 期。
[2] 《马克思恩格斯全集》（第一卷），中共中央马克思恩格斯列宁斯大林著作编译局译，人民出版社，1956，第 16~17 页。

# Abstracts

## Moral · Freedom · Universal Universality

—Investigation and Criticism of Amartya Sen's Human Rights View

*Li Xiang*

**Abstract**: In a reverse-thinking way, Amartya Sen emphasizes that human rights are a strong moral declaration that should be done, going beyond a single legislative path and treating human rights with freedom. The realization of human rights requires both the fulfillment of "improvement of responsibility" and the effective implementation of "imperfect responsibility"; it needs to demonstrate respect for interests as well as the pursuit of freedom. The nature of shared humanity of human rights requires the enrichment and expansion of its content on the basis of rational thinking, thus transcending the boundaries of the region and realizing the universal universality of human rights. Amartya Sen's view of human rights presents a clear logical rationale and a unique direction of thinking, injecting new content into the enrichment and development of human rights theory. However, from the perspective of historical materialism, his view of human rights only provides people with a new platform and perspective. Due to the lack of the dimension of human history development, this concept is difficult to get rid of the shackles of history and class, and naturally cannot jump out of the flaw of the Western view of human rights.

**Keywords**: View of Human Rights; Substantive Freedom; the Universal Universality

# Castle Doctrine and Personal Security:
# A Human Rights Perspective

*Geng Yan & Zhang Zhaoxia*

**Abstract:** The Castle Doctrine states that an individual who is the victim of a violation of his or her residence may take any defensive measures, including lethal violence, to defend his or her residence and the persons in it without any concession. The scope of "Castle" includes residence, workplace and other legally occupied independent space. In the Castle Doctrine, the legal interests of the defending party and the invading party are not on the same level, and the personal safety of the defending party is superior or superior to the legal interests of the latter. From the perspective of Human Rights, the Castle Doctrine has the essential characteristics of human rights principle and occupies the position of human rights law. This means that although the Castle Doctrine is not substantive law, it can provide stable principles and norms for substantive law. It provides value guidance to the constitution, rule guidance to the criminal law, civil law, administrative law and other basic laws, and knowledge guidance to the coordination, integration and supplement of all kinds of departmental laws in the whole legal system. The law of the department is reminded of the indissoluble internal connection between the personal safety of the individual and his castle, his residence.

**Keywords:** Castle Doctrine; Personal Security; Human Rights Principle; Shelter; Defense

# The Capability Attributes and Realization of
# the Land Use Right for Farmers' Housing
## —Based on Analysis Path of Three-power Division

*Qin Yong & Han Shipeng*

**Abstract:** Three-power division is the preferred choice of farmland rights reform in the moment, and it also points the way to solve the dilemma that use right transfer, financing and improve the utilization efficiency for farmland. On three-power division policy, land use right for farmers' housing should stick to u-sufructuary rights. The purpose of designing qualification right is to guarantee the farmer's right to life and farmland's right to development, land use right that stripping identity belongs to property in the purest sense, and it has legal principle basis of transfer. The key to design system is creating the full life cycle of legal structure. More precisely, firstly, perfect original acquirement of land use right for farmers, and place emphasis on the cognizance of application object and process specification. Secondly, we must act in a cautious and appropriate way that concerning mortgage, inherit, transfer and so forth, give homestead full use right in response to realistic needs. In the end, establish a mechanism for the elimination of the right to the use of house site that based on the recovery and withdraw of the right. the former depends on voluntary and compensation, The latter must expand the scope of supplementary for recovery reason.

**Keywords:** Land Use Right; Three-power Division; Ban on the Transfer; Usufructuary Right; Human Rights Protection

# The Theoretical Logic of the Limitation Clauses in the International Covenant on Civil and Political Rights

*Yuan Xin*

**Abstract:** The most profound issue of the limitation clauses in the International Covenant on Civil and Political Rights is defining and dealing with the relationship between individual rights and state power. From the perspective of the relationship between individual and state, there are two modes of human rights operation: the mode of defense right and the mode of cooperation right. The limitation clauses are the embodiment of the interaction between the two. The mode of defense right emphasizes the limits that the state must observe when imposing limitations on individual rights, that is, the limiting the limitations. The structure mode of cooperation right reflects the positive obligation to ensure the realization of the human rights. This paper argues that it is necessary to promote the continuous conversion of inherent and legal human rights into actual human rights within the tension of the two models, which is also the reflection and refraction of the collision, interaction and integration of multiple human rights views in the Covenant.

**Keywords**: Limitation Clauses; Limiting the Limitations; Positive Obligation

# Reconstructing the Effectiveness of Basic Rights Against the Third Party

## —From the Perspective of Procedural Interpretation of Constitutional Interpretation

*Weng Zhuangzhuang*

**Abstract**: The issue of the effect of fundamental rights on the third party is the primary issue in dealing with the relationship between the Constitution and civil law. The old theory of validity does not distinguish among situations, so the direct effect theory or the indirect effect theory is applied alone, which is inevitably one-sided. The new validity theory takes the objective value order of fundamental rights as the constitutional basis of the protection obligation, takes the legislative unconstitutional review benchmark system as the core, makes a procedural understanding of the constitutional interpretation, and makes it operable by refining the new validity theory to overcome one-sidedness. In the context of China, the new third-party effect theory has corresponding normative and theoretical foundations. In the relationship between the Constitution and civil law, the theory of invalidity is a phenomenon of "civil law application priority". The new third-party effect theory means that the indirect effect theory is the main body, and direct effect theory is the supplements. The new third-party effect theory can provide useful theoretical materials for the practice of governing the country according to the constitution.

**Keywords**: Fundamental Rights; the Third-party Effect Theory; Constitutional Interpretation; Procedural Understanding

# The Right of Fault Tolerance and Liability Exemption as a Rising Right: Right Foundation and Right Justification

*Ding Yi*

**Abstract**: In the empirical domain, the right can be seen as a kind of stable means by human beings in the process of trial and error to prevent the error happening again. Hence, 'error' constitutes the base of right generation, accordingly, the right of trial and error and the rights to err constitute the base of right in general. The subjects of the right to err include 'private person subject' and 'public power subject'. Especially the latter, we can find that the right of fault tolerance and liability exemption is a typical 'public power subject' right which is also a kind of institutional right in the sense of legality. In the ultimate sense, the rising right justification of the right of fault tolerance and liability exemption is to justify the right of fault tolerance and liability exemption compatible with the whole society's mainstream values in the dimension of 'rising' right and rising 'right'.

**Keywords**: Rising Right; the Right of Fault Tolerance and Liability Exemption; the Right to Err; the Subject of Public Power; Right Justification

# Achievements, Problems and Countermeasures: An Status Quo Analysis of the Restriction System for Citizens Fundamental Right in China

*Shi Wenlong*

**Abstract**: The reasonable restriction and the right safeguard are the two sides of an issue. Through the reasonable restriction of the right to better protect the implementation and realization of the right. At present, the system foundation and social environment on reasonable restrictions to fundamental right have been formed in China. In the current system and practice, there are still some problems in the restriction system of civil right, which mainly are: restrictions on the fundamental rights provisions are not clear and comprehensive, in the legislation of fundamental rights, there are basic rights not protected by legislation, and basic rights legislated still exist imbalance of restriction and safeguard of right, existing restrictions on the rights of the structure showing a "triangle" of "pyramid" model, and so on. Therefore, it's necessary to introduce the concept and system as the 'low line of human right', 'non derogable right' and 'the absolute constitutional right', so as to strengthen the theoretical and institutional construction of the restriction of rights and to effectively promote the real implementation of the fundamental rights of citizens.

**Keywords**: Fundamental Right; Restriction of Citizens Fundamental Right; Low Line of Human Right

# The Visitation Right or the Right of Being Visited?

—Legal Reflection & Institutional Construction of Visitation Right Under the Dimension of "Children's Standard"

*Qian Jilei*

**Abstract**: With the divorce more and more common, the husband or wife to their minor children's visit disputes also increase day by day, causing the scholars from legal theory and the practice domain to pay more attention. At present, the theoretical logic and system design of rightof being visited rights are based on the relationship between husband and wife and their rights standard, which is the institutional arrangement among adults, and their minor children are only in the secondary, subordinate or even object status. This is not only inconsistent with the personality of adults and minors as well as the spirit of freedom and equality stressed by the universally accepted human rights concept, but also does not truly reflect the special and preferential protection spirit that should be given to minor children as vulnerable groups. Therefore, this paper puts forward the visitation rights theory based on the rights of minor children, which emphasizes the respect and special protection of the rights of minor children, so as to make up for the physical and mental damage to their minor children caused by the separation or divorce of husband and wife. This theory of the right of being visited can be justified by the theory of soft legal Paternalism. From the perspective of institutional practice, minor children visitation right standard requirement for husband and wife with minor children involved a system model of coexistence of visitation. It needs from the constitution, the marriage and family law, protection of the rights and interests of minors, the civil procedure law and other aspects to make overall system, coordinate the legislative arrangement, form a logical and orderly legal system.

**Keywords**: the Visitation Right; the Right of Being Visited; "Children's Standard"

# The Reform of Court Trial and Guarantee the Right to Sue

*Ding Pengchao*

**Abstract**: The protection of litigant's right of action had faced with the problems of legislation, judicature and idea in our country. The causes of these problems can be summed up in three aspects: the theory is complex, the system is defective and the judicial pressure. The modern court trial theory pays attention to the determination of the dispute points and the implementation of the system of loss of power, and requires the judge to perform the obligation of clarification and the publicity of the evidence. The theory can reflect the democracy of litigation, the law of litigation and the procedural guarantee. The modern court trial mode led by the sorting of disputes can realize the centralized trial of cases and the effective prevention of the sudden judgment, and can provide the institutionalized guarantee for the litigants' right of action. Under the guidance of modern court trial theory, China should establish a centralized trial system led by the sorting of disputes, pay attention to the exercise of the obligation of the judge to clarify, and reshape the procedural subject's participation right of the parties with public rationality, so as to realize the value pursuit of the protection of the parties' litigation rights.

**Keywords**: the Right to Sue; the Reform of Court Trial; Theory of Modern Court Trial; Issue Procedure; Clarify

# Justification of Defensive Emergency Hedging from a Typological Perspective
## —Also Relating Applicable Basis of "Life Conflict Cases"

*Li Huanji*

**Abstract**: Defensive emergency hedging refers to hedging against dangerous sources, when discussing its justification basis, it can be classified as defensive emergency avoidance towards danger not to blame, preventable defensive emergency hedge and defensive emergency avoidance in "conflict of life". Analysing based on each part and main elements, we can derive the basis of pluralism. For the first type, it includes the principle of legal protection under the perspective of a hedger, the risk liability, worth-protecting legal interests and their constitutional basis under risk-causing side, as well as the law-confirm principle under the third party. For the second type, it concludes the right to effectively protect legal interests, the maximum restraint principle when public power transfers, the worth-protecting legal interests, the maintenance of law order and the right of self-relief for citizens at the bottom line. For the third type, it mainly includes self-esteem principle, the moral standard of man can't be regarded as tool, the responsibility for life and the principle of autonomy on moral philosophy level. The pluralism basis provides a theoretical basis for the precise application of defensive emergency hedges.

**Keywords**: Defensive Emergency Hedge; Principle of Equality; Risk Jurisdiction; Measure of Interest; Life Conflict

# On the Protection of Procedural Rights of Parties in the Online Litigation

*Ou Dan*

**Abstract**: The Supreme Court implemented an online trial mechanism in the pilot courts, and refined and supplemented some online litigation rules based on summing up the online litigation practice experience of the Internet courts. However, it only provided framework rules for electronic litigation and online trial mechanisms. The pilot courts still needs to refer to the online litigation proceedings of the Internet courts in exploring the online trial mechanism. However, the online court proceedings of the internet courts were originally designed for internet-related cases, and the online litigation procedures based on them often implied the characteristics for dealing with internet cases. In the internet courts, "mediation priority" trend, lowering the applicable standards of electronic delivery procedures, the full network of litigation procedures, and streamlining online court proceedings threaten the parties' procedural rights. In order to cope with the above risks, the pilot courts should further shape online procedure rules from the aspects of returning to the voluntary nature of the mediation process, reaffirming the essential attributes of the service, giving the parties sufficient procedural options and opposition rights.

**Keywords**: Online Litigation; E-litigation; Procedural Rights; Rights to Choose Procedure; Procedural Rights of Parties

# Consummation of Relevant Market Definition Rules for Internet Industry: Fundamental Rights Protection Oriented

*Huang Jingjing & Liu Yuechuan*

**Abstract**: With the vigorous development of new forms of Internet, the relevant market definition of Internet industry is not only a fundamental issue in the application of anti-monopoly law, but also related to the realization of citizens' basic rights and freedoms such as scientific research freedom, employment freedom and business freedom. Due to the existing relevant market definition legislation fails to pay sufficient attention to the characteristics of economic activities of the Internet industry, the legislation presents the characteristics of generality, abstraction and lack of operability, resulting in the difficult problem of defining the relevant commodity market and the relevant regional market of the Internet industry in practice. In the anti-monopoly law revision, by comparing the foreign legislative experience, it is suggested to further improve the existing rules of relevant market definition from four aspects, namely, consideration factors of relevant market definition, relevant regulations of relevant regional market, relevant market definition method, and time dimension of relevant market, thereby maintaining fair and orderly competition order and make the results of the development of digital technology can benefit the society better.

**Keywords**: Relevant Market Definition; Fundamental Rights; Anti-monopoly Law; Internet Enterprise

# National Security Mechanism Construction for Cultural Rights in China

*Gao Lujia*

**Abstract**: In China, cultural rights own the basic nature which consists of the combination of positive rights and negative ones and the parallel of individual rights and collective ones. And the construction of the national security mechanism of cultural rights presents two main characteristics that are the national dominant tendency of cultural system construction and the objective law inclination of cultural rights' functional configuration. In the meantime, there are some problems in the process of constructing the national mechanism, such as state regulation thought remaining mighty, cultural legal system needing improvements and the defense function of cultural rights requiring aggrandizement, so the related perfection measures are the transformation of national cultural functions from the traditional regulation mode to the modern governance one, adopting cultural legislative means with the core content of formulating Culture Basic Law and achieving the general equilibrium of cultural rights' functional configuration.

**Keywords**: Cultural Rights; National Security Mechanism; Cultural System; Cultural Legal System; Cultural Rights' Functional Configuration

# Human Rights Action Plans in African Countries: Profiles, Effects and Revelations

*Xu Yao*

**Abstract**: Since the world conference on human rights in 1993, there are 10 human rights action plans which made by 9 African countries. These action plans make specific arrangements for the protection of political and civil rights, economic, social and cultural rights, and express the good wishes of the rulers to promote human rights. According to the human development index and UPR reports, the development and implementation of national human rights action plans by African countries do some help to improve human rights protection in some specific aspects, but it does not guarantee a better human rights situation in overall status. This fully demonstrates that the promotion of the human rights status through action plans is subject to a range of specific conditions. By comparing the content and effectiveness of the plans, there are five pairs of relationships that deserve special attention, namely, history and reality, international and local, economic, social & culture rights and civil & political rights, public order and human rights action plan, human rights commitment and realization capability.

**Keywords:** African Countries; National Action Plan on Human Rights; Human Rights Policy

# Ought-to-be Scope of "Actual Impact of Rights and Obligations" Clauses of Administrative Litigation Scope

*Liu Yantao & Yuan Haoyang*

**Abstract:** In order to possibly cover the entire ought-to-be scope of the "Actual Impact of Rights and Obligations" clauses, the mode of combination of the "Administrative Procedure and the Actual Impact of Rights and Obligations", rather than the combination of "Administrative Behavior and the Actual Impact of Rights and Obligations", shall be applied to "the Actual Impact of Rights and Obligations". Moreover, the requirements beyond the laws as finality, substantiality, determinacy, factuality, substantivity and evidence shall be eliminated from the aforementioned clauses by certain theoretical perspectives and judicial cases. An ought-to-be consistency shall be kept among the Actual Impact of Rights and Obligations, the scope of administrative litigation and the right of plaintiff as principal.

**Keywords**: Actual Impact of Rights and Obligations; Scope of Administrative Litigation; Right of Plaintiff as Principal; Ought-to-be Scope

# Challenges and Opportunities Facing the European Court of Human Rights in the Post-epidemic Era

*Wu Kelin*

**Abstract**: Under the "integrity crisis" caused by the COVID – 19, the European Court of Human Rights is facing great pressure between how to adjust the margin of appreciation that a country enjoys based on the complexity of social governance and the strong obligation to protect individual rights. Especially in the interweaving of the risk society and the state of emergency, the prevention and control measures are moving towards a "semi-political centralization" state. This inevitably makes people worry that the European Court of Human Rights in the post-epidemic era "pendulums" between the dual factors of law and politics. But in the crisis, there are opportunities. In the existing system of the European Court of Human Rights, the pilot judgment procedure, notification obligation, and Protocol No. 15 still require further changes to improve the European human rights protection system.

**Keywords**: Post-epidemic Era; European Court of Human Rights; Litigation Crisis; Reform Opportunities

# 稿　约

  《人权研究》创办于 2001 年，系山东大学人权研究中心主办的学术理论性集刊。该集刊在学术界具有良好学术声誉，已被收录为 CSSCI 来源集刊。现任主编为齐延平教授。

  本集刊欢迎以人权、基本权利为主题的历史研究、比较研究、跨学科研究、案例评析、书评及译文，亦欢迎涉及刑事法、行政法、国际法、环境法等部门法的相关研究。来稿应见解独立、论证清晰、资料翔实、文风清新。

  论文以 2 万～3 万字为宜，案例评析、书评及译文不受此限；另附中英文标题、摘要、关键词，以及作者信息和通讯方式。本集刊常年征稿，来稿三个月内未接到刊用通知者，敬请自行处理。来稿请以电子版发送至编辑部收稿邮箱：rqyj2001@163.com，稿件请勿投寄个人。

  本集刊实行每页重新编号的脚注注释体例。引用性注释必须真实、必要。对观点的引用，应注重代表性；对事件、数据的引用，应注重资料来源的权威性。限制对非学术性书籍、非学术性期刊及报纸文章和网络资料的引用。说明性注释以必要为限，并应尽量简化表达。

  欢迎学界同仁不吝赐稿！

《人权研究》编辑部

2021 年 3 月

**图书在版编目（CIP）数据**

人权研究. 第二十四卷／齐延平主编. —— 北京：
社会科学文献出版社，2021.3
ISBN 978 - 7 - 5201 - 8112 - 9

Ⅰ.①人… Ⅱ.①齐… Ⅲ.①人权 - 研究 Ⅳ.
①D082

中国版本图书馆 CIP 数据核字（2021）第 047280 号

## 人权研究（第二十四卷）

主　　编／齐延平
执行主编／郑智航

出 版 人／王利民
组稿编辑／刘骁军
责任编辑／易　卉
文稿编辑／郭锡超

出　　版／社会科学文献出版社·集刊分社（010）59367161
　　　　　地址：北京市北三环中路甲 29 号院华龙大厦　邮编：100029
　　　　　网址：www. ssap. com. cn
发　　行／市场营销中心（010）59367081　59367083
印　　装／三河市尚艺印装有限公司

规　　格／开本：787mm×1092mm　1/16
　　　　　印张：33.75　字数：508 千字
版　　次／2021 年 3 月第 1 版　2021 年 3 月第 1 次印刷
书　　号／ISBN 978 - 7 - 5201 - 8112 - 9
定　　价／168.00 元